"十二五"普通高等教育本科国家级规划教材

汽车构造

(下册)

(第7版)

吉林大学汽车工程学院　组织编写
姚为民　主　编
李　静　主　审

人民交通出版社股份有限公司

北京

内 容 提 要

本书通过对典型实例的分析,系统阐述了现代汽车的构造和工作原理。全书的主要内容有总论和六篇(二十九章),分上、下两册。上册为总论和第一篇(第一章至第十二章)汽车发动机;下册为第二篇至第六篇(第十三章至第二十九章),分别是汽车传动系统,汽车行驶系统,汽车转向系统与制动系统,汽车车身与电子、电气系统,新能源汽车与智能网联汽车。

本书为高等院校车辆工程、汽车服务工程、交通运输等专业的教材,也可作为职业院校、成人教育等的教材,并可供汽车制造企业、汽车运输企业、汽车维修企业的技术人员阅读参考。

图书在版编目(CIP)数据

汽车构造. 下册/姚为民主编. —7 版. —北京:人民交通出版社股份有限公司,2021.6(2025.5重印)
ISBN 978-7-114-17240-3

Ⅰ.①汽… Ⅱ.①姚… Ⅲ.①汽车—构造—职业教育—教材 Ⅳ.①U463

中国版本图书馆 CIP 数据核字(2021)第 068746 号

书　　名:	汽车构造(下册)(第7版)
著 作 者:	姚为民
责任编辑:	翁志新　钟　伟
责任校对:	刘　芹
责任印制:	张　凯
出版发行:	人民交通出版社股份有限公司
地　　址:	(100011)北京市朝阳区安定门外外馆斜街 3 号
网　　址:	http://www.ccpcl.com.cn
销售电话:	(010) 85285911
总 经 销:	人民交通出版社股份有限公司发行部
经　　销:	各地新华书店
印　　刷:	北京市密东印刷有限公司
开　　本:	787×1092　1/16
印　　张:	29.75
字　　数:	706 千
版　　次:	1976 年 4 月　第 1 版
	1986 年 2 月　第 2 版
	1993 年 9 月　第 3 版
	2002 年 6 月　第 4 版
	2006 年 6 月　第 5 版
	2013 年 6 月　第 6 版
	2021 年 6 月　第 7 版
印　　次:	2025 年 5 月　第 7 版　第 6 次印刷　累计第 68 次印刷
书　　号:	ISBN 978-7-114-17240-3
定　　价:	68.00 元

(有印刷、装订质量问题的图书,由本公司负责调换)

编 委 会

主　任：高　青

副主任：姚为民

委　员：高　莹　董　伟　苏　岩　刘玉梅

　　　　　玄圣夷　谢　飞　马天飞　付　尧

　　　　　王建华　赵　健　冯　原　吴　坚

　　　　　王鹏宇　朱　冰

第7版前言
Preface to the seventh edition

本《汽车构造》是原吉林工业大学汽车工程系(原汽车教研室)应人民交通出版社的约请而编著的。本版为第7版。该书初版自1976年4月问世以来已修订了六次,累计印数超过百万套,深受广大读者的欢迎和关注,并被多种版本的《汽车构造》参考和引用。本书第2版和第3版被原机械电子工业部高等学校汽车与拖拉机专业教学指导委员会和交通部高等学校汽车运用工程专业教学指导委员会选定为汽车构造课程教材。第3版于1996年6月获机械工业部第三届高等学校机电类优秀教材一等奖,1997年10月被国家教育委员会评定为国家级教学成果二等奖,2001年12月被中国书刊发行业协会评为2001年度全国优秀畅销书。第5版被评为"普通高等教育'十一五'国家级规划教材"。第6版被评为"'十二五'普通高等教育本科国家级规划教材"。

汽车结构类型繁多、复杂,为使读者能在较为深入地掌握汽车结构一般规律的基础上,达到举一反三、触类旁通的效果,第7版仍然沿用了前几版形成的教材体系,即通过对国内外汽车实例进行其结构和工作原理的分析,并且在讨论整车及各个组成系统或部件时,特别注意阐述整体功能要求,以及各组成部件之间在结构和功能上的有机联系。在介绍各种不同结构形式时,首先通过一种比较常见的、具有代表性的典型实例,说明在通常使用条件下,为满足主要功能要求而采取的一般结构措施,然后再介绍在某些特定条件和要求下发展出来的某些形式的结构及功能特点。

当前汽车业在电动化、智能化、网联化和共享化"新四化"的驱动和引领下,诸多新技术得以快速发展,因此本版在内容上也作了相应的改动和更新,增加了车载网络、新能源汽车、智能网联汽车等相关内容,并对过时、陈旧的内容进行了删减。另外,借助本次修订的机会,对书中部分知识点配置了二维码链接数字资源,有助于学生更形象地理解相关内容。除数字资源外,本书还配置了教学课件以及每章的思考与练习题和答案,供教学使用。

本书名词术语和计量单位符合国家相关标准和规范的要求,并力求做到文字准确、简练、流畅,插图正确,文图配合恰当,内容阐述条理清晰,循序渐进,富有启发性,便于自学。

本书包括总论及六篇(二十九章),由姚为民担任主编,李静担任主审。具体编写成员及分工为:姚为民(总论、第十九、二十、二十一、二十二章)、高莹(第一、二、三、八、九章)、董伟(第四、十二章)、苏岩(第五、六、七章)、刘玉梅(第十、十一章)、玄圣夷(第十三章)、谢飞(第十四章)、马天飞(第十五、二十三章)、付尧(第十六章)、王建华(第十七、十八章)、赵健(第二十四章)、冯原(第二十五、二十六章)、吴坚(第二十七章)、王鹏宇(第二十八章)、朱冰(第二十九章)。

在本书的编写过程中,得到了许多同行的大力支持和帮助,谨此致谢。对所引用的参考文献的作者表示感谢。

在此还要对大力支持本书出版的人民交通出版社股份有限公司、吉林大学汽车工程学院表示深深的谢意。

最后,殷切期望广大读者对书中误漏之处,予以批评指正。

编委会
2021 年 4 月

第二篇 汽车传动系统

- 第十三章 汽车传动系统概述 ... 3
- 第十四章 离合器 ... 12
  - 第一节 离合器的功用及摩擦离合器的工作原理 ... 12
  - 第二节 膜片弹簧离合器 ... 14
  - 第三节 螺旋弹簧离合器 ... 22
  - 第四节 离合器压盘的传力方式、踏板自由行程和离合器的通风散热 ... 23
  - 第五节 从动盘总成和扭转减振器 ... 25
  - 第六节 离合器操纵机构 ... 29
- 第十五章 变速器与分动器 ... 36
  - 第一节 变速器的功用和类型 ... 36
  - 第二节 变速器的变速传动机构 ... 37
  - 第三节 同步器 ... 46
  - 第四节 变速器操纵机构 ... 51
  - 第五节 分动器 ... 59
- 第十六章 自动变速器 ... 62
  - 第一节 概述 ... 62
  - 第二节 液力变矩器 ... 63
  - 第三节 液力机械变速器 ... 70
  - 第四节 自动变速器的操纵系统 ... 79
  - 第五节 金属带式无级自动变速器 ... 92
  - 第六节 双离合器式自动变速器 ... 98
- 第十七章 万向传动装置 ... 105
  - 第一节 概述 ... 105
  - 第二节 万向节 ... 107
  - 第三节 传动轴和中间支撑 ... 118
- 第十八章 驱动桥 ... 122
  - 第一节 概述 ... 122
  - 第二节 主减速器 ... 125

第三节　对称式圆锥齿轮差速器　137
　　第四节　差速锁　141
　　第五节　限滑差速器　143
　　第六节　变速驱动桥　151
　　第七节　驱动车轮的传动装置与桥壳　153

第三篇　汽车行驶系统

第十九章　汽车行驶系统概述　163
第二十章　车架和承载式车身　167
　　第一节　车架　167
　　第二节　承载式车身　171
第二十一章　车桥和车轮　174
　　第一节　车桥　174
　　第二节　车轮与轮胎　181
第二十二章　悬架　201
　　第一节　概述　201
　　第二节　弹性元件　203
　　第三节　减振器　209
　　第四节　非独立悬架　214
　　第五节　独立悬架　225
　　第六节　多轴汽车的平衡悬架　235
　　第七节　主动悬架和半主动悬架　239

第四篇　汽车转向系统与制动系统

第二十三章　汽车转向系统　249
　　第一节　概述　249
　　第二节　转向操纵机构　254
　　第三节　转向器　256
　　第四节　转向传动机构　260
　　第五节　转向助力系统　263
第二十四章　汽车制动系统　282
　　第一节　概述　282
　　第二节　制动器　284
　　第三节　人力驻车制动系统　307
　　第四节　液压伺服制动系统　309
　　第五节　气压动力制动系统　316
　　第六节　制动力调节装置　327

第七节　汽车电控制动系统 ··· 332

第五篇　汽车车身与电子、电气系统

第二十五章　汽车车身 ··· 349
　　第一节　车身本体 ··· 349
　　第二节　车门和车窗 ·· 356
　　第三节　车身附属装置及安全防护装置 ································· 361

第二十六章　汽车仪表、照明及附属装置 ······································ 367
　　第一节　汽车仪表 ··· 367
　　第二节　照明及信号装置 ·· 379
　　第三节　汽车中央控制电动门锁和防盗装置 ··························· 391

第二十七章　车载网络 ·· 399
　　第一节　概述 ··· 399
　　第二节　CAN 总线 ·· 402
　　第三节　其他车载网络 ·· 407

第六篇　新能源汽车与智能网联汽车

第二十八章　新能源汽车 ·· 415
　　第一节　概述 ··· 415
　　第二节　纯电动汽车 ·· 416
　　第三节　插电式混合动力电动汽车 ·· 428
　　第四节　增程式混合动力电动汽车 ·· 432
　　第五节　燃料电池电动汽车 ··· 435

第二十九章　智能网联汽车 ··· 442
　　第一节　概述 ··· 442
　　第二节　智能网联汽车环境感知系统 ····································· 446
　　第三节　典型智能网联汽车系统 ·· 453

附件　数字资源列表 ··· 460

参考文献 ··· 463

第二篇
CHAPTER 2

汽车传动系统

第十三章　汽车传动系统概述

一、汽车传动系统的组成和功能

汽车传动系统的基本功用是将发动机发出的动力传给驱动轮。

现代汽车普遍采用活塞式内燃机,与之相匹配的传动系统大多数属于机械式或液力机械式。普通双轴货车或部分轿车的发动机纵向布置在汽车的前部,并且以后轮为驱动轮,其传动系统的组成和布置如图 13-1 所示。发动机 1 发出的动力依次经过离合器 2、变速器(或自动变速器)3 和由万向节 6 与传动轴 4 组成的万向传动装置,以及安装在驱动桥 5 中的主减速器、差速器和半轴,最后传到驱动轮。

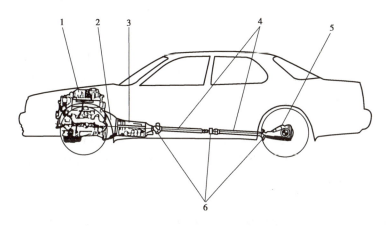

图 13-1　传动系统的一般组成及布置
1-发动机;2-离合器;3-变速器;4-传动轴;5-驱动桥;6-万向节

传动系统的首要任务是与发动机协同工作,以保证汽车能在不同使用条件下正常行驶,并具有良好的动力性和燃油经济性。为此,任何形式的传动系统都必须具有如下功能。

传动系统的功用

1. 实现汽车减速增矩

只有当作用在驱动轮上的驱动力足以克服外界对汽车的阻力时,汽车才能起步并正常行驶。由试验得知,即使汽车在平直的沥青路面上以低速匀速行驶,也需要克服数值约相当于 1.5% 汽车总重力的滚动阻力。例如,某中型货车满载总质量为 9290kg(总重力为 91135N),则最小滚动阻力约为 1367N。若要求它在满载时能在坡度为 30% 的道路上匀速上坡行驶,则所要克服的上坡阻力达 27340N。而该车所采用的发动机所能产生的最大转矩为 353N·m(1200~1400r/min 时)。假设将这一转矩直接传给驱动轮,则驱动轮能得到的驱动力也仅为 784N。显然,在此情况下,汽车不仅不能爬坡,即使在平直的良好路面上也不可能起步和行驶。

另一方面,上述发动机在发出最大功率 99.3kW 时的曲轴转速为 3000r/min。假如将发动机与驱动轮直接连接,则对应这一曲轴转速的汽车速度将达 510km/h。这样高的车速既不实用,也不可能实现(因为相应的驱动力太小,汽车根本无法起步)。

为解决上述矛盾,必须使传动系统具有减速增矩的作用,使驱动轮的转速降低为发动机转速的若干分之一,相应地驱动轮所得到的转矩则增大到发动机转矩的若干倍。在机械式传动系统中,若不计摩擦,则驱动轮转矩与发动机转矩之比等于发动机转速与驱动轮转速之比。该比值称为传动系统的传动比,用符号 i 表示。这一功能一般由主减速器(传动比用 i_0 表示)来实现。

2. 实现汽车变速

汽车的使用条件,诸如汽车的实际装载质量、道路坡度、路面状况,以及道路宽度和曲率、交通情况所允许的车速等,都在很大范围内不断变化。这就要求汽车牵引力和速度也有相当大的变化范围。另一方面,从第一章可知,就活塞式内燃机而言,在其整个转速范围内,转矩的变化不大,而功率及燃油消耗率的变化却很大,因而保证发动机功率较大而燃油消耗率较低的曲轴转速范围,即有利转速范围是很窄的。为了使发动机能保持在有利转速范围内工作,而汽车牵引力和速度又能在足够大的范围内变化,应当使传动系统传动比能在最大值与最小值之间变化,即传动系统应具有变速功能。该功能由变速器(传动比用 i_g 表示)来实现。

因为在传动系统中变速器与主减速器是串联的(图 13-1),因此,整个传动系统传动比等于 i_g 与 i_0 的乘积($i = i_g \cdot i_0$)。一般汽车变速器的直接挡为变速器传动比的最小值($i_g = 1$),则整个传动系统的最小传动比 $i_{min} = i_0$,即等于主减速器的传动比。

传动系统传动比的最小值 i_{min} 应保证汽车能在平直良好的路面上克服滚动阻力和空气阻力,并以相应的最高速度行驶。轿车和轻型货车的 i_{min} 一般为 3~6,中、重型货车的 i_{min} 一般为 6~15。当要求驱动力足以克服最大行驶阻力,或要求汽车具有某一最低稳定速度时,传动系统传动比应取最大值 i_{max}。轿车的 i_{max} 一般为 12~18,轻、中型货车的 i_{max} 一般为 35~50。

若传动比在一定范围内的变化是连续的和渐进的,则称之为无级变速。无级变速可以保证发动机在最有利的工况下工作,因而有利于提高汽车的动力性和燃油经济性。但对机械式传动系统而言,实现无级变速有一定难度。因此机械式传动系统多数是有级变速,即传动比挡数是有限的。一般轿车和轻、中型货车的传动比有 3~5 挡,越野汽车和重型货车的传动比有 8~10 挡。

有些汽车在变速器与主减速器之间还加设一个辅助变速机构——副变速器,必要时还将主减速器也设计成多挡的,借以增加传动系统传动比挡数。

3. 实现汽车倒车

汽车在某些情况下(如在停车场或车库倒车入位,或在窄路上掉头时),需要倒向行驶。然而,内燃机是不能反向旋转的,故与内燃机共同工作的传动系统必须保证在发动机旋转方向不变的情况下,能使驱动轮反向旋转。一般结构措施是在变速器内加设倒挡(具有中间齿轮的减速齿轮副)。

4. 必要时中断传动系统的动力传递

内燃机只能在无负荷情况下起动,而且起动后的转速必须保持在最低稳定转速以上,否则就可能熄火。所以在汽车起步之前,必须将发动机与驱动轮之间的动力传递路线切断,以便起动发动机。发动机进入正常怠速运转后,再逐渐地恢复传动系统的传动能力,也即从零开始逐渐对发动机曲轴加载,同时加大节气门开度,以保证发动机不熄火,使汽车能平稳起步。此外,在变换传动系统变速器挡位(换挡)以及对汽车进行制动之前,也都有必要暂时中断动力传递。为此,在发动机与变速器之间,可装设一个依靠摩擦进行传动,且其主动和从动部分可在驾驶人操纵下彻底分离,随后再柔和接合的机构——离合器(图 13-1 中图注 2 所指)。

在汽车长时间停驻时,以及在发动机不停止运转情况下,使汽车暂时停驻,或在汽车获得相当高的车速后,欲停止对汽车供给动力,使之靠自身惯性进行长距离滑行时,传动系统应能长时间保持在中断动力传递状态。为此,变速器应设有空挡,即所有各挡齿轮都能保持在脱离传动位置的挡位。

5. 应使车轮具有差速功能

当汽车转弯行驶时,左右车轮在同一时间内滚过的距离不同,如果两侧驱动轮仅用一根刚性轴驱动,则二者角速度必然相同,因而在汽车转弯时必然产生车轮相对地面滑动的现象。这将使转向困难,汽车的动力消耗增加,传动系统内某些零件和轮胎磨损加剧。所以,驱动桥内装有差速器,使左右两个驱动轮能以不同的角速度旋转。动力由主减速器先传到差速器,再由差速器分配给左右两根半轴,最后传到两侧的驱动轮。

此外,由于发动机、离合器和变速器都固定在车架上,而驱动桥和驱动轮一般是通过弹性悬架与车架相联系的。因此,在汽车行驶过程中,变速器与驱动轮经常有相对运动。在此情况下,二者之间不能用简单的整体传动轴传动,而应采用如图 13-1 所示的由万向节 6 和传动轴 4 组成的万向传动装置。

二、汽车传动系统的类型

根据汽车传动系统中传动元件的特征,传动系统可以分为机械式、液力式和电力式等类型。

1. 机械式汽车传动系统的布置方案

汽车传动系统的布置方案与汽车总体布置方案是相适应的,可归纳为以下 5 种。

传动系统的布置形式

1) 发动机前置后轮驱动(FR)方案

FR 方案是 4×2 型汽车的传统布置方案(图 13-1),主要应用于轻、中型载货汽车上,在部分轿车和客车上也有应用。该方案的优点是结构简单,工作可靠,前后轮的质量分配比较理想;其缺点是需要一根较长的传动轴,这不仅增加了车重,而且也影响了传动系统的效率。

2) 发动机前置前轮驱动(FF)方案

FF 方案将发动机布置在汽车前部,动力经过离合器、变速器、前驱动桥,最后传到前驱动车轮。发动机、离合器与主减速器、差速器等装配成十分紧凑的整体,布置在汽车的前面,前轮为驱动轮;这样在变速器和驱动桥之间省去了万向节和传动轴,使结构简单紧凑,整车质量小,高速行驶时操纵稳定性好。

发动机可以纵置或横置,在发动机横置(发动机曲轴轴线垂直于车身轴线)时,由于变速器轴线与驱动桥轴线平行,主减速器可以采用结构和加工都较简单的圆柱齿轮副(图 13-2a),降低制造成本。发动机纵置时,则大多数需采用螺旋锥齿轮副(图 13-2b)。FF 方案由于前轮是驱动轮,有助于提高汽车高速行驶时的操纵稳定性,而且因整个传动系统集中在汽车前部,可使其操纵机构简化。

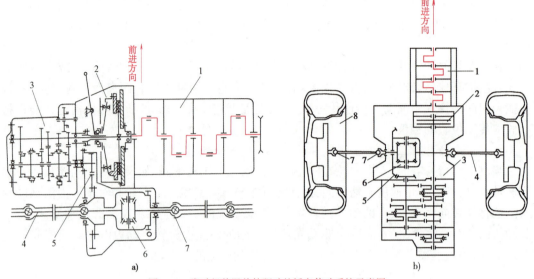

图 13-2　发动机前置前轮驱动的轿车传动系统示意图

a) 发动机横置；b) 发动机纵置

1-发动机；2-离合器；3-变速器；4-传动轴(半轴)；5-主减速器；6-差速器；7-等速万向节；8-驱动轮(前轮)

这种布置方案目前已广泛地应用于微型和中级轿车上,在中高级和高级轿车上的应用也日渐增多。

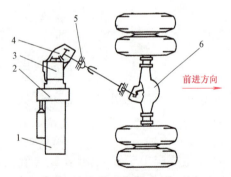

图 13-3　发动机后置后轮驱动的传动系统布置方案示意图

1-发动机；2-离合器；3-变速器；4-角传动装置；5-万向传动装置；6-驱动桥

3) 发动机后置后轮驱动(RR)方案

RR 方案如图 13-3 所示。发动机 1、离合器 2 和变速器 3 都横置于驱动桥之后,驱动桥采用非独立悬架。主减速器与变速器之间距离较大,其相对位置经常变化。由于这些原因,有必要设置万向传动装置 5 和角传动装置 4。采用这种布置方案更容易做到汽车总质量在前后车轴之间的合理分配,而且具有车厢内噪声低、空间利用率高等优点,因此它是大、中型客车广泛应用的布置方案。但是由于发动机在汽车后部,发动机冷却条件差,发动机、离合器和变速器的操纵机构都较复杂。少数轿车和微型汽车也采用了这种方案。

4) 发动机中置后轮驱动(MR)方案

MR 方案如图 13-4 所示。传动系统的这种布置方案有利于实现前后轮较为理想的质量分配,是赛车普遍采用的布置方案。部分大、中型客车也采用此种布置方案。它的优缺点介于 FF 方案和 RR 方案之间。

5) 全轮驱动(AWD)方案

AWD 方案是指汽车全部车轮均为驱动轮的布置方案。对于要求能在坏路面或无路地带行驶的越野汽车,为了充分利用所有车轮与地面之间的附着条件,以获得尽可能大的驱动力,提高其通过性,总是将全部车轮都作为驱动轮。这时在变速器后要设置分动器,将动力分配给各驱动轮。对于三桥和四桥驱动的越野汽车,如采用贯通式驱动桥替代非贯通式驱动桥,可简化结构布置,减少零件数,提高零件的通用性,如图 13-5 所示。

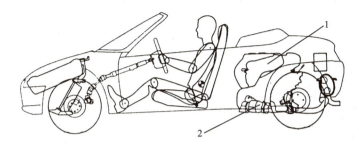

图 13-4　发动机后中置后轮驱动的传动系统布置方案示意图

1-发动机;2-传动系统

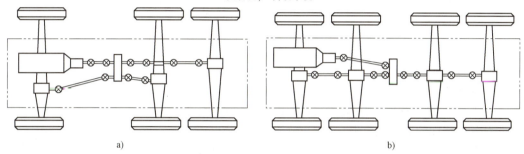

图 13-5　多桥驱动越野汽车的传动系统布置示意图

a)6×6 型汽车的非贯通式驱动桥布置;b)8×8 型汽车的贯通式驱动桥布置

四桥驱动的越野汽车也可采用侧边式或混合式的布置,如图 13-6 所示。

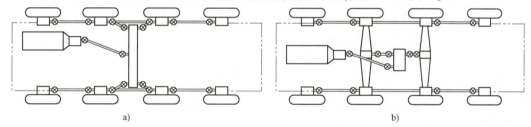

图 13-6　8×8 型越野汽车的侧边式和混合式的布置

a)侧边式布置;b)混合式布置

有些轿车为了在提高整车牵引性和通过性的同时,改善汽车的行驶稳定性、制动性和转向特性,也采用全轮驱动的方案。图 13-7 为 AWD 传动系统布置图。从图中可以看出,前桥 1 和后桥 8 都是驱动桥。为了将变速器 3 输出的动力分配给前、后驱动桥,在变速器与两个驱动桥之间设置有分动器 5,并且相应增设了自分动器通向前驱动桥的前传动轴 4。这种驱动形式称为短时四轮驱动,它的特点是根据行驶需要,驾驶人可通过拨叉或开关操纵分动器,使前桥接通或断开,实现四轮驱动和两轮驱动的切换。还有一种驱动形式称为常时四轮驱动,它的特点是用锥齿轮式中间差速器或黏性联轴器式中间差速器代替短时四轮驱动方案中的分动器,实现四个车轮始终都具有驱动力,并同时吸收前后车轮的转速差。为了防止四个车轮中有一个车轮发生空转而导致汽车不能正常行驶,可采取将中间差速器锁死或限制中间差速器差动等方法。

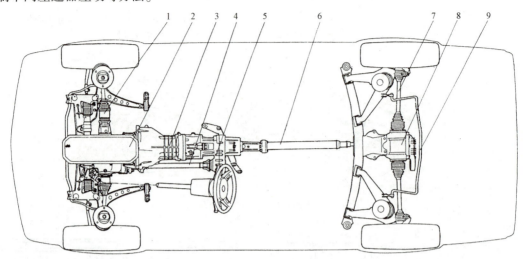

图 13-7　AWD 传动系统的布置图

1-前驱动桥;2-发动机;3-变速器;4-前传动轴;5-分动器;6-后传动轴;7-后驱动桥的半轴;8-后驱动桥;9-横向稳定器

全轮驱动的优点如下：

（1）整车车轮与路面的附着力全部被利用,提高了汽车在不良路面的牵引能力和通过性,即对各种路面的适应能力强。

（2）常接合式全轮驱动在湿滑路面上具有更好的驱动能力,低挡加速性能好,驱动力不受前后轴荷变化的影响。

（3）车辆行驶稳定性好,对侧向力的敏感性小,轮胎磨损均匀。

全轮驱动的缺点如下：

（1）机构复杂,整车整备质量大(比其他结构增加6%～10%)。

（2）造价高,油耗高,经济性稍差,汽车的最高车速也有所降低。

2.液力式传动系统

液力式传动系统又分为<u>液力机械式</u>和<u>静液式</u>。前者是以液体为传动介质,利用液体在主动原件和从动原件之间循环流动过程中动能的变化来传递或变化能量;后者是以液体介质压能的变化来传递或者变换能量。

1)液力机械式传动系统

液力机械式传动系统的特点是组合运用液力传动和机械传动。此处,液力传动单指动液传动,即以液体为传动介质,利用液体在主动元件和从动元件之间循环流动过程中动能的变化来传递动力。<u>动液传动装置有液力耦合器和液力变矩器两种</u>。液力耦合器只能传递转矩,而不能改变转矩的大小,可以代替离合器的部分功能,即保证汽车平稳地起步和加速,但不能保证在换挡时变速器中的齿轮不受冲击。液力变矩器除了具有液力耦合器全部功能外,还能实现无级变速,故目前应用比液力耦合器广泛得多。但是,液力变矩器的输出转矩与输入转矩的比值变化范围,还不足以满足使用要求,故一般在其后再串联一个有级式机械变速器而组成液力机械变速器(详见第十六章),以取代机械式传动系统中的离合器和变速器。液力机械式传动系统其他组成部件及布置方案均与机械传动系统相同。

液力机械式传动系统能根据道路阻力的变化,自动地在若干个车速范围内分别实现无级变速,而且其中的有级式机械变速器还可以实现自动或半自动操纵,因而可使驾驶人的操作大为简化。但是,也存在结构较复杂,造价较高,机械效率较低等缺点。因此,目前除了在轿车和重型汽车上有较多的采用以外,一般货车采用得较少。

2)静液式传动系统

静液式传动系统又称容积式液压传动系统(图13-8),是通过液体传动介质的静压力能的变化来实现传动的,其主要由发动机驱动的油泵7、液压马达2和液压自动控制装置6等组成。油泵和液压马达一般采用轴向柱塞式。发动机输出的机械能通过油泵转换成液压能,然后再由液压马达重新转换成机械能。在图示方案中,只用一个液压马达将动力传给主减速器,再经差速器和半轴传给驱动轮。另一种方案是每一个驱动轮上都装设一个液压马达。采用后一种方案时,主减速器、差速器和半轴等机械传动件都可取消。

驾驶人通过变速操纵杆5操纵液压自动控制装置6,以控制油泵输出的压力油的流量。汽车起步前起动发动机时,可使油泵处于空转,即流量为零的状态,这相当于机械变速器的空挡。汽车起步时所受阻力最大,故应将油泵流量控制在最小值,从而在系统中建立最大的液压,以使液压马达的输出转矩和驱动轮上的驱动力最大。起步后,行驶阻力减小,故可逐渐加大油泵流量,使系统中的液压和液压马达转矩逐渐减小,同时液压马达和驱动轮转速逐渐升高,从而实现汽车加速。液压变化是渐进的,因而这种传动系统可以在不中断传动的情况下实现无级变速。

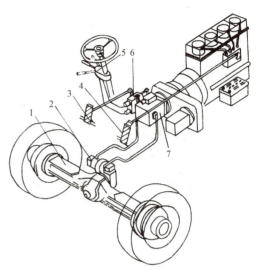

图13-8 静液式传动系统示意图

1-驱动桥;2-液压马达;3-制动踏板;4-加速踏板;5-变速操纵杆;6-液压自动控制装置;7-油泵

轴向柱塞式油泵可在输入轴旋转方向不变的情况下,改变压力油在系统中的流动方向,从而改变液压马达的旋转方向,借此实现汽车倒向行驶。

静液式传动系统存在着机械效率低、造价高、使用寿命和可靠性不够理想等缺点,仅在某些军用车辆上采用。另外,如何克服这些缺点使之能在一般汽车上推广应用,还有待进一步研究。

3. 电力式及混合动力传动系统

电力式传动系统是指由电机或其他动力源作为驱动装置的一种驱动形式,可由电机单独驱动,也可与其他动力源共同驱动车辆行驶。电力式传动系统可使汽车的总体布置简化,起动及变速平稳,冲击小,污染少。电力式传动系统可分为纯电动驱动形式和混合驱动形式。

纯电动驱动形式是指采用单个或多个电机作为整车驱动装置的驱动形式。该驱动形式主要包括集中式和分布式。集中式驱动系统和燃油汽车相似,只是将发动机换成了电机,其动力传递形式沿用传统的机械传动方式,将电动机输出的力矩,传递到左右车轮驱动汽车行驶,如图13-9所示。分布式驱动系统将电力直接传输到安装在车轮附近的驱动电机,由各个车轮处的电机来驱动整车。通常根据驱动电机在车轮上安装的具体位置不同,又可分为轮毂电机和轮边电机。分布式驱动系统可以减少传统机械传动系统的离合器、变速器、传动轴、驱动桥等机械装置和相应操纵机构,降低整备质量;还可以减小电机驱动系统占用车身内部的有效空间,将全部动力电池、电机控制器等电力驱动装置集中布置在电动汽车底盘下部,使车辆具有更大的使用空间;易于实现 AWD 驱动模式。图 13-10 所示为某轮边驱动系统,其电机及减速传动机构布置在车轮内侧。

图 13-9　某电动汽车集中式驱动系统　　　图 13-10　某轮边驱动系统
1-电机驱动系统;2-电池;3-电控单元

混合动力传动系统是指同时装备两种动力来源——热动力源(由传统的汽油机或者柴油机产生)与电动力源(电池与电动机)的传动系统。通过使用电动机,使得动力系统可以按照整车的实际运行工况要求灵活调控,可使发动机保持在综合性能最佳的区域内工作,从而降低油耗与排放。

根据混合动力驱动的联结方式,混合动力传动系统主要分为以下三类:

一是串联式混合动力系统(图 13-11)。串联式混合动力系统一般由内燃机直接带动发电机发电,产生的电能通过控制单元传到电池,再由电池传输给电动机转化为动能,最后通过变速机构来驱动汽车。这种动力系统在城市公交上的应用比较多,轿车上很少使用。

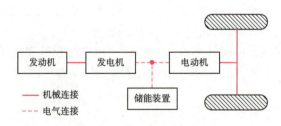

图 13-11　串联式混合动力系统

二是并联式混合动力系统(图 13-12)。并联式混合动力系统有两套驱动系统:传统的内燃机系统和电动机驱动系统。两个系统既可以同时协调工作,也可以各自单独工作驱动汽车。这种系统适用于多种不同的行驶工况,尤其适用于复杂的路况。该连接方式结构简单、成本低。

三是混联式混合动力系统(图 13-13)。混联式混合动力系统的特点在于内燃机系统和电动机驱动系统各有一套机械变速机构,两套机构或通过齿轮系,或采用行星轮式结构结合在一起,从而综合调节内燃机与电动机之间的转速关系。与并联式混合动力系统相比,混联式动力系统可以更加灵活地根据工况来调节内燃机的功率输出和电动机的运转。此连接方式系统复杂、成本高。

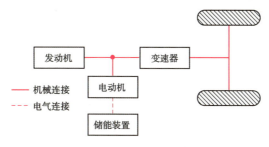

图 13-12　并联式混合动力系统

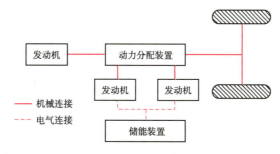

图 13-13　混联式混合动力系统

第十四章 离 合 器

第一节 离合器的功用及摩擦离合器的工作原理

一、离合器的功用

在以内燃机为动力的汽车传动系统中,离合器作为一个独立的总成连接发动机和变速器,其功用如下。

1. 保证汽车平稳起步

在汽车起步前,首先要起动发动机。这时应使变速器处于空挡位置,即将发动机与驱动车轮之间的联系断开,以卸除发动机负荷。待发动机已起动并开始正常的怠速运转后,方可将变速器挂上一定挡位,使汽车起步。起步时,汽车是从完全静止的状态逐步加速的。如果传动系统(它联系着整个汽车)与发动机刚性地联系,则变速器一挂上挡,汽车将突然前冲,而使发动机熄火。在传动系统中装设了离合器后,在发动机起动后,汽车起步之前,驾驶人先踩下离合器踏板,将离合器分离,使发动机与传动系统脱开,再将变速器挂上挡,然后逐渐松开离合器踏板,使离合器逐渐接合。在离合器逐渐接合的过程中,发动机所受阻力矩也逐渐增加,故应同时逐渐踩下加速踏板,即逐步增加对发动机的燃油供给量,使发动机的转速始终保持在最低稳定转速以上,不致熄火。由于离合器的接合紧密程度逐渐增大,发动机经传动系统传给驱动车轮的转矩便逐渐增加,直至驱动力足以克服起步阻力时,汽车即从静止开始运动并逐步加速。因此保证了汽车能平稳起步。

2. 保证传动系统换挡时工作平顺

在汽车行驶过程中,为了适应不断变化的行驶条件,传动系统经常要换用不同挡位工作。实现齿轮式变速器的换挡,一般是拨动齿轮或其他换挡机构,使原用挡位的某一齿轮副退出传动,再使另一挡位的齿轮副进入工作。在换挡前也必须踩下离合器踏板,中断动力传递,便于使原用挡位的啮合副脱开,同时有可能使新挡位啮合副的啮合部位的速度逐渐趋向相等(同步),这样,进入啮合时的冲击可以大为减轻,使换挡时工作平顺。

3. 防止传动系统过载

当汽车进行紧急制动时,若没有离合器,则发动机将因和传动系统刚性相连而急剧降低转速,因而其中所有运动件将产生很大的惯性力矩(数值可能大大超过发动机正常工作时所发出的最大转矩),对传动系统造成超过其承载能力的载荷,而使其机件损坏。有了离合器,便可依靠离合器主动部分和从动部分之间可能产生的相对运动消除这一危险。因此,离合器的这一功用是限制传动系统所承受的最大转矩,防止传动系统过载。

由上述可知,欲使离合器起到以上几个作用,离合器应该是这样一个传动机构:其主动部分和从动部分可以暂时分离,又可以逐渐接合,并且在传动过程中还要有可能相对转动。所以,离合器的主动件与从动件之间不可采用刚性联系,而是借二者接触面之间的摩擦作用来传递转矩(摩擦离合器),或利用液体作为传动的介质(液力耦合器),或利用磁力传动(电磁离合器)。在摩擦离合器中,为产生摩擦所需的压紧力,可以是弹簧力、液压作用力或电磁吸力。但目前汽车上采用比较广泛的是用弹簧压紧的摩擦离合器(简称摩擦离合器)。

二、摩擦离合器的工作原理

图 14-1 为摩擦离合器的结构原理图。

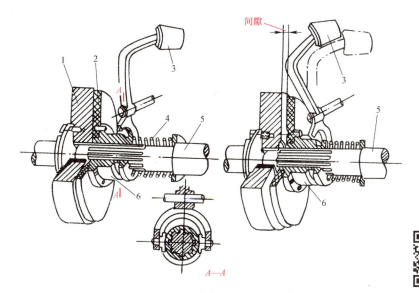

图 14-1 摩擦离合器的结构原理图
1-飞轮;2-从动盘;3-离合器踏板;4-压紧弹簧;5-从动轴;6-从动盘毂

摩擦离合器的基本原理

发动机飞轮 1 是离合器的主动件。带有摩擦片的从动盘 2 和从动盘毂 6 借滑动花键与从动轴 5(即变速器的主动轴)相连。压紧弹簧 4 将从动盘压紧在飞轮端面上。发动机转矩通过飞轮与从动盘接触面之间的摩擦作用传到从动盘上,再由此经过从动轴和传动系统中一系列部件传给驱动车轮。压紧弹簧 4 的压紧力越大,则离合器所能传递的转矩也越大。

由于汽车在行驶过程中,需经常保持动力传递,而中断传动只是暂时的需要,故汽车离合器的主动部分和从动部分应经常处于接合状态。摩擦副采用弹簧压紧装置即是为了适应这一要求。欲使离合器分离时,只要踩下离合器操纵机构中的离合器踏板 3,套在从动盘毂 6 的环槽中的拨叉便推动从动盘克服压紧弹簧的压力向右移动,与飞轮分离,摩擦力消失,从而中断了动力传递。

当需要重新恢复动力传递时,为使汽车速度和发动机转速变化比较平稳,应该适当控制离合器踏板回升的速度,使从动盘在压紧弹簧 4 的压力作用下,向左移动与飞轮恢复接触。二者接触面间的压力逐渐增加,相应的摩擦力矩也逐渐增加。当飞轮和从动盘接合还不紧密,二者之间摩擦力矩比较小时,二者可以不同步旋转,即离合器处于打滑(滑摩)状态。随着飞轮和从动盘接合紧密程度的逐步增大,二者转速也渐趋相等。直到变速器的主动轴与发动机转速相同时,离合器停止打滑,飞轮和从动盘完全接合。

摩擦离合器所能传递的最大转矩取决于摩擦面间的最大静摩擦力矩,而后者又由摩擦面间最大压紧力和摩擦面尺寸及性质决定。故对于一定结构的离合器来说,静摩擦力矩是一个定值。当输入转矩稍大于此值时,离合器将打滑,因而限制了传动系统所受转矩,防止过载。

由上述工作原理可以看出,摩擦离合器基本上由主动部分、从动部分、压紧机构和操纵机构四部分组成。主、从动部分和压紧机构是保证离合器处于接合状态并能传递动力的基本结构,而离合器的操纵机构主要是使离合器分离的装置。

三、摩擦离合器的类型

按照从动盘的数目、压紧弹簧的结构形式和布置位置、操纵机构形式、摩擦片工作环境(是否浸在油中)的不同,摩擦离合器分为多种类型。常见分类方式及类型见表14-1。

摩擦离合器的常见分类方式及类型   表14-1

分类方式	类 型	结构特点
从动盘的数目	单片式	从动盘为单片
	双片式	从动盘为双片
	多片式	从动盘为多片
压紧弹簧的结构形式	膜片弹簧式	压紧弹簧为膜片弹簧
	螺旋弹簧式	压紧弹簧为螺旋弹簧
压紧弹簧的布置位置	周布弹簧式	压紧弹簧沿从动盘圆周布置
	中央弹簧式	压紧弹簧布置在离合器中央
	斜置弹簧式	压紧弹簧沿从动盘斜向布置
操纵机构形式	人力式	依靠驾驶人操纵
	自动式	不依靠驾驶人操纵
摩擦片工作环境	干式	摩擦片不与油液接触
	湿式	摩擦片浸入油液中

四、对摩擦离合器的基本性能要求

摩擦离合器的结构类型较多,但在使用上都要满足如下的基本性能要求:
(1)能可靠地传递发动机的最大转矩,又能防止传动系统过载。
(2)接合时要平顺、柔和,分离时要迅速、彻底。
(3)从动部分的转动惯量要尽可能小,以减轻换挡冲击和同步器磨损。
(4)有足够的吸热能力和良好的通风散热效果。
(5)能缓和传动系统的冲击,衰减扭转振动。
(6)有足够的强度和良好的动平衡,操纵轻便,工作性能稳定,使用寿命长。

第二节 膜片弹簧离合器

一、膜片弹簧离合器的构造和工作原理

膜片弹簧离合器所用的压紧弹簧是一个用薄弹簧钢板制成的带有一定锥度,中心部分开有许多均布径向槽的圆锥形弹簧片。膜片弹簧是碟形弹簧的一种,它可以看成由碟簧部分 A 和分离指部分 B 所组成(图14-2b)。

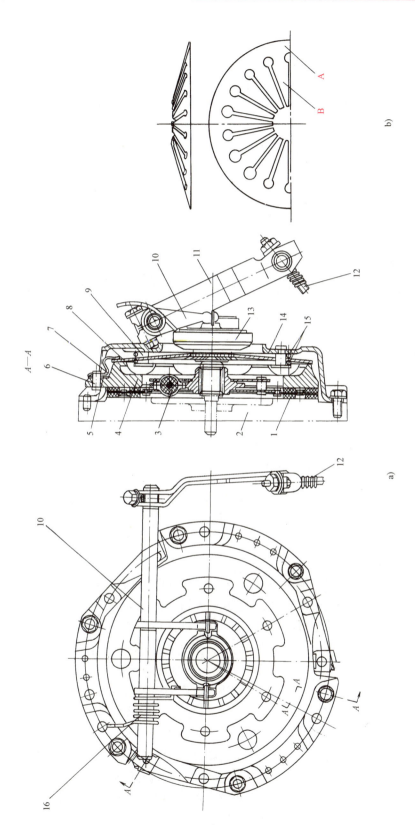

图 14-2 汽车膜片弹簧离合器
a) 膜片弹簧离合器；b) 膜片弹簧
1-从动盘；2-飞轮；3-扭转减振器；4-压盘；5-压盘传动片；6-传动片固定铆钉；7-分离弹簧钩；8-膜片弹簧固定铆钉；9-膜片弹簧；10-分离叉；11-分离叉臂；12-操作索组件；13-分离轴承；14-离合器盖；15-膜片弹簧支撑圈；16-分离叉复位弹簧

图14-2a)所示为某微型汽车的膜片弹簧离合器。在膜片弹簧8上,靠中心部分开有18个径向切口,形成18个分离指,起分离杠杆作用。膜片弹簧两侧有钢丝支撑圈15,借6个铆钉9将其安装在离合器盖14上。在离合器盖未固定到飞轮2上时,膜片弹簧不受力,处于自由状态,如图14-3a)所示。此时离合器盖14与飞轮2安装面有一距离 l。当将离合器盖用螺钉固定到飞轮上时(图14-3b),由于离合器盖靠向飞轮,钢丝支撑圈15压膜片弹簧8使之发生弹性变形(锥角变小)。同时,在膜片弹簧外端对压盘4产生压紧力而使离合器处于接合状态。当分离离合器时,分离轴承13左移(图14-3c),推动分离指内端左移,则膜片弹簧以支撑圈为支点转动(膜片弹簧呈反锥形),于是膜片弹簧外端右移,并通过分离弹簧钩7拉动压盘使离合器分离。

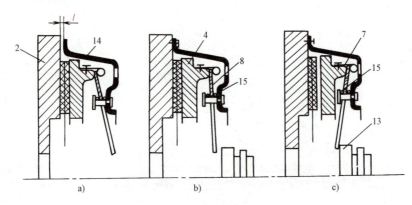

图14-3 膜片弹簧离合器工作原理示意图

(图注同图14-2)

二、膜片弹簧离合器的优缺点

目前膜片弹簧离合器不仅在乘用车上被大量采用,而且在各种类型的商用车上也广泛采用。

1. 膜片弹簧离合器的优点

1)膜片弹簧离合器转矩容量大且较稳定

图14-4所示为摩擦离合器中的两种压紧弹簧(膜片弹簧与螺旋弹簧)的弹性特性。装在离合器盖总成中的螺旋弹簧处于预压紧状态,其弹性特性曲线如图中曲线1所示。而装在离合器盖中的膜片弹簧基本处于自由状态,其弹性特性曲线如图中曲线2所示。假如所设计的两种离合器压紧弹簧的压紧力均相同,即压紧力均为 p_b,轴向压缩变形量为 λ_b。当摩擦片磨损量达到容许的极限值 $\Delta\lambda'$ 时,弹簧压缩变形量减小到 λ_a。此时螺旋弹簧压紧力便降低到 p'_a。$p'_a < p_b$,两值相差较大,将使离合器中压紧力不足而产生滑摩,而膜片弹簧压紧力则只降低到与 p_b 相差无几的 p_a,使离合器仍能可靠地工作,不至于产生滑摩。可见,膜片弹簧离合器比螺旋弹簧离合器转矩容量大,一般大15%左右。

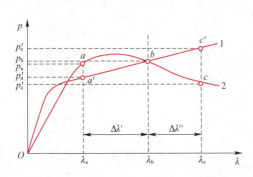

图14-4 离合器两种压紧弹簧的弹性特性

2) 操纵轻便

当分离离合器时,分离轴承将压紧弹簧进一步压缩,由图14-4看出,如两种弹簧的压缩量均为Δλ″时,膜片弹簧所需的作用力为 p_c,比螺旋弹簧所需的作用力 p_c' 减少25%~30%。此外,在膜片弹簧离合器中由于采用了传动片或分离弹簧钩的装置,它们产生的弹性恢复力与离合器压盘的分离力方向一致;而且在膜片弹簧离合器中,还因无分离杠杆装置,减少了这部分杆件的摩擦损失。因此膜片弹簧离合器的操纵轻便。

3) 结构简单且较紧凑

膜片弹簧的碟簧部分起压紧弹簧作用,而分离指则起分离杠杆作用,这样,膜片弹簧不仅取代了周布螺旋弹簧离合器中的多个螺旋弹簧,而且也省去了多组分离杠杆装置,零件数目减少,质量也减轻了。

在满足相同压紧力的情况下,膜片弹簧的轴向尺寸较螺旋弹簧小,在有限的空间内便于布置,使离合器的结构更为紧凑。

4) 高速时平衡性好

膜片弹簧是圆形旋转对称零件,平衡性好,在高速时其压紧力降低很少,而周布螺旋弹簧在高速下因受离心力作用会产生横向挠曲,弹簧严重鼓出,从而降低了对压盘的压紧力。

5) 散热通风性能好

在离合器轴向尺寸相同的情况下,膜片弹簧离合器可以采用较厚的压盘,以保证有足够的热容量,同时也便于在压盘上装设散热筋。此外,在膜片离合器盖上可开有较大的通风口,而且零件数目少,更有利于实现良好的散热通风。

6) 摩擦片的使用寿命长

由于膜片弹簧以整个圆周与压盘接触,使摩擦片上的压力分布均匀,接触良好,磨损均匀,再加上膜片弹簧离合器的散热性能好,从而提高了摩擦片的使用寿命。

2. 膜片弹簧离合器的缺点

膜片弹簧离合器的缺点是,膜片弹簧在制造上有一定难度,因为它对弹簧钢片的尺寸精度、加工和热处理条件等要求都比较严格。在结构上分离指部分的刚度较低,使分离效率降低,而且分离指根部易形成应力集中,使碟簧部分的应力增大,容易产生疲劳裂纹而损坏;分离指舌尖部易磨损,而且难以修复。

三、膜片弹簧离合器的结构形式

膜片弹簧离合器根据分离时分离指内端的受力方向不同,可分为**推式膜片弹簧离合器**和**拉式膜片弹簧离合器**,如图14-5所示。当分离离合器时,分离指内端受力方向**指向**压盘时,称为**推式**膜片弹簧离合器;分离指内端受力方向**离开**压盘时,则称为**拉式**膜片弹簧离合器。

上述两种膜片弹簧离合器的结构特点是:装配时,推式膜片弹簧离合器的膜片弹簧弹锥顶朝后(离开压盘方向),大端靠在压盘上,对压盘施加压力(图14-5a);拉式膜片弹簧的安装与推式相反,膜片弹簧的锥顶朝前(指向压盘方向),其大端靠在离合器盖上,膜片弹簧的中部对压盘施加压力(图14-5b)。

分析这两种膜片弹簧离合器可知:在相同的压盘尺寸下,拉式膜片弹簧离合器可采用直径较大的膜片弹簧,从而提高压紧力和转矩容量;或者在传递相同转矩的情况下,尺寸较小的拉式膜片弹簧离合器可以代替尺寸较大的推式膜片弹簧离合器。因此，拉式膜片弹簧离合器的结构更紧凑、简单，质量更轻，从动盘转动惯量也更小，可以减小换挡时齿轮轮齿间的冲击，更便于换挡，所以越来越多的重型汽车开始采用拉式膜片弹簧离合器。

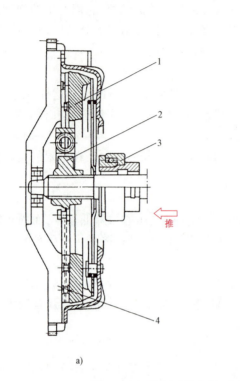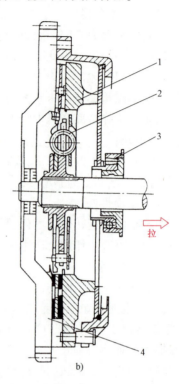

图 14-5 推式膜片弹簧离合器和拉式膜片弹簧离合器的结构
a) 推式膜片弹簧离合器；b) 拉式膜片弹簧离合器
1-离合器盖及压盘总成；2-离合器从动盘总成；3-离合器分离轴承；4-飞轮

1. 推式膜片弹簧离合器

推式膜片弹簧离合器按安装膜片弹簧的支撑环数目不同，又可分为双支撑环式、单支撑环式和无支撑环式 3 种结构形式。

1）双支撑环式

双支撑环式是目前广泛采用的结构形式，它又可分为以下 3 种：

(1) MF 型（图 14-6a）。MF 型是一种较成熟的传统结构形式。膜片弹簧夹在两个支撑环之间，用带台肩铆钉与离合器盖定位并铆合在一起，结构较简单。图 14-7 所示为采用此种结构形式的某轿车离合器。

(2) DS 型（图 14-6b）。DS 型是在标准铆钉杆上套一硬衬套，并在铆钉头处加一刚性挡圈，使前支撑环不与铆钉头直接接触，从而提高了耐磨性和使用寿命，但是结构较复杂。解放系列中型货车的离合器即采用了此种结构形式。图 14-8 所示为采用此种结构形式的某中型载货汽车离合器。

(3) DST 型（图 14-6c）。DST 型是在离合器盖的内边缘上冲有许多相同的舌片，将膜片弹簧、两个支撑环与离合器盖弯合在一起，省去了支撑环处的全部铆钉，使结构更简单、紧凑，寿命长，应用日益广泛。

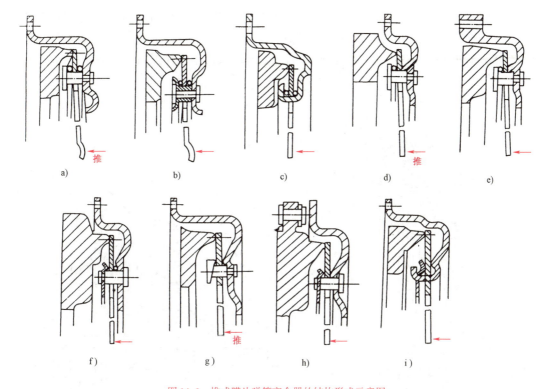

图 14-6 推式膜片弹簧离合器的结构形式示意图
a)~c)双支撑环式;d)~f)单支撑环式;g)~i)无支撑环式

2)单支撑环式

(1) DBV 型(图 14-6d)。DBV 型是 MF 型的改进,在冲压成型的离合器盖上冲出一个环形凸台来代替后支撑环,使结构进一步简化。

(2) GMF 型(图 14-6e)。GMF 型与 DBV 型相似,是在铸铁离合器盖上铸出一个环形凸台以代替后支撑环,用于中、重型货车上。

(3) DB/DBP 型(图 14-6f)。DB/DBP 型是在铆钉前端以弹性挡环代替前支撑环,这样可以清除膜片弹簧与支撑环之间的轴向间隙,用于中、重型货车上。

3)无支撑环式

(1) DBR 型(图 14-6g)。DBR 型是利用斜头铆钉的头部与冲压离合器盖上冲出来的环形凸台将膜片弹簧铆合在一起而取消前、后支撑环,用于轻、中型货车上。

(2) D/DR 型(图 14-6h)。D/DR 型与 DB/DBP 型相似,但是以离合器盖上冲出的环形凸台代替后支撑环,使结构更简单,用于中型货车上。

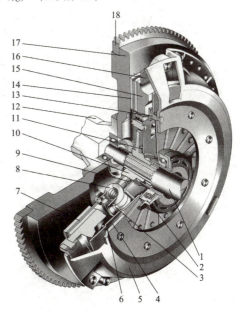

图 14-7 某轿车膜片弹簧离合器(MF 型)
1-变速器输入轴;2-离合器分离轴承;3-从动盘盖板;4-膜片弹簧;5-离合器盖;6-支撑环;7-波形片;8-减振弹簧;9-阻尼片;10-花键轴套;11-碟形弹簧;12-曲轴;13-限位铆钉;14-摩擦片;15-压盘;16-传动片;17-飞轮;18-飞轮齿圈

(3) CP 型(图 14-6i)。CP 型是将 D/DR 型中的铆钉取消,在离合器盖内边缘上伸出许多舌片(与 DST 型相似),将膜片弹簧与弹性挡环和离合器盖上冲出的环形凸台弯合在一起,结构最简单。图 14-9 所示为采用此种结构形式的某轿车膜片弹簧离合器。

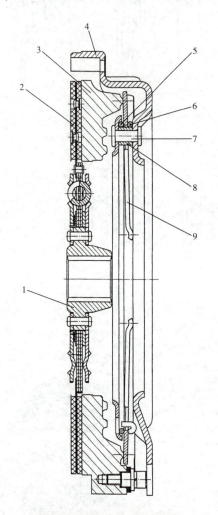

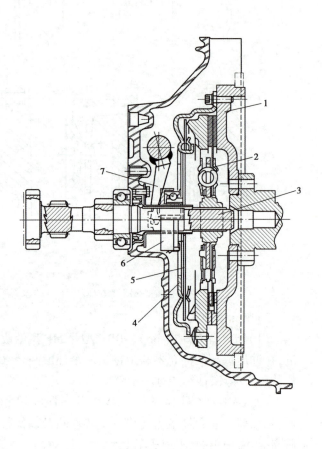

图 14-8 某中型载货汽车膜片弹簧离合器(DS 型)
1-从动盘总成;2-摩擦片;3-压盘;4-离合器盖;
5-前支撑环;6-后支撑环;7-铆钉;8-铆钉衬套;
9-膜片弹簧

图 14-9 某轿车膜片弹簧离合器(CP 型)
1-飞轮;2-从动盘;3-变速器第一轴;4-离合器盖;5-膜片弹簧;
6-分离轴承;7-分离叉

2. 拉式膜片弹簧离合器

拉式膜片弹簧离合器按安装膜片弹簧的支撑环数目不同,可分为无支撑环式和单支撑环式两种。

1) 无支撑环式

MFZ 型(图 14-10a)。MFZ 型是在冲压的离合器盖上冲出环形凸台以支撑膜片弹簧,不用支撑环,用于轿车和轻型货车上。

2) 单支撑环式

(1) DT/DTP 型(图 14-10b)。DT/DTP 型是将膜片弹簧的大端支撑在冲压离合器盖中的支撑环上,用于轿车和货车上。

(2) GMFZ型(图14-10c)。GMFZ型是将膜片弹簧的大端支撑在铸造离合器盖凹槽中的支撑环上,用于中、重型汽车上。

四、自调式膜片弹簧离合器

自调式膜片弹簧离合器(图14-11)与传统膜片弹簧离合器的区别主要在于自调式离合器增加了感应膜片弹簧5和楔形自调机构3,其膜片弹簧不像传统离合器通过支撑环和铆钉铆接在离合器盖上,而是由感应膜片弹簧和楔形自调机构中的斜楔环夹持。感应膜片弹簧为零刚度的开槽碟形弹簧,它的载荷—变形特性是当变形在压平点附近足够大范围内变化时,其载荷可保持基本不变。它装在离合器里处于预压状态,其变形量在压平点附近,故其载荷为一恒定值。

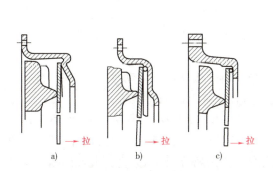

图14-10 拉式膜片弹簧离合器的结构形式示意图
a) 无支撑环式;b)、c) 单支撑环式

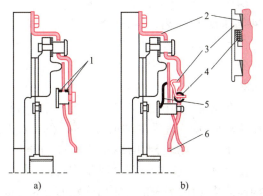

图14-11 自调式膜片弹簧离合器结构
a) 传统膜片弹簧离合器;b) 自调式膜片弹簧离合器
1—支撑环;2—离合器盖;3—楔形自调机构;4—螺旋弹簧;
5—感应膜片弹簧;6—限位块

自调式膜片弹簧离合器调整过程如图14-12所示。在新摩擦片时,由于感应膜片弹簧力 F_{Sensor} 大小设定为大于最大分离力,因此在离合器分离过程中,始终有分离力 $F_A \leqslant F_{Sensor}$,故膜片弹簧只绕其与感应膜片弹簧的接触点转动,而无轴向移动,即此时对膜片弹簧不作任何调整,工作情况与传统膜片弹簧离合器相同。当摩擦片发生磨损后,压盘左移,膜片弹簧变形量减小,工作压紧力增大,此时分离离合器的最大分离力也会增大,且 $F_{Amax} > F_{Sensor}$,当分离力 $F_A > F_{Sensor}$ 后,膜片弹簧就被压离离合器盖,这时膜片弹簧与斜楔块之间产生间隙(图14-12b)。从图14-11可见斜楔环受螺旋弹簧的载荷作用,因此被推向膜片弹簧,从而消除了前述的间隙。当膜片弹簧在分离中的变形量恢复到新摩擦片时的变形量时,就有 $F_A = F_{Sensor}$,膜片弹簧就不再左移,即回到新摩擦片时的位置,斜楔块也停止移动,自调过程结束。

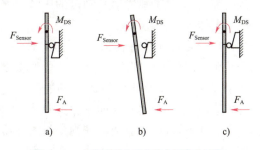

图14-12 自调式膜片弹簧离合器调整过程

第三节　螺旋弹簧离合器

目前,从膜片弹簧离合器的优势来看,其已逐步取代螺旋弹簧离合器。但由于螺旋弹簧离合器结构已成熟完善,当前在国内仍有部分载货汽车在使用此类离合器。因此本节对螺旋弹簧离合器仍给予简单介绍。

螺旋弹簧离合器分为周布螺旋弹簧离合器和中央弹簧离合器。中央弹簧离合器的压紧弹簧置于离合器的中央,一般只采用一个,也有采用轴线重合的内外两个螺旋弹簧的,而周布弹簧离合器又分为单盘式和双盘式,本节主要讲述单盘周布螺旋弹簧离合器。

图 14-13 所示为某载货汽车的单盘周布螺旋弹簧离合器的构造。发动机的飞轮 2 和压盘 16 是离合器的主动部分。离合器盖 19 和压盘之间是通过四组传动片 33 来传递转矩的。传动片用弹簧钢片制成,每组两片,其一端用铆钉 32 铆在离合器盖 19 上,另一端则用螺钉 34 与压盘连接,离合器盖用螺钉固定在发动机的飞轮上。因此压盘能随飞轮一起旋转。在离合器分离时,弹性的传动片产生弯曲变形(其两端沿离合器轴向作相对位移)。为使离合器分离时不至于破坏压盘的对中和离合器的平衡,四组传动片是相隔 90°沿圆周切向均匀分布的。

在飞轮 2 和压盘 16 之间装有一片带有扭转减振器的从动盘。从动盘毂 10 的花键孔套在从动轴(即变速器主动轴)11 前端的花键上,并可在花键上作轴向移动。

16 个沿圆周分布的螺旋弹簧 31 将压盘压向飞轮,并将从动盘夹紧在中间,使离合器处于接合状态。这样,在发动机工作时,发动机的转矩一部分将由飞轮经与之接触的摩擦片直接传给从动片;另一部分则由飞轮通过 8 个固定螺钉传到离合器盖 19,并由此经四组传动片传到压盘,最后也通过摩擦片传给从动片。从动片再将转矩通过从动盘毂的花键传给从动轴 11,由此输入变速器。

离合器须与曲轴飞轮组组装在一起进行动平衡校正。为了在拆下离合器后重新组装时保持动平衡,离合器盖与飞轮的相对角位置由定位销 17 定位。

在压紧弹簧的作用下,离合器经常处于接合状态,只有在必要时暂时分离。位于离合器内部的分离操纵机构主要有分离杠杆、带分离轴承的分离套筒和分离叉。图 14-13 所示的离合器有四个径向安装的、用薄钢板冲压制成的分离杠杆 25,其中部以支撑柱 20 孔中的浮动销 22 为支点,外端通过摆动支片 21 抵靠着压盘 16 的钩状凸起部。当在分离杠杆内端施加一个向前的水平推力时,杠杆将绕支点转动,其外端通过摆动支片推动压盘克服压紧弹簧的力而后移,从而撤除对从动盘的压紧力,于是摩擦作用消失,离合器不再传递任何转矩,即离合器转入了分离状态。

前端装有分离轴承 26(一种推力轴承)的分离套筒 28 松套在变速器第一轴轴承盖 29 的管状延伸部分的外圆面上,并在复位弹簧 27 的作用下,以其两侧的凸台平面,抵靠在分离叉 30 两股的圆弧表面上。分离叉轴的两端支撑在飞轮壳孔中的衬套内。分离叉绕其轴逆时针转动时,推动分离套筒向飞轮方向移动,对分离杠杆内端施加推力。由于离合器工作时分离套筒并不转动,而分离杠杆则是随离合器盖和压盘转动的,故为了避免二者之间的直接摩擦,在该结构中设置了推力式分离轴承。

由于该结构中的分离杠杆是刚性的,如果它的支点是简单的铰链,则当杠杆绕其支点转动时,其外端的轨迹将为一圆弧。此时如果分离杠杆的外端与压盘也是用简单铰链连接,显然分离杠杆外端只能随压盘作直线移动,而不是弧线运动,因此将产生运动干涉。为消除这一运动干涉现象,在该结构中分离杠杆的支点采用了浮动销,而与压盘之间则采用了刀口支撑形式。

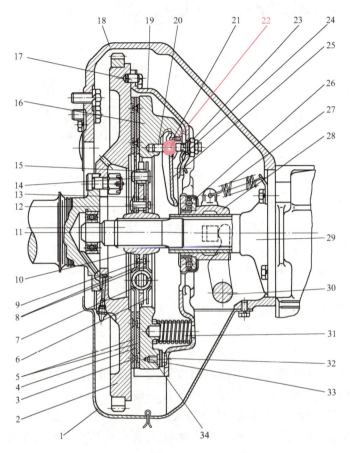

图 14-13　某载货汽车单盘周布螺旋离合器

1-飞轮壳底盖;2-飞轮;3-摩擦片铆钉;4-从动片;5-摩擦片;6-减振器盘;7-减振器弹簧;8-减振器阻尼片;9-阻尼片铆钉;10-从动盘毂;11-变速器第一轴(离合器从动轴);12-阻尼弹簧铆钉;13-减振器阻尼弹簧;14-从动盘铆钉;15-从动盘铆钉隔套;16-压盘;17-离合器盖定位销;18-飞轮壳;19-离合器盖;20-分离杠杆支撑柱;21-摆动支片;22-浮动销;23-分离杠杆调整螺母;24-分离杠杆弹簧;25-分离杠杆;26-分离轴承;27-分离套筒复位弹簧;28-分离套筒;29-变速器第一轴轴承盖;30-分离叉;31-压紧弹簧(螺旋弹簧);32-传动片铆钉;33-传动片;34-螺钉

第四节　离合器压盘的传力方式、踏板自由行程和离合器的通风散热

一、离合器压盘的传力方式

压盘是离合器的主动部分,在传递发动机转矩时,它和飞轮一起带动从动盘转动,所以它必须和飞轮连接在一起,但这种连接应允许压盘在离合器分离过程中能自由地作轴向移动,常用的连接方式如图 14-14 所示。

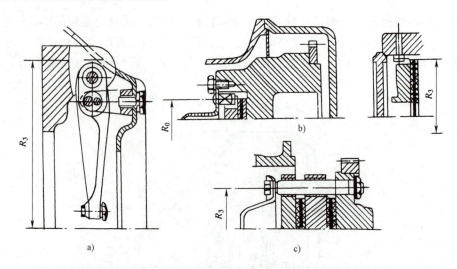

图 14-14 压盘的 3 种传力方式

在单盘离合器中常采用图 14-14a)所示的连接方式,离合器盖固定在飞轮上,在盖上开有长方形的窗口,压盘上铸有相应的凸台,凸台伸进窗口以传递转矩。在设计时,应考虑到摩擦片磨损后,压盘将向前移,因此应使凸台高出窗口以上,以保证转矩的可靠传递。单盘离合器也有采用如图 14-14b)所示的键连接方式。目前,单盘离合器压盘传力方式大多数采用传动片式。

在双盘离合器中一般采用综合式的连接方法,即中间压盘通过键,压盘则通过凸台。双盘离合器也有用销子传力的,如图 14-14c)所示,通过传力销将飞轮与中间压盘、压盘连接在一起。

传动片的保护装置对离合器的性能没有直接影响,但在结构设计上必须加以考虑,主要是在离合器盖总成安装到飞轮之前,保护传动片不被损坏。因为压盘完全靠传动片和离合器盖连接,如果安装前操作失误跌落离合器盖总成,压盘的巨大惯性超过传动片的弹性极限,就会造成一组或多组传动片永久变形或弯曲,结果会使压盘不能依靠传动片的弹性变形使之分离。典型的传动片保护装置如图 14-15 所示,14-15a)是用夹钩把压盘钩在离合器盖上,限制压盘向下运动;14-15b)把传动片延长,不使传动片成为悬臂梁,改善传动片的受力情况;14-15c)是做成特殊的铆钉,压盘向下时由离合器盖来限位。由于 14-15a)和 14-15c)对传动片的保护效果好,所以采用较多。传动片保护装置通常通过压盘铆钉和离合器盖之间的结构来保护传动片,当离合器安装完成后,保护装置则失去作用。

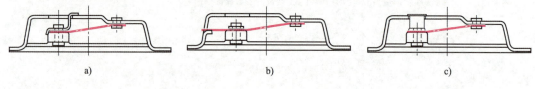

图 14-15 传动片保护装置

二、离合器踏板自由行程

由图 14-13 可以看出,从动盘摩擦片经使用磨损变薄后,在压紧弹簧作用下压盘和从动盘要向飞轮方向多移动一些距离,分离杠杆的内端相应的也要更向后一些,才能保持离合器完全接合。如果未磨损前分离杠杆内端和分离轴承之间没有预留一定间隙,则在摩擦片磨损后,离合器将因分离杠杆内端不能后移而难以完全接合,在传动时会经常出现打滑现象。这不仅减小了其所能传递的转矩数值,并且将使摩擦片和分离轴承加速磨损。因此,当离合器处于正常接合状态,分离套筒被复位弹簧拉到后极限位置时,在分离轴承和分离杠杆内端之间应留有一定量的间隙Δ,以保证摩擦片在正常磨损范围内离合器仍能完全接合。

由于上述间隙Δ的存在,驾驶人在踩下离合器踏板后,先要消除这一间隙,然后才能开始分离离合器。为消除这一间隙所需的离合器踏板行程,称为离合器踏板自由行程。图14-13中某载货汽车的离合器踏板自由行程设计值为30～40mm,并规定汽车每行驶1000km左右,要检查和调整离合器踏板的自由行程。调整的方法是拧动分离拉杆上的调整螺母,通过调整拉杆有效长度,以调整间隙Δ,从而使自由行程恢复到标准值。

在调整离合器踏板自由行程之前,必须先将4个分离杠杆内端的后端面调整到与飞轮端面平行的同一平面内。否则在离合器分离和接合过程中,压盘位置会歪斜,致使分离不彻底,并且在汽车起步时会发生颤抖现象。调整方法是拧动支撑柱上的调整螺母(参看图14-13的23)。

三、离合器的通风散热

前已述及,摩擦离合器在工作过程中将产生大量的热。此热量若不能及时散出,有关零件将因受热而导致温度过高,产生不良后果。摩擦片温升过高时,其摩擦性能将降低,严重时甚至会烧毁摩擦片;从动片如果是一个整圆盘形,可能会因温度升高而拱曲变形,影响离合器的正常工作。因此汽车离合器的从动片上开有径向的窄切口,借以预留热变形的余地。压紧弹簧如受热过度,会引起退火,压紧力降低。为此压盘上作为弹簧座的部分做成凸起的十字形肋条,以减少从压盘传导到弹簧上的热量。在另一些车型的离合器中,则在压紧弹簧和压盘之间装有石棉混合物制成的隔热垫。

为了将摩擦面间产生的热量及时散出,汽车离合器盖一般用钢板冲压成特殊形状,在其侧面与飞轮接触处有4个缺口,装合后形成4个窗口。当离合器旋转时,空气将不断地循环流动,以利于离合器通风散热。

第五节　从动盘总成和扭转减振器

从动盘总成有带扭转减振器和不带扭转减振器两种结构形式。不带扭转减振器的从动盘总成结构简单、质量轻。带扭转减振器的从动盘总成有利于提高传动系统零部件的寿命、降低噪声和使汽车起步平稳。

如图14-16所示,从动盘总成是由从动片5、摩擦片1和从动盘毂4三个基本部分组成。摩擦片铆在从动片的两个面上。

为了使离合器接合柔和,保证汽车起步平稳,从动盘总成应具有轴向弹性。具有轴向弹性装置的从动盘总成大致有如图14-17所示的3种结构形式。

(1)整体式弹性从动盘总成(图14-17a)。从动片1沿径向开槽,则外缘部分被分割成扇形块,扇形块沿周向翘曲形成波浪形。两摩擦片分别与其波峰和波谷部分铆接,因而使得从动盘总成在轴向有一定弹性。

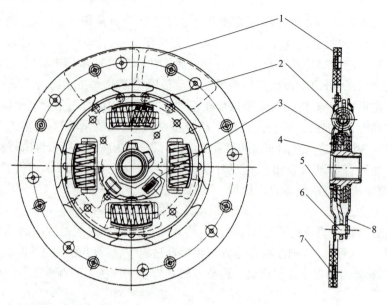

图 14-16 某轿车离合器从动盘总成

1-摩擦片;2-减振器弹簧;3-预减振装置;4-从动盘毂;5-从动片;6-从动盘铆钉;7-摩擦片铆钉;8-减振器盘

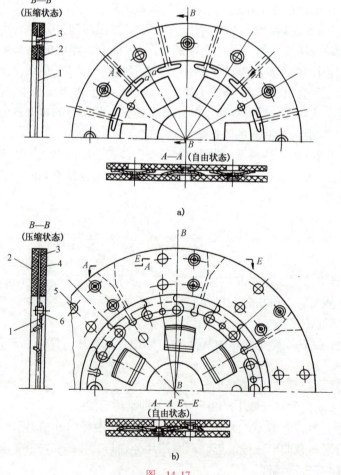

图 14-17

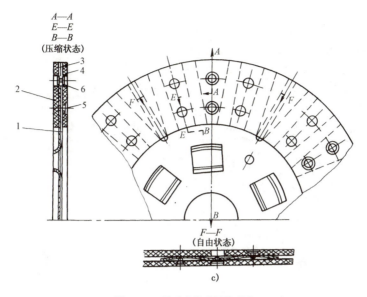

图 14-17 从动盘总成结构形式
a) 整体式弹性从动盘总成；b) 分开式弹性从动盘总成；c) 组合式弹性从动盘总成
1-从动片；2、4-摩擦片；3-波形弹簧片；5-摩擦片铆钉；6-波形弹簧片铆钉

(2) 分开式弹性从动盘总成(图 14-17b)。从动片 1 的直径做得较小,而在其外缘上铆有若干块扇状波形弹簧片 3。两摩擦片分别与波形弹簧片铆接在一起。波形弹簧片是用同一模具单独冲制而成,从而可保证每块扇状波形弹簧片的刚度一致。

(3) 组合式弹性从动盘总成(图 14-17c)。在从动片 1 靠近压盘一面上铆有波形弹簧片 3,摩擦片 4 用铆钉 5 铆在波形弹簧片 3 上。靠近飞轮一边的摩擦片 2 则直接铆在从动片 1 上。

带扭转减振器与不带扭转减振器的从动片的外缘部分(即装摩擦片的部分)的结构基本相同,带扭转减振器的从动盘总成只是在中心部分附装有扭转减振器。因而从动片与从动盘毂之间是通过减振器来传递转矩的。图 14-18a)为某载货汽车所用的从动盘总成的零件分解图。装配好的从动盘总成如图 14-18b)所示。在这种结构中,从动片 5、从动盘毂 11 和减振器盘 12 都开有 6 个矩形窗孔,在每个窗孔中装有一个减振器弹簧 6,借以实现从动片与从动盘毂之间在圆周方向上的弹性联系。减振器盘与从动片用铆钉 3 铆成一个整体,并将从动盘毂及其两侧的阻尼片 10 夹在中间,从动片及减振器盘上的窗孔有翻边,使 6 个弹簧 6 不致脱出。在从动盘毂上开有与铆钉隔套 9 相对的缺口,在缺口与隔套之间留有间隙,允许从动片与从动盘毂之间相对转动一个角度。这样的从动盘总成不工作时如图 14-19a)所示。从动盘总成工作时,两侧摩擦片 4 所受摩擦力矩首先传到从动片和减振器盘上,再经 6 个弹簧传给从动盘毂。这时弹簧被压缩(图 14-19b),借此吸收传动系统所受的冲击。传动系统中的扭转振动导致从动片 5 及减振器盘 12 同从动盘毂 11 之间作相对往复摆动,因此可依靠两阻尼片 10 与上述三者之间的摩擦来消耗扭转振动的能量,使扭转振动迅速衰减。

扭转减振器主要由弹性元件和阻尼元件组成。依据阻尼元件的不同,扭转减振器可分为以下三种类型:

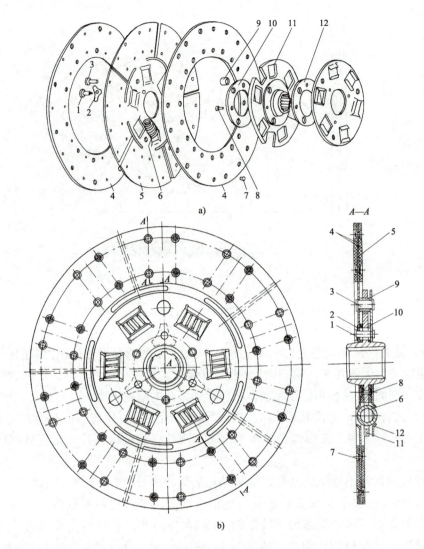

图 14-18 某载货汽车离合器从动盘总成
a) 零件分解图; b) 装配图

1-阻尼弹簧铆钉; 2-减振器阻尼弹簧(碟形弹簧); 3-从动盘铆钉; 4-摩擦片; 5-从动片; 6-减振器弹簧; 7-摩擦片铆钉; 8-阻尼片铆钉; 9-从动盘铆钉隔套(起减振器限位销作用); 10-减振器阻尼片; 11-从动盘毂; 12-减振器盘

(1) 弹簧摩擦式。图 14-19 所示为弹簧摩擦式扭转减振器。此种结构前文已作介绍,其特点是"滑动-相对静止"交替工作。弹簧摩擦式扭转减振器中的阻尼片常采用摩擦材料制成,并靠从动片与减振器盘间的连接铆钉建立正压力。这种方案结构简单,但阻尼片磨损后阻尼力矩便降低甚至消失。如图 14-18 所示,用碟形弹簧建立正压力的方法较好,可使阻尼力矩保持稳定。

(2) 液阻式。图 14-20 所示为液阻式扭转减振器。从动片 7 通过减振弹簧 3 与从动盘毂 1 弹性的连接在一起。减振弹簧 3 内装有油缸 5 和柱塞 4,油缸 5 上开有小孔 6 与充满油液的密封腔 2 相通。当从动片 7 相对从动盘毂 1 运动时,柱塞 4 也跟着在油缸 5 中作相对运动,油液在经小孔 6 的流进、流出中产生阻尼,阻尼力大小与其运动速度有关。

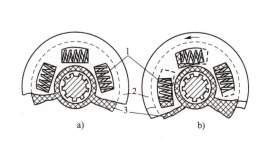
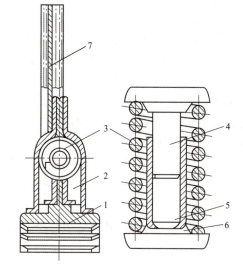

图14-19　弹簧摩擦式扭转减振器工作示意图
a) 不工作时；b) 工作时
1-减振器弹簧；2-从动片；3-减振器阻尼片

图14-20　液阻式扭转减振器
1-从动盘毂；2-密封腔；3-减振弹簧；4-柱塞；5-油缸；
6-小孔；7-从动片

（3）橡胶金属式。图14-21所示为橡胶金属式扭转减振器。其工作原理与弹簧摩擦式相似，只是由橡胶元件2本身的弹性和内阻完全代替弹簧摩擦式扭转减振器中的减振弹簧和摩擦片，因此结构非常简单，而且具有非线性特性。

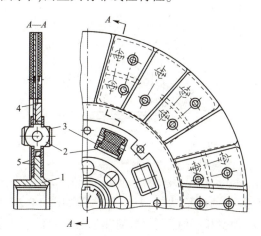

图14-21　橡胶金属式扭转减振器
1-从动盘毂；2-橡胶元件；3-金属片；4-从动片；5-减振盘

第六节　离合器操纵机构

　　离合器操纵机构是驾驶人借以使离合器分离，而后又使之柔和接合的一套机构。它起始于离合器踏板，终止于飞轮壳内的分离轴承。本节中所要讨论的主要是位于飞轮壳外面的操纵部分。

　　按照分离离合器所需的操纵能源，离合器操纵机构有人力式和气压助力式两类。前者是以驾驶人的肌体作为唯一的操纵能源。后者则是利用由发动机驱动的空气压缩机作为主要的操纵能源,驾驶人的体力则作为辅助的和后备的操纵能源。离合器操纵机构包括空气压缩机、储气罐在内的一整套压缩空气源,结构较复杂,质量也很大,故单为离合器操纵机构设置整套气源系统是不适宜的,一般都是与汽车的气压制动系统及其他气动设备共用一套压缩空气源。

为了使驾驶人能随时感知并控制离合器分离或接合的程度,气压助力装置的输出力必须与踏板力和踏板行程呈一定的递增函数关系。此外,当气压助力系统失效时,应保证仍能借助人力操纵离合器。

人力式操纵机构按所用传动装置的形式分为机械式和液压式两种。

一、机械式操纵机构

机械式操纵机构广泛应用于中、轻型汽车上。机械式操纵机构又分为杆系操纵机构(图14-22)和拉索式操纵机构(图14-23)。

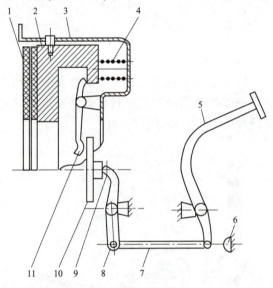

图14-22　杆系操纵机构示意图

1-从动盘;2-压盘;3-离合器盖;4-压紧弹簧;5-踏板及踏板臂;6-限位块;7-拉杆;8-摇臂;9-分离叉;10-分离轴承;11-分离杠杆

该拉索式操纵机构具有自动调整功能,其工作原理如图14-24所示。当离合器摩擦片磨损后,从理论上讲拉索必须变长,而该调整装置是通过缩短波形护套1,使拉索弧度变得较平滑,以适应拉索伸长,从而自动调整拉索长度。

离合器处于正常接合位置时,拉索9与波顿拉索弹簧2的力相平衡,锁止锥块4与锁球5有间隙,调整装置处在未被锁止状态(图14-24a)。当分离离合器时,由于踩下离合器踏板,拉索被拉紧,拉索试图在固定点A和B之间沿直线运动,而拉索波形护套的弧度阻碍这种运动趋势,致使弹簧压力增加,夹持块7随拉索上移,并带动锁球保持架6也上移,使得锁球5与锁止锥块的锥面接触,并使压力逐渐增加,最后使锁止锥块将锁球向外紧压在缸筒壁上。调整装置被锁止,这时拉索变成普通形式的拉索(图14-24b)。当放松离合器踏板时,拉索复位向下运动,夹持块被拉到锁球保持架的底面与锁球保持架同时下移,锁球脱离锁止锥面,自动调整装置被松开,离合器恢复到接合位置。

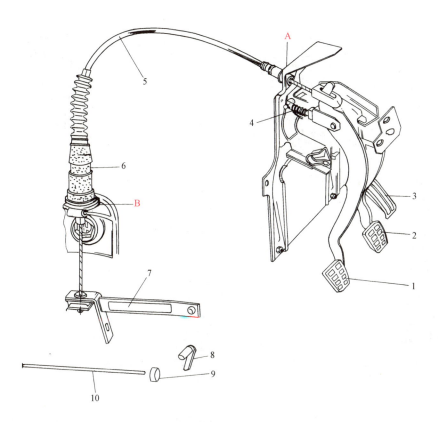

图 14-23 拉索式操纵机构示意图

1-离合器踏板;2-制动踏板;3-加速踏板;4-助力弹簧;5-拉索总成;6-拉索自动调整装置;7-离合器操纵臂;8-离合器分离臂;9-离合器分离轴承;10-离合器分离推杆

当离合器从动盘摩擦片磨损变薄后,拉索在离合器初始的接合状态下,向下多移动一段距离,夹持块带动锁球保持架一同向下移动一段距离,锁球保持架弹簧3被压缩,迫使锁止锥块和与其相连接的波形护套向下运动,波顿拉索弹簧被压缩,使调整装置处在新的平衡位置,实现了拉索长度的自动调整。

杆系操纵机构的缺点是关节较多,因而摩擦损失较大,而且它的工作还会受到车身或车架变形的影响。拉索式操纵机构可消除上述缺点,同时它还便于布置,并有可能采用便于驾驶人操纵的吊挂式踏板。但是拉索寿命较短,拉伸刚度较小,故最适用于轻型和微型汽车,也适用于后置发动机的汽车。

机械式操纵机构结构较简单,制造成本低,故障少,但其机械效率低,而且拉伸变形会导致踏板行程损失过大。

二、液压式操纵机构

液压式操纵机构主要由主缸、工作缸及管路系统组成,如图 14-25 所示。液压式操纵机构具有摩擦阻力小、质量小、布置方便、接合柔和等优点,并且不受车身车架变形的影响,因此应用较为广泛。

液压式操纵机构的工作过程

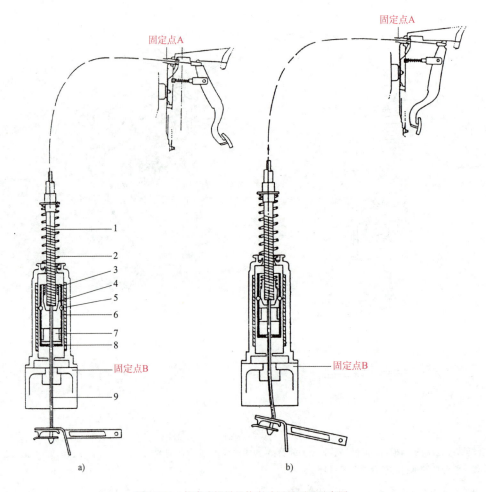

图 14-24 拉索式操纵机构自动调整原理示意图

1-波形护套；2-波顿拉索弹簧；3-保持架弹簧；4-锁止锥块；5-锁球；6-锁球保持架；7-夹持块；8-缸筒；9-拉索

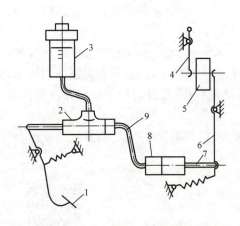

图 14-25 离合器液压式操纵机构示意图

1-离合器踏板；2-主缸；3-储液室；4-分离杠杆；5-分离轴承；6-分离叉；7-推杆；8-工作缸；9-油管

某轿车离合器的液压操纵机构如图 14-26 所示。在离合器踏板 1 与离合器分离板 7 之间有主缸 11 和工作缸 6。主缸和工作缸用高压油管 10 连接。分离板推杆一端顶在分离板的凹槽内，另一端伸入工作缸活塞内。此外，该轿车离合器的液压操纵机构在离合器踏板的另一端装有踏板助力(复位)弹簧 2，使离合器操纵更加轻便。

踩下离合器踏板 1，主缸推杆 12 左移，推动主缸活塞前移，使主缸前腔油压升高，高压油沿油管 10 进入工作缸，并推动工作缸中的活塞前移，活塞推动其前端的分离板推杆，推杆顶推离合器分离板 7，迫使分离轴承 9 推压膜片弹簧，促使离合器分离。

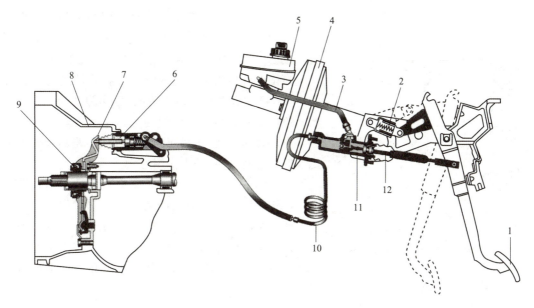

图 14-26 某轿车离合器液压操纵机构

1-离合器踏板;2-踏板助力(复位)弹簧;3-低压油管;4-真空助力器;5-储液罐;6-工作缸;7-离合器分离板;8-变速器壳体;9-离合器分离轴承;10-高压油管;11-主缸;12-主缸推杆

某公司全液压式离合器操作机构(图14-27)采用中心式工作缸,工作缸与变速器输入轴同轴,同前述的液压操作机构相比省去了分离叉,使结构简化,效率高。图14-28为全液压式离合器操作机构示意图。

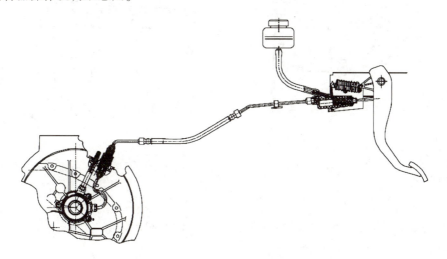

图 14-27 全液压式离合器操作机构(中心式工作缸)

为了既减小所需离合器踏板力,又不致因传动装置的传动比过大而加大踏板行程,在一些中、重型货车上和某些轿车上采用了离合器踏板的助力装置。

图14-29所示为某重型汽车离合器液压操纵机构中所采用的弹簧助力装置。助力弹簧4的两端分别挂在固定于支架3和三角板6上的两支撑销上。三角板可以绕其轴销5转动。

当离合器踏板完全放松,离合器处于接合位置时,助力弹簧的轴线位于三角板轴销5的下方。当踩下踏板时,通过调整杆2推动三角板绕其轴销5逆时针转动。这时,助力弹簧的

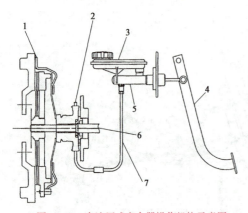

图 14-28 全液压式离合器操作机构示意图

1-离合器总成；2-带分离轴承的中心式工作缸；3-主缸储液罐；4-离合器踏板；5-主缸；6-变速器输入轴；7-液压管路

拉力对轴销的力矩实际上是阻碍踏板和三角板运动的反力矩。这个反力矩随着离合器踏板下移而减小。当三角板转到使弹簧轴线通过轴销中心时，弹簧助力矩为零。踏板继续下移到使助力弹簧轴线位于三角板轴销的上方时，助力弹簧的拉力对三角板轴销的力矩方向便转为与踏板力对踏板轴的力矩方向一致，从而起到助力作用。当踏板处于最低位置时，这一助力作用最大。

图 14-30 所示为某轿车离合器的拉索式操纵机构中所采用的弹簧助力装置。其工作原理与上述弹簧助力装置相同。但是，该结构中的助力弹簧 1 是压缩弹簧，弹簧的一端支撑在固定支架的销轴 A 上，另一端支撑在活动销轴 B 上。销轴 B 通过连杆与离合器踏板轴 C 连接。

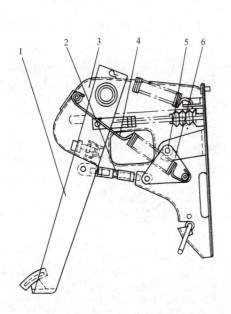

图 14-29 某重型汽车离合器踏板的弹簧助力装置

1-踏板；2-调整杆；3-支架；4-助力弹簧；5-三角板轴销；6-三角板

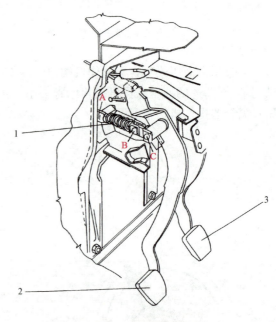

图 14-30 某轿车离合器踏板的弹簧助力装置

1-助力弹簧；2-离合器踏板；3-制动踏板

离合器处于接合状态时，销轴 B 的轴心位于销轴 A 的轴心与踏板轴 C 的轴心连线的下方。当踩下离合器踏板 2 时，销轴 B 围绕踏板轴 C 转动，当销轴 B 的轴心转到销轴 A 的轴心、销轴 B 的轴心、踏板轴 C 的轴心位于同一条直线上时，助力装置处在死点位置，助力弹簧不起作用。继续踩下离合器踏板时，销轴 B 的轴心转到销轴 A 的轴心与踏板轴 C 的轴心连线的上方，则处在压缩状态的助力弹簧推动离合器踏板绕踏板轴 C 顺时针转动，给踏板一个附加作用力，该作用力对踏板轴 C 的力矩方向与踏板力对踏板轴 C 的力矩方向一致，从而减轻了驾驶人对踏板的操纵力。

当驾驶人松开离合器踏板时,随着离合器踏板的复位,销轴B的轴心又转回到销轴A的轴心与踏板轴C的轴心连线的下方时,处于压缩状态的助力弹簧又推动离合器踏板绕踏板轴C逆时针转动,促使离合器踏板快速复位。

上述两种助力装置的助力弹簧的助力作用都存在由负变正的过程,这一过程是可以容许的,这是因为在离合器踏板的前段行程中,离合器压紧弹簧的压缩量和压缩力还不大,故所造成的踏板阻力与助力弹簧造成的踏板附加阻力的总和也在容许的范围内。在踏板的后段行程中,压紧弹簧压缩量和相应的作用力继续增加到最大值。在离合器彻底分离以后,为了变速器换挡或制动,往往需要在一段时间内将踏板保持在这一最低位置,而这正是导致驾驶人疲劳的主要原因。所以,正是在后一段踏板行程中最需要助力。弹簧助力装置的助力效果不大,一般只能降低踏板力25%~30%,而且,助力弹簧在踏板后段行程中放出的能量,正是在踏板前段行程中驾驶人对它所做的功转化而成的。由此可见,弹簧式助力装置仍然属于人力操纵范畴。

第十五章　变速器与分动器

第一节　变速器的功用和类型

一、变速器的功用和组成

现代汽车上广泛采用活塞式内燃机作为动力源,其转矩和转速变化范围较小,而复杂的使用条件则要求汽车的驱动力和车速能在相当大的范围内变化。为解决这一矛盾,在传动系统中设置了变速器。

变速器的功用是:

(1)改变传动比,扩大驱动轮转矩和转速的变化范围,以适应经常变化的行驶条件(如起步、加速、上坡等),同时使发动机在有利(功率较高而耗油率较低)的工况下工作。

变速器的功用

(2)在发动机曲轴旋转方向不变的前提下,使汽车能倒退行驶。

(3)利用空挡中断动力传递,以使发动机能够起动、怠速,并便于变速器换挡或进行动力输出。

变速器由变速传动机构和操纵机构组成,根据需要,还可加装动力输出器。

二、变速器的类型

(1)按传动比变化方式,变速器可分为有级式、无级式和综合式三种,见表15-1。

变速器按照传动比变化方式分类　　　　表15-1

类　型	传　动　比	具体形式	传动部件	应　用
有级式变速器	具有若干个定值传动比	轴线固定式和轴线旋转式	齿轮传动	轿车和货车
无级式变速器	传动比在一定范围内可作无限多级变化	电力式和液力式(动液式)	直流串激电动机和液力变矩器	超重型自卸车
综合式变速器	在间断的范围内作无级变化	—	液力变矩器和齿轮式有级变速器	应用广泛

有级式变速器通常有3~5个前进挡和一个倒挡,在重型货车用的组合式变速器中,则有更多挡位。所谓变速器挡数,均指前进挡位数。

(2)按操纵方式,变速器又可分为手动操纵式、自动操纵式和半自动操纵式三种。

手动操纵式变速器靠驾驶人用手操纵变速杆换挡,为大多数汽车所采用。

自动操纵式变速器的传动比选择(即换挡)是自动进行的,即挡位的变换是借助反映发动机负荷和车速的信号系统来控制换挡系统的执行元件实现的,驾驶人只需操纵加速踏板即可控制车速。

半自动操纵式变速器有两种形式。一种是常用的几个挡位自动操纵,其余挡位则由驾驶人操纵;另一种是预选式,即驾驶人预先用按钮选定挡位,在踩下离合器踏板或松开加速踏板时,自动接通电磁装置或液压装置来进行换挡。

在<u>多轴驱动</u>的汽车上,变速器之后一般还装有<u>分动器</u>,以便把转矩分别输送给各驱动桥。

本章介绍的是手动操纵的有级式变速器,以普通齿轮式变速器为主,并简单介绍组合式变速器和分动器。液力变矩器和行星齿轮变速器将在第十六章"自动变速器"中阐述。

第二节　变速器的变速传动机构

普通齿轮式变速器也称轴线固定式变速器(以下简称变速器),它按照变速器传动齿轮轴的数目,可分为两轴式变速器和三轴式变速器(也称中间轴式变速器)。

手动齿轮变速器的类型

一、两轴式变速器

两轴式变速器的动力传递主要依靠两根相互平行的轴(输入轴和输出轴)完成。此外,还有一根比较短的倒挡轴以帮助汽车实现倒退行驶。动力从输入轴(第一轴)输入,经一对齿轮传动后,直接由输出轴(第二轴)输出。它的变速原理以某型轿车采用的五挡变速器(具有五个前进挡、一个倒挡)为例来说明。图 15-1 所示为该变速器的结构。它的壳体分为三段,在变速器壳体 5 的前面有离合器壳体 11,后面有后壳体 28。输入轴 13 的前后两端分别利用滚针轴承 12 和球轴承 2 支撑在变速器壳体上,在轴上加工出 2 挡、倒挡和 1 挡主动齿轮 8、9、10,轴前部加工出花键与离合器的从动盘毂连接。3、4、5 挡主动齿轮 7、3、1 上加工出接合齿圈,通过滚针轴承空套在输入轴上。滚针轴承(图中未示出)的保持架有切口且有弹性,便于装配。输出轴 24 由三个轴承支撑,前端的两个圆锥滚子轴承 14、15 大端向内布置在主减速器主动小齿轮 16 的两侧,分别支撑在变速器壳体的前部和离合器壳体上,承受着轴向力并提高了主动小齿轮的支承刚度,后端采用圆柱滚子轴承 27 支撑在变速器壳体的后部。1、2 挡从动齿轮 18、20 空套在输出轴上,其上加工有接合齿圈,3、4、5 挡从动齿轮 21、23 和 25 通过花键和轴用挡圈与输出轴固定在一起,而输出轴上的倒挡从动齿轮 19 与 1、2 挡的接合套做成一体,节省了轴向空间。接合套 4、29 以及 19 分别套在各自花键毂的外面。花键毂(图中未示出)以其内花键与轴上的外花键紧配合,并且不能作轴向移动(用卡环限位),其外圆表面上均制有与其相邻齿轮的接合齿圈齿形完全相同的外花键,分别与相应的具有内花键的接合套相接合。接合套可在花键毂上轴向滑动。

为实现汽车的倒退行驶,在输入轴的一侧还设置了一根较短的倒挡轴(图中未示出)。倒挡轴的两端支撑在变速器壳体上,在支撑位置处加工有一个径向小孔,从壳体底部拧入一个螺钉使头部卡在小孔上,防止其转动和轴向移动。倒挡中间齿轮空套在该轴上(不用滚针轴承),可轴向滑动,空挡时与输入轴和输出轴的倒挡齿轮不在同一平面上。

为了减少摩擦引起的零件磨损及功率损耗,须在壳体内注入润滑油。该结构采用飞溅润滑方式润滑各齿轮副、轴与轴承等零件的工作表面,因此后壳体上开有加油口,壳体底部有放油塞 26。油面高度即由加油口位置控制,一般应超过输出轴的中心线。工作时齿轮转动将润滑油甩起来,使变速器内部充满油雾和油滴,实现对各工作表面的润滑。为防止润滑油从输入轴与轴承盖之间的间隙流入离合器而影响其摩擦性能,在轴承盖内安装了油封总成,轴承盖内孔中有回油槽,可以防止漏油。为防止变速器工作时由于油温升高气压增大而造成润滑油渗漏现象,在变速器壳体上面装有通气塞6。

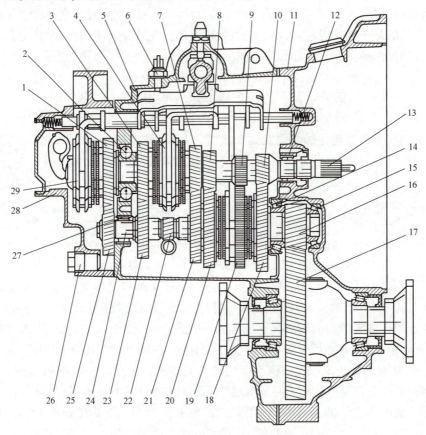

图 15-1　某型轿车五挡变速器结构

1-输入轴5挡齿轮;2、12、14、15、27-轴承;3-输入轴4挡齿轮;4、29-接合套;5-变速器壳体;6-通气塞;7-输入轴3挡齿轮;8-输入轴2挡齿轮;9-输入轴倒挡齿轮;10-输入轴1挡齿轮;11-离合器壳体;13-输入轴;16-主减速器主动齿轮;17-主减速器从动齿轮;18-输出轴1挡齿轮;19-输出轴倒挡齿轮;20-输出轴2挡齿轮;21-输出轴3挡齿轮;22-车速里程表传动齿轮;23-输出轴4挡齿轮;24-输出轴;25-输出轴5挡齿轮;26-放油塞;28-后壳体

图15-2所示为该轿车变速器的传动示意图。空挡情况下,当输入轴19旋转时,固定在轴上的齿轮16、17、18以及常啮合齿轮32、22一起转动。由于各挡位的传动齿轮中总有一个是空套在轴上的,因此输出轴21不能被驱动。要想输出动力,必须利用换挡机构挂上相应的挡位。

变速器常用的换挡方式有<u>直齿滑动齿轮换挡</u>、<u>接合套换挡</u>和<u>同步器换挡</u>。直齿滑动齿轮换挡方式的结构简单,但换挡时相互接合的轮齿之间由于速度不同将产生很大的冲击,容易破坏齿轮,一般只用于倒挡。接合套换挡方式是利用接合套的内花键与齿轮接合齿圈相接合实现换挡的,减少了冲击,并可将输入轴和输出轴上相啮合的传动齿轮制成常啮合的斜齿轮,从而减小变速器工作时的噪声。同步器是一种加装了一套同步装置的接合套换挡机构,其同步装置可使变速器在汽车行进中换挡时不发生齿间冲击,其结构和工作原理将在第二节中阐述。在该变速器中,除倒挡采用直齿滑动齿轮换挡外,其余各挡均采用同步器换挡。常啮合斜齿轮副的主动齿轮都是右旋,从动齿轮都是左旋。

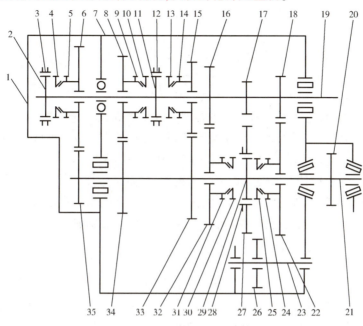

图 15-2 五挡变速器传动示意图

1-后壳体;2、11、29-花键毂;3、12、28-接合套;4-5 挡同步器锁环;5-5 挡齿轮接合齿圈;6-输入轴 5 挡齿轮;7-变速器壳体;8-输入轴 4 挡齿轮;9-4 挡齿轮接合齿圈;10-4 挡同步器锁环;13-3 挡同步器锁环;14-3 挡齿轮接合齿圈;15-输入轴 3 挡齿轮;16-输入轴 2 挡齿轮;17-输入轴倒挡齿轮;18-输入轴 1 挡齿轮;19-输入轴;20-主减速器主动齿轮;21-输出轴;22-输出轴 1 挡齿轮;23-倒挡轴;24-1 挡齿轮接合齿圈;25-1 挡同步器锁环;26-倒挡中间齿轮;27-输出倒挡齿轮;30-2 挡同步器锁环;31-2 挡齿轮接合齿圈;32-输出轴 2 挡齿轮;33-输出轴 3 挡;34-输出轴 4 挡;35-输出轴 5 挡齿轮

欲换上 1 挡,可操纵变速杆,通过操纵机构使拨叉推动接合套 28 右移,使其内花键的右半部分穿过 1 挡同步器锁环 25 的花键齿圈与输出轴 1 挡齿轮 22 的接合齿圈 24 接合,而其左半部分仍然与花键毂相接合,这样动力便可从输入轴依次经齿轮 18 和 22、接合齿圈 24、接合套 28 以及花键毂 29,传给输出轴 21 输出。1 挡传动比为:

$$i_1 = \frac{z_{22}}{z_{18}} = \frac{38}{11} \approx 3.45$$

式中,z 表示齿轮齿数,其下标数字表示各齿轮在图中的标号,以下同此。第 1 挡指的是传动比最大的前进挡,以下类推。

欲脱开 1 挡,可通过拨叉使接合套 28 左移,与接合齿圈 24 脱离啮合,则变速器退回空挡位置。

欲换上 2 挡,可通过拨叉使接合套 28 左移,使之穿过 2 挡同步器锁环 30 的花键齿圈与输出轴 2 挡齿轮接合齿圈 31 接合后,变速器便从 1 挡换入了 2 挡。此时,动力从输入轴依次经齿轮 16 和 32、接合齿圈 31、接合套 28 及花键毂 29,最后传给输出轴。其传动比为:

$$i_2 = \frac{z_{32}}{z_{16}} = \frac{35}{18} \approx 1.94$$

同理,使接合套 12 右移到与接合齿圈 14 接合,则可得到 3 挡,其传动比为:

$$i_3 = \frac{z_{33}}{z_{15}} = \frac{37}{27} \approx 1.37$$

若使接合套 12 左移到与接合齿圈 9 接合,则换入 4 挡,其传动比为:

$$i_4 = \frac{z_{34}}{z_8} = \frac{32}{31} \approx 1.03$$

5 挡通过齿轮 6、35 将动力传给输出轴,其传动比为:

$$i_5 = \frac{z_{35}}{z_6} = \frac{34}{40} = 0.85$$

因 $i_5 < 1$,该挡称为超速挡。超速挡主要用于在良好路面上轻载或空载行驶的场合,以提高汽车的燃油经济性。但如果发动机功率不高,则超速挡使用率很低,节油效果不明显,甚至影响汽车的动力性。超速挡的传动比一般为 0.7~0.85。

欲换倒挡时,通过倒挡拨叉使倒挡中间齿轮 26 左移,与倒挡齿轮 17、27 同时啮合,即得到倒挡。动力从输入轴经齿轮 17、26、27 和花键毂 29 传到输出轴。由于增加了一级齿轮传动,输出轴的旋转方向与换前进挡时的旋转方向相反,汽车便倒退行驶。倒挡传动比为:

$$i_R = \frac{z_{27}}{z_{26}} \times \frac{z_{26}}{z_{17}} \times = \frac{38}{20} \times \frac{20}{12} \approx 3.17$$

i_R 的数值较大,一般与 i_1 相近。这是考虑到安全性,希望倒车时速度尽可能低些。

两轴式变速器的结构简单、紧凑,容易布置。它多用于发动机前置前轮驱动(FF)方案或发动机后置后轮驱动(RR)方案的普通级和中级轿车上。

二、三轴式变速器

三轴式变速器主要有三根轴:**第一轴(输入轴)**、**中间轴**和**第二轴(输出轴)**。第一轴和第二轴在同一轴线上,并且与中间轴平行。此外,还有一根倒挡轴。图 15-3 所示为某型汽车六挡变速器结构。

第一轴 1 的前端用向心球轴承支撑在飞轮的中心孔内,借离合器与发动机曲轴相连,其后端则利用圆柱滚子轴承支撑在变速器壳体 39 上。第二轴 28 的前端用滚针轴承支撑在第一轴齿轮 2 的内圆孔中,后端也是用圆柱滚子轴承支撑在变速器壳体上,并在轴的后端花键上装有凸缘 29 与万向传动装置相连。中间轴 30 的两端也采用圆柱滚子轴承。倒挡轴 47 用锁片固定在壳体上,防止其转动和轴向移动。

齿轮 2 与第一轴制成一体,与齿轮 40 构成常啮合传动齿轮副。齿轮 33、35、36、37、45 与第二轴制成一体,齿轮 38 和 40 固定在中间轴上,而齿轮 8、9、16、17、22 和 25 则空套在第二轴上。倒挡中间齿轮 46 空套在倒挡轴上,齿宽较长,同时与中间轴和第二轴上的倒挡齿轮啮合。花键毂(13、32、34 和 41)、接合套(5、12、20 和 23)以及齿轮接合齿圈(3、7、10、15、18、21 和 24)的结构、连接方式和工作原理与两轴式变速器的基本相同。在该变速器中,1、倒挡采用的是接合套换挡,其余各挡均使用同步器换挡,2 挡使用锁销式同步器,3~6 挡使用锁环式同步器。

由于各个挡位利用同步器和接合套换挡,第二轴和中间轴的轴向尺寸较大。为了提高轴的支撑刚度和轴承的承载能力,采用了多个圆柱滚子轴承。但它的接触线长,滚动阻力较大,汽车在长时间、大负荷的运动中,易产生发热现象,严重时轴承可能被烧毁,故应加强变速器的润滑。与圆锥滚子轴承相比,采用圆柱滚子轴承省去了调整轴承预紧度的烦琐操作。

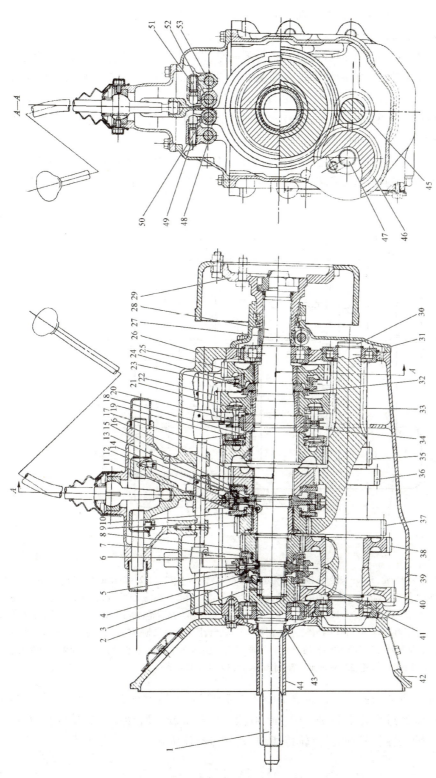

图15-3 某型汽车六档变速器结构

1-第一轴;2-第一轴常啮合传动齿轮;3-第一轴齿轮接合齿圈;4-6挡同步器接合齿圈;5,12,20,23-接合套;6-5挡同步器锁环;7-5挡齿轮接合齿圈;8-第二轴5挡齿轮;9-第二轴4挡齿轮;10-4挡同步器锁环;11-4挡齿轮接合齿圈;13,32,34,41-花键毂;14-3挡同步器锁环;15-3挡齿轮接合齿圈;16-第二轴3挡齿轮;17-第二轴;18-2挡齿轮接合齿圈;19-2挡同步器锁环;21-1挡齿轮接合齿圈;22-倒挡接合齿圈;24-倒挡齿轮;25-第二轴倒挡齿轮;26-变速器盖;27-车速表驱动蜗杆;28-第二轴凸缘;29-第二轴;30-中间轴;31-变速器后盖;33-中间轴1挡齿轮;35-中间轴2挡齿轮;36-中间轴3挡齿轮;37-中间轴4挡齿轮;38-中间轴5挡齿轮;39-变速器壳体;40-中间轴常啮合传动齿轮;42-飞轮壳;43-第一轴油封;44-第一轴承盖;45-中间轴倒挡齿轮;46-倒挡中间齿轮;47-倒挡轴;48-倒挡拨叉轴;49-倒挡锁销;50-1,2挡拨叉轴;51-5,6挡锁销;52-3,4挡拨叉轴;53-5,6挡拨叉轴

与两轴式变速器相同,它的润滑方式采用的也是飞溅润滑。壳体一侧有加油口,底部有放油塞。在第一轴常啮合齿轮2和第二轴上的齿轮9、17上钻有径向油孔,齿轮8、16、22、25的轮毂端面开有径向油槽,以便润滑所在部位的滚针轴承。为防止润滑油从第一轴与轴承盖44之间的间隙流入离合器,在轴承盖内安装了第一轴油封43,并且在壳体上开有回油孔,可以防止轴承与轴承盖之间润滑油积累过多而漏油。为防止润滑油从第二轴后端流到中央制动器的工作表面上,在变速器后盖31内也装有橡胶油封,并在各轴承盖、后盖、上盖等接合面间装入密封纸垫,防止漏油。此外,在变速器盖上装有通气塞,以防止变速器工作时由于油温升高、气压增大而造成润滑油渗漏现象。

图15-4为六挡变速器的传动示意图,图示为空挡位置。当第一轴旋转时,通过齿轮2和38带动中间轴及其上的各齿轮旋转。由于齿轮8、9、16、17、22和25是空套在第二轴上的,故第二轴并不转动。

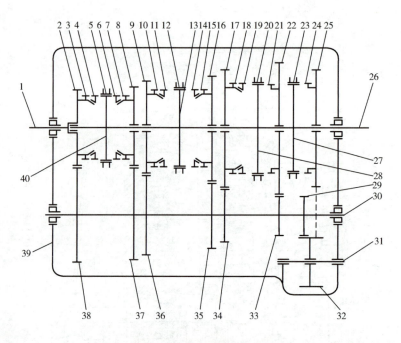

图15-4 六挡变速器传动示意图

1-第一轴;2-第一轴常啮合传动齿轮;3-第一轴齿轮接合齿圈;4-6挡同步器锁环;5、12、20、23-接合套;6-5挡同步器锁环;7-5挡齿轮接合齿圈;8-第二轴5挡齿轮;9-第二轴4挡齿轮;10-4挡齿轮接合齿圈;11-4挡同步器锁环;13、27、28、40-花键毂;14-3挡同步器锁环;15-3挡齿轮接合齿圈;16-第二轴3挡齿轮;17-第二轴2挡齿轮;18-2挡齿轮接合齿圈;19-2挡同步器锁环;21-1挡齿轮接合齿圈;22-第二轴1挡齿轮;24-倒挡齿轮接合齿圈;25-第二轴倒挡齿轮;26-第二轴;29-中间轴倒挡齿轮;30-中间轴;31-倒挡轴;32-倒挡中间齿轮;33-中间轴1挡齿轮;34-中间轴2挡齿轮;35-中间轴3挡齿轮;36-中间轴4挡齿轮;37-中间轴5挡齿轮;38-中间轴常啮合传动齿轮;39-变速器壳体

欲换1挡时,通过拨叉向右移动接合套20,使之与第二轴1挡齿轮22的接合齿圈21接合,这样动力从第一轴经过齿轮2和38、中间轴30、齿轮33和22、接合齿圈21、接合套20和花键毂28传给第二轴,其间经过两对齿轮传递动力,其传动比为:

$$i_1 = \frac{z_{38}}{z_2} \times \frac{z_{22}}{z_{33}} = \frac{43}{22} \times \frac{43}{11} \approx 7.640$$

向左或向右拨动接合套5、12、20,可换上2~5挡。与1挡相同,它们都通过两对齿轮传递动力,传动比分别为:

$$i_2 = \frac{z_{38}}{z_2} \times \frac{z_{17}}{z_{34}} = \frac{43}{22} \times \frac{47}{19} \approx 4.835$$

$$i_3 = \frac{z_{38}}{z_2} \times \frac{z_{16}}{z_{35}} = \frac{43}{22} \times \frac{38}{26} \approx 2.857$$

$$i_4 = \frac{z_{38}}{z_2} \times \frac{z_9}{z_{36}} = \frac{43}{22} \times \frac{32}{33} \approx 1.895$$

$$i_5 = \frac{z_{38}}{z_2} \times \frac{z_8}{z_{37}} = \frac{43}{22} \times \frac{26}{38} \approx 1.337$$

若使接合套5左移到与第一轴齿轮2的接合齿圈3接合,则换入6挡,此时动力从第一轴经齿轮2、接合齿圈3、接合套5和花键毂40直接传给第二轴,这种挡位称为**直接挡**。因为直接挡不经过齿轮传动,故它的**传动效率最高**,其传动比为:

$$i_6 = 1$$

倒挡中间齿轮32同时与第二轴倒挡齿轮25和中间轴倒挡齿轮29啮合,为常啮合斜齿轮,随第一轴一起转动。若使接合套23右移与接合齿圈24接合,即得到倒挡。动力从第一轴经过齿轮2、38,中间轴30,齿轮29、32、25,接合齿圈24,接合套23和花键毂27传到第二轴,实现汽车倒向行驶。倒挡传动比为:

$$i_R = \frac{z_{38}}{z_2} \times \frac{z_{32}}{z_{29}} \times \frac{z_{25}}{z_{32}} = \frac{43}{22} \times \frac{23}{11} \times \frac{40}{23} \approx 7.107$$

与两轴式变速器相比较,三轴式变速器的各挡多了一对齿轮传动,因而机械效率较低,噪声变大;但它的直接挡机械效率最高,而两轴式变速器是不可能有直接挡的。三轴式变速器适用于传统的发动机前置后轮驱动的布置形式,广泛应用于中、轻型货车上。

利用接合套换挡的普通齿轮式变速器,由于接合套与齿圈的接合长度较短,同时汽车行驶时需要经常换挡,频繁拨动接合套将使齿端发生磨损。这样,在汽车行驶中可能会因振动造成接合套与齿圈脱离啮合,即发生自动跳挡。因此,变速器在结构上应采取措施,保证汽车在行驶中不出现自动跳挡的现象。防止自动跳挡的结构措施有多种形式。现简述如下3种:

(1) **齿端制成倒斜面**。前述的六挡变速器采用的就是这种结构(图15-5)。在该变速器的所有接合齿圈及同步器接合套齿的端部两侧都制有倒斜面。当同步器的接合套2左移与接合齿圈1接合时(图示位置),接合齿圈将转矩传到接合套齿的一侧,再经接合套齿的另一侧传给花键毂3。由于接合齿圈1与接合套2齿端部为斜面接触,则齿圈对接合套便产生了垂直斜面的正压力N,其分力分别为F和Q,向左的分力Q即为防止跳挡的轴向力。

齿端的倒斜面是在接合齿圈及接合套的花键齿加工完毕后,利用专用机床挤压成型,最后进行热处理制成的。其制造方法简单、使用可靠。

(2) **花键毂齿端的齿厚切薄**。在某型汽车使用的5挡变速器中,2、3挡与4、5挡同步器花键毂 3 的两端,齿厚各减薄 0.3~0.4mm,使各牙齿中部形成一凸台(图 15-6)。当同步器的接合套左移与接合齿圈接合时(图示位置),接合齿圈 1 将转矩传到接合套 2 的一侧,再由接合套的另一侧传给花键毂。由于接合套齿的后端被花键毂齿中部的凸台挡住,在相互接触的斜面上作用有正压力 N,其轴向分力 Q 即为防止跳挡的阻力。

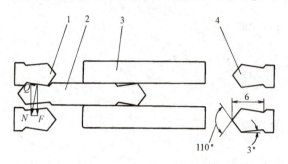

图 15-5 齿端制成倒斜面的结构形式示意图
1、4-接合齿圈;2-接合套;3-花键毂;F-圆周力;N-倒锥齿面正压力;Q-防止跳挡的轴向力

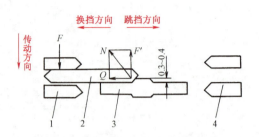

图 15-6 齿端齿厚切薄的结构形式示意图
1、4-接合齿圈;2-接合套;3-花键毂;F'-凸台斜面正压力的圆周分力($F = F'$);N-凸台与接合套之间的正压力;Q-防止跳挡的轴向力

(3) 接合套齿端形成凸肩。接合套齿与接合齿圈齿超越接合(图 15-7a)或两接合齿的接合位置互相错开(图 15-7b)。这样在接合时,使接合套齿端部超过接合齿圈齿端部 2~3mm。使用中因接触部分挤压和磨损,会在接合套齿端部形成凸肩,以阻止接合套自动退出接合,从而防止了自动跳挡。

三、组合式变速器

重型货车的装载质量大,使用条件复杂。欲保证重型车有良好的动力性、经济性和加速性,必须扩大传动比范围并增多挡数。为避免变速器结构过于复杂和便于系列化生产,多采用组合式变速器,即以 4 挡或 5 挡变速器为主体,通过更换齿轮副和配置不同副变速器(一般为两挡)的方法,使变速器获得更多的挡数和更宽广的传动比变化范围。副变速器传动比较大时,多置于主变速器之后,以利于减小主变速器的质量和尺寸。目前,组合式变速器已成为重型车变速器的主要形式。

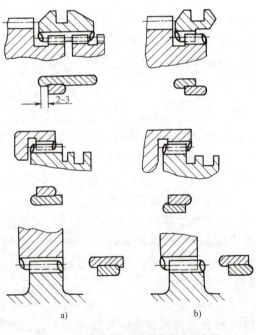

图 15-7 齿端形成凸肩的结构形式示意图

图 15-8 为某重型汽车采用的装有后置副变速器的变速器传动机构示意图。该变速器采用了双中间轴结构,提高了可靠性,同时缩小了变速器的轴向尺寸和传动轴的安装倾角。它的主变速器不带同步器,副变速器采用了同步器。为了表示方便,只画出对称布置的两根中间轴中的一根。

第十五章 变速器与分动器

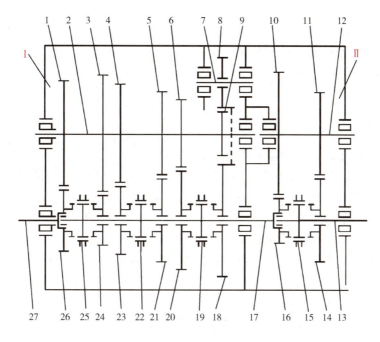

图 15-8 某变速器传动机构示意图(副变速器后置)

1-主变速器中间轴常啮合齿轮；2-主变速器中间轴；3-中间轴 5 挡齿轮；4-中间轴 3 挡齿轮；5-中间轴 2 挡齿轮；6-中间轴 1 挡齿轮；7-倒挡轴；8-倒挡传动齿轮；9-中间轴倒挡齿轮；10-副变速器中间轴常啮合齿轮；11-中间轴低速挡传动齿轮；12-副变速器中间轴；13-副变速器输出轴；14-副变速器输出轴低速挡传动齿轮；15-副变速器高、低挡接合套；16-副变速器输入轴常啮合齿轮；17-副变速器输入轴(主变速器输出轴)；18-输出轴倒挡齿轮；19-1、倒挡接合套；20-输出轴 1 挡齿轮；21-输出轴 2 挡齿轮；22-2、3 挡接合套；23-输出轴 3 挡齿轮；24-输出轴 5 挡齿轮；25-4、5 挡接合套；26-主变速器输入轴常啮合齿轮；27-主变速器输入轴；Ⅰ-主变速器；Ⅱ-副变速器

它实质上是由 5 挡主变速器Ⅰ和串联安装在主变速器之后的两挡(高速挡和低速挡)副变速器Ⅱ组成(副变速器输入轴 17 同时也是主变速器输出轴)，这样可得到 10 个前进挡。组合式变速器的传动比为 $i = i'i''$，其中 i' 和 i'' 分别为主变速器和副变速器的传动比。该变速器的主变速器各挡传动比间隔较小，相邻两挡传动比的比值约为 1.35；而副变速器的低速挡传动比较大，i_1'' 达到 4.46。在换挡时，当变速器接合套 15 左移并与齿轮 16 的接合齿圈接合时，副变速器即换入直接挡(高速挡)，其传动比为 $i_2'' = 1$，主变速器的 5 个挡位传动比 $i_1' = 2.46$、$i_2' = 1.83$、$i_3' = 1.36$、$i_4' = 1.00$(直接挡)、$i_5' = 0.74$(超速挡)即分别等于组合式变速器的五个较小的传动比 $i_6 \sim i_{10}$，这时如果主变速器换入倒挡(接合套 19 右移与齿轮 18 的结合齿圈接合)，可得到高速倒挡，其传动比 $i_{RH} = 2.52$。当接合套 15 右移并与齿轮 14 的接合齿圈接合时，副变速器便换入低速挡。此时将主变速器分别换入 1～5 挡，便可得到组合式变速器的五个较大的传动比，分别为 $i_1 = i_1'i_1'' = 10.96$，$i_2 = i_2'i_1'' = 8.18$，$i_3 = i_3'i_1'' = 6.07$，$i_4 = i_4'i_1'' = 4.46$，$i_5 = i_5'i_1'' = 3.32$。相应的倒挡为低速倒挡，$i_{RL} = 11.23$。为安全起见，通常倒车时都采用低速倒挡。这种由副变速器高、低速两挡传动比分别与主变速器各挡传动比搭配而组成高、低两段传动比范围的配合方式，称为分段式配挡。它仅在 5、6 挡间换挡时，才需要操纵副变速器。

当主变速器各挡传动比间隔较大，而副变速器低挡传动比又较小时，组合得到的传动比均匀地插入主变速器各挡传动比之间,这种方式称为插入式配挡。它需要主、副变速器交替换挡,故换挡操作较复杂。

在组合式变速器中,除上述副变速器在主变速器之后的布置形式外,当副变速器传动比较小时,也可布置在主变速器之前。

第三节 同 步 器

同步器是在接合套换挡机构基础上发展起来的,其中除了前已述及的接合套、花键毂、对应齿轮上的接合齿圈外,还增设了使接合套与对应接合齿圈的圆周速度迅速达到并保持一致(同步)的机构,以及阻止两者在达到同步之前即接合的结构。

同步器都是利用摩擦原理实现同步的,可以分为常压式、惯性式、自行增力式等形式。常压式同步器工作不太可靠,目前已基本被淘汰。现代汽车上广泛采用的是惯性式同步器,它可以从结构上保证接合套与待接合的花键齿圈在达到同步之前不可能接触,以避免齿间冲击和噪声。根据摩擦锁止元件的不同,惯性式同步器又分为锁环式和锁销式两种。自行增力式同步器与惯性式同步器一样,也是利用摩擦原理实现同步,区别主要在于同步环产生的摩擦力矩由于同步环内的弹簧片作用而得到成倍地增长。

一、锁环式惯性同步器

某中型载货汽车6挡变速器(图15-3)的3、4挡和5、6挡均采用锁环式惯性同步器。现以该变速器的5、6挡同步器(图15-9)为例说明其结构和工作原理。花键毂15的内花键与第二轴14的外花键配合,并用卡环18轴向固定。接合套7的内花键齿与花键毂的外花键齿滑动配合,可轴向移动。在花键毂两端与齿圈3和9之间,各有一个青铜制成的锁环(也称同步环)4和8,锁环上有断续的短花键齿圈(图15-9b),花键齿的断面齿廓、尺寸与齿圈3、9及花键毂的外花键齿均相同,能够与接合套齿相啮合。锁环上的花键齿在对着接合套的一端都有倒角(称为锁止角),且与接合套齿端的倒角相同。锁环套在齿圈外端的锥面上,具有与齿圈锥面锥度相同的内锥面,并制出细牙螺旋槽,以便两锥面接触后能破坏油膜,增加锥面间的摩擦,缩短同步时间。三个滑块5分别嵌合在花键毂的三个轴向槽b内,可轴向滑动,其两端伸入锁环的三个缺口c中。三个定位销6分别插入三个滑块的通孔中,在弹簧16的作用下,定位销压向接合套,其端部的球面正好嵌在接合套中部的凹槽a中,起到空挡定位作用,即保证同步器处于正确的空挡位置,并可以使滑块在接合套的带动下作小的轴向移动。锁环的三个凸起部分d分别伸入花键毂的三个通槽e中,通槽宽度为锁环凸起部分d的宽度加上接合套的一个齿厚A。如图15-10所示,当凸起部分d位于通槽e的中央时,接合套与锁环的内、外花键齿正好对正,可进入啮合状态;若凸起部分d靠着通槽e的一侧,则接合套与锁环的花键齿错开半个齿,不能进入啮合状态。

图15-10所示为变速器由5挡换入6挡(由低速挡换入高速挡)时,该同步器的工作过程。换挡时离合器处于分离状态。当接合套7刚从5挡退到空挡时(图15-10a),6挡接合齿圈3和接合套都在其本身及其所联系的一系列运动件的惯性作用下,继续沿原方向旋转。锁环4在轴向是自由的(无轴向压紧力),在花键毂15的带动下在6挡接合齿圈3的外锥面上空转。设齿圈、接合套和锁环的转速分别为n_3、n_7和n_4,则此时$n_4 = n_7$,$n_3 > n_7$,即$n_3 > n_4$。

第十五章 变速器与分动器

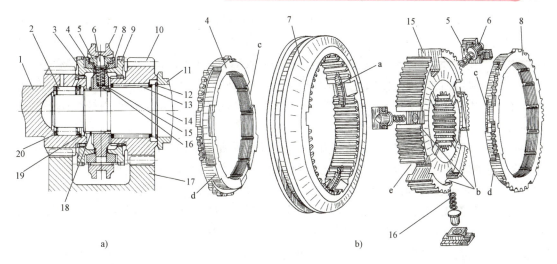

图 15-9 锁环式惯性同步器
a) 剖视图；b) 分解图

1-第一轴；2、13-滚针轴承；3-6 挡接合齿圈；4、8-锁环(同步环)；5-滑块；6-定位销；7-接合套；9-5 挡接合齿圈；10-第二轴 5 挡齿轮；11-衬套；12、18、19-卡环；14-第二轴；15-花键毂；16-弹簧；17-中间轴 5 挡齿轮；20-挡圈

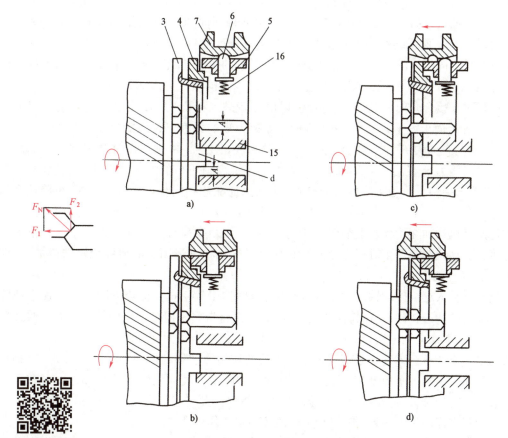

锁环式惯性同步器的工作原理

图 15-10 锁环式惯性同步器工作过程示意图
(图注同图 15-9)

若要换入 6 挡，可通过 5、6 挡换挡拨叉拨动接合套，通过定位销 6 带动滑块 5 一起向左

移动。当滑块左端面与锁环4的缺口c(图15-9b)端面接触时,便推动锁环移向6挡接合齿圈3,具有转速差($n_3 > n_4$)的两锥面一经压紧便产生很大的摩擦力(图15-10b)。齿圈通过摩擦作用带动锁环相对于接合套超前转过一个角度,直到锁环的凸起部分d与花键毂通槽e的另一侧面接触时,花键毂便挡住锁环并使之与它同步转动。此时,接合套的齿与锁环的齿错开了半个齿厚,从而使接合套的齿端倒角与锁环相应的齿端倒角正好互相抵触而不能进入啮合。

在上述锁环与接合套齿端倒角相互抵触的情况下,若要接合套齿圈与锁环的齿圈接合上,必须使锁环相对于接合套后退一个角度(相当于半个齿)。由于驾驶人始终对接合套施加一个轴向力,使接合套齿端倒角压紧锁环齿端倒角,于是在锁环的锁止角斜面上作用有法向压力F_N[如图15-10b)左上角所示的局部放大图]。力F_N可分解为轴向力F_1和切向力F_2。切向力F_2所形成的力矩试图使锁环相对于接合套向后退转,称为**拨环力矩**。轴向力F_1则使锁环4与齿圈3的锥面相互压紧产生摩擦力矩,使二者转速(n_3和n_4)迅速接近,并且实际上可认为n_4不变,只是n_3趋近于n_4。这是因为锁环4连同接合套7通过花键毂15与整个汽车相联系,转动惯量大,转速下降很慢;而齿圈3仅与离合器从动部分相联系,转动惯量很小,速度降低较前者快得多。可见,如果离合器从动部分转动惯量小,则二者同步所需的时间就少。这就是第十四章中提出的要求离合器从动部分转动惯量尽可能小的原因。

因为6挡接合齿圈3是减速旋转,根据惯性原理,所产生惯性力矩的方向与旋转方向相同。此惯性力矩通过摩擦锥面作用到锁环上,阻止锁环相对接合套向后旋转。即在锁环上作用着两个方向相反的力矩:其一为切向力F_2形成的力图使锁环相对于接合套向后退转的拨环力矩M_2;另一个为摩擦锥面上阻止锁环向后退转的惯性力矩M_1。如果$M_2 > M_1$,则锁环4可相对于接合套向后退转一个角度,以便二者进入接合;若$M_2 < M_1$,则二者不可能进入接合。在n_3尚未等于n_4之前,两个锥面间摩擦力矩的数值与6挡接合齿圈3的惯性力矩M_1相等,它与轴向力F_1的垂直于摩擦锥面的分力成正比,而M_2则与切向力F_2成正比。F_1和F_2都是法向压力F_N的分力,二者的比值取决于花键齿锁止角的大小。因此,在设计同步器时,适当地选择锁止角和摩擦锥面的锥角,便能保证在达到同步($n_3 = n_4$)之前,6挡接合齿圈3施加在锁环4上的惯性力矩M_1总是大于切向力F_2形成的拨环力矩M_2,因而不论驾驶人通过操纵机构加在接合套上的轴向推力有多大,接合套齿端与锁环齿端总是互相抵触而不能接合。这说明锁环4对接合套的锁止作用是6挡接合齿圈3的惯性力矩造成的,此即"惯性式"名称的由来。

只要驾驶人继续施加轴向力于接合套上,摩擦作用就使6挡接合齿圈3的转速迅速降到与锁环4的转速相同,并保持同步旋转,即6挡接合齿圈3相对于锁环的转速和角减速度均为零,于是惯性力矩消失。此时切向力F_2形成的拨环力矩便使锁环连同6挡接合齿圈3以及与之相连的所有零件一起(因为轴向力F_1的作用使锁环和齿圈仍然紧密接合着)相对于接合套向后退转一个角度(相当于半个花键齿的厚度),相应的锁环凸起部分d又移到花键毂通槽e的中央,接合套与锁环的花键齿不再抵触。此时接合套压下定位销6继续左移,与锁环的花键齿圈进入接合(图15-10c),锁环的锁止作用消失。

接合套与锁环接合后,轴向力F_1不再存在,锥面间的摩擦力矩也就消失。如果此时接合套花键齿与齿圈3的花键齿发生抵触,如图15-10c)所示,则与上述相似,作用在6挡接合齿圈3花键齿端斜面上的切向分力,使6挡接合齿圈3及其相连零件相对于锁环及接合套转过一个角度,接合套与6挡接合齿圈3进入接合(图15-10d),从而完成换挡(由低速挡换入高速挡)的全过程。

如果是由6挡(直接挡)换入5挡(由高速挡换入低速挡),上述过程也适用。不同的是此时5挡接合齿圈9和第二轴5挡齿轮10(图15-9a)是被摩擦力矩加速到与锁环8(也即与接合套7)同步,从而使接合套先后与锁环8及5挡接合齿圈9进入啮合而完成换挡过程。

某型轿车变速器采用的1、2挡锁环式惯性同步器如图15-11所示。在花键毂4的外圆面上开出三个均匀布置的轴向通槽a,槽里放入滑块2。滑块的中部向外凸起,以斜面与接合套1中部开出的环形槽b相配合。滑块内侧(即下边)两端凸出,中间形成宽槽。花键毂的两侧各装有一个钢丝弹簧3、5,卡在滑块内侧宽槽的两端,将滑块向外推,使其中部凸起压紧在接合套环槽上,起空挡定位作用。由于两钢丝弹簧之间的距离(滑块内侧槽的轴向宽度)大于花键毂中部的厚度,使接合套、滑块和钢丝弹簧可以相对于花键毂轴向移动一定距离。锁环6对着接合套的一侧有三个缺口c,缺口的宽度等于滑块宽度加上一个接合套花键齿的宽度,装配后三个滑块插入到缺口中。换挡时,滑块既可通过端部推动锁环轴向移动压紧接合齿圈锥面,又可带动(或挡住)锁环保持同步转动,并保证在接合套与锁环同步之前,二者的花键齿总是错开半个齿,不能实现换挡。该同步器的工作原理与前面所述基本相同,其结构更加简单。

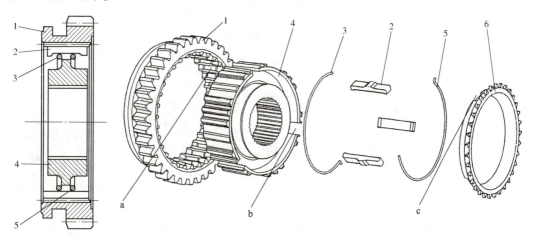

图15-11 某型轿车变速器1、2挡锁环式惯性同步器
1-接合套;2-滑块;3、5-钢丝弹簧;4-花键毂;6-锁环

锁环式惯性同步器结构紧凑,但因径向尺寸小,锥面间产生的摩擦力矩较小,而且锁止面是锁环的接合齿端面,使用中会使齿端磨损而失效。故其适用于传递转矩不大的轿车和轻型货车的变速器。在中型货车以上的变速器中,尤其是低速挡最好采用锁销式惯性同步器。

二、锁销式惯性同步器

锁销式惯性同步器在结构上允许采用直径较大的摩擦锥面,因此可产生较大的摩擦力矩,缩短了同步时间。当变速器第二轴上的常啮合齿轮及其接合齿圈直径较大时,装用锁销式同步器将使齿轮的结构形式更加合理。某型汽车六挡变速器的1、2挡(参看图15-3)中采用了锁销式惯性同步器。

图 15-12 所示为某型商用车五挡变速器中的 4、5 挡同步器。两个有内锥面的摩擦锥盘 2 分别固定在带有外花键齿圈的斜齿轮 1 和 6 上,随齿轮一同旋转。与之相配合的两个有外锥面的摩擦锥环 3 通过三个锁销 8 和三个定位销 4 与接合套 5 连接。锁销与定位销在同一圆周上相互间隔地均匀分布。锁销的两端固定在摩擦锥环的孔中,其直径与接合套凸缘上相应销孔的内径相等。锁销中部直径较小,轴肩处和接合套上相应的销孔两端都制有角度相同的倒角——锁止角。只有在锁销和接合套孔对中时,锁止角才不相抵触,接合套方能轴向移动进行换挡。在接合套上的定位销孔中部钻有斜孔(如 A—A 剖面图所示),内装弹簧 11,将钢球 10 顶向定位销 4 并卡在其中部的环槽中,起空挡定位作用,并可使定位销随接合套轴向移动一定距离。定位销两端插入锥环内侧面,但有间隙,故二者在圆周方向上可以有小的相对转动,使固定在摩擦锥环上的锁销可以相对接合套转动一定角度。

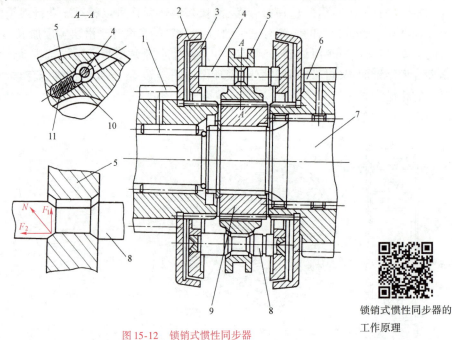

图 15-12 锁销式惯性同步器

1-第一轴齿轮;2-摩擦锥盘;3-摩擦锥环;4-定位销;5-接合套;6-第二轴 4 挡齿轮;7-第二轴;8-锁销;9-花键毂;10-钢球;11-弹簧

锁销式惯性同步器的工作原理与上述锁环式惯性同步器基本相同。在由 4 挡换入 5 挡时,接合套 5 受到拨叉的轴向推力作用,通过钢球 10 和定位销 4 带动摩擦锥环 3 向左移动,使之与对应的摩擦锥盘 2 的锥面相接触。具有转速差的摩擦锥环与摩擦锥盘一经接触,靠接触面间的摩擦使锥环连同锁销 8 一起相对接合套和定位销转过一个角度,使锁销的轴线相对接合套上销孔的轴线产生偏移,于是锁销中部倒角与销孔端部的倒角互相抵触,阻止接合套继续前移。此时,锁止面(即相抵触的倒角斜面)上法向压紧力 N 的轴向分力 F_2 通过锁销作用在锥环上并使之与锥盘压紧,因而接合套与待接合的花键齿圈迅速达到同步。只有达到同步时,起锁止作用的惯性力矩消失,作用在锁销上的切向分力 F_1 才能通过锁销使摩擦锥环、摩擦锥盘和齿轮 1 一同相对于接合套转过一个角度,使锁销重新与销孔对中。于是,接合套便将钢球 10 压回到孔中并沿定位销轴向移动,直至与齿轮 1 的花键齿圈接合,实现换挡。

第四节　变速器操纵机构

变速器操纵机构的功用是使驾驶人能够根据道路情况准确可靠地换上或摘下变速器某个挡位，以保证汽车安全行驶。

变速器操纵机构按距离驾驶人座位的远近可以分为直接操纵机构和远距离操纵机构。

变速器操纵机构的功用

一、直接操纵机构

如果变速器布置在驾驶人座位附近，则变速杆可以从驾驶室地板伸出，由驾驶人直接操纵。这种操纵机构称为直接操纵机构。它一般由变速杆、拨块、拨叉、拨叉轴以及安全装置等组成，多集装于变速器上盖或侧盖内，结构简单，操纵方便。

1. 选挡换挡机构

图 15-13 为某型汽车 6 挡变速器操纵机构的组成与布置示意图。拨叉轴 7、8、9 和 10 的两端均支撑于变速器盖的相应孔中，可以轴向滑动。所有的拨叉和拨块都固定于相应的拨叉轴上。3、4 挡拨叉 2 的上端加工出拨块，它和拨块 3、14 的顶部都制有凹槽。变速器处于空挡时，各凹槽在横向平面内对齐，叉形拨杆 13 下端的球头即伸入这些凹槽中。选挡时可使变速杆 12 绕其中部球形支点横向摆动，其下端插入叉形拨杆槽中的球头就推动叉形拨杆绕换挡轴 11 的轴线摆动，从而使叉形拨杆下端球头对准相应挡位拨块的凹槽，然后使变速杆纵向摆动，通过叉形拨杆带动拨叉轴及拨叉向前或向后移动，即可实现换挡。例如，横向摆动变速杆使叉形拨杆下端球头伸入 1、2 挡拨块 3 顶部凹槽中，再纵向摆动变速杆（上端向后）使 1、2 挡拨块 3 连同 1、2 挡拨叉轴 9 和 1、2 挡拨叉 5 沿纵向向前（图中左下方向）移动一定距离，便可换入 2 挡；若向后移动一段距离，则换入 1 挡。当使叉形拨杆下端球头伸入倒挡拨块 14 的凹槽中，并使其向前移动一段距离时，便换入倒挡。

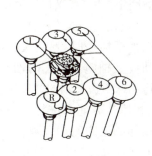
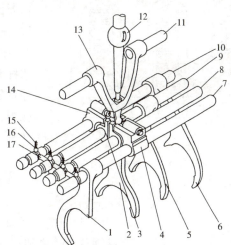

图 15-13　6 挡变速器操纵机构示意图

1-5、6 挡拨叉；2-3、4 挡拨叉；3-1、2 挡拨块；4-5、6 挡拨块；5-1、2 挡拨叉；6-倒挡拨叉；7-5、6 挡拨叉轴；8-3、4 挡拨叉轴；9-1、2 挡拨叉轴；10-倒挡拨叉轴；11-换挡轴；12-变速杆；13-叉形拨杆；14-倒挡拨块；15-自锁弹簧；16-自锁钢球；17-互锁柱销

对5挡变速器而言,只需三根拨叉轴。2、3挡和4、5挡各占一根拨叉轴,而1挡和倒挡共用一根拨叉轴。

显然,不同的变速器其挡数和操纵机构的结构与布置都可能不同,因而相应于各挡位的变速杆上端手柄位置排列(即挡位排列)也不相同。因此,汽车驾驶室仪表板上(或操纵手柄上)应标有该车变速器挡位排列图(如图15-13左上方图),驾驶人必须熟记。

2. 操纵机构的安全装置

为了保证变速器在任何情况下都能准确、安全、可靠地工作,其操纵机构必须设置安全装置。安全装置包括自锁、互锁和倒挡锁装置。对于六挡变速器,还应设置选挡锁装置。

自锁装置的原理

互锁装置的功用

换挡过程中,若操纵变速杆推动拨叉前、后移动的距离不足时,则滑动齿轮(或接合套)与相应的齿轮(或接合齿圈)将不能在全齿宽上啮合,因而影响齿轮的寿命。即使达到全齿宽啮合,也可能由于汽车振动或其他原因,使滑动齿轮(或接合套)自动产生轴向移动,因而减少了齿的啮合长度,甚至完全脱离啮合(即自动脱挡)。为防止变速器自动脱挡,并保证齿轮(或接合齿圈)以全齿宽啮合,应在其操纵机构中设置自锁装置。

倒挡锁装置的功用

若变速杆能同时推动两个拨叉,则可能同时换入两个挡位。由于两个挡位的传动比不同,必将造成齿轮间的机械干涉,变速器将无法工作甚至损坏。为了防止变速器同时换入两个挡位,必须在操纵机构中设置互锁装置。

汽车行进中若误换倒挡,变速器轮齿间将发生极大冲击,导致零件损坏。汽车起步时若误换倒挡,则容易出现安全事故。为防止误换倒挡,在操纵机构中应设置倒挡锁装置。

图15-14所示为某商用车变速器的自锁和互锁装置。自锁装置由自锁钢球1和自锁弹簧2组成。每根拨叉轴的上表面沿轴向分布三个凹槽。当任意一根拨叉轴连同拨叉一起轴向移动到空挡或某一工作挡位的位置时,必有一个凹槽正好对准该拨叉轴的自锁钢球。于是,钢球在弹簧压力下嵌入该凹槽内,拨叉轴的轴向位置即被固定,从而拨叉连同滑动齿轮(或接合套)也被固定在空挡或工作挡位置上,不能自行脱出。当需要换挡时,驾驶人必须通过变速杆对拨叉和拨叉轴施加一定的轴向力,克服弹簧的压力将钢球由拨叉轴的凹槽中挤出推回孔中,拨叉轴和拨叉方能再进行轴向移动。拨叉轴上表面相邻凹槽之间的距离,即等于为保证在全齿宽上啮合或完全退出啮合所必需的拨叉及其拨叉轴的移动距离。

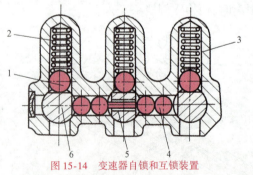

图15-14 变速器自锁和互锁装置

1-自锁钢球;2-自锁弹簧;3-变速器盖(前端);4-互锁钢球;5-互锁销;6-拨叉轴

图15-14所示的互锁装置是由互锁钢球4和互锁销5组成的。每根拨叉轴朝向互锁钢球的侧表面上均制出一个深度相等的凹槽。任意一拨叉轴处于空挡位置时,其侧面凹槽都正好对准互锁钢球4。两个互锁钢球直径之和正好等于相邻两轴表面之间的距离加上一个凹槽的深度。中间拨叉轴上两个侧面凹槽之间有孔相通,孔中有一根可以移动的互锁销5,销的长度等于拨叉轴的直径减去一个凹槽的深度。

互锁装置的工作情况如图15-15所示。当变速器处于空挡位置时,所有拨叉轴的侧面凹槽同钢球、互锁销都在一条直线上。当移动中间拨叉轴3时(图15-15a),轴两侧的内钢球从其侧面凹槽中被挤出,推动外互锁钢球2和4分别嵌入拨叉轴1和5的侧面凹槽中,因而将这两根拨叉轴刚性地锁止在其空挡位置。若欲移动拨叉轴5,则应先将拨叉轴3退回到空挡位置,再移动拨叉轴5,互锁钢球4便从拨叉轴5的凹槽中被挤出,同时通过互锁销6和其他钢球将拨叉轴3和1均锁止在空挡位置(图15-15b)。同理,当移动拨叉轴1时,拨叉轴3和5被锁止在空挡位置(图15-15c)。由此可知,互锁装置的作用是当驾驶人用变速杆推动某一拨叉轴时,自动锁止其他所有拨叉轴。

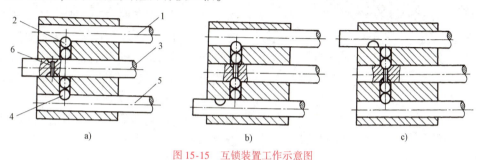

图15-15 互锁装置工作示意图

1、3、5-拨叉轴;2、4-互锁钢球;6-互锁销

图15-16所示为某型汽车五挡变速器的倒挡锁装置,它是由1、倒挡拨块中的倒挡锁销1及倒挡锁弹簧2组成。驾驶人要换1挡或倒挡时,必须用较大的力使变速杆4的下端压缩倒挡锁弹簧2,将倒挡锁销1推向右方后,才能使变速杆下端进入倒挡拨块3的凹槽内,以拨动1、倒挡拨叉轴挂入1挡或倒挡。

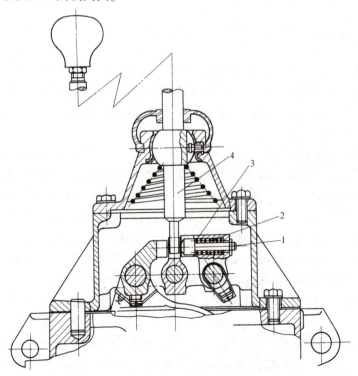

图15-16 某型汽车五挡变速器倒挡锁装置

1-倒挡锁销;2-倒挡锁弹簧;3-倒挡拨块;4-变速杆

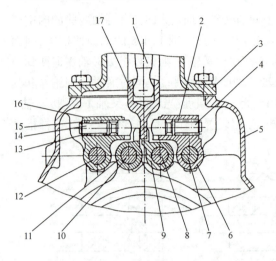

图 15-17　某型汽车变速器倒挡锁及选挡锁装置
1-变速杆；2-倒挡锁弹簧；3-变速器顶盖；4-倒挡锁销；5-变速器上盖；6-倒挡拨块；7-倒挡拨叉轴；8-1、2挡拨叉轴；9-1、2挡拨块；10-3、4挡拨叉轴；11-3、4挡拨块；12-5、6挡拨叉轴；13-选挡锁销弹簧；14-选挡锁销；15-锁片；16-5、6挡拨块；17-叉形拨杆

某型汽车变速器倒挡锁装置（图 15-17）的组成和工作原理与上述 5 挡变速器倒挡锁装置基本相同。由此可见，倒挡锁的作用是使驾驶人必须对变速杆施加更大的力，方能换入倒挡，起到提醒注意的作用，以防止误换倒挡。

对于该 6 挡变速器，由于使用了四根拨叉轴，因此为了方便、准确地选择合适的挡位，在操纵机构中又设置了一个与倒挡锁装置结构相同的选挡锁装置。它由安装在 5、6 挡拨块 16 中的选挡锁销 14、弹簧 13 及锁片 15 组成。如图 15-17 所示，当叉形拨杆 17 下端球头向右摆动至靠紧倒挡锁销 4（但不压缩倒挡锁弹簧 2）后，再纵向摆动，则可换入 1 挡或 2 挡；同理，当叉形拨杆下端球头向左摆动至靠紧选挡锁销 14（但不压缩选挡锁销弹簧 13），再纵向摆动，便可换入 3 挡或 4 挡；当叉形拨杆下端球头向左摆动并压缩选挡锁销弹簧 13，将选挡锁销 14 推向左方后，球头则可伸入 5、6 挡拨块 16 的凹槽内，再纵向移动 5、6 挡拨叉轴 12 就可换入 5 挡或 6 挡。可见选挡锁装置的作用是便于区分选择 3、4 挡和 5、6 挡。

二、远距离操纵机构

当变速器在汽车上布置的位置离驾驶人座位较远时，则需要在变速杆与拨叉等内部操纵机构之间加装一套传动机构或辅助杠杆（即外部操纵机构）进行操纵。这种操纵机构称为远距离操纵机构（或间接操纵机构）。为保证换挡准确可靠，该操纵机构应有足够的刚度，而且各连接件间隙不能过大，否则换挡时手感不明显。它多用于轿车和轻型汽车上。

图 15-18 所示为某型轿车变速器的操纵机构。其外部操纵机构是由变速杆以及拉杆、摆臂、销轴等组成的。选挡时，横向摆动变速杆 1，其下端带动拉杆 2 摆动，摆臂 7 摆动带动拉杆 22 移动，摆臂 21 绕支点转动，通过拉杆 20 使选挡换挡轴 10 作轴向移动进行选挡；然后纵向推动变速杆上端，使其下端带动拉杆 2 作纵向运动，带动固定在销轴 5 上的摆臂 23 摆动，摆臂 6 的摆动拉动拉杆 8，通过摆臂 9 使选挡换挡轴转动进行换挡。

该变速器的内部操纵机构由一根拨叉轴 13、一根选挡换挡轴 10 和 14、17、18、19 等组成。拨叉轴的两端支撑在壳体的孔中，孔中装有压力弹簧 12。1、2 挡拨叉 19 和 3、4 挡拨叉 17 的上部制有凹槽，5 挡拨叉 14 因距离较远，通过 5 挡连接套 15 与 5 挡拨板 16（制有凹槽）相连，它们均套在拨叉轴上。倒挡拨叉 18 上端的凸起卡在倒挡拨板（图中未示出）的槽里，下端叉形结构松夹着倒挡中间齿轮。空挡时拨叉 17、19、拨板 16 以及倒挡拨板的凹槽处于同一平面上，选挡时选挡换挡轴 10 带动换挡指（图 15-19 中的图注 2）作轴向移动选择拨叉，再转动选挡换挡轴，通过花键连接的换挡指拨动拨叉沿拨叉轴的轴线方向移动，从而实现换挡。换挡时拨叉轴在摩擦力的作用下随拨叉一起轴向移动，待换上挡后摩擦力消失，拨叉轴就在压力弹簧 12 的作用下返回原始位置。由于在换挡过程中拨叉与拨叉轴之间没有相对运动,因此减少了摩擦和噪声。当换挡指选择 5 挡拨板的凹槽时,转动选挡换挡轴通过 5 挡拨板及其连接套推动 5 挡拨叉 14 右移,换入 5 挡。欲换倒挡时,换挡指通过倒挡拨板拨动倒挡拨叉 18 使其绕自身轴线摆动,其下端叉形结构带动倒挡中间齿轮向左移动,换入倒挡。该变速器的挡位排列情况如图 15-18 所示。

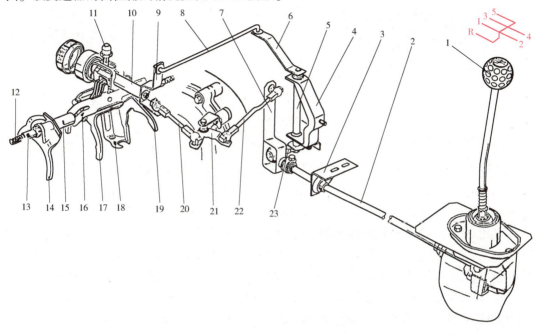

图 15-18 某型变速器操纵机构示意图

1-变速杆;2、8、20、22-拉杆;3、4-支架;5-销轴;6、7、9、21、23-摆臂;10-选挡换挡轴;11-自锁装置;12-压力弹簧;13-拨叉轴;14-5 挡拨叉;15-5 挡连接套;16-5 挡拨板;17-3、4 挡拨叉;18-倒挡拨叉;19-1、2 挡拨叉

  某型变速器的安全装置如图 15-19 所示。自锁装置 1 安装在变速器壳体的孔中。换挡指(套)2 的上表面加工出三个轴向槽。自锁销 9 在自锁弹簧 8 的弹力作用下,下端球面卡在换挡指套的槽里阻碍其转动,防止跳挡。换挡时,选挡换挡轴 7 通过花键带动换挡指(套)2 一起转动,其上表面的棱依靠斜面产生向上的推力,将自锁销和弹簧压入孔中,方能转动一个角度,实现换挡。

  在选挡换挡轴 7 上套着互锁板 6,它的下部卡在各拨块的凹槽里。空挡时,换挡指(套)2 位于互锁板的槽里;选挡时,选挡换挡轴推动互锁板和换挡指一起轴向移动选择拨块;换挡时,选挡换挡轴转动带动拨叉移动进行换挡,同时拨叉的尾部(拨叉凹槽的一侧)进入互锁板的槽中,填补换挡指转动留出的空间。若要换挡,必须转动选挡换挡轴 7 使之回到空挡位置,才能重新选挡。由于互锁板的凹槽只能容纳一个拨叉尾部的厚度,因此不可能有两个拨叉同时进入互锁板的凹槽,即不可能有两个拨叉同时移动,从而防止了同时换入两个挡位。

  该变速器的倒挡锁机构是在变速杆的支撑处设置限位块(即倒挡锁块),使变速杆向左横向摆动至极限位置(靠上限位块)时,换挡指选中的是 1、2 挡拨叉。若要换入倒挡,应先压下变速杆,离开限位位置,再向左摆动变速杆至极限位置,则换挡指进一步向前移动即可选中倒挡拨板。由此可见,此限位块可起到防止误换倒挡的作用。

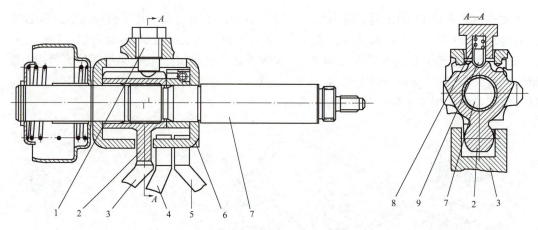

图 15-19　某型变速器的安全装置

1-自锁装置;2-换挡指(套);3-倒挡拨叉;4-挡拨叉;5-3、4挡拨叉;6-互锁板;7-选挡换挡轴;8-自锁弹簧;9-自锁销

图 15-20 所示为某乘用车的内操纵机构,两根平行布置的拨叉轴 1 和 6 支撑在壳体上,可以轴向移动。三个拨叉 2、4、5 套在拨叉轴 1 上,其中只有拨叉 5 通过短销固定在拨叉轴上($D—D$ 剖视图),其他两个拨叉在轴上可以轴向滑动($A—A$ 和 $C—C$ 剖视图)。两个变速导块 3 和 11 利用短销分别固定在两根拨叉轴上,内侧形成凹槽,与拨叉 4 上伸出的延长杆凹槽处于同一平面($B—B$ 剖视图),此时为空挡位置。换挡杆拨头(图中未示出)可以在三个凹槽中横向滑动进行选挡。在拨叉轴 6 上固定着换向导块 10,换向臂 8 左端插入换向导块的槽中,二者之间的间隙可以保证它们的运动不会出现干涉。换向臂中部套在换向臂支架 7 的轴上,并用开口挡圈 9 固定轴向位置,形成换向臂中间的支点。换向臂右端插入拨叉 2 的凹槽中。

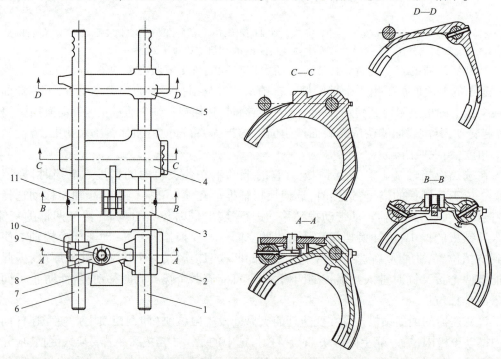

图 15-20　某乘用车的内操纵机构

1、6-拨叉轴;2、4、5-拨叉;3、11-变速导块;7-换向臂支架;8-换向臂;9-开口挡圈;10-换向导块

当需要拨叉5进行换挡时,换挡杆拨头横向向右滑入变速导块3的凹槽中,然后再纵向移动,推动变速导块3、拨叉轴1和固定拨叉5纵向移动,完成换挡。如果需要拨叉4进行换挡,需先退回空挡状态,然后使换挡杆拨头选中间拨叉4延长杆上的凹槽,再纵向移动,推动拨叉4在拨叉轴1上滑动实现换挡。如果换挡杆拨头选中的是左侧变速导块11的凹槽,拨头纵向移动时将通过变速导块带动拨叉轴6移动,其上的换向导块拨动换向臂绕中间支点转动,其右端推动拨叉2在拨叉轴1上滑动,完成换挡动作。

该机构采用两根拨叉轴就可以完成六个挡位(包括倒挡)的控制,与只采用一根换挡轴的换挡机构相比,其各挡的换挡距离可以不同,且换向机构可以使挡位的布置更加灵活。

三、预选气动式操纵机构

为改善重型货车组合式变速器的操纵轻便性,副变速器多采用预选气动式操纵机构换挡,常见的有机械式和电控式。

某变速器的副变速器采用的是机械式预选气动操纵机构(图15-21),它由挡位范围选择汽缸、锁止机构、控制阀和随动阀等组成。发动机驱动空气压缩机产生的压缩空气经进气管E进入滤清调压器5,过滤掉空气中的杂质和水分并保持其压力在一定的范围内,传送至随动阀壳体3的左腔和控制阀(设置在换挡手柄1中)的进气口B。当驾驶人向下拨动控制阀开关2时,换挡手柄中的控制阀打开,压缩空气经出气口A流入随动阀的右腔(如图所示)。因为随动阀右腔的工作面积大于左腔,所以随动阀阀体4向左移动,阀体中心孔将左腔和低挡位出气口D连通。压缩空气进入汽缸7的左腔,推动活塞8右移,活塞杆6则带动拨叉和接合套移动使副变速器换入低速挡。欲选择高速挡工作时,驾驶人向上扳起开关2,关闭控制阀并使出气口A与大气连通。随动阀右腔的压力消失,阀体在左腔压力的作用下向右移动,使左腔与高挡位出气口C接通,高压空气进入汽缸7的右腔,同时使出气孔D与大气连通,活塞8左移使副变速器换入高速挡。为了防止副变速器出现自动脱挡现象,在其操纵机构中设置了锁止机构。

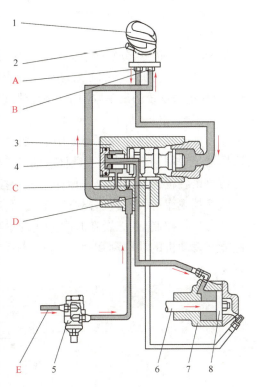

图15-21 某变速器的预选气动式操纵机构

1-换挡手柄(内设控制阀);2-控制阀开关;3-随动阀壳体;4-随动阀阀体;5-滤清调压器;6-活塞杆;7-挡位范围选择汽缸;8-活塞

四、变速器的电控操纵机构

随着电子技术的发展和计算机的微型化,使得机械变速器的操纵机构已经能够实现电子控制,并且大大提高了它的可靠性。

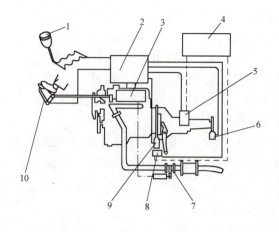

图15-22 某半自动控制换挡系统原理图
(实线为电路,虚线为液压回路,点画线为空气回路)
1-变速杆;2-电子控制单元;3-调节器;4-蓄能器;5、8-电动液压机构;6-变速器输出轴转速传感器;7-排气控制阀;9-发动机转速传感器;10-加速踏板

图15-22所示为某半自动控制换挡系统的基本原理。电子控制单元(ECU)2接收由各个传感器及操纵元件所传来的反映汽车使用条件的各种信息(由发动机转速传感器9输入的发动机转速信息,由变速器输出轴转速传感器6输入的车速信息,变速杆1传递的所选挡位信息以及加速踏板10所反映的节气门开度信息),计算出换挡时理想的发动机转速,再由电子控制单元对调节器3发出指令,使之调节发动机转速。需要提高转速时,调节器增加节气门开度;需要降低转速时,调节器则减小排气控制阀7的开度。调节后可使变速器第一轴转速达到所需的同步转速,精确到±30r/min,因此可以取消同步器。与此同时,电子控制单元向电动液压机构8和5发出指令,分别操纵离合器的接合、断开以及变速器的换挡。电动液压机构所需的液压能是由电动机驱动的油泵储存在蓄能器4中的。由于电动液压机构可以操纵离合器工作,故使用该系统的汽车取消了离合器踏板。

近年来,<u>电控机械式自动变速器(Automated Mechanical Transmission,简称AMT)</u>得到迅速发展。其基本原理框图如图15-23所示。驾驶人通过加速踏板和变速器操纵杆(即选择器)选择换挡范围、换挡规律、巡航控制等,向电子控制单元表达意图。车辆的运行状况信息由各种传感器接收并传递给电子控制单元,电子控制单元按存储在其中的程序(如最佳换挡规律、离合器接合规律、节气门自适应性调节规律等)对变速器、离合器和发动机节气门进行控制,令三者在时序上实现最佳匹配,使换挡迅速、平稳,并提高了汽车的加速性能和发动机的功率利用率,使动力性和经济性得到改善。此外,也使远距离操纵更加容易。

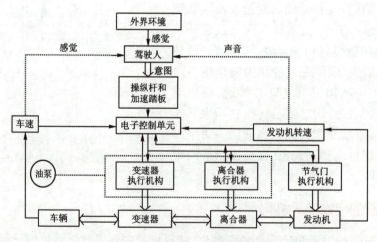

图15-23 AMT控制基本原理示意图

第十五章 变速器与分动器

第五节 分 动 器

在多轴驱动的汽车上,为了将变速器输出的动力分配到各驱动桥,一般装有分动器。分动器的基本结构也是一个齿轮传动系统,其输入轴直接或通过万向传动装置与变速器第二轴相连,而其输出轴则有若干个,分别经万向传动装置与各驱动桥连接。为了增加传动系统的最大传动比及挡数,目前多数越野汽车都装用两挡分动器,使之兼起副变速器的作用。

某型三轴越野汽车的两挡分动器如图 15-24 所示。分动器单独安装在车架上,其输入轴 1 通过万向传动装置与变速器第二轴连接。输出轴共有三根,即通往后驱动桥的输出轴 8、通往中驱动桥的输出轴 12 和通往前驱动桥的输出轴 17。

越野汽车在坏路或无路情况下行驶时,为使汽车有足够的驱动力,需要前桥参加驱动;而在好路上行驶时,前桥应作为从动桥,以免增加功率消耗和轮胎及传动系统零件的磨损。因此,分动器中通往前桥的输出轴 17 与通往中桥的输出轴 12 之间装有前桥接合套 16。只有将接合套 16 右移,使轴 17 与轴 12 刚性连接时,前桥方参加驱动。

图中表示的是分动器的空挡位置。将换挡接合套 4 左移与齿轮 15 的接合齿圈接合后,从输入轴 1 传来的动力,经齿轮 3、15 和中间轴 11 传到齿轮 10,由此再分别经齿轮 6 和 13 传到输出轴 8 和 12。若接合套 16 已与轴 12 接合,则动力还可以从轴 12 传给通往前桥的输出轴 17。分动器的这一挡位为高速挡,其传动比为 1.08。

将接合套 4 右移,与齿轮 9 的接合齿圈接合时,动力从输入轴经齿轮 5 和 9 传到中间轴 11 和齿轮 10,然后再分别传到输出轴 8、12 和 17。这一挡位为低速挡,传动比为 2.05。

当分动器换入低速挡工作时,其输出转矩较大。为避免中、后桥超载,此时前桥必须参加驱动,以分担一部分载荷。因此,分动器的操纵机构必须保证:非先接上前桥,不得换上低速挡;非先退出低速挡,不得摘下前桥。

为保证上述原则,一般越野汽车常采用如图 15-25 所示的一种简单的机械式分动器操纵机构。轴 7 借两个支撑臂 8 固定在变速器的盖上。分动器的两个操纵杆 1 和 2 位于变速器变速杆的右侧。换挡操纵杆 1 以其中部的孔空套在轴 7 上,其下端借传动杆 4 与分动器的换挡摇臂(图中未示出)相连。前桥操纵杆 2 的下端装有螺钉 3,其头部顶靠着换挡操纵杆 1 的下部后侧,中部则固定于轴 7 的一端。在轴 7 的另一端固定着摇臂 6,其臂端经传动杆 5 与操纵前桥接合套的摇臂(图中未示出)相连。

驾驶人欲使分动器换入低速挡,只需将换挡操纵杆 1 的上端推向前方。此时,操纵杆 1 绕轴 7 逆时针转动,其下臂便压推螺钉 3,带动操纵杆 2 向接前桥的方向转动。这就使得换入低速挡的同时也接上了前桥。但当操纵杆 1 被扳到空挡或高速挡位置时,并不能带动操纵杆 2 回位而摘下前桥。同理,当将操纵杆 2 的上端拉向后方,以便摘下前桥时,螺钉 3 向前推动操纵杆 1 使之先退出低速挡位置,但并不妨碍退出低速挡后再接前桥。

此外,分动器操纵杆机构中也有自锁装置,其结构原理与变速器的自锁装置相同。

某轻型越野汽车的分动器结构示意图如图 15-26 所示。它采用了行星齿轮减速机构,并且在前、后输出轴 13 和 8 之间传递动力时采用链条传动,接通前桥时使用了锁环式同步器。

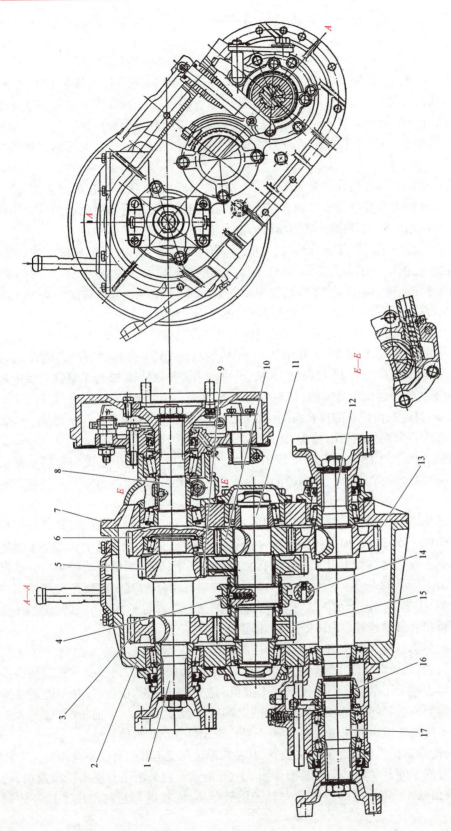

图 15-24 某型越野汽车分动器

1-输入轴；2-分动器壳；3、5、6、9、10、13、15-齿轮；4-换挡接合套；7-分动器盖；8-通往后驱动桥的输出轴；11-中间轴；12-通往中驱动桥的输出轴；14-换挡拨叉轴；16-前桥接合套；17-通往前驱动桥的输出轴

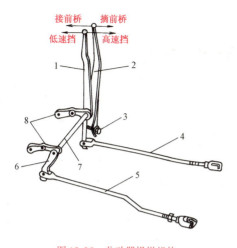

图 15-25　分动器操纵机构

1-换挡操纵杆;2-前桥操纵杆;3-螺钉;
4、5-传动杆;6-摇臂;7-轴;8-支撑臂

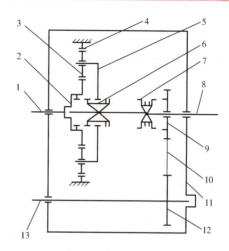

图 15-26　某轻型越野汽车分动器

1-输入轴;2-输入轴齿轮(太阳轮);3-行星齿轮;4-齿圈;
5-行星架;6-行星齿轮接合套;7-锁环式同步器接合套;8-通
往后驱动桥的后输出轴;9-主动链轮;10-传动链;11-壳体;
12-从动链轮;13-通往前驱动桥的前输出轴

在图示位置将接合套 6 左移,使其左端接合齿圈与输入轴 1 的太阳轮 2 的内齿圈接合,分动器换入直接挡(高速挡,传动比为 1)。动力由输入轴经太阳轮、接合套 6 直接传给后输出轴 8,此时前输出轴 13 不输出动力,为高速挡两轮驱动工况(挡位符号用 2H 表示)。

在上述情况下,将同步器接合套 7 右移与链轮 9 接合,动力从后输出轴 8 经接合套 7、主动链轮 9、传动链 10、从动链轮 12,传到前输出轴,此时为高速挡四轮驱动工况(挡位符号用 4H 表示)。

当接合套 6 右移,其左端接合齿圈与行星架 5 的内齿圈接合时,动力由输入轴经太阳轮 2、行星齿轮 3、行星架 5、接合套 6 传到后输出轴;同时动力通过传动链传给前输出轴。此时为低速挡(传动比为 2.72)四轮驱动工况(挡位符号用 4L 表示)。

为了改善润滑,在分动器后壳体的后输出轴孔处装设了转子式油泵。后输出轴驱动油泵将润滑油加压并通过后输出轴的中心油道连续不断地送到接合套、齿轮等部位进行润滑。

装有上述形式分动器的汽车,当用全部车轮驱动行驶于不平路面或弯道上时,或在前、后驱动车轮由于轮胎磨损而半径不等的情况下行驶时,将造成发动机功率的消耗和轮胎及传动系统零件的磨损。为克服这一缺点并将转矩大体根据轴荷比例分配给各驱动桥,有些汽车的分动器内装设了带有差速锁的非对称式行星齿轮轴间差速器。其工作原理将在第十八章中阐述。

第十六章 自动变速器

第一节 概 述

汽车自动变速器即前章所述及的自动操纵式变速器,它可根据发动机负荷和车速等工况的变化自动变换传动系统的传动比,以使汽车获得良好的动力性和燃油经济性,并且有效地减少发动机排放污染,显著地提高车辆行驶的安全性、乘坐舒适性和操纵轻便性。

一、自动变速器的类型

(1)按传动比变化方式,汽车自动变速器分为有级式、无级式和综合式3种。

有级式自动变速器是指在机械式齿轮变速器的基础上实现自动控制的变速器。

无级式自动变速器除变速器分类中所提及的电力式和动液式(液力变矩器)无级变速器之外,还有已在汽车上获得成功应用的金属带式无级自动变速器。

综合式自动变速器是指实现自动控制的液力机械式变速器,即液力机械式自动变速器。

(2)按齿轮变速系统的控制方式,汽车自动变速器又分为液控液压和电控液压两种。

液控液压(简称为液控式)自动变速器(图16-1)通过机械的手段,在手控制阀选定位置后,由反映节气门开度的节气门阀和反映车速的调速器阀将节气门开度和车速等参数转变为液压控制信号,按照设定的换挡规律,这些液压控制信号在换挡点,直接控制换挡阀进行换挡。

自动变速器的类型

电控液压(简称为电控式)自动变速器(图16-2)是在手控制阀选定位置后,通过反映节气门开度的节气门位置传感器和反映车速的车速传感器把节气门开度和车速等参数转变为电信号,并输入电子控制单元(ECU)。电子控制单元(ECU)根据这些电信号,按照设定的换挡规律控制液压阀和液压执行机构进行换挡。由于电子技术的发展,目前越来越多的汽车采用这种电控式自动变速器。

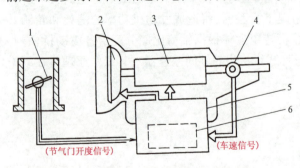

图16-1 液控式自动变速器工作过程示意图
1-节气门;2-液力变矩器;3-行星齿轮变速机构;4-速控液压阀;
5-液压控制系统;6-节气门阀和调速器阀

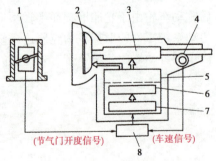

图16-2 电控式自动变速器工作过程示意图
1-节气门位置传感器;2-液力变矩器;3-行星齿轮变速机构;4-车速传感器;5-液压控制装置;6-换挡阀;7-电磁阀;8-电子控制单元

二、自动变速器的组成

汽车上常用的自动变速器是液力机械式自动变速器,它主要由液力传动(动液传动)系统、机械式齿轮变速系统、液压操纵系统和液压(电子)控制系统4部分组成。

某六挡液力机械式自动变速器如图16-3所示。它也是由上述4部分组成,其中液压控制系统由电液控制系统代替。电子控制单元(ECU)根据各传感器传来的电信号,按设定的换挡规律,向换挡电磁阀和油压电磁阀等发出电子控制信号,换挡电磁阀和油压电磁阀再将电控单元(ECU)的电子控制信号转变为液压控制信号,各个控制阀再根据这些液压控制信号,控制换挡执行机构的动作,以实现自动换挡。

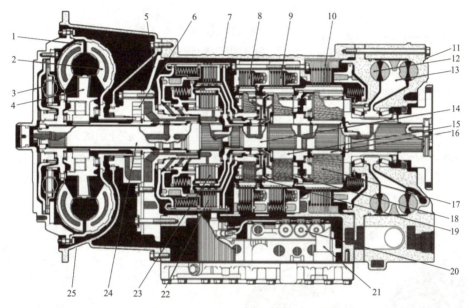

图16-3 某六挡液力机械式自动变速器

1-变矩器涡轮;2-变矩器泵轮;3-闭锁离合器;4-变矩器导轮;5-前支撑;6-油泵;7-主壳体;8-离合器(C3);9-离合器(C4);10-离合器(C5);11-缓速器壳体总成;12-缓速器定子总成;13-转子;14-主轴;15-P2 太阳轮;16-P3 太阳轮;17-行星机构总成(P3);18-行星机构总成(P2);19-行星机构总成(P1);20-电液控制系统;21-变速器油面位置传感器;22-离合器(C2);23-离合器(C1);24-涡轮轴;25-变矩器壳体

第二节　液力变矩器

液力传动分为<u>动液传动</u>和<u>静液传动</u>两大类。动液传动是靠液体<u>在循环流动过程中动能的变化</u>而传递动力。静液传动是利用液体<u>在密闭工作容积内压能的变化</u>而传递动力(例如液压马达)。<u>液力变矩器属于动液传动装置</u>。

一、液力变矩器的工作原理和特性

1.液力变矩器工作原理

常见的液力变矩器(图16-4)主要由可旋转的<u>泵轮</u>4和<u>涡轮</u>3,以及固定不动的<u>导轮</u>5三个元件组成。这些元件的形状如图16-5所示。各工作轮用铝合金精密铸

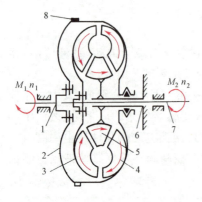

造，或用钢板冲压焊接而成。泵轮4与变矩器壳2连成一体，用螺栓固定在发动机曲轴1后端的凸缘上。壳体2做成两半，装配后焊成一体（有的用螺栓连接）。壳体外面有起动齿圈8。涡轮3通过从动轴7与传动系统的其他部件相连。导轮5则固定在不动的套管6上。所有工作轮在装配后，形成断面为循环圆的环状体。

变矩器正常工作时，存于环形内腔中的工作液，除有绕变矩器轴的圆周运动以外，还有在循环圆中沿图16-4中箭头所示方向的循环流动，故能将转矩从泵轮传到涡轮上。

变矩器不仅能传递转矩，且能在泵轮转矩不变的情况下，随着涡轮的转速（反映着汽车行驶速度）不同而改变涡轮输出的转矩数值。

图16-4 液力变矩器示意图

1-发动机曲轴；2-变矩器壳；3-涡轮；4-泵轮；5-导轮；6-导轮固定套管；7-从动轴；8-起动齿圈

变矩器之所以能起变矩作用，是由于结构上存在导轮机构。在液体循环流动的过程中，固定不动的导轮给涡轮一个反作用力矩，使涡轮输出的转矩不同于泵轮输入的转矩。

下面用变矩器工作轮的展开图来说明变矩器的工作原理。展开图的制取方法如图16-6所示。即将循环圆上的中间流线（此流线将液流通道断面分割成面积相等的内外两部分）展开成一直线，各循环圆中间流线均在同一平面上展开，于是在展开图上，泵轮B、涡轮W和导轮D便成为三个环形平面，且工作轮的叶片角度也清楚地显示出来。

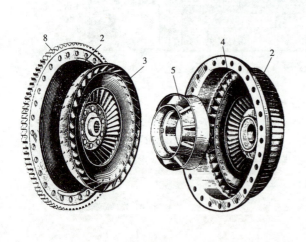

图16-5 液力变矩器的主要零件
（图注同图16-4）

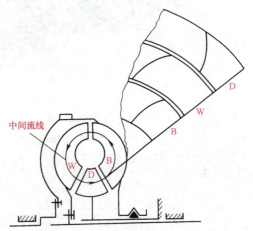

图16-6 液力变矩器工作轮展开示意图
B-泵轮；W-涡轮；D-导轮

为便于说明，设发动机转速及负荷不变，即变矩器泵轮的转速 n_b 及转矩 M_b 为常数。先讨论汽车起步工况。开始时涡轮转速 n_w 为零，如图16-7a）所示。工作液在泵轮叶片带动下，以一定的绝对速度沿图中箭头1的方向冲向涡轮叶片。因涡轮静止不动，液流将沿着叶片流出涡轮并冲向导轮，液流方向如图中箭头2所示。然后液流再从固定不动的导轮叶片沿箭头3方向流入泵轮中。当液体流过叶片时，受到叶片的作用力，其方向发生变化。设泵轮、涡轮和导轮对液

液力变矩器的工作原理

流的作用转矩分别为 M_b、M'_w 和 M_d。根据液流受力平衡条件,则 $M'_w = M_b + M_d$。

由于液流对涡轮的作用转矩 M_w(即变矩器输出转矩)与 M'_w 方向相反大小相等,因而在数值上,涡轮转矩 M_w 等于泵轮转矩 M_b 与导轮转矩 M_d 之和。显然,此时涡轮转矩 M_w 大于泵轮转矩 M_b,即液力变矩器起了增大转矩的作用。

当变矩器输出的转矩,经传动系统传到驱动轮上所产生的驱动力足以克服汽车起步阻力时,汽车即起步并开始加速,与之相联系的涡轮转速 n_w 也从零逐渐增加。这时液流在涡轮出口处不仅具有沿叶片方向的相对速度 w,而且具有沿圆周方向的牵连速度 u,故冲向导轮叶片的液流的绝对速度 v 应是二者的合成速度,如图 16-7b)所示。因原设泵轮转速不变,起变化的只是涡轮转速,故涡轮出口处相对速度 w 不变,只是牵连速度 u 起变化。由图可见,冲向导轮叶片的液流的绝对速度 v 将随着牵连速度 u 的增加(即涡轮转速 n_w 的增加)而逐渐向左倾斜,使导轮上所受转矩值逐渐减小。当涡轮转速增大到某一数值,由涡轮流出的液流(如图 16-7b 中 v 所示方向)正好沿导轮出口方向冲向导轮时,由于液体流经导轮时方向不改变,故导轮转矩 M_d 为零,于是涡轮转矩与泵轮转矩相等,即 $M_w = M_b$。

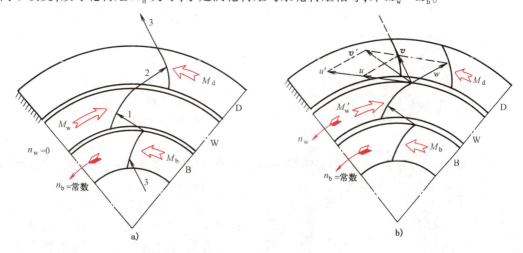

图 16-7 液力变矩器工作原理图

若涡轮转速 n_w 继续增大,液流绝对速度 v 的方向继续向左倾,如图 16-7b)中 v' 所示方向,导轮转矩方向与泵轮转矩方向相反,则涡轮转矩为前二者转矩之差($M_w = M_b - M_d$),即变矩器输出转矩反而比输入转矩小。当涡轮转速 n_w 增大到与泵轮转速 n_b 相等时,工作液在循环圆中的循环流动停止,将不能传递动力。

2. 液力变矩器特性

在变矩器的泵轮转速 n_b 和转矩 M_b 不变的条件下,涡轮转矩 M_w 随其转速 n_w 变化的规律,即为液力变矩器的特性,如图 16-8 所示。

液力变矩器的传动比 i 的定义与前述齿轮变速器不同,为输出转速(即涡轮转速 n_w)与输入转速(即泵轮转速 n_b)之比,即 $i = n_w/n_b \leq 1$。

液力变矩器输出转矩 M_w 与输入转矩(即泵轮转矩)M_b 之比称为变矩系数,用 K 表示,即 $K =$

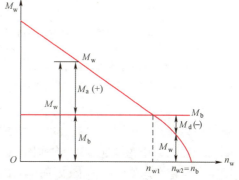

图 16-8 液力变矩器特性(n_b = 常数)

M_w/M_b。因此在图16-8中，$M_w - n_w$ 曲线也反映了变矩系数 K 与涡轮转速 n_w（或传动比 i）之间的变化关系。

从变矩器特性中可以看出，变矩系数 K 是随涡轮转速的改变而连续变化的。当汽车起步、上坡或遇到较大阻力时，如果发动机的转速和负荷不变，这时车速将降低，即涡轮转速降低。于是变矩系数相应增大，因而使驱动轮获得较大的转矩，保证汽车能克服增大的阻力而继续行驶。所以液力变矩器是一种能随汽车行驶阻力的不同而自动改变变矩系数的无级变速器。此外，液力变矩器还具有保证汽车平稳起步，衰减传动系统中的扭转振动，防止传动系统超载等功能。

二、三元件综合式液力变矩器

1. 三元件综合式液力变矩器的构造

图16-9 所示为轿车上采用的三元件带单向离合器的综合式液力变矩器。它由泵轮8、涡轮5和导轮9等组成。最大变矩系数（即涡轮转速为零时的变矩系数）为 1.9~2.5。

变矩器壳体7由前后两半焊接而成。壳体前端连接着装有起动齿圈6的托盘，并用螺钉固定在曲轴后端凸缘4上。为了在维修拆装后保持变矩器与曲轴原有的相对位置，以免破坏动平衡，螺钉在圆周上的分布是不均匀的。

泵轮8装有径向平直叶片。焊在泵轮外壳上的泵轮轮毂12可自由转动。涡轮5有倾斜的曲面叶片。与涡轮壳体用铆钉连接的涡轮轮毂3，以花键与变矩器输出轴13相连。泵轮及涡轮的叶片和壳体均为钢板冲压件，叶片和内环采用点焊连接。导轮用铝合金铸造，并与单向离合器的外座圈10固定连接。

2. 单向离合器

三元件综合式液力变矩器的单向离合器（也称自由轮机构）的结构形式有滚柱式和楔块式两种。

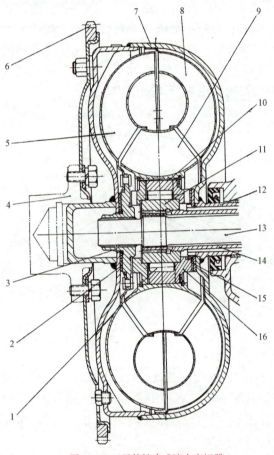

图16-9 三元件综合式液力变矩器

1-滚柱；2-塑料垫片；3-涡轮轮毂；4-曲轴凸缘；5-涡轮；6-起动齿圈；7-变矩器壳；8-泵轮；9-导轮；10-单向离合器外座圈；11-单向离合器内座圈；12-泵轮轮毂；13-变矩器输出轴（齿轮变速器第一轴）；14-导轮固定套管；15-推力垫片；16-单向离合器盖

在图16-9所示的结构中，采用的是滚柱式单向离合器，其构造可用图16-10来说明。它由单向离合器外座圈10、内座圈11、滚柱1及叠片弹簧17组成。导轮9用铆钉18铆在外座圈10上（也可用花键连接）。内座圈11与导轮固定套管14用花键连接。导轮固定套管被固定在齿轮变速器的壳体上，因而单向离合器的内座圈是固定不动的。外座圈10的内表面有若干个偏心的圆弧面。滚柱1经常被叠片弹簧17压向内外座圈之间滚道比较狭窄的一端，而将内外座圈楔紧。

当涡轮转速较低、与泵轮转速差较大时，从涡轮流出的液流冲击导轮叶片，力图使导轮 9 按顺时针方向（图中虚线箭头所示）旋转，由于滚柱 1 楔紧在滚道的窄端，导轮便同单向离合器的外座圈 10 一起被卡紧在内座圈 11 上而固定不动，此时液力变矩器起增大转矩的作用。当涡轮转速升高到一定程度，液流对导轮的冲击力反向，于是导轮自由地相对于单向离合器内座圈按实线箭头方向与涡轮同向转动。这时变矩器就转入了耦合器的工作

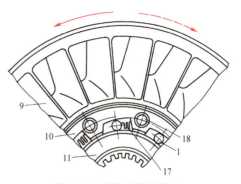

图 16-10　滚柱式单向离合器

(17-叠片弹簧；18-铆钉；其余标注同图 16-9)

状况（液力耦合器只起传递转矩作用，而不起改变转矩大小的作用）。这种可以转入耦合器工况的变矩器称为综合式液力变矩器。该变矩器又因具有变矩器和耦合器的两种工作状态（这种工作状态的数称为变矩器的"相"），故其应为双相。因此上述液力变矩器的全称应为单级双相三元件综合式液力变矩器。所谓"级"是指安置在泵轮与导轮或导轮与导轮间的涡轮数。"元件"是指泵轮、涡轮和导轮等工作轮。

楔块式单向离合器的构造及工作原理如图 16-11 所示（此图为从发动机向变速器方向看，图 16-10 的方向与此图相反）。它由外座圈 1、楔块 2、内座圈 4 和保持架 3 等组成。保持架借助于片状弹簧把楔块均匀布置在内外座圈之间。导轮固定在外座圈 1 上，内座圈 4 通过花键与固定在变速器壳体上的导轮固定套管连接。

当外座圈相对于内座圈顺时针转动时（图 16-11a），楔块在摩擦力作用下也顺时针转动，使楔块短对角线的棱边对着内外座圈的表面，此时因楔块短对角线棱边的距离小于内外座圈的间距，所以外座圈可以自由转动，即导轮可以自由转动，此时变矩器转入耦合器工作状态。反之，当外座圈相对于内座圈逆时针转动时（图 16-11b），楔块在摩擦力作用下也逆时针转动，因楔块长对角线棱边距离大于内外座圈的间距，致使外座圈被楔块卡死不能转动，即导轮被固定，此时为变矩器工作状态。

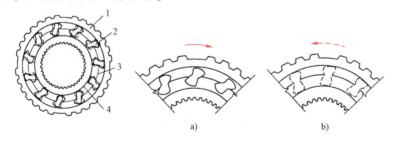

图 16-11　楔块式单向离合器

1-外座圈；2-楔块；3-保持架；4-内座圈

3. 三元件综合式液力变矩器的特性

采用综合式液力变矩器的目的，在于利用耦合器在高传动比时相对变矩器有较高效率的特点。效率指液力传动装置输出功率与输入功率之比。变矩器效率 η_b 与耦合器效率 η_a 随传动比 i 变化的规律，如图 16-12 所示，图中还作出变矩系数 K 随传动比变化的曲线。由图中可知，在传动比 $i < i_K = 1$（变矩系数 $K = 1$ 时的传动比）范围内，变矩器的效率高于耦合器，当 $i > i_K = 1$，变矩器效率 η_b 迅速下降，而耦合器的效率 η_a 却继续增高。综合式液力变矩

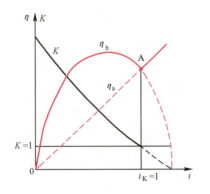

图 16-12　单级双相三元件综合式液力变矩器特性

器即在低速时按变矩器特性工作,而当传动比达 $i_K=1$ 时,转为按耦合器特性工作,从而扩大了高效率的范围,如图上实线所示。图中 A 点为耦合器工况转换点。

变矩器的各工作轮在一个密闭腔内工作,腔内充满液力传动油,它既是工作介质,又是液力元件的润滑剂和冷却剂。为防止气蚀现象,腔内应保持一定的补偿压力,其值视变矩器而异,通常在 0.25~0.7 MPa 范围内。所谓**气蚀是指液体流动过程中,某处压力下降到低于该温度下工作液的饱和蒸气压时,液体形成气泡的现象**。当液体中的气泡随液流运动到压力较高的区域时,气泡在周围液力油的冲击下迅速破裂,又凝结成液态,使体积骤然缩小,出现真空。于是周围的液体质点即以极高的速度填补这些空间。在此瞬间,液体质点相互强烈碰击,产生明显的噪声。同时造成很高的局部压力,致使叶片表面的金属颗粒被击破。由此可见,气蚀现象将影响变矩器正常工作,使其效率降低,并伴有噪声,故工作腔内必须保持足够的补偿压力。

由油泵输出的具有一定压力的补偿油通过导轮固定套管 14(图 16-9)与泵轮轮毂 12 之间的环状空腔,从导轮与泵轮之间的缝隙进入,由涡轮与导轮之间流出,经固定套管 14 与变矩器输出轴 13 之间的环状空腔通往冷却器,使工作液得到冷却。

由于补偿压力的存在,工作轮上受到的轴向力较大。为此,在导轮端部装有有色金属推力垫片 15,在涡轮轮毂与壳体之间装有耐磨的塑料垫片 2。

上述三元件综合式液力变矩器的结构简单,工作可靠,性能稳定,最高效率达 92%,在转为耦合器工况时,高传动比区的效率可达 96%。因此,它在轿车上得到广泛应用,在大型客车、自卸车及工程车辆上的应用也逐渐增多。

某些起动变矩系数大的变矩器,若采用上述三元件综合式变矩器,则在最高效率工况到耦合器工况始点之间的区段上效率显著降低。为避免这个缺点,可将导轮分割成两个,分别装在各自的单向离合器上,形成四元件综合式液力变矩器。

图 16-13 为四元件综合式液力变矩器的示意图。当涡轮 5 转速较低时,涡轮出口处液流冲击在两导轮叶片的凹面上,方向如图 16-13b)v_1 所示。此时,两导轮的单向离合器均被锁住,导轮固定,按变矩器工况工作。当涡轮转速增加到一定程度即液流速度为 v_2 时,液流对第一导轮的冲击力反向,第一导轮便因单向离合器松脱而与涡轮同向旋转,此时只有第二导轮仍起变矩作用。当涡轮转速继续升高到接近泵轮转速即液流速度为 v_3 时,第二导轮也受到液流的反向冲击力而与涡轮及第一导轮同向转动,于是变矩器全部转入耦合器工况。

四元件综合式液力变矩器的特性是两个变矩器特性和一个耦合器特性的综合(图 16-14)。在传动比 $0\sim i_1$ 区段,两个导轮固定不动,二者的叶片组成一个弯曲程度更大的叶片,以保证在低传动比工况下获得大的变矩系数。在传动比 $i_1\sim i_K=1$ 区段,第一导轮脱开,变矩器带有一个叶片弯曲程度较小的导轮工作,因而此时可得到较高的效率。当传动比为 $i_K=1$ 时,变矩器转入耦合器工况,效率按线性规律增长。

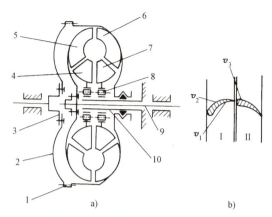

图 16-13 四元件综合式液力变矩器示意图
1-起动齿圈；2-变矩器壳；3-曲轴凸缘；4-第一导轮（Ⅰ）；5-涡轮；
6-泵轮；7-第二导轮（Ⅱ）；8-单向离合器；9-输出轴；10-导轮固定套管

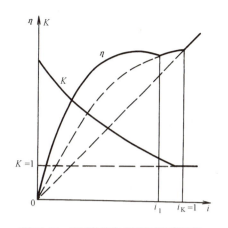

图 16-14 四元件综合式液力变矩器特性

因此，上述四元件综合式液力变矩器的全称应为单级三相四元件综合式液力变矩器。

因为液力变矩器的涡轮与泵轮之间存在转速差和液力损失，变矩器的效率不如机械变速器高，故采用变矩器的汽车在正常行驶时的燃油经济性较差。为提高变矩器在高传动比工况下的效率，可采用带锁止离合器的液力变矩器（图16-15）。锁止离合器的主动部分是传力盘8和活塞（即压盘）6，它们与泵轮11一同旋转。从动部分是装在涡轮轮毂14花键上的从动盘7。压力油经油道5进入后，推动活塞右移，压紧从动盘，即锁止离合器接合，于是泵轮与涡轮接合成一体旋转，变矩器不起作用。当撤除油压时，二者分离，变矩器恢复正常工作。

当汽车起步或在坏路面上行驶时，可将锁止离合器分离，使变矩器起作用，以充分发挥液力传动可自动适应行驶阻力剧烈变化的优点。当汽车在良好道路上行驶时，应接合锁止离合器，使变矩器的输入轴和输出轴成为刚性连接，即转为直接机械传动。此时，变矩系数 $K=1$，变矩器效率 $\eta=1$。这就提高了汽车的行驶速度和燃油经济性。

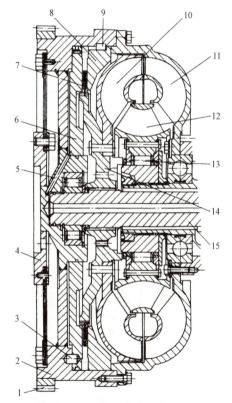

图 16-15 带锁止离合器的液力变矩器
1-起动齿圈；2-锁止离合器操纵油缸；3-导向销；4-曲轴凸缘盘；5-油道；6-操纵油缸活塞（压盘）；7-离合器从动盘；8-传力盘；9-键；10-涡轮；11-泵轮；12-导轮；13-单向离合器；14-涡轮轮毂；15-变矩器输出轴

当锁止离合器接合时，单向离合器即脱开，导轮在液流中自由旋转。若取消单向离合器，则当泵轮与涡轮锁成一体旋转时，导轮将仍处于固定状态，导致液力损失加大，效率降低。

图16-15所示的带锁止离合器的液力变矩器，全称应为单级双相三元件闭锁式综合液

力变矩器。因为在结构中增加了锁止离合器,传动效率可达1,故它是目前在轿车上应用极广的一种结构形式。

第三节 液力机械变速器

液力变矩器虽能在一定范围内自动地、无级地改变转矩比和传动比,但变矩系数不大,变速范围不宽,难以满足汽车使用要求,故在汽车上广泛采用的是液力变矩器与齿轮式变速器组成的液力机械式变速器。与变矩器配合使用的齿轮式变速器多数是行星齿轮变速器,也可以是固定轴线式齿轮变速器。

一、行星齿轮变速器的工作原理

行星齿轮变速器由行星齿轮机构和换挡执行元件(如换挡离合器、制动器及单向离合器等)组成。

1. 单排行星齿轮机构的特性方程式

为了了解行星齿轮变速器的工作原理,下面先分析单排行星齿轮机构的运动规律。

图16-16为单排行星齿轮机构的示意图。图上标出了行星轮所受到的作用力。

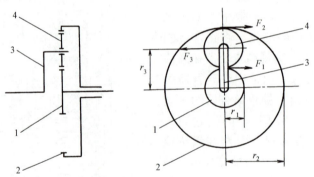

图16-16 单排行星齿轮机构及作用力
1-太阳轮;2-齿圈;3-行星架;4-行星轮

作用于太阳轮1上的力矩:
$$M_1 = F_1 r_1$$

作用于齿圈2上的力矩:
$$M_2 = F_2 r_2$$

作用于行星架3上的力矩:
$$M_3 = F_3 r_3$$

令齿圈与太阳轮的齿数比为 α,则:
$$\alpha = \frac{z_2}{z_1} = \frac{r_2}{r_1}$$

因而
$$r_2 = \alpha r_1$$

又
$$r_3 = \frac{r_1 + r_2}{2} = \frac{1+\alpha}{2} r_1$$

式中：r_1、r_2——太阳轮和齿圈的节圆半径；

r_3——行星轮与太阳轮的中心距。

由行星轮 4 的力平衡条件可得 $F_1 = F_2$ 和 $F_3 = -2F_1$。

因此，太阳轮、齿圈和行星架上的力矩分别为：

$$\left.\begin{array}{l} M_1 = F_1 r_1 \\ M_2 = \alpha F_1 r_1 \\ M_3 = -(\alpha + 1)F_1 r_1 \end{array}\right\} \tag{16-1}$$

根据能量守恒定律，三个元件上输入和输出的功率的代数和应等于零，即：

$$M_1\omega_1 + M_2\omega_2 + M_3\omega_3 = 0 \tag{16-2}$$

式中：ω_1、ω_2、ω_3——太阳轮、齿圈和行星架的角速度。

将式(16-1)代入式(16-2)中，即可得到表示单排行星齿轮机构一般运动规律的特性方程式：

$$\omega_1 + \alpha\omega_2 - (1 + \alpha)\omega_3 = 0$$

若以转速代替角速度，则上式可写成：

$$n_1 + \alpha n_2 - (1 + \alpha)n_3 = 0 \tag{16-3}$$

2. 单排行星齿轮机构的工作原理

由式(16-3)可以看出，在太阳轮、齿圈和行星架这 3 个元件中，可任选两个分别作为主动件和从动件，而使另一元件固定不动（即用执行元件使该元件转速为零），或使其运动受一定的约束（即该元件的转速为某定值），则整个轮系即以一定的传动比传递动力。下面分别讨论各种情况：

单排行星齿轮的变速原理

（1）太阳轮 1 为主动件，行星架 3 为从动件，齿圈 2 固定。此时式(16-3)中 $n_2 = 0$，故传动比：

$$i_{13} = \frac{n_1}{n_3} = 1 + \alpha = 1 + \frac{z_2}{z_1}$$

（2）齿圈 2 为主动件，行星架 3 为从动件，太阳轮 1 固定。此时式(16-3)中 $n_1 = 0$，故传动比：

$$i_{23} = \frac{n_2}{n_3} = \frac{1 + \alpha}{\alpha} = 1 + \frac{z_1}{z_2}$$

（3）太阳轮 1 为主动件，齿圈 2 为从动件，行星架 3 固定。此时式(16-3)中 $n_3 = 0$，故传动比：

$$i_{12} = \frac{n_1}{n_2} = -\alpha = -\frac{z_2}{z_1}$$

在此情况下，n_1 与 n_2 符号相反，即表示主动轴与从动轴的旋转方向相反，故为倒挡传动情况。

（4）若使 $n_1 = n_2$，则：

$$n_3 = \frac{n_1 + \alpha n_1}{1 + \alpha} = n_1 = n_2$$

在 $n_1 = n_3$ 或 $n_2 = n_3$ 时，同样可得 $n_1 = n_2 = n_3$。故知若使三元件中的任何两个元件连成一体转动，则第三个元件的转速必然与前两者转速相等，即行星齿轮系中所有元件（包括行星轮)之间都没有相对运动,从而形成直接挡传动,传动比 $i=1$。

如果所有元件都不受约束,即都可以自由转动,则行星齿轮机构完全失去传动作用。

由多排行星齿轮机构组成的行星齿轮变速器,其传动比可根据上述单排行星齿轮机构特性方程式推导出来。

3. 复合式行星齿轮机构的工作原理

单排行星齿轮机构所提供的适用传动比数目是有限的,为了获得较多的挡数,可采用两排或多排行星齿轮机构。一般具有三、四个前进挡的自动变速器至少需要两排行星齿轮机构。在现代汽车的自动变速器中,广泛采用两种典型的复合式行星齿轮机构:辛普森式和拉威挪式。

1) 辛普森式行星齿轮机构

它是由两排行星齿轮机构共用一个太阳轮组成的复合式行星齿轮机构,如图16-17a)所示。前后排行星齿轮机构的尺寸或齿轮齿数不必一定相同。其尺寸和齿轮的齿数决定了复合行星齿轮机构所实现的实际传动比。

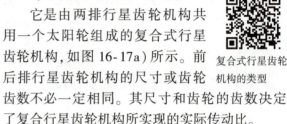

复合式行星齿轮机构的类型

辛普森式行星齿轮传动机构有4个换挡执行元件:两个离合器 C_1、C_2 和两个制动器 B_1、B_2。每切换一个挡位需要操纵两个执行元件。

根据单排行星齿轮机构的一般运动规律的特性方程式(16-3),可以写出辛普森式行星齿轮机构运动规律的如下方程式为:

$$n_{B_1} + \alpha n_2 - (1+\alpha)n_{B_2} = 0 \quad (16-4)$$

$$n_{B_1} + \alpha n_S - (1+\alpha)n_2 = 0 \quad (16-5)$$

$$n_{C_1} = n_1 - n_s \quad (16-6)$$

$$n_{C_2} = n_1 - n_{B_1} \quad (16-7)$$

式(16-6)、式(16-7)表示离合器的两构件的运动方程式。当离合器完全接合时,n_{C_1} 或 n_{C_2} 等于零,表示与其相连接的两构件的转速应相等。

辛普森行星齿轮机构具有3个自由度,因为构件数为7个(1、2、B_1、B_2、C_1、C_2、S),而计算方程式有4个,因此每挂一个挡需要同时使用两个执行元件(如离合器、制动器等)。

辛普森行星齿轮机构各挡传动比如下:

一挡(图16-17b),离合器 C_1 被接合,单向离合器 F_w 被卡住,相当制动器 B_1 起作用。当在其他挡位时,第一排行星架的旋转方向与一挡时相反,这时单向离合器被脱开。设置单向离合器后,在一挡可省去控制制动器 B_2 的油路,简化了

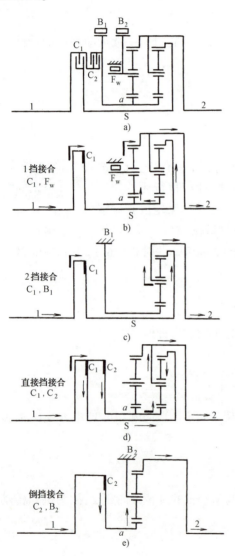

图16-17 辛普森式行星齿轮机构及各挡传动路线示意图

1-输入轴;2-输出轴;C_1、C_2-离合器;B_1、B_2-制动器;F_w-单向离合器;S-构件

液压系统。当 $n_{C1}=0$ 时,$n_1=n_S$,单向离合器被卡住,因此 $n_{F_w}=n_{B_2}$,通过上述方程组可求得一挡传动比为:

$$i_1 = n_1/n_2 = (1+2\alpha)/\alpha$$

二挡(图 16-17c),接合离合器 C_1 和制动器 B_1。此时齿圈为主动件,行星架为从动件,太阳轮被固定,则二挡传动比为:

$$i_2 = (1+\alpha)/\alpha$$

三挡(图 16-17d),接合离合器 C_1 和 C_2,则辛普森行星齿轮机构被连成一体,为直接传动,其传动比为:

$$i_3 = 1$$

倒挡(图 16-17e),接合离合器 C_2 和制动器 B_2,则第二排行星齿轮起作用,此时,太阳轮为主动件,齿圈为从动件,行星架固定,其传动比为:

$$i_R = -\alpha$$

辛普森式行星齿轮机构与一个单排行星齿轮机构(超速挡行星齿轮机构)串联可组合成 4 个前进挡和 1 个倒挡的行星齿轮变速器。

2)拉威挪式行星齿轮机构

图 16-18 所示为拉威挪式行星齿轮机构的结构示意图。它的特点是两排行星齿轮机构共用一个齿圈 3 和一个行星架 4。行星架上的长行星轮 2 与前排行星齿轮机构的大太阳轮 8 啮合,同时还与后排行星齿轮机构的短行星轮 5 啮合。短行星轮还与小太阳轮 7 啮合。它可以组成 3 个前进挡和 1 个倒挡的行星齿轮变速器。

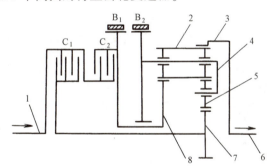

图 16-18 拉威挪式行星齿轮机构示意图

1-输入轴;2-长行星轮;3-齿圈;4-行星架;5-短行星轮;6-输出轴;7-小太阳轮;8-大太阳轮;C_1、C_2-离合器;B_1、B_2-制动器

拉威挪式行星齿轮机构的结构紧凑,所用构件少,且由于相互啮合的齿较多,故可传递较大的转矩。但与辛普森式相比较,其结构较复杂,传动效率略低。正因为其结构有特点,所以在许多轿车的自动变速器中,也有不少采用这种结构形式的。

二、液力机械自动变速器的几种结构形式

(一)液力变矩器与行星齿轮变速器组成的液力机械自动变速器

下面以某轿车四挡液力机械自动变速器为例予以介绍。

该四挡自动变速器是采用一个带锁止离合器的单级双相三元件的液力变矩器(图 16-15)与可自动换挡的拉威挪式行星齿轮机构组成的液力机械变速器,如图 16-19 所示。行星齿

轮变速器的第一轴（涡轮轴）通过花键与变矩器的涡轮相连接。与行星齿轮变速器齿圈相连接的齿轮与惰轮 4 相啮合。行星齿轮变速器输出的动力经惰轮和惰轮轴 5 传给主减速器 6 和差速器 7。最后通过凸缘盘 8 将动力传给两半轴和前轮。

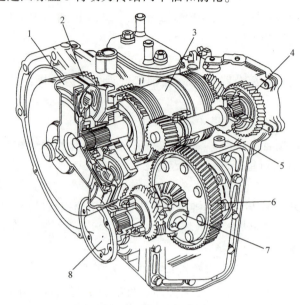

图 16-19　某轿车四挡液力机械自动变速器的构造

1-锁止离合器；2-液力变矩器；3-行星齿轮变速器；4-惰轮；5-惰轮轴；6-主减速器；7-差速器；8-凸缘盘

当锁止离合器 1 处于锁止状态时，液力变矩器不起作用，整个液力传动系统成为一个机械整体，则曲轴直接将动力传给行星齿轮变速器。其变速传动部分工作原理如图 16-20 所示。

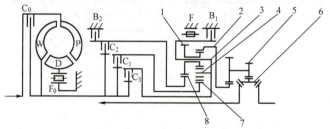

图 16-20　四挡液力机械自动变速器传动部分示意图

1-长行星轮；2-齿圈；3-行星架；4-短行星轮；5-主减速器；6-差速器；7-小太阳轮；8-大太阳轮；P-泵轮；W-涡轮；D-导轮；C_1-前进挡离合器；C_2-倒挡离合器；C_3-直接挡离合器；C_0-锁止离合器；F_0-导轮单向离合器；F-行星架单向离合器；B_1-倒挡制动器；B_2-2、4 挡制动器

该变速器共有 7 个挡位，其中包括 4 个前进挡、1 个倒挡（R）、1 个空挡（N）、1 个驻车挡（P）。各挡动力传递路线如图 16-21 所示。

1 挡（图 16-21a），离合器 C_1 接合，单向离合器 F 工作，阻止行星架逆时针转动。其动力传递路线为：泵轮→涡轮→涡轮轴→离合器 C_1→小太阳轮 7→短行星轮 4→长行星轮 1→驱动齿圈 2 输出。行星齿轮变速器该挡的传动比 i 约为 2.71。

2 挡（图 16-21b），离合器 C_1 接合，制动器 B_2 制动大太阳轮 8。其动力传递路线为：泵轮→涡轮→涡轮轴→离合器 C_1→小太阳轮 7→短行星轮 4→长行星轮 1 围绕不动的大太阳轮 8 公转并驱动齿圈 2 输出。行星齿轮变速器该挡的传动比 i 约为 1.44。

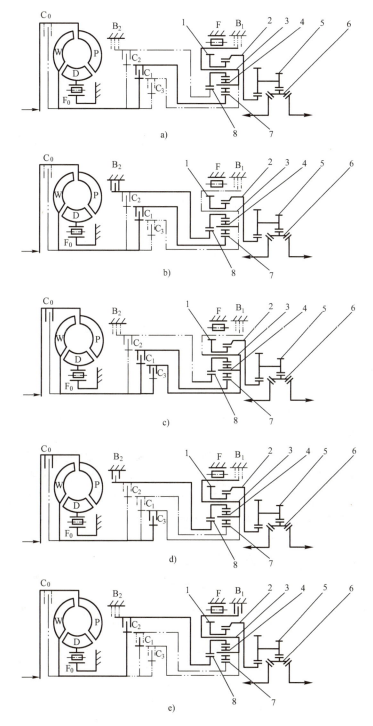

图 16-21 四挡液力机械自动变速器各挡传动路线示意图

1-长行星轮；2-齿圈；3-行星架；4-短行星轮；5-主减速器；6-差速器；7-小太阳轮；8-大太阳轮；P-泵轮；W-涡轮；D-导轮；C_1-前进挡离合器；C_2-倒挡离合器；C_3-直接挡离合器；C_0-锁止离合器；F_0-导轮单向离合器；F-行星架单向离合器；B_1、B_2-换挡制动器

3（直接）挡（图 16-21c），锁止离合器 C_0 接合，液力变矩器锁死，离合器 C_1 和 C_3 接合，

使行星齿轮副被锁止,则该系统成为一个整体转动。其动力传递路线为:泵轮→锁止离合器C_0→离合器C_1和C_3→整个行星齿轮副转动。其传动比i为1。

4(超速)挡(图16-21d),锁止离合器C_0锁止,离合器C_3接合,制动器B_2工作。其动力传递路线为:泵轮→锁止离合器C_0→离合器C_3→行星架3→长行星轮绕大太阳轮旋转,并驱动齿圈,形成超速挡。其传动比i约为0.74。

倒(R)挡(图16-21e),变速器置于"R"位置,倒挡离合器C_2接合,驱动大太阳轮转动。制动器B_1工作,使行星架制动。其动力传递路线为:泵轮→涡轮→涡轮轴→离合器C_2→大太阳轮→长行星轮反向驱动齿圈,形成倒挡。其传动比i约为2.88。

空(N)挡,各换挡离合器、制动器均处于不工作状态,此时行星齿轮机构各元件也不受约束而可以自由转动,故行星齿轮机构不传递动力,即处于空(N)挡位置。在点火开关打开状态下,车辆静止或车速低于5km/h时,换入该挡后,换挡杆会被锁止电磁铁锁止。若想退出该挡,须踩下制动踏板,同时按下手柄按钮方可退出,在车速高于5km/h时,只需按下手柄按钮即可将换挡杆挂入或退出空挡(N)。

驻车(P)挡,只有在车辆安全停稳时,才可换入该挡。换入该挡后,驱动车轮被机械装置锁止。若想将换挡杆退出此挡位,须踏下制动踏板并按下换挡杆手柄上的按钮。

上述行星齿轮变速器各挡的传动比i是按行星齿轮机构一般运动规律的特性方程式而算出的。

液力机械变速器的总传动比(指行星齿轮变速器第二轴输出转矩与泵轮转矩之比)为液力变矩器的变矩系数K与齿轮变速器传动比i的乘积。其中变矩系数K的变化是无级的,而齿轮变速器传动比i的变化则是有级的。二者配合工作,则使液力机械变速器在几个区段范围内无级变速,故称为部分无级变速器。

液力机械自动变速器中变矩器的工作油液、液压操纵系统的工作油液以及行星齿轮变速器的润滑油液都是专用的液力传动油,由同一油泵供给。油泵由变矩器泵轮轮毂驱动。

为了使变矩器内油液在最有利的温度范围内(约80℃左右)工作,变矩器内一部分高温油液流到置于发动机散热器下储水箱内的专用管式冷却器中进行冷却。冷却后的油液又经过细滤器并由后盖流入变速器作为润滑油,然后回到变速器的油底壳。由于冷却器位于发动机散热器下储水箱之中,所以油液不仅得到必要的冷却,而且在发动机起动后的预热过程中也能得到预热,使其黏度减小,以提高变矩器的效率。

(二)液力变矩器与固定轴线式齿轮变速器组成的液力机械自动变速器

图16-22所示为某轿车采用的四挡液力机械自动变速器。该变速器是由带锁止离合器的液力变矩器和固定轴线式的常啮斜齿轮机械变速器以及液压控制系统和电子控制系统4部分组成。

液力变矩器是带锁止离合器的单级双相三元件综合式液力变矩器。变矩器壳与泵轮(P)连成一体,且与发动机曲轴相连。环绕壳体外部的是一个供起动发动机用的齿圈,整个变矩器起着飞轮的作用。齿轮变速器有三根平行轴:第一轴、第二轴和中间轴。第一轴前端用花键与液力变矩器的涡轮(W)相连,其上面安装着3挡、4挡、倒挡齿轮和3挡、4挡离合器。第二轴上安装着1挡固定离合器和1、2、3、4挡及倒挡齿轮。第二轴上与第一轴上的对应齿轮常啮合。中间轴上安装有1、2挡齿轮和1、2挡离合器。中间轴上的齿轮与第二轴上的对应齿轮常啮合。3 根轴上各安装有惰轮 9、12、17。

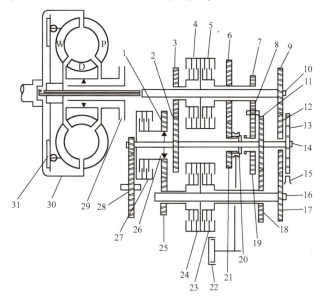

图 16-22　某四挡液力机械自动变速器示意图

1-第二轴 1 挡齿轮；2-第二轴 3 挡齿轮；3-第一轴 3 挡齿轮；4-3 挡离合器；5-4 挡离合器；6-第一轴 4 挡齿轮；7-第一轴倒挡齿轮；8-倒挡惰轮；9-第一轴惰轮；10-第一轴；11-第二轴 2 挡齿轮；12-第二轴惰轮；13-驻车挡齿轮；14-第二轴；15-驻车锁销；16-中间轴；17-中间轴惰轮；18-中间轴 2 挡齿轮；19-第二轴倒挡齿轮；20-倒挡啮合套；21-第二轴 4 挡齿轮；22-伺服阀；23-2 挡离合器；24-1 挡离合器；25-中间轴 1 挡齿轮；26-单向离合器；27-1 挡固定离合器；28-主减速齿轮副；29-油泵；30-液力变矩器；31-锁止离合器；P-泵轮；W-涡轮；D-导轮

该自动变速器共有 5 个换挡离合器和 1 个单向离合器。各挡位的变换是利用液压驱动离合器中的活塞压紧主、从动摩擦片以传递动力的。

该自动变速器共有 7 个挡位，包括 4 个前进挡、1 个倒挡（R）、1 个空挡（N）和 1 个驻车挡（P）。各挡动力传递路线如下：

1 挡，液力变矩器 30→第一轴 10→第一轴惰轮 9→第二轴惰轮 12→中间轴惰轮 17→中间轴 16→1 挡固定离合器 27→中间轴 1 挡齿轮 25→第二轴 1 挡齿轮 1→单向离合器 26→第二轴 14→主减速器齿轮副 28。

2 挡，液力变矩器 30→第一轴 10→第一轴惰轮 9→第二轴惰轮 12→中间轴惰轮 17→中间轴 16→2 挡离合器 23→中间轴 2 挡齿轮 18→第二轴 2 挡齿轮 11→第二轴 14→主减速器齿轮副 28。

3 挡，液力变矩器 30→第一轴 10→3 挡离合器 4→第一轴 3 挡齿轮 3→第二轴 3 挡齿轮 2→第二轴 14→主减速器齿轮副 28。

4 挡，液力变矩器 30→第一轴 10→4 挡离合器 5→第一轴 4 挡齿轮 6→第二轴 4 挡齿轮 21→第二轴 14→主减速器齿轮副 28。

倒车（R）挡，液力变矩器 30→第一轴 10→4 挡离合器 5→第一轴倒挡齿轮 7→倒挡惰轮 8→第二轴倒挡齿轮 19→倒挡啮合套 20→第二轴 14→主减速器齿轮副 28。

空（N）挡，液力变矩器→第一轴。此时，液压油不作用在离合器上，动力不能传递到第二轴上。

驻车（P）挡，各离合器不接合，动力不能传递到第二轴。第二轴上的驻车挡齿轮 13 被驻车锁销 15 锁止。

单向离合器的作用是:当动力由中间轴 16 上的 1 挡齿轮 25 传递给第二轴 1 挡齿轮 1 时,单向离合器处于锁止状态,可传递动力。反之,单向离合器处于自由状态,不传递动力。

液力机械自动变速器因使用操纵离合器换挡,故不存在齿轮冲击问题,所以齿轮变速器在同液力变矩器配合工作情况下,不需要保留摩擦式主离合器。

(三) 带锁止离合器的液力变矩器、换挡离合器和全同步变速器组成的液力机械变速器

近年来,国外重型货车和工程车辆上开始采用由 WSK 系统与全同步多挡变速器(4~6 挡)组成的液力机械变速器。WSK 系统是由锁止离合器、变矩器、滑行单向离合器和换挡离合器组成的"变矩器—换挡离合器系统"的德文缩写。多数情况下是把 WSK 系统和变速器装在一起作为传动装置使用,也可以如图 16-23 所示,把 WSK 系统和变速器分开布置。

当汽车起步或在坏路面条件下行驶时,锁止离合器 2 分离,变矩器 3 起作用。操纵换挡离合器 4 可换入不同挡位,二者配合能得到若干个区段范围内的无级变速,以充分发挥液力传动自动适应阻力变化和减少换挡次数的优点。

当汽车在良好路面上行驶时,泵轮与涡轮之间的转速差减小。此时应将锁止离合器接合,使变矩器不起作用而转为机械传动,借换挡离合器选用不同挡位以满足行驶要求。这样可充分发挥机械传动效率高的优点。

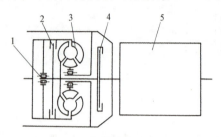

图 16-23 WSK 系统与全同步变速器组成的液力机械变速器示意图

1-滑行单向离合器;2-锁止离合器;3-变矩器;4-换挡离合器;5-全同步变速器

换挡离合器是单片干式离合器,仅供换挡用,与汽车起步无关,故设计尺寸可较一般传动系统中的离合器小些。

为保证锁止离合器能自动接合或分离,特设有两个传感器和一个电磁阀。两个传感器分别检测曲轴转速(即泵轮转速)和变速器第一轴转速(即涡轮转速),并向电子控制器发出相应的电信号。当涡轮与泵轮达到预定的传动比时,电磁阀开启,液压作用于锁止离合器的活塞上,使离合器主、从动片压紧,实现发动机与变速器的机械连接。当汽车减速,发动机转速下降到额定转速的 40% 左右(900~1100r/min)时,锁止离合器即分离。WSK 系统工作时,仪表板上的信号灯点亮。

当发动机与变速器直接作机械连接,而路面条件又要求换入低速挡时,驾驶人可将加速踏板踩到底,接通位于加速踏板下面的转换开关。此开关立即切断对锁止离合器的供油,WSK 系统即处于变矩器工作状态,使变速器的输入转矩增加而无须换挡,因此明显减少了换挡次数。

在 WSK 系统处于变矩器工作阶段时,在第一轴转速高于曲轴转速的条件下,滑行单向离合器 1 可使发动机与变速器直接连接。当发动机驱动变矩器和变速器工作时,滑行单向离合器是松脱的;而当汽车下坡滑行,驱动车轮转为主动件时,滑行单向离合器便锁紧,带动发动机运转,起到发动机缓速制动作用。

综上所述,这类液力机械变速器能保证汽车平顺起步,没有冲击和振动;明显减少换挡次数;操纵轻便,利于安全行驶;可使用发动机缓速制动以及在下坡时起动发动机,因此可以替代重型货车上的组合式变速器。

第四节　自动变速器的操纵系统

自动变速器的操纵是自动操纵系统。自动操纵是指汽车前进行驶过程中,驾驶人按行驶需要控制加速踏板,变速器即可根据发动机负荷和汽车速度的变化,自动地换入不同挡位工作。自动操纵可使驾驶操作大为简化轻便,有利于安全行驶,并使换挡过程中速度变化平顺,从而提高了汽车的加速性和舒适性。因此,虽然自动操纵系统结构复杂,工艺要求高,但目前在国外的轿车上已得到比较普遍的应用。

自动变速器的操纵系统可分为液控式(全液压)操纵系统和电控式操纵系统两种。

一、自动变速器的液控式(全液压)操纵系统

自动变速器的液控式操纵系统是由动力源(供油系统)、执行装置、控制装置和换挡品质控制装置以及滤清冷却系统等组成。

1. 动力源(供油系统)

1)自动变速器油(简称 ATF)

自动变速器油是含有多种特殊添加剂的混合油液。自动变速器油应具有很好的流动性和改善系统内部摩擦所需要的润滑性能,并保证油液具有耐久性和其他一些综合性能。

自动变速器油分为通用型和专用型两大类。通用型油可适用于大部分车型,例如 GM 制定的标准的 DEXRON-Ⅱ油。而专用型油是汽车生产厂商指定使用的某一品牌规定型号的专用油,例如宝马(BMW)、奔驰(BENZ)、奥迪(AUDI)等车型的五速电控自动变速器均要求使用专用油。

2)液压泵

液压泵可以采用内啮合的齿轮泵或转子泵,其结构和工作原理同发动机润滑系统中的机油泵。液压泵除了向控制装置、执行装置供应压力油以实现换挡外,还向液力变矩器供应工作油液,向行星齿轮变速器供应润滑油。液压泵的排量取决于变矩器尺寸、执行机构工作缸尺寸和数目以及油路的繁简,轿车的液压泵常用排量范围为 10~20L/(1000r/min)。

2. 执行装置

执行装置包括换挡离合器、换挡制动器和单向离合器等。控制装置根据汽车不同行驶条件,分别在执行装置中建立或卸除油压,从而得到自动变速器的不同挡位。

1)换挡离合器

图 16-24 所示为湿式多片换挡离合器。这种换挡离合器因其位于变速器内部,径向尺寸受到严格限制,而传递的转矩又很大,故做成多片式。主动片 10 和从动片 9 各有 6 片钢片。在主动片 10 的

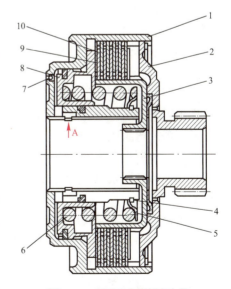

图 16-24　湿式多片换挡离合器

1-离合器鼓;2-与行星齿轮机构相连接的凸缘盘;3-花键毂;4-卡环;5-弹簧支撑盘 6-弹簧;7-安全阀;8-环形活塞;9-从动片;10-主动片;A-进油孔

两面烧结有铜基粉末冶金的摩擦材料,与从动钢片组成钢—粉末冶金摩擦副。近年来,国外有以纸质浸树脂的材料取代铜基粉末冶金材料的趋势,因为前者的动摩擦因数大于静摩擦因数。为保证其柔和接合和散热,离合器的摩擦片都浸在油液中工作,因而称为湿式离合器(在第十四章中所述的各种离合器则称为干式离合器)。

离合器以花键毂 3 的内花键与变速器第一轴(涡轮轴)连接。环形主动片 10 以内花键与花键毂 3 的外花键连接,并可作轴向移动。从动片 9 的外边缘有 8 个渐开线形键齿与离合器鼓 1 内相应的键槽配合,也可作轴向移动。松套在第一轴(涡轮轴)上的凸缘盘 2 与离合器鼓也用同样方法连接。因而离合器主动片 10 与第一轴(涡轮轴)相连,从动片 9 则与凸缘盘 2 相连。凸缘盘通过与行星齿轮机构的不同元件相连接,可得到不同挡位。例如,在图 16-20 所示的四挡液力机械自动变速器中有 3 个换挡离合器 C_1、C_2、C_3。离合器 C_1 通过凸缘盘驱动小太阳轮,离合器 C_2 用于驱动大太阳轮,离合器 C_3 用于驱动行星架。

下面以该自动变速器倒挡的湿式多片换挡离合器为例说明其工作原理(图 16-24)。

弹簧的一端抵住环形活塞 8 的内端面,另一端通过支撑盘 5 和卡环 4 支撑在离合器鼓 1 上。当压力油经进油孔 A 进入活塞左面时,液压作用力便克服弹簧力使活塞右移,将所有主动片和从动片压紧,即离合器接合。此时与凸缘盘制成一体的大太阳轮与第一轴成一体一同旋转。由于换挡制动器 B_1 也参加了工作,故该系统即挂上了倒挡(图 16-21e)。在油压撤除后,活塞 8 在弹簧 6 作用下回到原位,离合器分离。该倒挡离合器 C_2 只有在挂倒挡时才接合,其他情况下均处于分离状态。

离合器鼓 1 左端面上设有安全阀(也称甩油阀)7,在离合器接合过程中,在油液压力作用下关闭。而离合器分离时,环形活塞 8 与离合器鼓左端内端面之间,不可避免地存在着一定的余隙。于是在转动过程中,此余隙中的油液在离心力的作用下,力图使离合器接合。设计中应保证安全阀钢球的离心力大于油压作用力而使安全阀处于开启位置,让余隙中的油液流出,以避免摩擦片间出现不正常滑摩。

2)换挡制动器

换挡制动器最常见的结构形式有带式和片式两种。片式换挡制动器的工作原理与上述的多片湿式换挡离合器基本相同。由于片式较带式制动器工作平顺,故目前在轿车自动变速器中采用片式制动器的越来越多。

图 16-25 所示为片式换挡制动器零件分解图。它由制动毂 1、制动活塞 7、复位弹簧 6、钢片和摩擦片等组成。钢片通过外花键齿安装在变速器壳体的内花键齿圈上。摩擦片则通过内花键齿和制动毂上的外花键齿槽相配合。当压力油进入制动器的液压缸后,通过活塞将钢片和摩擦片紧紧压在一起,则制动毂及与其相连的行星齿轮机构的某一元件被固定而不能旋转。

带式换挡制动器是将内侧粘有摩擦材料的钢带卷绕在制动鼓外表面上,故又称外束带式制动器。它由制动鼓 3、制动带 2、控制油缸及活塞等组成,如图 16-26 所示。

制动带的一端固定在自动变速器的壳体上,另一端与控制油缸的推杆 7 相连接。不制动时制动带与制动鼓之间有一定间隙,此间隙可用调整螺钉 8 调整。

当液压油进入控制油缸后,推动活塞 4 及活塞推杆左移,消除制动带与制动鼓的间隙,并使制动带箍紧制动鼓,因而与制动鼓相连的行星齿轮机构中的某一元件被制动,使之挂上某一挡位。

第十六章 自动变速器

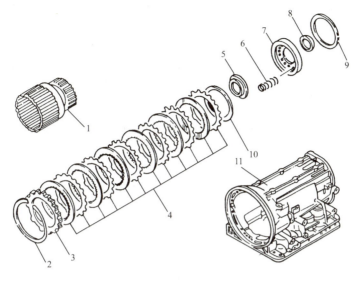

图16-25 片式换挡制动器零件分解图

1-制动毂；2-卡环；3-挡圈；4-钢片和摩擦片；5-弹簧座；6-复位弹簧；7-活塞；8、9-密封圈；10-碟形环；11-变速器壳体

当液压油卸除后，活塞在复位弹簧6的作用下复位，即摘掉某一挡位。

3) 单向离合器

在换挡执行装置中的单向离合器与液力变矩器内的单向离合器一样，无须控制机构，它们都是依靠单向锁止原理来起固定或连接作用的。当与之相连接元件的受力方向与锁止方向相同时，该元件即被固定或连接；当受力方向与锁止方向相反时，该元件即脱离连接，不传递转矩。故它们是单向传力装置。其结构和工作原理，如图16-10和图16-11所示。

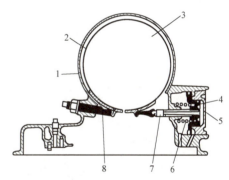

图16-26 带式换挡制动器

1-变速器壳体；2-制动带；3-制动鼓；4-活塞；5-控制油缸端盖；6-复位弹簧；7-推杆；8-调整螺钉

3. 控制装置

控制装置由主油路系统、换挡信号系统和换挡阀系统等组成。

1) 主油路系统

主油路系统包括主油路调压阀及高压油管路部分。为得到不同挡位，主油路应具有不同油压。对于空挡和前进挡，当发动机转速为800r/min时，主油路压力应为0.6~0.65MPa；倒挡，当发动机转速为1600r/min时，主油路压力应在1.6~1.9MPa范围内。

(1) 主油路主调压阀(也称一次调压阀)。

主油路主调压阀的作用是将来自液压泵的油液压力精确地调节到规定值，再输入主油路，以保证主油路系统各装置的正常工作。当主油路油压过低时，会引起换挡离合器、换挡制动器打滑，影响自动变速器的动力传递。当油压过高时不仅会导致换挡冲击，而且由于液压泵供油量的增加，而使发动机功率消耗增大。

主油路主调压阀一般是由调压阀阀体、反馈柱塞和调压弹簧等组成，如图16-27所示。

来自液压泵的油液经油道 10 进入主油路 2,同时通过节流孔 12 和油道 11 流向次调压阀。与此同时调压阀阀体 1 的上部的油压与下部的调压弹簧压力相平衡。当主油路油压较高时,阀体 1 压缩调压弹簧 3 下移,接通回油油路 9 使主油路泄油,油压下降。反之,当主油路油压较低时,则调压阀阀体在调压弹簧的作用下上移使泄油量减少,主油路油压回升。故而保持了主油路油压的稳定。

主油路主调压阀的工作原理

当来自油道 5 的节气门油压和来自油道 7 的倒挡油路油压共同对反馈柱塞 4 作用而产生的向上推力大于弹簧 3 向下的压力时,则调压阀阀体上移,泄油通道减小,而使主油路油压升高。

节气门油压由节气门阀控制,节气门开度越大,节气门油压越高,主油路油压也随之升高,反之亦然。由此可见,主油路系统各部油压变化时,主调压阀给予及时调节,以保证系统压力的稳定和自动换挡的要求。

(2)主油路次调压阀(也称第二调压阀)。

次调压阀由阀体 3 和调压弹簧 6 组成,如图 16-28 所示。它的作用是根据车速和节气门开度的变化自动调节液力变矩器油压和各摩擦副的润滑油压以及冷却装置的冷却油压(图中未示出)。

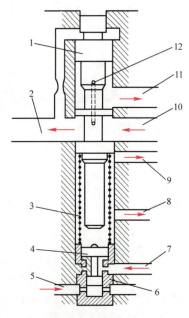

图 16-27 主油路主调压阀

1-调压阀阀体;2-主油路;3-调压弹簧;4-反馈柱塞;5-油道(来自节气门阀);6-反馈柱塞套筒;7-通手控阀(R 位)油道;8、9-回油油路;10-通液压泵油道;11-通次调压阀油道;12-节流孔

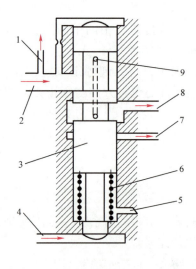

图 16-28 主油路次调压阀

1-通液力变矩器的油道;2-通主油路油道;3-次调压阀阀体;4-通节气门阀油道;5-泄油油道;6-调压弹簧;7-回油油道;8-去各润滑表面的油道;9-节流孔

来自主油路的压力油进入次调压阀阀体 3 的上部,并经节流孔 9 进入油道 8 后流向各润滑表面。当主油道油压升高时,作用在阀体 3 上部的油压增大,推动阀体下移,使油道 2 和 8 连通,则使各润滑表面油压增大,从而保证了大负荷下各表面润滑的需要。当主油路油

压过高时,阀体下移量增大,将油道2、8与油道7连通,则泄油量增大,油路油压下降,因而保证了液力变矩器的工作安全。当主油路油压过低或发动机停机时,二次调压阀用一个单向控制阀把通液力变矩器的油路关闭,使液压油不能回流,以免影响转矩输出。

当来自油道4的节气门油压增大时,推动阀体3上移,油道7泄油量减少,油压上升,反之,油压降低。可见,经次调压阀调节后的油压与节气门开度成正比。

2)换挡信号系统

换挡信号系统由节气门阀和离心调速器阀组成。节气门阀的位置取决于节气门的开度,即取决于发动机负荷,因此驾驶人操纵加速踏板即可改变节气门阀输入换挡阀的油压。离心调速器阀装在变速器第二轴上,它可根据车速的变化改变输出给换挡阀的油压。这两个分别反映发动机负荷和汽车行驶速度的压力信号各自引至换挡阀的两端。在二者综合作用下,换挡阀使变速器自动地由低速挡换入直接挡,或由直接挡自动地换入低速挡。

(1)节气门阀。

节气门阀如图16-29所示。当手控制阀位于空挡与倒挡位置时,节气门阀不受主油路油压作用。其滑阀1在弹簧2作用下处于最右面位置。当手控制阀位于前进挡和手低挡位置时,主油路压力油经通道H和滑阀中心油道进入节气门阀右腔,推动滑阀压缩弹簧向左移到图示位置。滑阀右端面受油压作用,左面受弹簧力作用。左端弹簧座3的位置由与加速踏板联动的凸轮摇杆机构控制。

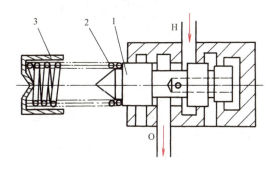

图16-29 节气门阀

1-滑阀;2-弹簧;3-弹簧座

节气门阀输出口O输出油压的大小取决于主油路压力油进入节气门阀的通道面积。此通道面积由滑阀位置决定。节气门开度变化,弹簧压缩量和弹簧力随之变化,从而使滑阀位置改变。因此节气门阀输出的油压是随发动机节气门开度变化的。节气门开度越大,则主油路入口面积越大,相应的节气门阀输出油压越高。

为了更确切地由发动机工况和车速控制换挡时刻,目前有的汽车利用发动机进气管的真空度来操纵节气门阀。

(2)离心调速器。

离心调速器的作用是根据车速的变化改变输入给换挡阀的油压,以实现换挡。其结构如图16-30所示。离心调速器的外壳1与调速器盖3用螺钉连接,套装在变速器第二轴4上。在第二轴的一侧有滑阀2,另一侧有由大小两重块5和7组成的重块组件。小重块装在大重块的内孔中,二者之间有弹簧6。小重块可以压缩弹簧并相对大重块向内移动,而相对大重块向外移动的位置,则受装在大重块内环槽中的锁环9所限制。大重块由装在外壳内环槽中的锁环10限位。滑阀2与小重块7用穿过变速器第二轴4的调速器轴11连接。轴两端各有一个锁环8。

离心调速器外壳用锁紧螺钉12固定在第二轴4上,使整个离心调速器随变速器的第二轴转动。

主油路压力油由调速器盖3左端面上的小孔A经盖上的轴向油道、调速器外壳1左端面上油道,从阀入口P进入调速器阀内,再由阀出口O经外壳左端面油道(图上未示出)、盖

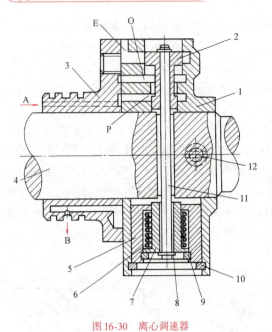

图 16-30 离心调速器

1-调速器外壳;2-滑阀;3-调速器盖;4-变速器第二轴;5-大重块;6-弹簧;7-小重块;8、9、10-锁环;11-调速器轴;12-外壳锁紧螺钉

上轴向油道,从盖轴颈外环槽中的径向小孔 B 输出。

离心调速器输出油压的大小由主油路压力油入口 P 的开度,也即滑阀 2 的轴向位置决定。第二轴旋转时,滑阀本身的离心力及油压使滑阀力图向外移动;而另一侧重块组件的离心力却通过调速器轴 11 力图使滑阀向内移动。因此,某一时刻滑阀的轴向位置是由该时刻两侧作用力平衡条件决定的。当第二轴转速(及相应的车速)很低时,离心力很小,不足以平衡油压作用力,于是滑阀外移,并通过调速器轴把另一侧的重块组件往内拉。因此,车速降低时,入口 P 开度减小,输出油压也相应减小。当转速逐渐升高,整个重块组件的离心力迅速增大,拉动滑阀向内移动,使主油路压力油入口 P 开度增大。因此,离心调速器输出的油压随汽车速度的提高而急剧增大。当车速达到某一速度时,大重块顶住锁环 10 而不能继续外移,而小重块因质量远比大重块小,还有外移的余地。此后,滑阀的轴向位置则由滑阀本身离心力和油压与另一侧小重块离心力和弹簧力的平衡条件决定。显然与整个重块组件离心力相比,小重块的离心力要小得多,因而当车速超过某一速度之后,离心调速器输出油压随车速提高而增大的趋势就较为平缓了。

滑阀移动过程中,主油路压力油会从滑阀与阀孔之间的间隙渗漏。泄油口 E 的作用是随主油路入口开度的增大,滑阀与泄油口的重合度也相应增大,以利于调速器输出油压的稳定。

3)换挡阀系统

换挡阀系统包括换挡阀、手控制阀和强制降挡阀等。

(1)换挡阀。换挡阀是根据节气门开度或车速的变化,自动地进行换挡的部件。其工作过程如图 16-31 所示。主油路压力油经入口 P_1 进入换挡阀。节气门阀油压经入口 P_2 作用于滑阀 1 的右端。调速器油压经入口 P_3 作用于滑阀的左端。滑阀的右端还作用有弹簧 2 的压力。左端调速器油压与右端节气门阀油压加上弹簧力的平衡条件决定滑阀位置。因而换挡阀在节气门阀和离心调速器两个信号油压的综合作用下,可使变速器自动地由低速挡换至直接挡,或由直接挡换入低速挡。当车速很低时,左端调速器油压很低,滑阀切断了通往直接挡离合器的出口 O_1(图 16-31b),这时是低速挡工作。

当车速提高到一定程度,调速器油压大到足以克服右端作用力时,则滑阀右移,使通往直接挡离合器及低挡制动器油缸下腔的油路与主油路连通,即挂上直接挡。同理,如果汽车在低速挡行驶过程中,驾驶人松抬加速踏板,使节气门阀油压降低。则虽在相同车速下(即调速器油压相同情况下),滑阀由于右端压力降低而右移,变速器也可换上直接挡(图 16-31a)。

在从低速挡换入直接挡过程中,只要滑阀稍向右移,滑阀右端压力油便由滑阀中心油道经径向小孔、通道 Q 从手控制阀的泄油道泄出,以加速滑阀右移,使直接挡离合器较迅速接合,防止过度磨损。当车速降低到一定程度,离心调速器压力低于弹簧力时,滑阀开始左移。滑阀稍一左移,即打开通道 P_2,使节气门阀压力油输入滑阀的右端,加速滑阀左移,而切断主油路与出油口 O_1 之间通道,并使 O_1 与回油口 O_2 连通,因而通往直接挡离合器和低挡制动器油缸下腔的油道中的压力油泄出,加速了直接挡离合器的分离和低挡制动带的拉紧,即从直接挡换入低速挡。

如果汽车在直接挡行驶过程中,驾驶人将手控制阀拉到前进低挡位置,主油路压力油经缓冲阀由入口 P_4 进入换挡阀并作用在大截面阀的右端面;同时由通道 Q 进入的压力油作用在滑阀的右端(图 16-31a)。二者共同把滑阀推向左移。当打开通道 P_2 后,又有主油路压力油经止回阀由 P_2 进入。这样不仅使滑阀左移到低挡位置,并且由于左边的调速器油压总低于右边的主油路油压,致使滑阀不可能右移,故总保持在低速挡工作状态,如图 16-31c)所示。

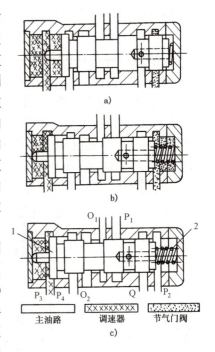

图 16-31 换挡阀
a) 直接挡;b) 前进低挡;c) 手低挡
1-滑阀;2-弹簧

(2) 手控制阀。手控制阀又称选挡阀,它是一种手控制的多路换向阀。它根据自动变速器选挡操纵手柄的不同位置,如停车挡(P)、空挡(N)、倒挡(R)、前进挡(D)、前进低挡(S、L)等,将主油路压力油送至换挡阀进行换挡。

国产某高级轿车自动变速器的手控制阀工作过程如图 16-32 所示。

空挡(N)时,手控制阀位置如图 16-32a)所示。油液自油泵从通道 H 进入手控制阀,只经出口 O_1 输给主油路调压阀。操纵油路中无压力油。

当选挡操纵手柄位于前进挡(D)位置时,手控制阀的滑阀被拉向左移(图 16-32b)。从通道 H 进入手控制阀的压力油,一部分经出口 O_1 输往主油路调压阀;一部分经出口 O_3 经操纵油路输入低挡制动器的油缸、换挡阀等部件。

当选挡操纵手柄位于低挡(S、L)位置时,手控制阀的滑阀被拉到最左面的位置(图 16-32c)。压力油从 3 个出口 O_1、O_2 和 O_3 输至操纵油路。其目的是使换挡阀保持在低挡工作位置,而不受车速和发动机节气门开度的影响。

在上述 3 种情况下,因均有压力油通过手控制阀进入主油路调压阀,故主油路油压始终被控制在 0.6~0.65MPa 范围内。

当选挡操纵手柄位于倒挡(R)位置时,滑阀被推到最右面的位置(图 16-32d)。此时 O_1、O_2、O_3 三通道均被切断。由通道 H 进入手控制阀的压力油(油压为 1.6~1.9MPa)通过通道 O_4 进入操纵油路,输给倒挡制动器的油缸。

在手控制阀的最左端有泄油口 L,可排泄不使用的管路中的压力油。

(3) 强制降挡阀。在某些自动变速器中还装有强制降挡阀,其作用是在节气门全开或接近全开时,将自动变速器强制降低一个挡位,以保证高速行驶的汽车超车时获得良好的加速性能。

图 16-33a)所示为由节气门拉索和节气门阀凸轮控制的强制降挡阀。当节气门接近全开时,节气门拉索使节气门阀凸轮 2 转过一个角度,迫使强制降挡阀阀体 3 右移,打开通往换挡阀的油路 B,使主油路压力油进入换挡阀,使自动变速器降低一个挡位。

图 16-33b)所示为由电磁阀控制的强制降挡阀。当将加速踏板踩到底时,强制降挡开关 5 闭合,使电磁阀 9 通电,电磁阀作用在阀杆 6 上的推力消失,阀芯 8 在弹簧 7 弹力的作用下右移,打开通往换挡阀的油路 B,使主油路压力油进入换挡阀,迫使自动变速器降低一个挡位。

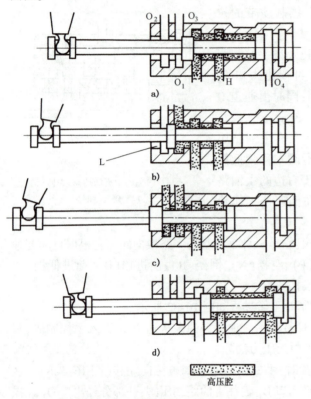
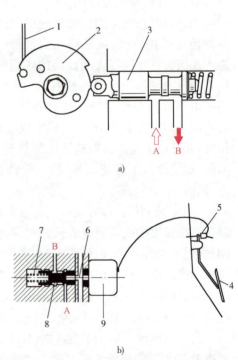

图 16-32 手控制阀工作过程示意图
a)空挡(N);b)前进挡(D);c)手低挡(S、L);d)倒挡(R)

图 16-33 强制降挡阀
a)由节气门拉索控制;b)由电磁阀控制
1-节气门拉索;2-节气门阀凸轮;3-降挡阀阀体;4-加速踏板;5-强制降挡开关;6-阀杆;7-弹簧;8-阀芯;9-强制降挡电磁阀;A-通主油道;B-通换挡阀

4. 换挡品质控制装置

换挡品质控制装置的作用是保证换挡过程平顺柔和、无冲击。它包括油路中的缓冲阀、限流阀、断流解锁阀、单向节流阀和节流孔等。

1)缓冲阀

缓冲阀(图 16-34)是控制换挡品质的部件之一。它由滑阀 1 和阀座 3 及其间的弹簧 2 等组成。调速器油压经通道 P_3 作用在滑阀左端面上,力图使滑阀向右移。节气门阀油压经

通道 P_2 作用于阀座的右端面上,力图使阀座向左移。当手控制阀在前进挡位置、汽车以直接挡行驶过程中,欲强制挂上低速挡,为防止车速突然变化,希望低挡制动器起作用的速度与车速成反比,即车速越高,低挡制动器起作用的速度越要慢些,反之应较快些。这由缓冲阀保证。强制挂低速挡时,通往低挡制动器油缸中腔的油液,包括两部分:一部分流经低挡阀片的量孔;一部分通过缓冲阀进出口 P_1 与 Q_1 之间的通道(图 16-34a),此通道面积取决于滑阀 1 的位置。当车速高,调速器油压高时,通道面积小,油液流速低;反之流速较高。故可调节进入低挡制动器油缸的压力油的流速,从而控制制动器起作用的速度,改善换挡平稳性。

当驾驶人用松抬加速踏板的方法由低速挡换直接挡时,为了保证换挡平稳,希望迅速松开低挡制动器并使直接挡离合器接合。此要求也由缓冲阀满足。驾驶人突然松抬加速踏板时,阀座右端节气门阀压力突然降低,阀座即迅速右移,使 O_1 与 O_2 两通道连通(图 16-34b),当即中止了对低挡制动器油缸中腔的压力油的供给,而主油路压力油则通过缓冲阀很快地流向直接挡离合器与低挡制动器油缸的下腔,在离合器接合过程中,由于制动器油缸中腔的压力油反向流回主油路,制动器作用很快消失。

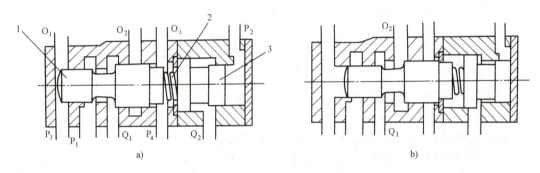

图 16-34 缓冲阀

a)手控制阀在前进挡位置时;b)抬起加速踏板换直接挡时
1-滑阀;2-弹簧;3-阀座

2)限流阀

图 16-35 所示为低挡限流阀结构示意图。弹簧钢片 1 一端用铆钉 2 铆在阀体 3 上,而挡住主油路通往低挡制动器油缸中腔的油道。弹簧钢片的另一端上面有顶杆 4。节气门阀油压通过顶杆可压下弹簧钢片的一端,而使主油路和通往低挡制动器油缸中腔的通道口 P_1 和 Q 相通。节气门油压的大小可控制通过低挡限流阀通道的油液流量,从而调节低挡制动器起作用的速度。当节气门阀油压很小时,阀门关闭。

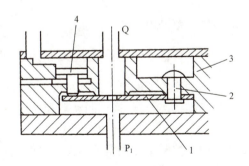

图 16-35 低挡限流阀

1-弹簧钢片;2-铆钉;3-阀体;4-顶杆

3)断流解锁阀

断流解锁阀的作用是在换挡瞬间切断向锁止离合器的供油,锁止离合器解锁,使自动变速器在有液力变矩器参与的工况下工作,以利用液力元件的减振和缓冲作用,改善换挡品质。

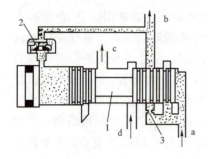

图 16-36 断流解锁阀
1—滑阀；2—带节流孔的单向节流阀；3—节流孔；a—主油路压力油进油道；b—换挡离合器供油道；c—锁止离合器供油道；d—来自控制锁止离合器的进油道

图 16-36 所示为断流解锁阀结构示意图。它是由差径滑阀 1、带节流孔的单向节流阀 2 和节流孔 3 组成。主油路压力油经油道 a 进入滑阀右端的油腔，并经节流孔 3 和油道 b 输往换挡离合器。油道 b 又经单向节流阀 2 与滑阀左端的油腔连通。控制锁止离合器的液压油经油道 d、滑阀的腰部和油道 c 进入锁止离合器，使变矩器锁止。

当自动变速器换挡时，油道 b 中的液压瞬时下降，单向节流阀 2 打开，滑阀左腔的液压也随之降低。此时滑阀右腔的液压大于滑阀左腔的液压，故滑阀左移。滑阀在左移过程中一方面切断油路 d，即停止向锁止离合器供油，锁止离合器解锁，同时还使节流孔 3 被短路，油道 a 和 b 直接连通，从而保证了换挡离合器的快速充油和迅速接合。

随着换挡离合器充油过程的完成，油道 b 中的液压逐渐上升，油液自油道 b 经单向节流阀上的节流孔向滑阀左端的油腔充油。因滑阀左端的直径大于右端的直径，则当左腔液压升至一定值时，就推动滑阀右移。由于单向节流阀节流孔的节流作用，滑阀左腔充油较缓慢，故滑阀复位需要一定的时间。滑阀复位后才恢复向锁止离合器的供油，使其重新锁止。

5. 滤清冷却系统

滤清冷却系统包括冷却器和滤清器。变矩器工作时，相当大一部分能量转化成热量，致使工作液温度升高。而变矩器的油路与液压操纵系统和机械变速器的润滑油路是相通的。为保证变矩器的效率和变速器的操纵系统及润滑系统正常工作，应控制工作液温度在一定范围内（一般变矩器出口处最高油温不超过 115～120℃）。因此，在发动机散热器下储液箱内设有冷却器。变矩器内的部分工作液从导轮与涡轮之间的间隙流出，经导轮固定套管与变速器第一轴之间的环形油道流过冷却器，得到冷却或加温（指起动过程中的预热）后，再经过滤清器流入机械变速器的润滑油道。为限制变矩器入口的补偿油压，使之不超过 0.42MPa，还设有变矩器阀和止回阀用以控制流经冷却器、滤清器的润滑油压力在 0.07～0.14MPa 范围内。

二、自动变速器的电控式操纵系统

自动变速器的电子控制系统包括传感器、电控单元（ECU）、执行器（主要包括电磁阀，但也包括换挡离合器、换挡制动器和单向离合器等）以及各种控制开关等。

1. 电子控制单元（ECU）

电子控制单元根据传感器传来的电信号（车速和发动机负荷等参数转变的电信号），按照设定的换挡程序对这些信号进行比较计算，作出是否需要换挡的判断。当需要换挡时通过电磁阀操纵液压的换挡阀控制执行装置（换挡离合器和换挡制动器等）的油路，实现换挡。

2. 传感器

（1）节气门位置传感器，是将测得的节气门开启角度转换成电信号输入给 ECU，以作为控制自动变速器换挡的依据。

节气门位置传感器的类型较多，装有自动变速器的汽车发动机的节气门传感器通常是采用线性可变电阻型的传感器。它是由一个线性电位计和一个怠速开关组成的,其结构原理如图 16-37 所示。节气门轴转动时,使两个滑动触点 1 和 2 改变位置。节气门关闭时,怠速开关接通;节气门开启时,怠速开关断开。节气门(滑动触点 2)处于不同位置时,电位计具有不同电阻。因此,节气门开度的变化被转换成电阻或电压信号输送给 ECU。ECU 根据不同行驶条件,按照设定的换挡程序对这些信号进行处理,判断是否发出进行换挡的指令。

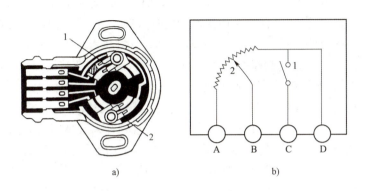

图 16-37　节气门位置传感器

a)结构示意图;b)电路示意图

1-怠速开关滑动触点;2-线性电位计滑动触点;A-基准电压;B-节气门开度信号;C-怠速信号;D-搭铁

（2）车速传感器,是安装在自动变速器输出轴附近的测量输出轴转速的电磁感应式转速传感器,其结构和工作原理如图 16-38 所示。

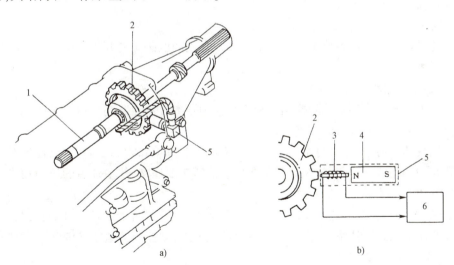

图 16-38　车速传感器

a)车速传感器的安装位置;b)工作原理示意图

1-输出轴;2-停车锁止齿轮;3-感应线圈;4-永久磁铁;5-车速传感器;6-电子控制单元(ECU)

车速传感器由永久磁铁 4 和感应线圈 3 组成。它安装在变速器的壳体上,且与安装在变速器输出轴 1 上的停车锁止齿轮 2(或感应转子)相对。当输出轴转动时,停车锁止齿轮 2 切割感应线圈的磁力线,使磁通量发生变化,从而产生交流感应电压。ECU 根据感应电压脉冲频率的大小计算出车速。

3. 控制开关

(1) 空挡起动开关,用以保证只有选挡手柄位于"P"或"N"挡位置时发动机才能起动,防止发动机在驱动挡位时起动。实际上它还是一个与选挡手柄连接的电器开关,当选挡手柄置于不同挡位时,空挡起动开关便接通相关电路,则 ECU 便根据接通电路的信号,控制变速器进行自动换挡。

(2) 自动跳合(又称降挡)开关,用来检测加速踏板踩下是否超过节气门全开位置。当超过节气门全开位置时,自动跳合开关便接通,并将电信号输送给电控单元(ECU)。ECU 按设定的换挡程序控制换挡,并使变速器自动降低一挡,以提高汽车的加速性能。

(3) 制动灯开关,用来判断汽车是否实施制动。一旦踩下制动踏板,制动灯电路接通,同时将信号输给 ECU,以解除锁止离合器的接合,防止突然制动时发动机熄火。

(4) 超速挡开关,当超速挡开关打开后,超速挡控制电路被接通,此时若选挡操纵手柄位于"D"挡位时,自动变速器可随着车速的升高而升挡,直到升入最高挡(即超速挡)。若关闭此开关后,超速挡控制电路被切断,仪表盘上的"O/D OFF"指示灯点亮,此时随着车速的升高而升挡时,自动变速器最高只能升入超速挡的前一挡位,而不能升入超速挡。

(5) 模式开关,可以用来选择自动变速器的控制模式,以满足汽车在各种行驶条件下的使用要求。控制模式主要是指自动变速器的换挡规律。它一般有经济模式、动力(功率)模式和正常(标准)模式,通常以 MAP 图的形式存储于电子控制单元中。当以汽车获得最佳燃油经济性为目标来设计自动变速器换挡规律时,称为经济模式换挡规律。当以汽车获得最高动力性为目标来设计自动变速器换挡规律时,称为动力模式换挡规律。当设计的换挡规律介于经济模式和动力模式之间时,称为正常模式。

4. 执行器

执行器是指电子控制系统中的各种电磁阀。常用的电磁阀有开关式电磁阀和线性脉冲式电磁阀两种。

1) 开关式电磁阀(图 16-39)

开关式电磁阀通常用来控制换挡阀和变矩器锁止离合器油路的开启或关闭。它由电磁线圈、衔铁、阀芯和球阀等组成。其工作原理如下:

当电磁线圈不通电时,来自主油道 6 的压力油将球阀 4 和阀芯 3 向上推,使球阀关闭通向泄油孔 5 的油路,与此同时球阀打开通向控制油道 7 的油路,使主油道的压力油进入控制油道(图 16-39b)。

当电磁线圈通电时,电磁力使阀芯下移推动球阀向下,关闭主油道的进油孔,与此同时,球阀打开通往泄油孔的油路,使控制油道与泄油孔相通,则控制油道中的油液经泄油孔泄出(图 16-39c)。

2) 线性脉冲式电磁阀(图 16-40)

线性脉冲式电磁阀一般用来控制油路中的油压。它也是由电磁线圈、衔铁、阀芯或滑阀等组成。其工作原理是:当电磁线圈通电时,电磁力使阀芯或滑阀移动,打开泄油孔,液压油从泄油孔泄出,油路压力随之下降。当电磁线圈断电时,阀芯或滑阀在弹簧力的作用下关闭泄油孔,使油路中的压力上升。脉冲线性式电磁阀和开关式电磁阀的区别在于控制它的电信号不是恒定不变的电压信号,而是一个固定频率的脉冲电信号。它在脉冲电信号的作用下不断反复地开启和关闭泄油孔。ECU 就是通过改变每个脉冲周期内电流接通和断开的时间比率(称为占空比),进而改变电磁阀开启和关闭时间的比率,来控制油路中的压力。占空比越大,经电磁阀泄出的液压油越多,油路压力就越低;反之,占空比越小,油路压力就越大。

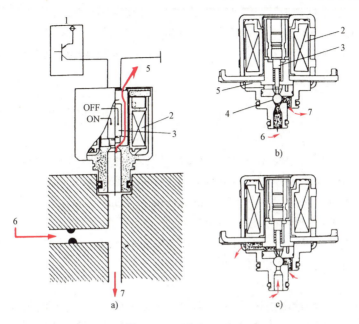

图16-39 开关式电磁阀

1-电控单元(ECU);2-电磁线圈;3-衔铁和阀芯;4-球阀;5-泄油孔;6-主油道;7-控制油道

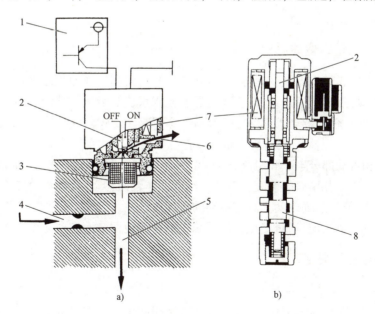

图16-40 线性脉冲式电磁阀

a)普通型;b)带滑阀型

1-电控单元(ECU);2-衔铁和阀芯;3-滤网;4-主油道;5-控制油道;6-泄油孔;7-电磁线圈;8-滑阀

电控式操纵系统具有如下优点:

(1)因电控单元(ECU)能存储与处理多种换挡规律,所以可按车辆行驶需要选择合适的换挡规律,故可实现更合理、更复杂的控制,以获得更理想的综合性能。

(2) 由于简化了液压系统,从而使结构紧凑、减轻了系统质量。

(3) 控制精度高、反应快且动作准确。

(4) 如需要变更换挡规律或参数时,只要改变控制程序和整定控制参数就可满足要求,而无须更换系统中的零件,故适应性强,开发周期短。

(5) 便于整车的控制系统(如发动机控制、巡航控制、牵引控制、制动系统控制等)集成,控制系统兼容性好。

第五节　金属带式无级自动变速器

众所周知,装有活塞式内燃机的汽车,其理想的传动系统是无级的自动变速系统。一种能连续换挡的机械式无级变速器(Continuously Variable Transmission,简称CVT)应运而生。在20世纪70年代中后期,荷兰的VDT(Van Doorne's Transmission b. V)公司成功地研制了一种新型机械式无级变速传动系统——金属带式无级传动系统,简称VDT-CVT。1987年,日本富士重工首先将电子控制的VDT-CVT装备在Justy汽车(排量为1~1.2L)上,而后,福特(Ford)和菲亚特(Fiat)公司也将VDT-CVT装备于排量为1.1~1.6L的轿车上,并投放市场。

经各国多个厂家(如德国采埃孚公司、福特、克莱斯勒、日本富士重工等)在同类轿车上进行VDT-CVT与液力机械自动变速器(AT)的对比试验,结果表明VDT-CVT在燃油经济性、汽车动力性、排放和传动效率以及成本等方面均优于液力机械自动变速器(AT)。可见,VDT-CVT有着广阔的发展前景。

一、金属带式无级变速器(VDT-CVT)组成和工作原理

图16-41为金属带式无级变速器(VDT-CVT)的组成和工作原理示意图。VDT-CVT是由金属带、主从动工作轮、液压泵、起步离合器和控制系统等组成。其动力传递路线是:发动机发出的动力经飞轮1、离合器2、主动工作轮、金属带10、从动工作轮后,传给中间减速器8,再经主减速器与差速器9,最后传给驱动车轮。该变速传动系统中的主、从动工作轮由固定部分4a、7a和可动部分4b、7b组成。工作轮的固定部分和可动部分之间形成V形槽。金属带在槽内与工作轮相啮合。当工作轮的可动部分作轴向移动时,即可改变金属带与主、从动工作轮的工作半径,从而改变金属带传动的传动比。主、从动工作轮的可动部分的轴向移动是根据汽车的行驶工况,通过液压控制系统进行连续地调节而实现无级变速传动的。

二、金属带式无级变速器(VDT-CVT)的主要部件

1. 金属带(图16-42)

金属传动带是由多个(280~400片)金属片和两组金属环组成。金属片是用厚度为1.5~1.7mm的工具钢片制成。每组金属环由数片(10~12片)厚度约为0.18mm的钢带环叠合而成。金属环对金属片起导向作用。金属带是在两侧工作轮挤压力的作用下实现动力传递的。

2. 工作轮

主、从动工作轮的构造和工作原理如图16-43所示。工作轮的工作表面一般为直母线

锥面体。主、从动工作轮两锥面间形成的V形槽的夹角,一般为22°。工作轮的可动部分是在液压控制系统的作用下,依靠钢球—滑道结构作轴向移动,使主、从动工作轮可连续地改变传动带(金属带)的工作半径,以实现无级变速传动。

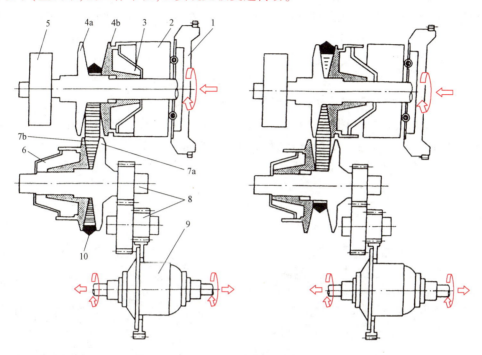

图16-41　金属带式无级变速器(VDT-CVT)的组成和工作原理示意图

1-发动机飞轮;2-离合器;3-主动工作轮液压控制缸;4a-主动工作轮固定部分;4b-主动工作轮可动部分;5-液压泵;6-从动工作轮液压控制缸;7a-从动工作轮固定部分;7b-从动工作轮可动部分;8-中间减速器;9-主减速器与差速器;10-金属带

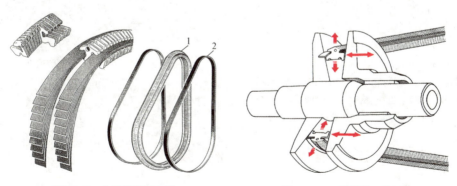

图16-42　金属带的组成图
1-金属片;2-金属环

图16-43　工作轮的工作原理

3.液压泵(油泵)

液压泵是液压控制系统的液压源,与一般液压系统一样,其常用的结构形式有齿轮泵和叶片泵,但近年来流量可控、效率较高的径向柱塞泵应用最多。

三、金属带式无级变速器(VDT-CVT)的控制系统

VDT-CVT的控制系统一般是采用机械液压控制和电子液压控制两种。

1.机械液压控制系统

图 16-44 为 VDT-CVT 的机械液压控制系统工作原理示意图。当驾驶人踩下加速踏板时,通过柔性钢索 1 带动换挡凸轮 2 转动,控制速比控制阀 3。由发动机驱动的液压泵 8 将压力油输送给主压力控制阀 9。控制阀根据工作轮位置传感器 4 的液压信号,控制速比控制阀 3 中油液的压力,从而控制主、从动工作轮可动部分的液压缸中油液的压力,以调节金属带与工作轮间的工作半径,实现无级自动变速。

2.电子液压控制系统

图 16-45 为 VDT-CVT 的电子液压控制系统工作原理示意图。

电子控制单元(ECU)根据发动机的转速、车速、节气门开度和换挡控制信号等,向液压控制单元发出指令,控制主、从动工作轮液压油缸中的油液压力,使主、从动工作轮的可动部分轴向移动,而改变金属带与工作轮间的工作半径,以实现无级自动变速传动。

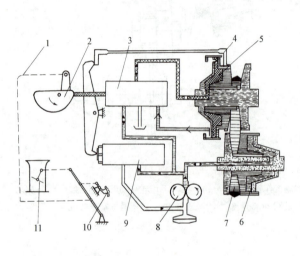

图 16-44 机械液压控制系统工作原理示意图

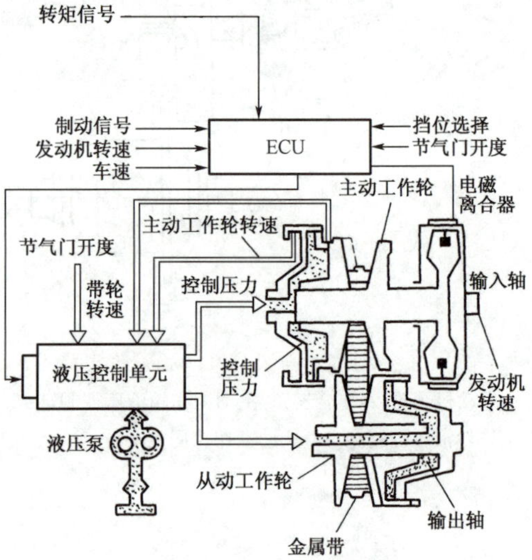

图 16-45 电子液压控制系统工作原理示意图

1-柔性钢索;2-换挡凸轮;3-速比控制阀;4-工作轮位置传感器;5-主动工作轮液压缸;6-从动工作轮液压缸;7-金属带;8-液压泵;9-主压力控制阀;10-加速踏板;11-节气门

四、金属带式无级变速器(VDT-CVT)的结构实例

1.VDT-CVT 的基本结构实例

图 16-46 所示为金属带式无级变速器,它应用于发动机横向布置前轮驱动的轿车上。该变速器具有结构紧凑、工作可靠、寿命长、效率高,且噪声低等优点。

金属带式无级变速器在结构中仍需要装有离合器,以保证汽车平稳起步。一般常采用湿式多片离合器,也有采用液力耦合器或电磁离合器的。

2.CVT 与液力耦合器组成的无级变速传动系统(图 16-47)

该系统的动力传递路线是:动力由发动机经液力耦合器的泵轮、涡轮传给金属带式无级变速器(CVT),再经行星齿轮变速机构和主减速器、差速器,最后经半轴传给驱动车轮。它采用的是电子液压控制系统，电子控制单元（ECU）根据车速传感器和节气门开度传感器的信号，控制工作轮液压缸中的液压，而使CVT实现无级自动变速。

图16-46 金属带式无级变速器

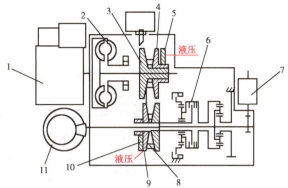

图16-47 CVT与液力耦合器组成的无级变速传动系统

1-发动机；2-液力耦合器；3-固定工作轮；4、9-可动工作轮；5、10-伺服缸；6-行星齿轮变速机构；7-速度传感器；8-传动带；11-主减速器

由于系统中采用了液力耦合器，因此改善了汽车的起步性能，但是，其他性能改善不大，且结构较复杂，故应用较少。

图16-48所示为用电磁离合器代替了上述液力耦合器的结构形式。日本富士重工开发的就属这种类型。用磁粉式离合器与采用VDT钢带的CVT组合成的无级传动系统，简称"ECVT"。磁粉离合器是靠自身的电磁力来传递转矩的。在离合器主、从动部分之间有密闭空间，内放30～50μm的磁化钢微粒（磁粉），密闭空间外缠绕有线圈。通电后散状磁粉在磁场中开始"凝固"，即磁粉在磁场中形成磁链，把从动毂与电磁铁连在一起。通电电流越大，磁链数目越多，磁链强度也越强，则磁粉离合器传递转矩的能力也越大。当电流大到足以使磁粉离合器主、从动部分牢牢地接合在一起时，离合器便停止打滑。磁粉的黏结力特性正比于电流值，所以对离合器的接合时间和力的控制，可用发动机节气门开度与车速两个参数来控制线圈中电流的大小和通电时间的长短。这种离合器结构简单，容易实现转矩平稳增长，主、从动部分不接触，无磨损，而且电磁铁与从动毂之间的间隙在工作中不发生变化，故无须调整间隙，且允许主、从动部分存在较长时间的滑摩。因此，它不仅很理想地解决了装用CVT车辆的起步问题，而且与装用液力耦合器的CVT车辆相比，可以防止变速时爬行和消除始终存在的滑转损失。但它要求磁粉材料的化学物理性能要稳定。

3. CVT与液力变矩器组成的无级变速传动系统

液力耦合器、电磁离合器等仅能解决汽车起步平稳问题，因其均不能改变传动转矩的大小，故并未扩大CVT的总传动比范围。CVT本身的最大传动比约为2.6，最小传动比约为0.44，则速比变化范围在5.9左右。该变速比范围虽然能满足汽车变速传动的要求，但由于其高速挡的传动比太小（约0.44），为了保证汽车在良好道路上能获得正常行驶的驱动力，应将主减速器的传动比提高近一倍（与采用普通变速器的同类汽车相比较）。这样不仅增大了主减速器的尺寸，而且在汽车起步、爬坡和克服较大的行驶阻力时，会使发动机在不利的工况下工作。因此,欲获得最佳的汽车动力性和燃油经济性,在汽车的传动系统中很少单独采用金属带式无级变速传动装置,而是常采用 CVT 与液力机械式无级变速器相配合使用的综合式无级变速传动的结构形式。

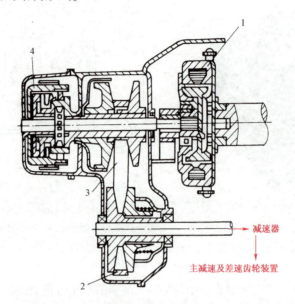

图 16-48 CVT 与电磁离合器组成的无级变速传动系统
1-电磁离合器;2-金属带;3-行星齿轮变速机构;4-行星齿轮变速器

图 16-49 所示为德国采埃孚公司于 1991 年开发的适用于轿车的无级变速传动装置。它是由 CVT 与综合式液力变矩器(即带锁止离合器的液力变矩器)组成的组合式无级变速传动系统。

图 16-49a)所示的综合式无级变速传动系统适用于发动机横向前置前轮驱动,排量在 1.5~2.5L 的轿车。图 16-49b)所示的综合式无级变速传动系统适用于发动机纵向前置后轮驱动的轿车。

上述两种型号的结构基本相同,它们均采用带锁止离合器的液力变矩器、径向柱塞液压泵、双行星轮行星齿轮机构和金属带式无级变速传动等,仅 VDT-CVT 的输出轴有所不同。此外,适用于前置后驱轿车的 CVT 还增加了动力输出装置。

它们的动力传动路线是:发动机动力经液力变矩器 2(或锁止离合器 1)、行星齿轮机构 5、再经 VDT-CVT 7、减速齿轮 8,最后传给差速器 9、半轴 10 和驱动车轮。

图 16-50 为 CVT 与液力变矩器并联布置的双状态无级变速传动系统示意图。所谓双状态传动系统就是当汽车起步或汽车低速行驶时,仅液力变矩器工作,当车速增加到使液力变矩器转入耦合器工况工作时,则由转换离合器 4 自动将系统转换到 CVT 无级变速传动工况下工作。

这种双状态无级变速传动的优点是:在不降低起步、爬坡等性能的条件下,主减速器传动比可相应降低 30%,故即使在公路上行驶仍可提高燃油经济性 5%~9%;传递变矩器动力的传动链 10 的传动比与 CVT 金属带传动的低挡传动比基本相同,故车辆在重载大节气门开度下由液力变矩器传动转换到 CVT 传动时,转换离合器基本上能与 CVT 的工作轮同步转换,且因系统中有液力变矩器,转换非常平顺,起步也特别平稳。

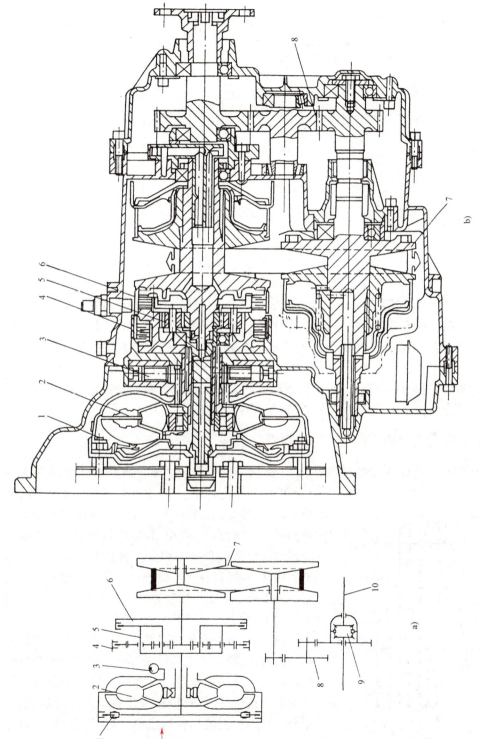

图16-49 CVT与液力变矩器组成的无级变速传动系统
a) 适用于前置前驱轿车的CVT传动系统示意图；b) 适用于前置后驱轿车的CVT结构剖面图
1-锁止离合器；2-液力变矩器；3-液压泵；4-倒挡离合器；5-行星齿轮机构；6-前进挡离合器；7-金属带式无级变速器（VDT-CVT）；8-减速齿轮；9-差速器；10-半轴

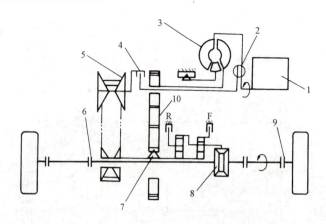

图16-50 双状态无级变速传动系统示意图

1-发动机;2-扭转减振器;3-液力变矩器;4-转换离合器;5-工作轮;6、9-内、外侧万向节;7-单向离合器;8-差速器;10-传动链;F-前进挡离合器;R-倒挡离合器

第六节 双离合器式自动变速器

双离合器式自动变速器(Double Clutch Transmission,简称 DCT)的动力传递是通过两个离合器分别连接两根输入轴,两个离合器交替工作,换挡过程中通过离合器的滑摩控制使得动力持续传递,能够实现在不切断动力的情况下转换传动比,从而缩短换挡时间,有效提高换挡品质。DCT 的产生及其在车上的应用,兼顾了 AMT 和 AT 的优点,实现了动力换挡,具有较好的起步品质和换挡质量,满足车辆平顺性的同时又保证了燃油经济性。因此双离合器式自动变速器系统是应用前景广阔的一种新型自动变速器。

一、双离合器式自动变速器的结构特点

双离合器式自动变速器的结构简图如图 16-51 所示。这种双离合器式自动变速器(DCT)由两个离合器、与两个离合器分别相连接的两根输入轴、按奇偶数挡位分别布置在两根输入轴上的换挡同步器及相应齿轮组、自动换挡控制系统以及变速器电控单元(TCU)等组成。它的主要特点是变速器各挡位主动齿轮按奇、偶数挡位分别与输入轴上设置的两个离合器 C_1、C_2 连接,离合器 C_1、C_2 交替传递工作动力以实现挡位切换。

DCT 工作时,车辆先以某个与一个离合器相连的挡位运行,车辆自动变速器电控单元可以根据相关传感器的信号判断即将进入工作的与另一个离合器相连的下一挡位,因该挡位还未传递动力,故控制指令十分方便地控制换挡执行机构,预先啮合这一挡位,在车辆运行达到换挡点时,只需要将正在工作的离合器分离,同时将另一个离合器接合,则可使汽车以下

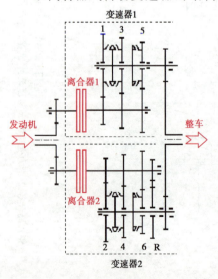

图16-51 双离合器式自动变速器结构简图

一个挡位行驶。在换挡过程中,发动机的动力始终不断地被传递到车轮,所以这样完成的换挡过程为动力换挡。动力换挡将大大提高换挡舒适性,同时也保证车辆具有良好的燃油经济性,改善车辆尾气排放。

二、双离合器式自动变速器的工作原理

1. 双轴式 DCT 布置方案

根据齿轮轴布置方式的不同,DCT 结构有两轴和三轴等多种形式,都是由安装在一起的两个离合器和常啮合定轴式变速器组成。现以较为典型的双轴式 DCT 的布置方式为例,介绍其工作原理。

双轴式 DCT 的具体结构特点是:其 1、3、5 挡与奇数挡离合器 C_1 连接在一起,2、4、6 挡与偶数挡离合器 C_2 连接,即将奇数挡与偶数挡分别与离合器 C_1、C_2 离合器分开配置,离合器 C_1 输出轴为一个实心轴,而离合器 C_2 的输出轴却是套在 C_1 输出轴外面的一个空心轴,两个输出轴是同心的。变速器换挡所用的同步器等与原来的普通手动变速器完全相同。双轴式 DCT 结构简图如图 16-52 所示。

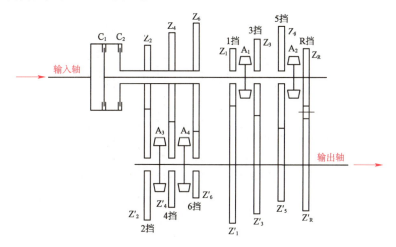

图 16-52 双轴式 DCT 结构简图

发动机的动力经两离合器所连输入轴分别输入,当离合器 C_2 分离、离合器 C_1 接合时,动力经离合器 C_1 传到输入轴,经同步器 A_1、A_2 及啮合的挡位传递至输出轴输出;当离合器 C_2 结合、离合器 C_1 分离时,动力经离合器 C_2 传到齿轮组 Z_2、Z_2'、Z_4、Z_4' 和 Z_6、Z_6',再经同步器 A_3、A_4 传到输出轴输出。

当车辆处于停车状态时,两个离合器都是常开式的,即在平时两个离合器均处于分离状态,不传递动力。当车辆 1 挡起步时,自动换挡机构将挡位切换为 1 挡,然后离合器 C_1 被控制接合,车辆开始起步运行,此时 1 挡功率流向如图 16-53 所示。

起步过程结束,车辆以 1 挡运行,此时离合器 C_2 处于分离状态,不传递动力,当车辆加速,达到 2 挡的换挡点时,自动换挡机构可以将挡位提前换入 2 挡。达到 2 挡换挡点后,开始进入换挡程序,电控系统控制离合器 C_1 开始分离,同时离合器 C_2 开始接合,两个离合器进行交替切换,直到离合器 C_1 完全分离,离合器 C_2 完全接合,这时动力改由离合器 C_2 和 2 挡传递运行,整个换挡过程结束,这与目前液力机械式自动变速器离合器到离合器(clutch to clutch)的换挡过程相似。此时2挡功率流向如图16-54所示。

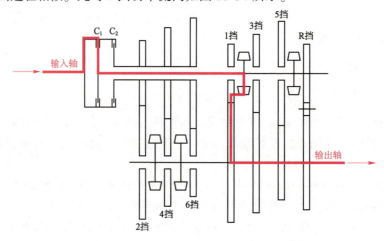

图16-53　1挡功率流向图

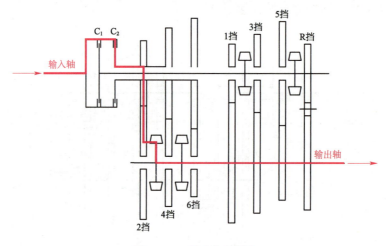

图16-54　2挡功率流向图

车辆进入2挡运行后,TCU可以根据相关传感器信号感知车辆当前运行状态,进而判断车辆即将进入运行的挡位。如果车辆加速,则下一个挡位为3挡,如果车辆减速,则下一个挡位为1挡。而1和3挡均连接在离合器C_1上,因为该离合器处于分离状态,不传递动力,故可以指令自动换挡机构十分方便地预先换入即将进入工作的挡位,当车辆运行达到换挡点时,只需要将正在工作的离合器C_2分离,同时将另一个离合器C_1接合,配合好两个离合器的切换时序,整个换挡动作即全部完成,其他升挡与降挡过程均与此类似。

当车辆在行驶中需要1挡换3挡或者2挡换4挡时(即需要同轴换挡时),只需要经过中间过渡挡。以2挡换4挡为例,当前离合器C_2接合,离合器C_1分离,当TCU接收到换挡指令时,首先换入3挡,然后离合器C_1开始接合,离合器C_2开始分离,当离合器C_2完全分离,迅速换入4挡,然后离合器C_1开始分离,离合器C_2开始接合,直至离合器C_2完全接合,离合器C_1完全分离。换挡结束。

2. 双中间轴式DCT布置方案

在对变速器的轴向尺寸要求较高的情况下,例如前置前驱动乘用车的变速器布置为横置工作时;或者中、重型商用车传递转矩大,为提高其强度与刚度时,DCT也可以设计相应的结构以适应整车布置的需要。如采用双中间轴式结构(图16-55),它采用了两个中间轴,可以极大地缩短变速器的轴向尺寸,而换挡过程和功能与其他布置形式一样。

三、干湿式双离合器

在双离合器自动变速器系统中,既可以采用干式离合器,也可以采用湿式离合器,但两者的工作特性存在较大的差别,各有优缺点。干式与湿式双离合器如图16-56所示。

湿式双离合器的转矩传递通过浸没在油中的湿式离合器摩擦片来实现,通过液体黏性摩擦来传递转矩,其摩擦片间的正压力是通过油压推动活塞装置来施压的。湿式离合器的可控性和控制品质好,结构比较单一,具有压力分布均匀、磨损小且均匀、传递转矩容量大、不用专门调整摩擦片间隙等特点,但其传动效率较低,且工作时需要辅助液压动力源,分离时有相对摩擦损失,特别是片数较多时,空转滑摩损失功率较大。湿式DCT最具代表性的产品是博格华纳公司与德国大众公司合作开发的六挡双离合器式自动变速器。该DCT采用了两个湿式离合器、6个前进挡。其上市之初被应用在了多款大众公司车型上,如图16-57所示。

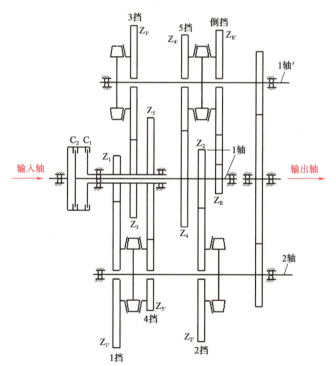

图16-55 双中间轴式DCT工作原理图

图16-56 干式(左)与湿式(右)双离合器

图16-57 大众湿式双离合器自动变速器

湿式离合器的工作状态可靠,离合器工作寿命更长,并且离合器在使用时不需要经常调整。由于湿式离合器摩擦片浸在冷却油中冷却,工作温度相对较低,所以起步时允许离合器有相对较长的时间打滑且不致摩擦片烧损。由于冷却油液的保护,湿式离合器的摩擦片使用寿命普遍比干式的高出4~6倍。湿式离合器由于受到油膜的影响,摩擦因数较干式离合器低一些,在0.07~0.08之间,但是可以通过增加摩擦片表面压力来改善。

图 16-58 干式双离合器自动变速器

与湿式离合器相比,干式离合器具有从动部分转动惯量小、散热性好、结构简单、调整方便、分离彻底、转矩过载保护、效率高、成本相对较低、不需辅助动力等优点,但轴向尺寸较大。目前成功开发干式 DCT 的公司以 LUK 公司为代表,它与大众公司成功开发了 DCT,图 16-58 所示为 LUK 公司与大众公司合作开发的干式双离合器自动变速器。

干式 DCT 最大的特点是采用了两个干式离合器,从而避免了湿式 DCT 由于湿式离合器带排转矩、离合器冷却及控制油液等因素造成的系统效率低的缺点。干式双离合器通过离合器从动盘上的摩擦片来传递转矩。由于节省了相关液压系统,并且干式离合器本身所具有的传递扭矩的高效性(湿式离合器相比干式在换挡滑摩时要消耗更多能量),因此干式系统在很大程度上提高了燃油经济性。由于干式离合器传递转矩能力弱于湿式离合器,因而多应用于小排量车型。

四、双离合器部件的结构组成

1. 干式双离合器结构

图 16-59 所示结构为用于一种具有两个输入轴的平行轴式齿轮变速器的干式双离合器装置。下面结合该图对干式双离合器工作过程进行说明。

(1) 车辆静止:车辆静止时,从动盘总成Ⅰ、从动盘总成Ⅱ与中间飞轮均没有接触,压盘Ⅰ与压盘Ⅱ处于无受力状态,离合器传动片没有变形,此时膜片弹簧Ⅰ与膜片弹簧Ⅱ均没有被压紧。根据动力换挡变速器的结构,出于安全原因考虑,在离合器执行机构失效时,离合器必须能够自动分离,所以干式双离合器可称为"常分式离合器",当只有很小的力或没有力作用在膜片弹簧的分离指上时,离合器的压紧力等于零。

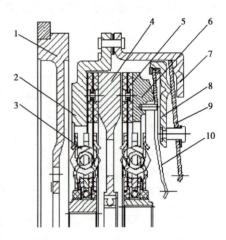

图 16-59 干式双离合器二维结构图
1-飞轮;2-压盘Ⅰ;3-从动盘总成Ⅰ;4-中间飞轮;
5-从动盘总成Ⅱ;6-压盘Ⅱ;7-离合器壳体Ⅰ;8-离合器壳体Ⅱ;9-膜片弹簧Ⅰ;10-膜片弹簧Ⅱ

(2) 车辆起步:车辆起步时,电控单元控制分离轴承压紧膜片弹簧Ⅰ小端,通过膜片弹簧大端的轴向移动拉动离合器壳体Ⅰ对压盘Ⅰ施加压力,使从动盘总成Ⅰ与中间飞轮产生滑摩,此时离合器Ⅰ传动片由于受力产生变形,随着膜片弹簧Ⅰ小端受力的加大,从动盘总成Ⅰ与中间飞轮压紧,发动机转矩经由飞轮、中间飞轮、从动盘总成Ⅰ花键毂传递到同心布置的变速器输入轴Ⅰ上,车辆以 1 挡开始起步。此时,离合器Ⅱ处于自由状态。

(3) 车辆换挡:当车辆需要换到 2 挡时,在以 1 挡运行的同时,控制换挡操纵机构使 2 挡齿轮啮合,由于离合器Ⅱ分离,2 挡并不传递动力,所以此时电控单元控制分离轴承逐渐压紧膜片弹簧Ⅱ小端,由于大端固定,通过压盘Ⅱ的支点逐渐压紧压盘Ⅱ,使从动盘总成Ⅱ与中间飞轮产生滑摩,离合器Ⅱ传动片由于受力产生变形,当达到换挡点时,电控单元控制离合器Ⅰ逐渐分离,离合器Ⅱ开始接合,此时膜片弹簧Ⅰ小端受力逐渐减小,当离合器Ⅱ完全接合时,离合器Ⅰ完全分离,发动机动力经由飞轮、中间飞轮、从动盘总成Ⅱ花键毂传递到同心布置的变速器输入轴Ⅱ上,车辆以2挡运行。此时,离合器Ⅰ处于自由状态。然后,电控单元根据车辆当前运行状态,判断车辆即将进入运行的挡位;如果车辆减速,则控制自动换挡机构将挡位换入1挡;如果车辆加速,则控制自动换挡机构将挡位换入3挡,离合器Ⅰ准备接合。

2. 湿式双离合器结构

图16-60为某款湿式双离合器的整体构造。下面结合其内部结构(图16-61)对湿式双离合器工作过程进行说明。

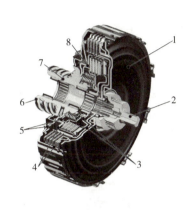

图16-60 某款湿式双离合器的整体构造
1-驱动盘;2-输入轴套;3-内盘架;4-外盘架;
5-活塞;6-密封圈;7-主轴承;8-平衡活塞

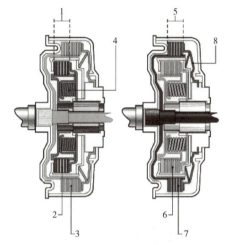

图16-61 湿式双离合器内部构造
1-离合器总成;2-离合器Ⅱ(已接合);3-离合器Ⅰ(已分开);4-螺旋弹簧;5-离合器总成;6-离合器Ⅱ(已分开);7-离合器Ⅰ(已接合);8-膜片弹簧

(1)离合器Ⅰ、Ⅱ均分离:离合器Ⅰ和Ⅱ都没有高压油注入液压缸,这时主动摩擦片都在最右侧的位置,是因为与摩擦片接触的两个工作活塞受到复位弹簧的作用并没有挤压外齿钢片。离合器外齿钢片和内齿摩擦片之间存在0.2~0.4mm间隙。离合器Ⅰ、Ⅱ的壳体通过发动机带动输出轴而旋转,钢片通过外齿与离合器壳体连接,随离合器一同旋转。但此时外齿钢片与内齿摩擦片存在间隙,不会由于摩擦力而传递动力,即离合器正处于分离状态。

(2)离合器Ⅰ啮合、离合器Ⅱ分离:高压油注入离合器Ⅰ液压缸,而离合器Ⅱ液压缸无高压油注入。此时在高压油液作用下离合器Ⅰ的活塞克服复位弹簧的弹性力作用,使离合器Ⅰ的外齿钢片和内齿摩擦片逐步啮合,产生摩擦力。由于内外齿摩擦片的接合,离合器Ⅰ处于工作状态,从而动力从离合器Ⅰ外罩传送到离合器Ⅰ的内罩。此时的动力传递为:发动机→离合器Ⅰ外罩→离合器Ⅰ钢片→离合器Ⅰ摩擦片→离合器Ⅰ内罩→奇数挡输入轴。

(3)离合器Ⅰ分离、离合器Ⅱ啮合:与离合器Ⅰ啮合相似,高压油注入离合器Ⅱ液压缸,而离合器Ⅰ液压缸无高压油,离合器Ⅰ的活塞通过复位弹簧作用,钢片与摩擦片分离。离合器Ⅱ啮合过程与离合器Ⅰ啮合过程相似,不再赘述。动力传递:发动机→离合器Ⅱ外罩→离合器Ⅱ钢片→离合器Ⅱ摩擦片→离合器Ⅱ内罩→偶数挡输入轴。

五、双离合器式自动变速器的应用

德国大众公司(VW)和博格华纳公司(Borg Warner)于2003年向市场推出了装备6速

湿式双离合器式自动变速器(代号为DQ250)的车型,试车结果表明,DCT车辆的换挡平顺性与AT相当,燃油经济性及动力性表现均优于装手动变速器的同车型车。此后,DSG产品系统配套了大众公司多款车型。2007年6月,大众公司与LUK公司合作推出7速DSG干式双离合器变速器产品(代号为DQ200),搭载这款产品后,整车在动力性、经济性方面的表现优异,被认为引领了自动变速器将来的发展方向。除大众公司外,多家公司向市场推出了配备DCT的车型。如图16-62所示为Ricardo公司开发的DCT样机,装备在Bugatti Veyron跑车上。ZF SACHS公司开发的双离合器式自动变速器系统如图16-63所示,该系统包括两个湿式离合器、扭转减振液压控制单元(HCU)和变速器电控单元(TCU)。另外,通用汽车、戴姆勒·克莱斯勒等公司也把双离合器式自动变速器的开发纳入其长期事业规划。

未来自动变速器将向着多挡化、宽速化、轻量化、高效率、高功率密度的技术方向发展。双离合器式自动变速器系统的结构将更加紧凑,同时耐热性摩擦材料、低泄漏量液压系统零部件的应用将进一步提升双离合器式自动变速器的控制精度及系统效率。随着新能源汽车的飞速发展,传动系统的电动化趋势明显,双离合器式自动变速器以其较高的传动效率,多变的系统结构形式,必将成为新能源汽车传动系统方案的重要选择之一。

图 16-62　Ricardo 公司开发的 DCT

图 16-63　ZF SACHS 公司开发的 DCT

第十七章　万向传动装置

第一节　概　　述

在现代汽车结构中,万向传动装置起到了承上启下的作用,得到了较为广泛的应用。图17-1为某四轮驱动汽车的传动系统布置方案,其前左半轴、前右半轴、后左半轴、后右半轴及两段式传动轴中均采用了万向传动装置。

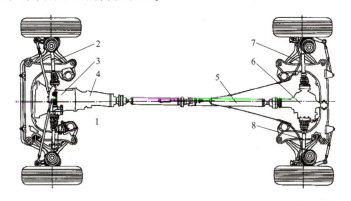

万向传动装置的功用

图17-1　万向传动装置在四轮驱动汽车中的应用

1-前左半轴;2-前右半轴;3-前驱动总成;4-动力传动总成及分动器;5-两段式传动轴;6-后驱动总成;7-后右半轴;8-后左半轴

万向传动装置一般由万向节和传动轴组成,对于长轴距的汽车,有时还需加装中间支撑。其功用是实现汽车上任何一对轴线相交且相对位置经常变化的转轴之间的动力传递。

在汽车传动系统中,万向传动装置主要应用在以下场合。

（1）变速器与驱动桥之间。在发动机前置后轮驱动的汽车上,变速器常与发动机、离合器连成一体支撑在车架上,而驱动桥则通过弹性悬架与车架连接(图17-2)。

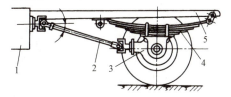

图17-2　变速器与驱动桥之间的万向传动装置

1-变速器;2-万向传动装置;3-驱动桥;4-后悬架;5-车架

由于汽车布置、设计等原因,变速器输出轴轴线和驱动桥输入轴轴线难以在同一轴线上,并且在汽车行驶过程中,由于不平路面的冲击等因素,弹性悬架系统产生振动,使两轴的相对位置经常变化。故变速器输出轴与驱动桥输入轴不可能刚性连接,而必须采用一般由两个万向节和一根传动轴组成的万向传动装置(图17-3a)。

当变速器与驱动桥距离较远时,还应将传动轴分成两段(图17-3b),即主传动轴3和中间传动轴5,其间装有3个万向节2,且在中间传动轴后端设置了中间支撑6。这样,可避免因传动轴过长引起自振频率降低而造成高转速下产生的共振;同时提高了传动轴的临界转速和工作可靠性。

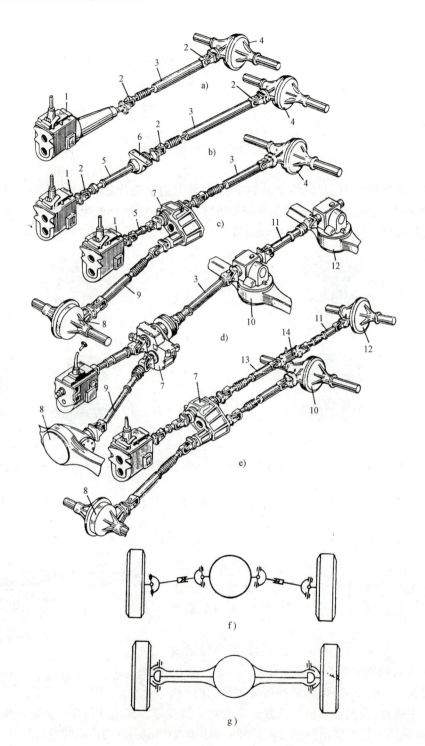

图 17-3 万向传动装置在汽车传动系统中的应用与布置

1-变速器；2-十字轴万向节；3-主传动轴；4-驱动桥；5-中间传动轴；6、14-中间支撑；7-分动器；8-转向驱动桥；9-前桥传动轴；10-中驱动桥；11-后桥传动轴；12-后驱动桥；13-后桥中间传动轴

(2) 变速器与分动器之间。对于双轴驱动的越野汽车(图 17-3c)，当变速器 1 与分动器

7分开布置时,虽然它们都支撑在车架上,而且在设计时,使其轴线重合,但为了消除制造、装配误差以及车架变形对传动的影响,在其间也常设有万向传动装置(中间传动轴5)。为了传递动力,在分动器与转向驱动桥之间又设置了前桥传动轴9。

在三轴驱动的越野汽车中,中、后桥的驱动形式有两种,即贯通式(图17-3d)和非贯通式(图17-3e)。采用非贯通式结构时,其后桥传动轴11也必须设置中间支撑14,并常将其固定在中驱动桥桥壳上。

(3)转向驱动桥中的主减速器与转向驱动轮之间。对于转向驱动桥,前轮既是转向轮又是驱动轮。作为转向轮,要求它能在最大转角范围内任意偏转某一角度;作为驱动轮,则要求半轴在车轮偏转过程中不间断地把动力从主减速器传到车轮。因此转向驱动桥的半轴不能制成整体而要分段,且用万向节连接,以适应汽车行驶时半轴各段的交角不断变化的需要。若采用独立悬架,则在靠近主减速器处也需要有万向节(图17-3f);若前驱动轮采用非独立悬架,只需要在转向轮附近装一个万向节(图17-3g)。

万向传动装置除用于汽车的传动系统之外,还可用于转向操纵机构(图17-4a)以及功率输出装置(图17-4b)等部件中。

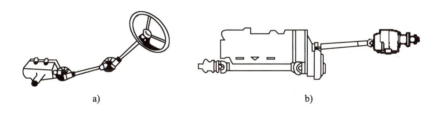

图17-4 万向传动装置在汽车其他系统中的应用
a)在转向操纵机构中的应用;b)在功率输出装置中的应用

第二节 万 向 节

万向节即万向接头,是万向传动装置中的核心元件,可以实现转轴之间变角度的动力传递。

按其在扭转方向上是否有明显的弹性,万向节可分为刚性万向节和挠性万向节。在刚性万向节中,动力是靠两轴间的铰链式连接传递的;而在挠性万向节中,动力则是靠弹性零件传递的,且有缓冲减振作用。

刚性万向节又可分为不等速万向节、准等速万向节和等速万向节。不等速万向节是指万向节连接的两轴存在夹角时,输出轴与输入轴之间以变化的瞬时角速度比传动动力,但平均角速度相等的万向节,如十字轴式万向节等。准等速万向节是指在一定的工作角度范围内输出轴与输入轴之间以相等的瞬时角速度传递运动,而在其他角度下以近似相等的瞬时角速度传递动力的万向节,如双联式万向节、凸块式万向节、三销轴式万向节等。等速万向节是指输出轴与输入轴之间始终以相等的瞬时角速度传递动力的万向节,如球叉式万向节、球笼式万向节等。

万向节的功用

万向节类型——按是否有明显弹性分类

万向节类型——按速度特性分类

一、十字轴式万向节

十字轴式万向节因其结构简单,工作可靠,传动效率高,生产成本低,且允许相邻两传动轴之间有较大的交角(一般不超过 15°~20°),故普遍应用于各类汽车的传动系统中。

1. 十字轴式万向节的基本结构

十字轴式万向节基本结构如图 17-5 所示,主要由万向节叉 1 与 5、十字轴 4、滚针轴承 3 及卡环 2 等组成。

如图 17-5 所示,两万向节叉 1 和 5 上的孔分别活套在十字轴 4 的两对轴颈上。这样当主动轴转动时,从动轴既可随主动轴转动,又可绕十字轴中心在任意方向摆动。为了减少摩擦损失,提高传动效率,在十字轴轴颈和万向节叉孔间装有由滚针和套筒所组成的滚针轴承 3;然后用卡环 2 将滚针轴承 3 的套筒固定在万向节叉上,以防止滚针轴承在离心力作用下从万向节叉内脱出。

2. 十字轴式万向节的润滑与密封

十字轴式万向节的损坏是以十字轴轴颈和滚针轴承的磨损为标志的,因此润滑与密封直接影响万向节的使用寿命。

为了便于润滑轴承,将十字轴做成中空的,并有油路通向轴颈,如图 17-6 所示。润滑油从滑脂嘴 4 注入十字轴内腔。为避免润滑油流出及尘垢进入轴承,在十字轴的轴颈上套着装在金属座圈内的油封。

早期采用的毛毡油封由于漏油较多,且防尘、防水效果较差,在加注润滑油时可能出现空气阻塞而造成缺油,应用已逐渐减少。

为了提高密封性能,在十字轴式万向节中多采用图 17-6 所示的橡胶油封。当采用注脂枪向十字轴内腔注入润滑脂而使内腔油压大于允许值时,多余的润滑油便从橡胶油封内圆表面与十字轴轴颈接触处溢出,故在十字轴上无须设置安全阀。而且防尘、防水效果良好,并可显著提高十字轴式万向节的使用寿命。

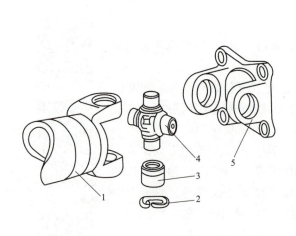

图 17-5 十字轴式万向节
1、5-万向节叉;2-卡环;3-滚针轴承;4-十字轴

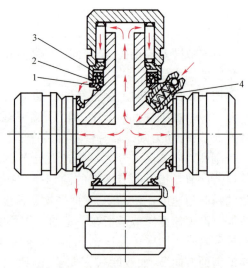

图 17-6 十字轴润滑油道及密封装置
1-油封挡盘;2-油封;3-油封座;4-滑脂嘴

3. 滚针轴承的轴向定位

十字轴式万向节中最常见的滚针轴承轴向定位方式是盖板式,利用螺栓和轴承盖板将套筒固定在万向节叉上,并用锁片将螺栓锁紧。它工作可靠,拆装方便,但零件数目较多。有时采用弹性盖板,将其点焊在轴承座底部,装配后弹性盖板对轴承座底部有一定的预压力,用来防止高速转动时由于离心力作用引起的十字轴轴向窜动。

除上述盖板式外,还可应用内挡圈固定式(图17-7)、外挡圈固定式(图17-8)、瓦盖固定式(图17-9)等定位方式。

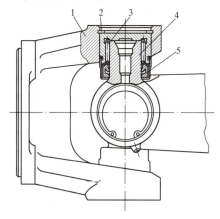

图17-7 内挡圈固定式

1-万向节叉;2-内挡圈;3-滚针轴承;4-十字轴;5-橡胶油封

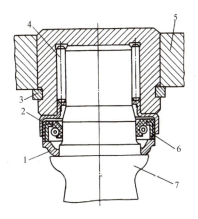

图17-8 外挡圈固定式

1-油封挡盘;2-油封座;3-外挡圈;4-滚针;5-万向节叉;6-橡胶油封;7-十字轴

4. 单个十字轴式万向节传动的不等速性

在主动轴和从动轴有夹角的情况下,单个十字轴式万向节的输入轴1旋转一圈,输出轴2也随之旋转一圈(图17-10),但其瞬时传动比则是随输入轴与输出轴的相对位置的变化而改变。也就是说,单个十字轴式万向节的主动轴与从动轴的角速度是不相等的,即使主动轴以等角速度旋转,从动轴也为变角速度转动。下面就单个十字轴式万向节传动过程中的两个特殊位置进行运动分析,说明其传动的不等速性。

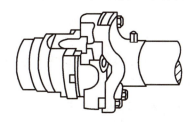

图17-9 瓦盖固定式

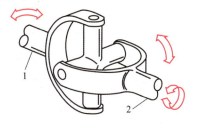

图17-10 单个十字轴万向节的传动

1-输入轴(主动叉);2-输出轴(从动叉)

(1)主动叉在垂直位置,且十字轴平面与主动轴垂直的情况(图17-11a)。主动叉与十字轴连接点 a 的线速度 v_a 在十字轴平面内;从动叉与十字轴连接点 b 的线速度 v_b 在与主动叉平行的平面内,并且垂直于从动轴。点 b 的线速度 v_b 可分解为在十字轴平面内的速度 v_b' 和垂直于十字轴平面的速度 v_b''。由速度直角三角形可以看出,在数值上 $v_b > v_b'$。因十字轴旋转半径相等,即 $oa = ob$。当万向节传动时,十字轴是绕 o 点转动的,其上 a、b 两点于十字轴平面内的线速度在数值上应相等，即 $v'_b = v_a$。因此，$v_b > v_a$。由此可知，当主、从动叉转到所述位置时，从动轴的转速大于主动轴的转速。

（2）主动叉在水平位置，并且十字轴平面与从动轴垂直时的情况（图17-11b）。此时主动叉与十字轴连接点 a 的线速度 v_a 在平行于从动叉的平面内，并且垂直于主动轴。线速度 v_a 可分解为在十字轴平面内的速度 v'_a 和垂直于十字轴平面的速度 v''_a，根据上述同样道理，在数值上，$v_a > v'_a$，而 $v'_a = v_b$，因此，$v_a > v_b$，即当主、从动叉转到所述位置时，从动轴转速小于主动轴转速。

由上述两个特殊情况的分析，可以看出，十字轴式万向节在传动过程中，主、从动轴的转速是不相等的。

图17-11c）表示两轴转角差（$\varphi_1 - \varphi_2$）随主动轴转角 φ_1 的变化关系。

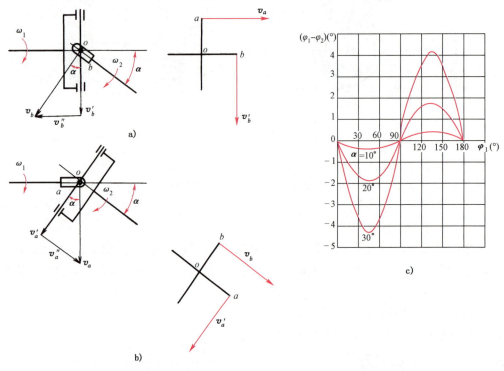

图17-11 十字轴式万向节传动的不等速性

由此可见，当主动轴转角 φ_1 在 0°~90° 的范围内时，从动轴转角相对主动轴是超前的，即 $\varphi_2 > \varphi_1$，并且两角差值在 φ_1 为 45°时达最大值，随后差值逐渐减小，即在此区间从动轴旋转速度相对主动轴旋转速度是先加速后减速。当主动轴转到 90°时，从动轴也同时转到 90°。

当主动轴转角 φ_1 在 90°~180° 的范围内时，从动轴转角相对主动轴是滞后的，即 $\varphi_2 < \varphi_1$，并且两角差值在 φ_1 为 135°时达最大值，随后差值逐渐减小，即在此区间从动轴旋转速度相对主动轴旋转速度是先减速后加速的。当主动轴转到 180°时，从动轴也同时转到 180°。

后半转情况与前半转相同。因此，如果主动轴以等角速转动，而从动轴则是时快时慢时，此即单个十字轴万向节在有夹角时传动的不等速性。必须注意的是，所谓"传动的不等速性"，是指从动轴在一周中角速度不均匀而言的。而主、从动轴的平均转速是相等的，即主动轴转过一周从动轴也转过一周。

由图 17-11c)还可看出,两轴交角 α 越大,转角差($\varphi_1 - \varphi_2$)越大,即万向节传动的不等速性越严重。此现象由上述两个特殊情况下的速度分析也可得到说明。从图 17-11a)和图 17-11b)可看出,v_a 与 v_b 之差值,实际上就是 v_a 与 v'_a,或 v_b 与 v'_b 的差值。在速度直角三角形内,若夹角 α(即主、从动轴的交角)增大,则 v_a 与 v'_a 或 v_b 与 v'_b 的差值就越大。

单万向节传动的不等速性,将使从动轴及与其相连的传动部件产生扭转振动,从而产生附加的交变载荷,对部件使用寿命有所影响。

5. 双十字轴式万向节传动的等速条件

从以上分析可以想到,在两轴(例如变速器的输出轴和驱动桥的输入轴)之间,若采用如图 17-12 所示的双(十字轴式)万向节传动,则第一万向节的不等速效应就有可能被第二万向节的不等速效应所抵消,从而实现两轴间的等角速传动。

根据运动学分析得知,要达到这一目标,必须满足以下两个条件:

(1)第一万向节两轴间夹角 α_1 与第二万向节两轴间夹角 α_2 相等。
(2)第一万向节的从动叉与第二万向节的主动叉处于同一平面内。

后一条件完全可以由传动轴和万向节叉的正确装配来保证。但是前一条件(即 $\alpha_1 = \alpha_2$)只有在驱动轮采用独立悬架时,才有可能通过整车的总布置设计和总装配工艺的保证而实现,因为在此情况下主减速器和变速器的相对位置是固定的。而在驱动轮采用非独立悬架时,由于弹性悬架的振动,驱动桥输入轴与变速器输出轴的相对位置不断变化,不可能在任何时候都保证 $\alpha_1 = \alpha_2$,因而此时这两部件之间的万向传动只能做到使传动的不等速性尽可能小。

双十字轴式万向节排列方式一般有平行排列方式(也称 z 形)和等腰三角形(也称 w 形)排列方式两种,如图 17-13 所示。采用平行排列方式布置的双万向节传动方式较为常用,此时如果传动轴 3 采用类似花键轴之类的元件能够彼此相对滑动,那么传动轴 3 就允许长度变化,以便输出轴以任何需要的方式运动(如车轮跳动),仍始终保持与输入轴的等速性。

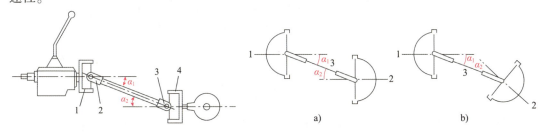

图 17-12 双万向节等速传动布置示意图
1、3-主动叉;2、4-从动叉

图 17-13 双万向节的排列方式
a)平行排列;b)等腰三角形排列
1-输入轴;2-输出轴;3-传动轴

上述双万向节传动虽能近似地解决等速传动问题,但在某些情况下,例如转向驱动桥的分段半轴间,在布置上受轴向尺寸限制,而且转向轮要求偏转角度大(30°~40°),因而上述双万向节传动已难以适应。

二、准等速万向节

准等速万向节一般是根据上述双万向节实现等速传动的原理设计而成的,常见的结构

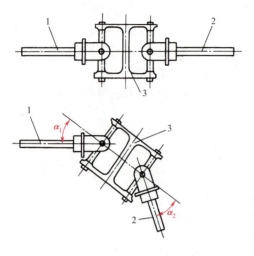

有双联式、凸块式和三销轴式等形式,其中后两种现在使用较少。

双联式万向节实际上是一套传动轴长度减缩至最小的双万向节等速传动装置。图 17-14 中的双联叉 3 相当于两个在同一平面上的万向节叉。欲使轴 1 和轴 2 的角速度相等,应保证 $\alpha_1 = \alpha_2$,为此在双联式万向节的结构中,装有分度机构,以尽量保证双联叉的对称线平分所连两轴的夹角。

图 17-15 所示为双联式万向节的结构实例。在万向节叉 6 的内端有球头,与球碗 9 的内圆面配合,球碗座 2 则镶嵌在万向节叉 1 内端。球头与球碗的中心与两十字轴中心的连线中点重合。当万向节叉 6 相对万向节叉 1 在一定角度范围内摆动时,双联叉 5 也被带动偏转相应角度,使两十字轴中心连线与两万向节叉 1 和 6 的轴线的交角(即图 17-14 中的 α_1 和 α_2)差值很小,从而保证两轴角速度接近相等,其差值在容许范围内,故双联式万向节具有准等速性。

图 17-14 双联式万向节示意图
1、2-轴;3-双联叉

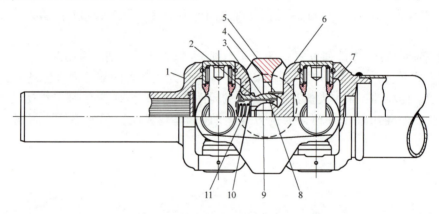

图 17-15 双联式万向节
1、6-万向节叉;2-球碗座;3-衬套;4-防护圈;5-双联叉;7-油封;8、10-垫圈;9-球碗;11-弹簧

双联式万向节用于转向驱动桥时,可以没有分度机构,但必须在结构上保证双联式万向节中心位于主销轴线与半轴轴线的交点,以保证准等速传动。

双联式万向节允许有较大的轴间夹角(一般可达 50°),且具有轴承密封性好、效率高、制造工艺简单、加工方便、工作可靠等优点,但零件数目较多,外形尺寸较大。故一般多用于越野汽车上。

三、等速万向节

等速万向节能实现等速传动的一般条件是:输入轴与输出轴之间的动力传递接触点始终保持在输入轴与输出轴的角平分面上,可用如图 17-16 所示的工作原理图予以说明。当输入轴与输出轴之间的动力传递接触点 P 位于两轴的角平分面上时,P 点到两轴线的垂直距离相等,即都等于 r。在 P 点处输入轴的线速度 v_i 与输出轴的线速度 v_o 显然相等,即 $v_i = v_o$。而 $v_i = \omega_i r$、$v_o = \omega_o r$,则有 $\omega_i = \omega_o$,即输入轴与输出轴的旋转角速度相等,实现了等速传递。在输入轴与输出轴存在交角变化时,只要保证万向节的动力传递接触点始终处在输入轴与输出轴的角平分面上,就可使输入轴与输出轴保持等速传递关系。目前广泛应用的球叉式和球笼式万向节就是根据这一原理制成的。由于球叉式万向节基本不再使用,本文不再赘述。

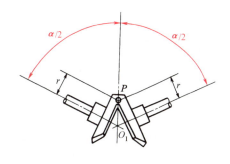

图 17-16　等速万向节的工作原理

1. 球笼式万向节

球笼式万向节按主、从动叉在传递转矩过程中轴向是否产生位移,可分为固定型球笼式万向节(RF型)和伸缩型球笼式万向节(VL型)。

1) 固定型球笼式万向节(RF型)

固定型球笼式万向节(RF型)的结构如图17-17所示。星形套7以内花键与主动轴1相连,其外表面有6条凹槽,形成内滚道。球形壳8的内表面有相应的6条凹槽,形成外滚道。6个钢球6分别装在各条凹槽中,并由保持架4使之保持在一个平面内。动力由主动轴1经钢球6、球形壳8输出。

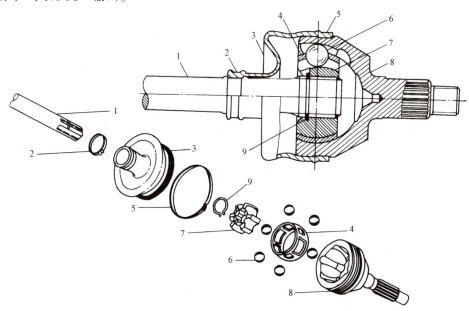

图 17-17　固定型球笼式等速万向节(RF型)

1-主动轴;2、5-钢带箍;3-外罩;4-保持架(球笼);6-钢球;7-星形套(内滚道);8-球形壳(外滚道);9-卡环

固定型球笼式万向节(RF型)的等角速传动原理如图17-18所示。外滚道的中心 A 与内滚道的中心 B 分别位于万向节中心 O 的两边,且与 O 等距离。钢球中心 C 到 A、B 两点的距离也相等。保持架的内外球面、星形套的外球面和球形壳的内球面均以万向节中心 O 为球心。故当两轴交角变化时,保持架可沿内外球面滑动,以使钢球保持在一定位置。

由图17-18可知,由于 $OA = OB$,$CA = CB$,CO 是共边,则两个三角形 $\triangle COA$ 与 $\triangle COB$ 全

等。故 $\angle COA = \angle COB$，即两轴相交任意交角 α 时，传力的钢球 C 都位于交角平分面上。此时钢球中心到主、从动轴轴线的距离 a 和 b 相等，从而保证了从动轴与主动轴以相等的角速度旋转。

固定型球笼式等速万向节(RF型)两轴允许交角范围较大(45°~50°)，例如奥迪、捷达等轿车采用的RF节的两轴交角最大可达47°，且在工作时，无论传动方向如何，6个钢球全部传力。其承载能力强、结构紧凑、拆装方便，因此应用越来越广泛。目前国内外大多数轿车的前转向驱动桥在转向节处均采用这种固定型球笼式等速万向节(RF型)。

此外，还有一种BJ型固定型球笼式万向节，与RF型的最大区别在：RF型的滚道在径向截面上为圆形，钢球与滚道为两点接触；而BJ型的滚道在径向截面上为椭圆形，钢球与滚道为四点接触，如图17-19所示。

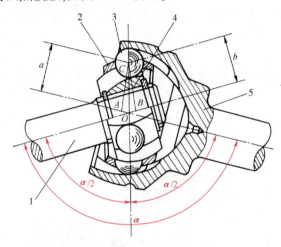

图17-18 固定型球笼式万向节等角速传动原理

1-主动轴；2-保持架(球笼)；3-钢球；4-星形套(内滚道)；5-球形壳(外滚道)；O-万向节中心；A-外滚道中心；B-内滚道中心；C-钢球中心；α-两轴交角(指钝角)

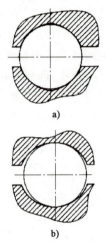

图17-19 RF型与BJ型固定型球笼式万向节滚道

a) RF型滚道形状；b) BJ型滚道形状

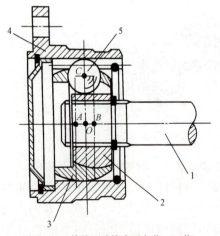

图17-20 伸缩型球笼式万向节(VL节)

1-主动轴；2-星形套(内滚道)；3-保持架(球笼)；4-筒形壳(外滚道)；5-钢球

2) 伸缩型球笼式万向节(VL型)

伸缩型球笼式万向节(VL型)的结构与一般球笼式相近，其基本结构如图17-20所示。

伸缩型球笼式万向节(VL型)的内外滚道一般采用圆筒形直槽，在传递转矩过程中，星形套2与筒形壳4可以沿轴向相对移动，故可省去其他万向传动装置中必须有的滑动花键。这不仅使结构简化，而且由于星形套2与筒形壳4之间的轴向相对移动是通过钢球5沿内外滚道滚动来实现的，与滑动花键相比，其阻力小，最适用于断开式驱动桥。

VL型万向节两轴交角范围约20°~25°，较十字轴式万向节相邻两轴的交角范围大，但小于RF型。这种万向节的保持架的内球面中心 B 与外球面

中心 A 位于万向节中心 O 的两边,且与 O 等距离。钢球中心 C 到 A、B 距离相等,以保证万向节作等角速传动。

VL 型万向节在前置前轮驱动且采用独立悬架的轿车的转向驱动桥中均布置在靠主减速器侧(内侧),而轴向不能伸缩的固定型球笼式万向节(RF 型),则布置在靠近车轮处(外侧),如图 17-21 所示。

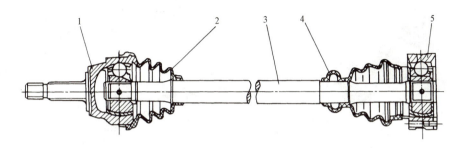

图 17-21　RF 型万向节与 VL 型万向节在转向驱动桥中的布置
1-RF 型万向节;2、4-防尘罩;3-传动轴(半轴);5-VL 型万向节

2. 三枢轴-球面滚轮式等速万向节

三枢轴-球面滚轮式等速万向节是近年来应用较为广泛的一种等速万向节,其基本结构如图 17-22 所示。

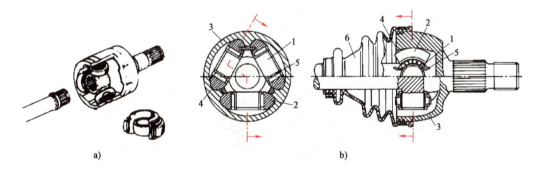

图 17-22　三枢轴-球面滚轮式等速万向节
a)零件的分解图;b)主、从动轴的装配图
1-三枢轴;2-球面滚轮;3-筒形壳;4-滚道;5-滚针;6-防尘套

如图 17-22 所示,当筒形壳 3(主动轴)转动时,球面滚轮 2 将带动三枢轴 1 随其转动,而三枢轴 1 与从动轴以花键连接,进而带动从动轴转动,实现动力的传递。当输出轴与输入轴没有夹角时,三枢轴 1 及球面滚轮 2 在筒形壳 3 的滚道 4 中,因三枢轴的自动定心作用,能使两轴轴线重合,两者等速传动;当输出轴与输入轴存在夹角 α 时,随着三枢轴 1 轴颈的倾斜,球面滚轮 2 沿滚针滑动,使球面滚轮 2 球面和筒形壳 3 的滚道 4 球面相吻合,所形成的接触母线同样是筒形壳和球形套圈的共轭曲线,可以保证球面滚子的传力点始终位于两轴交角的平分面上,同样具有等速传动特性。

三枢轴上球面滚轮与滚针轴承的装配关系如图 17-23 所示。

三枢轴-球面滚轮式等速万向节具有结构简单、体积小、质量轻、润滑好、散热快、承载能力大和工作可靠等优点,因而广泛应用于汽车前后驱动桥中,特别是采用轻量化设计和布置比较困难的中小排量轿车中,图 17-24 为某采用三枢轴-球面滚轮式等速万向节的汽车驱动桥结构示意图,利用该形式的等速万向节将差速器动力经半轴传递给外万向节,再由外万向节传递给驱动车轮,实现汽车的正常驱动。

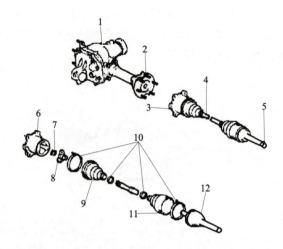

图17-23 球面滚轮与滚针轴承的装配关系
1-三枢轴;2-球面滚轮;3-滚针轴承;4-轴承挡圈;5-卡环

图17-24 采用三枢轴-球面滚轮式万向节的某汽车驱动桥
1-差速器总成;2-差速器输出凸缘;3-三枢轴-球面滚轮式万向节;4-半轴;5-输出轴;6-筒形壳;7-半轴卡环;8-三销架;9、11-防尘罩;10-防尘罩卡箍;12-外万向节

三枢轴-球面滚轮式万向节有两种结构形式:固定型万向节(Glaenzer Exterior,简称 GE)和伸缩型万向节(Glaenzer Intertor,简称 GI)。这两种万向节仅在结构细节上有所区别,GE 型的筒形壳是封闭的,而 GI 型的筒形壳是开放的(其上开有三条槽),如图 17-25 所示。

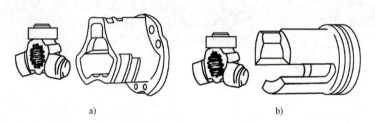

图17-25 三枢轴-球面滚轮式万向节的类型
a) GE 型;b) GI 型

四、挠性万向节

挠性万向节依靠其中弹性件的弹性变形来保证在相交两轴间传动时不发生机械干涉。弹性件可以是橡胶盘、橡胶金属套筒、六角形橡胶圈或其他结构形式。

盘式挠性万向节通用采用橡胶纤维或橡胶帘布片结构,并用金属零件加固。装配时使纤维层依次错开,以便当挠性盘变形时保证纤维帘布层承受最小的力。六角形橡胶圈万向节的橡胶与金属骨架硫化在一起。为了保证高转速时传动轴具有良好的动平衡,常在万向节所连接的两轴端部设有专门机构保证对正中心。其基本结构如图17-26所示。

图17-27所示为国产某重型自卸汽车上用来连接发动机输出轴与液力机械变速器输入轴的挠性万向节。它主要由借螺栓固定在发动机飞轮上的大圆盘2、与花键毂铆接在一起的连接圆盘4、连接二者的四副弹性连接件3以及定心用的中心轴1组成。

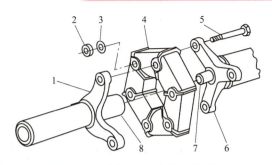

图 17-26　盘式挠性万向节基本结构

1、6-万向节叉;2-螺母;3-垫片;4-橡胶盘;5-螺栓;7-定心轴;8-定心套管

弹性连接件的结构如图 17-28 所示。两个橡胶块 1 装在两半对合的外壳 3 中,每个橡胶块中各有一衬套 2。每副弹性连接件中的一个橡胶块用螺栓固定在大圆盘上,而另一橡胶块用螺栓固定于连接圆盘上(图 17-27)。动力经大圆盘输入,通过衬套传给每一副弹性连接件中的一个橡胶块,再经外壳、另一橡胶块和衬套传给连接圆盘,最后经花键毂和花键轴输出。

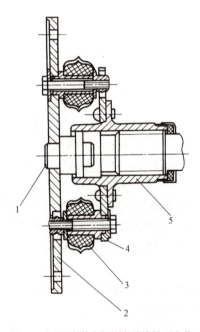

图 17-27　国产某自卸汽车的挠性万向节

1-中心轴;2-大圆盘;3-弹性连接件;4-连接圆盘;5-花键毂

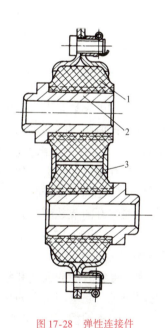

图 17-28　弹性连接件

1-橡胶块;2-衬套;3-外壳

对于径向刚度较小的挠性万向节,主、从动件之间应有对中装置,以免转速升高时由于轴线偏离加大而产生振动和噪声。图 17-27 所示结构中,即靠大圆盘上中心轴 1 的球面与花键毂的内圆面配合来定心。

由于弹性件的弹性变形量有限,故挠性万向节一般用于两轴间夹角不大(3°~5°)和只有微量轴向位移的万向传动场合。例如,常用来连接固定安装在车架上的两个部件(如发动机与变速器或变速器与分动器),以消除制造安装误差和车架变形对传动的影响。此外,它还具有能吸收传动系统中的冲击载荷和衰减扭转振动、结构简单、无须润滑等优点。

第三节 传动轴和中间支撑

一、传动轴的组成及结构

常见的轻、中型货车中,连接变速器与驱动桥的传动轴部件由传动轴及其两端焊接的花键轴和万向节叉组成。汽车行驶过程中,变速器与驱动桥的相对位置经常变化,为避免运动干涉,传动轴用由滑动叉和花键轴组成的滑动花键连接,以适应传动轴长度的变化,典型传动轴的结构如图 17-29 所示。

传动轴的功用

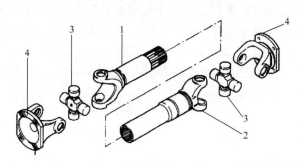

图 17-29 传动轴的基本机构

1-花键轴;2-滑动叉;3-十字轴;4-万向传动叉

图 17-30 为某商用汽车传动轴及其中间支撑的结构图。该传动轴较长,如果只制成一段则导致自振频率降低,容易产生共振。因此将其分成两段并加中间支撑,前段称为中间传动轴,如图 17-30 中上部所示;后段称为主传动轴,如图 17-30 下部所示。为减少磨损,传动轴中还装有用以加注滑脂的滑脂嘴、油封、堵盖和防尘套等装置。

传动轴在高速旋转时,由于质量不均衡引起的离心力将使传动轴发生剧烈振动。因此,当传动轴与万向节装配后必须进行动平衡。图 17-30 中的零件 3 即为平衡用的平衡片。平衡后,在滑动叉 13 与传动轴 16 上刻上箭头记号 21,以便拆卸后重装时保持二者的相对角位置不变。

为了得到较高的强度和刚度,传动轴多做成空心的,一般用厚度为 1.5~3.0mm 的薄钢板卷焊而成。超重型货车的传动轴则直接采用无缝钢管。

在转向驱动桥、断开式驱动桥或微型汽车的万向传动装置中,通常将传动轴制成实心轴。

为减小传动轴中花键连接的轴向滑动阻力和磨损,可对花键进行磷化处理或喷涂尼龙层。有的则在花键槽内设置滚动元件,如国外有的汽车传动轴采用了图 17-31 所示的圆柱滚子式滚动花键连接。在传动轴内套管 3 上制有 4 条均布的夹角为 90°的贯通凹槽(滚道);在传动轴外套管 2 上也相应地制有 4 条均布的夹角为 90°的贯通凹槽(滚道)。内、外套管的凹槽装配吻合后,放入滚柱 1,并使相邻的滚柱各按向右和向左的顺序间隔排列。内、外传动套管 3 和 2 的两端装有挡圈 4,以防滚柱 1 脱落及限定内、外套管的相对移动量。工作中,内、外套管的相对滑动,由滚柱在凹槽内滚动实现。当传动轴逆时针方向旋转时(图 17-31 中 A—A 剖视),各凹槽中向右倾斜安装的滚柱传力;反之,向左倾斜的滚柱传力。

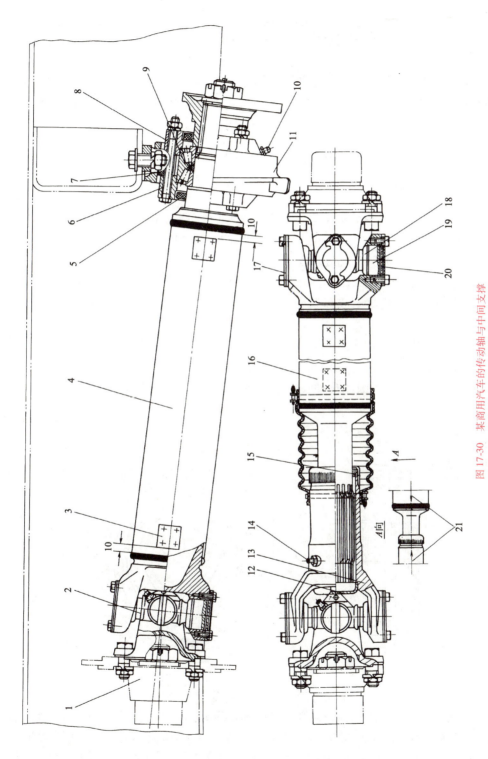

图17-30 某商用汽车的传动轴与中间支撑

1-凸缘叉;2-万向节十字轴;3-平衡片;4-中间传动轴;5-油封;6-中间支撑前盖;7-橡胶垫环;8-中间支撑后盖;9-双列圆锥滚子轴承;10、14-润滑嘴;11-支架;12-堵盖;13-万向节滑动叉;15-油封;16-主传动轴;17-锁片;18-滚针轴承油封;19-万向节滚针轴承;20-滚针轴承盖;21-装配位置标记

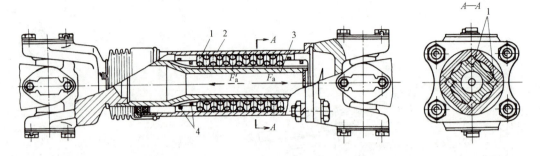

图 17-31 传动轴滚动花键

1-滚柱；2-传动轴外套管；3-传动轴内套管；4-挡圈

二、传动轴的中间支撑

在轴距较长的货车中，为了避免共振以及考虑整车总布置上的需求，常需要将传动轴分段。在轿车中，有时为了提高传动系统的弯曲刚度，改善弯曲振动特性，减小噪声，也需要将传动轴分段。当传动轴分段时，需要增加中间支撑。

中间支撑对传动轴起支撑作用，并能补偿传动轴轴向和角度方向的安装误差，以及汽车行驶过程中由于发动机窜动或车架变形等引起的位移，通常安装在车架横梁或车身底架上。

商用货车多采用如图 17-32 所示的蜂窝软垫式球轴承中间支撑，中间支撑与车架相连接的轴承可在轴承座 2 内滑动。由于蜂窝形橡胶垫 5 的弹性作用能适应上述安装误差和行驶中出现的位移，此外，还可吸收振动，减少噪声传导。该中间支撑结构简单、效果良好，应用广泛。

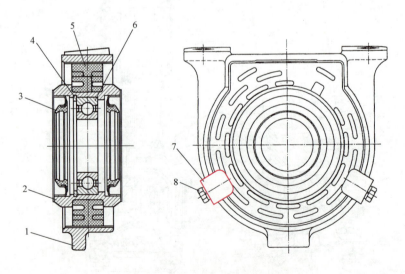

图 17-32 某载货汽车传动轴中间支撑

1-中间支撑支架；2-轴承座；3-防尘油封；4-弹性挡圈；5-蜂窝形橡胶垫；6-球轴承；7-中间支撑卡板；8-螺栓

有的汽车采用摆动式中间支撑，如图 17-33 所示。当发动机轴向窜动时，中间支撑可绕支撑轴 3 摆动，改善了轴承的受力状况。此外，橡胶衬套 2 和 5 能适应传动轴线在横向平面内少量的位置变化。

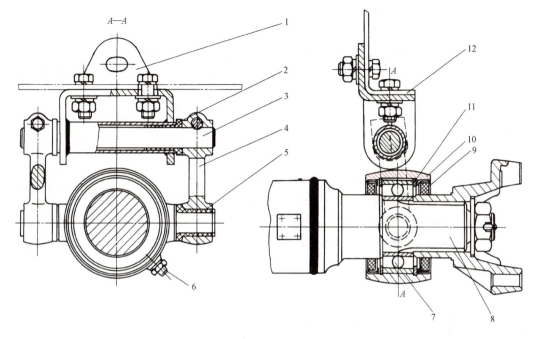

图 17-33　摆动式中间支撑

1-支架；2、5-橡胶衬套；3-支撑轴；4-摆臂；6-滑脂嘴；7-轴承；8-中间传动轴；9-油封；10-支撑座；11-卡环；12-车架横梁

三轴越野汽车后桥传动装置中的中间支撑通常支撑在中驱动桥上，如图 17-34 所示。中间支撑用两个 U 形螺栓紧固在中桥上，支撑轴 13 两端各用一个锥形轴承支撑于壳体 14 内，两油封座 15 与壳体间的垫片 9 可调整两锥形轴承的松紧度。两端万向节叉通过花键套在支撑轴上，用螺母 5 紧固。

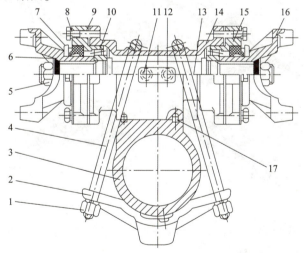

图 17-34　某载货汽车传动轴中间支撑

1、4-U 形螺栓及螺母；2-托板；3-中桥壳；5、6-螺母及垫片；7-防尘罩；8、15-油封及油封座；9-调整垫片；10-轴承；11-通气塞；12-注脂嘴；13-中间支撑轴；14-壳体；16-万向节叉；17-定位销

第十八章 驱 动 桥

第一节 概 述

驱动桥是汽车传动系统的最终传动部分,其基本功用是:
(1)将传动装置传来的发动机转矩通过主减速器、差速器、驱动车轮的传动装置(半轴)等部件传递给驱动车轮,实现减速增矩。
(2)通过主减速器圆锥齿轮副或双曲面齿轮副来改变发动机转矩的传递方向。
(3)通过差速器实现两侧车轮差速作用,保证内、外侧车轮以不同转速转向。
(4)通过桥壳和车轮实现承载及传力作用。

根据传动方案的不同,驱动桥可分为普通驱动桥、转向驱动桥、变速驱动桥等。普通驱动桥一般由主减速器、差速器、半轴和桥壳等元件组成,其基本结构如图 18-1 所示。从变速器或分动器经万向传动装置首先传递给与万向传动装置相连接的主减速器主动锥齿轮,再经从动锥齿轮减速增矩传递给差速器,进而由差速器分配给左、右半轴,最后通过半轴传至驱动车轮或驱动车轮的轮毂,实现动力的完整传递,驱动汽车行驶。

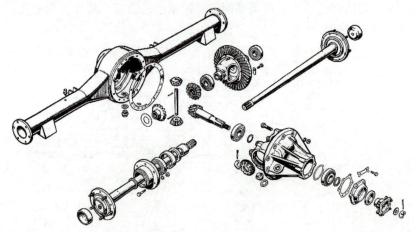

图 18-1 普通驱动桥基本结构

驱动桥的结构形式与驱动车轮的悬架结构密切相关。根据驱动车轮的悬架结构的不同,驱动桥可分为非断开式和断开式两种形式。

非断开式驱动桥中,采用非独立悬架(例如在绝大多数载货汽车和少量轿车上),整个驱动桥通过弹性悬架与车架连接,由于半轴套管与主减速器壳是刚性连接的,两侧半轴和驱动车轮不可能在横向平面内作相对运动,故非断开式驱动桥也称为整体式驱动桥。图 18-2a)和图 18-2b)分别为采用钢板弹簧式非独立悬架和螺旋弹簧式非独立悬架的非断开式驱动桥。

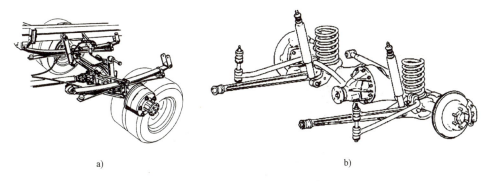

图 18-2 非断开式驱动桥结构示意图
a) 钢板弹簧式；b) 螺旋弹簧式

图 18-3 为非断开式驱动桥结构传动示意图，从图中可看出，非断开式驱动桥由驱动桥壳 1、主减速器 2、差速器 3、半轴 4 和轮毂 5 组成。从变速器或分动器经万向传动装置输入驱动桥的转矩首先传到主减速器 2，在此增大转矩并相应降低转速后，经差速器 3 分给左、右两半轴 4，最后通过半轴外端凸缘盘传至驱动轮的轮毂 5。驱动桥壳 1 由主减速器壳和半轴套管组成。轮毂 5 借助轴承支撑在半轴套管上。

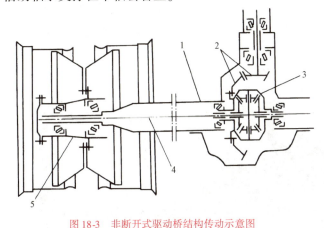

图 18-3 非断开式驱动桥结构传动示意图
1-驱动桥壳；2-主减速器；3-差速器；4-半轴；5-轮毂

非断开式驱动桥由于其结构简单、成本低廉、工作可靠，因而在各种货车、客车等商用车中得到广泛应用。它们的具体结构虽各不相同，但是都有一个共同的特点，即桥壳是一根支撑在左、右驱动车轮上的刚性空心梁，而主减速器、差速器、驱动车轮的传动装置等部件均安装其内，导致桥壳尺寸和汽车非簧载质量较大，不利于改善汽车的行驶平顺性和通过性。

为了提高汽车行驶平顺性和通过性，大部分轿车和越野车全部或部分驱动轮采用独立悬架，即将两侧的驱动轮分别用弹性悬架与车架相联系，两轮可彼此独立地相对于车架上下跳动。相应地，主减速器壳固定在车架上。驱动桥壳应分段布置，并通过铰链连接，这种驱动桥称为断开式驱动桥。

断开式驱动桥的工作特点如图 18-4 所示。主减速器 1 固定在车架或车身上，两侧车轮 5 分别通过各自的弹性元件 3、减振器 4 和摆臂 6 组成的弹性悬架与车架相连。为适应车轮绕摆臂轴 7 上下跳动的需要，差速器与轮毂之间的半轴 2 两端用万向节连接。

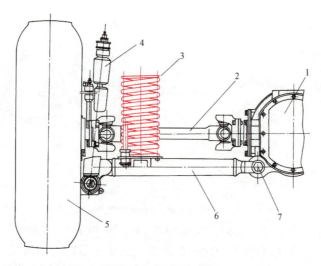

图 18-4 断开式驱动桥

1-主减速器;2-半轴;3-弹性元件;4-减振器;5-车轮;6-摆臂;7-摆臂轴

图 18-5 为采用双横臂式独立悬架的某轿车驱动桥。由于采用双横臂独立悬架和螺旋弹簧,左右两个车轮相对主减速器可以作相对独立运动。驱动桥带有焊接式的管形副车架,双横臂固定在副车架上起着车轮导向作用,差速器也固定在副车架上,通过采用金属橡胶支架来实现与车身连接的降噪。

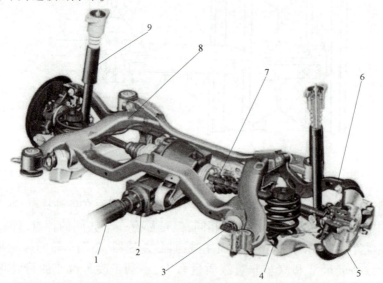

图 18-5 某轿车的断开式驱动桥

1-传动轴;2-主减速器及差速器;3-前束调节;4-弹簧;5-车轮;6-车轮外倾调节;7-半轴;8-副车架;9-减振器

驱动桥可以布置在汽车前轴,也可以布置于汽车后轴,或者前后轴同时为驱动桥。当驱动桥与发动机在汽车前后布置形式相互关联时,分别形成了发动机前置前轴驱动、发动机前置后轴驱动或发动机后置后轴驱动等几种布置形式。发动机前置前轴驱动形式,传动路线短,无万向传动轴,可使车身地板降低,布置方便,广泛应用于近代轿车车型上。其基本结构如图 18-6 所示。发动机前置后轴驱动形式,有效提高承载能力和车辆驱动爬坡能力,广泛应用于各种类型载货汽车上。发动机后置后轴驱动形式,广泛应用于大型客车上,有效降低了车内振动和噪声,扩大了乘员乘坐空间。

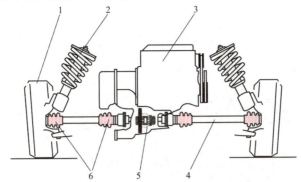

图18-6　发动机前置前驱驱动桥结构示意图

1-驱动车轮;2-悬架;3-动力传动总成;4-传动轴;5-主减速器;6-等速万向节

第二节　主减速器

主减速器的功用是将输入的转矩增大并相应降低转速,以及当发动机纵置时还具有改变转矩旋转方向的作用。为满足不同的使用要求,主减速器的结构形式也是不同的。

主减速器的功用

按参加减速传动的齿轮副数目分,有单级式主减速器和双级式主减速器。在双级式主减速器中,若第二级减速器齿轮有两副,并分置于两侧车轮附近,实际上成为独立部件,则称为轮边减速器。

按主减速器传动比挡数分,有单速式和双速式。前者的传动比是固定的,后者有两个传动比供驾驶人选择,以适应不同行驶条件的需要。

主减速器的类型

一、齿轮类型

按齿轮副结构分,主减速器可以采用圆柱齿轮式(又可分为轴线固定式和轴线旋转式即行星齿轮式)、弧齿锥齿轮式、准双曲面齿轮式和蜗轮蜗杆式等形式,如图18-7所示。

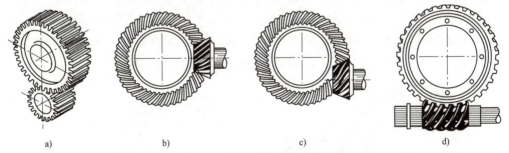

图18-7　主减速器齿轮传动类型

a)圆柱齿轮传动;b)弧齿锥齿轮传动;c)准双曲面齿轮传动;d)蜗轮蜗杆传动

1. 圆柱齿轮传动

圆柱齿轮传动在发动机前横置前轴驱动轿车的单级主减速器和双级主减速器以及轮边减速器中,得到广泛的应用,一般均采用斜齿轮。图18-8为某轿车驱动桥示意图,由于发动机横置,其主减速器采用圆柱齿轮传动形式。

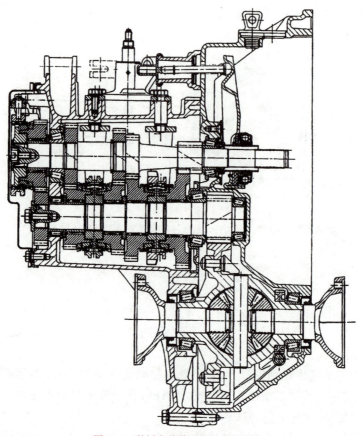

图 18-8　某轿车前横置前驱动驱动桥

2. 弧齿锥齿轮传动

弧齿锥齿轮传动中,主、从动齿轮的轴线相互垂直且相交于一点,如图 18-9a)所示。由于轮齿端面重叠的缘故,至少有两对以上的轮齿同时啮合,因此可以承受较大的负载,而且其轮齿不是在齿的全长上同时啮合,而是逐渐由齿的一端连续而平稳地转向另一端,所以工作平稳,噪声和振动较小,但对啮合精度较为敏感,易导致磨损和噪声的增加。

3. 准双曲面锥齿轮传动

准双曲面锥齿轮传动的特点是主、从动齿轮的轴线相互垂直但不相交,且主动锥齿轮轴线相对于从动锥齿轮轴线向上或向下偏移一段距离,如图 18-9b)所示。

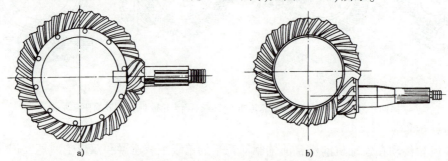

图 18-9　弧齿锥齿轮传动和准双曲面锥齿轮传动
a)弧齿锥齿轮传动,轴线相交;b)准双曲面齿轮传动,轴线偏移

按准双曲面圆锥齿轮副的相对布置,可分为上偏移和下偏移,如图18-10所示。按如下原则可进行上下偏移的判断：

从大齿轮锥顶看、并把小齿轮置于右侧：如果小齿轮轴线位于大齿轮中心线之下为下偏移(图18-10a、b)；如果小齿轮轴线位于大齿轮中心线之上为上偏移(图18-10c、d)。

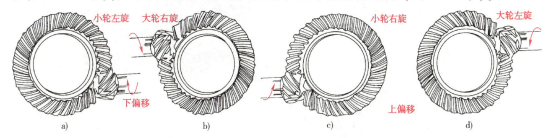

图18-10 准双曲面锥齿轮的偏移与螺旋方向

随着设计、生产技术的进一步发展,准双曲面齿轮不仅在轿车上得到广泛应用,而且在中型、重型货车上也得到越来越多地采用。这是因为它与弧齿锥齿轮相比,不仅重合度大,工作平稳性好,轮齿抗弯强度和接触强度高(大约提高30%),而且由于主动齿轮的轴线可相对从动齿轮轴线偏移的特点,可进一步改善汽车的使用性能。当主动锥齿轮轴线向下偏移时(图18-10a、b),在保证一定离地间隙情况下,可降低主动锥齿轮和传动轴的位置,因而使车身和整车质心降低,这有利于提高汽车行驶稳定性。

但准双曲面齿轮工作时,齿面间有较大的相对滑动,且齿面间压力很大,齿面油膜易被破坏。为减少摩擦,提高效率,必须用含防刮伤添加剂的准双曲面齿轮油,绝不允许用普通齿轮油代替,否则将使齿面迅速被擦伤和磨损,大大降低其使用寿命。

4. 蜗轮蜗杆传动

与其他形式的齿轮传动相比,蜗轮蜗杆传动的轮廓尺寸及质量相对较小,并可获得较大的传动比,工作非常平稳,便于汽车总布置及贯通式多桥驱动布置,此外可传递较大的载荷,使用寿命长,且结构简单,拆装方便,调整容易。其主要缺点是材料成本较高,传动效率较低,影响了其应用的推广。

二、单级主减速器

目前,轿车和一般轻、中型货车采用单级主减速器即可满足汽车动力性要求。它具有结构简单、体积小、质量轻和传动效率高等优点。

图18-11为某轿车的主减速器和差速器结构图及其零件分解图。

其主减速器主要由一对主减速器主从动锥齿轮副和主减速器壳体等零件组成。主动锥齿轮和从动锥齿轮呈下偏移布置。主动锥齿轮用两个圆锥滚子轴承支撑在变速器前后壳体上,悬置在两个轴承之外,为悬臂式支撑结构。从动锥齿轮2与差速器壳7用螺栓连接,差速器壳两端用圆锥滚子锥轴承8支撑在变速器壳体上。

主动锥齿轮1为主减速器输入轴,同时又是变速器的从动轴,与其相啮合的为从动锥齿轮2；其主减速器的传动比即为Z_2/Z_1,以i_0表示。其中Z_1、Z_2分别代表主从动锥齿轮的齿数。该主减速器实现了对变速器输入转矩的增大与转速的降低,并改变了所传递转矩的旋转方向。

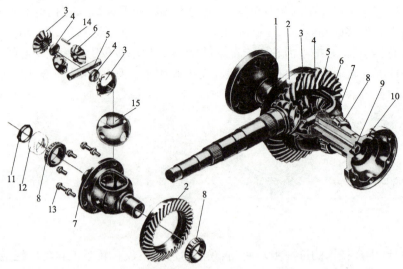

图 18-11　某轿车主减速器及差速器

1-主减速器主动锥齿轮及轴;2-从动锥齿轮;3-差速器侧齿轮(半轴齿轮);4-防转螺母;5-行星齿轮轴;6-行星齿轮;7-差速器壳;8-差速器圆锥滚子轴承;9-凸缘轴螺栓;10-凸缘轴;11-里程表主动齿轮衬套;12-里程表主动齿轮;13-螺栓;14-弹性锁销;15-球形垫圈

主动和从动锥齿轮之间必须有正确的相对位置,方能使两齿轮啮合传动时冲击噪声较小,而且轮齿沿其长度方向磨损较均匀。为此,在结构上一方面要使主动和从动锥齿轮具有足够的支撑刚度,使其在传动过程中不至于发生较大变形而影响正常啮合;另一方面,应有必要的啮合调整装置。锥齿轮啮合的调整是指齿面啮合印迹和齿侧啮合间隙的调整。

1)啮合印迹的调整

图 18-12　从动锥齿轮正确的啮合印迹位置
a)正转工作时;b)逆转工作时

一般先在主动锥齿轮轮齿齿面上涂以红丹油,然后用手使主动锥齿轮往复转动数圈,于是从动锥齿轮轮齿的工作面上便出现红色印迹。若从动锥齿轮轮齿正转和逆转工作面上的印迹位于齿高的中间偏于小端,并占齿面宽度的 60% 以上,则为正确啮合(图 18-12)。正确啮合的印迹位置可通过主减速器壳与主动锥齿轮轴承座之间的调整垫片总厚度而获得。

2)啮合间隙的调整

主减速器主、从动齿轮啮合间隙的调整,对其使用寿命和运转平稳有着决定性作用。为保证主、从动齿轮啮合区正确并处于最佳工作位置,无噪声运转,在生产中主、从动齿轮除用专用机床加工,并配对安装外,在驱动桥总成装配时,或在使用中维修时,都应进行齿轮啮合位置和轴承预紧度的调整。

某轿车主减速器调整垫片的布置,如图 18-13 所示。主动锥齿轮 1 和从动锥齿轮 5 的啮合位置和轴承预紧度的调整是靠增加或减少装在两对轴承外侧的调整垫片 S_1、S_2、S_3

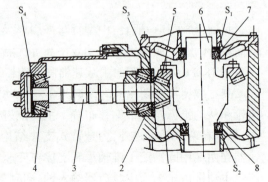

图 18-13　某轿车主减速器调整垫片的位置

1-主动锥齿轮;2、4-主动锥齿轮轴承;3-主减速器主动轴;5-从动锥齿轮;6-差速器壳;7、8-差速器壳锥轴承;S_1、S_2、S_3、S_4-调整垫片

S_4 来实现的。

目前主减速器和差速器轴承预紧度的调整和主、从动锥齿轮啮合区的调整,除采用这种垫片调整之外,还可采用调整螺母方式,如图 18-14 所示。

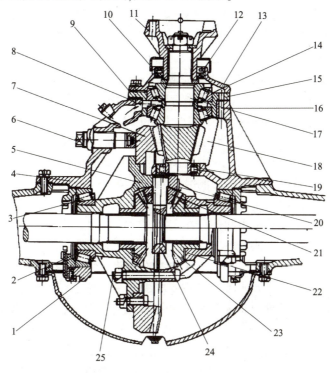

图 18-14　某货车主减速器和差速器

1-差速器轴承盖;2-轴承调整螺母;3、13、17-圆锥滚子轴承;4-主减速器壳;5-差速器壳;6-支撑螺栓;7-从动锥齿轮;8-进油道;9、14-调整垫片;10-防尘罩;11-叉形凸缘;12-油封;15-轴承座;16-回油道;18-主动锥齿轮;19-圆柱滚子轴承;20-行星齿轮垫片;21-行星齿轮;22-半轴齿轮推力垫片;23-半轴齿轮;24-行星齿轮轴(十字轴);25-螺栓

为保证主动锥齿轮有足够的支撑刚度,主动锥齿轮 18 与轴制成一体,前端支撑在互相贴近而小端相向的两个圆锥滚子轴承 13 和 17 上,后端支撑在圆柱滚子轴承 19 上,形成跨置式支撑。环状的从动锥齿轮 7 连接在差速器 5 上,而差速器壳则用两个圆锥滚子轴承 3 支撑在主减速器壳 4 的座孔中。在从动锥齿轮背面,装有支撑螺栓 6,以限制从动锥齿轮过度变形而影响齿轮的正常工作。装配时,支撑螺栓与从动锥齿轮端面之间的间隙为 0.3 ~ 0.5mm。

装配主减速器时,圆锥滚子轴承应有一定的装配预紧度,即在消除轴承间隙的基础上,再给予一定的压紧力。其目的是减小在锥齿轮传动过程中产生的轴向力所引起的齿轮轴的轴向位移,以提高轴的支撑刚度,保证锥齿轮副的正常啮合。但预紧也不能过度,若过紧则传动效率低,且加速轴承磨损。

为调整圆锥滚子轴承 13 和 17 的预紧度,在两轴承内座圈之间的隔离套的一端装有一组厚度不同的调整垫片 14。如发现过紧则增加垫片 14 的总厚度;反之,减小垫片的总厚度。工程上用预紧力矩表示预紧度的大小。在本例中,调整到能以 1.0~1.5N·m 的力矩转动叉形凸缘 11,预紧度即为合适。支撑差速器壳的圆锥滚子轴承 3 的预紧度靠拧动两端调整螺母 2 调整。调整时应用手转动从动锥齿轮,使滚子轴承处于适宜的预紧度。调好后应能以 1.5~2.5N·m 的力矩转动差速器组件。应该指出:圆锥滚子轴承预紧度的调整必须在齿轮啮合调整之前进行。

啮合间隙的调整方法是拧动轴承调整螺母 2,以改变从动锥齿轮的位置。轮齿啮合间隙应在 0.15~0.40mm 范围内。若间隙大于规定值,应使从动锥齿轮靠近主动锥齿轮,反之则离开。为保持已调好的差速器圆锥滚子轴承预紧度不变,一端调整螺母拧入的圈数应等于另一端调整螺母拧出的圈数。有时,也可以通过同时调整垫片 9 的厚度和轴承调整螺母 2 的位置来保证齿轮副正确的啮合区和啮合间隙。

主减速器壳中所储齿轮油,是靠从动锥齿轮转动时甩溅到各齿轮、轴和轴承上进行润滑的。为保证主动齿轮轴前端的圆锥滚子轴承 13 和 17 得到可靠润滑,在主减速器壳体中铸出了进油道 8 和回油道 16。齿轮转动时,飞溅起的润滑油从进油道 8 通过轴承座 15 的孔进入两圆锥滚子轴承小端之间(图 18-16 中箭头所示),在离心力作用下,润滑油自轴承小端流向大端。流出圆锥滚子轴承 13 大端的润滑油经回油道 16 流回主减速器内。在主减速器壳体上装通气塞,防止壳体内气压过高而使润滑油渗漏。

当选定车轮规格后,驱动桥中间部分在高度方向的尺寸 H(图 18-15)对上影响车身地板高度,对下决定了汽车最小离地间隙 h。h 太小,将使驱动桥易与路面凸起的障碍物碰撞,降低了汽车在坏路面上的通过能力。而驱动桥的尺寸 H 主要取决于主减速器从动锥齿轮直径大小。在同样的主传动比 i_0 情况下,若主动锥齿轮齿数越多,相应的从动锥齿轮齿数也越多,直径也越大。因此在保证所要求的传动比及足够的轮齿强度条件下,应尽可能减小主动齿轮的齿数,从而减小从动齿轮的直径,以保证足够的汽车最小离地间隙。

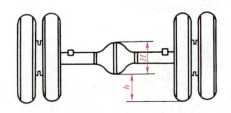

图 18-15 驱动桥离地面间隙

单级主减速器中,除广泛使用锥齿轮传动外,也有部分轿车采用圆柱齿轮传动或蜗轮蜗杆传动的单级主减速器,如图 18-16、图 18-17 所示。

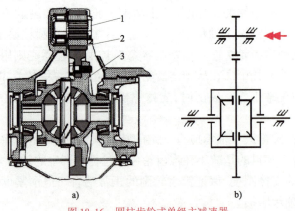

图 18-16 圆柱齿轮式单级主减速器
a)结构剖面图;b)传动示意图
1-变速器输出轴;2-圆柱齿轮主减速器;3-差速器

单级式主减速器在轿车上得到了普遍应用,从而保证了轿车主减速器结构紧凑、传动效率高、具有良好的高速性能。此外,单级式主减速器还在微型载货车、中轻型载货汽车上得到了十分广泛的应用。

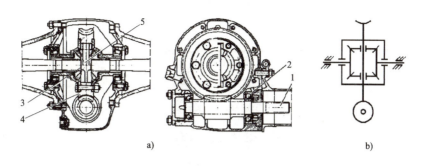

图 18-17 蜗轮蜗杆式单级主减速器
a)结构剖面图;b)传动示意图
1-蜗杆;2-轴承;3-半轴;4-蜗轮;5-差速器总成

三、双级主减速器

根据发动机特性和汽车使用条件,要求主减速器具有较大的主传动比时,由一对锥齿轮构成的单级主减速器会因齿轮过大导致尺寸过大,不能保证足够的最小离地间隙,这时则需要采用两对齿轮实现降速的双级主减速器。

根据减速方式的不同,双级主减速器有多种结构方案:最常见的为第一级为锥齿轮传动、第二级为圆柱齿轮传动(图 18-18a)或第一级为锥齿轮传动、第二级为行星齿轮传动(图 18-18b),也可以采用第一级为行星齿轮传动、第二级为锥齿轮传动或第一级为圆柱齿轮传动、第二级为锥齿轮传动等形式。

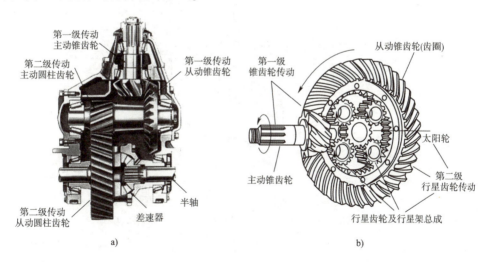

图 18-18 双级主减速器典型结构形式
a)锥齿轮-圆柱齿轮式;b)锥齿轮-行星齿轮式

某货车双级减速器采用锥齿轮-圆柱齿轮式结构,如图 18-19 所示。

主动锥齿轮与轴制成一体,采用悬臂式支撑。这种支撑形式的结构比较简单,但支撑刚度不如跨置式。一般双级主减速器中,主动锥齿轮轴多用悬臂式支撑的原因有两点:一是第一级齿轮传动比较小,相应的从动锥齿轮直径较小,因而在主动锥齿轮外端要再加一个支撑,布置上很困难;二是因传动比小,主动锥齿轮及轴颈尺寸有可能做得较大,同时尽可能将两轴承间的距离加大,同样可得到足够的支撑刚度。

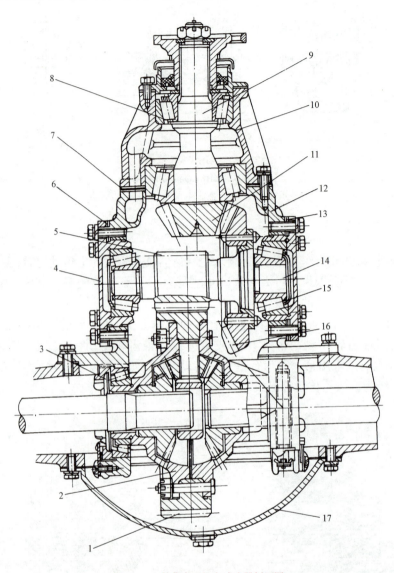

图 18-19 某货车双级主减速器剖面图

1-第二级从动齿轮;2-差速器壳;3-调整螺母;4、15-轴承盖;5-第二级主动齿轮;6、7、8、13-调整垫片;9-第一级主动锥齿轮轴;10-轴承座;11-第一级主动锥齿轮;12-主减速器壳;14-中间轴;16-第一级从动锥齿轮;17-后盖

主动锥齿轮轴轴承的预紧度,可借助增减调整垫片8的厚度来调整,中间轴圆锥滚子轴承预紧度则借助改变两边侧向轴承盖4、15和主减器壳12间的调整垫片6和13的总厚度来调整。支撑差速器壳的滚子轴承的预紧度是靠旋动调整螺母3调整的。为便于进行锥齿轮副的啮合调整,主动和从动锥齿轮的轴向位置都可以略加移动。增加轴承座10和主减速器壳12间的调整垫片7的厚度,第一级主动锥齿轮11则沿轴向离开从动锥齿轮;反之则靠近。若减少左轴承盖4处的调整垫片6,同时将这些卸下来的垫片都加到右轴承盖15处,则从动锥齿轮16右移;反之则左移。若两组垫片6和13的总厚度的减量和增量不相等,则将破坏已调整好的中间轴轴承预紧度。

四、轮边减速器

在重型载货车、越野汽车或大型客车上,当要求有较大主传动比和较大的离地间隙时,往往将双级主减速器中的第二级减速齿轮机构制成同样的两套,分别安装在两侧驱动车轮的近旁,称为轮边减速器,而第一级称为主减速器。

图 18-20 所示为汽车轮边减速器的传动示意图。由图可见,轮边减速器为一行星齿轮机构,齿圈 6 与半轴套管 1 固定在一起,半轴 2 传来动力经太阳轮 3、行星齿轮 4、行星齿轮轴 5 及行星架 7 传给车轮。若主减速比为 i_{01},轮边减速比为 i_{02},则 $i_{02} = 1 + z_2/z_1$。其中 z_2 为齿圈齿数,z_1 为太阳轮齿数,则总传动比:$i_0 = i_{01} i_{02}$

某货车前后驱动桥均采用轮边减速器,其后驱动桥的车轮轮边减速器的基本结构如图 18-21 所示,其结构传动示意图如图 18-22 所示。

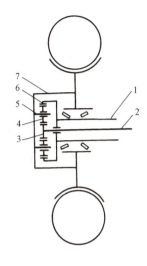

图 18-20 轮边减速器传动示意图
1-半轴套管;2-半轴;3-太阳轮;4-行星齿轮;5-行星齿轮轴;6-齿圈;7-行星架

由图 18-22 可知,轮边减速器由齿圈 1、行星齿轮 2、太阳轮 3 和行星架 4 等组成。齿圈 1 固定在桥壳的半轴套管 7 上,它本身为非旋转件,是该行星齿轮机构中的固定元件。太阳轮 3 与半轴连接,随半轴一起旋转,为主动件。行星架 4 为从动件,轮毂 6 固定在行星架上。由半轴传来的动力经太阳轮 3、行星齿轮 2、行星架 4,传给轮毂 6。

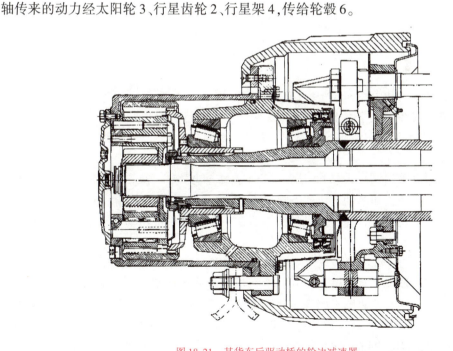

图 18-21 某货车后驱动桥的轮边减速器

采用轮边减速器可使驱动桥中主减速器尺寸减小,保证足够的离地间隙,并可得到比较大的主传动比;由于半轴在轮边减速器之前,所承受的转矩大为减小,因而半轴和差速器等零件尺寸可以减小。但是需要两套轮边减速器,结构较复杂,制造成本也较高。

在大型客车和同级越野汽车上,还常采用由一对外啮合圆柱齿轮组成的轮边减速器。主动小齿轮与半轴相连,当主动小齿轮位于车轮中心上方时(上置式),可增大驱动桥的离地间隙,以适应提高越野汽车通过性能的需要;当主动小齿轮位于车轮中心下方时(下置式),能降低驱动桥壳的离地高度,以利于降低客车地板的高度,提高了行驶稳定性,方便乘客上下车,如图18-23所示。但采用这种布置时,由于轴向和径向空间的限制,该结构形式的轮边减速器的传动比是有限的。

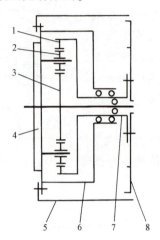 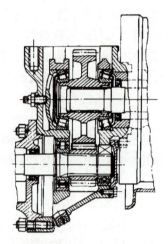

图18-22 某货车后驱动桥的轮边减速器传动示意图

1-齿圈;2-行星齿轮;3-太阳轮;4-行星架;5-制动鼓;6-轮毂;7-半轴套管;8-制动底板

图18-23 圆柱齿轮式轮边减速器(下置式)

五、双速主减速器

为充分提高汽车的动力性和经济性,有些汽车装用具有两挡传动比的主减速器,大的传动比用于汽车满载或在困难路面上行驶时,以克服较大的行驶阻力并减少中间挡位的换挡次数;小的传动比则用于汽车空载、半载或在良好路面上行驶时,以改善汽车的经济性和提高平均行驶车速。

双速主减速器可采用圆柱齿轮传动或行星齿轮传动方式,一般采用远距离操纵结构实现换挡,有电磁式、气压式和电动气压式等操纵方式,由于双速主减速器无换挡同步装置,因此主传动比的切换是在停车时进行操纵的。主要在一些采用单桥驱动且总质量比较大的汽车上应用。

图18-24为常见的行星齿轮式双速主减速器剖面图,其结构示意图如图18-25所示。行星齿轮式双速主减速器由一对圆锥齿轮和一个行星齿轮机构组成。齿圈8和从动锥齿轮7连成一体。行星架9则与差速器6的壳体刚性连接。动力由锥齿轮副经行星齿轮机构传给差速器,最后由半轴传输给驱动车轮。在左半轴2上滑套着一个接合套1。接合套上有短齿接合齿圈A和长齿接合齿圈D(即太阳齿轮)。

一般行驶条件下,用高速挡传动。此时拨叉3将接合套1保持在左方位置(图18-25a)。接合套短齿接合齿圈A与固定在主减速器壳上的接合齿圈B分离,而长齿接合齿圈D与行星齿轮4和行星架9的齿圈C同时啮合,从而使行星齿轮不能自转,行星齿轮机构不起减速作用。于是减速器壳体与从动锥齿轮7以相同转速运转。显然,高速挡主传动比即为从动锥齿轮齿数与主动锥齿轮齿数比 i_{01}。

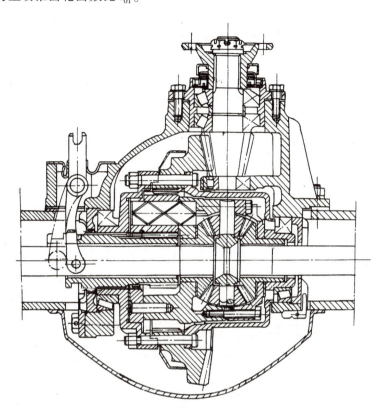

图18-24　行星齿轮式双速主减速器

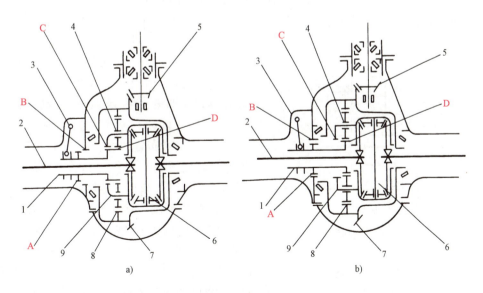

图18-25　行星齿轮式双速主减速器结构示意图
a)高速挡单级传动；b)低速挡双级传动
1-接合套；2-半轴；3-拨叉；4-行星齿轮；5-主动锥齿轮；6-差速器；7-从动锥齿轮；8-齿圈；9-行星架

当行驶条件要求有较大的驱动力时,驾驶人可通过气压或电动操纵系统转动拨叉 3,将接合套 1 推向右方(图 18-25b),使接合套的短齿接合齿圈 A 与齿圈 B 接合,接合套即与主减速器壳连成一体;其长齿接合齿圈 D 与行星架的内齿圈 C 分离,而仅与行星齿轮 4 啮合,于是,行星机构的太阳齿轮 D 被固定。与从动锥齿轮 7 连在一起的齿圈 8 是主动件,与差速器壳连在一起的行星架 9 则是从动件,行星齿轮机构起减速作用。整个主减速器的主传动比 i_0 为圆锥齿轮副的传动比 i_{01} 与行星齿轮机构传动比 i_{02} 之乘积,即 $i_0 = i_{01} \cdot i_{02}$。

六、贯通式主减速器

多轴(桥)驱动汽车的各驱动桥的布置形式分为非贯通式与贯通式两种,如图 18-26 所示。由该图可见,如果采用非贯通式驱动桥的布置形式,为了把动力经分动器传给各驱动桥,需分别由分动器经各驱动桥专用的传动轴传递动力,这样不仅使传动轴的数量较多[如图 18-26a)所示,6×6 汽车就需要 5 根传动轴],更主要的是使各驱动桥的零件特别是桥壳、半轴等主要零件不能通用。而对 8×8 汽车来说,这种非贯通式驱动桥就更不适宜,也难于布置。

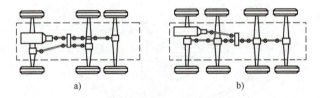

图 18-26 非贯通式驱动桥与贯通式驱动桥的布置简图
a)6×6 汽车非贯通式驱动桥的布置;b)8×8 汽车贯通式驱动桥的布置

为了解决上述问题,现代多桥驱动的汽车都是采用贯通式驱动桥的布置形式。如图 18-26b)所示,在贯通式驱动桥的布置中,各桥的传动轴布置在同一纵向铅垂平面内,并且各驱动桥不是分别用自己的传动轴与分动器直接连接,而是用位于分动器前面的或后面的各相邻两桥的传动轴相互串联而成。汽车前后两端的驱动桥(即第一桥、第四桥)的动力,是经分动器并贯通中间桥(分别穿过第二桥、第三桥)而传递的。这种布置的优点是,不仅可减少传动轴的数量,而且提高了各驱动桥零件的通用性,并且简化了结构、减小了体积和质量。

图 18-27 所示为某货车贯通式驱动桥。它由主减速器 10、过渡箱齿轮 4、轴间差速器 3、轮间差速器 9、输入轴凸缘 1、输出轴(贯通轴)7、半轴 6 和 8 及桥壳等组成。动力从输入轴凸缘 1 输入,并通过轴间差速器 3 将动力分配给过渡箱齿轮 4 和输出轴 7。传给过渡箱齿轮 4 的动力再经主减速器 10、轮间差速器 9 传给两根半轴 6 和 8。

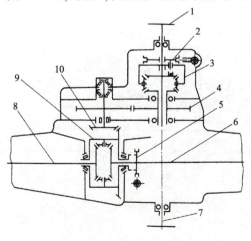

图 18-27 某货车贯通式驱动桥
1-输入轴凸缘;2-轴间差速器锁;3-轴间差速器;4-过渡箱齿轮;5-轮间差速器锁;6、8-半轴;7-轴出轴;9-轮间差速器;10-主减速器

第三节　对称式圆锥齿轮差速器

一、差速器的功用

汽车行驶过程中,车轮对路面的相对运动有两种状态——滚动和滑动。其中滑动又有滑转和滑移两种。设车轮中心在车轮平面内相对路面的移动速度为 U,车轮旋转角速度为 ω,车轮纯滚动半径为 r_r。若 $U = r_r\omega$,则车轮对路面的运动为纯滚动;若 $\omega \neq 0$,当 $U = 0$ 时,则车轮的运动为纯滑转;若 $U \neq 0$,当 $\omega = 0$ 时,则车轮的运动为纯滑移。

差速器的功用

当汽车转弯行驶时,内外两侧车轮中心在同一时间内移过的曲线距离显然不同,即外侧车轮移过的距离大于内侧车轮。若两侧车轮都固定在同一刚性转轴上,两轮角速度相等,则此时外轮必然是边滚动边滑移,内轮必然是边滚动边滑转。

同样,当汽车直线行驶时,两侧车轮实际移过的曲线距离也难以完全相等。一方面由于路面总存在一定的平面度,而且路面状况难以完全一致,导致左右驱动车轮与地面的附着情况不相同;另一方面,即使路面非常平直、路况也完全一致,但由于轮胎制造尺寸的误差,磨损程度不同,承受的载荷不同或充气压力不等,各个轮胎的滚动半径实际上不可能相等。

因此只要各车轮角速度相等,车轮与路面之间就总存在着一定程度的滑动。车轮对路面的滑动不仅会加速轮胎磨损,增加汽车的动力消耗,而且可能导致转向和制动性能的恶化。所以,在正常行驶条件下,应使车轮尽可能不发生滑动。为此在汽车结构上,必须采用一定的装置,来保证各个驱动车轮能以不同角速度旋转。

若主减速器从动齿轮通过一根整轴同时带动两侧驱动车轮,则两轮角速度只能是相等的。因此,为了使两侧驱动轮可用不同角速度旋转,以保证其纯滚动状态,就必须将两侧车轮的驱动轴断开(称为半轴),而由主减速器从动齿轮通过一个差速齿轮系统——差速器,来分别驱动两侧半轴和驱动轮,使两侧驱动轮具有差速运动的可能性。

装在同一驱动桥两侧驱动轮之间的差速器称为轮间差速器,其功用是当汽车转弯行驶或在不平路面上行驶时,使左右驱动车轮以不同转速滚动,即保证两侧驱动车轮作纯滚动运动。

多轴驱动的汽车,各驱动桥间由传动轴相连。若各桥的驱动轮均以相同的角速度旋转,同样也会发生上述轮间无差速器的类似现象。为使各驱动桥有可能具有不同的输入角速度,以消除各桥驱动轮的滑动现象,也可采用类似的差速装置,称为轴间(桥间)差速器,用来保证各驱动桥之间能以不同角速度旋转,如图 18-28 所示。

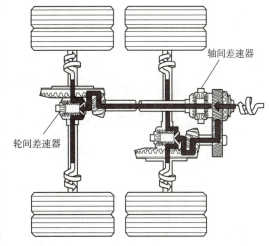

图 18-28　多轴驱动的动力传动路线

二、对称式圆锥齿轮差速器的结构

在汽车中,齿轮差速器得到广泛的应用。根据齿轮形状的不同,主要有对称圆锥齿轮式和圆柱齿轮式两种类型(图18-29),其中对称圆锥齿轮式差速器凭借其结构简单、性能可靠、成本低廉等优势而在汽车中被广泛应用。

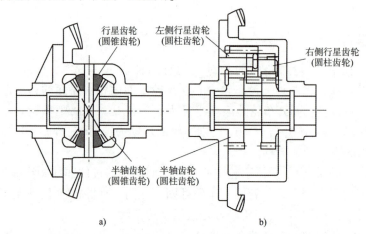

图18-29 差速器类型
a)对称圆锥齿轮式;b)圆柱齿轮式

对称式圆锥齿轮差速器一般由采用圆锥齿形的半轴齿轮、行星齿轮、差速器壳等组成,其中行星齿轮与差速器壳之间通过行星齿轮轴相连接,当采用4个行星齿轮时,行星齿轮轴呈十字形,也称为十字轴;当采用2个行星齿轮时,行星齿轮轴呈一字形,也称为一字轴。其具体结构如图18-30所示。

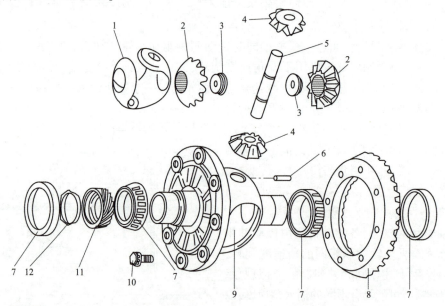

图18-30 对称式圆锥齿轮差速器零件分解图

1-球形耐磨垫片;2-半轴齿轮;3-防转螺母;4-行星齿轮;5-行星齿轮轴;6-锁销;7-圆锥滚子轴承;8-从动锥齿轮;9-差速器壳;10-螺栓;11-里程表主动齿轮;12-里程表主动齿轮衬套

大部分轿车、微型车及部分轻型载货汽车的车桥,因主减速器输出转矩不大,故多采用两个行星齿轮的结构方案,此时因行星齿轮轴为一根直销轴,差速器壳一般制成整体式的,其前后两侧都开有大窗孔,以便拆装行星齿轮和半轴齿轮。

由图18-30可知,对称式圆锥齿轮差速器主要包括半轴齿轮2、行星齿轮4、行星齿轮轴5、行星齿轮球形耐磨垫片1、差速器壳9等元件。其中差速器壳9为一整体式壳体,从动锥齿轮8通过螺栓10和差速器壳9连接,在行星齿轮轴5上装有两个行星齿轮4,通过弹性锁销6固定齿轮轴于差速器壳体中,并与两个半轴齿轮2相啮合。行星齿轮4的背面和差速器壳9相应位置的内表面,均做成球面,以保证行星齿轮对正中心,也有利于和两个半轴齿轮2正确地啮合。半轴齿轮2的轴颈分别支撑在差速器壳9相应的左右座孔中,并借花键与半轴相连。两个半轴齿轮2的背面也是球面,因此,两半轴齿轮和两个行星齿轮背面的垫片制成一整体球形耐磨垫片1,装配于差速器壳9中。球形耐磨垫片1通常用铜或聚甲醛塑料制成。当汽车行驶一定里程,球形耐磨垫片1磨损后可换上新垫片,以提高差速器寿命。左右轴承7通过调整垫片来调整轴承预紧力和齿轮的正确啮合。

动力自主减速器从动齿轮依次经差速器壳、十字轴、行星齿轮、半轴齿轮及半轴输出给驱动车轮。当两侧车轮以相同的转速转动时,行星齿轮绕半轴轴线转动——**公转**。若两侧车轮阻力不同,则行星齿轮在作上述公转运动的同时,还绕自身轴线转动——**自转**。这样,两半轴齿轮带动两侧车轮能够以不同转速转动。

差速器靠主减速器壳体中的润滑油润滑。在差速器壳体上开设有相应窗口供润滑油进出,以对行星齿轮和半轴齿轮之间进行润滑。同时,在行星齿轮轴轴颈处铣出一段平面,并在行星齿轮的齿间钻有油孔,以保证行星齿轮和行星齿轮轴轴颈之间能有良好的润滑。

三、对称式圆锥齿轮差速器的差速原理

从运动学的观点来看,对称式圆锥齿轮差速器本质上是一种行星齿轮机构,其差速传动原理如图18-31所示。

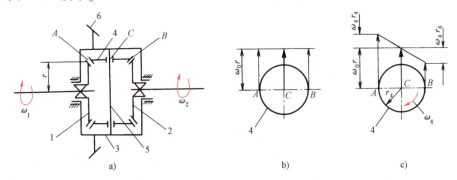

图18-31 差速器差速原理

1、2-半轴齿轮;3-差速器壳;4-行星齿轮;5-行星齿轮轴;6-主减速器从动齿轮

从图18-31可知:差速器壳3与行星齿轮轴5连成一体,形成行星架,因为它又与主减速器的从动齿轮6固连在一起,故为主动件,设其角速度为ω_0;半轴齿轮1和2为从动件,其角速度分别为ω_1和ω_2。A、B两点分别为行星齿轮4与半轴齿轮1和2的啮合点,C为行星齿轮的中心点,A、B、C三点到差速器旋转轴线的距离均为r。

当行星齿轮仅随同行星架绕差速器旋转轴线公转时,显然处在同一半径r上的A、B、C三点的圆周速度都相等(图18-31b),其值为$\omega_0 r$。于是$\omega_1 = \omega_2 = \omega_0$,即差速器不起差速作用,而半轴角速度等于差速器壳3的角速度。

当行星齿轮4除公转外,还绕本身的轴5以角速度ω_4自转时(图18-31c),啮合点A、B

的圆周速度分别为：

$$\omega_1 r = \omega_0 r + \omega_4 r_4 \qquad \omega_2 r = \omega_0 r - \omega_4 r_4$$

其中，r_4为行星齿轮半径，于是：

$$\omega_1 r + \omega_2 r = (\omega_0 r + \omega_4 r_4) + (\omega_0 r - \omega_4 r_4) = 2\omega_0 r$$

即：

$$\omega_1 + \omega_2 = 2\omega_0$$

若角速度以每分钟转数 n 表示，则：

$$n_1 + n_2 = 2n_0 \qquad (18\text{-}1)$$

式(18-1)为两半轴齿轮直径相等的对称式圆锥齿轮差速器的运动特性方程式。它表明左右两侧半轴齿轮的转速之和等于差速器壳转速的两倍，而与行星齿轮转速无关。因此在汽车转弯行驶或其他行驶情况下，都可以借行星齿轮以相应转速自转，使两侧驱动车轮以不同转速在地面上滚动而无滑动。

由式(18-1)还可得知：

(1) 当任意一侧半轴齿轮转速为零时，另一侧半轴齿轮的转速为差速器壳转速的两倍。

(2) 当差速器壳转速为零时（例如用中央制动器制动万向传动轴时），若一侧半轴齿轮受其他外来力矩而转动，则另一侧半轴齿轮即以相同转速反向转动。

四、对称式圆锥齿轮差速器的转矩分配

下面利用图18-32来分析对称式圆锥齿轮差速器中的转矩分配情况。由主减速器传来的转矩 M_0，经差速器壳、行星齿轮轴和行星齿轮传给半轴齿轮。行星齿轮相当于一个等臂杠杆，而两个半轴齿轮半径也是相等的。因此，当行星齿轮没有自转时，总是将转矩 M_0 平均分配给左、右两半轴齿轮，即：

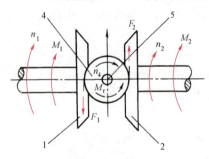

图18-32 差速器转矩分配
1、2-半轴齿轮；3-差速器壳（图中未画出）；
4-行星齿轮；5-行星齿轮轴

$$M_1 = M_2 = \frac{M_0}{2} \qquad (18\text{-}2)$$

当两半轴齿轮以不同转速朝相同方向转动时，设左半轴转速 n_1 大于右半轴转速 n_2，则行星齿轮将按图18-32上实线箭头 n_4 的方向绕行星齿轮轴5的轴线自转，此时行星齿轮孔与行星齿轮轴轴颈间以及齿轮背部与差速器壳之间都产生摩擦。行星齿轮所受的摩擦力矩 M_r 方向与其转速 n_4 方向相反，如图18-32上虚线箭头所示。此摩擦力矩使行星齿轮分别对左右半轴齿轮附加作用了大小相等而方向相反的两个圆周力 F_1 和 F_2。F_1 使传到转得快的左半轴上的转矩 M_1 减小，而 F_2 却使传到转得慢的右半轴上的转矩 M_2 增加。因此，当左右驱动车轮存在转速差时：

$$M_1 = \frac{M_0 - M_r}{2} \qquad M_2 = \frac{M_0 + M_r}{2} \qquad (18\text{-}3)$$

左右车轮上的转矩之差等于差速器的内摩擦力矩 M_r。

为了衡量差速器内摩擦力矩的大小及转矩分配特性，常以锁紧系数 K 和转矩比 S 来表征。

锁紧系数 K 指差速器内摩擦转矩 M_r 与差速器传递转矩 M_0（等于左右半轴传递转矩之

和)之比,即:

$$K = \frac{M_r}{M_0} = \frac{M_2 - M_1}{M_2 + M_1} \tag{18-4}$$

锁紧系数 K 是表征限滑差速器限滑能力的参数,表明内摩擦转矩占差速器传递转矩的比例,其数值一般在 0~1 之间,具体数值选择跟应用车型有关,轿车和微型、轻型货车多取 0.3~0.5,大型货车和越野汽车多取 0.4~0.6。

转矩比 S 指较高转矩侧半轴转矩 M_b 与较低转矩侧半轴转矩 M_s 之比,即:

$$S = \frac{M_2}{M_1} = \frac{1+K}{1-K} \tag{18-5}$$

转矩比 S 是表征限滑能力的参数,表明两侧驱动车轮的转矩可能相差的最大倍数,其数值选择跟应用车型有关,轿车和微型、轻型货车多取 1.8~3.0。

目前广泛使用的对称式圆锥齿轮差速器的内摩擦力矩很小,其锁紧系数 $K = 0.05$~0.15,转矩比 $S = 1.1$~1.4。可以认为,无论左右驱动轮转速是否相等,转矩基本上总是平均分配的。这样的分配比例对于汽车在好路面上直线或转弯行驶时,都是比较合理的。

当汽车在较差路面上行驶时,特别是遇到左、右或前、后驱动轮与路面之间的附着条件相差较大的情况时,对称式圆锥齿轮差速器将不能保证汽车得到足够的驱动力,从而影响了汽车的通过能力。因此差速锁或限滑差速器等限滑装置将得到一定程度的应用。

第四节 差 速 锁

普通圆锥行星齿轮式差速器的结构特点,决定了其只能在驱动轮间平均分配驱动转矩,而无法实现按需分配,这在很大程度上影响了汽车的通过性,特别是在附着系数较低或者附着条件不均匀路面上行驶时,将严重影响汽车行驶安全性、稳定性和动力性。为此在越野汽车和 SUV 汽车中较为广泛的应用差速锁。差速锁是一种使差速器差速作用暂时失效的装置。

从式(18-1)中可知,如果将一侧半轴或半轴齿轮与差速器壳锁止,即 $n_1 = n_0$ 或 $n_2 = n_0$,则必相应有 $n_2 = n_0$ 或 $n_1 = n_0$,差速锁即是基于这一原理。一种典型的差速锁结构如图 18-33 所示。

由图 18-33 可知,该差速锁主要由拨叉总成 3、拨叉套 2 等组成,拨叉套 2 内孔上开设有内花键,与在半轴 1 上开设的花键槽相配合;拨叉套靠近差速器壳侧端面开设有牙形榫槽,与差速器壳 4 上开设的牙形榫槽相配合。当需要锁止时,由操纵机构操纵拨叉 3 运动,拨叉 3 将推动拨叉套 2 沿半轴 1 的轴线方向运动并靠近差速器壳 4 侧,直至拨叉套 2 牙形榫槽与差速器壳 4 牙形榫槽相啮合,半轴 1 将与差速器壳 4 完成锁止,根据式

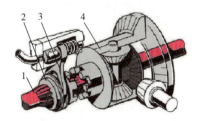

图 18-33 典型差速锁结构

1-半轴;2-拨叉套;3-拨叉总成;4-差速器壳

(18-1)的原理,也即实现差速器左、右半轴将与差速器壳同步旋转,差速器将失去差速作用而进入锁止状态。当不需要锁止时,由操纵机构操纵拨叉 3 反向运动,拨叉套 2 牙形榫槽与差速器壳 4 牙形榫槽脱离啮合,半轴 1 与差速器壳 4 随之脱离锁止,差速器恢复差速状态。

强制锁止式差速锁是指通过人为方式来对差速锁的操纵机构实施操纵,从而实现差速锁的锁止或解锁的动作。 在汽车发展早期就已有采用人工直接操纵差速锁的个案,现在多采用按钮或按键等间接操纵方式来完成。

图18-34为某商用汽车上所用的强制锁止式差速器。首先应予说明,该车由于在单级主减速器之前,有一对外啮合圆柱齿轮传动,因而主减速器从动齿轮布置在主动齿轮的右侧,以保证驱动车轮的转动方向与汽车前进方向相一致。该车中差速锁由接合器及其操纵装置组成。端面上有接合齿的外、内接合器9和10,分别用花键与半轴和差速器壳左端相连。前者可沿半轴轴向滑动,后者则以锁圈8固定其轴向位置。图示位置即接合器分离、差速器正常工作的状况。内、外接合器分别与差速器壳和左半轴一同旋转。

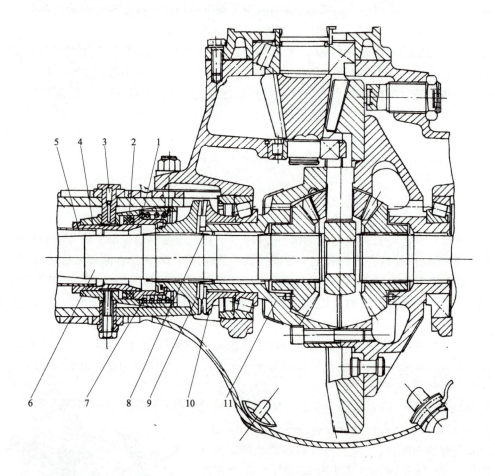

图18-34 某商用汽车的强制锁止式差速器
1-活塞;2-活塞皮碗;3-气路管接头;4-工作缸;5-套管;6-半轴;7-压力弹簧;8-锁圈;9-外接合器;10-内接合器;11-差速器壳

该车采用电控气动方式操纵差速锁。当汽车的一侧车轮处于附着力较小的路面上时,可按下仪表板上的电钮,使电磁阀接通压缩空气管路,压缩空气便从气路管接头3进入工作缸4,推动活塞1克服压力弹簧7弹簧力,带动外接合器9右移,使之与内接合器10接合。结果,左半轴6与差速器壳11成为刚性连接,差速器不起差速作用,即左右两半轴被联锁成一体一同旋转。这样,当一侧驱动轮滑转而无驱动力时,从主减速器传来的转矩全部分配到另一侧驱动轮上,使汽车得以正常行驶。

当汽车通过坏路后驶上好路时,驾驶人通过电钮使电磁阀切断高压气路,并使工作缸连通大气,缸内压缩空气即经电磁阀排出。于是压力弹簧7复位,推动活塞使外接合器左移回到分离位置。

仪表板上装有差速锁信号灯。当按下电钮接合差速锁时,亮起红色信号灯,以提醒驾驶人注意,汽车驶入好路面时摘下差速锁。差速锁一分离,红灯即熄灭。

强制锁止式差速锁除采用牙形榫槽结构外,还有多种其他形式的啮合结构,如采用类似啮合套的啮合齿结构,如图18-35所示。

该型差速锁的操纵开关设在仪表板上,高压气管通过控制电磁阀与高压气源相连接。其结构中最大的特点在于啮合套6上的内、外缘分别开设与锁止侧半轴齿轮7外缘和差速器壳8锁止侧相配合的接合齿。

当驾驶人按下操纵开关决定差速锁锁止时,将打开控制电磁阀(图中未标出)的进气气道,将高压气体从气源流入差速器盖3与差速器壳8之间的气道,推动活塞2向推力环4运动,接着活塞2将迫使推力环4克服复位弹簧5的弹性力,带动啮合套6运动,啮合套6将逐步与半轴齿轮7和差速器壳8啮合,使锁止侧半轴齿轮7与差速器壳8同步旋转,实现差速锁的锁止。

图18-35 啮合齿式差速锁结构示意图
1-高压气管;2-活塞;3-差速器盖;4-推力环;5-复位弹簧;6-啮合套;7-半轴齿轮;8-差速器壳;a-高压气道

当驾驶人再次按下操纵开关决定解锁时,通过控制电磁阀将高压空气释放,复位弹簧5的弹性恢复力将推动推力环4向解锁侧,并带动啮合套6复位,使其与锁止侧半轴齿轮7和差速器壳8脱离啮合,从而实现差速锁的解锁。

强制锁止式差速锁的结构简单、易于制造、工作可靠、性能良好,所以在越野车辆中得到了较广泛的应用。但其操纵不便,一般要在停车时进行,特别是由于驾驶人难以掌握锁止或解锁的恰当时机,从而可能给汽车性能带来不利影响:如果锁止过早或解锁过迟,容易造成传动系统的功率循环,增加耗油量,并使传动部件动载荷变大,加速机件和轮胎的磨损;如果锁止过迟或解锁过早,又将使越野车辆的通过性降低,无法发挥差速锁的优点。因此自动差速锁逐渐开始得到应用。

第五节 限滑差速器

一、限滑差速器分类

限滑差速器(Limited Slip Differential,简称LSD)是一种能根据路面情况自动改变或控制驱动轮间转矩分配的差速器,最早在赛车上使用,随后在轿车、越野汽车、载货汽车上也逐渐开始得到广泛应用。

根据其工作原理,目前主要使用的限滑差速器可以分为三大类:转矩敏感式、转速敏感式和主动控制式。

转矩敏感式限滑差速器指差速器的限滑转矩主要与差速器壳的输入转矩密切相关联，简称转矩式限滑差速器。**转速敏感式限滑差速器**指差速器的限滑转矩主要与差速器左、右半轴的转速差密切相关联，简称转速式限滑差速器。**主动控制式限滑差速器**指通过电子装置或电液控制装置来实现限滑的限滑差速器，能使两侧驱动轮实时获得更好的驱动附着效果，简称主动式限滑差速器。

转矩式限滑差速器因具有性能优越、价格适中等优点而获得市场的青睐；而转速式限滑差速器一般是借助于液体的黏摩擦特性或是特殊齿形来实现对差动速度的感知。随着科技发展和电子技术的突破，主动控制式限滑差速器将有更好的发展空间。

二、转矩式限滑差速器

1. 托森式限滑差速器

托森(Torsen)是 Torque-sensing 的缩写，其含义即为转矩敏感式。该型差速器是一种最为典型的轮齿式限滑差速器。其最早问世的 T-1 型在四轮驱动轿车上得到较为广泛的使用，它利用蜗轮蜗杆传动的不可逆性原理和齿面高摩擦条件，使差速器根据其内部差动转矩（差速器的内摩擦力矩）大小而自动锁止或松开，即在差速器内差动转矩较小时起差速作用，而过大时自动将差速器一定程度的锁止，有效地提高了汽车的通过性。

它在整车传动系统中的安装位置及转矩传递路线如图 18-36 所示。发动机输出的转矩经输入轴输入变速器，经相应挡位变速后，由蜗轮轴 6（输出轴）传递到托森差速器的差速器壳 1，经托森差速器的转矩分配，一部分转矩通过托森差速器的前蜗杆轴 8 传至前桥，另一部分转矩通过后蜗杆轴凸缘盘 5 传至后桥，实现前、后轴同时驱动以及前、后轴转矩的自动调节。

图 18-36 T-1 型托森差速器

1-差速器壳；2-前蜗杆；3-蜗轮；4-后蜗杆；5-后蜗杆轴凸缘盘；6-蜗轮轴；7-直齿圆柱齿轮；8-前蜗杆轴；9-空心驱动轴

轴间 T-1 型托森差速器的内部结构如图 18-37 所示，T-1 型托森差速器由空心驱动轴 2、差速器壳 3、后蜗杆 5、前蜗杆 9、蜗轮轴 7（6个）和直齿圆柱齿轮 6（12个）、蜗轮 8（6个）等组成。

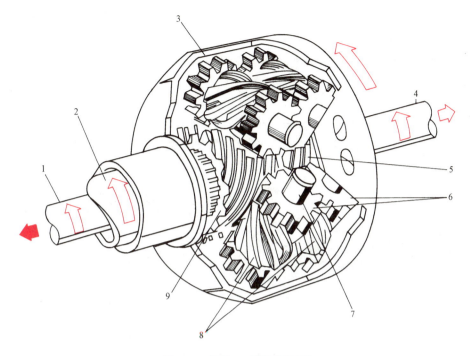

图 18-37 轴间 T-1 型托森差速器

1-前蜗杆轴;2-空心驱动轴;3-差速器壳;4-后蜗杆轴;5-后蜗杆;6-直齿圆柱齿轮;7-蜗轮轴;8-蜗轮;9-前蜗杆

空心驱动轴 2 和差速器壳 3 通过花键相连而一同转动。每个蜗轮轴 7 的中间有一个蜗轮 8 和两端装有两个尺寸相同的直齿圆柱齿轮 6。蜗轮 8 和直齿圆柱齿轮 6 通过蜗轮轴 7 安装在差速器壳 3 上。其中三个蜗轮与前蜗杆 9 相啮合,另外三个蜗轮与后蜗杆 5 相啮合。分别与前蜗杆 9、后蜗杆 5 相啮合的蜗轮 8 彼此通过直齿圆柱齿轮相啮合,前蜗杆 9 和驱动前桥的差速器前蜗杆轴 1 为一体,后蜗杆 5 和驱动后桥的差速器后蜗杆轴 4 为一体。

当汽车直线行驶时,来自发动机的动力通过空心驱动轴 2 传至差速器壳 3,再通过蜗轮轴 7 传到蜗轮 8 最后传到蜗杆。前、后蜗杆轴将动力分别传至前、后桥。由于两蜗杆轴转速相等,故蜗轮与蜗杆之间无相对运动,两个相互啮合的直齿圆柱齿轮之间也无相对转动,差速器壳与两蜗杆轴均绕蜗杆轴线同步转动,其转矩平均分配。

当汽车转弯或某侧车轮陷于泥泞路面时,两蜗杆轴转速不同。为便于分析,假设差速器壳不动($n_0 = 0$),又设前蜗杆轴转速 n_1 大于后蜗杆轴转速 n_2,在 n_1 作用下,前蜗杆带动与其啮合的蜗轮转动,蜗轮两端的直齿圆柱齿轮也随之以转速 n_r 转动,同时带动与其啮合的另一组直齿圆柱齿轮以转速 n_r 反向转动,因该直齿圆柱齿轮与后蜗杆为一体,则后蜗轮应带动后蜗杆朝相反方向转动。显然这是不可能的,因此蜗轮蜗杆传动副的传动逆效率极低。实际上差速器壳一直在旋转,$n_0 \neq 0$,前、后轴蜗杆也随之同向旋转。此时,两轴之间转速差是通过一对相啮合的圆柱齿轮的相对转动而实现的。

由上述分析可知,前蜗杆轴 1 使与其啮合的一组直齿圆柱齿轮转动,另一组直齿圆柱齿轮将随之转动,并迫使后蜗轮带动后蜗杆转动,因其齿面之间存在很大的摩擦力,限制前蜗杆转速的增加。显然,只有当两轴转速差不大时才能差速。

T-1 型托森式差速器转矩比 $S = \tan(\beta + \rho)/\tan(\beta - \rho)$,其中 β 为蜗杆螺旋角,ρ 为摩擦角。当 $\beta = \rho$ 时,转矩比 $S \to \infty$,即差速器自锁。一般托森式差速器转矩比 S 可达 5.5 ~ 9,锁

紧系数 K 可达 $0.7\sim0.8$。选取不同的螺旋升角可得到不同的锁紧系数,使驱动力既可来自蜗杆,也可以来自蜗轮。为减少磨损,提高使用寿命,转矩 S 一般降低到 $3\sim3.5$ 较好,这样即使在一端车轮附着条件很差的情况下,仍可以利用附着力大的另一端车轮产生足以克服行驶阻力的驱动力。

随着技术的发展,又相继出现了 T-2 型和 T-3 型托森差速器。其中 T-2 型托森差速器如图 18-38 所示,主要由特制齿形的行星齿轮与半轴齿轮组成,其行星齿轮一端与同侧半轴齿轮相啮合,另一端与另一侧的行星齿轮相啮合。与 T-1 型托森差速器最大的不同在于采用了平行轴式轮齿结构。

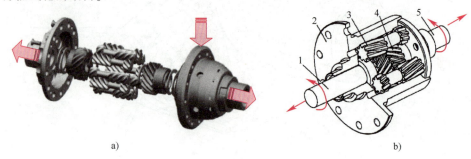

图 18-38　T-2 型托森限滑差速器
a) 零件分解图; b) 结构示意图
1、5-半轴; 2-差速器壳; 3-行星齿轮; 4-半轴齿轮

T-3 型托森差速器直接安装在相应的自动或手动变速器上,发动机将转矩传递到变速器,变速器将转矩传递到差速器上,差速器平衡前后桥之间的转速差并分配驱动力矩,其内部结构如图 18-39 所示。

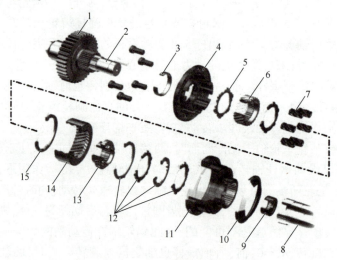

图 18-39　T-3 型托森差速器
1-上链轮(通过链条传递动力至前轮); 2-驱动轴(至后桥); 3-滑动轴承; 4-行星齿轮架; 5、12、15-摩擦片; 6-太阳轮(前桥); 7-行星齿轮; 8-输入轴; 9-轴套; 10-油道; 11-差速器壳; 13-驱动轮毂(后桥); 14-齿圈

2. 摩擦片式限滑差速器

摩擦片限滑差速器是在对称式锥齿轮差速器的基础上发展而来的,是最早形成产品的限滑差速器结构形式,应用最为广泛,也是目前市场占有率最高的一种转矩式限滑差速器。

该型限滑差速器的主要理念是增加差速器的内摩擦力矩,实现对差速器差速作用的"限制"。为了增加差速器内摩擦力矩,一般在半轴齿轮与差速器壳之间装有主、从动摩擦片,而十字轴由两根互相垂直的行星齿轮轴组成,其端部均制成凸V形楔槽,与差速器壳孔上的凹V形楔槽(图18-40)或推力压盘上的凹V形楔槽(图18-41)相配合。

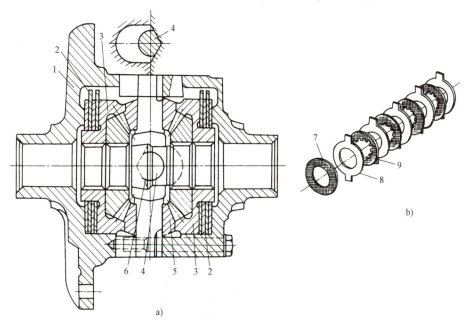

图18-40　摩擦片式限滑差速器(差速器壳开设V形楔槽)
a)结构剖面图;b)摩擦片组

1-差速器壳;2-主、从动摩擦片组;3-推力压盘;4-十字轴;5-行星齿轮;6-V形斜面;7-弹簧钢片;8-主动摩擦片;9-从动摩擦片

由于V形楔槽设置在差速器壳上,会加剧差速器壳内磨损,提高了维修成本,因此现在使用已逐渐减少,现代摩擦片限滑差速器的V形楔槽一般设置在推力压盘上。

如图18-41所示,两根行星齿轮轴互相垂直,轴的端面制成V面,两个行星齿轮轴的V形面是反向安装的。每个半轴齿轮背面有压盘和主、从动摩擦片,主、从动摩擦片分别经花键与差速器壳体和压盘相连接。主、从动摩擦片上均加工出许多油槽(两面均有),但主、从动摩擦片上的油槽(线)形状是不一样的,以利于增大摩擦、减小噪声和利于润滑。推力压盘以内花键与半轴相连,轴颈处用外花键与从动摩擦片连接。主动摩擦片则用花键与差速器壳1内键槽相配。推力压盘和主、从动摩擦片均可作微小的轴向移动。

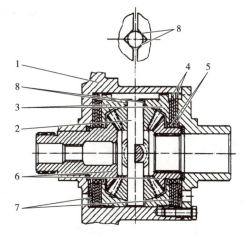

图18-41　摩擦片式限滑差速器(推力压盘开设V形楔槽)

1-差速器壳;2-行星齿轮轴;3-推力压盘;4-主动摩擦片;5-从动摩擦片;6-半轴齿轮;7-预压弹簧;8-V形槽

当传递转矩时,差速器壳或推力压盘通过V形楔槽对行星齿轮轴产生沿行星齿轮轴线的轴向力,该轴向力推动行星齿轮使压盘将摩擦片压紧。当左右半轴转速不等时,主、从动

摩擦片间产生相对滑转,从而产生摩擦限滑力矩。

当汽车直线行驶,两半轴无转速差时,转矩平均分配给两半轴,由于差速器壳或推力压盘通过 V 形斜面对行星齿轮轴两端压紧,斜面上产生的轴向力迫使两行星齿轮轴分别向左、右方向(向外)轻微移动,通过行星齿轮使推力压盘压紧摩擦片。此时,转矩经两条路线传给半轴:一路由差速器壳经行星齿轮轴、行星齿轮和半轴齿轮将大部分转矩传给半轴;另一路则由差速器壳经主、从动摩擦片和推力压盘传给半轴。

当汽车转弯或一侧车轮在路面上滑转时,行星齿轮自转,起差速作用,左、右半轴齿轮的转速不等。由于转速差的存在和轴向力的作用,主、从动摩擦片间在滑转的同时产生摩擦力矩。其数值大小与差速器传递的转矩和摩擦片数量成正比。而摩擦力矩的方向与快转半轴的旋转方向相反,与慢转半轴的旋转方向相同。较大数值内摩擦力矩作用的结果,使慢转半轴传递的转矩明显增加。

摩擦片式差速器结构简单,工作平稳,锁紧系数可达 0.5 以上,可明显提高汽车的通过性,常用于轿车和轻型汽车上。

除了托森式和摩擦片式以外,转矩式限滑差速器还有锥盘式和滑块凸轮式等结构形式,分别如图 18-42 和图 18-43 所示。

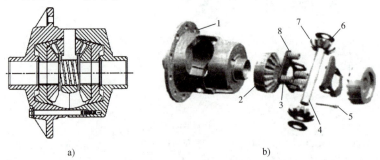

图 18-42 锥盘式限滑差速器

a)结构示意图;b)零件分解图

1-差速器壳;2-半轴齿轮及锥盘总成;3-弹簧;4-行星齿轮轴;5-锁销;6-行星齿轮垫圈;7-行星齿轮;8-弹簧保持架

三、转速式限滑差速器

最典型的转速式限滑差速器为黏性式差速器,它是一种利用液体的黏性摩擦特性来实现限滑的差速器,其限滑功能取决于前后轴(轴间差速器)或左右轮(轮间差速器)转速之差。

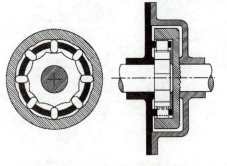

图 18-43 滑块凸轮式限滑差速器

黏性式差速器很像一个密封在壳体中的多片离合器,其基本结构如图 18-44 所示。它是由壳体 4,传动轴 1、5 和交替排列的内叶片(花键轴传力片)3、外叶片(壳体传力片)6 及隔环构成。内叶片通过内花键与后传动轴 5 上的外花键连接,外叶片通过外花键与壳体 4 上的内花键连接,外叶片之间置有隔环,以限制外叶片的轴向移动。隔环厚度决定内、外叶片间的间隙。端盖压配合在外壳上,并用 O 形密封圈密封。内叶片的两端由滚子轴承支撑,轴端用两个橡胶密封件密封。

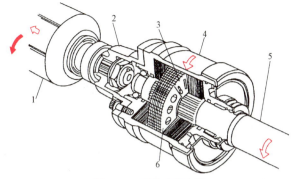

图 18-44 黏性式差速器

1-前传动轴;2-传力毂;3-内叶片(花键轴传力片);4-壳体;5-后传动轴;6-外叶片(壳体传力片)

在密封壳体中,内外叶片之间的间隙内充满着黏性工作介质——硅油,当输入输出轴存在转速差时,内外叶片将产生剪切阻力,使转矩由高速轴传递到低速轴。硅油具有黏度稳定性好、抗剪切性强以及抗氧化、低挥发和闪点高的特性。当内外叶片有转速差并传递转矩时,硅油温度上升,产生热膨胀,黏性式差速器内部压力升高。其最高温度可达 200℃,内压可达 100kPa。为了解决由于热膨胀引起的内压力增高,在壳体内封入了 10% ~20% 的空气。硅油本身还具有高爬行性能,即使黏性式差速器内无压力时,硅油也会从油封处极小间隙渗出壳体,造成漏损。为此,常将油封在轴上保持较大的压力。

黏性式差速器存在两种工作状态:剪切状态和驼峰状态。

因黏性式差速器外叶片固定在壳体上,内叶片可沿内轴上的花键滑动,由于两叶片间置有隔环,使内叶片和两侧外叶片之间都保留一定间隙。当前后轴(轴间差速器)或左右轮(轮间差速器)转速之差较小时,借助工作介质产生剪切力矩,从而产生摩擦力矩,对差速进行"限制",此时处于剪切状态。

当前后轴(轴间差速器)或左右轮(轮间差速器)转速差超过某个限值时(例如一侧车轮空转打滑),黏性式差速器在限制车轮空转过程中,吸收了一部分能量使温度升高。如果限制空转时间过长,会使温度上升很高。黏性式差速器里占总体积 80% ~90% 的硅油随着温度的快速上升,体积不断膨胀,迫使黏性式差速器内的空气所占体积趋于零,壳体内压力急剧上升,推动内叶片沿花键滑动,使内叶片紧紧地压在外叶片上,利用内外叶片之间的金属摩擦,把黏性式差速器两端驱动轮直接连接成一体,即使差速器自动锁死,从而进入驼峰状态。在驼峰状态下,因黏性式差速器传递的转矩骤增,可使车辆很容易脱离抛锚地。

驼峰现象也是黏性式差速器的自我保护现象。在温度急剧上升的过程中,黏性式差速器继续工作下去是很危险的,而就在此刻,黏性式差速器两端驱动轮自动地连接到一起,同黏性式差速器成一体转动,停止了搅动硅油输出转矩的工作过程。因而它不再吸收能量,温度逐渐下降,直到充分冷却之后,驼峰现象才会消失。重新恢复依靠黏性阻力传递转矩的剪切工作状态。

内、外叶片的厚度、数量、表面质量等结构参数对黏性式差速器传递转矩的能力有很大的影响。例如厚度大些可以提高盘片的强度,避免变形;但厚度太大则会增加体积和质量。

内、外叶片上还加工有孔和槽,可以保持盘片形状的稳定性,防止由于峰值效应使盘片变形,改善转矩的传递特性,同时还有利于硅油的流动和循环,防止局部过热,而且还对驼峰现象的产生起到决定性作用。

黏性式差速器作为轮间差速器,有两种布置方式,如图 18-45 所示,其中图 18-45a)将黏性力控制单元(VCU)布置在轴与轴之间,实现左、右两侧车轮的限滑作用,图18-45b)将黏性力控制单元(VCU)布置在轴与壳之间,实现左、右两侧车轮的限滑作用。

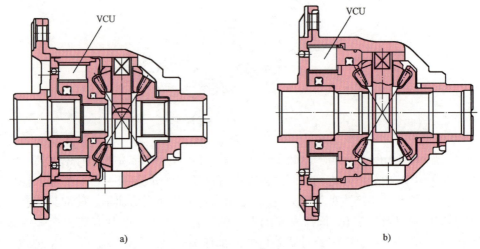

图18-45 黏性式轮间差速器的布置方式
a)轴至轴传递;b)轴至壳传递

四、主动控制式限滑差速器

上述转矩式限滑差速器和转速式限滑差速器分别根据对转矩和转速差的感知实现限滑差速作用,具有自动适应和自行调节作用,驾驶人无法进行主动控制。为此,在有些轿车和越野车上,采用了主动控制式限滑差速器。目前,主动控制式限滑差速器有三种结构形式:电磁式、电液式和电机式。

1. 电磁式

电磁式主动限滑差速器多以摩擦片式差速器为基础结构,利用电磁力来实现限滑性能的主动控制,其结构如图18-46所示。

一般由相关传感器采集汽车运行工况和路面工作状态等信息,传递给电控单元,电控单元对这些信息进行分析、判断及相关处理,进而根据内设的控制程序对电磁装置进行电磁力大小的调整与控制,并通过凸轮等促动机构将此电磁力放大,形成对摩擦元件的压紧力,从而产生内摩擦力矩,形成限滑功能。

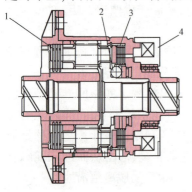

图18-46 电磁式主动限滑差速器
1、3—摩擦组件;2—凸轮;4—电磁装置

由于可以根据工况需要,对电磁装置的电磁力进行主动调整,故可以改变其内摩擦力矩,即动态改变其锁紧系数,实现实时主动控制,更好地满足汽车使用的需求。

2. 电液式

电液式主动限滑差速器也是以摩擦片式差速器为基础结构,其大体与液压泵式差速器相似,只是液压泵式差速器中的油压是被动产生,而电液式主动限滑差速器的油压是主动调整。电控单元对汽车运行工况和路面工作状态等信息进行分析、判断及相关处理后,根据控制程序对电控液压阀进行控制,实现对油压的主动调整,改变其内摩擦力矩,从而动态改变其锁紧系数,实现实时主动控制,其基本结构如图18-47所示。

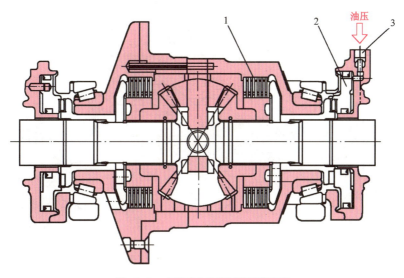

图 18-47 电液式主动控制限滑差速器
1-摩擦组件;2-活塞;3-液压油路

3.电机式

近年来,还出现了电机式主动限滑差速器,其基本结构如图 18-48 所示,它主要由电机、减速装置、导球式促动机构和摩擦组件等组成,通过电控单元实施对电机的驱动与控制,并经减速装置减速增矩,进而由导球式促动机构对摩擦组件施加压紧力,改变其内摩擦力矩,从而动态改变其锁紧系数,实现限滑功能的自适应控制。

图 18-48 电机式主动控制限滑差速器
1-差速器壳;2-摩擦组件;3-复位弹簧;4-固定架;5、11-推力压盘;6-促动机构输出盘;7-导球;8-促动机构输入盘;9-减速装置;10-电机

第六节　变速驱动桥

驱动桥从结构特点上可分为非断开式(整体式)驱动桥和断开式驱动桥两种。从其功能特点上又可分为独立式驱动桥和变速驱动桥。

驱动桥的主减速器、差速器和桥壳、半轴等都安装在一个独立的驱动桥壳中,与其他动力总成相互独立存在,称为独立式驱动桥。如载货汽车驱动桥基本都为独立式驱动桥。而轿车上,绝大部分车型为发动机前置前桥驱动形式,此时,把变速器和驱动桥两个动力总成合为一体,布置在一个壳体内,变速器输出轴也就是主减速器的输入轴,称此种桥为变速驱动桥,此种结构在轿车中得到了十分广泛的应用。

图 18-49 为带变速驱动桥的典型汽车动力传动系统,其动力从发动机 1 经变速器连体齿轮输入轴 7、变速器第二轴 6、主动齿轮 3、从动齿轮 5、差速器 4 传至左右驱动轴 2。

目前,在轿车中广泛地采用了发动机前置前轮驱动形式的传动系统。在此系统中,发动机、变速器、主传动器和差速器制成一体式传动,省去了传动轴,缩短了传动路线,提高了传动系统中的机械效率。在这种一体式传动系统中，可同时完成变速、差速和驱动车轮等功能。变速驱动桥不仅使结构紧凑，也大大减轻了传动系统的质量，有利于汽车底盘的轻量化。

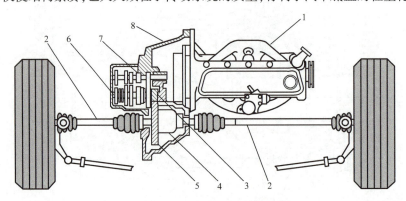

图18-49 带变速驱动桥的典型动力传动系统

1-发动机；2-驱动轴；3-主减速器主动齿轮；4-差速器；5-主减速器从动齿轮；6-变速器第二轴；7-连体齿轮输入轴；8-变速驱动桥壳

图18-50为发动机横置式轿车的变速驱动桥结构图。变速器、主减速器、差速器等均安置在同一壳体中。变速器一般为两轴式。变速器的第二轴（输出轴）上安装有主减速器的主动齿轮。其动力传递路线是：动力从发动机曲轴4、飞轮2输入给第一轴，通过一定挡位的齿轮变速后，把动力传给第二轴，再经第二轴上的主减速器的主动齿轮传给主减速器的从动齿轮和差速器7、差速器中的行星齿轮轴、行星齿轮、半轴齿轮及等角速万向节6，最后经左右输出轴8和5传给左右驱动车轮。

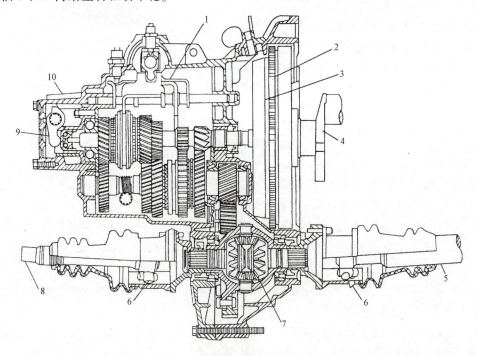

图18-50 轿车变速驱动桥（发动机横置式）

1-齿轮变速杆；2-飞轮；3-离合器；4-发动机曲轴；5-右输出轴；6-等角速万向节；7-差速器；8-左输出轴；9-离合器分离联动装置；10-变速器

为使结构紧凑,有些变速驱动桥在传递大动力时,还有第三根轴,用来分流第二轴的动力,通过斜齿轮将动力从第二轴传至第三轴。

变速驱动桥在汽车前后轴上有多种安装布置形式,如图18-51和图18-52所示。

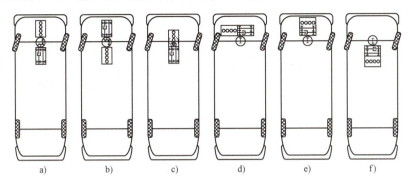

图18-51 变速驱动桥在前轴的布置形式

a)发动机轴前纵置/变速器纵置;b)发动机轴后纵置/变速器纵置;c)发动机轴上纵置/变速器纵置;d)发动机轴前横置/变速器侧置;e)发动机轴前横置/变速器下置;f)发动机轴前横置/变速器前置

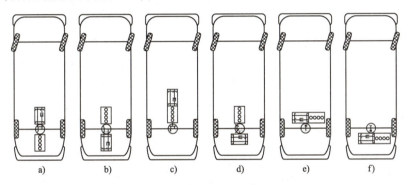

图18-52 变速驱动桥在后轴的布置形式

a)发动机轴后纵置/变速器纵置;b)发动机轴前纵置/变速器纵置;c)发动机轴前纵置/变速器前置;d)发动机轴前纵置/变速器后置;e)发动机轴前横置/变速器侧置;f)发动机轴后横置/变速器侧置

第七节　驱动车轮的传动装置与桥壳

一、驱动车轮的传动装置

驱动车轮的传动装置位于汽车传动系统的末端,其功用是将转矩由差速器的半轴齿轮传给驱动车轮。驱动车轮传动装置的结构形式与驱动桥的结构形式密切相关,在断开式驱动桥和转向驱动桥中,驱动车轮的传动装置包括半轴和万向节传动装置,且多采用等速万向节;在一般的非断开式驱动桥上,驱动车轮的传动装置就是半轴,半轴将差速器的半轴齿轮和车轮的轮毂连接起来。在装有轮边减速器的驱动桥上,驱动车轮的传动装置还应包括轮边减速器,这时半轴将半轴齿轮与轮边减速器的主动齿轮连接起来。

半轴的功用

半轴是在差速器与驱动轮之间传递动力的实心轴(图18-53),其内端用花键1与差速器的半轴齿轮连接,而外端则用凸缘4与驱动轮的轮毂相连,半轴齿轮的轴颈支撑于差速器壳两侧轴颈的孔内,而差速器壳又以其两侧轴颈借助轴承直接支撑在主减速器壳上。半轴与驱动轮的轮毂在桥壳上的支撑形式,决定了半轴的受力状况。现代汽车基本上采用全浮式半轴支撑和半浮式半轴支撑两种主要支撑形式。

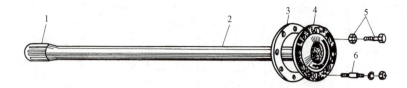

图 18-53 半轴

1-花键;2-杆部;3-垫圈;4-凸缘;5-半轴起拔螺栓;6-半轴紧固螺栓

半轴的形式主要取决于半轴的支撑形式。普通非断开式驱动桥的半轴,根据其外端支撑形式或受力状况的不同可分为半浮式、3/4 浮式和全浮式 3 种。其中 3/4 浮式未能推广,很少采用。目前汽车半轴的支撑形式主要是半浮式和全浮式,结构示意图如图 18-54 所示。

1. 半浮式半轴

如图 18-54a)及图 18-55 所示,半浮式半轴以其靠近外端的轴颈直接支撑在置于桥壳外端内孔中的轴承上,而端部以凸缘直接与车轮轮盘及制动鼓相连接(图 18-55a),或以具有圆锥面的轴颈及键与车轮轮毂相固定(图 18-55b)。因此,半浮式半轴除传递转矩外,还要承受车轮传来的垂向力 Z_2、纵向力(驱动力或制动力)X_2 及侧向力 Y_2 所引起的弯矩 $(Z_2-g_w)b$、$X_2 b$、$Y_2 r_r$ (g_w 为车轮对地面的垂直载荷)。由此可见,半浮式半轴所承受的载荷较复杂,但它具有结构简单、质量小、尺寸紧凑、造价低廉等优点,故被质量较小、使用条件较好、承载负荷也不大的轿车和微型客、货汽车所采用。

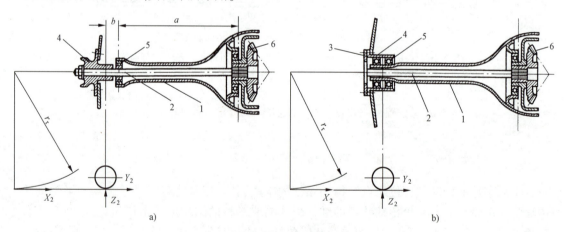

图 18-54 半轴支撑形式及受力简图

a) 半浮式; b) 全浮式

1-桥壳;2-半轴;3-半轴凸缘;4-轮毂;5-轴承;6-半轴齿轮

当半轴外端支撑在一个圆锥滚子轴承上时(图 18-55b),向外的轴向力由轴承承受,而向内作用的轴向力由两半轴之间的滑块(传力块)6 传给另一半轴的外端轴承。也有装用可以承受双向作用轴向力的向心推力球轴承的结构(图 18-55a),但这种轴承的使用寿命较短。

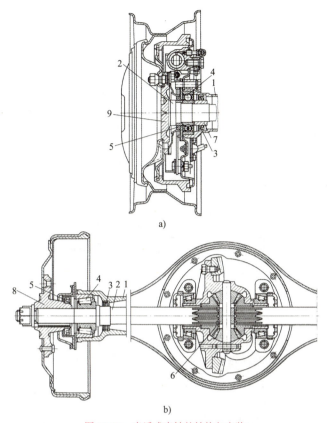

图 18-55 半浮式半轴的结构与安装

a) 外端以凸缘与轮盘及制动鼓相固定；b) 外端以圆锥面及键与轮毂相固定并支撑在一个圆锥滚子轴承上

1—桥壳；2—半轴；3、5—油封；4—轴承；6—滑块(传力块)；7—油封座环；8—轮毂；9—凸缘

图 18-56 所示为某轿车的驱动桥。其半轴 2 内端的支撑方法与上述相同，即半轴内端不受力及弯矩。半轴外端是锥形的，锥面上切有纵向键槽，最外端有螺纹。轮毂 6 有相应的锥形孔与半轴配合，用键 5 连接，并用螺母 4 紧固。半轴 2 用圆锥滚子轴承 3 直接支撑在桥壳凸缘 7 内。显然，此时作用在车轮上的各反力都必须经过半轴传给驱动桥壳。因这种支撑形式，只能使半轴内端免受弯矩，而外端却承受全部弯矩，故称为半浮式半轴。

半浮式支撑中，半轴与桥壳间的轴承一般只用一个，为使半轴和车轮不致被外的侧向力拉出，该轴承必须能承受向外的轴向力。另外，在差速器行星齿轮轴的中部浮套着推力块 1，半轴内端正好能顶靠在推力块 1 的平面上，因而不致在朝内的侧向力作用下向内窜动。

2. 全浮式半轴

全浮式半轴及支撑形式如图 18-54b) 和图 18-57 所示。

全浮式半轴外端和轮毂相连接。该轮毂通常用两个圆锥滚子轴承支撑于桥壳的半轴套管上。由于车轮所承受的垂直力 Z_2、纵向力 X_2、侧向力 Y_2 以及由这些力引起的弯矩都经过轮毂、轮毂轴承传给桥壳，因此全浮式半轴只承受传动系统的转矩而不承受弯矩。这样的半轴支撑形式称为全浮式支撑，"浮"指卸除半轴的弯曲载荷。

具有全浮式半轴的驱动桥外端结构比较复杂，采用形状复杂且质量及尺寸均较大的轮毂，制造成本较高，故小型汽车及轿车一般不采用此结构形式。由于其工作可靠，广泛用于轻型及中、重型载货汽车、越野汽车和客车上。

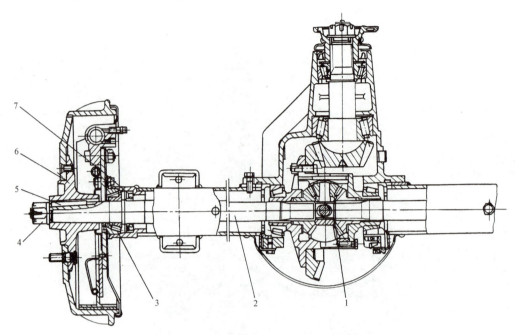

图 18-56 某轿车驱动桥及半浮式支撑半轴
1-推力块；2-半轴；3-圆锥滚子轴承；4-锁紧螺母；5-键；6-轮毂；7-桥壳凸缘

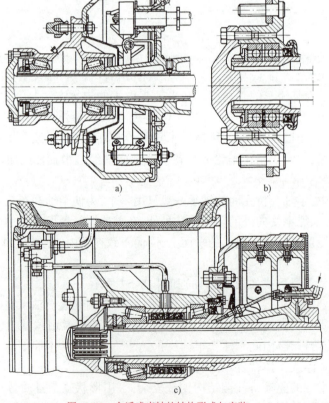

图 18-57 全浮式半轴的结构形式与安装
a)最常用的结构形式；b)采用一对球轴承支撑轮毂结构；c)半轴外端以花键与轮毂连接结构

现代汽车全浮式半轴的结构中,几乎都采用一对圆锥滚子轴承支撑轮毂,并且两轴承的圆锥滚子的锥顶应相向安装,轴承应有一定预紧度,调整好后用锁紧螺母锁紧(图18-57a)。该结构为常用结构,其半轴外端以凸缘与轮毂连接并采用一对圆锥滚子轴承支撑轮毂。图18-57b)的球轴承方案极少采用。半轴本身的结构形状,以端部锻成凸缘的最常见,如图18-53和图18-57a)所示。重型汽车有时将半轴外端制成花键,以花键与轮毂相连接(图18-57c),也有采用齿套作为连接半轴与轮毂的中间零件的结构。

全浮式半轴支撑广泛应用于各种类型载货汽车上。图18-58所示为某货车采用的全浮式半轴支撑方案。半轴6外端锻出凸缘,借助螺栓7和轮毂9连接。轮毂通过两个相距较远的圆锥滚子轴承8和10支撑在半轴套管1上。半轴套管与驱动桥壳12压配成一体,组成驱动桥壳总成。为防止轮毂连同半轴在侧向力作用下发生轴向窜动,轮毂内的两个圆锥滚子轴承的安装方向必须使它们能分别承受向内和向外的轴向力。轴承的预紧度可借助调整螺母2调整,并用锁紧垫圈4和锁紧螺母5锁紧。

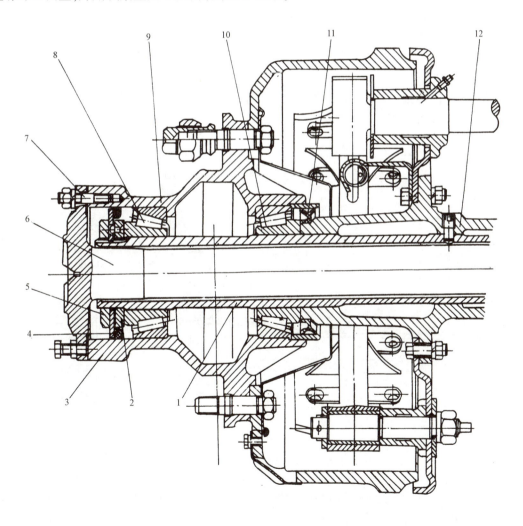

图18-58 某货车全浮式半轴支撑

1-半轴套管;2-调整螺母;3、11-油封;4-锁紧垫圈;5-锁紧螺母;6-半轴;7-轮毂螺栓;8、10-圆锥滚子轴承;9-轮毂;12-驱动桥壳

二、桥壳

驱动桥壳的功用是支撑并保护主减速器、差速器和半轴等,使左右驱动车轮的轴向相对位置固定;同从动桥一起支撑车架及其上的各总成质量;汽车行驶时,承受由车轮传来的路面反作用力和力矩,并经悬架传给车架。

驱动桥壳的功用

驱动桥壳应有足够的强度和刚度,且质量要小,并便于主减速器的拆装和调整。由于桥壳的尺寸和质量一般都比较大,制造较困难,故其结构形式在满足使用要求的前提下,要尽可能便于制造。

驱动桥壳从结构上可分为 整体式桥壳 和 分段式桥壳 两类,其中分段式桥壳因维修困难已很少采用。

驱动桥壳的类型

整体式桥壳因制造方法不同又有多种形式。常见的有整体铸造、中段铸造两端压入钢管、钢板冲压焊接、钢管扩张成形等形式。

图18-59所示为某货车采用的整体铸造式驱动桥壳。其中部是一个环形空心梁7,用球墨铸铁铸成。两端压入钢制的半轴套管8,并用止动螺钉2限定位置。半轴套管外端用以安装轮毂轴承。凸缘盘1用来固定制动底板。主减速器和差速器预先装合在主减速器壳3内,然后用固定螺钉4将其固定在空心梁的中部前端面上。空心梁中部后端面的大孔,供检查驱动桥内主减速器和差速器的工作情况用。后盖6上装有检查油面用的螺塞5。主减速器上有加油孔和放油孔。

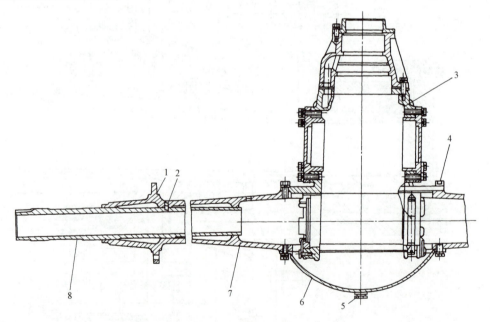

图18-59　整体铸造式驱动桥壳

1-凸缘盘;2-止动螺钉;3-主减速器壳;4-固定螺钉;5-螺塞;6-后盖;7-空心梁;8-半轴套管

这种整体铸造桥壳铸成等强度梁形状,具有较大的强度和刚度,且便于主减速器的装配、调整和维修,但铸造品质不易保证,适用于中、重型汽车,更多地用于重型汽车上。

图18-60所示为某货车采用的中段铸造两端压入钢管式驱动桥壳,半轴套管1压入后桥壳2中,其目的是增加桥壳的强度和刚度。中段铸造两端压入钢管式桥壳质量较小,工艺

简单且便于变形,但刚度较差,适用于批量生产。桥壳上有通气塞,可保证高温下的通气,保持润滑油品质和使用周期。

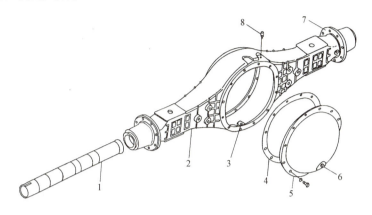

图 18-60 中端铸造两端压入钢管式驱动桥壳

1-半轴套管;2-后桥壳;3-放油孔;4-后桥壳垫片;5-后盖;6-油面孔;7-凸缘盘;8-通气塞

中段铸造两端压入钢管的桥壳,质量较小,工艺简单且便于变形,但刚度较差,适用于批量生产。

图 18-61 所示为某轻型货车采用的钢板冲压焊接式驱动桥壳,它主要由冲压成型的上下两个桥壳主件 1 和 8、四块三角形镶块 2、前后两个加强环 5 和 6、一个后盖 7 以及两端两个半轴套管 4 组焊而成。为了防止桥壳内润滑油外溢,有的汽车在桥壳轴管处焊有挡油环或加装油封。钢板冲压焊接式桥壳具有质量小、制造工艺简单、材料利用率高、抗冲击性能好、成本低等优点并适于大量生产。目前,在轻型货车和轿车上得到广泛采用。

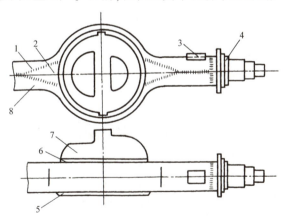

图 18-61 钢板冲压焊接式驱动桥壳

1、8-壳体主件;2-三角形镶块;3-钢板弹簧座;4-半轴套管;5-前加强环;6-后加强环;7-后盖

用钢管扩张成型方法加工的桥壳,称为钢管扩张成型桥壳。它广泛应用于轿车和微、轻型货车。其优点是材料利用率好、质量小、强度和刚度高、制造成本低,适于大量生产。

第三篇
CHAPTER 3

汽车行驶系统

第十九章 汽车行驶系统概述

汽车行驶系统的功用是支持全车并保证车辆正常行驶。其基本功能是：
（1）接受由发动机经传动系统传来的转矩，并通过驱动轮与路面间的附着作用，产生路面对驱动轮的驱动力，以保证汽车正常行驶。
（2）支持全车，传递并承受路面作用于车轮上的各向反力及其所形成的力矩。
（3）尽可能缓和不平路面对车身造成的冲击，并衰减其振动，保证汽车行驶平顺性。
（4）与转向系统协调配合工作，实现汽车行驶方向的正确控制，以保证汽车操纵稳定性。

汽车行驶系统的组成和结构形式，在很大程度上取决于汽车经常行驶路面的性质。绝大多数汽车行驶在比较坚实的道路上，其行驶系统中直接与路面接触的部件是车轮，称这种行驶系统为轮式汽车行驶系统，这样的汽车便是轮式汽车。汽车行驶系统的结构形式除轮式以外，还有半履带式、全履带式、车轮—履带式等几种。

汽车行驶系统的基本类型

一、轮式汽车行驶系统

轮式汽车行驶系统一般由车架（或承载式车身）、车桥、车轮和悬架组成（以发动机前置后轮驱动的汽车为例），其系统简图如图 19-1 所示。

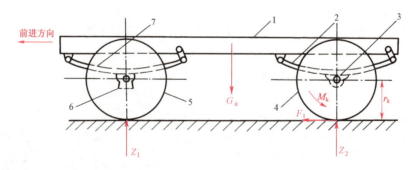

图 19-1　轮式汽车行驶系统的组成及部分受力情况
1-车架；2-后悬架；3-驱动桥；4-后轮；5-前轮；6-从动桥；7-前悬架

车架 1 是全车的装配基体，它将汽车的各相关总成连接成一整体，车轮 5 和 4 分别支撑着从动桥 6 和驱动桥 3。为减少车辆在不平路面上行驶时车身所受到的冲击和振动，车桥又通过前悬架 7 和后悬架 2 与车架 1 连接。在某些没有整体式车桥的行驶系统中，两侧车轮的心轴也可分别通过各自的弹性悬架与车架连接，即所谓的独立悬架。

汽车行驶系统的受力情况，由图 19-1 可看出，汽车总重力 G_a 通过前、后车轮传到地面，引起地面分别作用于前轮和后轮上的垂直反力 Z_1 和 Z_2。当驱动桥中半轴将驱动转矩 M_k 传到驱动后轮 4 上时，通过路面和车轮间的附着作用，产生路面作用于驱动轮边缘上的向前的纵向反力——驱动力 F_t。驱动力 F_t 的一部分用以克服驱动轮本身滚动阻力，其余大部分则依次通过驱动桥壳、后悬架传到车架1,用来克服作用于汽车上的空气阻力和坡道阻力;还有一部分驱动力由车架经过前悬架传至从动桥,使前轮克服滚动阻力向前滚动。于是,整个汽车便向前行驶了。如果行驶系统中处于驱动力传递路线上的任何一个环节中断,汽车将无法行驶。

由图19-1还可以看出,驱动力F_t是作用在轮缘上的,因而对车轮中心O造成了一个反力矩$F_t r_k$(r_k为车轮半径),此反力矩力图使驱动桥壳中部(即主减器壳)的前端向上抬起。

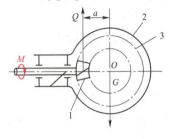

图19-2 作用在主减速器壳上的反力矩

1-主动锥齿轮;2-主减速器壳;3-从动锥齿轮

这一点可借图19-2来说明。分析时,取主减速器的主动锥齿轮1连同主减速器壳2作为一分离体。上述驱动反力矩$F_t r_k$依次通过半轴和差速器传到主减速器的从动锥齿轮3,使之在主动锥齿轮1的轮齿上作用一个向上的反力Q。Q对主动小齿轮轴线所形成的反转矩正好与主减速器的输入转矩M平衡。但是反力Q对驱动桥轴线所造成的反力矩$Q \cdot a$(即$F_t r_k$)却力图使主动锥齿轮连同主减速器壳绕驱动桥轴线朝与车轮旋转方向相反的方向转动。主减速器壳的这种转动是不应有的,因为这将导致万向传动装置中的万向节卡死不能工作,甚至损坏。所以必须设法将此反力矩$Q \cdot a$传递到车架上,由车架反力造成的力矩予以平衡,以抑制主减速器壳的转动。当采用断开式驱动桥时,主减速器壳直接固定在车架上,因而驱动反力矩$F_t r_k$也就直接由主减速器壳传给车架。当采用非断开式驱动桥(图19-1)时,驱动反力矩则由主减速器壳经半轴套管传给后悬架,再由后悬架传给车架。驱动反力矩传到车架上的结果,使得车架连同整个汽车前部都有向上抬起的趋势,具体表现为前轮上的垂直载荷减少,而后轮上的垂直载荷增加。

当汽车制动时,路面加于车轮的向后的纵向反力——制动力也要经由车桥和悬架传给车架,迫使汽车减速以至停车。同样,由制动力引起的反力矩则由车轮依次通过车轮制动器、半轴套管和悬架传递到车架。其作用结果是使汽车前部有向下俯倾的趋势,因此后轮上的垂直载荷减小而前轮上的垂直载荷增大。

汽车在弯道上和横向坡道上行驶时,在车轮与路面间将有侧向力产生,此侧向力也由行驶系统传递和承受。

轮式汽车行驶系统的车轮,主要为各种类型的充气轮胎,常用为普通型轮胎。此外,在某些特殊使用条件下选用拱形或椭圆形轮胎,如装有8个椭圆形轮胎的汽车(图19-3)。

椭圆形轮胎有滚筒形状的薄弹性外壳,断面宽度S与外直径D_0之比为0.8~1.5,适合在沼泽等松软地面条件下使用。

图19-3 装有椭圆形轮胎的汽车

二、半履带式汽车行驶系统

半履带式汽车如图19-4所示,其行驶系统的结构特点是<u>前桥装有滑橇式车轮</u>,用来实现转向,而后桥上装有履带,以减少汽车对地面的单位面积压力(比压),控制汽车下陷,同时履带上的履刺也加强了和地面间的附着和抗剪切作用,具有很高的通过能力,主要用在雪地或沼泽地带行驶。

半履带式装甲人员输送车如图19-5所示，半履带式汽车前轮采用多层加强型外胎，内装防弹填料。两条履带各有1个主动轮和1个带张紧装置的诱导轮，有8个小负重轮，主动轮的动力直接由半轴传递。它采用防滑挂胶履带，无水上浮渡能力。

图19-4　半履带式汽车

图19-5　半履带式装甲人员输送车

三、全履带式汽车

如果汽车前后桥上都装有履带，则称为**全履带式汽车**，如图19-6所示。

履带式装甲全地形车如图19-7所示，主要用于运送作战人员和物资，采用双车厢铰接结构。它适应能力强，可在极端天气环境中使用，温度适应范围为 −32~46℃。该全地形车提供高灵活性和可靠的防护能力，因此适用范围非常广泛，可以用于作战人员运送、运输、战场救护、战地指挥和救援等。

图19-6　履带式汽车（四套履带）

图19-7　履带式装甲全地形车

四、车轮—履带式汽车

有些特种汽车，它们有着可以互换使用的车轮和履带。如图19-8所示为客货两用车轮—履带式汽车。它可以装上4个车轮成为四轮驱动的轮式车辆，也可以将4个驱动车轮更换，装上4套履带式行走机构，构成履带式汽车。与普通轮胎相比较，履带对地面的压强可以减小到1/10。

图19-9所示为另一种车轮—履带式汽车。这种履带车适合在滑雪场、沼泽地、果园或多土丘地带行驶作业。从图中可以看出，不装履带即为多轴轮式汽车，用于推土、推雪等特种作业；也可以在车轮外加装履带，构成履带式汽车，它可以大大提高汽车在附着条件差的路面上的通过能力。

图 19-8　客货两用车轮—履带式汽车(现为履带式)

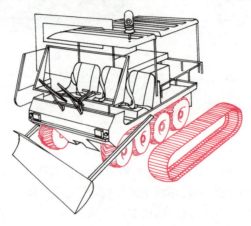

图 19-9　车轮—履带式汽车

第二十章　车架和承载式车身

现代汽车绝大多数都有作为整车骨架的车架，车架是整个汽车的基体。车架的功用是支撑连接汽车的各零部件，并承受来自车内外的各种载荷。汽车绝大多数部件和总成(如发动机、传动系统、悬架、转向系统、驾驶室、货箱和有关操纵机构)都是通过车架来固定其位置的。

车架的功用

现代许多轿车和大客车上没有车架，其车架的功能由轿车车身或大客车车身骨架承担，故称其为承载式车身。

车架的结构形式首先应满足汽车总布置的要求。汽车在复杂多变的行驶过程中，固定在车架上的各总成和部件之间不应发生干涉。当汽车在崎岖不平的道路上行驶时，车架在载荷作用下可产生扭转变形以及在纵向平面内的弯曲变形，当一边车轮遇到障碍时，还可能使整个车架扭曲成菱形。这些变形将会改变安装在车架上的各部件之间的相对位置，而影响其正常工作。因此，车架还应具有足够的强度和适当的刚度。为了使整车轻量化，要求车架质量尽可能小。此外，降低车架高度，以使汽车质心位置降低，有利于提高汽车的行驶稳定性。这一点对轿车和客车来说尤为重要。

近年来，车架和承载式车身的结构形式呈现出多样化和复杂化的趋势。

目前，汽车车架的结构形式主要是边梁式，还有中梁式等其他形式。其中，边梁式车架应用最广泛。

边梁式车架广泛应用于各种类型货车、客车和少量轿车上，中梁式车架主要用于越野汽车。轿车主要以承载式车身为主。现代大型客车上越来越多采用整体承载式车身骨架和桁架式车架结构。

第一节　车　　架

边梁式车架由两根位于两边的纵梁和若干根横梁组成，用铆接法或焊接法将纵梁与横梁连接成坚固的刚性构架。

纵梁通常用低合金钢板冲压而成，断面形状一般为槽形，也有的做成 Z 字形或箱形断面。根据汽车形式不同和结构布置的要求，纵梁可以在水平面内或纵向平面内做成弯曲的，以及等断面或非等断面的。

横梁不仅用来保证车架的扭转刚度和承受纵向载荷，还可以支撑汽车上的主要部件。通常货车有 5~6 根横梁，有时会更多。边梁式车架的结构特点是便于安装驾驶室、车厢及一些特种装备和布置其他总成，有利于改装变型车和发展多品种汽车。因此，这种车架被广泛用在货车和大多数的特种汽车上。

图 20-1a) 为载货汽车车架，它主要由两根纵梁和 8 根横梁铆接而成。

纵梁 6 为槽形不等高断面梁，由于纵梁中部受到的弯曲力矩最大，故中部断面高度最大，由此向两端断面高度逐渐减小。这样，可使应力分布较均匀，同时又减轻了质量。

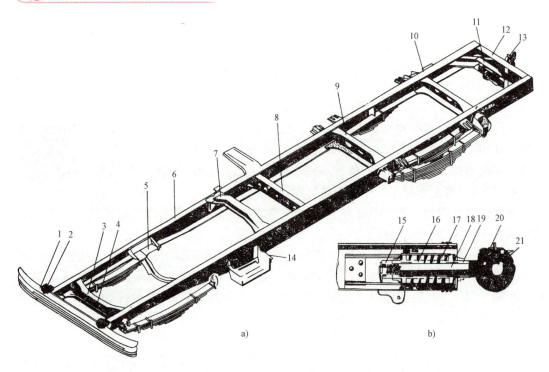

图 20-1 载货汽车车架
a) 车架总成；b) 拖钩部件

1-保险杠；2-挂钩；3-前横梁；4-发动机前悬置横梁；5-发动机后悬置右(左)支架和横梁；6-纵梁；7-驾驶室后悬置横梁；8-第四横梁；9-后钢板弹簧前支架横梁；10-后钢板弹簧后支架横梁；11-角撑横梁组件；12-后横梁；13-拖钩部件；14-蓄电池托架；15-螺母；16、19-衬套；17-弹簧；18-拖钩；20-锁块；21-锁扣

在左右纵梁上各有 100 多个装置用孔，用以安装转向器、钢板弹簧、燃油箱、储气罐、蓄电池等的支架。

横梁一般也用钢板冲压成槽形，为增强车架的抗扭强度，有时采用管形或箱形断面的横梁。该车的前横梁 3 上装置散热器，横梁 4 作为发动机的前悬置支座。由于该车是长头汽车，发动机位置应尽可能低些，以改善驾驶人的视野，因此横梁 4 制成下凹形。在横梁 7 的上面装置驾驶室的后悬置，在其下面装置传动轴中间轴承支架。由于传动轴安装位置的需要，横梁 7 做成拱形，其余横梁都做成简单的直槽形。后横梁 12 上装有拖带挂车用的拖钩部件 13，因后横梁要承受拖钩传来的很大的作用力，故有角撑加强。

某些越野汽车在车架纵梁前端两侧装有加长梁，以便在加长梁前端安装绞盘装置和专用的保险杠。在未装有加长梁的纵梁上，其前端两侧备有一组冲孔，以便需要加装绞盘等装置时，可以紧固左、右加长梁。

有些汽车车架为加强纵梁和横梁的连接，并使车架具有较大的刚度，用钢板制成的盖板焊或铆在连接处。

在货车车架的前端、轿车车架的前后两端，有横梁式的缓冲件——保险杠。当汽车在纵向突然受到障碍物的冲撞时，它可以保护车身、翼子板和散热器，使之不受损坏。对于轿车来说，保险杠同时还起着装饰的作用。货车车架前端还装有简单的挂钩 2（图 20-1a），以便汽车出现故障或陷入地面时，可以用其他车辆拖曳。

有时货车和部分大型客车要拖带挂车，故应有与挂车的车架相连接的拖钩部件 13，安装在车架后横梁中部。该车的拖钩部件构造如图20-1b)所示。拖钩18的尾部支撑在两个衬套16与19上。在两个衬套的凸缘间装有弹簧17,而在拖钩尾部的端部旋有螺母15,并用开口销锁住。弹簧17用以缓和汽车行驶时所受到的冲击力,此冲击力可能由主车传到挂车,也可能由挂车传到主车。为保持挂车拖架的挂环与拖钩的衔接,拖钩具有可掀转的锁扣21,其上有带弹簧的锁块20,锁扣可用平头销及开口销固定在闭合位置,此时平头销穿过锁扣和锁块上相重合的小孔。

轻型载货汽车车架结构与图20-1的汽车车架相似。

另外,有的汽车车架是前窄后宽的,前部宽度缩小是为了给转向轮和转向纵拉杆让出足够的空间,从而保证最大的车轮偏转角度。

采用X形高断面的横梁,可以提高车架的扭转刚度,特别对于短而宽的车架,这个效果尤为显著,如图20-2所示。

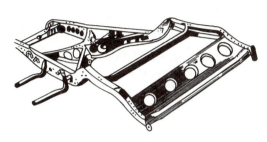

图20-2 采用X形高断面横梁的车架

比较常见的车架纵梁剖面形状如图20-3所示。在工作应力较大的地方常采用图20-3中的b)、c)所示剖面形状来加强。在有些汽车车架局部加强时,可装上加强板,或在某处槽形断面内加嵌板件。

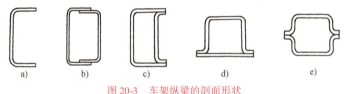

图20-3 车架纵梁的剖面形状

a)槽形;b)叠槽形Ⅰ;c)叠槽形Ⅱ;d)礼帽箱形;e)对接箱形

中梁式车架只有一根位于中央贯穿前后的纵梁,因此也称为脊梁式车架,如图20-4所示。中梁的断面可以做成管形或箱形。这种结构的车架有较大的扭转刚度,使车轮有较大的运动空间,因此常被采用在某些越野车上。

如图20-5所示,脊梁式车架由一根位于汽车左右对称中心的大断面管形梁和某些悬伸的托架构成,犹如一根脊梁。管梁将动力传动系统连成一体,传动轴从其中间通过,故采用这种结构时驱动桥必须是断开式的并与独立悬架相配用。与其他类型的车架比较,其扭转刚度最大。脊梁式车架容许车轮有较大的跳动空间,使汽车有较好的平顺性和通过性。但车架的制造工艺复杂,维修不便,仅用于某些对平顺性、通过性要求较高的汽车上。

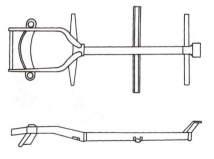

图20-4 中梁式(脊梁式)车架结构图

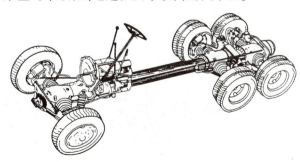

图20-5 具有脊梁式车架的汽车底盘

采用这种脊梁式车架的优点是：能使车轮有较大的运动空间，便于采用独立悬架，从而可提高汽车的越野性；与同吨位货车相比，其车架较轻，减少了整车质量；同时质心较低，因此行驶稳定性好；车架的强度和刚度较大；脊梁还能起封闭传动轴的防尘套作用。

图 20-6 所示为桁架式车架，这种立体结构式车架主要用于竞赛汽车及特种汽车。它由钢管组合焊接而成，这种车架兼有车架和车身的作用。

在某些越野车上采用了一种 IRS 型车架，如图 20-7 所示。后部车架与前部车架用活动铰链连接，后驱动桥总成（主传动器、差速器）安装在后车架上，半轴与驱动轮之间用万向节连接。后独立悬架连接在后车架上。这样不仅由于独立悬架可使汽车获得良好的行驶平顺性，而且活动铰链点处的橡胶衬套也使整车获得一定的缓冲，从而进一步提高了汽车行驶平顺性。

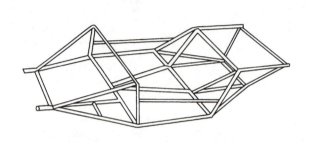

图 20-6　钢管焊接的桁架式车架结构

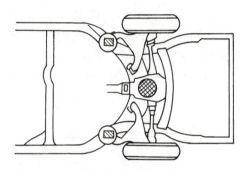

图 20-7　IRS 型车架

客车的整体式车架由传统载货汽车的边梁式车架结构传承而来，并根据需要进行变型，一般可分为直通大梁式（也称整体大梁式）、分段大梁式、三段式和格栅底架式四种类型，如图 20-8～图 20-11 所示。

图 20-8　直通大梁式车架

图 20-9　分段大梁式车架

图 20-10　三段式车架

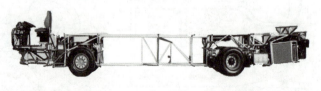

图 20-11　格栅底架式车架

第二节 承载式车身

现代大部分轿车和一些大型客车取消了车架,而以车身兼代车架的作用,即将所有部件固定在车身上,所有的力也由车身来承受,这种车身称为承载式车身。目前大多数轿车都采用承载式车身,图20-12为轿车承载式车身壳体零件分解图。

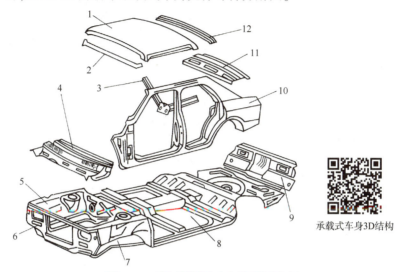

图20-12 轿车承载式车身壳体零件分解图

1-顶盖;2-前风窗框上部;3-加强撑;4-前围板;5-前挡泥板;6-散热器框架;7-地板前纵梁;8-地板部件;9-行李舱后板;10-侧门框部件;11-后围板;12-后风窗框上部

图20-13所示为轿车的承载式车身。

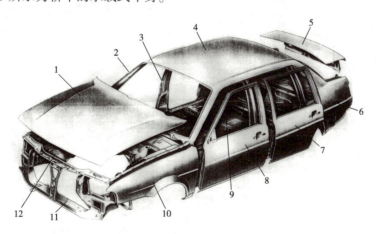

图20-13 轿车的承载式车身

1-发动机舱盖;2-A柱;3-B柱;4-顶盖;5-行李舱盖;6-后翼子板;7-后车门;8-前车门;9-地板;10-前翼子板;11-前围;12-挡泥板和前纵梁

此外,有些轿车和赛车车架,由车身一部分分离出来再与部分车架复合成一种新型复合式车架,它同时起到车架和承载式车身的作用。如前面述及的钢管焊接的桁架式车架(图20-6)。有些轿车为了减轻车架质量,采用了半车架,如图20-14所示。在车身前部有一部分车架称为半车架(或短车架),而后部无车架,发动机和前悬架安装在车架上,这样可使车身局部得到加强。图 20-15 所示为大客车整体承载式车身骨架。承载式车身由于无车架,可以减轻整车质量;可以使地板高度降低,使上下车方便。但是传动系统和悬架的振动与噪声会直接传入车内。为此,应采取隔音和防振措施。

图 20-14　半车架

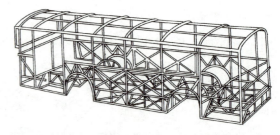
图 20-15　大客车整体承载式车身骨架

在轿车承载式车身中,采用前后独立的副车架组合而成的例子较多,如图 20-16、图 20-17 所示。采用副车架可提高发动机和悬架安装精度和刚度、隔音性能以及改善车身装配作业性,提高整车舒适性。副车架开发的早期一直是 D 级豪华轿车上的必备配置,然而,随着汽车工业的迅猛发展,副车架结构也逐渐运用到普通轿车中,特别是一些追求运动性能的 A 级轿车。

图 20-16　轿车的前副车架

1-副车架;2-稳定杆;3-导向杆;4-支座;5-弹簧—减振器总成;6-上控制臂;7-转向节;8-车轮轴承—轮毂;9-下支撑臂

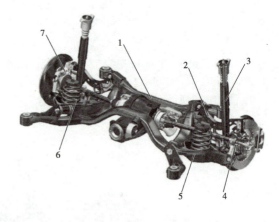
图 20-17　轿车的后副车架

1-副车架;2-上横臂;3-减振器;4-车轮轴承-轮毂;5-梯形杆;6-弹簧;7-车轮支座

简单来说,副车架就是悬架连接部件与车身之间的一种辅助装置。没有副车架的车型,悬架的部件都是直接与车身相连的。在这种情况下,车辆与地面之间产生的振动,会通过悬架部件直接传递给车身,从而影响驾乘者的舒适性。有了副车架以后,悬架部件是与副车架相连的,副车架用弹性橡胶垫连接到车身上,同样的振动通过副车架的缓冲,再传递到车身时,振动会大幅度降低,从而提升了整车的舒适性。另外,由于副车架的刚度比车身更强,通过副车架的连接以后,大大提升了悬架连接刚度,不仅提升了舒适性,而且在提升底盘强度和操控性方面,同样有着独到的优势。

传统的没有副车架的承载式车身,其悬架是直接与车身钢板相连的,因此前、后的悬架摆臂机构都为散件,并非总成。在副车架诞生以后,前、后悬架可以先组装在副车架上,构成一个总成,然后再将这个总成一同安装到车身上。

副车架有半承载式副车架和全承载式副车架,半承载式副车架是指并不是所有的悬架部件都与副车架连接,这样的副车架,对于性能的提升是相对有限的;全承载式副车架是指所有的悬架部件都是通过副车架的缓冲以后,才与车身相连,只有这样的副车架,才能真正达到前面所说的,整体提升整车舒适性和操控性。

副车架的优点:副车架能够带来很好的悬架连接刚度;能够减小由路面传来的振动,带来良好的舒适性;把悬架散件变成总成部件,提高了悬架的通用性,降低了研发成本;总成部件安装方便,降低了装配成本。副车架的缺点主要是钢制副车架会增加车重,铝合金的副车架质量轻且性能好,但会增加成本。

另外,有的赛车、跑车采用单壳体车身,其突出特色就是全车大量采用了碳纤维强化材料(CFRP)技术,尤其是全碳纤维复合材料单壳体车身,如图 20-18 所示。其车身完全以碳纤维制造而成,并配以硬壳式结构。其承载结构为"单壳体"设计,在构造上可作为单一部件发挥作用,从而充分利用碳纤维强化材料的超强刚度。F1 赛车采用碳纤维强化材料硬壳式结构已有多年历史,其耐撞性也久经考验。运用此项技术的公路跑车同样表现出众,其碳纤维车身牢固、可靠、安全无虞。

当然,"单壳体"的称谓只是一种形容,新型跑车硬壳式车体其实是由一系列功能各异的独立部件构成,运用"编织"(Braiding)技术制成的加强件就是其一。"编织"是业内最有效的碰撞能量吸收技术之一。尽管是由众多部件集合而成,但经过固化之后,这种结构就能化为单一部件而统一工作。

图 20-18 跑车的单壳体车身

近年来,一些轿车采用了碳纤维、钢、铝等的轻量化车身结构,在车身上大量应用 CFRP 构件,如图 20-19 所示,既加固了车身,又大幅减小了整车质量,在实现轻量化的同时,提高了汽车的安全性、舒适性和可靠性。

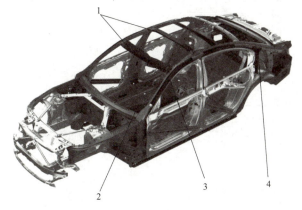

图 20-19 采用 CFRP 构件局部加强的车身
1-顶盖横梁加强件;2-中央通道加强件;3-顶盖侧顶道加强件;4-C 柱加强件

第二十一章　车桥和车轮

第一节　车　　桥

车桥(也称车轴)通过悬架和车架(或承载式车身)相连,它的两端安装车轮,其功用是传递车架(或承载式车身)与车轮之间各方向的作用力及其力矩。

根据悬架结构的不同,车桥分为整体式和断开式两种。当采用非独立悬架时,车桥中部是刚性的实心或空心梁,这种车桥即为整体式车桥;断开式车桥为活动关节式结构,与独立悬架配用。

车桥的功用

根据车桥上车轮的作用,车桥又可分为转向桥、驱动桥、转向驱动桥和支持桥四种类型。根据车桥的车轮是驱动车轮还是从动车轮,车桥又可以分为驱动桥和从动桥,其中,转向桥和支持桥都属于从动桥。一般汽车多以前桥为转向桥,大多数的货车采用发动机前置后轮驱动的布置形式,大部分中、大型客车采用发动机后置后轮驱动的布置形式,这两种情形下,前桥为转向桥,后桥则为驱动桥。大多数轿车采用发动机前置前轮驱动的布置形式,则前桥为转向驱动桥,而后桥为支持桥。采用全轮驱动的越野车,其前桥也为转向驱动桥。

车桥的类型

驱动桥已在第十八章中介绍过,本节主要叙述整体式和断开式的转向桥、转向驱动桥及支持桥。

一、转向驱动桥

在许多轿车和全轮驱动的越野汽车上,前桥除作为转向桥外,还兼起驱动桥的作用,故称为转向驱动桥,如图21-1所示。

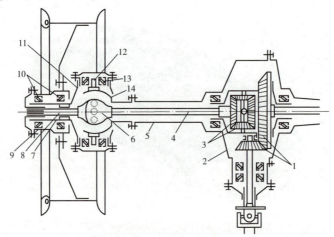

图21-1　转向驱动桥示意图

1-主减速器;2-主减速器壳;3-差速器;4-内半轴;5-半轴套管;6-万向节;7-转向节轴颈;8-外半轴;9-轮毂;10-轮毂轴承;11-转向节壳体;12-主销;13-主销轴承;14-球形支座

它同一般驱动桥一样，有主减速器 1 和差速器 3。但由于转向时车轮需要绕主销偏转过一个角度，故与转向轮相连的半轴必须分成内外两段(内半轴 4 和外半轴 8)，其间用万向节 6(一般多用等角速万向节)连接，同时主销 12 也因而制成上下两段。转向节轴颈部分做成中空的，以便外半轴穿过其中。

当前，许多轿车采用了发动机前置前轮驱动的布置形式，其前桥既是转向桥又是驱动桥。此种类型的转向驱动桥多与麦弗逊式独立悬架配合使用，因其前轮内侧空间较大，便于布置，且维修方便。

图 21-2 所示为某轿车前转向驱动桥总成。主减速器和差速器在图中未画出。其动力经主减速器和差速器分别传至左右内半轴(传动轴)3、9 和左右内等角速万向节，并经左右球笼式外等角速万向节和左右外半轴凸缘传到轮毂，使驱动车轮旋转。当转动转向盘时，通过齿轮齿条式转向器 14 和横拉杆 16 而使前轮偏转，以实现转向。

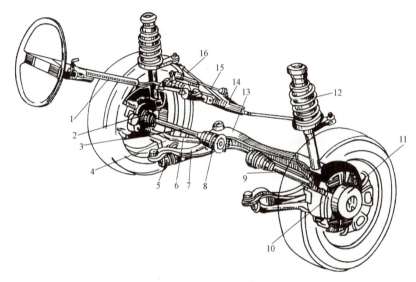

图 21-2　某轿车前桥(转向驱动桥)

1-转向柱；2-外等角速万向节；3-左半轴(传动轴)；4-悬架摆臂；5-悬架臂后端的橡胶金属轴；6-横向稳定杆；7-发动机悬置；8-内等角速万向节；9-右半轴(传动轴)；10-制动钳；11-外半轴凸缘；12-减振器支柱；13-橡胶金属支架；14-齿轮齿条式转向器；15-转向减振器；16-横拉杆

二、转向轮定位参数

转向桥在保证汽车转向功能的同时，应使转向轮有自动回正作用，以保证汽车稳定的直线行驶功能，即当转向轮在偶遇外力作用发生偏转时，一旦作用的外力消失后，应能立即自动回到原来的直线行驶位置。这种自动回正作用是由转向轮的定位参数来保证实现的。也就是转向轮、主销和前轴之间的安装应具有一定精确的相对位置。这些转向轮的定位参数有：主销后倾角、主销内倾角、前轮外倾角和前轮前束。

四轮定位参数

1. 主销后倾角

设计转向桥时，使主销在汽车的纵向平面内有向后的一个倾角 γ，即主销轴线和地面垂直线在汽车纵向平面内的夹角，如图 21-3 所示。

主销后倾角 γ 能形成回正的稳定力矩，当主销具有后倾角 γ 时，主销轴线

主销后倾的基本原理

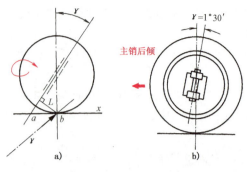

图 21-3 主销后倾角作用示意图

与路面交点 a 将位于车轮与路面接触点 b 的前面，ab 之间距离称为主销后倾拖距，如图 21-3a) 所示。当汽车直线行驶时，若转向轮偶然受到外力作用而稍有偏转（例如向右偏转如图中箭头所示），将使汽车行驶方向向右偏离，这时由于汽车本身离心力的作用，在车轮与路面接触点 b 处，路面对车轮作用着一个侧向反作用力 Y。反力 Y 对车轮形成绕主销轴线作用的力矩 YL，其方向正好与车轮偏转方向相反。在此力矩作用下，将使车轮回复到原来中间的位置，从而保证了汽车稳定的直线行驶，故此力矩称为稳定力矩。但此力矩也不宜过大，否则在转向时为了克服此稳定力矩，驾驶人须在转向盘上施加较大的力（即转向沉重）。稳定力矩的大小取决于力臂 L 的数值，而力臂 L 又取决于后倾角 γ 的大小。现在车辆一般采用的 γ 角不超过 2°～3°。现代高速汽车由于轮胎气压降低弹性增加，而引起稳定力矩增加，因此，γ 角可以减小到接近于零，甚至为负值。图 21-3b) 为某载货汽车的主销后倾角示意图。

2. 主销内倾角

在设计转向桥时，主销在汽车的横向平面内向内倾斜一个 β 角（即主销轴线和地面垂直线在汽车横向断面内夹角）称为主销内倾角，如图 21-4a) 所示。

主销内倾的基本原理

主销内倾角 β 也有使车轮自动回正的作用，如图 21-4b) 所示。当转向轮在外力作用下由中间位置偏转一个角度（为了解释方便，图中画成 180°即转到双点划线所示位置）时，车轮的最低点将陷入路面以下，但实际上车轮下边缘不可能陷入路面以下，而是将转向车轮连同整个汽车前部向上抬起一个相应的高度，这样汽车本身的重力有使转向轮回复到原来中间位置的效应。

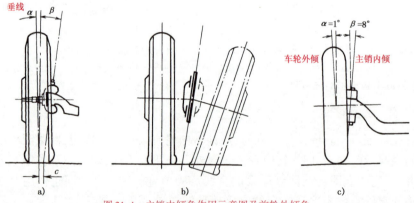

图 21-4 主销内倾角作用示意图及前轮外倾角

此外，主销的内倾还使得主销轴线与路面交点到车轮中心平面与地面交线的距离 c（称转向主销偏置距）减小，如图 21-4a) 所示。从而可减小转向时驾驶人加在转向盘上的力，使转向操纵轻便，同时也可减小从转向轮传到转向盘上的冲击力。但 c 值也不宜过小，即内倾角不宜过大，否则在转向时，车轮绕主销偏转的过程中，轮胎与路面间将产生较大的滑动，因而增加了轮胎与路面间的摩擦阻力。这不仅会使转向变得很沉重，而且加速了轮胎的磨损。故一般内倾角 β 不大于 8°，距离 c 一般为 40～60mm。图 21-4c) 所示为某载货汽车的主销内

倾角 β 和前轮外倾角 α（虚线为垂线）。

主销内倾角是在前梁设计中保证的，由机械加工来实现。加工时，将前梁两端主销孔轴线上端向内倾斜就形成内倾角 β。

3. 前轮外倾角

除上述主销后倾角和主销内倾角两个角度保证汽车稳定直线行驶外，前轮外倾角 α 也具有定位作用。前轮外倾角 α 是通过车轮中心的汽车横向平面与车轮平面的交线同地面垂线之间的夹角，如图 21-4c）所示。如果空车安装车轮时，车轮正好垂直于路面，则满载时，车桥将因承载变形，而可能出现车轮内倾，这样将加速汽车轮胎的偏磨损。另外，路面对车轮的垂直反作用力沿轮毂的轴向分力将使轮毂压向轮毂外端的小轴承，加重了外端小轴承及轮毂紧固螺母的负荷，降低它们的使用寿命。因此，为使轮胎磨损均匀和减轻轮毂外轴承的负荷，安装车轮时应预先使车轮有一定的外倾角，以防止车轮内倾。同时，车轮有了外倾角也可以与拱形路面相适应。但是，外倾角也不宜过大，否则也会使轮胎产生偏磨损。

前轮外倾的基本原理

前轮外倾角是在转向节设计中确定的。设计时，使转向节轴颈的轴线与水平面成一角度，该角度即为前轮外倾角 α（一般 α 为 1°左右）。

4. 前轮前束

车轮有了外倾角后，在滚动时，就类似于滚锥，从而导致两侧车轮向外滚开。由于转向横拉杆和车桥的约束使车轮不可能向外滚开，车轮将在地面上出现边滚边滑的现象，从而增加了轮胎的磨损。为了消除车轮外倾带来的这种不良后果，在安装车轮时，使汽车两前轮的中心面不平行，两轮前边缘距离 B 小于后边缘距离 A，A − B 称为前轮前束，如图 21-5 所示。这样可使车轮在每一瞬时的滚动方向接近于向着正前方，从而在很大程度上减轻和消除了由于车轮外倾而产生的不良后果。

前轮前束的基本原理

前轮前束可通过改变转向横拉杆的长度来调整。调整时，可根据各厂家规定的测量位置，使两轮前后距离差（A − B）符合规定的前束值。一般前束值为 0～12mm。测量位置除图示的位置外，还通常取两轮胎中心平面处的前后差值。此外，前束也可用前束角表示，如图 21-5 中的 φ 角。

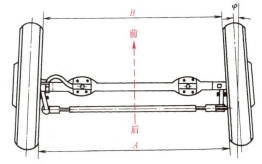

图 21-5　前轮前束（俯视图）

5. 后轮的外倾角和前束

车轮定位参数通常都是针对汽车的前转向轮而言。但是，现代汽车不仅前转向轮有外倾角和前束，有些汽车后轮也有外倾角和前束。如某轿车后轮设置有前束角 $8'^{+5}_{0}$ 和外倾角 $-58'±10'$。该车为发动机前置前驱动形式，后轮是从动轮。汽车的驱动力 F 通过纵臂作用于后轴上（图 21-6），如果车轮没有前束角，当汽车行驶时，在驱动力作用下，后轴将产生一定弯曲，使车轮出现负前束（前张）现象，而预先设置的前束角就用来抵消这种前张。后轮外倾角有两个作用：

后轮外倾的基本原理

后轮前束的基本原理

（1）由于外倾角是负值，可增加车轮接地点的跨度，增加汽车的横向稳定性。

（2）负外倾角是用来抵消当汽车高速行驶且驱动力 F 较大时，车轮出现的前张，以减轻轮胎的磨损。该车轮前束角和外倾角均不可调整。在有些轿车上，其后轮的前束和外倾角是可以调整的。

某些后轮驱动的越野汽车，由于采用独立悬架和脊梁式车架，为了保持加载后汽车行驶时轮胎处于正确的接地位置，减少磨损，后轮也设计成有一定的正外倾角。

三、转向桥

转向桥是利用车桥中的转向节使车轮可以偏转一定角度以实现汽车的转向。它除承受垂直载荷外，还承受纵向力和侧向力及这些力造成的力矩。转向桥通常位于汽车前部，因此也常称为前桥。

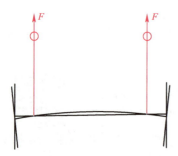

图21-6　驱动力作用在后轴上的示意图

各种车型的转向桥结构基本相同，主要由前梁、转向节组成。下面以某载货汽车前桥（图21-7）为例加以说明。

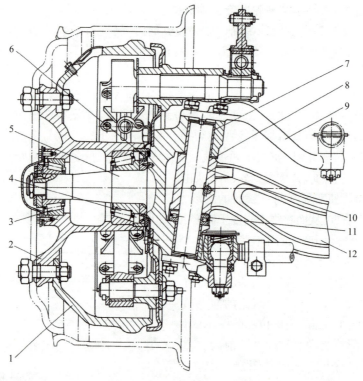

图21-7　某载货汽车转向桥（前桥）

1-制动鼓；2-轮毂；3、4-轮毂轴承；5-转向节；6-油封；7-衬套；8-调整垫片；9-转向节臂；10-主销；11-滚子推力轴承；12-前梁

作为主体零件的前梁12是用钢材锻造的，其断面是工字形以提高抗弯强度。为提高抗扭强度，两端略呈方形。中部加工出两处用以支撑钢板弹簧的加宽面——弹簧座（图上未画）。中部向下弯曲，使发动机位置得以降低，从而降低汽车重心，扩展驾驶人视野，并减小传动轴与变速器输出轴之间的夹角。前梁两端各有一个加粗部分，呈拳形，其中有通孔，主销10即插入此孔内。用带有螺纹的楔形锁销将主销固定在拳部孔内，使之不能转动。转向节5上有销孔的两耳通过主销与前梁的拳部相连，使前轮可以绕主销偏转一定角度而使汽车转向。为了减小磨损，转向节销孔内压入青铜衬套7，衬套上的润滑油槽在上面端部是切

通的,用装在转向节上的滑脂嘴注入润滑脂润滑。为使转向灵活轻便,在转向节下耳与前梁拳部之间装有滚子推力轴承11。在转向节上耳与拳部之间装有调整垫片8,以调整其间隙。

在左转向节的上耳上装有与转向节臂9制成一体的凸缘,在下耳上则装着与转向梯形臂制成一体的凸缘,这两个凸缘上均制有一矩形键。因此在左转向节的上下耳上都有与之配合的键槽。转向节通过矩形键及带有锥形套的双头螺栓与转向节臂及梯形臂相连。在键与键槽端面间装有条形的橡胶密封垫。

车轮轮毂2通过两个圆锥滚子轴承3和4支撑在转向节外端的轴颈上。轴承的松紧度可用调整螺母(装于轴承外端)加以调整。轮毂外端用冲压的金属罩盖住。轮毂内侧装有油封6。如果油封漏油,则外面的挡油盘仍足以防止润滑油进入制动器内,转向节上靠近主销孔的一端有方形的凸缘,以固定制动底板。

图21-8所示为某轻型载货汽车转向桥。前梁2由两端拳形部分7与一根无缝钢管焊接而成,这种结构不需用大型锻造设备来模锻前梁。

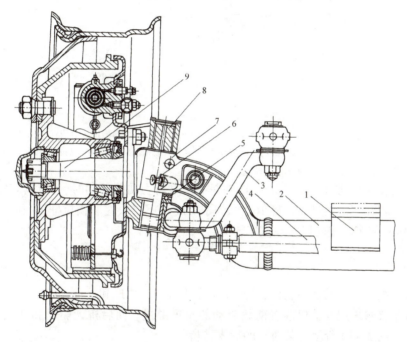

图21-8 某轻型载货汽车转向桥(前桥)

1-钢板弹簧座;2-前梁;3-转向节臂;4-转向横拉杆;5-推力轴承;6-车轮转角限位螺钉;7-拳形部分;8-主销;9-转向节

主销推力轴承5采用球轴承,可使转向操纵轻便。润滑脂可由转向节上耳滑脂嘴注入,经主销8内的轴向和径向油道进入主销与衬套之间的摩擦表面,使之得到润滑。

转向节臂3与梯形臂连在一起,固定在转向节下耳上,这样可使转向节结构简化。车轮转角限位螺钉6用来限制车轮最大转角,钢板弹簧座1用来固定钢板弹簧。

断开式转向桥在轿车和微型客车上得到广泛采用,它与独立悬架相配置组成了性能优良的转向桥。由于它有效地减少了非簧载质量,降低了发动机的质心高度,从而提高了汽车的行驶平顺性和操纵稳定性。

图21-9为某微型客车断开式转向桥的结构图。该断开式转向桥(前桥)主要由车轮1、减振器2、上支点总成3、缓冲弹簧4、转向节5、大球头销总成6、横向稳定杆总成7、左右梯形

臂 8 和 13、主转向臂 11、中臂 15、左右横拉杆 10 和 12、悬臂总成 14 等组成。其中有些零件也属于转向和前悬架总成。中臂、主转向臂、悬臂均为薄钢板焊接结构，主转向臂与中臂是通过螺栓与橡胶衬套连接的，左右转向梯形臂通过大球头销总成 6 与悬臂总成 14 连接。

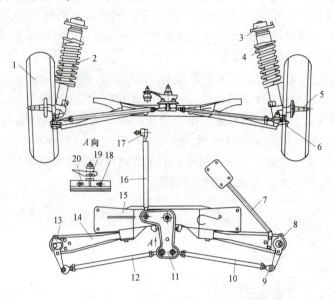

图 21-9　某微型客车断开式转向桥

1-车轮；2-减振器；3-上支点总成；4-缓冲弹簧；5-转向节；6-大球头销总成；7-横向稳定杆总成；8-左梯形臂；9-小球销头总成；10-左横拉杆；11-主转向臂；12-右横拉杆；13-右梯形臂；14-悬臂总成；15-中臂；16-纵拉杆；17-纵拉杆球头；18-转向限位螺钉座；19-转向限位杆；20-转向限位螺钉

该断开式转向桥同前述转向桥一样，在具有承载传力功能的同时，还应具有实现转向的功能，它与转向器配合，通过纵拉杆 16、主转向臂 11、中臂 15、左右横拉杆 10 和 12 以及左右梯形臂 8 和 13，使车轮偏转以实现汽车转向。

四、支持桥

从动桥是相对于驱动桥而言的，从动桥又分为<u>从动转向桥</u>和<u>从动支持桥</u>。

现代轿车普遍采用发动机前置前轮驱动的布置形式。而后桥无驱动和转向功能的，称之为<u>支持桥</u>。图 21-10 所示为某轿车的后支持桥。

从图 21-10 中可以看出，支持桥的结构简单，它主要由若干零件组焊而成的后桥焊接总成 2、橡胶—金属支撑座 1、后车轮总成等组成，它起到支撑和固定悬架、制动、车身等总成的相关零部件，传递汽车纵向和横向力，推动车轮旋转的作用。

轿车采用发动机前置前轮驱动的布置形式时，其后支持桥可分为<u>非断开式</u>和<u>断开式</u>。图 21-11 为非断开式后支持桥的结构图。它是非断开式支持桥的一种特殊结构，由一根用钢板制成呈 V 形断面的横梁和分别与其左、右端焊成一体，并与左、右后车轮相连的左、右纵臂构成，称为复合纵臂式后支持桥。

采用复合纵臂式后支持桥，可增大汽车后部的空间，在后行李舱下还可布置油箱及备胎。该型支持桥还有结构简单、质量小、制造方便的特点，有利于提高汽车的平顺性；可抵抗由于车身侧倾而引起的轴转向效应。

第二十一章 车桥和车轮

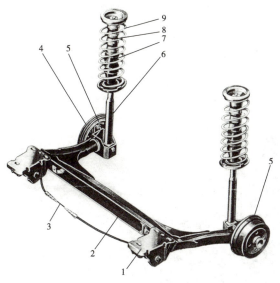
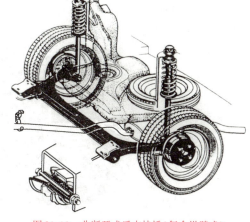

图 21-10　某轿车后支持桥　　　　　图 21-11　非断开式后支持桥(复合纵臂式)

1-橡胶—金属支撑座;2-后桥焊接总成;3-驻车制动拉索;
4-制动鼓;5-后制动器;6-后减振器;7-橡胶护套;8-缓冲限位块;9-后螺旋弹簧

图 21-12 所示为断开式后支持桥。

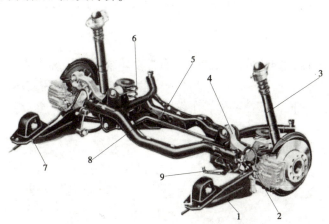

图 21-12　断开式后支持桥(四连杆机构)

1-纵摆臂;2-下横摆臂;3-减振器;4-上横摆臂;5-横向稳定杆;6-螺旋弹簧;7-支架;8-副车架;9-横拉杆

从图 21-12 可以看出,该后支持桥为紧凑型的四连杆机构,每一侧由三个横摆臂(下横摆臂 2、横拉杆 9 和上横摆臂 4)和纵摆臂 1 组成。弹性元件为螺旋弹簧 6。通过上述布置使纵向力和横向力互相独立,由此获得最大限度的行驶稳定性和舒适性。

第二节　车轮与轮胎

车轮和轮胎的功用

车轮与轮胎是汽车行驶系统中的重要部件,其功用是:支撑整车;缓和由路面传来的冲击力;通过轮胎同路面的附着作用来产生驱动力和制动力;汽车转弯行驶时产生平衡离心力的侧向力,在保证汽车正常转向行驶的同时,通过车轮产生的自动回正力矩,使汽车保持直线行驶方向;承担越障、提高通过性的作用等。

车轮和轮胎有时又统称车轮总成,它主要由车轮和轮胎两大部件组成。某轿车轮胎和车轮结构如图21-13所示。它由铝合金轮辋4、子午线轮胎5、车轮螺栓6、平衡块及夹子1、车轮饰板2和气门嘴3等组成。

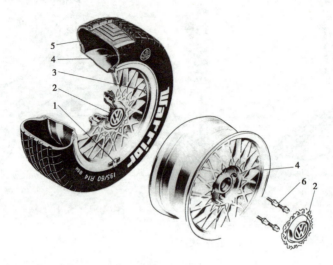

图21-13 某轿车的车轮及轮胎

1-平衡块及夹子;2-车轮饰板;3-气门嘴;4-铝合金轮辋;5-子午线轮胎;6-车轮螺栓

一、车轮

车轮是轮胎和车轴之间的旋转承载件。通常由轮辋和轮辐两个主要部件组成,轮辋和轮辐可以是整体的、永久连接的或可拆卸的。轮辋是车轮上安装和支撑轮胎的部件。轮辐是车轮上车轴和轮辋之间的支撑部件。车轮除上述部件外,有时还包含轮毂。

1. 车轮类型

按轮辐的构造,车轮可分为两种主要形式:辐板式和辐条式。按车轴一端安装一个或两个轮胎,车轮又分为单式车轮和双式车轮。目前,轿车、客车和货车上广泛采用辐板式车轮。此外还有对开式车轮、可反装式车轮、可拆卸式轮辋的车轮和可调式车轮。

1) 辐板式车轮

辐板式车轮是指轮辋和轮辐永久连接的车轮。这种车轮如图21-14所示,由挡圈1、辐板2、轮辋3和气门嘴孔4组成。用以连接轮毂和轮辋的圆盘称为辐板。辐板大多是由钢板冲压制成或铝合金铸造的,有些是和轮毂铸造成一体的。

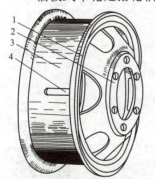

图21-14 辐板式车轮

1-挡圈;2-辐板;3-轮辋;4-气门嘴孔

轿车的车轮辐板所用板料较薄,常冲压成起伏多变的形状(图21-15b),以提高刚度。现代轿车为了减轻车轮的质量和有利于制动鼓的散热,采用了铝合金铸造等加工方式。为了保证高速行驶的平衡性能,还加有平衡块。轿车的车轮总成如图21-15所示。轮辋7和辐板5焊接在一起,并用螺栓2将其安装在车轮轮毂或制动鼓上,组成车轮。用平衡块8对车轮进行动平衡,车轮装饰罩装在辐板外面。

第二十一章　车桥和车轮

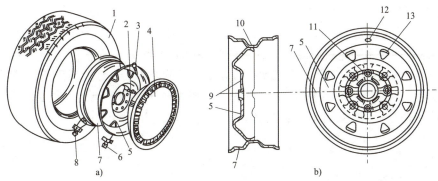

图 21-15　轿车车轮总成

1-轮胎；2-螺栓；3-气门嘴；4-车轮装饰罩；5-辐板；6-平衡块定位弹簧；7-轮辋；8-平衡块；9-螺栓孔；10-焊缝；11-车轮螺母座凸台；12-气门嘴孔；13-通风孔

由于货车后轴负荷比前轴大得多，为使后轮轮胎不致过载，后桥一般装用双式车轮（图 21-16）。即在车轴的一端安装了两个轮胎，为了便于互换，辐板的螺栓孔两端面都做成锥形（图 21-17a）。内轮辐板 3 靠在轮毂 4 凸缘的外端面上，用具有锥形端面的特制螺母 1 固定在螺栓 5 上。螺母 1 还具有外螺纹。外轮的辐板 2 紧靠着内轮辐板，并用锁紧螺母 6 来固定。采用这种双螺母固定形式时，为了防止汽车在行驶中固定辐板的螺母松脱，汽车两侧车轮上的辐板固定螺栓 5，一般采用旋向不同的螺纹，左侧用左旋螺纹，右侧用右旋螺纹。

在一些货车上，后桥双式车轮采用单螺母的固定形式（图 21-17b），由于在该结构中采用了球面弹簧垫圈 7，可以防止螺母 1 的自行松脱，故汽车左右车轮上固定辐板的螺栓 5 均可用右旋螺纹，从而减少了零件品种。

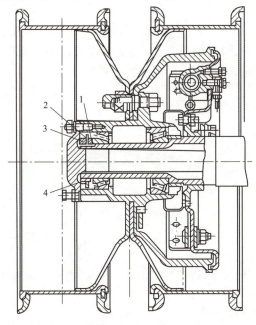

图 21-16　货车双式车轮

1-调整螺母；2-锁止垫片；3-锁紧螺母；4-销钉

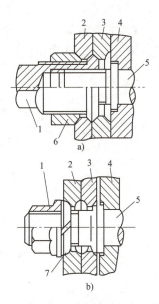

图 21-17　双式车轮辐板的固定

a) 双螺母固定形式；b) 单螺母固定形式
1-螺母；2-外轮辐板；3-内轮辐板；4-轮毂；
5-螺栓；6-锁紧螺母；7-球面弹簧垫圈

2) 辐条式车轮

辐条式车轮是指轮辋由若干辐条连接到轮毂而构成的车轮。这种车轮的轮辐是钢丝辐条(图21-18a)或者是和轮毂铸成一体的铸造辐条(图21-18b)。钢丝辐条车轮由于价格昂贵,维修安装不便,故仅用于赛车和某些高级轿车上。铸造辐条式车轮适用于装载质量较大的重型汽车上。在这种结构的车轮上,轮辋1是用螺栓3和特殊形状的衬块2固定在辐条4上,为了使轮辋与辐条很好地对中,在轮辋和辐条上都加工出配合锥面5。

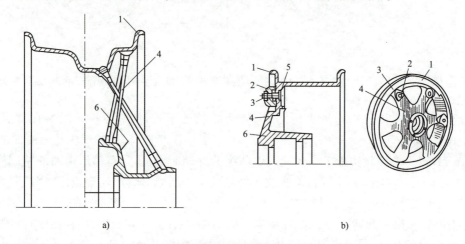

图21-18 辐条式车轮

a)钢丝辐条;b)铸造辐条

1-轮辋;2-衬块;3-螺栓;4-辐条;5-配合锥面;6-轮毂

2. 轮辋型式

由一个部件构成并带有轮辋槽的轮辋,称为一件式轮辋,如图21-19所示。由两个、三个、四个、五个部件构成的轮辋,分别称为两件式轮辋、三件式轮辋、四件式轮辋和五件式轮辋,如图21-20~图21-23所示。DC(Drop-centre Rim)表示深槽式轮辋。

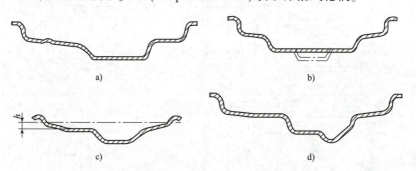

图21-19 一件式(深槽)轮辋

a)乘用车5°DC;b)农用机械5°DC(带虚线所示的二级槽);c)商用车15°DC;d)房车及低底盘挂车可拆式15°DC

h-座架深度

注:所示为典型用法。

由于轮辋是轮胎的装配和固定基础,当轮胎装入不同轮辋时,其变形位置与大小也发生变化。因此,每一种规格的轮胎,最好配用规定的标准轮辋,必要时,也可配用规格与标准轮胎相近的轮辋(容许轮辋)。如果轮辋使用不当,特别是使用在过窄的轮辋上时,会造成轮胎早期损坏。

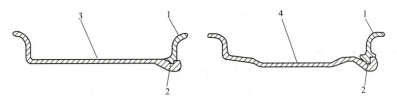

图 21-20　两件式轮辋

1-弹性挡圈;2-锁圈槽;3-轮辋体;4-轮辋体(半深槽)

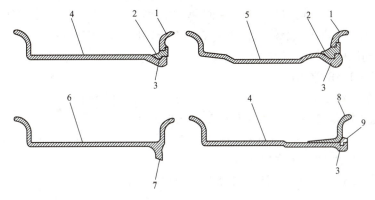

图 21-21　三件式轮辋

1-可拆式挡圈;2-弹性锁圈;3-锁圈槽;4-轮辋体;5-轮辋体(半深槽);6-3×120 分瓣式轮辋;7-18°[15°]斜面;8-具有锥形胎圈座的可拆式挡圈;9-弹性锁圈

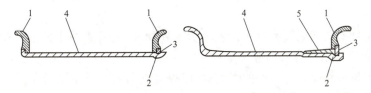

图 21-22　四件式轮辋

1-可拆式挡圈;2-锁圈槽;3-弹性锁圈;4-轮辋体;5-弹性锥形胎圈座圈

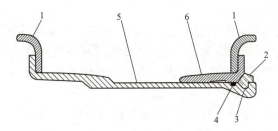

图 21-23　五件式轮辋

1-可拆式挡圈;2-弹性锁圈;3-锁圈槽;4-无内胎轮胎用 O 型密封圈槽;5-轮辋体;6-可拆式锥形胎圈座圈

近年来,为了提高轮胎负荷能力和车辆高速性能,开始采用宽轮辋。试验和应用表明,采用宽轮辋可以提高轮胎的使用寿命,并可改善汽车的通过性和高速行驶稳定性。

3. 车轮和轮辋的规格代号

车轮和轮辋的规格代号应使用数字和字母,并按下面优先顺序表示:

(1)轮辋名义直径。现型轮辋的名义直径用尺寸代号(基于英制尺寸)表示;与新型的轮胎一起使用的新型轮辋,其名义直径用 mm 表示。

(2)轮辋型式(可选)。符号"×"表示一件式轮辋;符号"—"表示多件式轮辋。

(3)轮辋名义宽度。现型轮辋名义宽度用尺寸代号(基于英制尺寸)表示;与新型的轮胎一起使用的新型轮辋,其名义宽度用 mm 表示。

(4)轮辋轮廓。用字母表示装胎侧的轮辋轮廓。示例:《乘用车轮辋规格系列》(GB/T 3487—2015)中的 B、J,《拖拉机和农业、林业机械用轮辋系列》(GB/T 3372—2010)中的 C、D、E 和 F。通常,轮廓标记位于轮辋名义宽度之后。然而,它也可位于轮辋名义宽度之前或分布于轮辋名义宽度的两侧,如下文示例中农用机械用轮辋的标志所示。

(5)轮缘高度。对于非道路车辆用轮辋,尺寸代号(基于英制尺寸)中斜线号"/"后的一个或几个数字(英寸)表示轮缘高度。这种表示对于多件式轮辋是可选的。

以下是轮辋规格代号的示例:

乘用车:13×4.5B,16×6J。

轻型商用车:15×5 1/2J,15-5.50F SDC,注:SDC 表示半深槽轮辋。

中型/重型商用车:20-7.5,22-8.0,22.5×8.25。

农用机械:28×W12,28×W10H,26×DW16,38×W18LA,注:"DW"表示轮辋有二级槽,"L"表示低轮缘,"A"表示宽轮缘半径。

非道路车辆:25-13.00/2.5,注:"/2.5"是轮缘高度规格代号。

二、轮胎

现代汽车几乎都采用充气轮胎。轮胎安装在轮辋上,直接与路面接触,它的作用是:

(1)和汽车悬架共同来缓和汽车行驶时所受到的冲击,并衰减由此而产生的振动,以保证汽车有良好的乘坐舒适性和行驶平顺性。

(2)保证车轮和路面间有良好的附着性,以提高汽车的牵引性、制动性和通过性。

(3)承受汽车的重力,并传递其他方向的力和力矩。

因此,轮胎必须有适宜的弹性和承受载荷能力。同时,在其与路面直接接触的胎面部分,应具有用以增强附着作用的花纹。

此外,车轮滚动时,轮胎在所承受的重力和由于道路不平而产生的冲击载荷作用下受到压缩。压缩消耗的功,在载荷去除后并不能完全回收,有一部分消耗于橡胶的内摩擦,结果使得轮胎发热。温度过高将严重地影响橡胶的性能和轮胎的组织,从而大大增加轮胎的磨损而缩短轮胎的使用寿命。

另外,轮胎与轮辋之间要结合紧密,以可靠地传力;轮胎的滚动阻力要小,以降低燃油消耗;气密性要好,以保证有足够的承载能力;轮胎的结构要能保证在高速行驶时不易爆裂。在保证安全性的同时,实现节能、环保。

1.轮胎分类及其结构

汽车轮胎按用途分类,分为普通轮胎、特殊轮胎(特殊用途的轮胎)、雪地轮胎、雪泥轮胎、缺气保用轮胎等。

汽车轮胎按结构分类,即根据轮胎胎体的技术特征来分,分为斜交轮胎、带束斜交轮胎和子午线轮胎。

汽车轮胎按配套车辆分类,分为轿车轮胎、载货汽车轮胎和轻型载货汽车轮胎。

汽车轮胎按胎体结构不同可分为 充气轮胎和实心轮胎。现代汽车绝大多数采用充气轮胎。充气轮胎按组成结构不同,又分为有内胎轮胎和无内胎轮胎两种。

按胎内的空气压力大小,充气轮胎也可分为高压胎、低压胎和超低压胎3 种。

目前,轿车、客车和货车几乎全都采用低压胎。因为低压胎弹性好、断面宽,与道路接触面积大,壁薄而散热性良好。这些特点提高了汽车的行驶平顺性和转向操纵稳定性。此外轮胎本身的寿命也得以延长。

1)有内胎轮胎

有内胎轮胎是轮胎外胎内腔中需要装配内胎的充气轮胎,通常包括外胎 1、内胎 2 和垫带 3(图21-24)。内胎是用于保持轮胎内压并带有气门嘴的圆环形弹性管,内胎中充满着压缩空气;外胎是能承受各种作用力的轮胎外壳体。有内胎的充气轮胎的外胎还是用以保护内胎不受外来损害的强度高而富有弹性的外壳体;垫带是保护内胎着合面不受轮辋磨损的环形带,它位于内胎与轮辋之间,防止内胎被轮辋及外胎的胎圈擦伤和磨损。

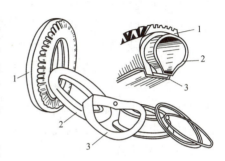

图 21-24　充气轮胎的组成
1-外胎;2-内胎;3-垫带

(1)轮胎外胎。轮胎(外胎)各部分的名称如图 21-25 所示。由图可见,轮胎(外胎)主要包括如下几个部分:胎面、胎肩、胎侧和胎圈等。其中还可分为胎面花纹、胎踵、胎趾等。轮胎结构及材料的名称有:胎面胶、胎侧胶、三角胶、帘布层、气密层、钢丝圈、带束层或缓冲层等。

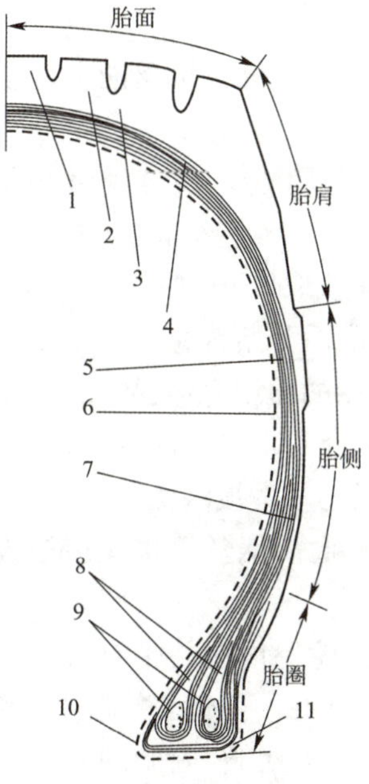

①胎体。胎体是轮胎的骨架,通常由一层或数层帘布与钢丝圈组成整体的充气轮胎结构(除胎侧胶、胎面胶和带束层或缓冲层)。帘布层为覆胶的平行帘线层。轮胎的强度主要取决于帘布层的强度,它被称为"胎体"。

帘布层的两侧边缘靠胎圈部的钢丝圈固定在轮缘和胎圈座上。它在保持内压的同时,又是支撑载荷的最重要部分。通常,为了保持气密性,采用橡胶制的内胎,但也有不用内胎的,这时则依靠在帘布层内侧加一层气密性好的橡胶层(称为气密层),以确保胎壁不漏气。现在轿车用的轮胎大多是无内胎轮胎,货车、客车也逐渐采用无内胎轮胎。另外,轿车用的子午线轮胎的帘布层一般用高分子纤维,而货车、客车用的轮胎的帘布层多数用钢丝帘线。

②胎面和胎侧。胎面是轮胎与地面接触的部分。它对保护帘布层,确保轮胎与路面间的摩擦因数,并且对发挥有效的制动力和操纵性能都是十分必要的。因此在胎面的表面刻有各种花纹沟和花纹细缝、花纹块,称为胎面花纹。

图 21-25　轮胎(外胎)各部分名称
1-花纹;2-胎面;3-胎面下层;4-带束层或缓冲层;5-胎体;6-气密层;7-胎侧胶;8-三角胶;9-钢丝圈;10-胎趾;11-胎踵

胎面的磨耗是决定轮胎寿命的最重要因素。所以,除了采用耐磨耗性好的橡胶材料外,为增加轮胎与路面间的附着力,避免轮胎在湿路面上打滑,还要求胎面胶有良好的抗打滑性能和小的滚动阻力。

胎冠是外胎两胎肩之间的整个部位,包括胎面、缓冲层(或带束层)和帘布层等。

胎侧是轮胎安装在轮辋上,从侧面看不包括胎冠的部分,它的主要作用是保护轮胎侧面的帘布层免受损伤,但它不承受很大的应力,同时不与地面接触,一般不受到磨损,所以胎侧较薄。但由于在行进过程中,胎侧不断承受弯曲和伸缩,故要求它有良好的耐疲劳性能和耐日光老化性能。

③带束层或缓冲层。胎面和胎体是完全不同的结构,两者之间刚度可能相差很大,这很容易成为出现故障的原因。故在斜交轮胎中,在胎面胶层和胎体帘布层之间加一缓冲层,这样就可防止刚性的断层和吸收来自路面的局部变形与冲击。缓冲层是斜交轮胎胎面与胎体之间的胶帘布层或胶层,不延伸到胎圈的中间材料层。帘布挂胶较厚。在帘布层上、下或帘布层之间加贴胶片以提高缓冲能力。

在子午线轮胎中,由于胎体帘线向着半径方向,故圆周方向强度就小。另外,如不用带束层捆紧,就不可能做成扁平率小的轮胎。带束层是轮胎胎面或冠带层(位于带束层与胎面之间的胶帘布层)下,沿胎冠中心线圆周方向箍紧胎体的材料层。因此,带束层不仅仅是缓冲层,它既要完成在半径方向的压缩任务,又要起到以保持圆周方向的刚性为目的的绑带(环箍)作用,故称其为带束层。

④胎圈。胎圈是轮胎与轮辋的配合部分。

胎圈的作用是将胎体帘布层的两侧边缘固定以保持内部气压,同时也为了在轮胎穿孔时防止轮胎从轮辋上脱落。

胎圈的主体是**钢丝圈**,如图 21-25 所示。钢丝圈用包胶高碳素钢丝制成,钢丝圈上部空隙填充有半硬质三角胶。

⑤帘线。帘线是组成轮胎胎体、帘布层、带束层、缓冲层等各种部件用的线绳。轮胎主要是由橡胶帘线复合材料制成,作为轮胎帘线用的纤维,最早用的是棉线,1935 年人造丝帘线开始被采用。人造丝帘线轮胎在耐久性方面优于棉帘线轮胎,所以人造丝帘线很快取代了棉帘线。

继人造丝之后,尼龙于 1950 年前后开始普遍应用于轿车轮胎。由于尼龙帘布能大大延长轮胎的使用寿命,故 20 世纪 60 年代尼龙帘线已在某些国家的轮胎工业中占据主导地位。人造丝帘线用量已明显减少,棉帘线已基本被淘汰。

1962 年聚酯帘线投入工业生产,此后钢丝等也先后被投入使用。

(2)轮胎内胎。内胎是用于保持轮胎内压并带有气门嘴的圆环形弹性管(图 21-24),应具有良好的弹性,并能耐热和不漏气。为使内胎在充气状态下不产生褶皱,内胎的有效尺寸应稍小于外胎内壁尺寸。

内胎上装有充放气的气门嘴,其构造如图 21-26 所示。它有一个金属座筒 7,气门嘴底部的凸缘 10 通过内胎上的狭孔插入内胎中。用编织物和橡胶衬垫加强了内胎孔的边缘并紧密地包住座筒,由螺母 8 将它夹紧在两个垫片 9 之间,使气门嘴严密地装在内胎上。

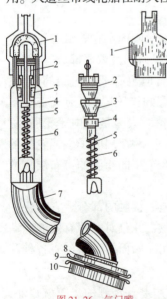

图 21-26 气门嘴
1-盖;2-螺母;3-衬套;4-阀门;5-杆;6-弹簧;7-座筒;8-螺母;9-垫片;10-凸缘

充气轮胎类型——按胎面花纹不同分类

轮胎安装在车轮上时,气门嘴被固定在轮辋上的孔内。座筒 7 里面装有带密封衬套 3 的气门芯。衬套 3 的环形槽内嵌有橡胶密封圈。当拧入螺母 2 时,密封圈即被压紧在座筒的锥形凹座上。座筒外面旋上一个带橡胶密封罩的盖 1,其柄部可以作为拧出气门芯螺母 2 的扳手。衬套 3 下面装有橡胶阀门 4。当轮胎被充气时,阀门 4 被空气压力压下,充气完毕后,套在杆 5 上的弹簧 6 便将它紧密地压在阀座上。

(3) 轮胎胎面花纹。轮胎胎面花纹对轮胎的性能影响很大,如图 21-27 所示。目前轮胎胎面花纹主要有公路花纹、混合花纹和越野花纹等,如图 21-28 所示。

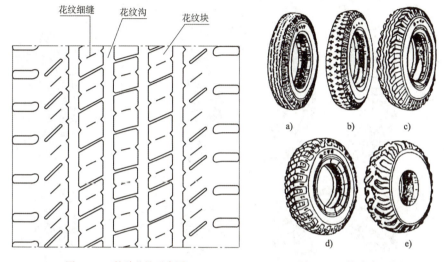

图 21-27 轮胎花纹示意图　　图 21-28 轮胎胎面花纹
a)、b) 公路花纹;c) 混合花纹;d)、e) 越野花纹

公路花纹如图 21-28a)、b) 及图 21-29a)、b) 所示,它们的特点是花纹细而浅,花纹块接地面积大,因而耐磨性和附着性较好,适用于铺装路面。纵向花纹(图 21-28a)是花纹沟基本呈轮胎周向的花纹,具有较好的横向抓着性能。它的滚动阻力小,不易发生侧滑,有良好的操纵稳定性,噪声低,行驶过程中产生的热量低,在轮胎各种花纹中的高速性能较为出色,同时能提供良好的驾乘舒适感,但其制动性能和湿地稳定性能较差,而且在高负荷下容易开裂;横向花纹(图 21-28b)是花纹沟基本呈轮胎轴向的花纹,具有较好的纵向抓着性能。其具有良好的制动、操纵和驱动性能,但高速行驶时的噪声较大,而且由于滚动阻力大,不适于高速行驶。由于路面情况复杂,单一的胎面花纹适应能力有限,因此胎面花纹有多种形状,以保证汽车有良好的行驶能力。越野花纹(图 21-28d、e 及图 21-29e、f、g、h)的特点是凹部深而宽,适用于非铺装路面。花纹呈块状规则排列,越野花纹块较大,花纹沟深,这样能提高轮胎的抓着性能和驱动力。同时,通过特殊的沟槽设计,能让轮胎在行驶过程中自动去除石块和土块,有助于维护轮胎的性能。适用于矿山、建筑工地以及其他一些松软及坏的路面、无路地带上使用的越野汽车轮胎。越野花纹轮胎不宜在较好的硬路面上使用,否则行驶阻力加大且加速花纹的磨损。混合花纹(图 21-28c 和图 21-29c、d)是适用于多种路况的特殊花纹,如公路花纹与越野花纹混合的花纹等。它兼顾了两者的使用要求,其特点是胎面中部具有方向各异或以纵向为主的窄花纹沟槽,而两侧则是方向各异或以横向为主的宽花纹沟槽。这样的花纹搭配使混合花纹的综合性能好,适应能力强。它既适应于良好的硬路面,也适应于碎石路面、雪泥路面和松软路面,附着性能优于公路花纹,但耐磨性能稍逊。

除了上面讲到的胎面花纹形式外，还有一些胎面花纹类型，如图21-30a)所示，为非对称花纹，其胎面左右两侧花纹形状不同。这样可以使轮胎增大转弯时外侧花纹的着地压力，提高了车辆高速转弯性能，并强化了外侧花纹的耐磨性能，内侧胎面一般设计成具有更好的防滑性能，这种轮胎一般用于竞技用车及高性能车辆上。由于其两侧花纹不同，必须注意轮胎的正确安装方向。目前有向花纹(图21-30b)也比较常见，它的花纹沟之间都相互连接，呈独立的花纹块结构。相对于其他轮胎花纹，它拥有卓越的制动性能，极佳的排水性能，雨天优秀的稳定性能，适合高速行驶。同样，在安装时应注意轮胎的安装位置必须与行驶方向一致。

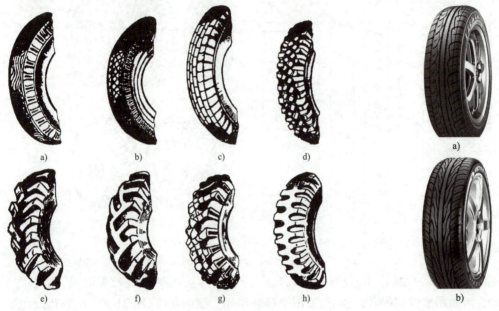

图21-29 胎面花纹(轮胎局面)
a)、b)公路花纹；c)、d)混合花纹；e)、f)、g)、h)越野花纹

图21-30 非对称花纹和有向花纹
a)非对称花纹；b)有向花纹

胎面花纹对轮胎的地面抓着力、抗水漂能力、噪声和直线行驶稳定性都有很大影响，因此近年来国外轮胎公司加强了对胎面花纹的研究工作，并已开发出几种能适应高速高性能轮胎要求的新型胎面花纹(图21-31)。

采用双裂附着平衡橡胶方块的轮胎如图21-31a)所示。橡胶方块外侧相对较大，呈管状胎槽，使轮胎附着力随转弯压力的增大而增强。内侧小橡胶块相对较短，其目的是确保胎面硬度。内侧的橡胶块与外侧双裂附着平衡橡胶块相结合产生强大的附着力和侧偏刚度。采用胎肩直角胎面花纹设计的轮胎如图21-31b)所示，胎肩直角可增大轮胎转弯时的接地面积，使压力分布更均匀，提高急转弯时的稳定性。

某公司研发的系列雪泥轮胎，其胎面拥有超长的刀槽花纹，每一个刀槽接触路面时，会自动张开，与路面咬合，保证了更强劲的抓地性能。而当雪融化时，该系列轮胎在干湿地上避免了传统雪泥轮胎为增强抓地力而牺牲一定的操控稳定性。除此之外，有坚固的胎面材质并加大轮胎的接地面积；采用全新硅胶胎面配方，能够在低温条件下保持超强的抓地力；特殊的湿地抓地树脂，加上新一代硅胶配方，提高了轮胎在雪水和泥泞路面的附着力。

在路面形成水膜的状态下，利用轮胎花纹排水是很重要的。在积水路面上，如果轮胎无花纹,那么胎面和路面间形成一层水膜,使车轮易于发生打滑现象即水漂,若胎面开有沟槽,路面和胎面之间的水被压入花纹沟之中,水就会沿沟槽排出,破坏了水膜。花纹沟的深度和形状决定着排水性能。

图 21-32 所示为三种抗水漂轮胎。这三种轮胎的最大特点就是都在胎面上设计了又宽又深的花纹沟——排水沟(主沟)。图 21-32a)和 b)所示的轮胎为胎面中央设置了一条排水沟。如图 21-32c)所示,这种轮胎在胎面中央两侧对称设置了两条主沟。在胎面上设计宽大的排水沟,可以在轮胎与路面之间形成较大的排水空间。与以前的小花纹沟相比,这种大花纹沟对水流的阻力小,可以明显地提高排水效率,使轮胎能够将集中到中部的水大量地排向后方。此外,在主沟两侧的胎面上设计了通往胎侧的侧向花纹沟,这些侧沟的排水距离比以前的短,可以提高排水效率,使轮胎的排水能力进一步提高。

图 21-31　高速高性能轮胎的新型胎面花纹　　　　图 21-32　三种抗水漂轮胎

图 21-32a)和 c)中的抗水漂轮胎的胎面花纹分别如图 21-33 中 a)、b)所示。

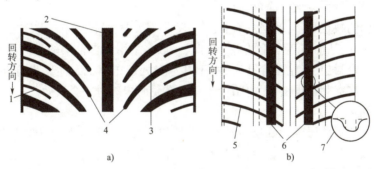

图 21-33　抗水漂轮胎的胎面花纹

1—肩部侧沟;2—主沟;3—弓形长条大花纹块;4—漏斗形侧沟;5—倾斜细侧沟;6—双列主沟;7—主沟侧面

轮胎胎面花纹对汽车使用性能有着重要影响,选用时,应给予足够重视和仔细考虑。近年来,轮胎生产厂对轮胎花纹也进行了深入地研究和开发。

2) 无内胎轮胎

无内胎轮胎是不需要装配内胎的充气轮胎,无内胎充气轮胎在轿车和一些货车、客车上的使用日益广泛。它没有内胎,空气被直接压入外胎中,因此要求外胎和轮辋之间有很好的密封性。

无内胎轮胎在外观上和结构上与有内胎轮胎近似,所不同的是无内胎轮胎的外胎内壁上附加了一层厚约 2~3mm 的专门用来封气的橡胶密封层 1,如图 21-34 所示,它是用硫化的方法黏附上去的。在密封层正对着胎面下面贴着一层用未硫化橡胶的特殊混合物制成的自粘层 2。当轮胎穿孔时,自粘层能自行将刺穿的孔黏合,故称为有自粘层的无内胎轮胎。

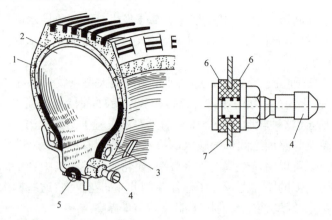

图 21-34 无内胎轮胎

1-橡胶密封层；2-自粘层；3-槽纹；4-气门嘴；5-铆钉；6-橡胶密封衬垫；7-轮辋

在胎圈上做出若干条同心的环形槽纹 3。在轮胎内空气压力作用下，槽纹 3 能使胎圈可靠地紧贴在轮辋边缘上，以保证轮胎与轮辋之间的气密性。但也有的胎圈外是光滑而没有槽纹的。

气门嘴 4 直接固定在轮辋 7 上，其间垫以密封用的橡胶密封衬垫 6。铆接轮辋和辐板的铆钉 5 自内侧塞入，并涂上一层橡胶。

无内胎轮胎的优点是：轮胎穿孔时，压力不会急剧下降，能安全地继续行驶；无内胎轮胎中不存在因内外胎之间摩擦和卡住而引起损坏；气密性较好，可以直接通过轮辋散热，所以工作温度低，使用寿命长；结构简单，质量较小。

无内胎轮胎的缺点是：自粘层只有在穿孔尺寸不大时方能黏合。天气炎热时自粘层可能软化而向下流动，从而破坏车轮平衡。因此，一般多采用无自粘层的无内胎轮胎。它的外胎内壁只有一层密封层，当轮胎穿孔后，由于其本身处于压缩状态而紧裹着穿刺物，故能长期不漏气。即使将穿刺物拔出，无内胎轮胎只有在轮胎爆破时才会失效。

3) 斜交轮胎

胎体帘布层和缓冲层各相邻层帘线交叉，且与胎面中心线呈小于 90°角排列的充气轮胎，称为斜交轮胎。图 21-35 所示为有内胎的斜交轮胎的构造。其外胎由胎面 3、胎体帘布层 1、缓冲层 5 及胎圈 8 等组成。胎体是外胎的骨架，用以保持外胎的形状和尺寸，也称帘布层，为覆胶的平行帘线层。相邻层帘线交叉排列。帘布层数越多，强度越大，但弹性降低。在外胎表面上注有帘布层数。

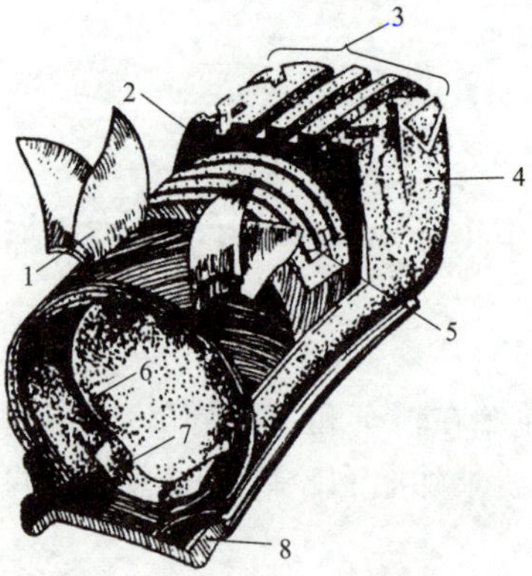

缓冲层位于胎面与帘布层之间，弹性较大，能缓和汽车在行驶时所受到的不平路面的冲击，并防止汽车在紧急制动时胎面与帘布层脱离。斜交轮胎的缓冲层的帘线也按帘布层一样的方式布置。

图 21-35 有内胎的斜交轮胎的构造

1-胎体帘布层；2-胎肩；3-胎面；4-胎侧；5-缓冲层；6-胎趾；7-垫带；8-胎圈

胎面直接与地面接触，胎面用耐磨的橡胶制成，它直接承受摩擦和作用在轮胎上的全部载荷，能减轻帘布层所受冲击，并保护帘布层和内胎免受机械损伤。为使轮胎与地面有良好的附着性能，防止纵横向滑移等,在胎冠上有各种形状的凹凸的胎面花纹。

胎肩是胎冠两侧的边缘部分,一般也制有花纹,以利于散热。

胎侧橡胶层较薄,它用以保护帘布层侧壁免受潮湿和机械损伤。

胎圈使外胎牢固地装在轮辋上,有很高的刚度和强度,由钢丝圈、三角胶等组成。

斜交轮胎的优点是:外胎面柔软,制造容易,侧壁不易受损,价格也较子午线轮胎便宜。因此,在道路条件不好,车速较低时,仍有少量车辆使用。

斜交轮胎的缺点是:转向行驶时,接地面积小,胎面滑移大,抗侧向力能力差,高速行驶时稳定性差,滚动阻力较大,油耗偏高,承载能力也不如子午线轮胎。

4)子午线轮胎

胎体帘布层帘线与胎面中心线呈90°角或接近90°角排列并以带束层箍紧胎体的充气轮胎,称为子午线轮胎。图21-36所示为子午线轮胎的结构。它主要由胎圈1、胎体帘布层2、带束层3、胎面4和胎肩5组成。其特点是:

(1)帘布层帘线排列的方向与轮胎的子午断面一致。由于帘线的这种排列,使帘线的强度能得到充分利用,子午线轮胎的帘布层数一般比斜交轮胎少,胎体较柔软,弹性好。

(2)帘线在圆周方向上只靠橡胶来联系,因此,为了承受行驶时产生的较大切向力,子午线轮胎具有若干层帘线与子午断面呈大角度、高强度、不易拉伸的周向环形的带束层(图21-37a)。

图21-36 子午线轮胎
1-胎圈;2-胎体帘布层;3-带束层;4-胎面;5-胎肩;6-子午断面

图21-37 子午线轮胎和斜交轮胎结构的比较
a)子午线轮胎;b)斜交轮胎
1-胎面;2-胎体;3-带束层

子午线轮胎和斜交轮胎的结构比较,如图21-37所示。子午线轮胎和斜交轮胎骨架的区别如图21-38所示。

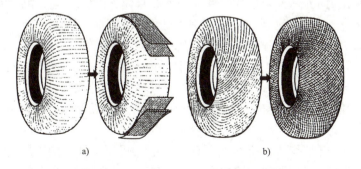

图21-38 子午线轮胎和斜交轮胎骨架的区别
a)子午线轮胎;b)斜交轮胎

子午线轮胎基本骨架的胎体帘线排列成辐射状,所以胎侧部分柔软。但是,由于胎面内

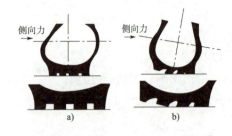

图 21-39 子午线轮胎和斜交轮胎在承受侧向力时的变形状况
a) 子午线轮胎; b) 斜交轮胎

侧有带束层,从而提高了胎面的刚度。而斜交轮胎的帘布层帘线是按斜线交叉排列的,因而从胎面到胎侧的柔软度是均匀的。

子午线轮胎由于胎面刚性大,而胎侧部分柔软,所以在侧向力的作用下,胎侧变形较大,胎面的接地面积基本不变,如图 21-39a)所示。而斜交轮胎在侧向力的作用下胎侧变形不大,但使整个轮胎发生倾斜,结果使轮胎胎面的接地面积减小(图 21-39b)。可见,轮胎在承受侧向力时,子午线轮胎具有明显的优越性。

综上,可以看出子午线轮胎的优点是:

(1) 接地面积大,附着性能好,胎面滑移小,对地面单位压力也小,因而滚动阻力小,行驶时变形小,油耗低。

(2) 胎冠较厚且有坚硬的带束层,不易刺穿,使用寿命长。

(3) 因帘布层数少,胎侧薄,所以散热性能好。

(4) 径向弹性大,缓冲性能好,负荷能力较大。

(5) 在承受侧向力时,接地面积基本不变,故在转向行驶和高速行驶时稳定性好。

其缺点是:胎侧较薄,易被划破;制造技术要求高,成本也高。

由于子午线轮胎明显优越于斜交轮胎,因此在轿车上已普遍采用。在货车、客车上也越来越多地采用了子午线轮胎。

5) 缺气保用轮胎

设计用于正常充气状态下行驶,且在缺气状态下,仍能以一定速度行驶一定距离的充气轮胎,称为缺气保用轮胎。

爆胎是非常严重的安全事故,特别是在高速公路爆胎。据统计,国内高速公路 70% 的意外交通事故是由爆胎引起的,而时速在 160km 以上发生爆胎的死亡率几乎接近 100%。给车辆配置缺气保用轮胎最大程度地解决了令人担心的安全问题。军用越野装甲车上的缺气保用轮胎,其轮胎里设计了专门的金属条,即使遇到炮火弹片击穿也能保持轮胎不会发生形变,继续前进;普通民用的缺气保用轮胎的原理也基本是一样的,它们的功用都是保证在轮胎缺气、泄气的情况下,车辆仍能继续行驶。

现在的缺气保用轮胎大致可以分为两种,一种是自体支撑型缺气保用轮胎,它是设计用于正常充气状态下行驶,且在缺气状态下不需其他任何附属配件,仍能以一定速度行驶一定距离的充气轮胎。其实例之一为增强型胎侧,即利用坚固的侧壁提供支撑,以防止胎面在发生爆胎时瞬间塌陷而失去抓地力(图 21-40b);而另一种是内支撑轮胎,即在外胎内腔中有支撑物的轮胎。其一般的设计方案,则是在外胎里面安装一个被称作支撑圈的装置,这个支撑圈可以从内侧支撑轮胎,从而使轮胎不至于被压坏,同时还能防止轮胎从轮胎垫圈即轮辋上脱落。这种缺气保用轮胎主要由轮胎 4、车轮 2、内置的支撑圈 3 以及压力检测器 1 四部分组成(图 21-41)。

设计较好的缺气保用轮胎在缺气、泄气的情况下,仍能保证车辆以约 80km/h 的车速行驶 200~300km 甚至更长的距离。这样可以避免在高速公路爆胎时可能导致的重大安全事故,而且可以避免驾乘人员在高速公路上冒险换胎的情况。同时,车辆上也不再需要放置备胎,使汽车减少了备胎的质量,提高了节油性能。

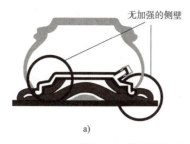

图 21-40 普通轮胎与具有增强型胎侧的轮胎的比较
a) 无加强的侧壁；b) 有加强的侧壁

6) 其他类型的轮胎

随着汽车工业的发展和轮胎研发及制造技术的进步，出现了低滚动阻力轮胎、低噪声轮胎、绿色轮胎等新型轮胎。

(1) 低滚动阻力轮胎。经有关试验及研究表明，汽车 1/5 的油耗与轮胎有关，而轮胎滚动阻力每降低 7%，便可使汽车燃油消耗降低 1%。低滚阻轮胎伴随着汽车的节能减排应运而生，许多公司和研究机构都就此开展了研究。降低轮胎的滚动阻力，主要从两方面着手：一是改进轮胎结构，包括轮胎的子午化、扁平化、无内胎化和轻量化等；另一重要方面是采用低内耗、低生热的新材料的胶料制造轮胎。

图 21-41 内支撑轮胎
1-压力检测器；2-车轮；3-支撑圈；4-轮胎

这种低滚阻轮胎要求自身能最大限度减少滚动阻力，从轮胎的结构方面看，轮胎的不同部位对减小轮胎滚动阻力的影响程度不同，其中，胎面产生的滚动阻力约占轮胎滚动阻力的一半。通过对轮胎形状结构、外层轮胎的花纹结构等的改进可以很好地降低轮胎的滚动阻力。

低滚阻轮胎技术还可以从选择合适的胶种和配合剂，改进胎面胶料配方入手，再辅以减薄胎体、优化轮胎轮廓和胎面花纹等结构设计手段，来达到降低轮胎滚动阻力的目的。

(2) 低噪声轮胎。轮胎噪声对汽车的舒适性影响很大，所以降低轮胎的噪声非常重要。轮胎噪声的形成主要是由轮胎和路面决定的。在道路条件一定的情况下，轮胎和轮辋的结构对轮胎的噪声有唯一的影响，而轮胎本身的花纹设计，对轮胎噪声起着主导性的作用。所以，在满足轮胎花纹设计基本要求的前提下，低噪声轮胎花纹的设计就显得至关重要。低噪声轮胎花纹的设计涉及花纹块、花纹条、花纹沟以及花纹错位的设计等。如一种带有特殊花纹设计的轮胎，其居中的肋骨形花纹不仅确保了轮胎在湿滑道路上行驶的安全性，而且能有效降低噪声，其小尖塔的外形可打破和分裂噪声声波从而降低了噪声。一种具有特殊结构的轮胎，通过在胎肩内部配置具有吸收振动效果的"吸噪板"，降低了路面噪声。另外，它还采用了在内侧直沟槽侧面镶嵌细纵沟花纹的"静音壁"，通过控制空气流通降低了行驶过程中沟槽挤出空气时产生的空气音。

(3) 绿色轮胎。它一般是指由于应用新材料和设计，而使滚动阻力减小，因而油耗低、废气排放少的子午线轮胎。在汽车行驶中，能量会被各种阻力所消耗，其中约 20%

的汽油被轮胎滚动阻力所消耗。使用绿色轮胎就可以减少这方面的能量消耗,从而达到省油的目的。

绿色轮胎具有弹性好、滚动阻力小、油耗低、生热低、耐磨、耐穿刺、承载能力大、乘坐舒适等优点。与传统轮胎比,具有环保、节能、新工艺、新材料等多方面的优势。

传统轮胎由于添加了有致癌作用的橡胶配合剂,这些橡胶配合剂随着胎面磨损散发在空气中,严重污染了环境;同时世界上每年有数亿条轮胎被废弃,它们不但占据了大量的空间,而且难以分解,对环境造成了极大的威胁,被人们称为"黑色污染"。当大量的汽车使用绿色轮胎后,对节能和减排将产生巨大作用。绿色轮胎的广泛应用将为全球每年节省数百万桶石油,并显著减少 CO 的排放量。

绿色轮胎与普通轮胎相比,既减轻了轮胎重量,又减少了复合材料的能耗(滞后损失)。所以,绿色轮胎与同等规格的轮胎相比,滚动阻力可降低 22%~35%,并因此减少汽车燃料消耗 3%~8%,使汽车 CO 的排放量有所下降,其他性能如耐磨性、低噪声、干湿路面附着力等均保持良好水平。

绿色轮胎通过优化胎体设计,以绝佳的弹性胎面改进汽车在光滑路面的抓地性能,使驾驶更平稳、制动距离更短,大大提高了行驶安全性。研究证明,绿色轮胎产生的摩擦力可以缩短汽车在湿滑或结冰路面上 15% 的制动距离,使汽车的冬季驾驶性能提高 10%~15%。这对减少事故率和人员伤亡有着重大的意义。

2. 轮胎尺寸及其规格的表示方法

轮胎外形尺寸如图 21-42 所示。外直径 D_o,是轮胎最外表面的圆周直径。轮辋名义直径 d,是指仅供轮胎尺寸计算参考用的表示轮辋直径代号的数字,即在轮胎和轮辋规格名称中标记的轮辋直径。具体数值参见《轮胎术语及其定义》(GB/T 6326—2014)中的附录 A。断面高度 H,是指按规定充气后,轮胎外直径与轮辋名义直径之差的一半。测量轮辋宽度 A^a,是指为了确定轮胎基本尺寸而给各规格轮胎规定的轮辋两边轮缘内侧之间的直线距离。断面宽度 S,是指按规定充气后,轮胎断面两外侧之间的最大距离,不包括标志、装饰线和防擦线所增加的宽度。总宽度 W,是指按规定充气后,轮胎断面两外侧之间的最大距离,包括标志、装饰线和防擦线所增加的宽度。轮胎断面

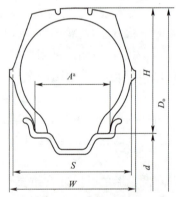

图 21-42 轮胎外形尺寸

高度与断面宽度的比值,称为 高宽比(以百分数表示)。名义高宽比是指安装在理论轮辋上的轮胎断面高度与断面宽度的比值乘以 100。

轮胎的高宽比越小,说明轮胎的断面越宽,故高宽比小的轮胎称为宽断面轮胎,如图 21-43 所示。宽断面轮胎的优点是,因断面宽,接地面积大,接地比压小,磨损减小,滚动阻力也小,侧向稳定性强,应力分布更均匀,可明显提高轮胎性能,且高速行驶时操纵性能好。因此,在相同承载能力下,宽断面轮胎较普通轮胎的直径可以减小。如图 21-44 所示,具有相同承载能力的宽断面轮胎较普通轮胎的车轮中心下降了 B 和 A 之差,从而降低了整车质心,提高了汽车的行驶稳定性,因此,在高速轿车上得到广泛应用。

目前,充气轮胎一般习惯用英制表示,但欧洲国家则常用公制表示法。有些国家用英制和公制混合表示。个别国家也有用字母作代号来表示轮胎规格尺寸的。我国轮胎规格标记

主要采用英制,有些也用英制和公制混合表示。

图 21-43　宽断面轮胎

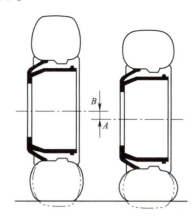

图 21-44　具有相同承载能力的普通轮胎和宽断面轮胎的比较

随着汽车工业发展,我国轮胎也制定了相应标准,并经过几次修订。现执行的标准为《轿车轮胎》(GB 9743—2015);《轿车轮胎规格、尺寸、气压与负荷》(GB/T 2978—2014);《载重汽车轮胎》(GB 9744—2015);《载重汽车轮胎规格、尺寸、气压与负荷》(GB/T 2977—2016)。标准规定了轮胎规格的表示方法、轮胎规格对应的尺寸、气压与负荷等。

轿车轮胎是用轮胎规格标志、使用说明进行定义和表述的。

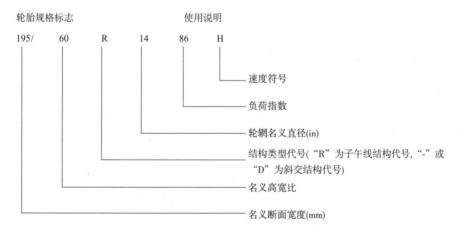

增强型轮胎应增加负荷识别标志"EXTRALOAD(或 XL)"或"REINFORCED(或 RE-INF)"。

T 型临时使用的备用轮胎应增加规格附加标志"T",如 T135/90D16。

最高速度超过 240km/h 的轮胎,结构类型代号可用"ZR"代替"R"。

对于速度超过 300km/h 的轮胎,结构类型代号应用"ZR"来替换"R",在括号内由速度符号"Y"和相应的负荷指数组成使用说明,如 245/45ZR17(95 Y)。

轮胎实际最大负荷能力和速度能力应在轮胎制造商的技术文件说明书上予以说明。

符合缺气保用轮胎要求的可在结构代号后面标记"F"来识别,如"RF"或"ZRF"。

轮胎速度符号与最高行驶速度的对应关系,见表 21-1。负荷指数与负荷能力的对应关系从 GB/T 2978—2014 等标准中可以查阅。

轮胎速度符号与最高行驶速度对应表 表21-1

速 度 符 号	最高速度(km/h)	速 度 符 号	最高速度(km/h)
C	60	P	150
D	65	Q	160
E	70	R	170
F	80	S	180
G	90	T	190
J	100	U	200
K	110	H	210
L	120	V	240
M	130	W	270
N	140	Y	300

3. 轮胎气压调节系统

现代汽车为了提高其使用性能,实现轮胎气压使用中的自动调整,安装了轮胎气压调节系统。

轮胎气压调节系统多用于经常行驶于非道路条件下的全轮驱动越野汽车。

轮胎气压调节系统的功能如下:

(1)汽车在松软地面上行驶时,可降低轮胎气压,增大轮胎的接地面积,减小其单位面积载荷,从而提高汽车的通过性。

(2)当轮胎穿孔而漏气时,轮胎气压调节系统可为轮胎充气而使汽车继续行驶,无须马上更换轮胎。

(3)使轮胎保持所需要的气压,以有效提高汽车的行驶安全性和燃油经济性。

图21-45为轮胎气压调节系统在汽车上的布置示意图。该系统的压缩空气由汽车气压制动系统的储气筒2提供。轮胎气压调节系统由压力控制阀6及与之一体的压力降低限制阀7、保证压缩空气输往旋转车轮的密封装置4和能将损坏的轮胎与系统分离的闭锁阀3以及导气管路和气压计5等组成。

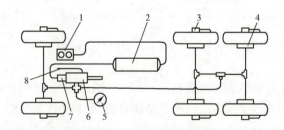

图21-45 轮胎气压调节系统的布置示意图
1-空气压缩机;2-储气筒;3-闭锁阀;4-密封装置;5-气压计;6-压力控制阀;7-压力降低限制阀;8-排入大气

压力控制阀为滑阀型,如图21-46所示。阀体上有3个孔,即与储气筒相连的压缩空气进气孔A,通向轮胎的出气孔B和将压缩空气排入大气的排气孔C。

滑阀经拉杆与位于驾驶室内的杠杆相连,操纵杠杆滑阀沿轴向移动。滑阀中部车削有环形沟槽并用两个密封件密封。滑阀有左、中、右3个工作位置。当滑阀位于左边工作位置时,环形沟槽位于左边密封件处形成通路,这时压缩空气由储气筒进入阀体内并经环形沟槽通向轮胎;当滑阀位于右边工作位置时,环形沟槽则对着右密封件,这时压缩空气由轮胎排入大气;当滑阀位于中间位置时,环形沟槽位于左右密封件之间,如图21-46所示,则轮胎停止进气和排气而保持轮胎气压不变。

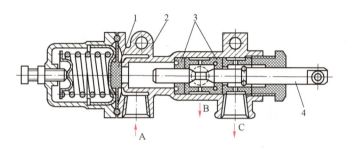

图21-46　压力控制阀和压力降低限制阀

1-压力降低限制阀;2-阀体;3-密封件;4-滑阀;A-与储气筒相连的压缩空气进气孔;B-通向轮胎的出气孔;C-将压缩空气排入大气的排气孔

当储气筒中的压缩空气压力低于足以保证可靠地制动所需的气压时,压力降低限制阀则将轮胎气压调节系统与制动供气系统隔离。

图21-47所示为中央轮胎充放气系统,该系统主要由车轮气门嘴、压力开关、电子控制单元、操作员控制面板、速度传感器和气动控制单元等组成。

车轮气门嘴3在车轮的顶端。车轮气门嘴的一个作用是在轮胎未被使用时,将其与整个系统隔离,以减轻密封件承受的压力,从而延长其使用寿命。通过车轮气门嘴还可以按照需要对轮胎进行充气和放气。

电子控制单元(ECU)1是该系统的核心。它能处理驾驶人的指令,监控系统内的所有信号,并控制系统每隔一段时间对轮胎压力进行一次检查,以确保将压力维持在预先设定的水平。ECU将指令传送到气动控制单元6,后者直接控制车轮气门嘴和通风系统。气动控制单元还含有一个传感器,用于将轮胎压力的读数传输给ECU。

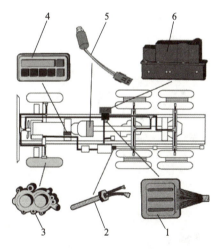

图21-47　中央轮胎充放气系统示意图

1-电子控制单元(ECU);2-压力开关;3-车轮气门嘴;4-操作员控制面板;5-速度传感器;6-气动控制单元

驾驶人可以通过操作员控制面板4选择与当前路况匹配的轮胎压力模式。这个面板安装在仪表板上,可显示当前的轮胎压力、选择的模式和系统状态。当驾驶人选择某个轮胎设置时,信号将由控制面板传输到电子控制单元,然后到达气动控制单元,最后到达车轮气门嘴。

当车辆加速行驶时(例如在高速公路上时),为防止轮胎损坏,轮胎的压力将升高。该系统中含有一个速度传感器5,它可以将车速信息传送给电子控制单元。如果车辆继续加速行驶一段时间,系统会自动对轮胎充气,以使气压与速度相适应。

中央轮胎充放气系统使用为制动系统提供空气的同一压缩机作为气源。压力开关 2 可以确保制动系统优先使用空气,它能防止储气筒在制动系统充足气之前就向中央轮胎充放气系统供应空气。中央轮胎充放气系统在汽车行驶过程中工作时,电子控制单元指示气动控制单元检查当前的压力,并根据驾驶人选定的压力对轮胎进行充气或放气。如果系统确定需要对轮胎充气,它会首先检查制动系统保留的压力是否处于适当的水平;如果是,它会向车轮气门嘴施加轻微的气压,以便开始充气。如果轮胎充气过足,系统会在车轮气门嘴形成少量的负压。当气动控制单元发现已经达到合适的气压时,气门嘴就会关闭。

第二十二章 悬 架

第一节 概 述

一、悬架的功用和组成

悬架是车架(或承载式车身)与车桥(或车轮)之间的一切传力连接装置的总称。它的功用是把路面作用于车轮上的垂直反力(支撑力)、纵向反力(驱动力和制动力)和侧向反力以及这些反力所造成的力矩传递到车架(或承载式车身)上,以保证汽车的正常行驶。

悬架的功用

现代汽车的悬架尽管有各种不同的结构形式,但是一般都由弹性元件1、减振器3和导向机构(纵、横向推力杆2、5)三部分组成(图22-1)。由于汽车行驶的路面不可能绝对平坦,路面作用于车轮上的垂直反力往往是冲击性的,特别是在坏路面上高速行驶时,这种冲击力将达到很大的数值。冲击力传到车架和车身时,可能造成汽车机件的早期损坏,传给驾乘人员和货物时,将使驾乘人员感到极不舒适,货物也可能受损。为了缓和冲击,在汽车行驶系统中,除了采用弹性的充气轮胎之外,在悬架中还必须装有弹性元件,使车架(或车身)与车桥(或车轮)之间作弹性联系。但弹性系统在受到冲击后,将产生振动。持续的振动易使驾乘人员感到不舒适和疲劳。故悬架还应当具有减振作用,使振动迅速衰减(振幅迅速减小)。为此,在许多结构形式的汽车悬架中都设有专门的减振器。

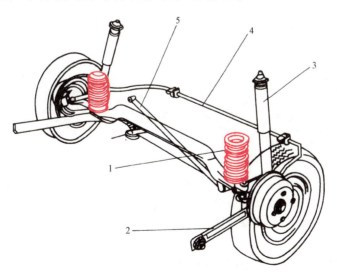

图 22-1 汽车悬架组成示意图

1-弹性元件;2-纵向推力杆;3-减振器;4-横向稳定器;5-横向推力杆

车轮相对于车架和车身跳动时,车轮(特别是转向轮)的运动轨迹应符合一定的要求,否则对汽车某些行驶性能(特别是操纵稳定性)有不利的影响。因此,悬架中某些传力构件同时还承担着使车轮按一定轨迹相对于车架和车身跳动的任务,因而这些传力构件还起导向作用,故称导向机构。导向机构的主要作用是传递垂向力以外的车轮和车身之间的各种力和力矩,并保证它们之间有确定的运动关系。

由此可见,上述这3个组成部分分别起缓冲、减振和导向的作用,然而三者共同的任务则是传力。

在多数轿车和客车上,为防止车身在转向行驶等情况下发生过大的横向倾斜,在悬架中还设有辅助弹性元件——横向稳定器。为限制弹簧的最大变形并防止弹簧直接撞击车架,在货车上辅设有缓冲块。在一些轿车上也设有缓冲块,以限制悬架的最大变形。

应当指出,悬架只要具备上述各个功能,在结构上并非一定要设置上述这些单独的装置。例如常见的钢板弹簧,除了作为弹性元件起缓冲作用外,当它在汽车上纵向安置,并且一端与车架作固定铰链连接时,即可担负起传递所有各向力和力矩以及决定车轮运动轨迹的任务,因而就没有必要再另行设置导向机构。此外,一般钢板弹簧是多片叠成的,它本身即具有一定的减振能力,因而在对减振要求不高时,在采用钢板弹簧作为弹性元件的悬架中,也可以不装减振器(例如,一般货车的后悬架可不装减振器)。

二、悬架系统的自然振动频率

由悬架刚度和悬架弹簧支撑的质量(簧载质量)所决定的车身自然振动频率(也称振动系统的固有频率)是影响汽车行驶平顺性的重要性能指标之一。人体所习惯的垂直振动频率是步行时身体上下运动的频率,约为 1~1.6Hz。车身自然振动频率应当尽可能地处于或接近这一频率范围。根据力学分析,如果将汽车看成一个在弹性悬架上作单自由度振动的质量,则悬架系统的自然振动频率(固有频率)为:

$$n = \frac{1}{2\pi}\sqrt{\frac{K}{M}} = \frac{1}{2\pi}\sqrt{\frac{g}{f}}$$

式中: g——重力加速度;

f——悬架垂直变形(挠度);

M——悬架簧载质量;

$K(=Mg/f)$——悬架刚度(不一定等于弹性元件的刚度),指使车轮中心相对于车架和车身向上移动的单位距离(即使悬架产生的单位垂直压缩变形)所需加于悬架上的垂直载荷。

由上式可见:

(1)在悬架所受垂直载荷一定时,悬架刚度越小,则汽车自然振动频率越低。但悬架刚度越小,在一定载荷下悬架垂直变形就越大,即车轮上下跳动所需要的空间越大,这对于簧载质量大的货车,在结构上是难以保证的,故实际上货车的车身自然振动频率往往偏高,而超过上述理想的频率范围。

(2)当悬架刚度一定时,簧载质量越大,则悬架垂直变形越大,而自然振动频率越低。故空车行驶时的车身自然振动频率要比满载行驶时的高。簧载质量变化范围越大,则频率变化范围也越大。

为了使簧载质量从相当于汽车空载到满载的范围内变化时,车身自然振动频率保持不变或变化很小,就需要将悬架刚度做成可变的,即空车时悬架刚度小,而载荷增加时,悬架刚度随之增加。

有些弹性元件本身的刚度就是可变的,如气体弹簧;有些悬架所用的弹性元件的刚度虽是不变的,但当安装在悬架系统中时,可使整个悬架系统具有可变的刚度,例如扭杆弹簧悬架。

三、汽车悬架的类型

汽车悬架可分为两大类:非独立悬架和独立悬架。

(1)非独立悬架(图 22-2a),其结构特点是两侧的车轮由一根整体式车桥相连,车轮连同车桥一起通过弹性悬架与车架(或车身)连接。当一侧车轮因道路不平而发生跳动时,必然引起另一侧车轮在汽车横向平面内摆动,故称为非独立悬架。

悬架的类型

(2)独立悬架(图 22-2b),其结构特点是车桥做成断开的,每一侧的车轮可以单独地通过弹性悬架与车架(或车身)连接,两侧车轮可以单独跳动,互不影响,故称为独立悬架。

独立悬架的特点

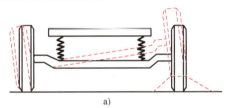
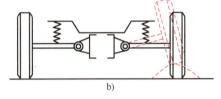

图 22-2 非独立悬架与独立悬架示意图
a)非独立悬架;b)独立悬架

第二节 弹 性 元 件

一、钢板弹簧

钢板弹簧是汽车悬架中应用最广泛的一种弹性元件,它是由若干片等宽但不等长(厚度可以相等,也可以不相等)的合金弹簧片组合而成的一根近似等强度的弹性梁,其一般构造如图 22-3 所示。

钢板弹簧 3 的第一片(最长的一片)称为主片,其两端弯成卷耳 1,内装青铜或塑料、橡胶、粉末冶金制成的衬套,以便用弹簧销与固定在车架上的支架或吊耳作铰链连接。钢板弹簧的中部一般用 U 形螺栓固定在车桥上。

中心螺栓 4 用以连接各弹簧片,并保证装配时各片的相对位置。中心螺栓距两端卷耳中心的距离可以相等,称为对称式钢板弹簧,如图 22-3a)所示,也可以不相等,称为非对称式钢板弹簧,如图 22-3b)所示。

当钢板弹簧安装在汽车悬架中,所承受的垂直载荷为正向时,各个力的方向和作用点如图 22-3b) 中箭头所示。各弹簧片都受力变形,有向上拱弯的趋势。这时,车桥和车架便互相靠近。当车桥与车架互相远离时,钢板弹簧所受的正向垂直载荷和变形便逐渐减小,有时甚至会反向。

主片卷耳受力严重,是薄弱处,为改善主片卷耳的受力情况,常将第二片末端也弯成卷耳，包在主片卷耳的外面，称为包耳。为了使得在弹簧变形时各片有相对滑动的可能，在主片卷耳与第二片包耳之间留有较大的空隙。

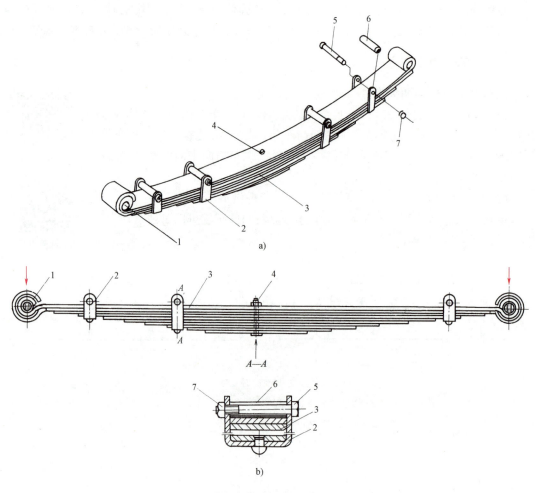

图 22-3　钢板弹簧
a) 对称式钢板弹簧; b) 非对称式钢板弹簧
1-卷耳; 2-弹簧夹; 3-钢板弹簧; 4-中心螺栓; 5-螺栓; 6-套管; 7-螺母

连接各片的构件，除中心螺栓以外，还有若干个弹簧夹（也称回弹夹）2，其主要作用是当钢板弹簧反向变形（反跳）时，使各片不致互相分开，以免主片单独承载，此外，还可防止各片横向错动。弹簧夹用铆钉铆接在与之相连的最下面弹簧片的端部。弹簧夹的两边用螺栓5连接，在螺栓上有套管6顶住弹簧夹的两边，以免将弹簧片夹得过紧。在螺栓套管与弹簧片之间有一定间隙，以保证弹簧变形时，各片可以相互滑移。

钢板弹簧在载荷作用下变形时，各片之间有相对滑动而产生摩擦，可以促进车架振动的衰减。但各片间的干摩擦，将使车轮所受的冲击在很大的程度上传给车架，即降低了悬架缓和冲击的能力，并使弹簧各片加速磨损，这是不利的。为减少弹簧片的磨损，在装合钢板弹簧时，各片间须涂上较稠的润滑剂，并应定期进行维护。为了在使用期间内长期储存润滑脂和防止污染，有时将钢板弹簧装在护套内。

前已述及，钢板弹簧本身还能兼起导向机构的作用，并且由于弹簧各片之间的摩擦而起到一定的减振作用。为了保证在弹簧片间产生定值摩擦力以及消除噪声,可在弹簧片之间夹入塑料垫片。

近年来,在许多国家的货车上采用了一种由单片或 2~3 片变厚度断面的弹簧片构成的少片变截面钢板弹簧,其弹簧片的断面尺寸沿长度方向是变化的,片宽保持不变,如图 22-4 所示。这种少片变截面钢板弹簧克服了多片钢板弹簧质量大、性能差(由于片间摩擦的存在,影响了汽车的行驶平顺性)的缺点。据统计,在两种弹簧寿命相等的情况下,少片变截面钢板弹簧可减少质量 40%~50%。因此,这种弹簧对实现车辆的轻量化,节约能源和合金弹簧钢材大为有利,故应用日渐广泛。目前,我国生产的轻型载货汽车的钢板弹簧悬架基本上也都采用了这种少片变截面钢板弹簧。

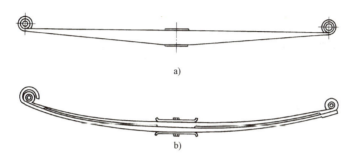

图 22-4　少片变截面钢板弹簧
a)单片弹簧;b)2~3 片弹簧

二、螺旋弹簧

螺旋弹簧广泛地应用于独立悬架,特别是前轮独立悬架中。然而在有些轿车的后轮非独立悬架中,其弹性元件也采用螺旋弹簧(图 22-1)。螺旋弹簧与钢板弹簧相比较,具有以下优点:无须润滑,不忌泥污;安置它所需的纵向空间不大;弹簧本身质量小。

螺旋弹簧本身没有减振作用,因此在螺旋弹簧悬架中必须另装减振器。此外,螺旋弹簧只能承受垂直载荷,故必须装设导向机构以传递垂直力以外的各种力和力矩。

螺旋弹簧用弹簧钢棒料卷制而成,可做成等螺距或变螺距。前者刚度不变,后者刚度是可变的。

三、扭杆弹簧

扭杆弹簧本身是一根由弹簧钢制成的扭杆 1 (图 22-5)。扭杆断面通常为圆形,少数为矩形或管形。其两端形状可以做成花键、方形、六角形或带平面的圆柱形等,以便一端固定在车架上,另一端固定在悬架的摆臂 2 上。摆臂则与车轮相连。当车轮跳动时,摆臂便绕着扭杆轴线摆动,使扭杆产生扭转弹性变形,借以保证车轮与车架的弹性联系。有的扭杆由一些矩形断面的薄条(扭片)组合而成,这样可使弹簧更为柔软。

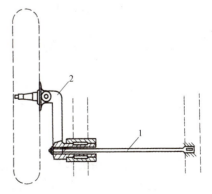

图 22-5　扭杆弹簧
1-扭杆;2-摆臂

扭杆弹簧用铬钒合金弹簧钢制成,其表面经过加工后很光滑。使用中必须对扭杆表面很好保护,以防碰撞、刮伤和腐蚀,从而可提高扭杆弹簧的使用寿命。

扭杆弹簧在制造时,经热处理后预先施加一定的扭转力矩载荷,使之产生一个永久的扭转变形,从而使其具有一定的预应力。左、右扭杆的预加扭转的方向都与扭杆安装在车上后承受工作载荷时扭转的方向相同。其目的是减小工作时的实际应力,以延长扭杆弹簧的使用寿命。如果左、右扭杆换位安装,则将使扭杆弹簧的预先扭转方向与工作时扭转方向相反,导致扭杆弹簧的实际工作应力加大,使用寿命缩短,因此左、右扭杆弹簧不能互换。为此,左、右扭杆刻有不同的标记。

扭杆弹簧本身的扭转刚度虽然是常数,但采用扭杆弹簧的悬架由于有导向机构的缘故,其悬架刚度却是可变的。如通过改变扭杆弹簧固定端的角度,可改变悬架的刚度。

扭杆弹簧单位质量的储能量是钢板弹簧的3倍,比螺旋弹簧也高。因此,采用扭杆弹簧的悬架质量较小,结构比较简单,也无须润滑,并且通过调整扭杆弹簧固定端的安装角度,易实现车身高度的自动调节。

此外,扭杆弹簧在汽车上的布置比较方便,它可以与汽车纵轴线平行布置,也可以横向布置。纵向布置时,可以方便地安装满足设计要求长度的扭杆,以保证悬架具有良好的性能。

四、气体弹簧

气体弹簧是在一个密封的容器中充入压缩气体(气压为0.5~1MPa),利用气体的可压缩性实现其弹簧作用。这种弹簧的刚度是可变的,因为作用在弹簧上的载荷增加时,容器内的定量气体受压缩,气压升高,则弹簧的刚度增大。反之,当载荷减小时,弹簧内的气压下降,刚度减小,故它具有较理想的变刚度弹性特性。

气体弹簧有空气弹簧和油气弹簧两种。

1. 空气弹簧

空气弹簧是在柔性密闭容器中充入压缩空气,利用橡胶气囊内部压缩空气的反力作为弹性恢复力的非金属弹性元件。空气弹簧可分为囊式(图22-6a)和膜式(图22-6b)两种。

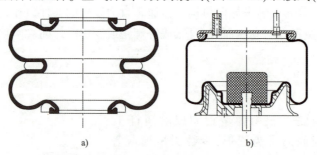

图22-6 空气弹簧示意图

a)囊式空气弹簧;b)膜式空气弹簧

1)囊式空气弹簧

囊式空气弹簧由夹有帘线的橡胶气囊和密闭在其中的压缩空气组成。气囊的内层用气密性的橡胶制成,而外层则用耐油橡胶制成。气囊一般做成如图22-6a)所示的两节,但也有单节或3、4节的。节数越多,弹性越好,但密封性差,节与节之间围有钢质的腰环,使中间部分不致有径向扩张,并防止两节之间相互摩擦。气囊的上下盖板将气囊密闭。

2）膜式空气弹簧

膜式空气弹簧的密闭气囊由橡胶膜片和金属压制件等组成。与囊式的相比，其弹性特性曲线比较理想。

空气弹簧的质量比任何弹簧的都小，且寿命相对较长，但高度尺寸较大，适用于在大型车辆上布置，故近些年来在大型客车及货车上已得到广泛应用。另外，除用作悬架系统的弹性元件外，在长途货车的驾驶人座椅、发动机悬置上，也有采用空气弹簧与减振器的配置，以提高舒适性及行驶平顺性。

2. 油气弹簧

油气弹簧以气体（一般是惰性气体——氮）作为弹性介质，而用油液作为传力介质。它一般是由气体弹簧和相当于液力减振器的液压缸所组成。

油气弹簧的形式有单气室、双气室（带反压气室）以及两级压力式等。

1）单气室油气弹簧

单气室油气弹簧又分为油气分隔式（图22-7a）和油气不分隔式（图22-7b）两种。前者可防止油液乳化，且便于充气。

单气室油气弹簧结构简单，工作可靠，加工要求较其他形式低些，维护也较方便。

2）双气室油气弹簧

双气室油气弹簧（图22-8）比单气室油气弹簧多一个作用力方向相反的反压气室B和一个浮动活塞2。

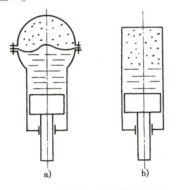

图22-7 单气室油气弹簧示意图
a）油气分隔式；b）油气不分隔式

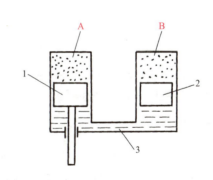

图22-8 双气室油气弹簧示意图
1-主活塞；2-浮动活塞；3-通道；
A-主气室；B-反压气室

当弹簧处于压缩行程时，主气室A中的活塞1上移，使主气室内的气压增高，弹簧的刚度增大。此时浮动活塞下面的油液，在反压气室的气体压力作用下经通道3流入主气室的活塞下面，补充活塞上移后空出的容积，而反压气室内的气压下降。当弹簧处于伸张行程时，主活塞下移，主气室内的气压降低，主活塞下面的油液受挤压，经通道流回浮动活塞的下面，推动活塞上移，而使反压气室内的气压增高，从而提高了伸张行程的弹簧刚度。这种油气弹簧消除了在伸张行程中活塞与缸体底部发生撞击的可能性。

上述单气室和双气室油气弹簧的刚度变化幅度较小，因而当弹簧载荷变化时，悬架系统的自然振动频率变化幅度较大。如果要保证在汽车空载和满载时悬架都具有较低的自然振动频率，则其结构就会过大而难以在车身下布置。为此研制了刚度变化幅度较大的两级压力式油气弹簧。

3）两级压力式油气弹簧

两级压力式油气弹簧（图22-9）的特点是，在工作活塞1的上方设有两个并列的气室，但两个气室的工作压力不同。主气室A内的气压与单气室油气弹簧的气室压力相近，而补偿气室B内的气压则较高。因此，两个气室不同时工作。其作用相当于钢板弹簧的主簧和副簧的作用。当弹簧载荷较小时，主气室首先开始工作，其中的气压随着载荷的增加而逐渐升高。当油气弹簧所承受的载荷增加到使主气室的气压稍超过补偿气室内的气压时，补偿气室方开始工作。此时，如果弹簧上的载荷继续增加时，补偿气室和主气室共同工作。这种结构使弹簧刚度的变化更加符合悬架性能的要求。从而可保证汽车空载和满载时悬架系统有大致相等的自然振动频率。

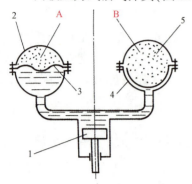

图22-9 两级压力式油气弹簧示意图
1-工作活塞；2-第一级压力缸；3、4-橡胶油气隔膜；5-第二级压力缸；A-主气室；B-补偿气室

由上述可知，空气弹簧和油气弹簧都同螺旋弹簧一样，只能承受轴向载荷，故气体弹簧悬架中必须设置纵向和横向推力杆等导向机构。空气弹簧悬架中还必须设有减振器。

气体弹簧可以借专门的控制阀（高度阀）自动调节气囊或气室的原始充气压力，以使车身离地高度保持一定（详见第四节）。

空气弹簧的质量比任何弹簧的都小，且寿命也较长，但高度尺寸较大，在布置上有一定困难，此外，其密封环节多，容易漏气。

油气弹簧应用于重型矿用汽车上时，其体积和质量都较钢板弹簧小（质量可减小50%以上）。但油气弹簧对气体和油液的密封要求很高，因而对加工和装配的精度要求和对相对滑动的工作表面的粗糙度和耐磨性要求都很高。此外，油气弹簧的维护也较麻烦。

五、橡胶弹簧

橡胶弹簧包括橡胶弹簧和复合橡胶弹簧。橡胶弹簧是一种高弹性体，利用橡胶本身的弹性来起弹性元件的作用。它可以承受压缩载荷（图22-10a）与扭转载荷（图22-10b）。其优点是单位质量的储能量较金属弹簧多，隔音性能好，工作无噪声，不需要润滑。因橡胶的内摩擦较大，因此橡胶弹簧具有一定的减振能力。复合橡胶弹簧由金属螺旋弹簧及其外边包裹的优质硫化橡胶共同构成。它集金属弹簧和橡胶弹簧的优点于一体，具有更高的承载能力和大变形量、减振降噪效果更好、工作平稳、共振区间短等优点。

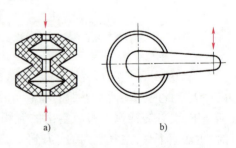

图22-10 橡胶弹簧
a）受压缩载荷；b）受扭转载荷

橡胶弹簧多用作悬架的副簧和缓冲块。在某些汽车的悬架中也有用它作为主簧的。例如，20世纪60年代的英国奥斯汀·吉普赛轻型越野车即采用扭转橡胶弹簧作为悬架主簧。近年来也开始出现主、副簧全部使用橡胶弹簧的悬架，且暂时主要使用在重型汽车的悬架上。橡胶悬架结构简单、自重轻、无须润滑；悬架刚度更小，提高了车辆的平顺性；悬架刚度

可变,不仅具有良好的舒适性,且有助于提高车辆的稳定性和安全性。橡胶悬架在承载性、可靠性等方面都比传统使用的钢板弹簧悬架更具优势,而且能够适应矿山作业等恶劣工况。

第三节 减 振 器

为加速车架和车身振动的衰减,改善汽车的行驶平顺性,在大多数汽车的悬架系统内都装有减振器。减振器和弹性元件是并联安装的(图22-11)。

减振器的功用

汽车悬架系统中广泛采用液力减振器。液力减振器的作用原理是当车架与车桥作往复相对运动时,减振器中的活塞在缸筒内也作往复运动,则减振器壳体内的油液便反复地从一个内腔通过一些窄小的孔隙流入另一内腔。此时,孔壁与油液间的摩擦及液体分子内摩擦便形成对振动的阻尼力,使车身和车架的振动能量转化为热能,而被油液和减振器壳体所吸收,然后散到大气中。减振器阻尼力的大小随车架(或车身)与车桥(或车轮)的相对速度的增减而增减,并且与油液黏度有关。要求减振器所用油液的黏度受温度变化的影响尽可能小;且具有抗汽化、抗氧化以及对各种金属和非金属零件不起腐蚀作用等性能。

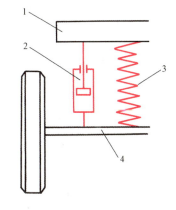

图 22-11 减振器和弹性元件的安装示意图

1- 车架;2- 减振器;3- 弹性元件;4- 车桥

减振器的阻尼力越大,振动消除得越快,但却使并联的弹性元件的作用不能充分发挥,同时,过大的阻尼力还可能导致减振器连接零件及车架(或车身)损坏。为解决弹性元件与减振器之间的这一矛盾,对减振器提出如下要求:

(1)在悬架压缩行程(车桥与车架相互移近的行程)内,减振器阻尼力应较小,以便充分利用弹性元件的弹性,以缓冲击。

(2)在悬架伸张行程(车桥与车架相对远离的行程)内,减振器的阻尼力应较大,以求迅速减振。

(3)当车桥(或车轮)与车架(或车身)的相对速度过大时,减振器应当能自动加大液流通道截面积,使阻尼力始终保持在一定限度之内,以避免承受过大的冲击载荷。

在压缩和伸张两行程内均能起减振作用的减振器称为双向作用式减振器。另有一种减振器仅在伸张行程内起作用,称为单向作用式减振器。汽车上广泛采用双向作用筒式减振器。

一、双向作用筒式减振器

双向作用筒式减振器一般都具有四个阀(图22-12),即压缩阀6、伸张阀4、流通阀8和补偿阀7。流通阀和补偿阀是一般的止回阀,其弹簧很弱,当阀上的油压作用力与弹簧力同向时,阀处于关闭状态,完全不通液流;而当油压作用力与弹簧力反向时,只要有很小的油压,阀便能开启。压缩阀和伸张阀是卸载阀,其弹簧较强,预紧力较大,只有当油压增高到一定程度时,阀才能开启;而当油压减低到一定程度时,阀即自行关闭。

双向作用筒式减振器的工作过程

双向作用筒式减振器的工作原理可按图22-12,分为压缩和伸张两个行程加以说明。

压缩行程。当汽车车轮滚上凸起或滚出凹坑时,车轮移近车架(车身),减振器受压缩,活塞3下移。活塞下面的腔室(下腔)容积减小,油压升高,油液经流通阀8流到活塞上面的腔室(上腔)。由于上腔被活塞杆1占去一部分,上腔内增加的容积小于下腔减小的容积,故还有一部分油液推开压缩阀6,流回储油缸筒5。这些阀对油液的节流作用便造成对悬架压缩运动的阻尼力。

伸张行程。当车轮滚进凹坑或滚离凸起时,车轮相对车身移开,减振器受拉伸。此时减振器活塞向上移动,活塞上腔油压升高,流通阀8关闭。上腔内的油液便推开伸张阀4流入下腔。同样,由于活塞杆的存在,自上腔流来的油液还不足以充满下腔所增加的容积,下腔内产生一定的真空度,这时储油缸筒中的油液便推开补偿阀7流入下腔进行补充。此时,这些阀的节流作用即造成对悬架伸张运动的阻尼力。

压缩阀的节流阻力应设计成随活塞运动速度而变化。例如,当车架或车身振动缓慢(即活塞向下的运动速度低)时,油压不足以克服压缩阀弹簧的预紧力而推开阀门。此时多余部分的油液便经一些常通的缝隙(图上未画出)流回储油腔。当车身振动剧烈(即活塞向下运动的速度高)时,则活塞下腔油压骤增,达到能克服压缩阀弹簧的预紧力时,便推开压缩阀,使油液在很短的时间内,通过较大的通道流回储油缸筒。这样,油压和阻尼力都不致超过一定限度,以保证压缩行程中弹性元件的缓冲作用得到充分发挥。

同样,伸张行程中减振器的阻尼力也应设计成随活塞运动速度而变化。当车轮向下运动速度不大(即活塞向上的运动速度不大)时,油液经伸张阀的常通孔隙(图上未画出)流入下腔,由于通道截面积很小,便产生较大的阻尼力,从而消耗了振动能量,使振动迅速衰减。当车身振动剧烈时,活塞上移速度增大到使油压足以克服伸张阀弹簧的预紧力时,伸张阀开启,通道截面积增大,使油压和阻尼力保持在一定限度以内。这样,可使减振器及悬架系统的某些零件不会因超载而损坏。

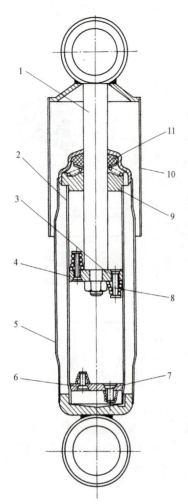

图22-12 双向作用筒式减振器工作原理示意图

1-活塞杆;2-工作缸筒;3-活塞;4-伸张阀;5-储油缸筒;6-压缩阀;7-补偿阀;8-流通阀;9-导向座;10-防尘罩;11-油封

由于伸张阀弹簧的刚度和预紧力比压缩阀的大,在同样的油压力作用下,伸张阀及相应的常通缝隙的通道截面积总和小于压缩阀及相应的常通缝隙的通道截面积总和。这就保证了减振器在伸张行程内产生的阻尼力比压缩行程内产生的阻尼力大得多。

根据上述工作原理所设计的各种双向作用筒式减振器,其构造均大同小异。

图22-13所示为双向作用筒式减振器结构。它有3个同心钢筒:防尘罩21、储油缸筒20和工作缸筒19。防尘罩与活塞杆和用以连接车架的上吊环26焊接在一起。工作缸筒装于储油缸筒内,并用储油缸筒螺母27通过密封圈25和导向座22压紧。储油缸筒的下端焊有用以连接车桥的下吊环11。减振器工作时,这两个缸筒是作为一个整体一起随车桥而运动的。储油缸筒与工作缸筒之间形成储油腔,内装减振油液,但不装满,工作缸筒内则充满减

振油液。活塞杆18穿过工作缸筒和储油缸筒的密封装置而伸入工作缸筒内。在活塞杆的下端用压紧螺母9固定着活塞4。活塞的头部有内外两圈沿圆周均布的轴向通孔,外圈10个孔的直径大于内圈10个孔的直径。在活塞头部上端面上,有仅能盖住外圈通孔的流通阀3,用流通阀弹簧片2压紧,并由流通阀限位座1限位。在活塞头部下端面上均匀分布4个小槽,当伸张阀5被压紧时,便形成4个缺口,该缺口为常通缝隙,在压缩或伸张行程中减振油液均可通过此缺口流动。在伸张阀与压紧螺母之间装有调整垫片8,用以调整伸张阀弹簧7的预紧力。在工作缸筒下端装有支撑座10,座孔上端面有两个小缺口,与装在它上面的星形补偿阀15形成两个缝隙,作为工作腔和储液腔之间的常通缝隙。补偿阀中央有孔,孔中装着压缩阀杆16,阀杆上部钻有中心孔,且阀杆圆柱面上有两个圆孔与中心孔相通。在压缩阀杆上滑套着压缩阀14,不工作时,压缩阀在压缩阀弹簧13作用下,其上端面紧压在补偿阀15上,内部形成一锥形小空腔。此时油液经阀杆上的中心孔及圆孔仅能流到锥形小空腔中,而与储油腔隔绝。

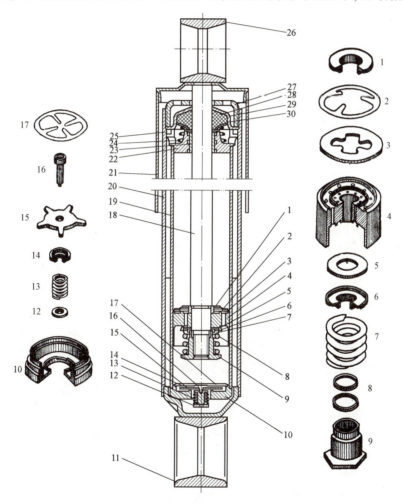

图 22-13 双向作用筒式减振器

1-流通阀限位座;2-流通阀弹簧片;3-流通阀;4-活塞;5-伸张阀;6-支撑座圈;7-伸张阀弹簧;8-调整垫片;9-压紧螺母;10-支撑座;11-下吊环;12-压缩阀弹簧座;13-压缩阀弹簧;14-压缩阀;15-补偿阀;16-压缩阀杆;17-补偿阀弹簧片;18-活塞杆;19-工作缸筒;20-储油缸筒;21-防尘罩;22-导向座;23-衬套;24-油封弹簧;25-密封圈;26-上吊环;27-储油缸筒螺母;28-油封;29-油封盖;30-油封垫圈

支撑座 10 上端在安装好以后翻边,将补偿阀弹簧片 17 紧压在压缩阀杆 16 顶端边缘,成为不可拆的部分。

工作缸筒的上部装有密封装置和导向座。密封装置由橡胶密封圈 25、橡胶油封 28、油封盖 29、油封垫圈 30、油封弹簧 24 及储油缸筒螺母 27 组成。橡胶密封圈 25 用以密封工作缸筒的周缘,而橡胶油封 28 用以密封活塞杆。当活塞杆往复运动时,杆上的油液被密封件刮下,经导向座 22 上的径向小孔流回储油缸筒。导向座还用来为活塞杆导向。

图 22-14 所示为某轿车后悬架中所采用的双向作用筒式减振器的伸张阀和压缩阀组件。其结构与上述结构基本相同,工作原理完全一样。

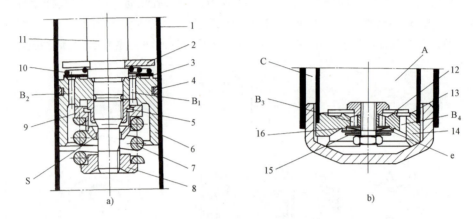

图 22-14 某轿车后减振器的伸张阀和压缩阀组件
a) 活塞及伸张阀组件;b) 压缩阀组件

1-工作缸筒;2-流通阀限位座;3-流通阀片;4-活塞密封环;5-螺母;6-活塞;7-伸张阀弹簧;8-压紧螺母;9-伸张阀;10-流通阀锥形弹簧;11-活塞杆;12-补偿阀锥形弹簧;13-补偿阀;14-压缩阀座;15-压缩阀;16-流通阀;A-工作腔;B_1、B_2-活塞内外圈通孔;B_3、B_4-压缩阀座内外圈通孔;C、S-环形缝隙;e-压缩阀上层阀片的缺口

二、其他类型减振器

1. 充气式减振器

充气式减振器是 20 世纪 60 年代以来发展起来的一种减振器。图 22-15 所示为一种轿车上用的充气式减振器,其结构特点是在工作缸筒 5 的下部装有一个浮动活塞 2,在浮动活塞与工作缸筒一端形成的密封气室 1 中,充有高压(2~3MPa)的氮气。在浮动活塞的上面是减振器油液。浮动活塞上装有大断面的 O 形密封圈 3,它把油和气完全分开,故此活塞也称封气活塞。工作活塞 7 上装有随其运动速度大小而改变通道截面积的压缩阀 4 和伸张阀 8。此两阀均由一组厚度相同、直径不等、由大到小排列的弹簧钢片组成。

当车轮上下跳动时,减振器的工作活塞在油液中作往复运动。使工作活塞的上腔和下腔之间产生油压差,压力油便推开压缩阀或伸张阀而来回流动。由于阀对压力油产生较大的阻尼力,消耗了振动能量,使振动衰减。

由于活塞杆的进出而引起的工作缸筒容积的变化,则由浮动活塞的上下运动来补偿。因此这种减振器不需储液缸筒,所以也称**单筒式减振器**。而前述的双向作用筒式减振器又称**双筒式减振器**。

充气式减振器与双向作用筒式减振器相比较,具有以下优点:

(1)由于采用浮动活塞而减少了一套阀门系统,使结构大为简化。

(2)由于减振器内充有高压气体,能有效地减少车轮受到突然冲击时产生的高频振动,并有助于消除噪声。实践证明,充气式减振器能改善汽车的行驶平顺性和轮胎的接地性。

(3)在防尘罩直径相同的情况下,充气式减振器的工作缸筒和活塞直径比双筒式减振器大,所以在每厘米行程中流经阀的流量较双筒式减振器大几倍,故在同样泄流的不利工作条件下,它比双筒式能更可靠地保证产生足够的阻尼力。

(4)充气式减振器由于内部的高压气体和油液被浮动活塞隔开,消除了油的乳化现象。

充气式减振器的缺点是对油封要求高;充气工艺复杂,不能修理;当缸筒受到外界物体的冲击而产生变形时,减振器就不能工作。

2. 阻尼可调减振器

试验研究证明,悬架系统中理想的阻尼特性应该是随着使用因素(如行驶工况、载荷)的变化而改变,即减振器的阻尼应和悬架系统的参数有恰当的匹配关系。当悬架系统的某一参数发生变化时,减振器的阻尼也应随之而改变,从而可保证悬架系统有良好的振动特性。

阻尼参数可以随车辆载荷或行驶工况改变的减振器,称为阻尼可调减振器。如气调阻尼减振器、电调阻尼减振器,分别是利用空气压力、电控技术调节阻尼参数的减振器;电流变减振器、磁流变减振器则分别是通过控制电流变液、磁流变液调节阻尼参数的减振器。

图22-16为高级轿车上所用的气调阻尼减振器示意图。

装有这种阻尼可调减振器的悬架系统采用了刚度可变的空气弹簧。其工作过程是,当汽车的载荷增加时,空气囊中的气压升高,则气室2内的气压也随之升高,使膜片向下移动与弹簧3产生的压力相平衡。与此同时,膜片带动与它相连的柱塞杆4和柱塞5下移,使得柱塞相对空心连杆1上的节流孔6的位置发生变化,结果减小了节流孔的通道截面积。也就是减少了油液流经节流孔的流量,从而增加了油液流动阻力,使阻尼增大。反之,当汽车载荷减小时,柱塞上移,增大了节流孔的通道截面积,从而减小了油液的流动阻力,使阻尼减小。因此达到了随着汽车载荷的变化而改变减振器阻尼的目的。

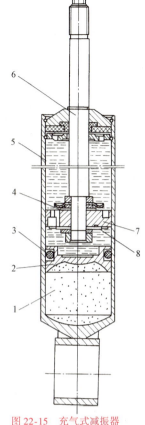

图22-15 充气式减振器

1-密封气室;2-浮动活塞;3-O形密封圈;4-压缩阀;5-工作缸筒;6-活塞杆;7-工作活塞;8-伸张阀

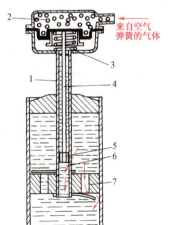

图22-16 气调阻尼减振器示意图

1-空心连杆;2-气室;3-弹簧;4-柱塞杆;5-柱塞;6-节流孔;7-活塞

电流变减振器正处于研究发展阶段,目前国外已有一些产品问世,如德国的电流变减振器及美国的相关产品等。

目前成功开发的电流变液体与磁流变液体,从材料特性上看,它们都能满足汽车工作要求,但在屈服应力、温度范围、塑性黏度和稳定性等性能方面,磁流变液体强于电流变液体,这也是选用磁流变液体作为半主动悬架系统减振器的减振液的主要因素。

20世纪90年代,各大汽车公司开始研究使用磁流变减振器的悬架系统。磁流变减振器主要分为筒式磁流变减振器和叶片式磁流变减振器。在磁流变减振器领域,筒式磁流变减振器的发展迅速。

磁流变减振器结构很简单,不似空气、液压主动悬架那样采用机电控制阀和众多的小运动部件,因此其可靠性超过以阀门为基础的产品。磁流变减振器反应速度是毫秒级的,更快的反应速度,在高速行驶时也会应付自如。磁流变减振器的工作温度为 -40～110℃,对环境的适应能力很强,因为车载电子系统的工作温度也大概在这个范围之内。根据路况可自动调整阻尼,以减少车身晃动和倾斜,满足舒适性和平稳性要求,减振效果好,延长了整车及零部件的使用寿命。

虽然磁流变减振器是高效而又精简的系统,但由于价格等问题,现在只适合配置在高性能乘用车上。

第四节　非独立悬架

非独立悬架因其结构简单,工作可靠,而被广泛应用于货车的前、后悬架。在轿车中,非独立悬架仅用于后桥。

悬架的结构,特别是导向机构的结构,随所采用的弹性元件不同而有差异,而且有时差别很大。采用螺旋弹簧、气体弹簧时,需要有较复杂的导向机构。而采用钢板弹簧时,由于钢板弹簧本身可兼起导向机构的作用,并有一定的减振作用,可使悬架结构大为简化。因而在非独立悬架中大多数采用钢板弹簧作为弹性元件。

一、纵置板簧式非独立悬架

钢板弹簧通常是纵向安置的。图22-17所示为某载货汽车的前悬架。前钢板弹簧2中部用两个U形螺栓3固定在前桥上。弹簧两端的卷耳孔中压入衬套。前端卷耳用钢板弹簧销15与前支架1相连,形成固定的铰链支点;而后端卷耳则通过前板簧吊耳销14与用铰链挂在后支架10上可以自由摆动的吊耳9相连接。从而保证了弹簧变形时两卷耳中心线间的距离有改变的可能。这种用铰链和吊耳将钢板弹簧两端固定在车架上的结构是目前广泛采用的一种连接形式。

钢板弹簧销钻有轴向油道及径向油道,通过滑脂嘴将锂基润滑脂2号加至衬套处,加以润滑。使用时,应注意定期加润滑脂,以免磨损加剧。

为加速振动的衰减,改善驾驶人的乘坐舒适性,在货车的前悬架中一般都装有减振器,而货车后悬架则不一定装减振器。

该车的前悬架装设的是双向作用筒式减振器8。减振器的上、下两吊环通过橡胶衬套和减振器连接销13分别与固定在车架和车桥上的上、下支架7、12相连接。

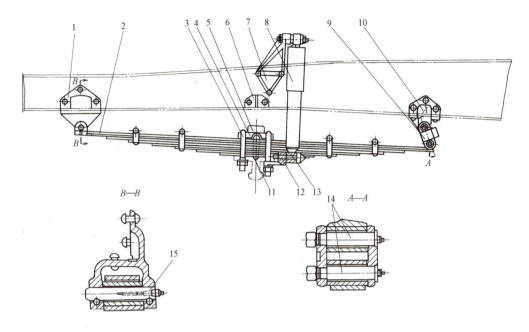

图 22-17　某载货汽车的前悬架

1-钢板弹簧前支架；2-前钢板弹簧；3-U形螺栓；4-前板簧盖板；5-缓冲块；6-限位块；7-减振器上支架；8-减振器；9-吊耳；10-吊耳支架；11-中心螺栓；12-减振器下支架；13-减振器连接销；14-前板簧吊耳销；15-钢板弹簧销

在钢板弹簧盖板4上装有橡胶缓冲块5，以限制弹簧的最大变形并防止弹簧直接撞击车架。

图 22-18 所示的某载货汽车前悬架，钢板弹簧2的前端为固定铰链连接，而后端则采用滑板式支撑来代替吊耳式结构。由于钢板弹簧变形时，主片与弧形滑块7的接触点是变动的，因而由于弹簧工作长度的变化，其刚度略有变化。为避免钢板弹簧变形时直接摩擦支架，在后支架8上装有滑块7和两侧的垫板9。弹簧第二片后端带有直角弯边，弹簧下落时借此直角弯边支靠于支架下端的限位螺栓上，以防止钢板弹簧从支架中脱出而发生事故。这种滑板式支撑结构简单，拆装方便，且无须润滑，因此也较为广泛地应用于货车。

货车后悬架所承受的载荷因汽车行驶时实际装载质量不同而在很大范围内变化，因而为保持车身自然振动频率不变或变化很小，悬架刚度应当是可变的，而且变化幅度应比前悬架更大。一般措施是在后悬架中加装副簧。

图 22-19 所示为载货汽车后悬架常用的结构形式，它是由主钢板弹簧和副钢板弹簧叠合而成。从受力情况来看，主、副钢板弹簧是并联的。

当汽车空载或实际装载质量不大时，副簧不承受载荷而由主簧单独工作。在重载或满载情况下，车架相对车桥下移，使车架上的副簧滑板式支座与副簧接触，即主、副簧共同工作，一起承受载荷而使悬架刚度增大，以保证车身振动频率不致因载荷增大而变化过大。

这种结构形式的悬架，其主要缺点是刚度的增加很突然，对汽车行驶平顺性不利。

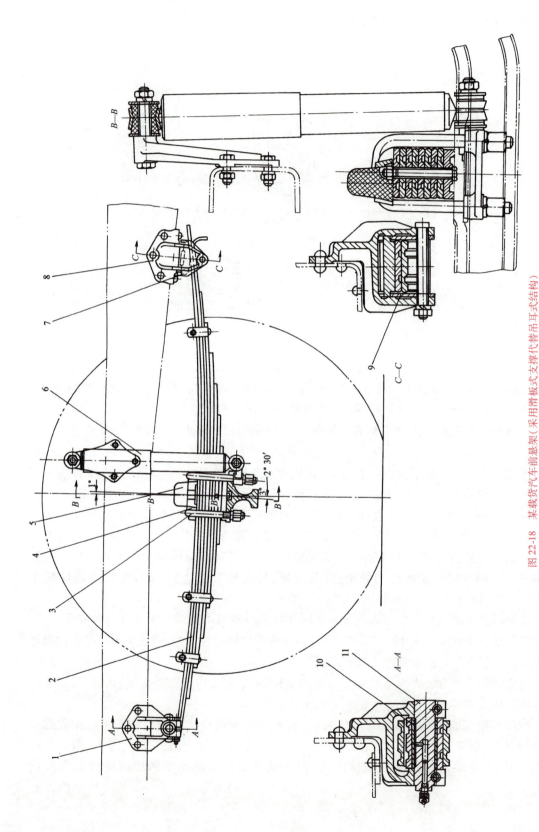

图22-18 某载货汽车前悬架(采用滑板式支撑代替吊耳式结构)

1-前支架;2-钢板弹簧;3-U形螺栓;4-盖板;5-缓冲块;6-减振器;7-滑块;8-后支架;9-垫板;10-塑料衬套;11-钢板弹簧销

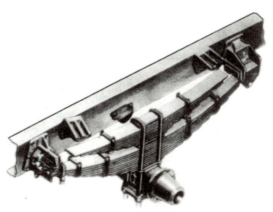

图 22-19　载货汽车后悬架

为提高汽车的行驶平顺性,有的轻型载货汽车的后悬架采用将副簧置于主簧下面的渐变刚度钢板弹簧,如图 22-20 所示。主钢板弹簧 3 由 5 片较薄钢板弹簧片组成,副钢板弹簧 4 由 5 片较厚的弹簧片组成,它们用中心螺栓 6 固定在一起。在小载荷时,仅主簧起作用,而当载荷增加到一定值时,副簧开始与主簧接触,悬架刚度随之相应提高,弹簧特性变为非线性。当副簧全部接触后,弹簧特性又变为线性的。这种渐变刚度钢板弹簧的特点是副簧逐渐地起作用,因此悬架刚度的变化比较平稳,从而改善了汽车行驶平顺性。但在使用中因主簧与副簧之间容易存积泥垢,对悬架刚度的渐变有一定影响。如果在主、副簧外装上护套,则可消除此缺点。

图 22-21 所示为某轻型载货汽车的后悬架。其弹性元件为纵置少片变截面渐变刚度钢板弹簧,由主簧厚度为 9mm 的 4 片(或 3 片)弹簧片和副簧厚度为 15mm 的 2 片(或 3 片)弹簧片组成。它的卷耳与弹簧销之间均装有橡胶衬套,可借其弹性变形来保证卷耳对弹簧销的相对转动。而且橡胶衬套的内外表面对弹簧销和卷耳都没有相对滑动,故无须润滑,使维护工作简化,且无噪声,同时提高了弹簧销的使用寿命。但使用中应注意防止各种油类浸入橡胶衬套。

二、螺旋弹簧非独立悬架

图 22-22 所示为某轿车的后悬架,它是螺旋弹簧非独立悬架。螺旋弹簧套在减振器的外面,可节省空间。减振器的下连接环用螺栓与焊在后轴 3 上的支座相连。弹簧下座紧套在减振器缸筒外面,并由减振器外筒上沿圆周分布的 3 个凸台限位。弹簧上座用螺栓紧固在车身地板上。弹簧和弹簧上座之间装有弹簧软垫,防止车轮的高频振动传给车身。在弹簧上座和车身之间还装有橡胶隔振块,它除起隔振作用外还可保证减振器的上铰链点不发生运动干涉。该悬架的螺旋弹簧上端第一圈的簧丝直径较其他圈直径粗,以提高弹簧的使用寿命。

左右车轮用一根整体后轴 3 相连,纵向推力杆 1 的后端与车轴焊在一起,其前端头部有孔,孔中装有橡胶衬套,连接螺栓穿过橡胶衬套与车身相连,并形成橡胶铰链点。车轮跳动时,整个后轴在汽车纵向平面内绕左右橡胶铰链中心连线摆动。与此同时,左右车轮还绕横向推力杆 5 与车身的铰链点在汽车的横向平面内摆动。由于这些铰链点都采用橡胶衬套,故可消除两个方向摆动的干涉。

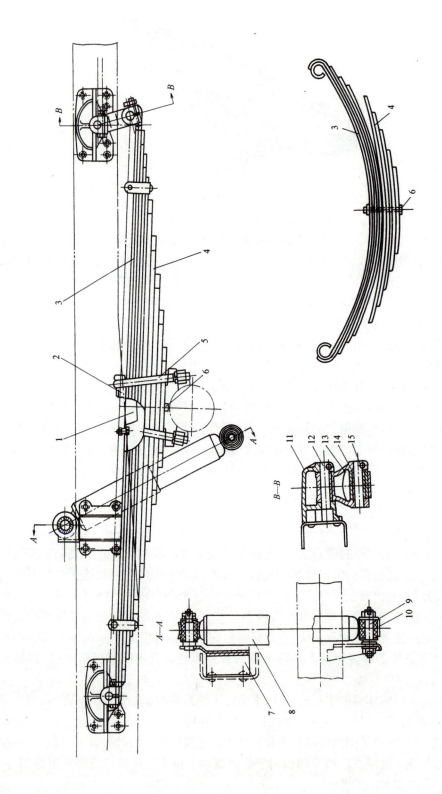

图 22-20 渐变刚度钢板弹簧后悬架

1-缓冲块；2-上盖板；3-主钢板弹簧；4-副钢板弹簧；5-U形螺栓；6-中心螺栓；7-减振器支架；8-筒式减振器；9-减振器下轴销；10-橡胶衬套；11-支架；12-吊耳销；13-吊耳；14-尼龙衬套；15-钢板弹簧销

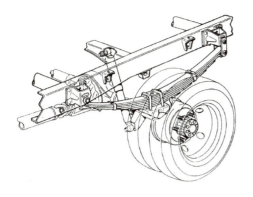

图 22-21　某轻型载货汽车后悬架

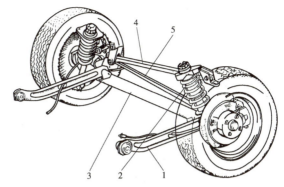

图 22-22　螺旋弹簧非独立悬架
1-纵向推力杆；2-螺旋弹簧和减振器总成；3-后轴；4-加强杆；
5-横向推力杆

螺旋弹簧非独立悬架一般只用作轿车的后悬架。其纵、横向推力杆是悬架的导向机构，是用来承受和传递车轴和车身之间的纵向和横向作用力及其力矩的杆件。加强杆4的作用是加强横向推力杆的安装强度，并可使车身受力均匀。

三、空气弹簧非独立悬架

图22-23所示为空气弹簧非独立悬架示意图。空气弹簧5的上下端分别固定在车架和车桥（或与车桥相连的支架）上。从压气机1产生的压缩空气经油水分离器10和压力调节器9进入储气筒8。压力调节器可使储气筒中的压缩空气保持一定的压力。储气罐6通过管路与两个（或几个）空气弹簧相通。储气罐和空气弹簧中的空气压力由车身高度控制阀3控制。空气弹簧和螺旋弹簧一样只能传递垂向力，其纵向力和横向力及其力矩也是由纵向推力杆和横向推力杆（图中未画出）来传递。这种悬架中也要装有减振器（图上未示出）。

商用车空气悬架常见结构型式主要有：全空气悬架和复合式空气悬架。全空气悬架是指车架（或车身）与车轴（或车轮）之间的垂向弹性力全部由空气弹簧承受，并且该悬架的刚度全部由空气弹簧的刚度所构成的悬架型式；复合式空气悬架是指满载静态时，车架（或车身）与车轴（或车轮）之间的垂向弹性力不小于50%由空气弹簧承受，并且该悬架的刚度由空气弹簧和其他弹性元件刚度所组成的悬架型式。

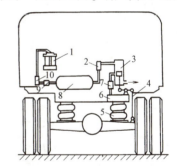

图 22-23　空气弹簧非独立悬架示意图
1-压气机；2、7-空气滤清器；3-车身高度控制阀；4-控制杆；5-空气弹簧；6-储气罐；8-储气筒；9-压力调节器；10-油水分离器

如图22-24所示的某载货汽车的后悬架，为全空气悬架。

空气弹簧总成7上端连接在车架10上，下端通过空气弹簧托臂4与驱动桥9连接，支撑车身重量，传递垂直载荷，吸收来自路面的振动和冲击，可防止振动和冲击直接传递到车架，从而保护车身、车上的人和货物。

减振器总成3安装在车架10与空气弹簧托臂4之间，可衰减车架和车轮之间的振动。

上推力杆总成8一般采用V形结构，以便传递横向力，其前端通过支架与车架10连接、后端通过支架与驱动桥9连接;下推力杆总成2前端与大支架1连接、后端通过空气弹簧托臂4与驱动桥9连接,传递车轮和车身之间的横向力、纵向力及其力矩,起到导向作用。

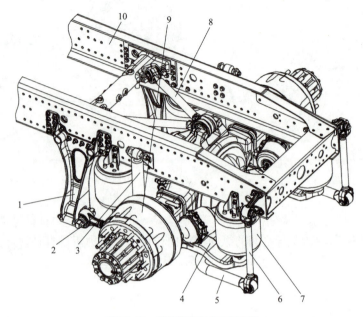

图22-24　某载货汽车全空气悬架

1-大支架;2-下推力杆总成;3-减振器总成;4-空气弹簧托臂;5-横向稳定杆;6-稳定杆吊臂;7-空气弹簧总成;8-上推力杆总成;9-驱动桥;10-车架

横向稳定杆5两侧的末端与稳定杆吊臂6连接,中部两端与空气弹簧托臂4连接,以提高悬架侧倾角刚度,减少车身侧倾。

如图22-25所示的某载货汽车的后悬架,为复合式空气悬架。

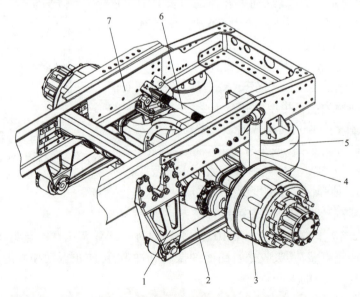

图22-25　某载货汽车复合式空气悬架

1-大支架;2-板弹簧导向臂;3-驱动桥;4-减振器总成;5-空气弹簧总成;6-横向推力杆总成;7-车架

板弹簧导向臂2前端通过大支架1和车架7连接,中部用U形螺栓与驱动桥3连接,空气弹簧总成 5 安装在车架 7 和板弹簧导向臂 2 之间。板弹簧导向臂 2 和空气弹簧总成 5 一起支撑车身重量,吸收来自路面的振动和冲击,可防止振动和冲击直接传递到车架,从而保护车身、车上的人和货物。

减振器总成 4 安装在车架 7 与驱动桥 3 之间,可衰减车架和车轮之间的振动。

横向推力杆总成 6 连接在驱动桥 3 及车架 7 之间,可限制驱动桥 3 移位,传递车轮和车身之间的横向力及其力矩;板弹簧导向臂 2 传递车轮和车身之间的横向力、纵向力及其力矩;板弹簧导向臂 2 与横向推力杆总成 6 共同起到导向作用。

与全空气悬架相比,复合式空气悬架成本较低,但舒适性不如全空气悬架。全空气悬架具有平顺性好的优势,但成本偏高。

为提高汽车行驶平顺性,希望将弹簧做得尽可能柔软。但如果弹簧太软,在汽车空车和满载时,弹簧的变形数值会相差很大。空车时车身将被抬得很高,满载时车身则被压得很低,经常出现碰撞缓冲块的现象。而不同类型的汽车在使用中提出了不同的要求:对重型矿用车及大型客车而言,要求空车与满载时的车身高度相等;对于轿车,要求在好路上降低车身高度,以便高速行驶;在坏路上提高车身,以便增大通过能力。这说明在保证行驶平顺性的前提下,车身高度与汽车使用要求之间存在着较大的矛盾。为此应该对车身高度进行调节。

空气悬架的控制系统分为机械控制和电子控制两种。

采用空气弹簧悬架时,容易实现车身高度的自动调节。在装有压气机的汽车上,一般用随载荷的不同而改变空气弹簧内的空气压力的方法来达到这个目的。图 22-23 上所示的车身高度控制阀 3(简称高度阀)即起这个作用。高度阀固定在车架上,通过控制杆 4 与车桥相连。高度阀体内有两个阀:通气源的充气阀和通大气的放气阀。这两个阀均由控制杆操纵。当汽车载荷增加,车架移近车桥时,控制杆上升,通过摇臂机构打开充气阀,压缩空气便进入空气弹簧,使车架和车身升高,直到恢复车身与车桥的原定距离为止。而当载荷减小,车架远离车桥时,控制杆下移,打开放气阀,则空气弹簧内的空气排入大气,车身和车架随即降低到原定数值。

图 22-26 所示为客车上应用的一种车身高度控制阀。摇臂 3 的一端用花键与轴 4 相连,轴 4 又与摆臂 2 相连,摆臂 2 的另一端连接控制杆(图 22-23)。当控制杆上下运动时,摆臂绕轴 4 上下摆动,带动摇臂 3 左右摆动,臂端的球头推动活塞 6 左右运动,从而可以控制充、放气阀,使空气弹簧充气或放气,以调节车身高度。

摆臂 2 处于水平位置(图示位置)时,活塞 6 处在中间位置,恰好关闭左右孔 A,充气阀 1 和放气阀 5 均关闭,空气弹簧内无空气进入或排出。当载荷增加时,车身高度降低(车架移近车桥),控制杆使摆臂 2 向上摆动,使轴 4 带动摇臂 3 转动,摇臂的球头推动活塞 6 向左运动,左缓冲室 B 内的油液在活塞的推动下,经过阀体上的狭小通道和可变节流阀(图上未示出)流向右缓冲室 B 内。此时,活塞右边的孔 A 与右缓冲室 B 连通。在此过程中,活塞的运动受到一定的阻尼力,故此阀是有阻尼的高度控制阀。活塞继续向左运动时,打开充气阀 1,使来自压气机和储气筒的压缩空气通过连通管进入储气罐和空气弹簧,使车身升高直至摆臂恢复到水平位置,活塞回到中间位置,充、放气阀关闭,最后车身恢复到原始高度。

当载荷减小时,车身抬高,控制杆将摆臂端部拉向下方,致使摇臂球头推动活塞向右运动,右缓冲室 B 内的油液在活塞的推动下通过狭小的管道和可变节流阀流向左缓冲室 B,继而推开放气阀 5,使空气弹簧中的空气经通大气的排气孔放出。车身高度降低直至摆臂恢复到水平位置,活塞回到中间位置,充、放气阀均关闭,车身恢复到原始高度。

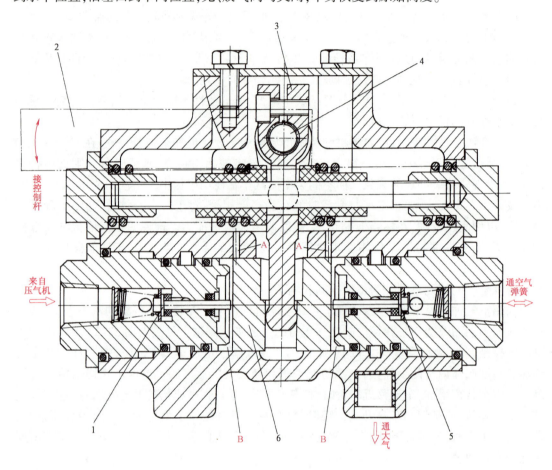

图 22-26　车身高度控制阀

1-充气阀;2-摆臂;3-摇臂;4-轴;5-放气阀;6-活塞;A-孔;B-缓冲室

客车、载货汽车上的电子控制的空气悬架系统(ECAS),如图 22-27 所示。

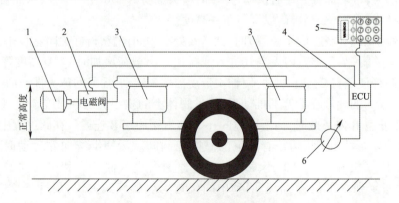

图 22-27　电子控制的空气悬架系统示意图

1-储气筒;2-电磁阀;3-空气弹簧总成;4-电子控制单元(ECU);5-遥控器;6-高度传感器

电子控制单元(ECU)4 与电磁阀 2、高度传感器 6 及遥控器 5 相连,空气弹簧总成 3 与电磁阀 2 及储气筒 1 相连。

装在车桥上的高度传感器 6,监测车辆的高度,将高度值传送给 ECU,在车辆载荷发生变化或需要调整车身高度时,ECU 对电磁阀 2 发出控制指令,电磁阀接收指令后,对空气弹簧总成 3 进行充、放气,以适应车辆载荷的变化及调整车身高度。

在车辆行驶、装载及卸载过程中,车身高度可自动保持恒定。

在车辆静止或车速低于 30km/h 时,驾驶人可以通过遥控器 5,对车辆的车身高度进行手动调节。

电子控制的空气悬架系统(ECAS)能够实现智能控制如驱动帮助、过载保护等,其中的侧跪功能对于大客车来说非常实用,即可实现车辆向车门所在一侧跪斜,以降低车门高度,方便乘客上下车。该功能是用于城市公交客车的专用功能,方便老年人及行动不便的乘客上下车。

匹配机械式高度阀也可以实现车身高度的调整,与 ECAS 相比,成本较低、故障好排查、维修方便,但无法实现智能控制。

总之,空气悬架的优点是:车身高度可调,方便乘客上下车或装卸货物;对于货车可使货箱容积变大,增加载货量;刚度非线性,平顺性好,并可避免货物损坏;可降低车轮对路面的冲击,延长路、桥使用寿命;隔振性好,可减小振动噪声等。

四、油气弹簧非独立悬架

油气弹簧装于汽车上,和其他弹簧一样,可以构成独立悬架或非独立悬架。图 22-28 为某矿用自卸车的油气弹簧非独立悬架示意图。两个油气弹簧 1 的两端分别固定在前桥上的支架 10 和纵梁上的支架 2 上。左、右两侧各有一根下纵向推力杆 11,装在前桥 6 和纵梁 4 之间。一根上纵向推力杆 8 安装在前桥上的支架 9 和纵梁 4 的内侧支架上。上、下两纵向推力杆构成平行四边形,既可传递纵向力,承受制动力引起的反作用力矩,又可保证车轮上下跳动时主销倾角不变,有利于汽车操纵稳定性。一根横向推力杆 3 装在左侧纵梁与前桥右侧的支架上,传递侧向力。在两纵梁下面装有缓冲块 7,以避免在很大的冲击载荷下前桥直接碰撞车架。

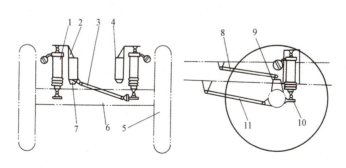

图 22-28　某矿用自卸汽车前轮油气悬架示意图

1-油气弹簧;2-支架;3-横向推力杆;4-纵梁;5-车轮;6-前桥;7-缓冲块;8-上纵向推力杆;9、10-支架;11-下纵向推力杆

大吨位的自卸汽车采用油气弹簧悬架(简称油气悬架),与钢板弹簧悬架相比有以下特

点:油气悬架具有变刚度特性,可保证汽车具有良好的行驶平顺性,特别是工地和矿山用车,其道路条件和装载条件都很恶劣(用大型电铲将矿石从空中往车厢里倾装时,会产生很大的冲击),采用油气悬架后,可显著地缓和冲击,减少颠簸,从而改善驾驶人的劳动条件和提高平均车速;油气弹簧纵向尺寸小,对整车总布置有利;改变缸筒工作腔的油量和气室的充气压力,可得到不同的变刚度特性,从而使油气弹簧的主要部件可以在不同吨位的汽车上通用。基于以上特点,油气悬架被广泛地应用在大型工矿用自卸汽车上。

五、橡胶弹簧非独立悬架

载货汽车的中、后桥橡胶弹簧平衡悬架为非独立悬架,如图22-29所示。橡胶主簧4的上端连接在大支架1上,其下端连接在平衡梁3上;橡胶辅簧2的上端连接在大支架1上,在空载或装载质量不大时,其下端与平衡梁3之间有空隙(未接触);大支架1刚性地连接在车架上。如图22-29b)所示,满载时,橡胶主簧4和橡胶辅簧2共同承载,支撑车身重量,传递垂直载荷,吸收来自路面的振动和冲击,防止振动和冲击直接传递到车身。

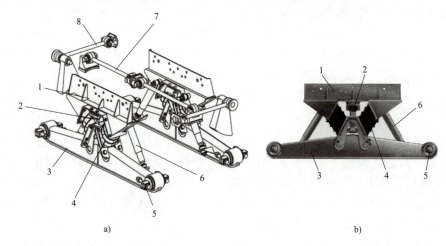

图22-29 橡胶弹簧平衡悬架

1-大支架;2-橡胶辅簧;3-平衡梁;4-橡胶主簧;5-平衡梁衬套;6-减振器总成;7-纵向推力杆总成;8-横向推力杆总成

减振器总成6安装在车架与驱动桥之间,衰减车架和车轮之间的振动。

平衡梁3可以使中、后桥均匀承载,减小在不平路面行驶时中、后桥上垂直载荷的变化,使车轮有较好的接地性,提高汽车通过性。

纵向推力杆总成7、横向推力杆总成8安装在车架与驱动桥之间;平衡梁3通过平衡梁衬套5与驱动桥连接,共同传递车轮和车身之间的横向力、纵向力及其力矩,起到导向作用。

该橡胶悬架与钢板弹簧平衡悬架工作原理类似,承受中、后桥的载荷,并确保中、后桥载荷达到均衡。

橡胶悬架系统最大的特点是弹性元件以橡胶弹簧取代传统的钢板弹簧,具有非线性刚度特性。

橡胶悬架的优点主要是:有较强的承载能力;结构简单,便于安装;由于用橡胶作为弹性元件其本身自重轻,可减轻整车质量;无须润滑、无噪声;其具有的变刚度特性,无论车辆是空载还是满载,都能使车辆有良好的平顺性,可减轻由不平路面引起的振动,并减轻驾驶人的疲劳,保护货物,同时可提高汽车零部件的寿命;因其行程较短,可使轮胎的磨损较轻。

其缺点主要是:由于橡胶弹簧平衡悬架系统中的平衡梁等为铸件,且结构复杂,尺寸较大,工艺性不好,生产较为困难。

第五节　独立悬架

随着高速公路网的发展,促使汽车速度不断提高,使得非独立悬架已不能满足汽车行驶平顺性和操纵稳定性等方面提出的要求。因此,在汽车悬架系统中采用独立悬架已备受关注,尤其是在轿车的前悬架中已无例外地采用了独立悬架。

前已述及,独立悬架的结构特点是两侧的车轮各自独立地与车架或车身弹性连接(图 22-2b),因而具有以下优点:

(1)在悬架弹性元件一定的变形范围内,两侧车轮可以单独运动,而互不影响,这样在不平道路上行驶时可减少车架和车身的振动,而且有助于消除转向轮不断偏摆的不良现象。

(2)减少了汽车的非簧载质量(即不由弹簧支撑的质量)。在非独立悬架的情况下,整个车桥和车轮都属于非簧载质量部分。在采用独立悬架时,对驱动桥而言,由于主减速器、差速器及其外壳都固定在车架上,成为簧载质量;对转向桥而言,它仅具有转向主销和转向节,而中部的整体梁不再存在。所以在采用独立悬架时,非簧载质量只包括车轮质量和悬架系统中的一部分零件的全部或部分质量,显然比用非独立悬架时的非簧载质量要小得多。在道路条件和车速相同时,非簧载质量越小,则悬架所受到的冲击载荷也越小。故采用独立悬架可以提高汽车的平均行驶速度。

(3)采用断开式车桥,发动机总成的位置便可以降低和前移,使汽车质心下降,提高了汽车行驶稳定性。同时能给予车轮较大的上下运动的空间,因而可以将悬架刚度设计得较小,使车身振动频率降低,以改善行驶平顺性。

以上优点使独立悬架被广泛地应用在现代汽车上,特别是轿车的转向轮普遍采用了独立悬架。但是,独立悬架结构复杂,制造成本高,维修不便。在一般情况下,车轮跳动时,由于车轮外倾角与轮距变化较大,轮胎磨损较严重。

具有特殊要求的某些越野汽车全部车轮采用独立悬架还是合理的,因为除上述优点外,独立悬架还可保证汽车在不平道路上行驶时,所有车轮和路面有良好的接触,从而增大驱动力;此外可增大汽车的离地间隙,因而大大提高越野汽车的通过性能。

独立悬架中多采用螺旋弹簧、扭杆弹簧或空气弹簧作为弹性元件,而其他形式的弹簧用得较少。

独立悬架的结构类型很多,一般可按车轮运动形式分成以下几类(图 22-30):

(1)车轮在汽车横向平面内摆动的悬架(横臂式独立悬架,图 22-30a)。

(2)车轮在汽车纵向平面内摆动的悬架(纵臂式独立悬架,图 22-30b)。

(3)车轮沿主销移动的悬架,其中包括:烛式悬架(图 22-30c)和麦弗逊式悬架(图 22-30d)。

(4)车轮在汽车的斜向平面内摆动的悬架(单斜臂式独立悬架,图 22-30e)。

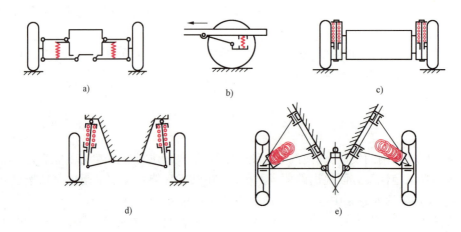

图 22-30 4 种类型的独立悬架示意图

一、横臂式独立悬架

横臂式独立悬架分为<u>单横臂式</u>和<u>双横臂式</u>两种。

1. 单横臂式独立悬架

单横臂式独立悬架的特点是当悬架变形时，车轮平面将产生倾斜而改变两侧车轮与路面接触点间的距离——<u>轮距</u>，致使轮胎相对于地面侧向滑移，破坏轮胎和地面的附着（图 22-2b）。此外，这种悬架用于转向轮时，会使主销内倾角和车轮外倾角发生较大的变化，对于转向操纵有一定影响，故目前在前悬架中很少采用。但是，由于结构简单、紧凑、布置方便等原因，在车速不太高的重型越野汽车上也有采用的。

2. 双横臂式独立悬架

双横臂式独立悬架的两个摆臂长度可以相等，也可以不相等（图 22-31）。图 22-31a) 表明两摆臂等长的悬架，当车轮上下跳动时，车轮平面没有倾斜，但轮距却发生了较大的变化，这将增加车轮侧向滑移的可能性，并加剧轮胎的磨损。在摆臂不等长的独立悬架中（图 22-31b)，如将两臂长度选择适当，可以使车轮和主销的角度以及轮距的变化都不太大。不大的轮距变化在轮胎较软时可以由轮胎变形来适应，目前轿车的轮胎可容许轮距的改变在每个车轮上达到 4～5mm，而不致使车轮沿路面滑移。因此，不等长的双横臂式独立悬架在轿车的前轮上应用比较广泛。目前，客车、轻微型载货汽车及客货两用车的前独立悬架也以不等长双横臂结构为主要形式。

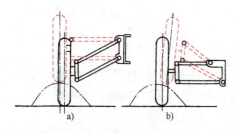

图 22-31 双横臂式独立悬架示意图
a) 两摆臂等长的悬架；b) 两摆臂不等长的悬架

图 22-32 所示为典型的不等长双横臂式螺旋弹簧独立悬架的构造。

上摆臂 12 和下摆臂 6 的内端分别通过摆臂轴与车架作铰链连接，二者的外端则分别通过球头销与转向节 17 相连。螺旋弹簧 13 的上、下端分别通过橡胶垫圈支撑于车架横梁上的支撑座和下摆臂上的支撑盘内。双向作用筒式减振器 14 的上、下两端同样分别通过橡胶衬垫与车架和下摆臂上的支撑盘相连。

<u>该轿车采用球头结构代替主销，属于无主销式，即上、下球头销的连心线相当于主销轴</u>

线,转向时车轮即围绕此轴线偏转。

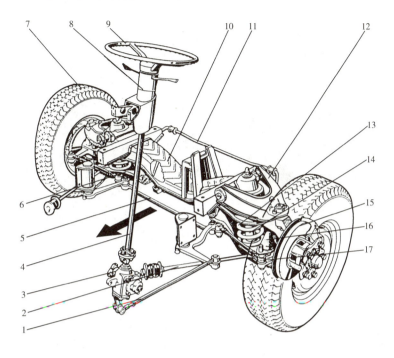

图 22-32　不等长双横臂式螺旋弹簧独立悬架

1-转向直拉杆;2-悬架支撑杆;3-转向器;4-转向柱;5-转向横拉杆;6-下摆臂;7-车轮;8-转向柱支架;9-转向盘;10-车架前横梁;11-横向稳定杆;12-上摆臂;13-螺旋弹簧;14-减振器;15-制动盘;16-橡胶缓冲块;17-转向节

路面对车轮的垂向力依次通过转向节、下球头销、下摆臂和螺旋弹簧传到车架。纵向力、侧向力及其力矩均由转向节及导向机构——上、下摆臂及上、下球头销和斜支撑杆2来传递。为了可靠地传递纵向力、侧向力及其力矩,必须使悬架具有足够的纵向和侧向刚度。为此,上摆臂制成叉形(也称 V 形或 A 形)的刚性构架,而下摆臂是用斜支撑杆增加其刚度。

悬架的最大变形量由缓冲块16限制。

图22-33所示为某轿车的前悬架,它也是不等长双横臂式螺旋弹簧独立悬架。上摆臂1和下摆臂8的内端分别通过摆臂轴与车身作铰链连接,其间有隔振衬套。其外端通过铰链与转向节相连。弹簧上座4固定在车身上,而下座与转向节及下摆臂的外端相连。当车轮跳动时,弹簧和减振器沿本身的轴线作轴向伸缩。

该悬架的特点是上横臂尽量向上布置,使其距下横臂间的距离较普通双横臂悬架大,因此,当汽车行驶时从车轮传到上横臂的力比普通双横臂悬架要小一些(因力的作用点距上横臂的距离增大,即力臂增大),从而对汽车操纵稳定性和乘坐舒适性有所改善。

采用不等长双横臂式扭杆弹簧独立悬架的轻型载货汽车的前悬架,其构造如图22-34所示。扭杆弹簧3纵向布置在车架纵梁的外侧,其前端借花键与上横臂6相连,后端通过花键固定在支架1的花键套中。筒式减振器的上端与焊接在车架上的减振器上支架5相连,下端与固定在转向节上的支架相连。当车轮上下跳动时,作用在车轮上的垂直载荷经转向节10和上横臂6传给扭杆弹簧,使扭杆产生扭转变形,因而缓和了由不平路面产生的冲击载荷。

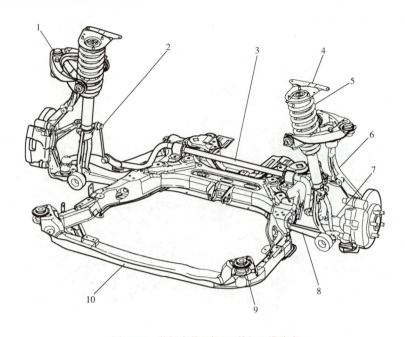

图 22-33 某轿车前悬架(不等长双横臂式)

1-上摆臂;2-球铰链;3-横向稳定杆;4-弹簧上座;5-减振器和螺旋弹簧;6-转向节;7-转向节下臂;8-下摆臂;9-前横梁支座衬套;10-前横梁

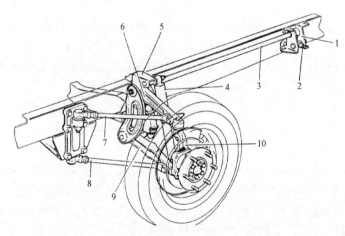

图 22-34 不等长双横臂式扭杆弹簧独立悬架

1-扭杆弹簧固定支架;2-扭杆弹簧预加载荷调整螺栓;3-扭杆弹簧;4-减振器;5-减振器上支架;6-上横臂;7-上支撑杆;8-下支撑杆;9-下横臂;10-转向节

车轮所受的纵向力、侧向力及其力矩,由上、下横臂和上、下支撑杆承受并传递给车架。客车的双横臂式空气悬架(不等长双横臂式空气弹簧独立悬架),如图 22-35 所示。

二、纵臂式独立悬架

纵臂式独立悬架有单纵臂式和双纵臂式两种,如图 22-36 所示。

1. 单纵臂式独立悬架

这种独立悬架的特点是:当悬架变形时,轮距不随车轮跳动而变化,具有结构简单、成本低等优点。转向轮采用单纵臂独立悬架时,车轮上下跳动将使主销后倾角产生很大变化(图22-36a)。因此,单纵臂式独立悬架一般多用于不转向的后轮。

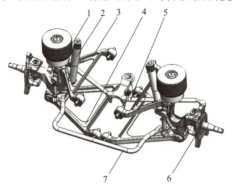

图22-35　客车的不等长双横臂式空气弹簧独立悬架
1—空气弹簧;2—减振器;3—上横臂;4—下横臂;5—转向杆系;6—转向节;7—横向稳定杆

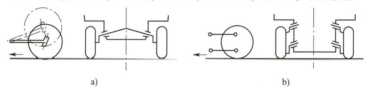

图22-36　纵臂式独立悬架示意图
a)单纵臂式;b)双纵臂式

图22-37所示为某轿车的后悬架,按车轮运动形式分类,它属于单纵臂式扭杆弹簧独立悬架。其特点为:两侧车轮不是各自独立地直接与车身弹性连接,而是通过一个后桥总成(它包括左、右扭杆弹簧支撑架8,左、右扭杆弹簧2、6,横向稳定杆套管4等),用前、后自偏转弹性垫块7、9与车身作弹性连接。两个单纵臂通过左、右扭杆弹簧与后桥总成弹性连接。当汽车转弯行驶时,在路面对车轮的侧向反力作用下,前、后自偏转弹性垫块产生侧向弹性变形。由于前、后自偏转弹性垫块的变形不同,使两后轮产生与两前轮转向相同的不太大的偏转角,从而减小了后轮的侧偏角,增强了不足转向特性。转弯行驶速度越高,不足转向特性越好,因此该车高速行驶的操纵稳定性更好些。这种后轮随前转向轮按同一方向稍作偏转的特性,称为后桥的随动转向功能。

图22-38所示为某轿车的后悬架,它也应属于单纵臂独立悬架,其弹性元件为螺旋弹簧。但是,它与上述的单纵臂式独立悬架的结构不同。它有一根整体的V形断面横梁,在其两端焊接上变截面的管状纵臂形成一个整体构架(后轴体)。在纵臂的前端通过橡胶—金属支撑与车身作铰式连接。纵臂的后端与轮毂、减振器相连。

当汽车行驶时,车轮连同后轴体7相对车身以橡胶—金属支撑9为支点作上下摆动,相当于单纵臂式独立悬架。当两侧悬架变形不等时,则后轴体的V形断面横梁发生扭转变形,因该横梁有较大的弹性,故它可起横向稳定器的作用。而不像普通带有整体轴的非独立悬架那样,一侧车轮的跳动影响另一侧车轮。但严格来讲,还是有一定程度的影响,因此,该悬架又称纵臂扭转梁式半独立悬架。

该悬架结构的另一特点是,由于橡胶—金属支撑是不对称的橡胶楔形结构,其径向弹性小、轴向弹性大。因此,当汽车转弯行驶时,在侧向力的作用下,可以认为后轴轴线只有轴向移动,而没有绕垂直轴线的偏转。也就是说,该悬架结构消除了后轴的自转向动作,从而保持了原设计的汽车转向特性。

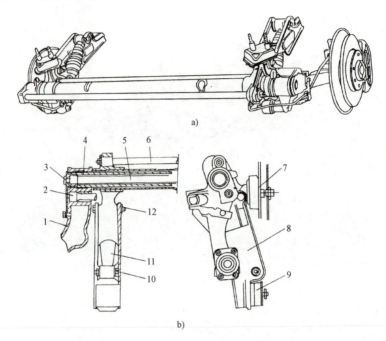

图 22-37　某轿车后悬架(单纵臂式扭杆弹簧独立悬架)
a)后悬架整体结构示意图;b)后悬架结构图
1-单纵臂;2-左扭杆弹簧;3-横向稳定杆端头螺栓;4-横向稳定杆套管;5-横向稳定杆;6-右扭杆弹簧;7-前自偏转弹性垫块;8-扭杆弹簧支撑架;9-后自偏转弹性垫块;10、12-减振器螺栓;11-减振器

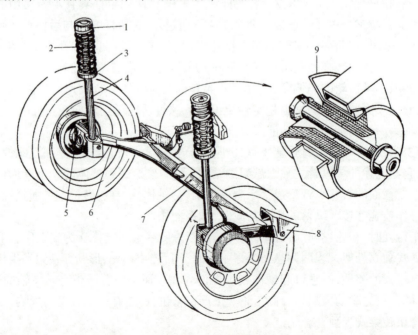

图 22-38　某轿车后悬架(纵臂扭转梁式半独立悬架)
1-弹簧上座;2-螺旋弹簧;3-弹簧下座;4-减振器;5-轮毂;6-纵臂;7-后轴体;8-后轴体支架;9-橡胶—金属支撑

纵臂扭转梁式半独立悬架结构简单,性能可靠,易装卸,质量小,所需空间也较小,可不另设横向稳定器,故成本较低。因此它在发动机前置前轮驱动的中小型轿车的后桥(支持桥)上得到较广泛的应用。

2. 双纵臂式独立悬架

双纵臂式独立悬架的两个纵臂长度一般做成相等形式,形成平行四连杆机构(图22-36b)。这样,在车轮上下跳动时,主销的后倾角保持不变,故这种形式的悬架适用于转向轮。但由于所占用空间较大,因此较少采用。

三、车轮沿主销移动的悬架

车轮沿主销移动的悬架大致可分为两种形式,一种是车轮沿固定不动的主销轴线移动的烛式悬架,另一种是车轮沿摆动的主销轴线移动的麦弗逊式悬架。

1. 烛式悬架

图22-39所示为车轮的转向节沿着刚性地固定在车架上的主销上下移动的烛式独立悬架。这种悬架对于转向轮来说,当悬架变形时,主销的定位角不会发生变化,仅轮距、轴距稍有改变。因此有利于汽车的转向操纵性和行驶稳定性。但是,侧向力全部由套在主销5上的长套筒1和主销承受,则套筒与主销之间的摩擦阻力大,磨损严重。因此,这种结构形式目前很少采用。

2. 麦弗逊式悬架

麦弗逊式悬架主要由滑动立柱和横摆臂组成。

图22-40所示为某轿车的麦弗逊式前独立悬架。筒式减振器2为滑动立柱,横摆臂6的内端通过铰链与副车架8相连,副车架用弹性橡胶垫与车身相连,横摆臂6的外端通过球铰链5与转向节3的下耳相连。减振器的上端与车身相连,减振器的下端与转向节3的上耳固连。车轮所受的侧向力通过转向节大部分由横摆臂承受,其余部分由减振器活塞和活塞杆承受。因此,这种结构形式较烛式悬架在一定程度上减少了滑动摩擦和磨损。

筒式减振器上铰链的中心与横摆臂外端球铰链中心的连线为主销轴线。此结构也为无主销结构。当车轮上下跳动时,因减振器的下支点随横摆臂摆动,故主销轴线的角度是变化的。这说明车轮是沿着摆动的主销轴线而运动的。因此,这种悬架在变形时,使得主销的定位角和轮距都有些变化。然而如果适当地调整杆系的布置,可使车轮的这些定位参数变化极小。

该悬架突出的优点是增大了两前轮内侧的空间,便于发动机和其他一些部件的布

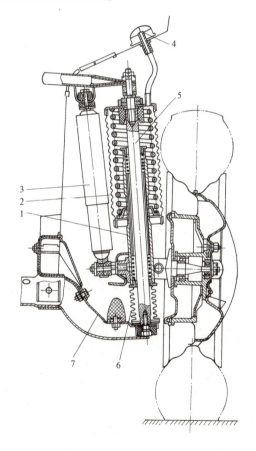

图22-39 烛式悬架

1-套筒;2、6-防尘罩;3-减振器;4-通气管;5-主销;7-车架

置;其缺点是滑动立柱摩擦和磨损较大。为减少摩擦通常是将螺旋弹簧中心线与滑柱中心线的布置不相重合。另外,还可将减振器导向座和活塞的摩擦表面用减磨材料制成,以减少磨损。

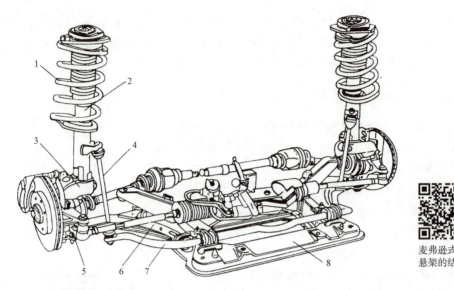

图 22-40　某轿车前悬架(麦弗逊式独立悬架)

1-螺旋弹簧;2-筒式减振器;3-转向节;4-连接杆;5-球铰链;6-横摆臂;7-横向稳定杆;8-副车架

麦弗逊式悬架多用作前置前驱动轿车和某些轻型客车的前悬架。

四、单斜臂式独立悬架

单斜臂式独立悬架是介于单横臂和单纵臂之间的一种悬架结构形式,如图 22-41 所示。

单斜臂 2 绕与汽车纵轴线成一定夹角 $\theta(0°<\theta<90°)$ 的轴线摆动。适当地选择夹角 θ,可以调整轮距、车轮倾角、前束等,使之变化最小,从而可获得良好的操纵稳定性。有的单斜臂独立悬架,为了控制前束的变化,在单斜臂 2 上安装了一根辅助拉杆,称为控制前束杆 1。

单斜臂式独立悬架兼有单横臂和单纵臂式独立悬架的优点,多用在后轮驱动的汽车的后悬架上。如图 22-42 所示为某轿车单斜臂式后悬架。

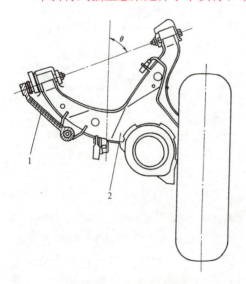

图 22-41　单斜臂式独立悬架

1-控制前束杆;2-单斜臂

五、多连杆式独立悬架

多连杆式独立悬架是指由多根杆件(一般四到五根)组合在一起来控制车轮位置变化的悬架。多连杆式独立悬架,可分为多连杆式前悬架和多连杆式后悬架。

以常用于后轮的五连杆式悬架为例,图22-43所示为某轿车的后悬架系统,是五连杆独立悬架系统。五连杆分别指控制臂4、前置定位臂1、后置定位臂5、上臂3和下臂2,其中,控制臂的工作就是上下摆动配合上、下臂使车轮保持自由跳动,令车身始终处于相对平稳的状态。

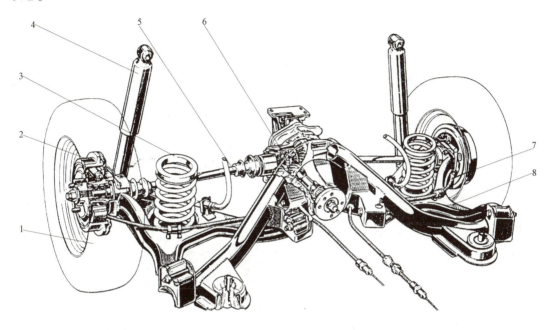

图22-42 某轿车后悬架(单斜臂式)

1-轮胎;2-制动鼓;3-螺旋弹簧;4-筒式减振器;5-半轴;6-主减速器和差速器;7-制动拉线;8-单斜臂

多连杆式独立悬架的工作原理较复杂,简言之,它是多个连杆共同作用而起到的组合效应。由于多连杆悬架具备多根连接杆,并且连杆可对车轮进行多个方面的作用力控制,所以在做车轮定位时可对车轮进行单独调整,并且多连杆悬架有很大的调校空间及改装可能性。

多连杆式独立悬架系统的最大优点就在于它可平衡地达到其他悬架系统所达不到的性能需求,它能够较好地消除车轮外倾角的变化,即使车身晃动时,也能使轮胎保持垂直,这在目前轮胎低扁平率的趋势中,是非常重要的特性;它对车轮跳动时车轮前束和轮距的变化具有较好的抑制作用;它能提高悬架系统的刚度,使其不易受横向力影响而产生几何变化;它能实现主销后倾角的最佳位置,并改善加速和制动时的平顺性和舒适性,同时也保证了直线行驶的稳定性。这里应该指出的是,要想同时具有上述几个优点,除多连杆式独立悬架以外,其他悬架是很难实现的。

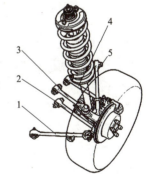

图22-43 某轿车五连杆独立悬架系统示意图

1-前置定位臂;2-下臂;3-上臂;4-控制臂;5-后置定位臂

尽管多连杆式独立悬架拥有很多的优点,但这并不意味着它的应用范围就非常广,在一些车身紧凑甚至结构特殊的车型上,多连杆独立悬架,尤其是五连杆式悬架应用并不多。究其原因主要是因为相对复杂的悬架结构给发动机的维护修理带来不便,同时材料成本、研发实验成本以及制造成本远高于其他类型的悬架,五根连杆的结构布置会占用不少横向空间,使发动机不便于安置,中小型车出于成本和空间考虑很少使用这种悬架。高档轿车由于空间充裕且注重舒适性和操控稳定性,因此对性能要求较高的汽车,尤其是高档轿车开始越来越多地使用多连杆式独立悬架系统。

六、横向稳定器

近代轿车的悬架一般都很软,在高速行驶中转向时,在离心力的作用下,外侧车轮的悬架弹簧被压缩,而内侧车轮的悬架弹簧却被伸张,车身会产生很大的横向倾斜和横向角振动。为减少这种横向倾斜,往往在悬架中添设横向稳定器。用得最多的是杆式横向稳定器。

杆式横向稳定器在汽车上的安装如图 22-44 所示。弹簧钢制成的横向稳定杆 3 呈扁平的 U 形,横向地安装在汽车的前端或后端(也有的轿车前后均有)。横向稳定杆 3 中部的两端自由地支撑在两个橡胶套筒 2 内,而套筒 2 则固定在车架上。横向稳定杆的两侧纵向部分的末端通过支杆 1 与悬架下摆臂上的弹簧支座 4 相连。某轿车横向稳定器的安装,如图 22-40 所示。

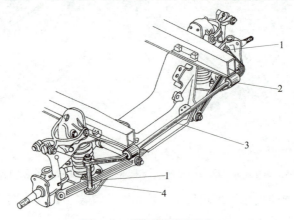

图 22-44 横向稳定器的安装
1-支杆;2-套筒;3-横向稳定杆;4-弹簧支座

当车身只作垂直移动而两侧悬架变形相等时,横向稳定杆在套筒内自由转动,横向稳定杆不起作用。当两侧悬架变形不等而车身相对于路面横向倾斜时,车架的一侧移近弹簧支座,稳定杆的该侧末端就相对于车架向上移,而车架的另一侧远离弹簧支座,相应的稳定杆的末端则相对于车架向下移,然而在车身和车架倾斜时,横向稳定杆的中部对于车架并无相对运动。这样在车身倾斜时,稳定杆两边的纵向部分向不同方向偏转,于是稳定杆便被扭转。弹性的稳定杆所产生的扭转的内力矩就妨碍了悬架弹簧的变形,因而减小了车身的横向倾斜和横向角振动。

理想的横向稳定杆的刚度应该是可变的,即车速高、离心力大时,刚度大;而车速低、离心力小时,刚度小,从而满足汽车在普通行驶状态下对横向稳定功能的要求。于是,主动式横向稳定器应运而生,如图 22-45 所示。主动式横向稳定器由两根稳定半杆通过一个双向液压马达连接在一起,当车辆受到较小的横向力时,两根半杆未耦合,刚度较小,这会使车辆具有较好的平顺性;当车辆受到较大的横向力时,两根半杆耦合,刚度则较大,使车辆具有较好的侧倾稳定性。使用主动式横向稳定器,可有效防止车身侧倾并改善行驶平顺性。

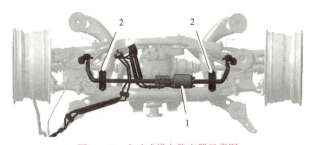

图 22-45　主动式横向稳定器示意图

1-双向液压马达；2-稳定杆支座(滚动轴承)

第六节　多轴汽车的平衡悬架

任何多轴车辆的全部车轮如果都是单独地刚性悬挂在车架上,则在不平道路上行驶时将不能保证所有车轮同时接触地面(图 22-46a)。当有弹性悬架而道路平面度较小时,虽然不一定会出现车轮悬空的现象,但各个车轮间的垂直载荷分配比例会有很大的改变。在车轮垂直载荷变小甚至为零时,则车轮对地面的附着力随之变小甚至等于零。转向车轮遇此情况将使汽车操纵能力大大降低以致失去操纵(即驾驶人无法控制汽车的行驶方向);驱动车轮遇此情况将不能产生足够的(甚至没有)驱动力。此外,还会使其他车桥及车轮有超载的危险。

如上节所述,全部车轮采用独立悬架,可以保证所有车轮与地面的良好接触,但将使汽车结构变得复杂,对于全轮驱动的多轴汽车尤其是如此。

若将两个车桥(如三轴汽车的中桥与后桥)装在平衡杆的两端,而将平衡杆中部与车架作铰链式连接(图 22-46b)。这样,一个车桥抬高将使另一车桥下降。而且,由于平衡杆两臂等长,则两个车桥上的垂直载荷在任何情况下都相等,不会产生如图 22-46a)所示的情况。这种能保证中、后桥车轮垂直载荷相等的悬架称为平衡悬架。

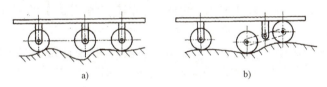

图 22-46　三轴汽车在不平道路上行驶情况示意图

一、等臂式平衡悬架

等臂式平衡悬架是三轴和四轴汽车上普遍采用的一种平衡悬架结构形式。图 22-47 所示为三轴全轮驱动汽车的中、后驱动桥等臂式平衡悬架。钢板弹簧 8 是纵向布置的,中部用 U 形螺栓固定在心轴轴承毂 7 上。轴承毂通过衬套与固定不动的平衡悬架心轴 2 作铰链连接,悬架心轴则支撑在固定于车架上的心轴支架上。为防止轴承毂轴向移动或脱出,在悬架心轴的两端装有推力垫圈,并用调整螺母、锁环、锁止垫圈和锁紧螺母等(图中未示出)压紧,外面用盖子盖住。

钢板弹簧的两端自由地支撑在中、后桥半轴套管上的滑板式支架内。这样,钢板弹簧便相当于一根等臂平衡杆,它以悬架心轴为支点转动,从而可保证汽车在不平道路上行驶时,各轮都能着地,且使中、后桥车轮的垂直载荷平均分配。

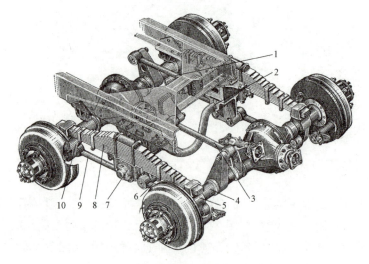

图 22-47 三轴汽车中、后桥等臂式平衡悬架
1、3-上推力杆;2-平衡悬架心轴;4-中桥;5-弹簧支座;6、9-下推力杆;7-心轴轴承毂;8-钢板弹簧;10-后桥

为保证轴承毂与悬架心轴之间的润滑,在毂内设有油道和压力加注润滑脂的滑脂嘴。

这种悬架的钢板弹簧只能传递垂直力和侧向力,而不能传递驱动力、制动力及其相应的反作用力矩,为此在中、后桥上还装有推力杆。每一车桥有一根上推力杆 1、3 及两根下推力杆 6、9。上推力杆一端用球头销和桥壳上的推力杆上臂相连,另一端用球头销与固定在车架上的支架连接。下推力杆一端用球头销与桥壳上的推力杆下臂相连,另一端用球头销与悬架心轴支架连接。

横向力由装在心轴轴承毂内的推力垫圈和推力环承受。

载货汽车中、后桥平衡悬架如图 22-48 所示。钢板弹簧总成 1 的中部用 U 形螺栓固定在平衡悬架大支架 2 上,平衡悬架大支架 2 与车架 6 刚性连接,钢板弹簧总成 1 装在中桥 4 及后桥 7 之间,通过平衡悬架大支架 2 支撑车身重量,吸收来自路面的振动和冲击,可防止振动和冲击直接传递到车身,从而保护车身、车上的人和货物。这种结构能抑制车轮的不规则振动,保证汽车行驶平稳。钢板弹簧总成 1 可以绕平衡悬架大支架 2 的平衡轴转动,使中、后桥均匀承载,减小在不平路面行驶时中、后桥上垂直载荷的变化,使车轮有较好的接地性,提高汽车通过性。

上推力杆总成 5 和下推力杆总成 3 连接在中、后桥及车架 6 之间,可限制中、后桥移位,传递车轮和车身之间的横向力、纵向力及其力矩,起到导向作用。

此外,为了抑制侧倾,上推力杆采用 V 形架推力杆。

该平衡悬架的特点:结构简单;工作可靠;成本较低;维修方便;侧倾刚度大,侧向稳定性好。

二、摆臂式平衡悬架

图 22-49 为摆臂式平衡悬架的示意图。摆臂式平衡悬架主要用于 6×2 的货车上。这

种货车的结构特点是前桥为转向桥,中桥为驱动桥,后桥是可以升降的支持桥。当汽车在轻载或空载行驶时,可操纵举升油缸4,通过杠杆机构将后轮(支持轮)举起,使6×2汽车变为4×2汽车。这不仅可减少轮胎的磨损和降低油耗,同时还可以增加空车行驶时驱动轮上的附着力,以免由于驱动力不足而使驱动轮发生滑转的现象。为适应这种汽车总布置的需要,中(驱动)桥和后(支持)桥就有必要采用图示的摆臂式平衡悬架。中桥的悬架采用普通纵置半椭圆钢板弹簧,后吊耳不与车架相连接,而是与摆臂5的前端相连。摆臂轴支架固定在车架上。摆臂的后端与汽车的后桥(支持桥)相连。左、右后支持轮之间没有整轴联系。摆臂相当于一个杠杆,中、后桥上的垂直载荷的分配比例,取决于摆臂的杠杆比及钢板弹簧前、后段长度之比。

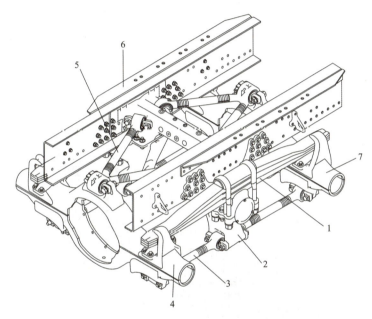

图 22-48 载货汽车中、后桥平衡悬架
1-钢板弹簧总成;2-平衡悬架大支架;3-下推力杆总成;4-中桥(简化);5-上推力杆总成;6-车架;7-后桥(简化)

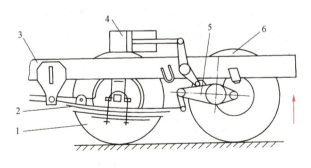

图 22-49 摆臂式平衡悬架示意图
1-驱动轮;2-钢板弹簧;3-车架;4-油缸;5-摆臂;6-支持轮

摆臂式平衡悬架还具有结构简单,多数零部件能与原4×2汽车通用等优点。载货汽车中、后桥摆臂式平衡悬架如图22-50所示。

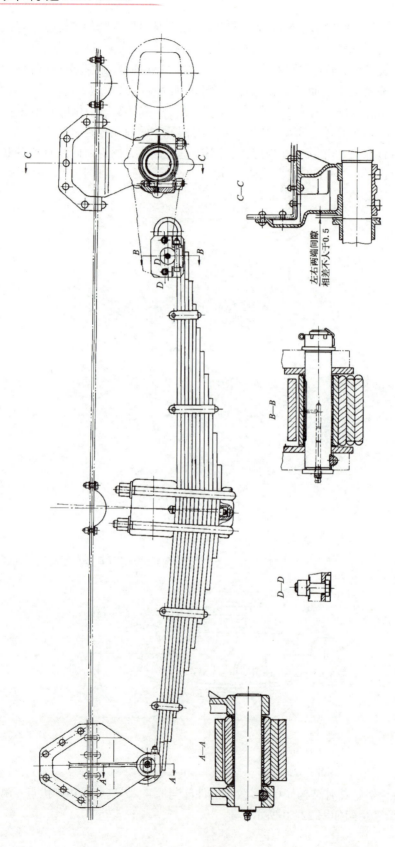

图 22-50 载货汽车中、后桥摆臂式平衡悬架

第七节　主动悬架和半主动悬架

　　上面讲述的是传统的悬架系统,其刚度和阻尼是按经验或优化设计的方法确定的,根据这些参数设计的悬架结构,在汽车行驶过程中,其性能是不变的,也是无法进行调节的,也就是说,传统的悬架系统只能保证在特定的道路状态和行驶速度下达到性能最佳,从而使汽车行驶平顺性和乘坐舒适性受到一定的影响,故称传统的悬架系统为**被动悬架**系统。随着高速公路网的发展和路面条件的改善,人们希望汽车不仅有很高的行驶速度,而且还要有很好的行驶平顺性、安全性和乘坐舒适性。因而在20世纪60年代,国外提出了悬架系统可根据汽车的行驶条件(车辆的运动状态和路面状况以及载荷等)的变化而对悬架的刚度和阻尼进行动态地自适应调节,使悬架系统始终处于最佳减振状态的主动悬架系统。

　　主动悬架系统按其是否包含动力源可分为**全主动悬架(有源主动悬架)**和**半主动悬架(无源主动悬架)**系统两大类。

一、全主动悬架(简称主动悬架)

　　全主动悬架就是根据汽车的运动状态和路面状况,适时地调节悬架的刚度和阻尼,使其处于最佳减振状态。它是在被动悬架系统(弹性元件、减振器、导向装置)中附加一个可控制作用力的装置。它通常是由执行机构、测量系统、反馈控制系统和能源系统4部分组成。执行机构的作用是执行控制系统的指令,一般为力发生器或转矩发生器(液压缸、汽缸、伺服电动机、电磁阀等)。测量系统的作用是测量系统各种状态,为控制系统提供依据,包括各种传感器。控制系统的作用是处理数据和发出各种控制指令,其核心部件是电子控制单元(ECU)。能源系统的作用是为以上各部分提供能量。

　　主动悬架系统主要有**主动油气悬架**、**主动空气悬架**和**主动液力悬架**等3种类型。

　　(1)主动油气悬架系统。图22-51为某轿车主动油气悬架系统的组成与布置示意图。

　　该轿车主动油气悬架是在油气弹簧悬架的基础上增设电子控制系统而开发的。它由电子控制单元(ECU)16、转向盘转角传感器7、加速度传感器、制动压力传感器13、车速传感器14、车身位移传感器17、油气弹簧的刚度调节器和电磁阀等组成。

　　悬架的主动控制就是根据汽车在行驶过程中的实际需要,对悬架弹簧的刚度和阻尼进行动态地自适应调节,从而使汽车达到最佳的行驶平顺性和乘坐舒适性。例如,在好路面上汽车正常行驶时,希望悬架刚度软一点,而在坏路面上或起步、制动时,希望悬架刚度硬一点,以减少车身姿态的变化,从而改善汽车行驶平顺性。一般来说,低速时希望悬架软一点,高速时又希望悬架硬一点,但是汽车在高速行驶时,为了提高行驶稳定性,又希望悬架变软来降低车身高度。而当车身垂直振动位移过大时,又希望增加悬架系统的刚度和阻尼,从而使悬架变硬。所以主动悬架就是根据汽车的行驶条件自适应地改变悬架的"软"或"硬"的两种状态。硬状态有时又称为"运动(Sports)状态",软状态则称"舒适状态"。

　　图22-52所示为主动油气悬架系统的工作原理。当汽车在好路面上正常行驶时,电磁阀5在电控单元(ECU)4发出的指令下通电,电磁阀的阀芯在电磁力的作用下压缩复位弹簧右移,接通压力油道。在油压作用下,辅助油气阀3的阀芯左移,使中间油气室2与主油

道连通,总的气室容积增加,气压降低,则弹簧刚度减小,系统处于"软"状态。提高了汽车的行驶平顺性和乘坐舒适性(图 22-52a)。

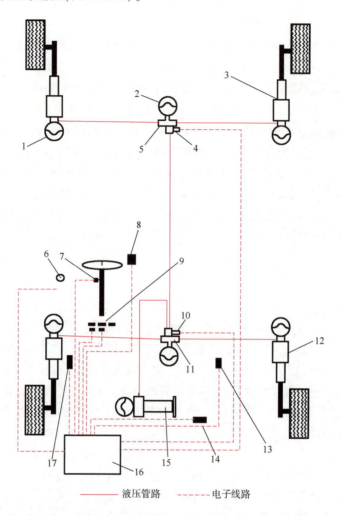

图 22-51　某轿车主动油气悬架系统示意图

1-油气弹簧;2-中间油气室(刚度调节器);3-后悬架;4-后悬架刚度调节器;5-后电磁阀;6-指示灯;7-转向盘转角传感器;8-控制开关;9-制动和节气门位置传感器;10-前电磁阀;11-前悬架刚度调节器;12-前悬架;13-制动压力传感器;14-车速传感器;15-油泵;16-电控单元(ECU);17-车身位移传感器

当汽车处于高速、转向、起动和制动工况时,ECU 对电磁阀 5 发出断电指令,电磁阀的线圈中无指令电流通过,电磁阀的阀芯在复位弹簧的作用下左移,关闭压力油油道,则原来作用在辅助油气阀 3 的压力油经电磁阀左面的油道泄出。此时无压力油作用,辅助油气阀关闭中间油气室(刚度调节器)2,气室总容积减小,弹簧刚度增大,悬架处于"硬"状态,提高了汽车的抗侧倾特性,如图 22-52b)所示。

油气悬架的各气室中充入氮气。中间油气室又称刚度调节器,节流孔 a、b 则为阻尼器。

(2)主动空气悬架系统。图 22-53 所示为某轿车的主动空气悬架系统的组成与布置。

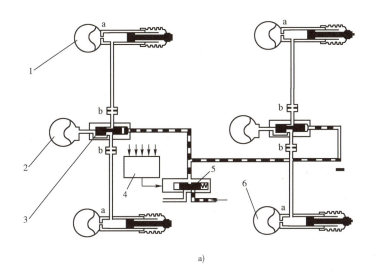

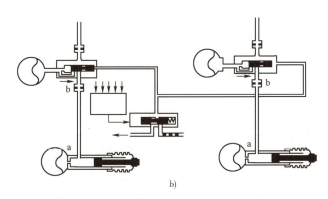

图 22-52 主动油气悬架系统的工作原理示意图

1-前油气室;2-中间油气室(刚度调节器);3-辅助油气阀;4-电控单元(ECU);5-电磁阀;6-后油气室;a、b-节流孔

该轿车的主动空气悬架系统由空气弹簧、螺旋弹簧、阻尼可调减振器、电子控制单元(ECU)、车速传感器、加速度传感器、转向盘转角传感器、节气门开度传感器和阻尼力转换执行器、高度传感器、电磁阀、空气压缩机和储气筒等组成。

该主动空气悬架就是用上述各传感器检测汽车的行驶状态。电子控制单元(ECU)根据各传感器的输入信号控制电磁阀的开闭,以控制空气弹簧中的空气压力,使汽车车身保持合适的行驶状态。例如,当汽车左转弯时,车身在离心力作用下欲向右倾斜,此时ECU根据转向盘转角传感器10、横向加速度传感器和车速传感器的输入信号,计算出汽车转向角速度、车身横向加速度以及汽车车速等行驶状态参数,向前后轮电磁阀发出控制指令,使外(右)侧车轮的空气弹簧充气,使内(左)侧车轮的空气弹簧放气,即产生与车身侧倾相反的作用力,以抵抗汽车车身的侧倾。

该主动空气悬架系统的高压空气是封闭回路,由空气弹簧排出的空气不排入大气,而是排入低压腔。这样,可使能量消耗减少。

(3)主动液力悬架系统。主动液力悬架的工作原理如图22-54所示。执行器(液压缸)中所采用的介质是不可压缩的油液,故其响应的灵敏度较高。当执行器(液压缸)发生作用时,液压缸中的活塞从上、下两侧接受油压,一侧油压上升,另一侧油压下降,从而使活塞产生往复伸缩运动,以适应路面的凹凸,保持车身的平稳。

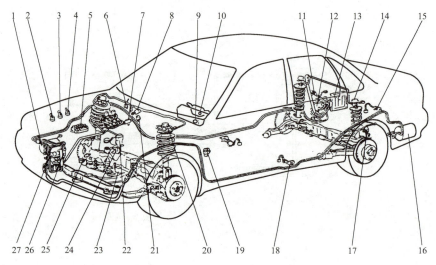

图22-53 某轿车的主动空气悬架系统

1-前储气筒;2-回油泵继电器;3-空气压缩机继电器;4-电磁阀电源继电器;5-ECS电源继电器;6-加速度计开关;7-节气门位置传感器;8-制动灯开关;9-车速传感器;10-转向盘转角传感器;11-右后车门开关;12-后电磁阀总成;13-电子控制单元(ECU);14-阻尼力转换执行器;15-左后车门开关;16-后储气筒;17-后高度传感器;18-左前车门开关;19-ECS开关;20-阻尼力转换执行器(步进电机型);21-加速度计位置;22-空气压缩机总成;23-加速度传感器;24-前高度传感器;25-系统禁止开关;26-空气干燥器;27-流量控制电磁阀总成

图22-55所示为某轿车的试验性的主动液力悬架系统。该系统的工作油压为15~20MPa,驱动油泵功耗为2.9~5.2kW,响应频率为25Hz。

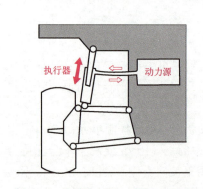

图22-54 主动液力悬架工作原理示意图

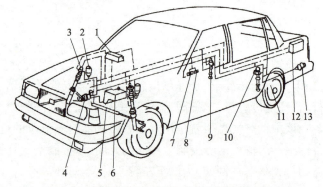

图22-55 某轿车的试验性的主动液力悬架系统示意图

1-控制面板;2、13-蓄能器;3、9-前、后执行器液压缸;4-液压泵;5-转向角传感器;6-油箱;7-横向加速度传感器;8-纵向加速度传感器;10-伺服阀;11-轮毂加速度传感器;12-电子控制单元(ECU)

该主动液力悬架系统同样要有许多传感器检测各种信号,并输入电控单元(ECU),经ECU接收并处理后迅速发出指令,使执行器瞬间产生足够的油压,以保证悬架的伸缩量适应凹凸不平的路面。该系统是具有高精度和高灵敏度伺服阀的液压伺服系统。它不仅能控制执行器(液压缸)的动作,而且还可以根据需要改变悬架的刚度和阻尼,对各车轮实行单独控制。

配装该系统的轿车在不良路面上进行高速行驶试验时,车身非常平稳,轮胎噪声较小,转向和制动时,车身都能保持水平。因此该悬架系统可保证汽车有良好的操纵性和行驶稳定性。此外,这种系统可使弹簧的运动质量较小,从而可获得良好的乘坐舒适性。

但是,配装该悬架系统的轿车若要批量生产,还存在许多问题需要解决,如在高频率下的行驶平顺性、能量消耗、价格、可靠性、振动和噪声以及维修等。

此外,为了最终实现这种先进的悬架控制系统,还有待进一步发展更精确的传感器和高灵敏度的执行器。不难预见,在不久的将来,此系统可装在价格昂贵的特殊车辆上。然而将其装在大量生产的普通轿车上的可能性目前还是较小的。

二、半主动悬架

半主动悬架与主动悬架的区别是,半主动悬架用可控阻尼的减振器取代了执行器。因此它是不考虑改变悬架的刚度,而是只考虑改变悬架阻尼的悬架系统。半主动悬架是由无动力源且只有可控的阻尼元件(减振器)和支持悬架质量与减振器并联的弹簧组成。所不同的是执行器需做功,而减振器则是通过调节阻尼力来控制所耗散掉能量的多少。

半主动悬架与主动悬架相比较,它具有结构简单、工作时几乎不消耗车辆的动力、制造成本低等特点,因而半主动悬架有较好的应用前景。

半主动悬架按阻尼级又可分成有级式和无级式两种。

(1) 有级式半主动悬架。它是将悬架系统中的阻尼分成两级、三级或更多级,可由驾驶人选择或根据传感器信号自动进行选择所需要的阻尼级。也就是说,可以根据路面条件(好路或坏路)和汽车的行驶状态(转弯或制动)等,来调节悬架的阻尼级,使悬架适应外界环境的变化,从而可较大幅度地提高汽车的行驶平顺性和操纵稳定性。

图 22-56 所示为装在半主动悬架中的三级阻尼可调减振器的旁路控制阀。它是由调节电动机来带动阀芯转动,使控制阀孔具有关闭、小开和大开 3 个位置,产生 3 个阻尼值。

(2) 无级式半主动悬架。它是根据汽车行驶的路面条件和行驶状态,对悬架系统的阻尼在几毫秒内由最小变到最大进行无级调节。

图 22-57 所示为一种无级式半主动悬架。电子控制单元(ECU)3 从速度、位移、加速度等传感器处接收信号,计算出系统相应的阻尼值,并发出控制指令给步进电动机 2,经阀杆 4 调节阀门 5,使其改变节流孔的通道截面积,从而改变系统的阻尼。该系统虽然不必外加能源装置,但所需传感器较多,故成本仍较高。

图 22-58 所示为某轿车的无级式半主动悬架的组成及布置。

该轿车悬架系统是自适应阻尼控制系统(ADS),它根据汽车的行驶状况自动地调节减振器的阻尼力以适应路面的变化。

该悬架系统中装备的车轮和车身的垂直加速度传感器用以确定汽车行驶的路面情况。转向盘转角传感器用以检测汽车是处于直线行驶位置,还是转弯行驶位置。系统中还设有与 ABS 共用的轮速传感器以检测汽车的行驶速度。系统中的 ADS 电子控制单元(ECU)接收来自各传感器的输入信号,并进行计算,将计算结果与存储在 ECU 内的数据进行比较,并立即向各阻尼阀发出指令。

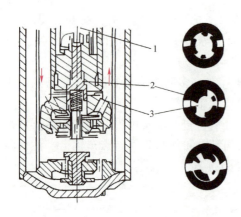

图 22-56　三级阻尼可调减振器旁路控制阀
1-调节电动机；2-阀芯；3-控制阀孔

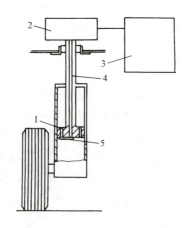

图 22-57　无级式半主动悬架示意图
1-节流孔；2-步进电动机；3-电子控制单元（ECU）；
4-阀杆；5-阀门

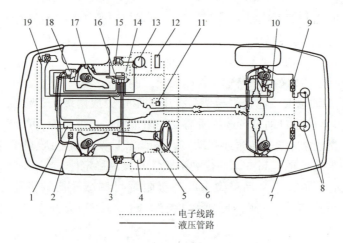

图 22-58　某轿车的无级式半主动悬架系统

1-串联式油泵；2-车身加速度传感器；3-左前侧阻尼阀；4-左前侧压力储压器；5-ADS 指示灯；6-转角传感器；7-左后侧阻尼阀；8-后侧压力储压器；9-右后侧阻尼阀；10-后轴水平控制阀；11-ADS 模式选择开关；12-ADS 电子控制单元；13-右前侧压力储压器；14、15-右前侧阻尼阀；16-阀体；17-悬架加速度传感器；18-前轴水平控制阀；19-油平面开关

阻尼阀由两个电磁阀 7 和两个阻尼活塞 8、9 组成（图 22-59）。它安装在悬架支柱（减振器）1 和蓄压器 3 之间，并用油管分别与悬架支柱（减振器）和蓄压器连接。阻尼阀接收 ADS 的 ECU 指令控制减振器阻尼力的大小。每个阻尼阀根据两个电磁阀不同的开闭组合，使减振器的阻尼力可在 4 个不同值之间进行切换：硬（FIRM）、正常（NORMAL）、软（SOFT）和舒适（COMFORT）。

当汽车行驶状态突然变化（例如汽车突然加速、紧急制动或避障行驶）时，阻尼阀可使减振器的阻尼力迅速切换为最理想的阻尼值。

系统运行过程中，自适应阻尼控制系统（ADS）的 ECU 在控制整个系统的同时，还不断地检查系统的各项功能，将检查到的故障存储在储存器中，如果系统故障有碍于汽车的安全行驶，系统将自动关闭，并在仪表板的显示器上予以显示。

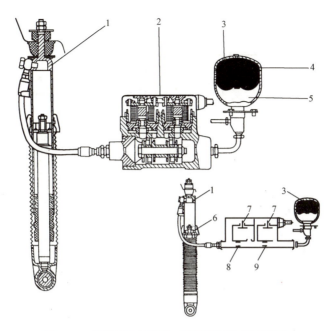

图 22-59 悬架支柱(减振器)、阻尼器和蓄压器示意图
1-悬架支柱(减振器);2-阻尼阀;3-蓄压器;4-氮气腔;5-油腔;6-活塞;7-电磁阀;8、9-阻尼活塞

第四篇
CHAPTER 4

汽车转向系统与制动系统

第二十三章　汽车转向系统

第一节　概　　述

汽车在行驶过程中,需按驾驶人的意志改变其行驶方向,即汽车转向。就轮式汽车而言,实现汽车转向的方法是,驾驶人通过操纵一套专设的机构,使汽车转向桥(一般是前桥)上的车轮(即转向轮)相对于汽车纵轴线偏转一定角度。在汽车直线行驶时,往往转向轮也会受到路面侧向干扰力的作用,自动偏转而改变行驶方向。此时,驾驶人也可以利用这套机构使转向轮向相反的方向偏转,从而使汽车恢复原来的行驶方向。这一套用来改变或恢复汽车行驶方向的专设机构,称为汽车转向系统。因此,汽车转向系统的功用是保证汽车能按驾驶人的意图而进行转向行驶。

一、汽车转向系统的类型和组成

汽车转向系统可按转向能源的不同分为机械转向系统和动力转向系统两大类。

1. 机械转向系统

机械转向系统以驾驶人的体力作为转向能量来源,其中所有传力件都是机械的,主要由转向操纵机构、转向器和转向传动机构三大部分组成。

图 23-1 所示为某乘用车的机械转向系统。当汽车转向时,驾驶人对转向盘 1 施加一个转向力矩。该力矩通过转向轴 3 和柔性联轴器 4 输入转向器 6,再经左、右横拉杆 11、9 传给固定于两侧转向节 14 上的左、右转向节臂 13(右侧转向节和转向节臂未画出),使转向节和其所支撑的转向轮绕主销轴线偏转一定角度,实现转向。

机械转向系统的组成

从转向盘到转向器之间的一系列零部件,均属于转向操纵机构。从转向器到转向节之间的这一系列零部件(不含转向节),均属于转向传动机构。

目前,国内外生产的许多车型在转向操纵机构中采用了万向传动装置(包括转向万向节和转向传动轴),如图 23-2 所示。只要适当改变万向传动装置的几何参数,便可满足各种变型车的总布置要求,有助于转向盘和转向器等部件的通用化和系列化。即使在转向盘与转向器同轴线的情况下,其间也可采用万向传动装置,以补偿由于部件在车上的安装误差和安装基体(驾驶室、车架)变形所造成的两者轴线实际上的不重合。

图 23-2 所示的转向系统是与非独立悬架相配合使用的。由转向器输出的力矩和运动通过摇臂 6、转向直拉杆 7 和转向节臂 8 传递至左转向节 9 使其绕主销转动。为使右转向节 13 及其支撑的右转向轮随之偏转相应角度,还设置了转向梯形。转向梯形由固定在左、右转向节上的梯形臂 10、12 和两端与梯形臂作球铰链连接的转向横拉杆 11 组成。图 23-1 所示的结构中也有转向梯形,只是它的转向横拉杆被分成了两段。

转向盘在驾驶室内安放的位置与各国交通法规有关。包括我国内地在内的大多数国家和地区规定车辆右侧通行,相应地应将转向盘安置在驾驶室左侧。这样,驾驶人的左方视野较广阔,有利于两车安全会车。相反,在一些规定车辆左侧通行的国家和地区(如日本、英国)使用的汽车上,转向盘则应安置在驾驶室右侧。

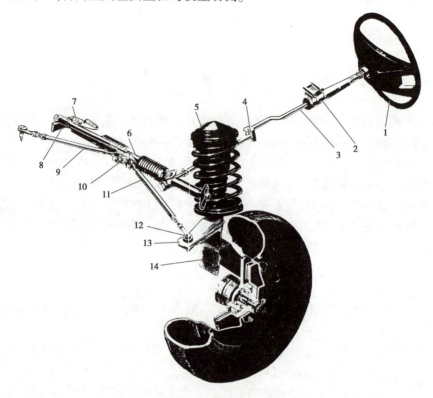

图 23-1 某乘用车转向系统

1-转向盘;2-转向柱管;3-转向轴;4-柔性联轴器;5-悬架总成;6-转向器;7-支架;8-转向减振器;9-右横拉杆;10-托架;11-左横拉杆;12-球铰链;13-转向节臂;14-转向节

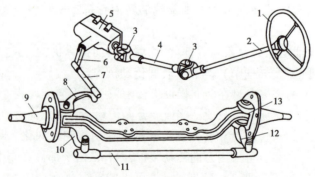

图 23-2 机械转向系统示意图

1-转向盘;2-转向轴;3-转向万向节;4-转向传动轴;5-转向器;6-转向摇臂;7-转向直拉杆;8-转向节臂;9-左转向节;10、12-梯形臂;11-转向横拉杆;13-右转向节

2. 动力转向系统

动力转向系统是兼用驾驶人体力和发动机(或电动机)的动力作为转向能量来源的转向系统。在正常情况下,汽车转向所需的能量只有一小部分由驾驶人提供,而大部分能量由发动机(或电动机)通过转向加力装置提供。但在转向加力装置失效时,一般还应当能由驾驶

人独立承担汽车转向任务。因此,动力转向系统是在机械转向系统的基础上加设一套转向加力装置而形成的。

对最大总质量在 50t 以上的重型汽车而言,一旦动力转向装置失效,驾驶人通过机械传动系统加于转向节的力是远不足以使转向轮偏转而实现转向的,故这种汽车的动力转向装置应当特别可靠。

图 23-3 所示为某型轿车的液压助力转向系统。其中属于动力转向装置的部件主要有:转向油罐 7、转向液压泵 8、转向控制阀 4 和转向动力缸 9(与机械转向器做成一体)。当驾驶人转动转向盘 1 时,转向轴 2 通过万向传动装置 3 带动转向控制阀转动,使转向动力缸中活塞一侧的油腔接通液面压力为零的转向油罐,而另一侧油腔则接通转向液压泵的出油口,使高压油进入该油腔,于是转向动力缸的活塞受到液压力的作用,推动活塞杆(即机械转向器 9 的齿条)移动,通过转向传动机构带动左、右转向轮偏摆实现转向。这样,驾驶人施于转向盘上很小的转向力矩,便可克服地面作用于转向轮上的转向阻力矩。

液压助力转向系统的组成

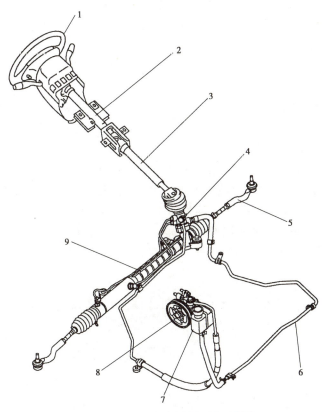

图 23-3 某型轿车动力转向系统示意图

1-转向盘;2-转向轴;3-万向传动装置;4-转向控制阀;5-转向横拉杆;6-油管;7-转向油罐;8-转向液压泵;9-机械转向器(即转向动力缸)

二、两侧转向轮偏转角之间的理想关系式

在汽车转向行驶时,为了避免产生路面对汽车行驶的附加阻力以及轮胎过快磨损,要求转向系统能保证汽车所有车轮均作纯滚动。显然,这只有在所有车轮的轴线都相交于一点

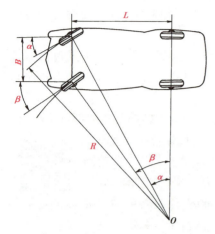

图 23-4 双轴汽车转向时两侧转向轮偏转角的理想关系

时方能实现,此交点 O 称为转向中心(图 23-4)。由图可见,对于两轴汽车,内转向轮偏转角 β 应大于外转向轮偏转角 α。在车轮为绝对刚体的假设条件下,α 与 β 的理想关系式应为:

$$\cot\alpha = \cot\beta + \frac{B}{L}$$

式中:B——两侧主销轴线与地面相交点之间的距离;
$\quad\quad L$——汽车轴距。

为此,必须精心确定转向传动机构中转向梯形的几何参数。但是迄今为止,所有汽车的转向梯形实际上都只能设计得在一定的车轮偏转角范围内,使两侧车轮偏转角的关系大体上接近于理想关系。

由转向中心 O 到外转向轮与地面接触点的距离称为汽车**转弯半径** R。转弯半径越小,则汽车转向所需场地就越小。由图可知,当外转向轮偏转角达到最大值 α_{max} 时,转弯半径 R 为最小。在图示的理想情况下,最小转弯半径 R_{min} 与外转向轮最大偏转角 α_{max} 的关系为:

$$R_{min} = \frac{L}{\sin\alpha_{max}}$$

对于只用前桥转向的三轴汽车,由于中轮和后轮的轴线总是平行的,故不存在理想的转向中心。计算转弯半径时,可以用一根与中、后轮轴线等距离的平行线作为假想的与原三轴汽车相当的双轴汽车的后轮轴线。

对于用第一、第三两桥转向的三轴汽车(图 23-5a),以第二桥车轮轴线为基线,分别利用上述的理想关系式求出第一桥和第三桥两侧车轮偏转角之间的关系,作为设计上述两车桥转向梯形的依据。对于利用第一、第二两桥转向的四轴汽车(图 23-5b),以第三、四两桥轴线之间的中间平行线为基线,分别求出两个转向桥两侧车轮偏转角的近似理想关系。显然,对上述两种汽车,都可得到下列理想的或近似理想的关系式:

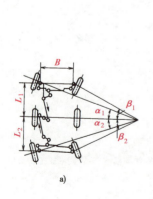
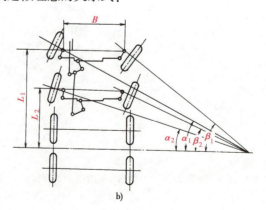

图 23-5 多轴汽车转向示意图
a)三轴汽车一、三桥转向;b)四轴汽车双前桥转向

$$\cot\alpha_1 = \cot\beta_1 + \frac{B}{L_1}$$

$$\cot\alpha_2 = \cot\beta_2 + \frac{B}{L_2}$$

在图 23-5a)中,若 $L_1 = L_2 = L/2$,则有:
$$\alpha_1 = \alpha_2 = \alpha, \beta_1 = \beta_2 = \beta$$

且最小转弯半径:
$$R_{\min} = \frac{L}{2\sin\alpha_{\max}}$$

即图 23-5a)所示汽车的转弯半径,仅为同轴距前轮转向双轴汽车转弯半径的 1/2。

三、转向系统的传动比

对于如图 23-2 所示的转向系统,其转向盘的转角增量与相应的转向摇臂转角增量之比 $i_{\omega 1}$ 称为**转向器角传动比**。转向摇臂转角增量与转向盘一侧的转向节相应的转角增量之比 $i_{\omega 2}$ 称为**转向传动机构角传动比**。转向盘转角增量与同侧转向节相应转角增量之比 i_ω 则为**转向系统角传动比**。显然,$i_\omega = i_{\omega 1} i_{\omega 2}$。如果转向系统采用齿轮齿条式转向器(图 23-1),则上述定义中的转向摇臂转角应改为齿条的移动量。另外,转向系统的传动比也可以用力来定义。两个转向轮受到的转向阻力与驾驶人作用在转向盘上的力之比 i_P 称为转向系统的力传动比,它与角传动比 i_ω 成正比。

转向系统角传动比 i_ω 越大,则为了克服一定的地面转向阻力矩所需作用在转向盘上的转向力矩便越小,从而在转向盘直径一定时,驾驶人作用于转向盘的力也越小。但 i_ω 过大,将导致转向操纵不够灵敏,即为了得到一定的转向节偏转角所需的转向盘转角过大。所以,选取 i_ω 时应适当兼顾转向省力和转向灵敏的要求。

对于一般汽车而言,转向传动机构角传动比 $i_{\omega 2}$ 约为 1。在转向过程中,$i_{\omega 2}$ 随着转向节转角的不同会有所变化,但变化幅度不大。货车的 $i_{\omega 1}$ 为 16~32,轿车的 $i_{\omega 1}$ 为 12~20。由此可知,转向系统角传动比 i_ω 主要取决于转向器角传动比 $i_{\omega 1}$。有些转向器的 $i_{\omega 1}$ 是常数,有些则是变化的。转向盘转角较小时,转向阻力较小,$i_{\omega 1}$ 小一些可以使转向灵敏;转向盘转角较大时(低速大转弯工况),$i_{\omega 1}$ 应大一些,保证转向轻便。

机械转向系统同时满足转向省力和转向灵敏要求的程度是很有限的。因此采用动力转向系统已成为中型以上货车和中级以上轿车转向系统的发展趋势。

四、转向盘自由行程

单从转向操纵灵敏而言,最好是转向盘和转向节的运动能同步开始并同步终止。然而,这在实际上是不可能的。因为在整个转向系统中各传动件之间都必然存在着装配间隙,而且这些间隙将随着零件的磨损而增大。在转向盘转动过程的开始阶段,驾驶人对转向盘所施加的力矩很小,只是用来克服转向系统内部的摩擦,使各传动件开始运动直到间隙完全消除。故可以认为这一阶段是转向盘空转阶段。此后,才需要对转向盘施加更大的转向力矩以克服作用在车轮上的转向阻力矩,从而实现各转向轮的偏转。转向盘在空转阶段的角行程称为**转向盘自由行程**。转向盘自由行程对于缓和路面冲击及避免使驾驶人过度紧张是有利的,但不宜过大,否则将使转向灵敏性能下降。一般说来,转向盘从相应于汽车直线行驶的中间位置向任一方向的自由行程最好不超过 10°~15°。当零件磨损严重到使转向盘自由行程超过 25°~30°时,必须进行调整。

汽车的转向操纵性能并不完全取决于转向系统,还与行驶系统有关。汽车在直线行驶中,转向轮会受到偶然出现的地面侧向反力而发生意外偏转,因而使汽车意外地转向。为了使汽车能稳定地保持直线行驶方向,要求转向轮偶然发生偏转后能立即自动回复到相应于直线行驶的中立位置。在第二十一章所述的转向主销后倾和内倾即是为了保证转向轮自动回正性能而在行驶系统中所采取的结构措施之一。此外,悬架导向机构的结构和布置以及轮胎的径向和侧向刚度都对汽车的转向操纵性能有很大影响。

第二节　转向操纵机构

一、转向操纵机构的组成和布置

转向操纵机构是由从转向盘到转向传动轴的一系列零部件组成的,如图23-6所示。它包括转向盘1、转向柱管2、转向轴15、上万向节8、下万向节11和转向传动轴9等。

转向柱管中部用橡胶垫3和半圆形冲压支架4固定在驾驶室前围板上,下端插入铸铁支座5的孔中。支座5则固定在转向操纵机构支架6上。穿过转向柱管的转向轴15上端借衬套16支撑,下端则支撑在转向柱管支座5中的圆锥滚子轴承(图中未示出)上,其轴向位置由限位弹簧7限定。转向轴通过双万向节万向传动装置与转向器中的转向蜗杆相连。下万向节11与转向传动轴9用滑动花键连接。为了保证转向器摇臂轴在中间位置时,从转向摇臂13起始的全套转向传动机构也处于中间位置,在摇臂轴的外端面和转向摇臂上孔外端面上各刻印有短线,作为装配标记。装配时,应将两个零件上的标记短线对齐。

转向操纵机构组成

二、转向操纵机构的部件及安全装置

1. 转向盘

转向盘由轮缘1、轮辐2和轮毂3组成(图23-7)。轮辐一般为三根辐条(图23-7a)或四根辐条(图23-7b),也有用两根辐条的。转向盘轮毂孔具有细牙内花键,借此与转向轴连接。转向盘内部是由成型的金属骨架构成,骨架外面一般包有柔软的合成橡胶或树脂,有的也会使用皮革材料(图23-7c),这样可有良好的手感,而且还可防止手心出汗致使转向盘操作打滑。

从安全性考虑,当汽车发生碰撞时,不仅要求转向盘应具有柔软的外表皮,以起缓冲作用,而且还要求转向盘在撞车时,其骨架能产生变形,以吸收冲击能量,降低驾驶人的受伤程度。

转向盘上都装有喇叭按钮,有些轿车的转向盘上还装有车速控制开关和撞车时保护驾驶人的安全气囊装置。

2. 转向轴和转向柱管及其吸能装置

转向轴是连接转向盘和转向器的传动件,用以传递它们之间的转矩。转向柱管安装在车身上,支撑着转向盘。转向轴从转向柱管中穿过,支撑在柱管内的轴承和衬套上。

近年来,由于公路条件的改善和汽车车速的提高,许多国家都制定了严格的安全法规。对于轿车除要求装有吸能式转向盘外,还要求转向柱管必须装备能够缓和冲击的吸能装置。转向轴和转向柱管的吸能装置有多种形式,其基本结构原理是:当转向轴受到巨大冲击而产生轴向位移时,使支架或某些支撑件产生塑性变形,从而吸收冲击能量。

第二十三章 汽车转向系统

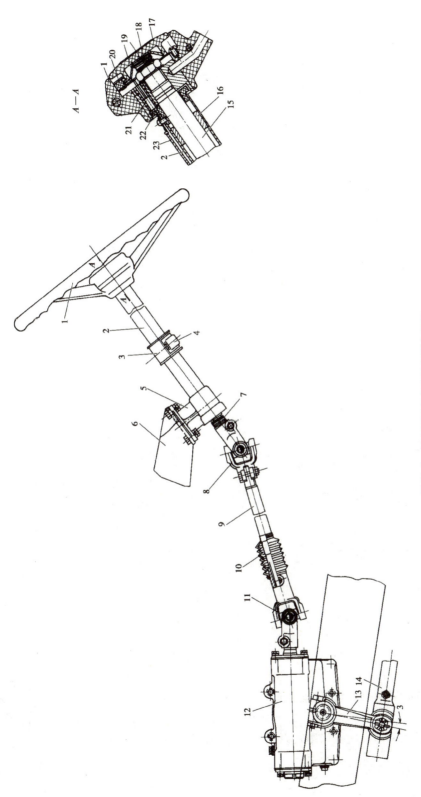

图 23-6 转向操纵机构和转向器布置图

1-转向盘;2-转向柱管;3-橡胶垫;4-转向柱管支架;5-转向柱管支座;6-转向操纵机构支架;7-转向轴限位弹簧;8-上万向节;9-转向传动轴;10-花键防护套;11-下万向节;12-转向器;13-转向摇臂;14-转向直拉杆;15-转向轴;16-转向轴衬套;17-电喇叭轴衬套;18-电喇叭按钮盖;19-电喇叭按钮接触罩;20-搭铁搭铁弹簧;21-按钮电刷组件;22-集电环组件;23-导线组件

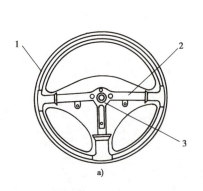 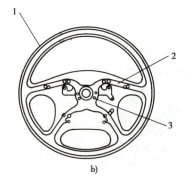 

图 23-7 转向盘的构造

a)三根辐条;b)四根辐条;c)转向盘外观
1-轮缘;2-轮辐;3-轮毂

如果汽车上装用了网格状转向柱管(图 23-8a)或波纹管式转向柱管(图 23-8b)的吸能装置,当发生猛烈撞车导致人体冲撞到转向盘上的力超过允许值时,则网格部分或波纹管部分将被压缩,产生塑性变形,吸收冲击能量,以减轻对人体的伤害。图中尺寸 A 为撞击后转向柱管的变形长度。

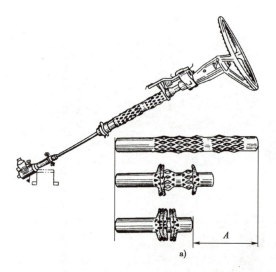 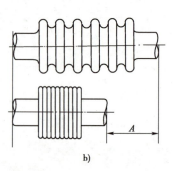

图 23-8 网格状或波纹管式转向柱管吸能装置示意图

a)网格状转向柱管;b)波纹管式转向柱管

第三节 转 向 器

转向器是转向系统中的减速传动装置,一般有 1 级或 2 级减速传动副。根据传动副的结构形式不同,转向器可以分为很多种类,目前在汽车上广泛采用的有齿轮齿条式、循环球—齿条齿扇式以及循环球—曲柄指销式等几种。

转向器的类型

一、转向器的传动效率

转向器的输出功率与输入功率之比称为转向器传动效率。在功率由转向轴输入,由转向传动机构(如转向横拉杆或摇臂)输出的情况下求得的传动效率称为正效率,而传动方向与上述相反时求得的效率则称为逆效率。逆效率很高的转向器很容易将经转向传动机构传来的路面反力传到转向轴和转向盘上,故称为可逆式转向器。可逆式转向器有利于汽车转向结束后转向轮和转向盘的自动回正,但也能将坏路面对车轮的冲击力传到转向盘,发生"打手"情况。

逆效率很低的转向器称为不可逆式转向器。不平路面对转向轮的冲击载荷输入到这种转向器时,其即由其中各传动零件(主要是传动副)承受,而不会传到转向盘上。同样,路面作用于转向轮上的回正力矩也不能传到转向盘,使得转向轮不可能自动回正。此外,路面对车轮的转向阻力矩也不能反映到转向盘上,使驾驶人不能得到路面的反馈信息,丧失"路感",无法根据路面状况调节转向力矩。

逆效率略高于不可逆式的转向器称为极限可逆式转向器。其反向传力性能介于可逆式和不可逆式之间,接近于不可逆式。采用这种转向器时,驾驶人能有一定的路感,转向轮自动回正也可实现,而且只有在路面冲击力很大时,部分冲击才能传到转向盘。

现代汽车上一般不采用不可逆式转向器。经常在良好路面上行驶的汽车多采用可逆式转向器。极限可逆式转向器多用于中型以上越野汽车和矿用自卸汽车。

二、齿轮齿条式转向器

图 23-9 所示为某型轿车的齿轮齿条式转向器。作为传动副主动件的转向齿轮 10 用轴承 9、11 支撑在壳体 1 中,与水平布置的转向齿条 2 相啮合。弹簧 6 通过垫片 7、压块 8 将齿条压靠在齿轮上,保证无间隙啮合。弹簧的预紧力可用调整螺钉 4 调整,并且螺钉的端部可以起到限位作用,防止由于汽车颠簸等原因而使齿条跳动与齿轮脱离啮合而跳齿。转向齿条通过两点支撑在壳体上,一个支撑点是小齿轮与齿条的啮合处,另一点是右侧压制在壳体端部的橡胶支撑套 3。

齿轮齿条式转向器的结构

该轿车的转向器是通过两个橡胶支撑固定在副车架上的,如图 23-10 所示。转向齿轮与转向轴和转向盘连接,两个转向横拉杆分别通过球头销连接在转向齿条的两端。转向盘转动时,转向齿轮转动并使与之啮合的转向齿条轴向移动,通过转向横拉杆带动左、右转向节(图中未示出)转动,使转向轮偏转,实现汽车转向。这种布置形式占用的空间最少,并且无论车轮是转向还是跳动,均不会在齿条上产生绕其轴线的力矩。

图 23-1 所示的转向器结构和工作原理与上述基本相同,但它的动力输出是在转向器的中部。转向齿条的中部用螺栓(图中未示出)与转向拉杆的托架 10 连接,齿条移动带动左、右横拉杆 11、9 移动,从而实现转向。由于横拉杆长度增加,车轮上下跳动时横拉杆的摆角减小,有利于减轻转向系统与悬架系统的运动干涉。为了避免转向轮摆振,在该结构中装有转向减振器 8。

齿轮齿条式转向器结构简单紧凑、质量轻、刚性大、转向灵敏、制造容易、成本低、正效率与逆效率都较高,而且省略了转向摇臂和转向直拉杆,使转向传动机构简化,特别适合与烛式和麦弗逊式悬架配用,因此它在轿车和微型、轻型货车上得到了广泛的应用。

三、循环球式转向器

循环球式转向器也是目前国内外汽车上应用较多的一种转向器。循环球式转向器中一般有两级传动副,第一级是螺杆螺母传动副,第二级是齿条齿扇传动副。

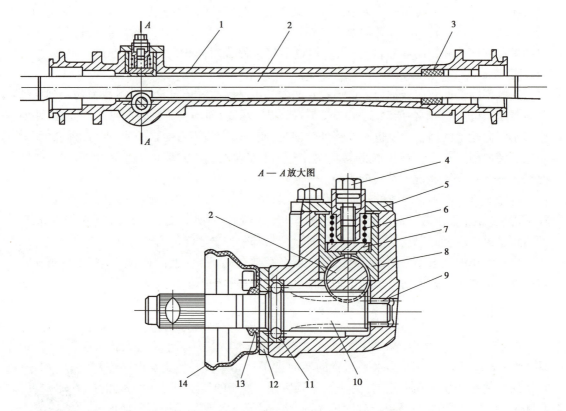

图 23-9 某型轿车齿轮齿条式转向器

1-壳体;2-转向齿条;3-支撑套;4-调整螺钉;5-侧盖;6-弹簧;7-垫片;8-压块;9-滚针轴承;10-转向齿轮;11-球轴承;12-压盖;13-油封;14-防尘罩

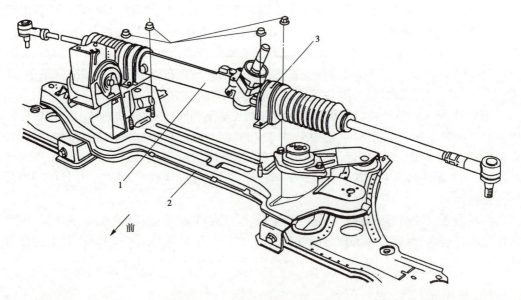

图 23-10 某型轿车转向器的布置

1-转向器总成;2-副车架总成;3-U形支架和橡胶管

图23-11所示为某轻型载货汽车的循环球-齿条齿扇式转向器。转向螺杆3的轴颈支撑在两个推力角接触球轴承2上。轴承预紧度可用调整垫片9调整。转向螺母4外侧的下平面上加工成齿条,与齿扇轴(即摇臂轴)20上的齿扇啮合。可见,转向螺母既是第一级传动副的从动件,也是第二级传动副(齿条齿扇传动副)的主动件(齿条)。通过转向盘和转向轴转动转向螺杆时,转向螺母不能转动,只能轴向移动,并驱使齿扇轴转动。

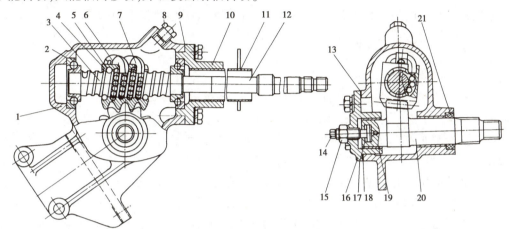

图23-11 某轻型载货汽车转向器

1-转向器壳体;2-推力角接触球轴承;3-转向螺杆;4-转向螺母;5-钢球;6-钢球导管卡;7-钢球导管;8-六角头锥形螺塞;9-调整垫片;10-上盖;11-转向柱管总成;12-转向轴;13-转向器侧盖衬垫;14-调整螺钉;15-螺母;16-侧盖;17-孔用弹性挡圈;18-垫片;19-摇臂轴衬套;20-齿扇轴(摇臂轴);21-油封

为了减轻摩擦,在转向螺杆和螺母上都加工出螺旋槽,其轮廓为两段或三段不同心的圆弧组成,断面为近似半圆形。两者相配合形成近似圆形断面的螺旋管状通道中装入许多钢球5,使滑动摩擦变为滚动摩擦。螺母的侧面有两对通孔,可将钢球从此孔塞入螺旋形通道内。两根U形钢球导管7的两端插入螺母侧面的两对通孔中,导管内也装满了钢球。这样,两根导管和螺母内的螺旋管状通道组合成两条各自独立的封闭的钢球"流道"。

转向螺杆转动时,通过钢球将力传给转向螺母,使螺母沿轴向移动。同时,在螺杆、螺母和钢球间的摩擦力偶作用下,所有钢球便在螺旋管状通道内滚动,形成"球流"。钢球在管状通道内绕行一周半距离后,流出螺母进入导管的一端,再由导管另一端流回螺旋管状通道。因此,在转向器工作时,两列钢球只是在各自的封闭流道内循环滚动,而不致脱出。

与齿条相啮合的齿扇,其齿厚是在分度圆上沿齿扇轴线方向呈线性关系变化的,故为变厚齿扇。只要使齿扇轴20相对于齿条作轴向移动,即能调整两者的啮合间隙。调整螺钉14旋装在侧盖16上,齿扇轴内侧端部有切槽,调整螺钉的圆柱形端头嵌入此切槽中。将调整螺钉旋入,则齿扇轴右移,啮合间隙减小;反之,则啮合间隙增大。

循环球式转向器的正效率很高(可达90%~95%),故操纵轻便、使用寿命长、工作平稳可靠。但其逆效率也很高,容易将路面冲击力传给转向盘。不过,对于前轴轴载质量不大而又经常在平坦路面上行驶的中、轻型载货汽车而言,这一缺点影响不大。因此,循环球式转向器得到广泛应用。

第四节 转向传动机构

转向传动机构的功用是将转向器输出的力和运动传到转向桥两侧的转向节,使转向轮偏转,并使两转向轮偏转角按一定关系变化,以保证汽车转向时车轮与地面的相对滑动尽可能小。

转向传动机构的功用

转向传动机构的组成和布置,因转向器位置和转向轮悬架类型不同而异。

一、与非独立悬架配用的转向传动机构

1. 转向传动机构的组成与布置

与非独立悬架配用的转向传动机构(图23-12)主要包括:转向摇臂2、转向直拉杆3、转向节臂4和转向梯形。在前桥仅为转向桥的情况下,由转向横拉杆6和左、右梯形臂5组成的转向梯形一般布置在前桥之后(图23-12a)。当转向轮处于与汽车直线行驶状态相对应的中立位置时,梯形臂与横拉杆在与道路平行的平面(水平平面)内的交角 $\theta > 90°$。在发动机位置较低或转向桥兼充驱动桥的情况下,为避免运动干涉,往往将转向梯形布置在前桥之前。此时,上述交角 $\theta < 90°$(图23-12b)。若转向摇臂不是在汽车纵向平面内前后摆动,而是在与道路平行的平面内左右摆动,则可将转向直拉杆3横置,并借球头销直接带动转向横拉杆6,使两侧梯形臂转动(图23-12c)。

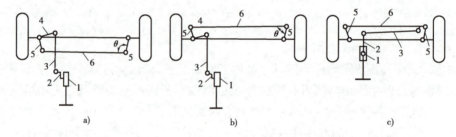

图23-12 与非独立悬架配用的转向传动机构示意图
1-转向器;2-转向摇臂;3-转向直拉杆;4-转向节臂;5-梯形臂;6-转向横拉杆

2. 转向摇臂

转向摇臂是转向器传动副与转向直拉杆之间的传动件,如图23-6所示。转向摇臂13的大端用锥形三角细花键与转向器中摇臂轴的外端连接。其小端带有球头销,以便与转向直拉杆14作空间铰链连接。

3. 转向直拉杆

转向直拉杆是转向摇臂与转向节臂之间的传动杆件。图23-13所示为某型汽车的转向直拉杆。在转向轮偏转而且因悬架弹性变形而相对于车架跳动时,转向直拉杆与转向摇臂及转向节臂的相对运动都是空间运动。因此,为了不发生运动干涉,三者之间的连接件都是球形铰链。

直拉杆体9是一段两端扩大的钢管,其前端(图中为左端)带有球头销2。球头销2的尾端用螺母1固定于转向节臂的端部。两个球头座5在压缩弹簧6的作用下将球头销2的球头夹持住。为保证球头与座之间的润滑,可从滑脂嘴8注入润滑脂,使其充满直拉杆体端部管腔。拆装时供球头出入的孔口用耐油橡胶防尘垫3封盖。

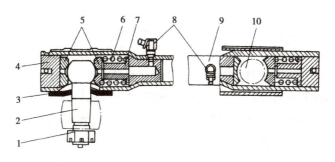

图 23-13　某型汽车转向直拉杆

1-螺母；2-转向节臂球头销；3-橡胶防尘垫；4-端部螺塞；5-球头座；6-压缩弹簧；7-弹簧座；8-滑脂嘴；9-直拉杆体；10-转向摇臂球头销

压缩弹簧 6 随时补偿球头与座的磨损，保证两者之间无间隙，并可缓和经车轮和转向节传来的路面冲击。弹簧预紧力可用端部螺塞 4 调节，调好后须用开口销固定螺塞位置。当球头销作用在内球头座上的冲击力超过压缩弹簧的预紧力时，弹簧便进一步变形而吸收冲击能量。弹簧变形增量受到弹簧座 7 自由端的限制，可以防止弹簧超载，并保证在弹簧折断的情况下球头销不从管腔中脱出。

直拉杆体后端（图中为右端）嵌装着转向摇臂的球头销 10，这一端的压缩弹簧也装在球头座后方（图中为右方）。这样，两个压缩弹簧可分别在沿轴线的不同方向上起缓冲作用。自球头销 2 传来的向后的冲击力由前压缩弹簧承受；当球头销 2 受到向前的冲击力时，冲击力依次经前球头座、前端部螺塞 4、直拉杆体 9 和后端部螺塞传给后压缩弹簧。

4. 转向横拉杆

转向横拉杆是转向梯形机构的底边。它由横拉杆体 2 和旋装在两端的横拉杆接头 1 组成，如图 23-14a）所示。两端的接头（图 23-14b）结构相同。其中球头销 14 的尾部与梯形臂相连。上、下球头座 9 用聚甲醛制成，有很好的耐磨性。球头座的形状如图 23-14c）所示。装配时，两球头座的凹凸部分互相嵌合。弹簧 12 保证两球头座与球头紧密接触，并起缓冲作用，其预紧力由螺塞 11 调整。

两接头借螺纹与横拉杆体连接。接头螺纹部分有切口，故具有弹性。接头旋装到横拉杆体上后，用夹紧螺栓 3 夹紧。横拉杆体两端的螺纹，一为右旋，一为左旋。因此，在旋松夹紧螺栓 3 以后，转动横拉杆体，即可改变转向横拉杆的总长度，从而可以调整转向轮前束。

5. 转向减振器

与悬架减振器相似，转向减振器通常采用筒式减振器形式，利用液体分子的内摩擦产生的黏性阻尼来衰减振动。其功用是在汽车行驶时衰减转向轮的摆振，缓和来自路面的冲击载荷，以提高汽车行驶稳定性和乘坐舒适性。

转向减振器的结构如图 23-15 所示。工作缸 7 内充满油液。活塞 4 上安装有伸张阀总成 5（包括伸张阀和流通阀两套止回阀），将工作缸筒分成 C、D 两个油腔。由活塞杆 6 带动在工作缸内作往复运动。在左侧阀座上安装着压缩阀总成 3（包括压缩阀和补偿阀），其左侧油腔 A 与缸筒外面的橡胶储液缸 2 的油腔 B 相通连。

减振器工作时，在压缩行程中，活塞向左运动，其左侧油压升高，油液打开流通阀进入其右侧油腔 D，同时由于活塞杆进入油缸使油腔 C 油压升高，部分油液推开阀座上的压缩阀，通过其左侧油腔 A 进入橡胶储液缸油腔 B,使其膨胀。在伸张行程,活塞向右移动,其右侧的油液推开活塞上的伸张阀进入左侧油腔 C,同时橡胶储液缸靠本身弹性复位,使油腔 B 中的油液推开阀座上的补偿阀进入工作腔 C,以补偿活塞杆右移所空出的容积。液体如此往复地通过这些孔道时,其分子间的内摩擦阻力就衰减了活塞往复运动形成的振动。因为转向减振器要衰减车轮的左右摆动,所以它的减振特性是对称的,即伸张和压缩行程的阻尼力是相等对称的。因转向减振器是呈水平状态布置在汽车上,故对其密封要求严格。

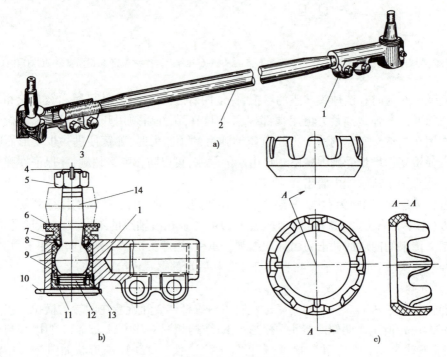

图 23-14　某型汽车转向横拉杆
a) 转向横拉杆;b) 接头;c) 球头座

1-横拉杆接头;2-横拉杆体;3-夹紧螺栓;4-开口销;5-槽形螺母;6-防尘垫座;7-防尘垫;8-防尘罩;9-球头座;10-限位销;11-螺塞;12-弹簧;13-弹簧座;14-球头销

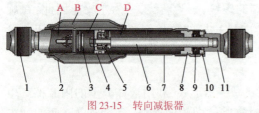

图 23-15　转向减振器

1-连接衬套;2-橡胶储液缸;3-压缩阀总成;4-活塞;5-伸张阀总成;6-活塞杆;7-工作缸;8-导向座;9-油封;10-挡圈;11-轴套及连接衬套

二、与独立悬架配用的转向传动机构

当转向轮独立悬接时,每个转向轮分别相对于车架作独立运动,因而转向桥必须是断开式的。与此相应,转向传动机构中的转向梯形也必须断开。

图 23-16a) 的转向传动机构布置方案的转向梯形布置在转向桥后方,图 23-16b) 的转向传动机构布置方案的转向梯形布置在转向桥前方。转向梯形的布置要保证转向时转向轮的偏摆方向与转向盘的转动方向相一致,它们的转向器都布置在转向桥后方。汽车上的转向器根据总布置的需要也可以布置在转向桥的前方。

某型轿车转向横拉杆与转向器齿条、转向节臂之间是依靠内外球头连接的。它主要由球头销和球碗组成,如图 23-17 所示。球碗使用聚氨酯或聚甲醛注塑而成,材料的自润滑性能保证其摩擦因数小且耐磨性能好。球碗工作表面刻有若干条储油槽以储存润滑脂。装配时利用球碗的弹性将球头销压入球碗中,然后将球头销和球碗一起装入接头的孔中。最后对接头进行滚铆。装配后,锥形弹簧7具有一定的预紧力,可以随时补偿使用中摩擦副磨损产生的间隙。

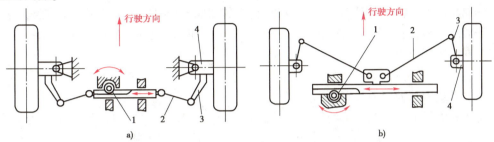

图 23-16　与齿轮齿条式转向器相配合的转向传动机构示意图
1-转向器；2-转向横拉杆；3-转向节臂；4-转向节

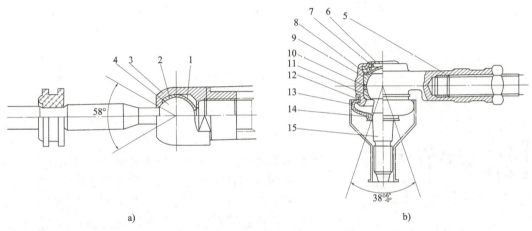

图 23-17　某型轿车转向横拉杆的连接
a)内球头节 b)外球头节
1、9-上球碗；2、11-下球碗；3、5-接头；4、15-球头销；6-堵塞；7-弹簧；8-弹簧座；10-密封环；12、14-锁紧环；13-防尘罩

第五节　转向助力系统

一、动力转向系统概述

动力转向系统是将发动机输出的部分机械能转化为压力能(或电能),并在驾驶人控制下,对转向传动机构或转向器中某一传动件施加不同方向的辅助作用力,使转向轮偏摆以实现汽车转向的一系列装置。采用这种动力转向系统的汽车转向所需的能量,在正常情况下,只有小部分是驾驶人提供的体能,而大部分是发动机驱动的油泵、空气压缩机或发电机所提供的液压能、气压能或电能,从而减轻了驾驶人的转向操纵力。

动力转向系统由机械转向器和转向加力装置组成。根据助力能源形式的不同可以分为液压助力、气压助力和电动机助力三种类型。

电动助力转向系统是利用汽车上的直流电源驱动电动机对转向系统实施

动力转向系统的类型

助力的。

气压助力转向系统主要应用于一部分其前轴最大轴载质量为3~7t并采用气压制动系统的货车和客车。装载质量特大的货车也不宜采用气压助力转向系统,因为气压系统的工作压力较低(一般不高于0.7MPa),用于这种重型汽车上时,其部件尺寸将过于庞大。液压助力转向系统的工作压力可高达10MPa以上,故其部件尺寸很小。液压系统工作时无噪声,工作滞后时间短,而且能吸收来自不平路面的冲击。因此,液压助力转向系统已在各类各级汽车上获得广泛应用。

1. 液压助力转向系统的分类

按照系统内部的压力状态不同,液压助力转向系统可分为常压式和常流式两种。

常压式液压助力转向系统的优点在于设有储能器存储液压能,可以使用流量较小的转向油泵,而且还可以在油泵不运转的情况下保持一定的转向加力能力,使汽车有可能续驶一定距离。但是相比于常流式液压助力转向系统,它的结构复杂,油泵寿命短,泄漏较严重,消耗功率更多,因此应用较少,而常流式液压助力转向系统则广泛应用于各种汽车。

常流式液压助力转向系统如图23-18所示。不转向时,转向控制阀6保持开启。转向动力缸8的活塞两边的工作腔,由于都与低压回油管路相通而不起作用。转向油泵2输出的油液流入转向控制阀,又经回油管流回转向油罐1。因转向控制阀的节流阻力很小,故油泵输出压力也很低,实际上处于空转状态。当驾驶人转动转向盘,通过机械转向器7使转向控制阀处于与某一转弯方向相对应的工作位置时,转向动力缸的相应工作腔与回油管路隔绝,转而与油泵输出管路相通,动力缸的另一腔则仍然通回油管路而与油泵输出管路相隔绝。地面转向阻力经转向传动机构传到转向动力缸的推杆和活塞上,形成比转向控制阀节流阻力高得多的油泵输出管路阻力。于是转向油泵输出压力急剧升高,直到足以推动转向动力缸活塞为止,实现转向助力作用。转向盘停止转动后,转向控制阀又处于中立位置,使动力缸停止工作。

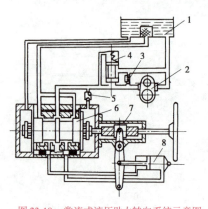

图23-18 常流式液压助力转向系统示意图
1-转向油罐;2-转向油泵;3-安全阀;4-流量控制阀;5-止回阀;6-转向控制阀;7-机械转向器;8-转向动力缸

2. 液压助力转向系统的转向控制阀

按照阀体的运动方式不同,转向控制阀分为滑阀式和转阀式两种。

阀体沿轴向移动来控制油液流量的转向控制阀,称为滑阀式转向控制阀,简称滑阀。图23-18所示的常流式液压助力转向系统中的转向控制阀即为滑阀。滑阀结构简单、工艺性较好、布置方便,但是相比于转阀式转向控制阀(简称转阀),其灵敏度较差,密封件较多,目前较少应用。而转阀式控制阀的结构更为先进,因此目前得到广泛的应用。

转阀的阀体绕其轴线转动来控制油液流量,如图23-19所示。该转阀具有四个互相连通的进油道A,通道B、C分别与动力缸的左、右腔连通,中空的阀体1与储油罐相连。当阀体顺时针转过一个很小的角度时,通道C与进油道A相通,而与回油道D相隔断,来自油泵的压力油经通道A流入通道C,继而进入动力缸的一个腔内;同时,通道B与进油道A相隔断而与回油道D相通,动力缸另一腔的低压油在活塞的推动下经通道B、回油道D和中空的阀体流回储油罐。

二、整体式动力转向器

整体式动力转向器的布置方案因其结构紧凑、管路短而得到广泛应用。目前,国产轿车高级配置的车型上基本都采用了液压助力转向系统,而且大多数都采用了转阀式整体动力转向器。

图 23-20 为某型轿车的液压助力转向系统示意图,图中将转阀的剖面图放大画出,并表示出油路的连接关系。齿轮齿条式机械转向器、转向动力缸和转阀式控制阀设计成一体,构成整体式动力转向器。转向动力缸活塞 2 与转向齿条 4 制成一体。活塞将转向动力缸(即转向器壳体)1 分成左右两腔。

转阀的构造如图 23-21 所示。扭杆 6 的前端用销 2 与转向齿轮 1 连接,后端用销 7 与阀芯 5 连接,而阀芯又与转向轴的末端固定在一起,因而转向轴可通过扭杆带动转向齿轮转动。

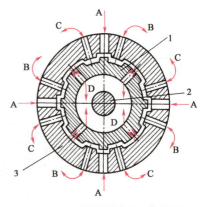

图 23-19 转阀的结构和工作原理

1-阀体;2-扭杆;3-壳体;A-通油泵输出管路的通道;B、C-通动力缸左、右腔的通道;D-通储油罐的回油通道

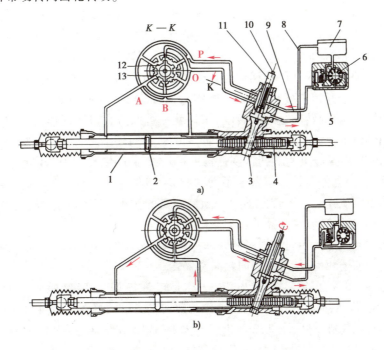

图 23-20 某型轿车整体式动力转向器示意图

a)汽车直线行驶时;b)汽车转弯行驶时

1-转向动力缸;2-动力缸活塞;3-转向齿轮;4-转向齿条;5-流量控制阀(带安全阀);6-转向油泵(叶片泵);7-转向油罐;8-回油管路;9-进油管路;10-扭杆;11-转向轴;12-阀芯;13-阀套

转向控制阀处于中立位置时(图 23-20a),由转向油罐 7、转向油泵(叶片泵)6、流量控制阀(带安全阀)5 组成的供能装置输出的油液流入转阀进油口 P 进入阀腔。由于转阀处于中立位置,它使动力缸的两腔相通,则油液经回油管路 8 流回转向油罐 7,转向动力缸完全不起作用,因此它是**常流式动力转向系统**。

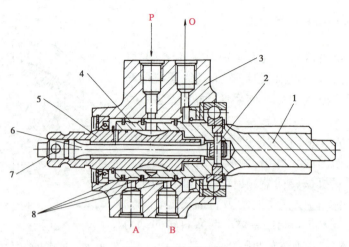

图 23-21 转阀构造

1—转向齿轮；2、7—销；3—阀体；4—阀套；5—阀芯；6—扭杆；8—密封圈；P—转阀进油口；O—转阀出油口；A—通动力缸左腔出油口；B—通动力缸右腔出油口

刚一开始转动转向盘时，转向轴连同阀芯被顺时针转动（图23-20b），因为受到转向节臂传来的路面转向阻力，动力缸活塞和转向齿条暂时都不能运动，所以转向齿轮暂时也不能随转向轴转动。这样，由转向轴传来的转矩只能使扭杆产生少许扭转变形，使转向轴（即阀芯）得以相对转向齿轮（即阀套）转过不大的角度，从而转阀开始工作并使动力缸左腔成为高压的进油腔，右腔则成为低压的回油腔。作用在动力缸活塞上的向右的液压作用力帮助转向齿轮使转向齿条开始右移，转向轮开始向右偏转，同时，转向齿轮也得以与转向轴同向转动，以实现转向。只要转向盘继续转动，扭杆就一直保持有扭转变形，转向控制阀也一直处于向右转向的位置。一旦转向盘停止转动，动力缸暂时还继续工作，导致转向齿轮继续转动，使扭杆的扭转变形减小，直到扭杆恢复自由状态，控制阀恢复到中立位置、动力缸停止工作为止。此时，转向盘停在某一位置上不动，则车轮转角保持一定。若转向盘继续转动，则转向动力缸又继续工作。这种转向动力缸随转向盘的转动而工作，又随转向盘停止转动而停止加力的作用，称为动力转向器的随动作用。

若上述动力转向器的转向盘逆时针转动，则扭杆、转阀阀芯的转动方向以及动力缸活塞移动的方向均与前述相反，结果为转向轮向左偏转。

某型商用汽车所采用的整体式动力转向器也是转阀式，如图23-22所示。机械转向器为循环球—齿条齿扇式。转向器壳体11同时也作为转向动力缸的缸体。转向螺母9也是动力缸的活塞，前端（图中左侧）用密封圈12防止前、后两腔中的油液相互渗漏（即内部泄漏），下面加工有齿条并与摇臂轴上的齿扇相啮合。转向螺杆8的前端用销10与扭杆1连接，后端制成圆筒形，其内圆面上加工有油道，并用轴承14支撑在转向器后端盖4上。扭杆的后端用销3与转阀阀芯2连接。阀芯2的前端与转阀阀体5用销7连接成一体，后端用花键与转向轴连接。其工作原理与前述的轿车整体式转阀动力转向器相同，这里不再重复。

三、转向油罐与转向油泵

1. 转向油罐

转向油罐的作用是储存、滤清并冷却液压助力转向系统的工作油液（一般

转向油罐的作用

是锭子油或透平油）。转向油罐一般是单独安装，但也有直接装在转向油泵上的。

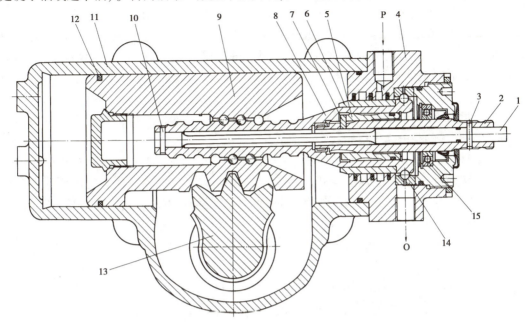

图 23-22　某型商用汽车的整体式动力转向器
1-扭杆；2-阀芯；3、7、10-销；4-转向器端盖；5-转向阀体；6-转向阀隔套；8-转向螺杆；9-转向螺母；11-转向器壳体；12-密封圈；13-齿扇轴（摇臂轴）；14、15-轴承；P-转向阀进油道；O-转向阀回油道

图 23-23 所示为一种重型汽车转向油罐的构造。中心油管接头座 13 专门用以装接转向控制阀的回油管路。另外两个油管接头座 12 则分别装接转向油泵的进油管和动力转向器的泄漏回油管路。中心油管接头座下部有滤芯密封圈 11，上部旋装着中心螺栓 16。滤芯 10 套装在中心螺栓上，而且由锁销 5 限位的弹簧 7 压住。罐盖 3 靠翼形螺母 1 压紧。

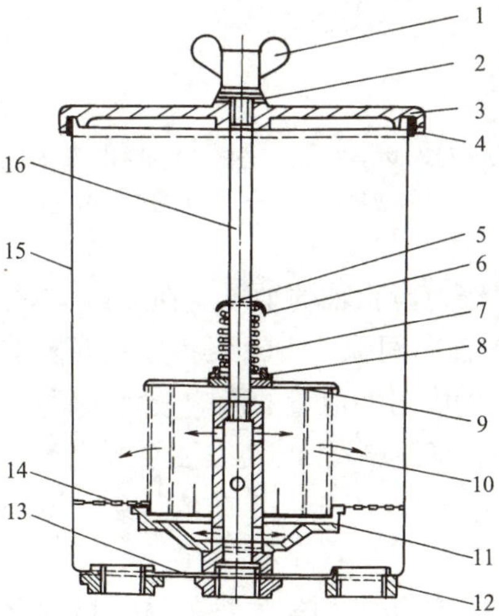

由转向控制阀和转向动力缸流回来的油液，通过中心油管接头座 13 的径向油孔流入滤芯内部的空腔，经滤清后进入储液腔，准备供入转向油泵。滤芯弹簧 7 的预紧力不大，故当滤芯堵塞而回油压力略有增高时，滤芯便在液压作用下升起，让油液不经过滤清便进入储液腔，以免油泵进油不足。滤网片 14 用以防止油液乳化。

2. 转向油泵

转向油泵是液压助力转向系统的供能装置，其作用是将输入的机械能转换为液压能。在转向油泵只受发动机驱动的情况下，一旦发动机停止运转，油泵即无压力油输出。这对前轴（转向轴）最大轴载质量在 25t 以上的重型汽车而言是极为不利的，因为驾驶人的体力根本不能胜任操作法向载荷这样大的转向轮偏转任务。

图 23-23　转向油罐
1-翼形螺母；2-垫圈；3-罐盖；4-罐盖密封环；5-锁销；6、8-弹簧座；7-弹簧；9-橡胶密封垫圈；10-滤芯；11-滤芯密封圈；12-油管接头座；13-中心油管接头座；14-滤网片；15-罐体；16-中心螺栓

为了确保转向加力装置的工作可靠性，有些重型汽车

在转向油泵的驱动装置中采用自由轮机构,使转向油泵在正常情况下被发动机驱动,而在发动机转速过低甚至熄火时,则脱离发动机而被较高速度滑行的汽车驱动。

一些重型汽车为了同样目的而加装了一个应急转向油泵,与主转向油泵并联。应急油泵可以借蓄电池通过直流电动机驱动,也可以由汽车传动系统驱动。在后一情况下,当主油泵工作正常时,应急油泵卸荷空转;主油泵一旦停止运转,应急油泵即可在应急阀的控制下,代替主油泵向液压助力转向系统供油。

转向油泵的结构形式有齿轮式、叶片式、转子式、柱塞式等。在国内外汽车动力转向系统中应用得最多的是外啮合齿轮式转向油泵。

一种外啮合齿轮式转向油泵的结构如图23-24所示。图中油泵顶部的右孔口为进油口,左孔口为出油口。主动齿轮14和从动齿轮13均与轴制成一体。两者的轴颈借轴套支撑在泵体10和泵盖18上。左侧二轴套11的轴向位置是固定的。右侧二轴套12和15则可以轴向浮动,称为浮动轴套。

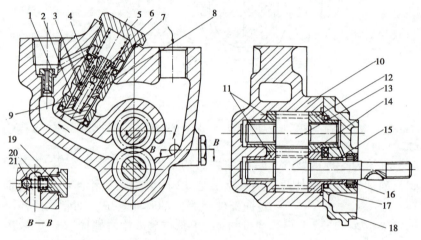

图23-24 外啮合齿轮式转向油泵

1-量孔;2-流量控制阀柱塞;3-安全阀弹簧;4-安全阀弹簧座;5、19-螺塞;6-安全阀球阀门;7-安全阀座;8-流量控制阀弹簧;9-流量控制阀体;10-泵体;11-轴套;12、15-浮动轴套;13-从动齿轮;14-主动齿轮;16-油封;17-弹簧片;18-泵盖;20-止回阀弹簧;21-止回阀球阀门

一般齿轮油泵不用带凸缘的浮动轴套,而用普通衬套作为齿轮轴的轴承。在此情况下,齿轮端面与其相对运动件泵体、泵盖之间必须留有一定的轴向间隙。齿轮泵各处的间隙都将导致油液泄漏(即倒流回进油腔),而齿轮端面处的轴向间隙对漏泄量的影响最大。而且,随着零件的磨损和油泵工作压力的升高,轴向间隙和漏泄量将急剧增加,使得油泵的容积效率(实际流量与理论流量的比值)降低,而且输出压力可能达不到工作要求的值。这是影响齿轮油泵工作压力提高的主要因素之一。

限制齿轮油泵的轴向间隙,以提高油泵的容积效率和工作压力的较先进的结构措施之一即是采用浮动轴套。

在图23-24所示的转向油泵中,浮动轴套凸缘的背面与泵盖18之间留有一个密闭空间,经泵体上的小油孔(图中未示出)与泵腔中压力较高的区域相通,其中还装有弹簧片17。油泵不工作时,浮动轴套在弹簧片的作用下压靠着齿轮端面。油泵开始运转后,泵腔液压作用力便使浮动轴套外移少许距离,形成轴向间隙,但此时浮动轴套凸缘背面也受到液压作用力。因为在设计上保证了浮动轴套背面的液压作用力与弹簧力之和略大于其正面液压作用力,所以当油泵压力升高而使轴向间隙增大时,浮动轴套可在液压和弹簧作用下内移,对间隙增量加以补偿。油泵压力越高,这一补偿作用越强。这就是对齿轮油泵轴向间隙的"液压补偿"方法。零件磨损所致的间隙增量则由弹簧片随时补偿。

每个齿轮两轴颈的端面处各有一个漏泄油腔。这四个油腔借泵体上的孔道和齿轮13中心孔道互相连通。自齿轮端面处的轴向间隙泄漏出来的油液,在润滑各摩擦面之后流到这些油腔中。漏泄油腔中的压力受控于由球阀门21、弹簧20和螺塞19组成的止回阀。止回阀进油口与固定轴套11一侧的漏泄油腔相通,出油口则与油泵进油腔连通。当漏泄油腔压力高达一定值时,止回阀即开启,使油泵内部润滑循环油路接通进油腔。

转向油泵的流量与齿轮转速(从而与发动机转速)成正比。转向油泵一般设计得即使在发动机怠速运转时,其流量也能保证急速转向所需的动力缸活塞最大移动速度。这样,当发动机转速高时,油泵流量将过大,导致油泵消耗功率过多和油温过高。为此,动力转向系统中必须设置流量控制阀以限制转向油泵的最大流量。

转向油泵的输出压力取决于液压系统的负荷(即动力缸活塞所受的运动阻力)。在转向阻力矩过大时,动力缸和油泵均将超载而导致零件损坏。因此,液压系统中还必须装设用以限制系统最高压力的安全阀。

四、电控液压助力转向系统

实际上,动力转向系统所要求辅助转向力的大小不仅与转向盘的转角增量(或角速度)有关,还与车速有关,而传统的液压助力转向系统只能根据转向盘转角的变化提供助力。为了克服这一缺点,在传统液压助力转向系统基础上加装电控系统,就形成了电控液压助力转向系统。

某型轿车的电控液压助力转向系统如图23-25所示。与传统液压助力转向系统相比较,其液压系统增加了液压反应装置和液流分配阀,而加设的电控系统则包括动力转向ECU、电磁阀和车速传感器等。

液压反应装置设置在转向齿轮的孔中,位于转阀下面(图中 $B-B$ 剖面)。它由液压反力腔10、四个液压反力活塞8和控制杆9等组成。转向盘转动时,与转向轴连接的转阀阀芯5带动控制杆转动,将推动相应的两个活塞克服反力腔中的液压力而移动。

液流分配阀主要由分配阀柱塞14和分配阀弹簧15组成,分配阀柱塞上有承压锥面。壳体上有四个孔,分别连通转向油泵1、转向控制阀(即转阀)、电磁阀和液压反力腔。

电磁阀装在齿轮齿条转向器的壳体上,由电磁线圈16、空心滑阀17和弹簧18等组成。空心滑阀上有阀孔和固定小孔(图中未示出)。壳体上有两个孔,一个通向储油罐,一个通向液流分配阀。

当汽车直线行驶时,转阀不工作。此时管路中的油压很低,液流分配阀柱塞在其弹簧的作用下处于上极限位置(图示位置),分配阀开启。从转向油泵输出的油液经液流分配阀流入转阀,并从回油管流回储油罐,还有一部分油液经液流分配阀和电磁阀流回储油罐。整个油路畅通,动力转向系统无助力作用。此时液压反力腔中活塞背面作用的油压力很小。

当汽车转向时,转阀开始工作,转向动力缸产生辅助转向力。此时转向油泵输出的油液压力升高,在液流分配阀柱塞承压锥面上产生向下的推力,柱塞下移,关闭分配阀。这样,液流分配阀通向电磁阀和液压反力腔的油路与通向油泵和转阀的油路相隔开,液压反力腔中的油压不再随转阀中油压的增大而增大,而是通过电控系统根据车速来调节的。这时,有少量的油液通过节流孔13流进液压反力腔,将使液压反力腔中的油压继续升高。

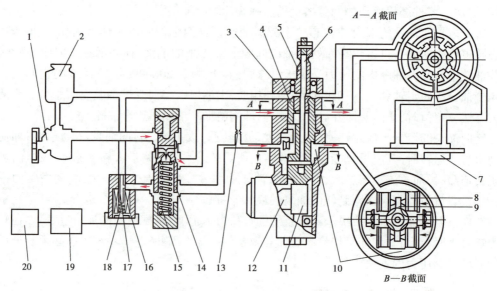

图23-25　某型轿车电控液压助力转向系统示意图

1-转向油泵;2-储油罐;3-转向器壳体;4-转阀阀体;5-转阀阀芯;6-扭杆;7-转向动力缸;8-液压反力活塞;9-控制杆;10-液压反力腔;11-转向器齿轮;12-转向器齿条;13-节流孔;14-液流分配阀柱塞;15-液流分配阀弹簧;16-电磁阀线圈;17-电磁阀滑阀;18-电磁阀弹簧;19-动力转向ECU;20-车速传感器

动力转向ECU 19接收车速传感器20的信号,并据此控制电磁阀线圈中的电流。当车速较高时,电磁线圈中的电流较小,空心滑阀在弹簧的作用下处于上极限位置。此时阀孔关闭,而固定小孔开启,通道截面很小,从液压反力腔经液流分配阀和电磁阀流回储油罐的油液流量很小,使液压反力腔中保持很高的油压。因此转动转向盘时转阀阀芯受到的来自液压反力活塞的液压阻力很大,增加了驾驶人的转向操纵力,增强其手感,获得良好的转向路感,有效地克服了高速转向"发飘"和不易掌控的缺陷,提高了高速行驶稳定性和安全性。汽车低速转向时,动力转向ECU使通过电磁线圈中的电流变大,线圈中产生的电磁吸力克服弹簧力将空心滑阀逐渐向下拉(图示位置),阀孔的开启截面逐渐增大,液压反力腔中的油液经液流分配阀和电磁阀流回储油罐的流量增大,腔内油压逐渐减小,作用在转阀阀芯上的液压反力减小,使扭杆能够产生较大的扭转变形,转阀开启程度加大,转向助力效果增大,保证转向轻便。

可见,电控液压助力转向系统利用电控单元根据车速调节作用在转向盘上的阻力,通过控制转向控制阀的开启程度以改变液压助力系统辅助力的大小,从而实现辅助转向力随车速而变化的助力特性。

五、电动助力转向系统

在液压助力转向(HPS)系统中,不管是否转向,油泵始终处于工作状态。另外,油泵供油量一般是根据发动机怠速时能使动力转向系统产生足够的转向助力所需的供油量来确定的,当发动机转速升高时,其供油量也不断增加。而实际上动力转向系统所要求的供油量应随着发动机转速的升高保持不变或下降。因此,发动机转速高时,油泵输出的大部分油液通过溢流阀返回,在油泵内部循环流动,导致油泵发热,造成严重的能量消耗,使汽车燃油消耗率增加4%~6%。为了克服以上缺点,电动助力转向系统出现并得到迅速发展。

电动助力转向(Electric Power-assistant Steering,简称EPS)系统是指利用直流电动机提供转向动力,辅助驾驶人进行转向操作的转向系统。电动助力转向系统根据其助力机构的不同可以分为电动液压式(Electric Power-assistant Hydraulic Steering,简称EPHS)和电动机直接助力式两种。

1. 电动液压助力转向系统

有些轿车装备的电动液压助力转向系统是典型的可变助力转向系统,虽然也靠液压力帮助驾驶人转向,但其液压泵(齿轮泵)是通过电动机驱动的,与发动机在机械上毫无关系,助力效果只与转向盘角速度和行驶速度有关。

图23-26为某型轿车电动液压助力转向系统示意图。它主要由动力转向器1、电动液压泵总成和各种传感器组成。电动液压泵总成由动力转向ECU 7、电动液压泵8(电动机和液压泵)、储油罐10和限压阀9等集成在一起,用一个消音罩封包,利用橡胶支撑弹性地悬挂在支架上,而支架安装在发动机舱左侧的车架纵梁上。

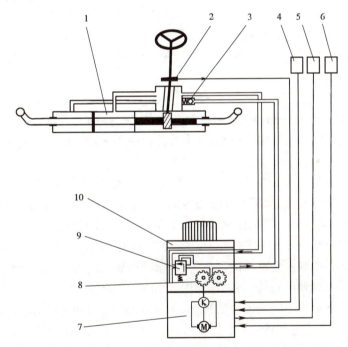

图23-26 某型轿车电动液压助力转向系统示意图

1-动力转向器;2-转向助力传感器;3-止回阀;4-车速传感器;5-转向控制灯;6-发动机传感器;7-动力转向ECU;8-电动液压泵;9-限压阀;10-储油罐

动力转向ECU接收各传感器传来的信号(包括转向盘转角变化量、车速和发动机转速等),据此控制电动机的转速,改变液压泵的供油量,从而调整动力转向器中油压和辅助转向力的大小。转向盘转角增量越大或车速越低则电动机转速越高,液压泵供油量也越大。

汽车直线行驶时,动力转向器的转阀处于中间位置,转向助力传感器2检

电动助力转向系统的原理

测不到转向盘的转动。这时,动力转向ECU控制电动液压泵,使输出的油液变得极少,几乎是无压力地通过动力转向器经回油道流回储油罐,动力转向系统不工作。

汽车转向时,扭杆变形,转阀开始工作,使动力缸的一个油腔接通油泵,而另一个油腔则经回油道通向储油罐。同时,转向助力传感器检测到转向盘的转角变化,将信号传送给动力转向ECU。ECU根据转向盘转动和车速等信息确定并提高电动机的转速和液压泵的供油量,使油路中的油压升高,推动动力缸活塞移动实现转向助力。

根据动力转向ECU提供的供油特性,系统在低速行驶时助力效果明显,驾驶人操纵轻便灵活;在高速转向时系统的助力作用减弱,驾驶人的操纵力增大,具有明显的"路感",既保证转向操纵的舒适性和灵活性,又提高了高速行驶中转向的稳定性和安全感。

由于利用电动机驱动液压泵进行转向助力,因此电动液压助力转向系统也被称为"混合式"动力转向系统。因为液压泵供油量主要是由转向盘转角变化量和车速决定的,其供油特性更符合转向系统对助力作用的实际要求,因此节省能量,并且能够获得更加理想的转向助力特性。但它在不转向时仍然存在能量损失,而且液压系统的固有缺陷仍然存在,而电动机直接助力的动力转向系统则较好地解决了这些问题。

2. 直接助力式电动转向系统

直接助力式电动转向系统是一种直接依靠电动机提供辅助转矩的动力转向系统,可以根据不同的使用工况控制电动机提供不同的辅助动力。直接助力式电动转向系统中没有液压元件,而且只在转向时供能,工作时间约占行驶时间的5%,汽车燃油消耗率仅增加0.5%左右,能源消耗显著降低。

1) 直接助力式电动转向系统的结构和工作原理

自从日本铃木公司于1988年在Cervo轿车装备了直接助力式电动转向系统之后,其他一些微型汽车(如大发公司的Mira汽车、五十铃公司的Alto汽车和三菱公司的Minica汽车)也开始装备该系统。

电动助力转向系统主要包括机械式转向器、转矩传感器、减速机构、离合器、电动机、电子控制单元(ECU)和车速传感器等,如图23-27所示。转矩传感器1通过扭杆连接在转向轴2中间。当转向轴转动时,转矩传感器开始工作,把两段转向轴在扭杆作用下产生的相对转角转变成电信号传给电子控制单元(ECU)7,ECU根据车速传感器和转矩传感器的信号决定电动机6的旋转方向和助力电流的大小,并将指令传递给电动机,通过离合器5和减速机构3将辅助动力施加到转向系统(转向轴)中,从而完成实时控制的转向助力。它可以方便地实现在不同车速下提供不同的助力效果,保证汽车在低速转向行驶时轻便灵活,高速时稳定可靠,因此直接助力式电动转向系统助力特性的设置具有较高的自由度。

某型轿车的前轮载荷较大,所需要的转向辅助力也大,因此辅助力不是作用在转向轴上,而是直接对齿条进行助力。它的减速机构采用了滚子螺杆螺母机构。系统的电动机与齿轮齿条转向器做成一体,如图23-28所示。电动机轴6是中空的,转向齿条5从中间穿过。这一段齿条的截面为圆形,其外表面加工出螺旋槽,形成螺杆。其外螺旋槽与外面螺母2的内螺旋槽相配合形成螺旋滚道,滚道中加入滚子3。螺母与电动机轴相连接。

汽车转向时,电动机轴驱动螺母旋转,螺母只转动不移动,从而通过滚珠带动螺杆(转向齿条)移动,实现转向助力作用。这种电动转向系统结构紧凑、体积小,应用前景很好。

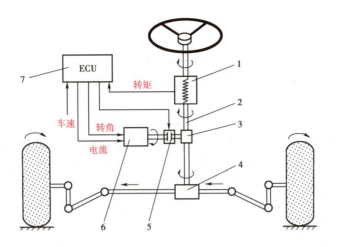

图 23-27 直接助力式电动转向系统的示意图

1-转矩传感器;2-转向轴;3-减速机构;4-齿轮齿条式转向器;5-离合器;6-电动机;7-电子控制单元(ECU)

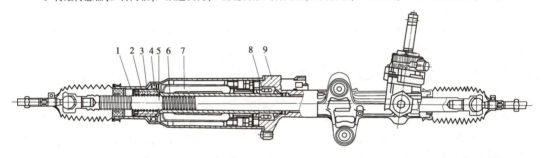

图 23-28 某型轿车的电动转向系统

1-电动机壳体;2-螺母;3-滚子;4、8-轴承;5-螺杆(转向齿条);6-电动机轴;7-电动机线圈;9-转向器壳体

2) 直接助力式电动转向系统的分类

根据电动机布置位置不同,直接助力式电动转向系统可以分为转向轴助力式、齿轮助力式、齿条助力式三种类型,如图 23-29 所示。

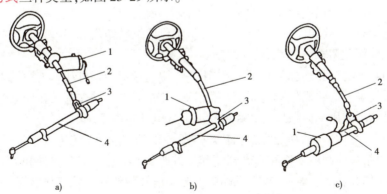

图 23-29 直接助力式电动转向系统的类型

a) 转向轴助力式;b) 齿轮助力式;c) 齿条助力式

1-电动机;2-转向轴;3-转向齿轮;4-转向齿条

转向轴助力式电动转向系统的电动机固定在转向轴侧面,装有一个电磁控制的离合器,通过减速机构与转向轴相连,直接驱动转向轴实施转向助力。它的控制单元一般安装在驾

驶人座椅下。这种方案可以使转向器占用的空间减至最小,但由于电动机距离驾驶人较近,产生的振动、噪声通过转向操纵机构和仪表板向外辐射,会严重影响驾驶人的舒适性。

齿轮助力式电动转向系统的控制单元一般安装在前排乘客一侧,转矩传感器、电动机和减速机构以及离合器集成在一起,电动机直接通过减速机构驱动齿轮轴进行助力。它提供的转向助力作用比转向轴助力式方案大。

齿条助力式电动转向系统是利用电动机和减速机构直接驱动齿条提供助力的。控制单元安装在乘员一侧仪表板的后面,转矩传感器单独安装在转向小齿轮附近,而电动机和减速机构集成在一起安装在小齿轮另一面的齿条上,电动机的动力直接作用到齿条上。该方案的系统刚度好、传力能力大,适用于前轴负荷较大的汽车。

直接助力式电动转向系统是根据车速进行控制的,随着车速的提高所提供的辅助转向力逐渐减少。根据提供辅助转向力的车速范围不同,直接助力式电动转向系统可以分为全速助力型和低速助力型。Mira 汽车在所有的车速范围内都提供转向助力,属于前一种;而 Alto 和 Minica 汽车则只在低速范围内提供助力,属于后一种类型。Alto 和 Minica 汽车的助力车速上限分别是 45km/h 和 30km/h。

低速助力型系统在减速机构与电动机之间设置了离合器,目的是保证助力系统只在设定的车速范围内起作用。当车速达到界限值时,离合器分离,电动机停止工作,转向系统成为手动转向系统,此时系统不再受电动机部件惯性力的影响。当电动机发生故障时,离合器将自动分离。

低速助力型系统的成本较低,但在不同车速下(即有助力和没有助力的情况下)驾驶人的转向路感会有所不同。尤其是处于助力系统开始起作用的车速附近时,对转向手感会有显著的影响。

3) 直接助力式电动转向系统的主要部件

转矩传感器是测量驾驶人作用在转向盘上力矩大小与方向的,有的转矩传感器还能够测量转向盘转角的大小和方向。转矩传感器有接触式与非接触式两种,非接触式因其体积小,精度高而被广泛采用,但其成本较高。

电动机的功用是根据电控单元的指令输出适当的辅助转矩。目前采用较多的是永磁式直流电动机,分为有刷式和无刷式两种。电动机不仅要求转矩大、转矩波动小、转动惯量小、尺寸小、质量轻,而且要求可靠性高、易控制。

减速机构与电动机相连,起降速增矩作用。常用的有蜗轮蜗杆机构、滚珠螺杆螺母机构和行星齿轮机构等。蜗轮蜗杆减速系统一般应用在转向轴助力式电动转向系统上,而行星齿轮式减速机构则应用于齿条助力式和齿轮助力式电动转向系统上。

电子控制单元(ECU)的功能是根据转矩传感器和车速传感器传来的信号进行逻辑分析与计算,并发出指令控制电动机和离合器工作。此外,ECU 还有安全保护和自我诊断功能,通过采集电动机的电流、发电机电压、发动机工况等信号判断其系统工作状况是否正常。一旦系统工作异常,将自动取消助力作用,同时还将进行故障诊断分析。

ECU 通常是一个 8 位单片机系统,也有采用数字信号处理器(Digital Signal Processor,简称 DSP)作为控制单元的。控制系统应有很强的抗干扰能力,以适应汽车多变的行驶环境。控制算法应快速正确,满足实时控制的要求,并能有效地实现理想的助力特性。

与液压助力转向系统相比较,直接助力式电动转向系统具有以下优点:

(1) 机械系统直接与电动机连接,效率可达90%(液压助力转向系统的效率一般为60%~70%),而且只在转向时才工作,因此效率高、能量消耗少。

(2) 系统内部采用刚性连接,反应灵敏,滞后时间短,驾驶人的"路感"好。

(3) 仅仅是在机械转向系统的基础上增加一套电动机和减速机构,结构简单,质量小。

(4) 不需要充入液体,系统便于集成,使整体尺寸减小,节省空间,而且省去油泵和辅助管路,使总布置更加方便。

(5) 不存在油液泄漏、液压软管回收等问题,对环境污染少,而且适用于环保型纯电动汽车。

但直接助力式电动转向系统也存在以下的缺点:

(1) 车用电源的电压较低(一般为12V或24V),这使直接助力式电动转向系统提供的辅助动力较小,用于大型车辆比较困难。

(2) 减速机构、电动机等部件产生的摩擦力和惯性力会影响转向特性(如产生过多转向等),或者改变转向盘的自动回正作用以及它的阻尼特性,因此正确匹配整车性能至关重要。

(3) 电动机、减速机构和转矩传感器等部件的使用增加了系统的成本。

由此可见,直接助力式电动转向系统尤其适用于对空间与质量要求更高的、使用小排量发动机的微型汽车上。在停车的过程中,汽车的转向操纵力显著降低,这一优点已经得到广泛认可。在未来的发展中,一方面要提高控制性能并改善转向路感,以适应中、高级轿车的需求;另一方面要降低成本,提高可靠性和耐久性,使它适用于更广泛的车型。

六、主动转向系统

在车辆的操纵稳定性控制中,比较常见的是利用纵向控制产生横摆力矩来提高车辆的稳定性,称为直接横摆力矩控制。直接横摆力矩控制常常是以牺牲车辆的部分制动性能为代价,而采用主动转向控制来实现车辆稳定性控制,却可以在不影响制动的情况下达到同样的效果,并且其所需要的轮胎力只约为制动时的1/4。在制动等工况下,主动转向还可以有效地抵消由于不平衡制动力所产生的扰动力矩,保证车辆的稳定行驶。由于具有上述优势,主动转向技术成为当前底盘动力学控制发展的热点之一。

所谓主动转向系统,就是指转向系统能够独立于驾驶人的转向干预,实现主动改变前轮转向角,以达到提高车辆的操纵性、稳定性和轨迹保持性能的目的。其核心在于对前轮施加一个不依赖驾驶人转向盘输入的附加转向角。

常见主动转向系统有主动前轮转向系统AFS和四轮转向系统(也称为主动后轮转向)。主动前轮转向是随着线控转向技术的发展而发展起来的一项技术,并且随着宝马的主动转向系统装配实车而进入实用阶段。由于主动前轮转向与传统车辆的结构能够很好兼容,同时对车辆操纵稳定性的提高效果明显,显示出了良好的发展前景,成为转向系统未来发展的主要方向之一。

根据附加转向角叠加方式的不同,又可分为机械式和电子式。机械式的典型结构是以宝马和ZF公司联合开发的AFS系统为代表的机械式主动转向系统。它是通过在行星齿轮机械结构中增加一个输入自由度而实现附加转向。电子式的代表就是线控转向技术。它可以综合驾驶人转向角输入和当时的车辆状态来决定转向电动机的输出电流,最终驱动前轮转动。线控转向和机械式主动转向系统最大的区别体现在当系统发生故障时,机械式主动转向系统仍能通过转向盘与车轮间的机械连接确保其转向性能,而线控转向必须通过系统主要零件的冗余设计来保证车辆的安全性。此外,由于机械式主动转向系统中保留了完整的机械转向结构,在转向过程中可以获得真实的路感,而线控转向系统却无法获得真实路感。因此,从转向系统安全性和路感的角度出发,机械式主动转向是当前转向系统发展的一个重要方向。线控转向技术由于受到法规的约束,可靠性和安全性是阻碍其投入实际应用的最关键因素之一。

1. 机械式主动前轮转向系统的功能和特点

可变转向传动比是宝马主动转向系统的核心功能之一,它主要通过叠加转向的方法来实现。

为了满足转向系统低速轻便、高速稳定的要求,在设计时可事先根据理想的转向动态响应特性求出传动比、转向盘转角和车速的关系,并以表格形式存储于 ECU 中。在实际行驶过程中,ECU 根据当前车速和转向盘转角获得当前所需的传动比,再根据转向盘转角、小齿轮转角和齿条位移、前轮转角的非线性函数关系推导出所需的电动机转角,最后驱动电动机转过相应的角度。

除了可变传动比设计外,稳定性控制功能是宝马主动转向系统最大的特点。在危险工况下,该系统通过独立于驾驶人的转向干预来稳定车辆,通过主动改变驾驶人给定的转向盘转角使得车辆响应尽可能与理想的车辆响应特性相一致。首先通过线性二自由度参考模型并根据当前驾驶人转向角及车速计算得到期望的横摆角速度,但期望横摆角速度最大值又受到实际条件限制。当获得了期望横摆角速度后,对理想与实际横摆角速度偏差进行控制,得到所需的附加转向角并控制伺服电动机进行输出。

类似于横摆角速度控制功能,宝马主动转向系统还提供了横摆力矩补偿功能,以提高在分离系数路面上车辆的制动稳定性。在该工况下由于左右轮上不等制动力会产生绕车辆质心的横摆力矩,使得车辆发生制动跑偏现象。传统的电子稳定程序(ESP)通过调节四个车轮上的制动力来使得左右车轮的制动力尽量相等,但以减小制动减速度、增大制动距离为代价。而主动转向系统根据制动压力等信号计算出所需补偿的横摆力矩并通过调整相应的前轮转向角来实现方向调节。在这一过程中,驾驶人无需对转向盘进行修正,减轻了驾驶人的工作负担,保持了制动时的方向稳定性,减小制动距离,与传统 ABS/ESP 相比可使制动距离最多减少 15%。

与 ESP 等通过制动干预来稳定车辆的方式相比,转向干预具有以下优点:

(1) 转向干预不易为驾驶人察觉,对乘坐舒适性几乎没有影响,而制动干预不仅会产生较大的制动减速度,而且制动时发出的噪声也会影响乘坐舒适性。

(2) 转向干预比制动干预更加迅速,因为转向控制是通过伺服电动机来完成的,而制动干预必须建立油压,而这需要一定的准备时间。

(3) 转向干预相比制动干预对车速的改变较小,在危险工况下通过转向干预实现稳定的车辆具有更高的通过速度,从而降低了和对面会车时由于避让不及时而发生碰撞的可能性。

但转向干预的缺点也是显而易见的:

(1) 受到原理限制,主动转向的稳定性功能只适用于过多转向的工况。该工况下,通过叠加转向来减小前轮转向角能够减小前轴侧向力,从而使得转向过多的趋势有所减缓;相反,在不足转向工况下,受到轮胎非线性的限制,侧向力达到饱和状态,通过增大前轮转向角的方式是很难改变车辆不足转向的趋势的。

(2) 受到转向机构机械布置的限制，前轮转向角的改变量是有限的，也就是说转向干预稳定车辆的能力弱于制动干预，在某些极限工况下必须依赖 ESP 制动干预才能实现稳定车辆的目的。为了充分发挥主动转向系统和 ESP 电子稳定程序的优点，最大限度地提高车辆在极限工况下的稳定性，将两者功能融合在一起进行集成控制是最为有效的方法。

2. 主动转向系统的结构和工作原理

下面介绍应用于宝马汽车的 AFS 系统的结构和工作原理。该系统主要由液压助力齿轮齿条动力转向系统、变传动比执行系统和电控系统组成，系统原理图如图 23-30 所示。

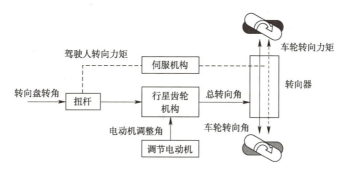

图 23-30 AFS 系统的组成和工作原理

在驾驶过程中，系统将输入的力矩和转角共同传递给扭杆，液力伺服机构根据车速和转向角度进行助力控制，同时通过由伺服电动机驱动的双行星齿轮机构与控制器输出的附加转角进行叠加，经过叠加后的总转向角才是传递给齿轮齿条转向器的最终转角。其中，控制器输出的转角是根据各个传感器的信号，包括车轮转速、转向角度、偏转率、横向加速度经综合计算得到的。由于宝马主动转向系统不仅能够对转向力矩进行调节，而且还可以对转向角度进行调整，因而可以使转向输入与当前的车速达到最佳匹配。

液压助力齿轮齿条动力转向系统包括转向齿轮和齿条、液压伺服阀、转向油泵、储油器及管路；变传动比执行系统包括无刷同步伺服电动机、双行星齿轮机构、电磁锁止单元；电控系统包括装于小齿轮处的角度传感器（测量总的转向角）、装于伺服电动机的角度传感器、电气连接及软件模块。该系统除传统的转向机械构件外，还包括用于实现转向助力功能的液力伺服转向系统和一套通过叠加转向实现变传动比功能的双行星齿轮机构。

集成在转向柱上的双行星齿轮机构如图 23-31 所示。这套机构包括左右两副行星齿轮机构，共用一个行星架进行动力传递。左侧行星齿轮机构的主动太阳轮 1 的轴与转向盘相连，转向盘的转角由此输入。其齿圈 2 固定，因此左侧行星齿轮 3 将太阳轮的转动传递给行星轮架 4。右侧的行星齿轮机构与左侧的一样，这样可以保证右侧机构的太阳轮 9 可以获得与左侧太阳轮相等的转角。而右侧行星机构的齿圈 7 并不是固定不动的，而是与蜗轮制成一体的。蜗轮与伺服电动机 5 轴端的蜗杆 6 相啮合。这样，右侧太阳轮作为输出轴，其输出的转向角度就是由转向盘转向角度与伺服电动机驱动的转向角度叠加得到。低速时，伺服电动机驱动的行星架转动方向与转向盘转向相同，叠加后增加了实际的转向角度；高速

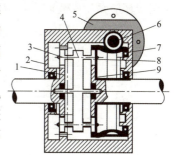

图 23-31 双行星齿轮机构

1-左侧太阳轮；2-壳体（左侧齿圈）；3-左侧行星齿轮；4-行星齿轮架；5-伺服电动机；6-蜗杆；7-蜗轮（右侧齿圈）；8-右侧行星齿轮；9-右侧太阳轮

时,伺服电动机驱动的行星架转动方向与转向盘转向相反,叠加后减少了实际的转向角度,转向过程会变得更为间接,提高了汽车的稳定性和安全性。

该齿轮机构工作时具有如下三种驱动方式:

(1)伺服电动机即蜗轮固定不动时,转向盘转角通过主动太阳轮将动力传递给行星架,再由从动太阳轮输出。与此同时,前轴上的地面反力也通过相同的途径为驾驶人提供转向路感。这也是在不装备主动转向系统的车辆上驾驶人对于前轮转向的操纵过程。此时伺服电动机的输入电流为零,保证蜗轮不转动。

(2)转向盘不动,即主动太阳轮固定不动,这时行星轮架不动,但伺服电动机可以驱动蜗轮(即右侧行星机构的齿圈)通过行星齿轮转动将动力传递给从动太阳轮,使车轮偏转实现主动转向。

(3)在通常情况下,主动太阳轮和伺服电动机是共同工作的,车轮转角是驾驶人输入的转向角和伺服电动机调节转向角的叠加。

采用这种双行星齿轮机构布置方式的优点有如下方面:

(1)保留了原来从转向盘到转向轮的机械连接,在电动机发生故障时仍能保证转向安全性。

(2)与传统转向系统相比,仅在转向管柱上加入双行星齿轮机构,而原有齿轮齿条转向器的摩擦及刚度条件不变,对驾驶人来说有利于保持原有的操纵感觉;由双行星齿轮机构产生的反作用力矩,可通过改变原有的助力控制进行补偿。

(3)双行星齿轮机构运行于低速条件,有利于减少噪声。

(4)双行星齿轮机构与转向管柱、转向小齿轮集成在一起,使结构更加紧凑。

这种由德国宝马公司和 ZF 公司联合开发的前轮主动转向系统(AFS)已装备于部分宝马 3 系列和 5 系列轿车上。韩国的 MANDO、美国的 TRW、日本的 JTEKT 公司也有类似产品。

七、线控转向系统

线控转向(Steer-by-wire)系统用传感器记录驾驶人的转向意图和车辆的行驶状况,通过数据线将信号传递给 ECU,ECU 据此作出判断并控制液压激励器提供相应的转向力,使转向轮偏转相应角度实现转向。

图 23-32 为线控转向系统的组成示意框图。该系统在转向盘和转向轮之间不需要任何的机械连接,传统的转向机构被布置在汽车前轴上的激励器所代替。控制器 ECU 从转向传感器中获取驾驶人的意图,通过车速传感器等得到车速、加速度和横摆角速度等汽车行驶工况的信息,输出控制信号使激励器驱动前轮偏转,并根据前轮转角传感器实时监控汽车的行驶状态。同时,该系统还利用转矩反馈电动机对转向盘施加反馈力矩以向驾驶人提供路面信息。此外,线控转向系统也可应用于四轮转向系统中。

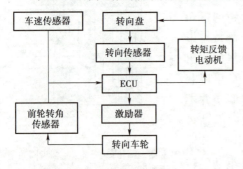

图 23-32 线控转向系统组成示意框图

与传统转向系统相比较,线控转向系统省去了大部分机械零部件,使发动机的布置空间增大而且安装方便,转向系统的布置更加灵活;撞车时能够减轻转向系统对驾驶人的伤害;转向载荷直接施加于前、后车轮上,可以增大转向轮转角,减小汽车转弯半径,提高机动性能。但它也存在不足之处:由于转向系统内部没有机械反馈,只能用软件模拟实际情况,因此驾驶人不能准确掌握真实的路面状况。总之,线控转向系统使结构更紧凑、工作更平稳,现在已经得到广泛关注。该系统在许多概念车和实验室研究中已广泛采用,如通用公司的Sequel 燃料电池概念车就采用了线控转向技术。

八、四轮转向系统

前轮转向系统虽然结构简单,布置方便,但低速时转向响应慢,转弯半径大,转向不灵活,高速时方向稳定性差。为此在 20 世纪 70 年代,国外相关企业与学者开始研发四轮转向系统(Four Wheel Steering,简称 4WS),即在前轮转向的基础上,通过动力装置控制后轮相对车身主动偏转相应转角,以改善汽车的转向性能。20 世纪初,日本政府颁发了第一个四轮转向专利证书。1985 年,日本日产公司生产出第一辆实用的 4WS 客车。

按照后轮转向机构的控制和驱动方式不同,可分为 机械式、液压式、电控机械式、电控液压式 和 电控电动式 等几种类型。

1. 液压式四轮转向系统的结构和工作原理

液压式四轮转向系统如图 23-33a)所示。前轮采用齿轮齿条式动力转向器 3,其结构与普通液压动力转向系统相同。后轮配备有转向油泵 9、控制阀 5 和动力缸 6,其控制阀为滑阀结构。阀体上有三段凸起部分,将阀套内的油液分成四个腔。左右两端的油腔分别与前轮转向动力缸的左右腔相连,且不与它中间的两个油腔相通。中部的两个油腔向下分别与后轮转向动力缸的左右两腔相连,向上有三条油路:中间的油路与油罐相连,为回油路;左右两条油路都与后轮转向油泵相连,构成了常流式液压助力转向系统。

当直线行驶时,后轮转向油泵将油液从油罐吸出,经过常流式控制阀送回油罐,后轮不转向。

当向左转动转向盘时(图 23-33b),转向控制阀使动力缸左腔压力升高,柱塞向右移动。柱塞的转向助力效果由动力缸左右腔压力差决定。转向盘操纵力越大,控制阀的开度就越大,转向助力就越大。同时前轮转向动力缸左腔的高压油进入后轮转向控制阀滑阀左端的腔体内,推动滑阀向右移动,打开后轮转向油泵连接的高压油路(图中的红色油路)与动力缸右腔之间的通道,后轮转向油泵产生的高压油进入后轮转向动力缸的右腔,使其活塞向左移动,通过活塞杆带动后轮悬架纵臂中间的球铰链接头 7 向左移动,使纵臂与后轮一起绕后轮主销逆时针偏转,与前轮偏转方向相同。与此同时,后轮动力缸左腔中的油液被推入后轮转向控制阀,此时该油腔与高压油路隔绝而与低压回油路相通,于是这部分油液就经回油管流回油罐。

当向右转动转向盘时,情况则与上述相反,后轮与前轮仍是同向偏转。由于后轮的油泵送油量与车速成正比,因此高速时送油量大,反应快,后轮转角也大;在低速或倒车时,则不产生作用。当油压系统发生故障时,控制阀柱塞会保持在中间位置,后轮不会偏转,保持车辆为两轮转向。

该液压式四轮转向系的特点是低速时汽车只采用两轮转向,只在汽车行驶达到一定车速(50km/h)后才进行四轮转向,所以也称为液压式车速感应型四轮转向系统。

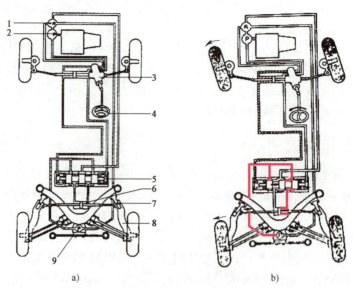

图 23-33 液压式四轮转向系统
a) 系统结构；b) 工作原理

1-储油罐；2-转向油泵；3-前轮动力转向器；4-转向盘；5-后轮转向控制阀；6-后轮转向动力缸；7-球铰链；8-从动臂；9-后轮转向油泵

2. 电子控制液压式四轮转向系统

随着电子技术的发展，电子控制技术也开始应用于四轮转向系统。由于上面介绍的液压式四轮转向系统采用随车速变化的油压控制后轮偏转，使后轮转角的控制不够精确。在电子控制液压式四轮转向系统中，采用了电子相位控制系统，使后轮偏转角度控制更精确。

如图 23-34 所示，该系统主要由转向盘、转向油泵、前动力转向器、后轮转向传动轴、车速传感器、电子控制单元、后轮转向系统组成。

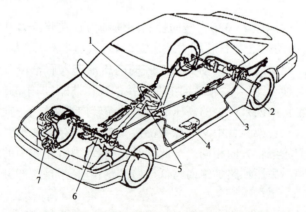

图 23-34 电子控制液压式四轮转向系统

1-转向盘；2-后轮转向系统；3-后轮转向传动轴；4-电子控制单元；5-车速传感器；6-前动力转向器；7-转向油泵

前轮转向器为齿轮齿条式，但将齿条加长，与固定在后轮转向传动轴上的小齿轮啮合。当转动转向盘使齿条水平移动时，齿条一方面控制前轮转向，同时驱动后轮转向传动轴转动，控制后轮转向。

电控液压式是目前使用最广泛的 4WS 系统，主要用于前轮采用液压助力转向系统的汽车中。这种 4WS 系统的工作压力大,工作平稳可靠,但系统存在结构复杂、布置不方便,对密封性要求高、消耗发动机功率较多、转向滞后较大等缺点,不能满足现代汽车转向灵敏、准确的要求。随着电动动力转向(EPS)系统的出现,电动 4WS 系统应运而生。1992 年,日本本田序曲汽车开始采用电动 4WS 系统。

3. 电动四轮转向系统

典型的电动 4WS 系统主要由前轮转向机构、传感器、电控单元(ECU)、电动机、减速机构和后轮转向机构等组成,如图 23-35 所示。它的前轮采用的是传统转向系统,后轮采用直接助力式电动转向系统。

转向时,传感器 1、5、6 将前轮转角、车速和横摆角速度等信号送入 ECU 进行分析计算,ECU 确定后轮转角并向步进电动机 8 输出驱动信号,电动机通过后轮转向机构 11 驱动后车轮偏转以配合前轮转向,实现汽车的四轮转向。同时,ECU 计算后轮目标转角与实际转角之间的差值并进行调整,从而实现汽车行驶状况的实时监控。

该电动 4WS 系统后轮转向装置属于车速感应型,其工作特点是后轮偏转角的大小和方向主要受车速高低的控制。在低速行驶或者转向盘转角较大时,前、后轮实现逆向偏转,后轮偏转角度随前轮偏转角的增大而在一定范围内增大。这种转向方式可改善汽车低速时的操纵轻便性,

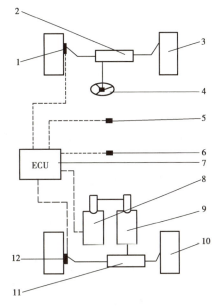

图 23-35 电动四轮转向系统布置图
1-前轮转角传感器;2-前轮转向机构;3-前车轮;
4-转向盘;5-车速传感器;6-横摆角速度传感器;
7-电控单元(ECU);8-步进电动机;9-减速机构;
10-后车轮;11-后轮转向机构;12-后轮转角传感器

减小汽车的转弯半径,提高汽车的机动灵活性。在中、高速行驶或转向盘转角较小时,前、后轮同向偏转,适当增加汽车的不足转向特性,使车身横摆角速度减小,提高汽车高速行驶的操纵稳定性。

系统设有两种转向模式,可以在 4WS 模式和传统的 2WS 模式之间进行选择。当 4WS 汽车在行驶过程中,电子控制系统出现故障时,后轮自动回到中间位置,进入前轮转向状态,保证汽车可以像普通前轮转向汽车一样安全行驶,同时仪表板上的"4WS"指示灯亮起,警告驾驶人。

该系统的前、后轮转向系统之间没有任何机械或液压的连接装置,结构上相互独立。这种系统结构简单、布置容易、控制方便,将是 4WS 汽车转向系统的发展趋势。

第二十四章 汽车制动系统

第一节 概 述

使行驶中的汽车减速甚至停车,使下坡行驶的汽车的速度保持稳定,以及使已停驶的汽车保持不动,这些驾驶行为统称为**汽车制动**。为实现汽车制动,在汽车上必须装设一系列专门装置,以便驾驶人能根据道路和交通等情况,借以使外界(主要是路面)在汽车某些部分(主要是车轮)施加一定的与汽车行驶方向相反的力,对汽车进行一定程度的强制制动。这种可控制的对汽车进行制动的外力称为**制动力**。这样的一系列专门装置即称为制动系统。

1. 制动系统的组成及工作原理

图 24-1 为一种简单的液压制动系统示意图。任何制动系统都具有以下 4 个基本组成部分:

(1)供能装置——包括供给、调节制动所需能量以及改善传能介质状态的各种部件。其中产生制动能量的部分称为制动能源。人的肌体也可作为制动能源,如图 24-1 所示。

制动系统的组成

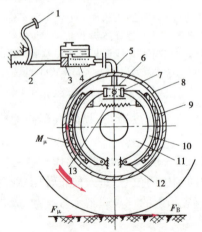

图 24-1 制动系统工作原理示意图
1-制动踏板;2-推杆;3-主缸活塞;4-制动主缸;5-油管;6-制动轮缸;7-轮缸活塞;8-制动鼓;9-摩擦片;10-制动蹄;11-制动底板;12-支撑销;13-制动蹄复位弹簧

(2)控制装置——包括产生制动动作和控制制动效果的各种部件。图 24-1 中的制动踏板机构 1 即是最简单的一种控制装置。

(3)传动装置——包括将制动能量传输到制动器的各个部件,如图 24-1 中的制动主缸 4 和制动轮缸 6。

(4)制动器——产生阻碍车辆的运动或运动趋势的力(制动力)的部件,其中也包括辅助制动系统中的缓速装置,如图 24-1 中,主要由制动鼓 8、摩擦片 9、制动蹄 10 构成。

较为完善的制动系统还具有制动力调节装置以及报警装置、压力保护装置等附加装置。

以图 24-1 所示的制动系统来说明其工作原理。一个以内圆面为工作表面的金属制动鼓 8 固定在车轮轮毂上,随车轮一同旋转。在固定不动的制动底板 11 上,有两个支撑销 12,支撑着两个弧形制动蹄 10 的下端。制动蹄的外圆面上又装有材质一般是非金属的摩擦片 9。制动底板上还装有液压制动轮缸 6,用油管 5 与装在车架上的液压制动主缸 4 相连通。主缸中的活塞 3 可由驾驶人通过制动踏板 1 来操纵。

制动系统不工作时,制动鼓的内圆面与制动蹄摩擦片的外圆面之间保持有一定的间隙,使车轮和制动鼓可以自由旋转。

当要使行驶中的汽车减速时,驾驶人应踩下制动踏板1,通过推杆2和主缸活塞3,使主缸内的油液在一定压力下流入轮缸,并通过两个轮缸活塞7推动两制动蹄绕支撑销转动,上端向两边分开而以其摩擦片压紧在制动鼓的内圆面上。这样,不旋转的制动蹄就对旋转着的制动鼓作用一个摩擦力矩(制动力矩)M_μ,其方向与车轮旋转方向相反。制动鼓将该力矩M_μ传到车轮后,由于车轮与路面间有附着作用,车轮对路面作用一个向前的周缘力F_μ,同时路面也对车轮作用着一个向后的反作用力,即制动力F_B。制动力F_B由车轮经车桥和悬架传给车架及车身,迫使整个汽车减速。制动力越大,则汽车减速度也越大。当放开制动踏板时,复位弹簧13使制动蹄复位,制动力矩M_μ和制动力F_B消失,制动作用即行终止。

显然,阻碍汽车运动的制动力F_B不仅取决于制动力矩M_μ,还取决于轮胎与路面间的附着条件。如果完全丧失附着,则这种制动系统不可能产生制动汽车的效果。不过,在讨论制动系统的结构问题时,一般都假定具备良好的附着条件。

2. 制动系统的类型

1) 按制动系统的功用分类

(1) 行车制动系统——使行驶中的汽车减低速度甚至停车的一套装置。它是在行车过程中经常使用的。

(2) 驻车制动系统——使已停驶的汽车驻留原地不动的一套装置。

(3) 第二制动系统——在行车制动系统失效的情况下保证汽车仍能实现减速或停车的一套装置。在许多国家的制动法规中规定第二制动系统也是汽车必须具备的。

(4) 辅助制动系统——在汽车下长坡时用以稳定车速的一套装置。例如,经常行驶在山区的汽车,若单靠行车制动系统来达到下长坡时稳定车速的目的,则可能导致行车制动系统的制动过热而降低制动效能,甚至完全失效。故山区用汽车还应具备起缓速作用的辅助制动系统。

制动力矩和制动力的大小可以在驾驶人的控制下,可实现一定范围内逐渐变化的制动力称为渐进制动。显然,行车制动系统必须能实现渐进制动,而驻车制动系统则无此必要。在以前,第二制动系统也称为应急制动系统或备用制动系统,其作用有的是渐进的,有的是非渐进的,但按国际标准化组织(ISO)规定的定义,第二制动系统的制动作用也必须是渐进的。故本书中将那种只在行车制动系统失效时使用,但其作用是非渐进的制动系统仍称为应急制动系统,以示区别。

2) 按制动系统的制动能源分类

(1) 人力制动系统——以驾驶人的肌体作为唯一的制动能源的制动系统。

(2) 动力制动系统——完全靠由发动机的动力转化而成的气压或液压形式的势能进行制动的制动系统。

(3) 伺服制动系统——兼用人力和发动机动力进行制动的制动系统。

按照制动能量的传输方式,制动系统又可分为<u>机械式、液压式、气压式和电磁式</u>等。同时采用两种以上传能方式的制动系统可称为<u>组合式制动系统</u>。

制动系统的分类

其传动装置采用单一的气压或液压回路的制动系统为<u>单回路制动系统</u>。这种制动系统中,只要有一处损坏而漏气(油),整个系统即行失效。故自20世纪60年代中期以来,越来越多的汽车在行车制动系统中采用了双回路结构。在<u>双回路制动系统</u>中,所有行车制动器的气压或液压管路分属于两个彼此隔绝的回路。这样,即使其中一个回路失效,还能利用另一回路获得较原先为小的制动力。我国自1988年1月1日开始,规定所有汽车必须采用双回路制动系统。

第二节 制 动 器

制动器是制动系统中用以产生阻碍车辆的运动或运动趋势的力(制动力)的部件。后一提法适用于驻车制动器。除了竞赛汽车上才装设的、通过张开活动翼板以增加空气阻力的空气动力缓速装置以外,一般制动器都是通过其中的固定元件对旋转元件施加制动力矩,使后者的旋转角速度降低,同时依靠车轮与路面的附着作用,产生路面对车轮的制动力以使汽车减速。

凡利用固定元件与旋转元件工作表面的摩擦而产生制动力矩的制动器都称为摩擦制动器。除各种缓速装置以外,行车、驻车及第二(或应急)制动系统所用的制动器几乎都属于摩擦制动器。

鼓式制动器的基本结构

目前各类汽车所用的摩擦制动器可分为鼓式和盘式两大类。前者的摩擦副中的旋转元件为制动鼓,其工作表面为圆柱面;后者的旋转元件则为制动盘,其工作表面为端面。

旋转元件固装在车轮或半轴上,即制动力矩直接分别作用于两侧车轮上的制动器称为车轮制动器。旋转元件固装在传动系统的传动轴上,其制动力矩须经过驱动桥再分配到两侧车轮上的制动器则称为中央制动器。车轮制动器一般用于行车制动,也有兼用于第二制动(或应急制动)和驻车制动的。中央制动器一般只用于驻车制动和缓速制动。

盘式制动器的基本结构

一、鼓式制动器

鼓式制动器有内张型和外束型两种。前者的制动鼓以内圆柱面为工作表面,在汽车上应用广泛;后者制动鼓的工作表面则是外圆柱面,目前只有极少数汽车用作驻车制动器。

内张型鼓式制动器都采用带摩擦片的制动蹄作为固定元件。位于制动鼓内部的制动蹄在一端承受促动力时,可绕其另一端的支点向外旋转,压靠到制动鼓内圆面上,产生摩擦力矩(制动力矩)。凡对蹄端加力使蹄转动的装置统称为制动蹄促动装置。

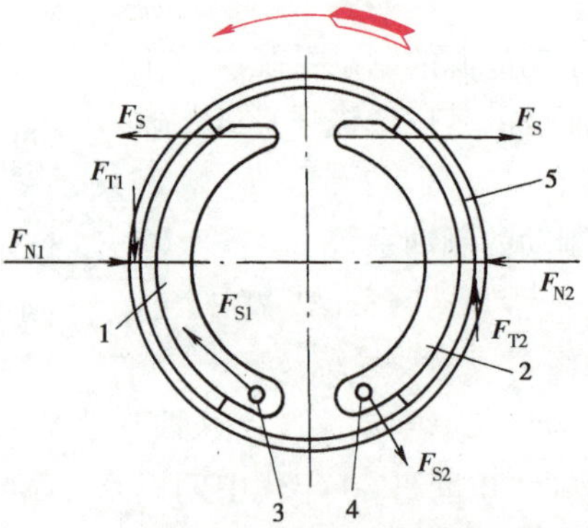

图 24-1 所示的制动器以液压制动轮缸作为制动蹄促动装置,故称为轮缸式制动器。此外还有用凸轮作为促动装置的凸轮式制动器和用楔作为促动装置的楔式制动器等。

1. 轮缸式制动器

1)领从蹄式制动器

如图 24-2 所示,假设汽车前进时制动鼓旋转方向如图中箭头所示(制动鼓正向旋转)。沿箭头方向看去,制动蹄 1 的支撑点在其前端,轮缸所施加的促

图 24-2 领从蹄式制动器

1-领蹄;2-从蹄;3、4-支点;5-制动鼓

动力作用于其后端,因而该制动蹄张开时的旋转方向与制动鼓的旋转方向相同。具有这种属性的制动蹄称为领蹄。与此相反,制动蹄2的支撑点在后端,促动力加于其前端,其张开时的旋转方向与制动鼓的旋转方向相反。具有这种属性的制动蹄称为从蹄。当汽车倒驶,即制动鼓反向旋转时,蹄1变成从蹄,而蹄2则变成领蹄。这种在制动鼓正向旋转和反向旋转时,都有一个领蹄和一个从蹄的制动器即称为领从蹄式制动器。

领从蹄式制动器在制动时,领蹄1和从蹄2在相等的促动力F_S的作用下,分别绕各自的支撑点3和4旋转到紧压在制动鼓5上。旋转着的制动鼓即对两制动蹄分别作用着微元法向反力的等效合力(以下简称法向反力)F_{N1}和F_{N2},以及相应的微元切向反力(即微元摩擦力)的等效合力(以下简称切向反力)F_{T1}和F_{T2}。为方便解释,姑且假定这些力的作用点和方向如图24-2所示。两蹄上的这些力分别为各自的支点3和4的支点反力F_{S1}和F_{S2}所平衡。由图24-2可见,领蹄上的切向合力F_{T1}所造成的绕支点3的力矩与促动力F_S所造成的绕同一支点的力矩是同向的。所以力F_{T1}的作用结果是使领蹄1在制动鼓上压得更紧,即力F_{N1}变得更大,从而力F_{T1}也更大,这表明领蹄具有"增势"作用。与此相反,切向合力F_{T2}则使从蹄2有放松制动鼓,即有使F_{N2}和F_{T2}大小减小的趋势,故从蹄具有"减势"作用。

由上述可见,虽然领蹄和从蹄所受促动力相等,但制动鼓所受法向反力F'_{N1}和F'_{N2}却不相等,且$F_{N1}>F_{N2}$,相应地$F_{T1}>F_{T2}$,故两制动蹄对制动鼓所施加的制动力矩不相等。一般说来,领蹄制动力矩约为从蹄制动力矩的2~2.5倍。倒车制动时,虽然蹄2变成领蹄,蹄1变成从蹄,但整个制动器的制动效能还是同前进制动时一样。

显然,由于领蹄与从蹄所受法向反力不等,在两蹄摩擦片工作面积相等的情况下,领蹄摩擦片上的单位压力较大,因而磨损较严重。为了使领蹄和从蹄的摩擦片寿命相近,有些领从蹄制动器的领蹄摩擦片的周向尺寸设计得较大。但是这样将使得两蹄摩擦片不能互换,从而增加了零件种数和制造成本。

图24-3所示为一种领从蹄式的后轮制动器。其结构特点是制动蹄采用了浮式支撑,并可兼充驻车制动器。

浮式支撑是指制动蹄的上、下支撑面均加工成弧面,下端支靠在固定于制动底板上的支撑板1上。轮缸活塞通过两端带耳槽的支撑块7对制动蹄的上端施加促动力。此种支撑结构可使整个制动蹄沿支撑平面有一定的浮动量。其优点是制动蹄可以自动定心,使其有可能与制动鼓全面接触。

驻车制动机构的驻车制动杠杆13上端用平头销10与后制动蹄14连接,其上部卡入驻车制动推杆12右端的切槽中,作为中间支点,下端与拉绳连接。前、后制动蹄的腹板卡在驻车制动推杆12两端的切槽中。推杆外弹簧8左端钩在推杆12的左弯舌上,而右端钩在后制动蹄14的腹板上,推杆内弹簧11的左端钩在前制动蹄4的腹板上,而右端则钩在推杆12的右弯舌上。

进行驻车制动时,须将驾驶室中的驻车制动操纵杆拉到制动位置,经一系列杠杆和拉绳传动,将驻车制动杠杆13的下端向前拉,使之绕上端支点(平头销10)转动。制动杠杆13在转动过程中,其中间支点推动制动推杆12左移,将前制动蹄4推向制动鼓,直到前制动蹄压靠到制动鼓上之后,推杆12停止运动,则制动杠杆13的中间支点成为其继续转动的新支点。于是制动杠杆13的上端右移,使后制动蹄14压靠到制动鼓上,施以驻车制动力。

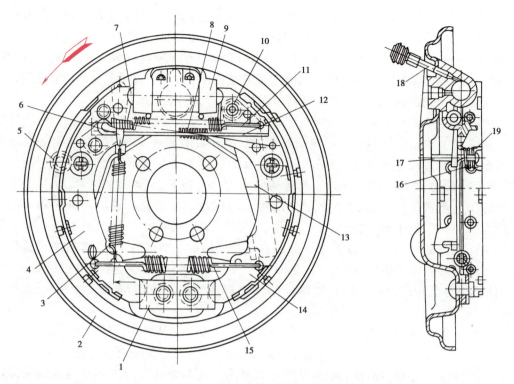

图 24-3 领从蹄式结构的后轮制动器

1-支撑板；2-制动底板；3-制动间隙调节弹簧；4-前制动蹄；5-观察孔；6-楔形调节块；7-带耳槽的支撑块；8-驻车制动推杆外弹簧；9-制动轮缸；10-平头销；11-驻车制动推杆内弹簧；12-驻车制动推杆；13-驻车制动杠杆；14-后制动蹄；15-制动蹄复位弹簧；16-限位弹簧；17-限位销钉；18-放气螺钉；19-限位弹簧座

解除制动时，应将驻车制动操纵杆推回到不制动位置，制动杠杆13在复位弹簧（图中未示出）作用下复位，同时制动蹄复位弹簧15将两蹄拉拢。推杆内外弹簧8和11除可将两蹄拉回到原始位置之外，还用以防止制动推杆在不工作时窜动、碰撞制动蹄而发生噪声。这种以车轮制动器为驻车制动的系统也可用于应急制动。

早期的制动摩擦片一般是采用石棉纤维及其他物质混合压制而成的，这种摩擦片因其价格低廉及一定的耐高温能力，曾得到了非常广泛的应用。但石棉材料已被证实对人体健康有害，当石棉丝伴着制动过程形成粉尘而排放时会造成环境污染。因此我国在1999年就禁止了石棉在摩擦材料中的使用。为替代石棉纤维摩擦材料，半金属型、聚合物黏结型、陶瓷纤维型、复合纤维型以及粉末冶金型等多种摩擦材料都得到了应用。在我国，当前应用最广泛的是金属基摩擦材料。

有些轿车和轻型货车制动器的摩擦片不用埋头铆钉铆接，而用树脂黏结剂与制动蹄黏结，其优点是容许摩擦片有较大的磨损量，使用寿命增长；摩擦片工作表面上因无铆钉孔，便不会积聚磨屑，且增加了摩擦面积。

2) 双领蹄式、双从蹄式及双向双领蹄式制动器

在制动鼓正向旋转时，两蹄均为领蹄的制动器称为双领蹄式制动器，如图24-4所示。两制动蹄各用一个单活塞式轮缸2，且两套制动蹄、轮缸、支撑销和调整凸轮等在制动底板上的布置是中心对称的，以代替领从蹄式制动器中的轴对称布置。两个轮缸可借连接油管连通，使其内油压相等。这样，在前进制动时，两蹄都是领蹄，因此制动器的效能得到提高。

但也必须看到,在倒车制动时,两蹄将都变成从蹄。因此,双领蹄式制动器必须有防止左右装错的结构措施。在历史上,也曾应用过车轮正向旋转时两个蹄均为从蹄的双从蹄式制动器,如图24-5所示。这是因为虽然双从蹄式制动器的前进制动效能很低,但其效能对摩擦系数变化的敏感程度较小,即具有良好的制动效能稳定性。随着盘式制动器的发展和应用,现在汽车上已没有专门应用双从蹄式制动器的实例。

可以设想,在倒车制动时,如果能使双领蹄式制动器的两个制动蹄的支撑点和促动力作用点互换位置,就可以得到与前进制动时相同的制动效能。因此出现了制动蹄两端均采用双向作用轮缸,从而使得车轮在正向和反向旋转时两个蹄均为领蹄的双向双领蹄式制动器,如图24-6所示。

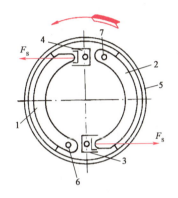 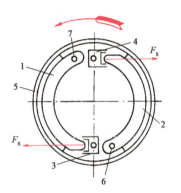 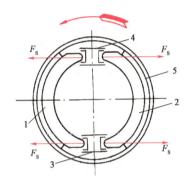

图24-4 双领蹄式制动器　　　　图24-5 双从蹄式制动器　　　　图24-6 双向双领蹄式制动器

1、2-制动蹄;3、4-轮缸;5-制动鼓;　　（图注同图24-4）　　　　　　（图注同图24-4）
6、7-支撑销

3) 自增力式制动器

单向自增力式制动器的结构原理及制动蹄的受力情况如图24-7所示。第一制动蹄1和第二制动蹄2的下端分别浮支在浮动的顶杆6的两端。制动器只在上方有一个支撑销4。不制动时,两蹄上端均借各自的复位弹簧拉靠在支撑销上。制动鼓正向旋转方向如箭头所示。

汽车前进制动时,单活塞式轮缸5只将促动力F_{S1}加于第一蹄,使其上端离开支撑销,整个制动蹄绕顶杆左端支撑点旋转,并压靠在制动鼓3上。显然,第一蹄是领蹄,并且在促动力F_{S1}、法向合力F_{N1}、切向(摩擦)合力F_{T1}和沿顶杆轴线方向的支反力F_{S3}的作用下处于平衡状态。顶杆6由于是浮动的,自然成为第二蹄的促动装置,而将与力F_{S3}大小相等,方向相反的促动力F_{S2}施于第二蹄的下端,故第二蹄也是领蹄。正因为顶杆是完全浮动的,不受制动底板约束,作用在第一蹄上的促动力和摩擦力的作用没有如一般领蹄那样完全被制动鼓的法向反力和固定于制动底板上的支撑件反力的作用所抵消,而是通过顶杆传到第二蹄上,形成第二蹄促动力F_{S2},所以F_{S2}大于F_{S1}。此

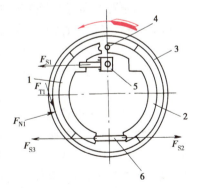

图24-7 单向自增力式制动器示意图

1-第一制动蹄;2-第二制动蹄;3-制动鼓;
4-支撑销;5-轮缸;6-顶杆

外,力 F_{S2} 对第二蹄支撑点的力臂也大于力 F_{S1} 对第一蹄支撑点的力臂。因此,第二蹄的制动力矩必然大于第一蹄的制动力矩。由此可见,在制动鼓尺寸和摩擦系数相同的条件下,这种制动器的前进制动效能不仅高于领从蹄式制动器,而且也高于两蹄中心对称的双领蹄式制动器。

倒车制动时,第一蹄上端压靠支撑销不动。此时第一蹄虽然仍是领蹄,且促动力 F_{S1} 仍可能与前进制动时的相等,但其力臂却大为减少,因而第一蹄此时的制动效能比一般领蹄的低得多。第二蹄则因未受促动力而不起制动作用。故此时整个制动器的制动效能甚至比双从蹄式制动器的效能还低。

<u>双向自增力式制动器</u>的结构如图 24-8 所示。其特点是制动鼓正向和反向旋转时均能借蹄鼓摩擦起自增力作用。它的结构不同于单向自增力式,主要是采用双活塞式轮缸4,可向两蹄同时施加相等的促动力 F_S。制动鼓正向(如箭头所示)旋转时,前制动蹄为第一蹄,后制动蹄为第二蹄;制动鼓反向旋转时则情况相反。由图可见,在制动时,第一蹄只受一个促动力 F_S,而第二蹄则有两个促动力 F_S 和 F'_S,且 $F'_S > F_S$。考虑到汽车前进制动的机会远多于倒车制动,且前进制动时制动器工作负荷也远大于倒车制动,故前蹄摩擦片面积较大。

图 24-9 所示为一种双向自增力式制动器结构。在该结构中还加装了机械促动装置而兼故驻车制动器。

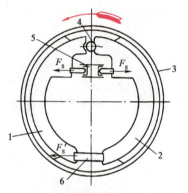

图 24-8 双向自增力式制动器示意图
1-第一制动蹄;2-第二制动蹄;3-制动鼓;4-支撑销;5-轮缸;6-顶杆

以上介绍的各种轮缸式制动器各有利弊。就制动效能而言,在基本结构参数和轮缸工作压力相同的条件下,<u>自增力式制动器</u>由于对摩擦助势作用利用得最为充分而居首位,接下来依次为<u>双领蹄式</u>、<u>领从蹄式</u>、<u>双从蹄式</u>。但蹄鼓之间的摩擦系数本身是一个不稳定的因素,随制动鼓和摩擦片的材料、温度和表面状况(如是否沾水、沾油、有烧结现象等)的不同可在很大范围内变化。制动效能越高的制动器对摩擦系数的依赖性越大,因此制动效能的稳定性则是双从蹄式最优,自增力式最差。

在制动过程中,自增力式制动器制动力矩的增长在某些情况下显得过于急速。双领蹄式、双向双领蹄式和双从蹄式等具有两个轮缸的制动器最宜布置双回路制动系统。领从蹄制动器发展较早,其效能及效能稳定性均居于中游,且有结构较简单等优点,故目前仍相当广泛地用于各种汽车。

后轮采用鼓式制动器时,较多应用领从蹄式和双向自增力式制动器,原因之一是兼顾了驻车制动器。

4)制动器间隙的调整

制动蹄在不工作的原始位置时,其摩擦片与制动鼓之间应该保持合适的间隙,其设定值由汽车制造厂规定,一般为 0.25~0.5mm。任何制动器摩擦副中的这一间隙(以下简称制动器间隙)如果过小,就不易保证彻底解除制动,造成摩擦副的拖磨;过大又将使制动踏板行程太长,以致驾驶人操作不便,同时也会推迟制动器开始起作用的时刻。但是在制动器工作过程中摩擦片的不断磨损必将导致制动器间隙逐渐增大。此情况严重时,即使将制动踏板踩下到极限位置,也产生不了足够的制动力矩。因此,要求所有的制动器在结构上必须保证有检查调整其间隙的可能。

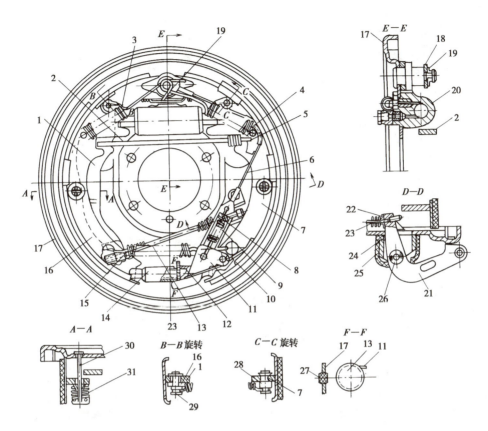

图 24-9 双向自增力式制动器

1-驻车制动杠杆;2-驻车制动推杆;3-制动蹄复位弹簧;4-推杆弹簧;5-自调拉绳导向板;6-自调拉绳;7-后制动蹄;8-弹簧支架;9-自调拉绳弹簧;10-自调拨板复位弹簧;11-自调拨板;12-可调顶杆套;13-调整螺钉;14-可调顶杆体;15-拉紧弹簧;16-前制动蹄;17-制动底板;18-垫圈;19-自调拉绳吊环;20-制动轮缸;21-驻车制动摇臂;22-驻车制动限位板;23-驻车制动拉绳;24-摇臂支架;25-防护罩;26-摇臂销轴;27-调整孔堵塞;28-后蹄复位弹簧固定销;29-前蹄复位弹簧固定销;30-制动蹄限位杆;31-制动蹄限位弹簧

制动器间隙的调整有 手动调整 和 自动调整 两种方法。

（1）手动调整装置。一般在制动底板或制动鼓腹板外侧开有一个检查孔,以便用厚薄规检查摩擦片与制动鼓之间的间隙(制动器间隙)是否符合规定值,若不符合则要对其进行调整。

①转动调整凸轮和带偏心轴颈的支撑销。如图 24-10 所示,若发现制动器间隙已增大到使制动器效能明显降低时,可按箭头所示方向转动调整凸轮 7,进行局部调整。这样沿摩擦片周向各处的间隙即减小。当制动鼓磨损到一定程度时,需要重新加工修整其内圆面。在进行修理作业后重新装配制动器时,为保证蹄鼓的正确接触状态和间隙值,应当全面调整制动器间隙。全面调整除靠转动调整凸轮外,还要转动制动蹄下端的支撑销。从 C-C 剖面可以看出,其支撑制动蹄的支撑销 11 的轴颈是偏心的。支撑销的尾端伸出制动底板外,并铣切出矩形截面,以便用扳手夹持使之转动。将支撑销按 D 向视图箭头方向转动,各处(特别是制动蹄下端处)的间隙减小。

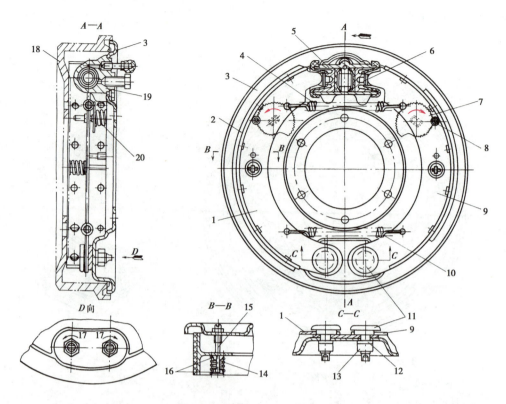

图 24-10 采用凸轮和偏心支撑销作为间隙调整装置的制动器

1-前制动蹄;2-摩擦片;3-制动底板;4、10-制动蹄复位弹簧;5-制动轮缸活塞;6-活塞顶块;7-调整凸轮;8-调整凸轮锁销;9-后制动蹄;11-支撑销;12-弹簧垫圈;13-螺母;14-制动蹄限位弹簧;15-制动蹄限位杆;16-弹簧盘;17-标记;18-制动鼓;19-制动轮缸;20-调整凸轮压紧弹簧

②转动调整螺母。如图 24-11 所示的制动器轮缸两端的端盖制成调整螺母。用螺丝刀 5 拨动调整螺母 1 的齿槽 4,使螺母转动,即可带动螺杆的可调支座 3 向内或向外作轴向移动。因此可调整制动蹄上端靠近或远离制动鼓,使制动间隙减小或增大。间隙调整好以后,用锁片插入调整螺母的齿槽中,使螺母的角位置固定。

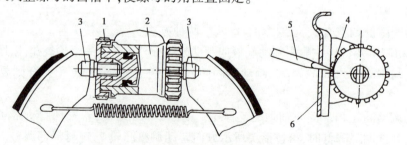

图 24-11 用调整螺母调整制动器间隙的示意图

1-调整螺母;2-制动轮缸;3-可调支座;4-齿槽;5-螺丝刀;6-制动底板

③调整可调顶杆长度。在自增力式制动器中,两制动蹄下端支撑在可调顶杆上,其结构及工作原理如图 24-12 所示。可调顶杆由顶杆体 3、调整螺钉 1 和顶杆套 2 组成。顶杆套一端具有带齿的凸缘,套内制有螺纹,调整螺钉借螺纹旋入顶杆套内;顶杆套与顶杆体作动配合。当拨动顶杆套带齿的凸缘,可使调整螺钉沿轴向移动,从而改变可调顶杆的总长度,并

实现制动器间隙的调整。

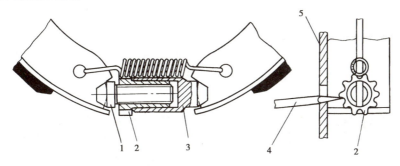

图 24-12　用改变顶杆长度来调整制动器间隙示意图
1-调整螺钉；2-顶杆套；3-顶杆体；4-螺丝刀；5-制动底板

（2）自动调整装置。制动器间隙调整是汽车维护和修理作业中必不可少的重要作业项目。为了减少保修工作量，制动器间隙的自动调整装置（以下简称间隙自调装置）在 20 世纪 70 年代以后得到迅速发展，其结构形式有如下几种。

①摩擦限位式间隙自调装置。图 24-13 所示为一种安装在轮缸中的摩擦限位式间隙自调装置。用以限定不制动时制动蹄的内极限位置的限位摩擦环 2，装在轮缸活塞 3 内端的环槽中（图 24-13a）或借矩形断面螺纹旋装在活塞内端（图 24-13b）。限位摩擦环是一个有切口的弹性金属环，压装入轮缸后与缸壁之间的摩擦力可达 400～550N。活塞上的环槽或螺旋槽的宽度 B 大于限位摩擦环厚度 b。活塞相对于摩擦环的最大轴向位移量即为两者之间的间隙 $\Delta = B - b$。间隙 Δ 应等于在制动器间隙为设定的标准值时施行完全制动所需的轮缸活塞行程。

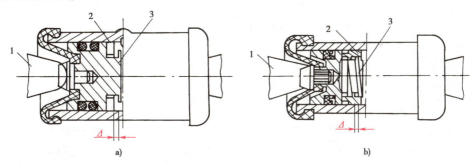

图 24-13　带摩擦限位环的轮缸
1-制动蹄；2-摩擦环；3-活塞

不制动时，制动蹄复位弹簧只能将制动蹄向内拉到轮缸活塞与摩擦环外端面接触为止，因为复位弹簧力远远不足以克服摩擦环与缸壁间的摩擦力。此时如图所示，间隙 Δ 存在于活塞与摩擦环内端面之间。

制动时，轮缸活塞外移。若制动器间隙正好等于设定值，则当活塞移动到与摩擦环内端面接触（即间隙 Δ 消失）时，制动器间隙应已消失，并且蹄鼓已压紧到足以产生最大制动力矩的程度。若制动器间隙由于种种原因增大到超过设定值，则活塞外移到 $\Delta = 0$ 时，仍不能实现完全制动。但只要轮缸液压达到 0.8～1.1MPa，即能将活塞连同摩擦环继续推出，直到实现完全制动。这样，在解除制动时，制动蹄只能复位到活塞与处于新位置的限位摩擦环接触为止，即制动器间隙恢复到设定值。由此可见，正是摩擦环与缸壁之间的这一不可逆转的轴向相对位移补偿了制动器的过量间隙。这也是一切摩擦限位式间隙自调装置的本质原理。

摩擦限位式间隙自调装置也可以装在制动蹄上,如图24-14所示。套筒3穿过制动蹄腹板4的长圆孔,并借被弹簧5压紧的两个限位摩擦片1保持其与制动蹄腹板4的相对位置,其内孔又套在固定于制动底板6上的具有球头的限位销2上。套筒与限位销球头间的间隙Δ限定了套筒及制动蹄相对于限位销的位移量,从而限定了制动器的设定间隙。当制动器存在着过量间隙时,作用在制动蹄上的促动力可以使制动蹄克服摩擦力,相对于套筒及限位销继续压向制动鼓以实现完全制动。撤除促动力后,套筒复位到图示原始位置,但制动蹄却不可能再回到制动前的位置,因为借以抵消过量间隙的蹄与套筒间的相对位移是不可逆转的。这意味着制动器间隙已恢复到设定值。

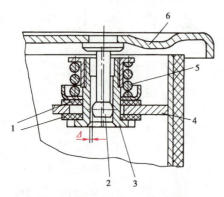

图 24-14 装在制动蹄上的间隙自调装置
1-限位摩擦片;2-限位销;3-套筒;4-制动蹄腹板;5-弹簧;6-制动底板

具有摩擦限位式间隙自调装置的制动器在装配时不需要调校间隙,只要在安装到汽车上以后,经过一次完全制动,即可以自动调整间隙到设定值。因此,这种自调装置属于一次调准式。

②楔块式间隙自调装置。如图24-15所示,间隙自调装置的楔形调节块4夹在与前制动蹄3固定在一起的斜支撑和驻车制动推杆8之间形成的切槽中。制动推杆两端有缺口,其右端缺口的端面压在楔形调节块4的齿形面上,楔形调节块的另一侧齿形面压在斜支撑上。在制动推杆内弹簧7的作用下,制动推杆紧紧压住楔形调节块和斜支撑。制动推杆左端的头部有一凸耳(图24-15a),它与驻车制动杠杆9的外侧面之间有一设定间隙 $\Delta = 0.2 \sim 0.3$ mm。制动推杆外弹簧5使制动杠杆9与制动推杆左端缺口的端面紧紧贴在一起。

当制动蹄未磨损,在正常的制动间隙(设定间隙Δ)内进行行车制动时,两制动蹄在轮缸活塞的推力作用下,外弹簧5被拉伸,使两蹄压靠到制动鼓上,施以制动。由于内弹簧7的刚度大于外弹簧,故不被拉伸。它同驻车制动推杆8始终压住楔形调节块4,并与前制动蹄一起左移压靠到制动鼓上。此时制动杠杆9与制动推杆凸耳不会接触(因未超出设定间隙Δ值)。

当制动蹄磨损,制动间隙超过设定值Δ,施以制动时,两蹄在轮缸活塞推力的作用下,外弹簧首先被拉伸到一定程度后,内弹簧也被拉伸,使制动杠杆与制动推杆凸耳不仅接触,并且外移。此时,驻车制动推杆与前制动蹄斜支撑间形成的切槽与楔形调节块间便产生了间隙,于是楔形调节块被弹簧2往下拉,直到调节块与切槽两侧面重新接触为止,从而补偿了制动器的过量间隙。

解除制动时,两制动蹄在复位弹簧的作用下复位,但不可能恢复到制动前的位置,因为借以补偿过量制动间隙的楔形调节块与切槽的相对位移是不可逆转的,这意味着制动杠杆外侧面与制动推杆头部凸耳之间的间隙,恢复到设定值Δ,这种制动器间隙自调装置也属一次调准式。

制动器中的过量间隙并不完全是由于摩擦副磨损所致,还有一部分是由于制动鼓热膨胀而直径增大所致。制动时所需活塞行程增大到超过间隙 Δ 所限定的数值,原因也不仅是制动器的过量间隙,还有鼓和蹄的弹性变形。所以,确定冷态制动器间隙自调装置中的间隙 Δ 时,就要尽量将可能产生的制动蹄和制动鼓的弹性变形和热变形考虑在内。但是,为了不使制动踏板行程增加过多,确定 Δ 值时并没有计入上述种种变形的最大值。因此,当出现过大的上述各项变形时,一次调准式自调装置将不加区别地一律随时加以补偿,造成"调整过头"。这样,当制动器恢复到冷态时,即使完全放松制动踏板,制动器也不会彻底放松,而是发生"拖磨"甚至"抱死",因为自调整装置只能将间隙调小而不能调大。

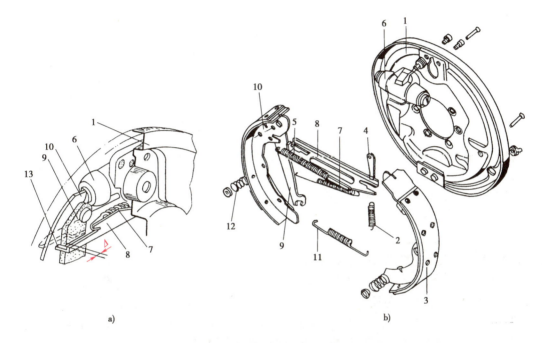

图 24-15　楔块式间隙自调装置

a) 设定间隙 Δ 示意图;b) 制动器零件分解图

1-制动底板;2-制动间隙调节弹簧;3-前制动蹄;4-楔形调节块;5-驻车制动推杆外弹簧;6-制动轮缸;7-驻车制动推杆内弹簧;8-驻车制动推杆;9-驻车制动杠杆;10-后制动蹄;11-制动蹄复位弹簧;12-限位弹簧;13-推杆凸耳

③阶跃式间隙自调装置。为了避免"调整过头",许多制动器采用了阶跃式间隙自调装置。这样的制动器在装车后要进行多次(可能达 20 次以上)制动动作,才能一举消除所积累的过量间隙。

图 24-9 所示的双向增力式制动器中即装备了一种阶跃式间隙自调装置,它只在若干次倒车制动后方起调整作用。自调装置中包括用以拨转调整螺钉 13 的拨板 11、拉绳 6 及其导向板 5、拉绳弹簧 9 及其支架 8。拉绳 6 的上端通过吊环 19(E—E 剖视图)固定在制动蹄支撑销上;下端与弹簧支架 8 相连;中部支靠着导向板 5 的弧面。导向板以其中央孔的圆筒状卷边(高约 3mm)插入后制动蹄 7 的孔中,形成其自由转动的支点。支架 8 经弹簧 9 与自调拨板 11 连接。拨板 11 以其右臂端部的切口支在后制动蹄的销钉上,可绕此销钉转动。拨板的自由端向上运动时,可以插入调整螺钉 13 的凸缘棘齿间(F—F 剖视图)。不进行倒车制动时,自调拨板在弹簧 8 和卷簧 10 的作用下,保持在最下面的平衡位置,此时拨板与调整

螺钉的棘齿完全脱离。

倒车制动时，后蹄7的上端离开支撑销。整个制动蹄压靠到制动鼓上，并在摩擦作用下，随制动鼓顺时针（从图上看，下同）转过一个角度。在后蹄（连同导向板和拨板的销轴）相对于支撑销位移过程中，套在支撑销上的拉绳吊环19被拉离后蹄，支架8上端也被拉上（此时导向板也在拉绳摩擦力作用下逆时针转动，使拉绳不致磨损），并通过弹簧9将拨板的自由端向上拉起。这一系列零件的位移量取决于当时的制动器实际间隙的大小。如果间隙还保持着设定值或增大很少，则自调拨板自由端向上的位移量不足以使之嵌入调整螺钉的棘齿间。只有在制动器过量间隙增大到一定值时，拨板方能嵌入棘齿间。解除倒车制动时，制动蹄复位，自调拨板被扭簧10按回到下平衡位置，同时将调整螺钉拨过相应于一个棘齿距的角度。若棘齿数为z，螺距为t，则调整螺钉被拨转$1/z$周，相应的自可调顶杆体14中旋出的距离为t/z。于是所累积的制动器过量间隙始被完全消除。前进制动时，该自调装置完全不起作用。

采用只是在倒车制动后方能起调整作用的间隙自调装置将大大减少调整过头的可能性，因为倒车制动时，制动鼓受热并不严重。

应当指出：制动器工作时，摩擦所产生的热绝大部分传给了制动鼓，使其温度升高。前已述及，制动鼓升温后将膨胀而使制动器间隙增大，制动效能降低。为了减少温升，应当使制动鼓有较大的热容量，因此制动鼓都具有足够大的质量。有些汽车的制动鼓外表面还铸有若干肋片，以增加散热面积和刚度。

2. 凸轮式制动器

目前，凸轮促动的领从蹄式车轮制动器被广泛应用于气压制动系统。凸轮促动的双向自增力式制动器只宜用作中央制动器。

图24-16所示为一种采用凸轮促动机构的前轮制动器。制动蹄2是可锻铸铁的，不制动时由复位弹簧3将其拉靠到制动凸轮轴4的凸轮上。制动凸轮轴通过支座10固定在制动底板7上，其尾部花键轴插入制动调整臂5的花键孔中。制动时，制动调整臂在制动气室6的推动下，带动制动凸轮轴转动，推使两制动蹄压靠制动鼓8。

一般凸轮式车轮制动器的间隙也可以根据需要进行局部或全面调整。局部调整只是利用制动调整臂来改变制动凸轮轴的原始角位置。制动调整臂的结构如图24-17所示。在制动调整臂体6和两侧的盖8所包围的空腔内装有调整蜗轮2和调整蜗杆7。单线的调整蜗杆，借细花键套装在蜗杆轴4上，调整蜗轮以内花键与制动凸轮轴的外花键相连接。转动蜗杆，即可在制动调整臂与制动气室推杆10的相对位置不变的情况下，通过蜗轮使制动凸轮轴转过一定角度，从而改变制动凸轮的原始角位置。在图24-17a)中，蜗杆轴一端的轴颈上，沿周向有6个均布的凹坑。当蜗杆每转到有一个凹坑对准位于制动调整臂体内的锁止球3时，锁止球便在弹簧作用下嵌入凹坑，使蜗杆轴角位置保持不变。在图24-17b)中，蜗杆轴与制动调整臂的相对位置是靠锁止套11和锁止螺钉12来固定的，其将具有六角孔的锁止套按入制动调整臂体的孔中，即可转动调整蜗杆。蜗杆每转1/6周，放开锁止套，弹簧5即将锁止套推回与蜗杆六角头接合的左极限位置。后一种锁止装置更为可靠，其进行全面调整时，还应同时转动带偏心轴颈的支撑销（图24-16中的9）。图24-16所示的制动器间隙标准值为：靠近支撑销的一端为0.25~0.40mm，靠近制动凸轮的一端为0.40~0.55mm。

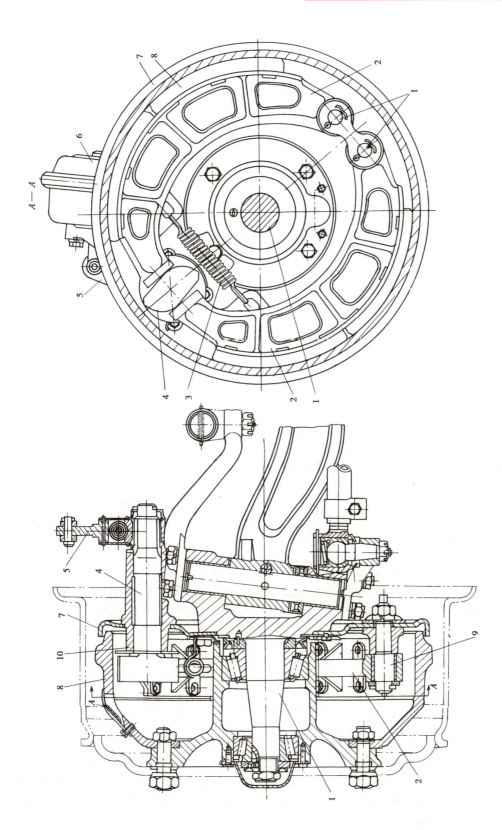

图 24-16 采用凸轮促动机构的汽车前轮制动器

1-转向节轴颈；2-制动蹄；3-复位弹簧；4-制动凸轮轴；5-制动调整臂；6-制动气室；7-制动底板；8-制动鼓；9-支撑销；10-制动凸轮轴支座

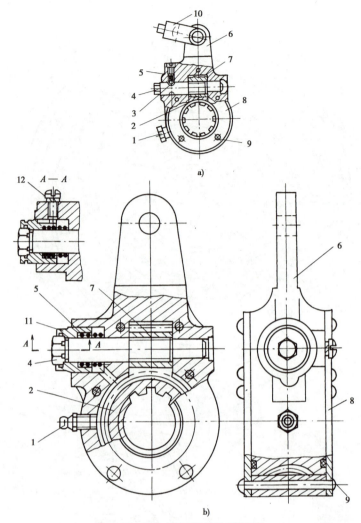

图 24-17　凸轮式制动器的制动调整臂

1-滑脂嘴；2-调整蜗轮；3-锁止球；4-蜗杆轴；5-弹簧；6-制动调整臂体；7-调整蜗杆；8-盖；9-铆钉；10-制动气室推杆；11-锁止套；12-锁止螺钉

有些制动器的制动凸轮与制动蹄之间采用滚轮传动，借以提高机械效率。还有些制动鼓表面铸有轴向肋片，以助散热和提高刚度。

3. 楔式制动器

图 24-18 为楔式制动器简图。楔式制动器中两蹄的布置可以是领从蹄式（单楔式，图 24-18a），也可以是双向双领蹄式（双楔式，图 24-18b）。作为制动蹄促动件的制动楔本身的促动装置可以是机械式、液压式或气压式。

4. 鼓式制动器的受力

图 24-3 和图 24-16 所示的结构实例中采用的均为领从蹄式结构，但两者的受力情况存在差异。以轮缸驱动的领从蹄式制动器（图 24-3），两个活塞都可在轮缸内轴向浮动，且两者直径相同。因此，制动时两个活塞对两个制动蹄所施加的促动力永远是相等的。故凡两蹄所受促动力相等的领从蹄制动器都可称为<u>等促动力制动器</u>，这种制动器的领蹄可以获得比从蹄更大的制动力矩。而以凸轮驱动的领从蹄式制动器（图 24-16），由于凸轮轮廓的中心对

称性,以及两蹄结构和安装的轴对称性,凸轮转动所引起的两蹄上相应点的位移必然相等。故这种由轴线固定的凸轮促动的领从蹄式制动器是一种等位移式制动器。等位移式制动器两蹄摩擦片的相应点与制动鼓间的间隙如果已调整到完全一致,则制动时两蹄对鼓的压紧程度从而所产生的制动力矩必然相等。但是,制动鼓对蹄的摩擦使得领蹄端部力图离开制动凸轮,同时又使从蹄端部更加靠紧制动凸轮。这就是说,凸轮对从蹄的促动力大于对领蹄的促动力。因此,虽然领蹄有增势作用,从蹄有减势作用,但就等位移制动器而言,正是这一差别造成了制动效能高的领蹄的促动力小于制动效能低的从蹄的促动力,从而使得两蹄制动力矩相等。

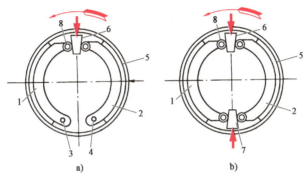

图 24-18 楔式制动器
1、2-制动蹄;3、4-支撑销;5-制动鼓;6、7-制动楔;8-滚轮

此外,从制动鼓的受力情况来看,若两个制动蹄的布置是中心对称的,如果间隙调整正确,则制动鼓所受两个蹄施加的两个法向合力能互相平衡,不会对轮毂轴承造成附加径向载荷。这样的制动器被称为平衡式制动器。而若两个制动蹄的布置不呈中心对称,则制动鼓所受到的来自两蹄的法向力无法平衡,则此法向力之和只能由车轮的轮毂轴承的反力来平衡,这就对轮毂轴承造成了附加径向载荷,使其寿命缩短。这样的制动器被称为非平衡式制动器。双领蹄、双向双领蹄、双从蹄式制动器的固定元件布置都是中心对称的,因此都属于平衡式制动器。显然,以轮缸驱动的领从蹄式制动器和自增力式制动器都属于非平衡式制动器。需要指出,以凸轮驱动的等位移式制动器由于结构上不是中心对称,两蹄作用于制动鼓的微元法向力的等效合力虽然大小相等,但却不在一直线上,也无法相互平衡,故也为非平衡式。

二、盘式制动器

按摩擦副中固定元件的结构,盘式制动器可分为钳盘式和全盘式两大类。

钳盘式制动器是由旋转元件(制动盘)和固定元件(制动钳)组成。制动盘是摩擦副中的旋转件,它是以端面工作的金属圆盘。制动钳是由装在横跨制动盘两侧的夹钳形支架中的制动块和促动装置组成。制动块是由工作面积不大的摩擦块和金属背板组成。每个制动器中一般有2~4个制动块。

全盘式制动器的旋转件也是以端面工作的金属圆盘(制动盘),其固定元件是呈圆盘形的金属背板和摩擦片。工作时制动盘和摩擦片间的摩擦面全部接触。

钳盘式制动器过去只用作中央制动器,但目前则已在轿车上普及,一些货车也采用盘式制动器作为车轮制动器。全盘式制动器只有少数汽车(主要是重型汽车)采用为车轮制动器,个别情况下还可作为缓速器。

1. 钳盘式制动器

钳盘式制动器又可分为定钳盘式(图 24-19a)和浮钳盘式(图 24-19b、c)两类。

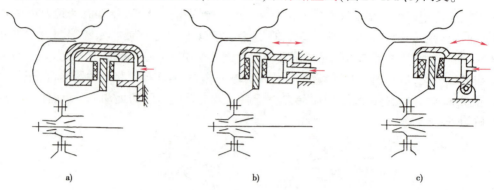

图 24-19 钳盘式制动器示意图

a)定钳盘式制动器;b)滑动钳盘式制动器;c)摆动钳盘式制动器

1)定钳盘式制动器

定钳盘式制动器的制动钳固定安装在车桥上,既不能旋转,也不能沿制动盘轴线方向移动,因而其中必须在制动盘两侧都装设制动块促动装置(例如相当于制动轮缸的油缸),以便分别将两侧的制动块压向制动盘。

图 24-20 所示为定钳盘式制动器在前桥上的安装情况。制动盘用 5 个螺钉 2 固定在前轮毂 1 上;制动钳 8 则用两个螺钉 9 固定在前桥转向节 5 上(A—A 剖面图)。在转向节凸缘上还借 4 个螺栓 10 固定着用钢板冲压制成的制动器护罩 4。护罩又焊有加强盘 7 及制动油管支架 6。调整垫片 11 用以调整制动钳的支撑部分与制动盘的距离 L,使之不小于一定值。

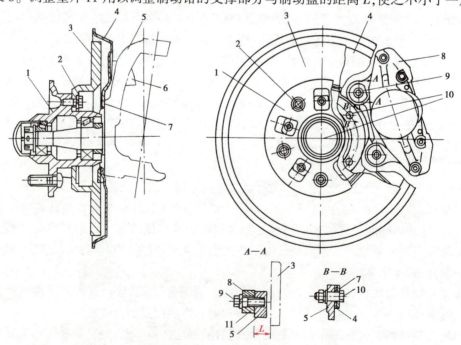

图 24-20 定钳盘式制动器安装图

1-前轮毂;2、9-螺钉;3-制动盘;4-制动器护罩;5-转向节;6-油管支架;7-护罩加强盘;8-制动钳;10-螺栓;11-调整垫片制动钳的构造如图24-21所示。制动钳体由内侧钳体1和外侧钳体2借螺钉19连接而成。制动盘21伸入制动钳的两个制动块3之间。制动块由以石棉为基础材料加热模压制成的摩擦块23和钢质背板22铆合并黏结而成,通过两根导向销15悬装在钳体上,并可沿导向销移动。内外两侧钳体1和2实际上各为一个液压油缸缸体,其中各有一个活塞4。油缸壁上有梯形截面环槽,其中嵌入矩形截面的活塞密封圈8。将制动钳安装到汽车上时,须将进油口防污螺塞18取下,再将油管接头旋入进油口,并使之压紧在垫塞17上。内外侧钳体的前部有油道将两侧油缸接通。内侧油缸的油道中装有放气阀13。

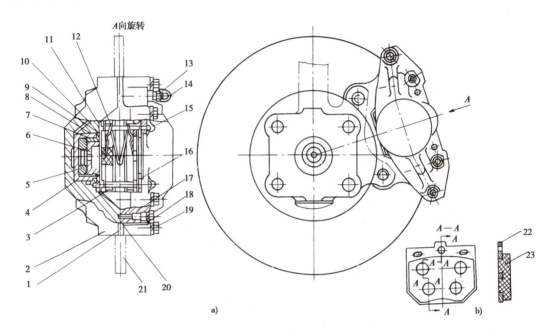

图24-21 定钳盘式制动器的制动钳
a)制动钳;b)制动块

1-内侧钳体;2-外侧钳体;3-制动块;4-活塞;5-活塞垫圈;6-压圈;7-压圈密封圈;8-活塞密封圈;9-橡胶防护罩;10-防护罩锁圈;11-消声片;12-弹簧;13-放气阀;14-放气阀防护罩;15-制动块导向销;16-R形销;17-进油口垫塞;18-防污螺塞(装接油管时取下);19-螺钉;20-橡胶垫圈;21-制动盘;22-制动块背板;23-制动块摩擦块

制动器间隙调整通过轮缸中的活塞密封圈实现。制动时,制动液被压入内外两侧油缸中。两活塞4在液压作用下移向制动盘,并通过垫圈5和压圈6将制动块压靠到制动盘上。在活塞移动过程中,橡胶密封圈8的刃边在摩擦作用下随活塞移动,使密封圈产生弹性变形。相应于极限摩擦力的密封圈极限变形量Δ,应等于制动器间隙为设定值时的完全制动所需活塞行程(图24-22a)。解除制动时,活塞连同垫圈5和压圈6在密封圈8的弹力作用下退回,直到密封圈变形完全消失为止(图24-22b)。此时摩擦

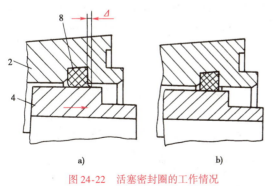

图24-22 活塞密封圈的工作情况
(图注同图24-21)

块与制动盘之间的间隙(制动器间隙)即为设定间隙。

若制动器存在过量间隙,则制动时活塞密封圈变形量达到极限值Δ以后,活塞仍可在液压作用下,克服密封圈的摩擦力而继续移动,直到实现完全制动为止。但解除制动后,制动器间隙即恢复到设定值,因活塞密封圈将活塞拉回的距离仍然等于Δ。由此可见,活塞密封圈能兼起活塞复位弹簧和一次调准式间隙自调装置的作用。

油缸活塞与制动块之间通过消声片11、压圈6和粉末冶金垫圈5来传力,可以减轻制动时发生的噪声。

定钳盘式制动器中油缸的结构与制造工艺都与一般制动轮缸相近,故在20世纪50年代中期盘式制动器问世即采用了这种结构,直到60年代末仍然盛行。但是这种制动器存在着以下缺点:

(1)油缸较多,使制动钳结构复杂。

(2)油缸分置于制动盘两侧,必须用跨越制动盘的钳内油道或外部油管来连通,这必然使得制动钳的尺寸过大,难以安装在现代化轿车的轮辋内。

(3)热负荷大时,油缸(特别是外侧油缸)和跨越制动盘的油管或油道中的制动液容易受热汽化。

(4)若要兼用于驻车制动,则必须加装一个机械促动的驻车制动钳。

这些缺点使得定钳盘式制动器难以适应普通现代轿车使用要求,故自20世纪70年代以来,逐渐让位于浮钳盘式制动器。

但是应该看到,定钳盘式制动器仍有其自身的优点。由于盘式制动器效能较低,在汽车载荷较大而对制动力要求较大的情况下,必须配用较大的制动轮缸,因此,一些跑车、大型SUV、轻型越野车和轻型客车仍会采用多个轮缸的固定钳盘式制动器。

2) 浮钳盘式制动器

按制动钳的运动方式,浮钳式制动器又可分为滑动钳盘式制动器(图24-19b)和摆动钳盘式制动器(图24-19c)。

滑动钳盘式制动器的制动钳可以相对制动盘作轴向滑动。其中只在制动盘的内侧设置油缸,而外侧的制动块则附装在钳体上。

摆动钳盘式制动器也是单侧设置油缸,其制动钳体与固定在车轴上的支座铰接,故不能滑动,而是在与制动盘垂直的平面内摆动以实现制动。为使制动块磨损均匀,常将摩擦块预先做成楔形(摩擦面相对背板平面的倾斜角约6°)。

使用实践证明,滑动钳盘式制动器结构简单紧凑,且便于安装,因此得到的广泛的应用。为说明问题方便,后文中提到的浮钳盘式制动器为单指滑动钳式的浮钳盘式制动器。

浮钳盘式制动器的工作原理如图24-23所示。制动钳支架3固定在转向节上,制动钳体1可沿导向销2相对支架3轴向滑动。制动时,活塞8在液压力p_1作用下,将活动制动块6(带摩擦块磨损报警装置)推向制动盘4。与此同时,作用在制动钳体1上的反作用力p_2推动制动钳体沿导向销2向右移动,使固定在制动钳体上的制动块5压靠到制动盘上。于是制动盘两侧的摩擦块在p_1和p_2力的作用下夹紧制动盘,使之在制动盘上产生与运动方向相反的制动力矩,促使汽车制动。

图24-24为一种前轮浮钳盘式制动器的零件分解图。制动钳支架5固定在转向节

上。制动钳体1用紧固螺栓2与制动钳导向销3连接,导向销插入制动钳支架的孔中作动配合,于是制动钳体可沿导向销轴线作轴向滑动。制动盘6的内侧悬装有活动制动块10,而外侧的制动块7则固定在制动钳支架5的内端面上(两制动块中的摩擦块用无石棉半金属摩擦材料制成)。制动钳只在制动盘内侧有油缸。制动时,制动盘内侧的活动制动块在液压作用下由活塞12推靠制动盘6,同时制动钳上的反力将附装在制动钳支架中的固定制动块也推靠到制动盘6上。活塞上的橡胶密封圈11在制动时变形,解除制动时便恢复原状,使活塞复位。若制动器产生了过量间隙,则活塞将相对于密封圈滑移,借此实现间隙自动调整。当活动摩擦块磨损到允许极限厚度时,报警开关16便接通电路而对驾驶人发出警报信号。

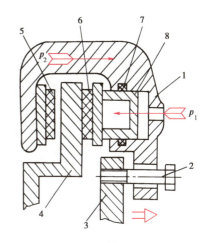

图 24-23 浮钳盘式制动器工作原理示意图
1-制动钳体;2-导向销;3-制动钳支架;4-制动盘;5-固定制动块;6-活动制动块(带摩擦块磨损报警装置);7-活塞密封圈;8-活塞

与定钳盘式制动器相比,浮钳盘式制动器的单侧油缸结构不需要跨越制动盘的油道,故不仅轴向和径向尺寸较小,有可能布置得更接近车轮轮毂,而且制动液受热汽化的机会较少。

3) 盘式制动器的驻车制动机构

很多汽车的后轮行车制动器兼用作驻车制动器。与鼓式制动器相比,盘式制动器上加装的驻车制动机构较为复杂,目前有两类结构,一类是在盘内加装驻车制动机构,另一类则是在轮缸内加装驻车制动机构。

(1) 在盘内加装驻车制动机构。

这种机构实际上就是在制动盘中央的凸起部分内加装一个小的人力机械式鼓式制动器作为驻车制动机构,因此该结构被形象地称为"盘中鼓"或"盘带鼓"结构(Drum in Hat,简称DIH),这种结构一般应用在日本和韩国的轿车中。

图 24-25 所示的浮动钳盘式制动器中,驻车制动机构安装于制动盘1内部,两个制动蹄2、11以制动盘1中央凸起部的内表面作为制动鼓摩擦表面,与普通浮钳盘式制动器相比,铸造的制动钳支架3覆盖了整个制动盘的中央部分,除作为浮钳的支撑外,还兼作驻车制动机构的制动底板,限位组件10确保制动蹄压紧在支架3上。驻车制动机构由下端的推杆组件7促动,而两个蹄的上端则顶杆组件8浮式连接。驻车制动时,驻车制动拉绳13拉动推杆组件7向左侧移动(B—B视图),使第一制动蹄2靠向制动鼓,并将力传给制动蹄2上端的顶杆8带动第二制动蹄11靠向制动鼓。可以看出,这一机构实质上是一个单向增力式的鼓式制动器。鼓式制动机构的间隙可通过堵塞4所在的孔对顶杆组件8的调整螺钉进行手动调整。

(2) 在轮缸内加装驻车制动机构。

图 24-26 所示为一种带球盘式(Ball in Ramp,简称BIR)驻车制动传动装置的盘式制动器。其行车制动过程与普通浮动盘式制动器相同,活塞在高压制动液推动下,使内侧摩擦片压紧制动盘;松开制动踏板后,管路中压力撤销,活塞通过与缸体之间的密封圈复位。

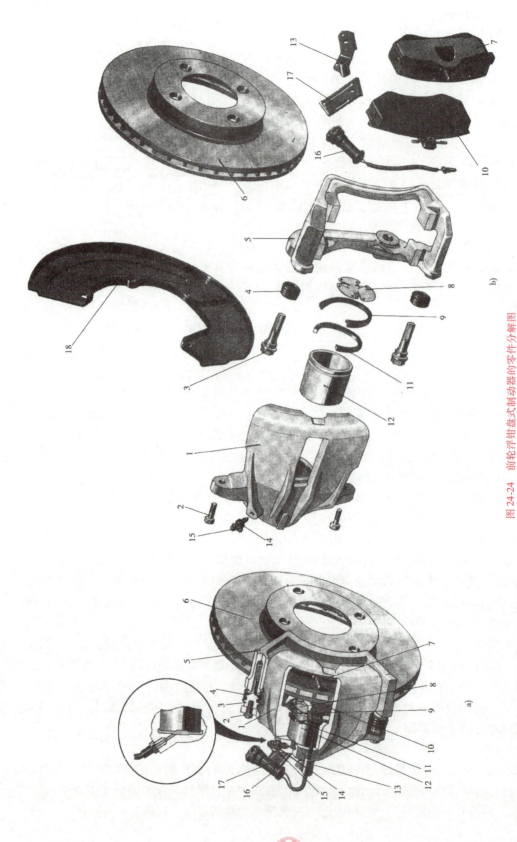

图 24-24 前轮浮钳盘式制动器的零件分解图

1-制动钳体;2-紧固螺栓;3-制动钳导向销;4-折叠防护套;5-制动钳支架;6-制动盘;7-固定制动块;8-消声片;9-防尘罩;10-活动制动块(连接着摩擦块磨损报警装置);11-橡胶密封圈;12-活塞;13-电线导向夹;14-放气螺钉;15-放气螺钉帽;16-摩擦块磨损报警开关;17-电线夹;18-挡尘盘

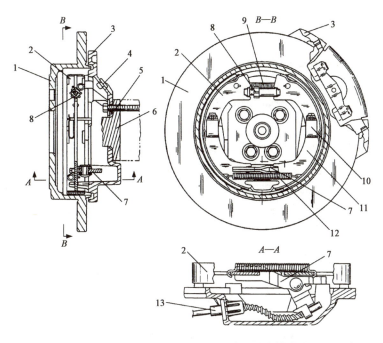

图 24-25　带 DIH 式驻车制动机构的盘式制动器
1-制动盘；2-第一驻车制动蹄；3-制动钳支架；4-间隙调整孔堵塞；5-连接螺栓；6-转向节；7-促动推杆组件；8-可调顶杆组件；9、12-制动蹄复位弹簧；10-制动蹄限位组件；11-第二驻车制动蹄；13-驻车制动拉绳

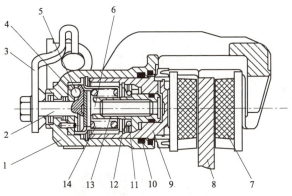

图 24-26　浮钳盘式制动器的 BIR 式驻车制动机构
1-制动钳体；2-驻车制动驱动杆；3-驻车制动摇臂；4-固定斜盘；5-钢球；6-自调螺杆；7-制动摩擦片；8-制动盘；9-活塞；10-密封圈；11-推力球轴承；12-挡片；13-自调螺母；14-压紧弹簧

驻车制动时，制动钳体 1 外部的驻车拉索拉动驻车制动摇臂 3，摇臂 3 通过花键带动驱动杆 2 一起转动。在制动钳内部，驱动杆另一端的圆盘上朝向活塞缸底部一面加工有三段斜坡滚道，固定斜盘 4 通过定位销固定在活塞缸底部，朝向驱动杆端部分的圆盘一面也加工有三段斜坡滚道，驱动杆 2 和固定斜盘 4 的斜坡滚道之间放置有三个钢球 5，驱动杆 2、固定斜盘 4、钢球 5 三者形成滚珠坡道结构，如图 24-27 所示，驻车制动摇臂带动驱动杆转动，进而带动球盘上的三个钢球在驱动杆端面上的球槽内运动，而固定斜盘固定不动，使得钢球滚离其在斜坡上的原位置，从而推动自

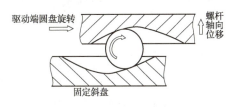

图 24-27　球盘机构的结构及原理

调螺杆 6 沿轴向向前运动。自调螺杆 6 又推动自调螺母 12,最终推动活塞 9 实现轴向运动,此时自调螺杆 6 和自调螺母 12 没有相对转动。直到摩擦片接触制动盘后,钳体在钳架上浮动,使两边摩擦片同时压紧制动盘,产生摩擦力,起到驻车制动的作用。

由于盘式制动器摩擦衬片和制动盘之间的间隙很小,所以制动所需的位移量也很小。推力球轴承 11 固定在螺母凸缘的右侧,并被固定在活塞 9 上的挡片 12 封闭。轴承 11 与挡片 12 之间的装配间隙,等于制动器间隙为设定值时完全制动所需的活塞行程。在制动器间隙大于设定值的情况下施行行车制动时,活塞在液压作用下右移。到挡片 12 与轴承 11 间的间隙消失后,活塞 9 所受液压推力便通过推力轴承 11 作用在自调螺母 13 凸缘上。此时自调螺杆 6 受压缩弹簧 14 产生的压紧力的限制,不能转动也不能轴向移动,所以这一轴向推力便迫使自调螺母 12 转动,并且随活塞相对于螺杆右移到制动器过量间隙消失为止。撤除液压力后,活塞密封圈 10 使活塞退回到制动器间隙等于设定值的位置,自调螺母则保持在制动时达到的轴向位置不动,从而保证了挡片与推力轴承之间的间隙为初始值。

此结构将驻车制动机构设计在制动钳内部,不占用制动器外部的空间,因而无需另外布置空间给驻车机构,大大节约了安装空间,且容易集成电子驻车制动机构,是当前浮钳盘式制动器驻车制动机构的主流结构。

4) 气压制动钳盘式制动式

气压盘式制动器(Air Disc Brake,简称 ADB)主要用于各种公路商用汽车,由于其良好的制动效能稳定性而受到重视,近年来发展迅速。图 24-28 所示为一种采用气压驱动的滑动钳盘式制动器示意图。当制动系统工作时,制动气室中的制动气室推杆 9 推动杠杆 8 旋转。杠杆 8 的端部的内圆面和外圆面并不同心,因此,杠杆绕内圆面圆心旋转时,其外圆面即推动推杆 7 经制动钳挺柱 5 推动内制动块 4 压靠在制动盘 3 上,与液压滑动钳制动器类似,制动钳 1 也在反作用力作用下沿导向销(图中未体现)带动外制动块 2 实现制动。

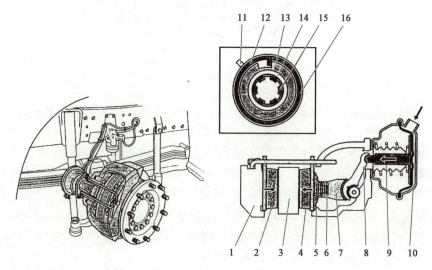

图 24-28 气压钳盘式制动器示意图

1-制动钳;2-外制动块;3-制动盘;4-内制动块;5-制动钳挺柱;6-复位弹簧;7-推杆;8-杠杆;9-制动气室推杆;10-制动气室;11-销;12-调整弹簧;13-套筒;14-摩擦弹簧;15-毂;16-调节装置外壳

解除制动时,复位弹簧6迫使推杆7复位,保证内制动块4与制动盘间的间隙恢复至设定值。间隙调整装置安装在杠杆8下支撑端,通过摩擦弹簧14实现一次调准。

2. 全盘式制动器

全盘式制动器摩擦副的固定元件和旋转元件都是完整的圆盘,分别称为固定盘和旋转盘。其结构原理与摩擦离合器相似。

图24-29所示为一种全盘式制动器。制动器壳体由盆状的外侧壳体3和内侧壳体6组成,用12个螺栓4连接,而后通过外侧壳体固定于车桥上。每个螺栓上都铣切出一个平键。装配时,两个固定盘2以外周缘上的12个键槽与12个螺栓上的平键作动配合,从而固定了其角位置,但可以轴向自由滑动。两面都铆有8块扇形摩擦片的两个旋转盘5与旋转花键毂1借滑动花键连接。花键毂则固定于车轮轮毂上。内侧壳体上装有4个油缸。不制动时,活塞套筒9由复位弹簧8推到外极限位置。套筒9的台肩与固定弹簧盘15之间保有的间隙Δ等于制动器间隙为设定值时完全制动所需活塞行程。带有3个密封圈11的活塞10与套筒作动配合。

制动时,油缸活塞连同套筒在液压作用下,压缩复位弹簧8,将所有的固定盘和旋转盘都推向外侧壳体(实际上是一个单面工作的固定盘)。各盘互相压紧而实现完全制动时,油缸中的间隙Δ消失。解除制动时,复位弹簧8使活塞和套筒复位。

在制动器有过量间隙的情况下制动时,间隙Δ一旦消失,套筒9即停止移动,但活塞仍能在液压作用下克服密封圈11与套筒间的摩擦阻力而相对于套筒继续移动到完全制动为止。解除制动时,套筒在弹簧8作用下复位,而活塞与套筒的相对位移却不可逆转,于是制动器过量间隙不复存在。

多片全盘式制动器的各盘都封闭在壳体中,散热条件较差。因此有些正在研制一种强制液冷多片全盘式制动器。这种制动器完全密封,内腔充满冷却油液。冷却油在制动器内受热升温后,被油泵吸出,而后被压送入装在发动机水冷系统中的热交换器,受发动机冷却液的冷却后再流回制动器。

盘式制动器与鼓式制动器相比,有以下优点:

(1)一般无摩擦助势作用,因而制动器效能受摩擦系数的影响较小,即效能较稳定。
(2)浸水后效能降低较少,而且只需经一两次制动即可恢复正常。
(3)在输出制动力矩相同的情况下,尺寸和质量一般较小。
(4)制动盘沿厚度方向的热膨胀量极小,不会像制动鼓的热膨胀那样使制动器间隙明显增加而导致制动踏板行程过大。
(5)较容易实现间隙自动调整,其他维修作业也较简便。

盘式制动器不足之处有如下方面:

(1)效能较低,故用于液压制动系统时所需制动促动管路压力较高,一般要用伺服装置。
(2)兼用于驻车制动时,需要加装的驻车制动传动装置较鼓式制动器复杂。

盘式制动器很早就已应用于轿车,但由于早期的盘式制动器没有解决兼作驻车制动机构的问题,除了在一些高性能轿车上用于全部车轮以外,大都只用作前轮制动器,而与后轮的鼓式制动器配合,以期获得汽车在较高车速下制动时的方向稳定性。目前,随着带驻车制动机构的盘式制动器日趋成熟,盘式制动器获得了越来越广泛的应用,许多中级甚至紧凑型轿车也已采用前后均为盘式制动器的布置形式。

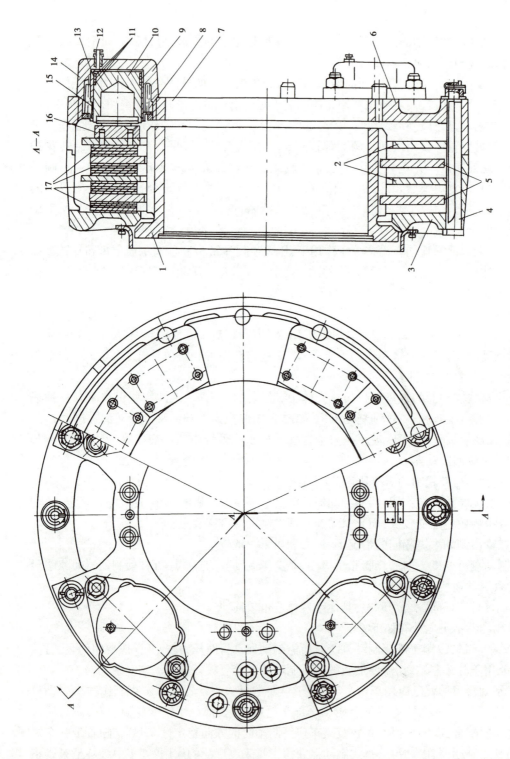

图 24-29 多片全盘式制动器

1-旋转花键轮毂;2-固定盘;3-外侧壳体;4-带键螺栓;5-旋转盘;6-内侧壳体;7-调整螺圈;8-活塞套筒复位弹簧;9-活塞套筒;10-活塞;11-活塞密封圈;12-放气阀;13-套筒密封圈;14-油缸体;15-固定弹簧盘;16-垫块;17-摩擦片

在商用车汽车上,盘式制动性稳定性好的优势更加明显。试验研究表明,汽车驶下平均坡度10%左右的10km长坡后,气压盘式制动器几乎不会发生热衰退,而凸轮式鼓式制动器则有明显的衰退,因而保持稳定车速所需的制动压力也大大增加。而且由于盘式制动器每个单独车轮的制动差异很小,也使汽车的行驶与制动稳定性得到极大改善。因此气压盘式制动器在商用车上也得到日益广泛的应用。

第三节 人力驻车制动系统

人力制动系统的制动能源仅仅是驾驶人的肌体。按其传动装置的结构形式,人力制动系统有机械式和液压式两种。在汽车发展的早期,行车制动系统和驻车制动系统都是机械式的。20世纪初,行车制动系统开始采用液压传动装置,但多数还仅用于前轮制动。在20世纪30年代末,美国汽车的人力行车制动系统已全部改成液压式,但就世界范围而言,直到20世纪50年代初,全机械式行车制动系统才被淘汰。不过应当指出,在此以前,汽车的液压制动系统已并非全属于人力制动系统,而是早已有一部分属于伺服制动系统了。然而机械传动装置还是保留至今,主要用于驻车制动。

机械式驻车制动系统的控制装置和传动装置主要由杠杆、拉杆、轴、摇臂等机械零件组成。其制动器可以是与行车制动系统共用的车轮制动器,也可以是专设的中央制动器。但是采用中央制动器的驻车制动系统不宜用于应急制动,因为其制动力矩是作用在传动轴上的,在汽车行驶中紧急制动时,极易造成传动轴和驱动桥严重超载荷,还可能因差速器壳被抱死而发生左右两驱动轮的旋转方向相反,致使汽车制动时跑偏甚至掉头。

图24-30为某型轿车制动系统布置图,其中驻车制动系统是机械式的,并且与真空伺服式行车制动系统共用后轮制动器。施行驻车制动时,驾驶人将驻车制动操纵杆9向上扳起,便通过调整拉杆11、平衡杠杆21将驻车制动操纵缆绳拉紧,从而促动两后轮制动器,施行驻车制动。此时,由于棘爪的单向作用,棘爪6便与棘爪齿板啮合,操纵杆不能反转,故整个驻车机械制动杆系能可靠地被锁定在制动位置。欲解除制动,须先将操纵杆9扳起少许,再压下操纵杆端头的压杆按钮1,通过棘爪压杆4使棘爪6离开棘爪齿板8。然后将操纵杆9向下推到解除制动位置。此时缆绳17放松,驻车制动解除,随后应立即放松操纵杆端按钮1,使棘爪得以将整个驻车机械制动杆系锁止在解除制动位置。

驻车制动系统必须可靠地保证汽车在原地停驻并在任何情况下不致自动滑行。这一点只有用机械锁止方法才能实现,这便是驻车制动系统多用机械式传动装置的主要原因。

近年来,电子驻车制动(Electrical Parking Brake,简称EPB)系统开始在乘用车上大量应用,EPB系统通过在行车制动器上加装了一套电动机及传动机构组成的驻车制动执行机构,由机电控制方式来实现驻车制动功能。它取消了传统的驻车制动操纵杆,改为电控按钮操纵,通过电控装置实现驻车制动的控制。它不但可以实现传统的驻车制动功能,还可以实现坡道自动保持、辅助坡道起步等功能。

图24-31为芜湖伯特利公司生产的一种EPB系统,系统由钳体总成Ⅰ、执行机构Ⅱ和固定螺钉组成(图24-31a),执行机构Ⅱ由电动机和一套多级减速机构组成(图24-31b),电动机1产生的力矩经带传动2、3、4,一级行星轮系5、6和二级行星轮系7、8减速增矩后,由输出轴9输出,驱动卡钳中的驻车制动机构(例如图24-26中的BIR式驻车制动机构),实现驻车制动。

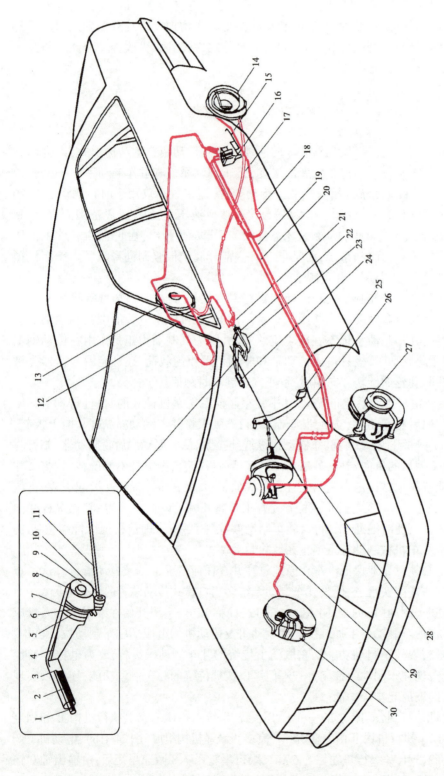

图 24-30 某型轿车制动系统布置图

1-驻车制动压杆按钮；2-弹簧；3-限位块；4-棘爪压杆；5-O形圈；6-棘爪；7-棘爪凸销；8-棘爪齿板；9-驻车制动操纵杆；10-滚轮；11-调整拉杆；12-调节阀接右后制动器油管；13-右后制动器；14-左后制动器；15-感载弹簧；16-制动压力调节阀；17-驻车制动操纵绳；18-调节阀接左后制动器油管；19-主缸主动腔经调节阀接右后制动器油管；20-主缸从动腔接右后制动器油管；21-后制动器油管；22-平衡杠杆；23-支架；24-驻车制动操纵杆手柄；25-制动踏板；26-真空助力器；27-左前盘式制动器；28-主缸从动腔接左前盘式制动器油管；29-主缸主动腔接右前盘式制动器油管；30-右前盘式制动器

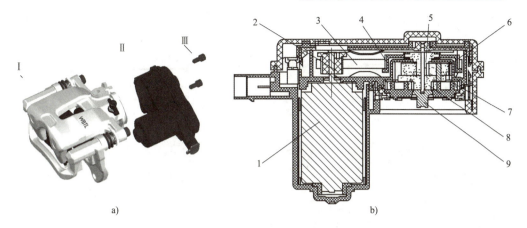

图 24-31 电子驻车制动执行机构

1-电动机;2-电动机带轮;3-同步带;4-大带轮;5-第一级太阳轮;6-第一级行星轮;7-第二级行星轮;8-第二级太阳轮;9-输出轴;Ⅰ-钳体总成;Ⅱ-EPB 执行机构;Ⅲ-固定螺钉

第四节 液压伺服制动系统

伺服制动系统是在人力液压制动系统的基础上加设一套动力伺服系统而形成的,即兼用人体和发动机作为制动能源的制动系统。在正常情况下,制动能量大部分由动力伺服系统供给,而在动力伺服系统失效时,还可全靠驾驶人供给(即由伺服制动转变成人力制动)。

按伺服系统的输出力作用部位和对其控制装置的操纵方式不同,伺服制动系统可分为助力式(直接操纵式)和增压式(间接操纵式)两类。前者中的伺服系统控制装置用制动踏板机构直接操纵,其输出力也作用于液压主缸,以弥补踏板力的不足;后者中的伺服系统控制装置用制动踏板机构通过主缸输出的液压操纵,且伺服系统的输出力与主缸液压共同作用于一个中间传动液缸(辅助缸),使该液缸输出到轮缸的液压远高于主缸液压。

伺服制动系统又可按伺服能量的形式分为真空伺服式、气压伺服式和液压伺服式三种,其伺服能量分别为真空能(负气压能)、气压能和液压能。其中,真空助力伺服制动系统是在当前轿车和其他采用液压制动的轻型汽车上应用最广泛的一种伺服助力系统。本节以真空助力伺服制动系统为例,说明液压伺服制动系统的组成与工作原理。

1. 管路布置形式

早期液压制动系统中只有一个回路,若油路发生泄漏或破裂将导致车辆完全丧失制动能力,直到 20 世纪 60 年代,独立双回路的制动系统的出现才解决了这一问题。为了提高汽车行驶的安全性,目前各国相关法规都已明确规定汽车的行车制动系统须采用双回路制动系统。

图 24-32 所示为目前最常见的几种双回路液压管路布置形式。

(1) H 形布置也称 Ⅱ 形布置,其前轴与后轴制动器各用一个回路,这种布置形式较简单,且当一个回路失效时,两侧车轮的制动力仍然相等;但当后轮失效时,前轮易抱死,导致车辆丧失转向能力,对于乘用车,前轮失效而只用后轮制动时,制动力可能严重不足。

(2) X 形布置形式也较简单,左前轮与右后轮共用一个回路,而右前轮与左后轮共用一个回路,这样,任一回路失效时剩余制动力均为正常情况下制动力的一半,但同时也可能会造成左右制动力的不对称,从而使车辆失稳。

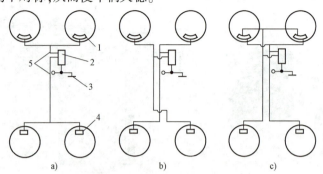

图 24-32 液压制动系统管路布置形式

a) H 形布置;b) X 形布置;c) 双 T 形布置

1-前制动器;2-制动主缸;3-制动踏板;4-后制动器;5-制动管路

(3) 双 T 形布置也称 LL 形布置,结构较复杂,这种布置形式的前轮适宜采用有两个以上的轮缸的制动器,每个回路分别连接两侧前轮制动器半数轮缸和单侧的后轮制动轮缸,当任一回路失效时,剩余制动力约为总制动力的一半,且左右制动力的不对称情况好于 X 形布置。

图 24-33 为真空助力伺服(直接操纵真空伺服)制动系统示意图,本例中采用的是 X 形布置(对角线布置)的双回路液压制动系统。串列双腔制动主缸 4 的前腔通往左前轮盘式制动器的轮缸 10,并经感载比例阀 9,通向右后轮鼓式制动器的右后轮缸 13。制动主缸 4 的后腔通往右前轮盘式制动器的右前轮缸 12,并经感载比例阀通向左后轮鼓式制动器的左后轮缸 11。真空伺服气室 3 和控制阀 2 组合成一个整体部件,称为真空助力器。制动主缸 4 即直接装在真空伺服的气室前端,真空止回阀 7 直接装在伺服气室上。真空伺服气室工作时产生的推力,也同踏板力一样直接作用在制动主缸 4 的活塞推杆上。感载比例阀 9 属于制动力调节装置,在本章第六节再展开介绍。

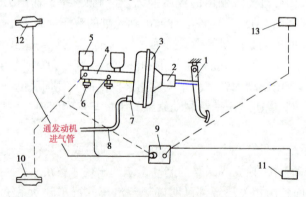

图 24-33 真空助力伺服制动系统示意图

1-制动踏板机构;2-控制阀;3-真空伺服气室;4-制动主缸;5-储液罐;6-制动信号灯液压开关;7-真空止回阀;8-真空供能管路;9-感载比例阀;10-左前轮缸;11-左后轮缸;12-右前轮缸;13-右后轮缸

2. 真空助力器

真空助力器结构如图 24-34a)所示,其中控制阀部分放大如图 24-34b)和图 24-34c)所示。真空伺服气室用螺栓 5 和 17 固定在车身前围板上,并借调整叉 13 与制动踏板机构连接。伺服气室前腔经真空止回阀通向发动机进气管。外界空气经过滤环 11 和毛毡过滤环 14 滤清后进入制动气室后腔。

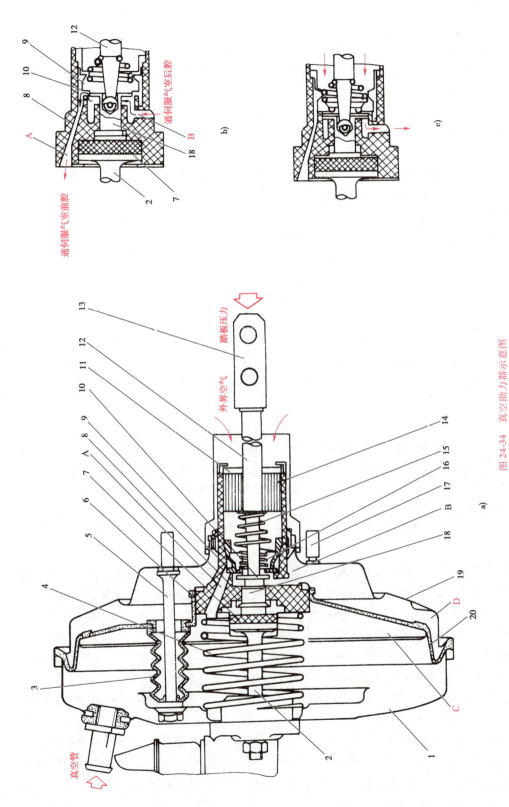

图 24-34 真空助力器示意图

1-伺服气室前壳体;2-制动主缸推杆;3-导向螺栓;4-膜片复位弹簧;5-导向螺栓密封套;6-控制阀;7-橡胶反作用盘;8-伺服气室膜片座;9-橡胶阀门;10-大气阀座;11-过滤环;12-控制阀推杆;13-调整叉;14-毛毡过滤环;15-控制阀柱塞;16-阀门弹簧;17-螺栓;18-螺栓;19-伺服气室后壳体;20-伺服气室膜片;A,B-通道;C,D-气室

伺服气室膜片座 8 内有用以连通伺服气室前腔和控制阀腔的通道 A，以及用以连通伺服气室后腔和控制阀的通道 B。带有密封套的橡胶阀门 9 与在膜片座 8 上加工出来的阀座组成真空阀，又与控制阀柱塞 18 的大气阀座 10 组成大气阀。控制阀柱塞同控制阀推杆 12 借后者的球头铰接。真空助力器不工作时（图 24-34b），弹簧 15 将推杆 12 连同柱塞 18 推到后极限位置（即真空阀开启），阀门 9 则被弹簧 16 压紧在大气阀座 10 上（即大气阀关闭位置）。伺服气室前、后两腔经通道 A、控制阀腔和通道 B 互相连通，并与大气隔绝。在发动机开始工作，且真空止回阀被吸开后，伺服气室左右两腔内都产生一定的真空度。

将制动踏板踩下时，起初伺服气室尚未起作用，膜片座 8 固定不动，故来自踏板机构的控制力可以推动控制阀推杆 12 和控制阀柱塞 18 相对于膜片座前移，当柱塞与橡胶反作用盘 7 之间的间隙消除后，控制力便经反作用盘传给制动主缸推杆 2（图 24-34c）。

橡胶反作用盘 7 装在由控制阀柱塞 18、膜片座 8 和制动主缸推杆 2 形成的密闭空间内。因为橡胶是体积不可压缩的柔性材料，具有同液体一样的传递压力的性质，故经橡胶反作用盘的传动后，推杆 2 从反作用盘得到的力大于柱塞 18 加于反作用盘上的力，但推杆 2 的位移则小于柱塞的位移。此时，主缸内的制动液以一定压力流入制动轮缸。与此同时，阀门 9 也在弹簧 16 作用下随同控制阀柱塞前移，直到与膜片座 8 上的真空阀座接触，从而使伺服气室后腔同前腔，也就是同真空源隔绝为止。然后，推杆 12 继续推动柱塞 18 前移到其后端的大气阀座 10 离开阀门 9 一定距离。于是外界空气即经过滤环 11、14、控制阀腔和通道 B 充入伺服气室后腔 D（图 24-34a），使其中真空度降低。在此过程中，膜片与阀座也不断前移，直到阀门重新与大气阀座接触而达到平衡状态为止。因此，在任何一个平衡状态下，伺服气室后腔中的稳定真空度均与踏板行程呈递增函数关系。这就体现了控制阀的随动作用。

伺服气室两腔真空度差值造成的作用力，除一部分来平衡复位弹簧 4 的力以外，其余部分都作用在反作用盘上。因此制动主缸推杆所受的力为膜片座 8 和柱塞 18 两者所施作用力之和。这意味着驾驶人所施加的踏板力不仅要足以促动控制阀，并使制动主缸产生一定液压，而且还要足以平衡与伺服气室作用力成正比的，经反作用盘反馈过来的力。这样，驾驶人便可以通过所加踏板力的大小来感知伺服气室的作用力大小，即驾驶人有一定的踏板感。

若想提高真空助力器的助力效果，可以通过增大助力器膜片面积来实现，但是这又受到助力器在车辆上实际安装空间的限制。可以采用双膜片式的真空助力器来解决这一问题，图 24-35 为双膜片式真空助力器示意图，这种助力器相当于两个真空助力器串联在一起，可以有效提高助力器的助力效果。

这种助力器工作原理与普通单膜片式真空助力器类似。图中，A 和 C 为常压腔，B 和 D 为变压腔。助力器不工作时，控制阀座密封组件中的大气阀关闭，真空阀开启，常压腔 A、C 与变压腔 B、D 之间连通，四个腔压力相等，助力器不起助力作用。当踩下制动踏板后，控阀座密封组件中的大气阀开启，真空阀关闭，空气进入变压腔 B、D，使腔内压力升高，压差分别作用在两个膜片盘 1 和 17 上，此压差所产生的推力与踏板推杆输入力一起作用在橡胶反作用盘上，进而实现助力作用，此时状态如图 24-35b）所示。在助力器工作过程中，伺服气室后腔中的稳定真空度与踏板行程呈递增函数关系，这也是靠控制阀的随动作用来实现的，"双阀关闭"的平衡状态如图 24-35c）所示。

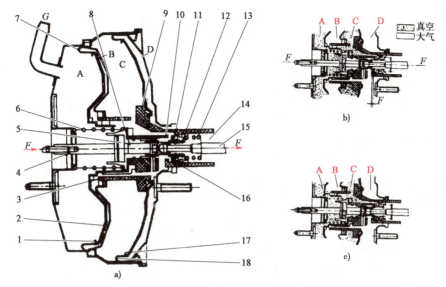

图 24-35 双膜片式真空助力器

1-第二膜片盘;2-中心盘;3-控制阀座密封组件;4-输出顶杆;5-反作用盘;6-复位弹簧;7-第二膜片;8-控制活塞;9-控制阀座;10-真空阀座;11-控制阀;12-控制阀内弹簧;13-控制阀外弹簧;14-空气入口;15-输入推杆;16-空气阀座;17-第一膜片盘;18-第一膜片

3. 制动主缸

为适应独立双回路液压制动系统的要求,汽车上所采用的都是串联双腔制动主缸。图 24-36 所示为一种串联双腔制动主缸。该主缸相当于两个单腔制动主缸串联在一起而构成。真空助力器的制动主缸推杆经助力作用后直接推动制动主缸第一活塞。储液罐(图中未示出)中的油液经每一腔的空心螺栓 5(其内腔形成储液室)和各自的旁通孔 10、补偿孔 11 流入主缸前、后腔。在主缸前、后工作腔内产生的液压分别经各自的出油阀 3 和各自的管路传到前、后轮制动器的轮缸。

制动主缸的结构

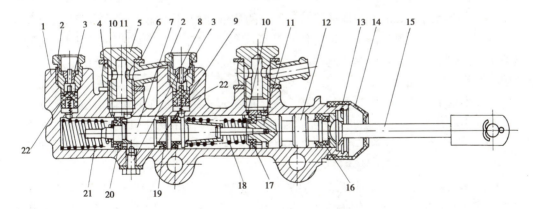

图 24-36 串联双腔制动主缸

1-主缸缸体;2-出油阀座;3-出油阀;4-进油管接头;5-空心螺栓;6-密封垫;7-前腔(第二)活塞;8-定位螺钉;9-密封垫;10-旁通孔;11-补偿孔;12-后腔(第一)活塞;13-挡圈;14-护罩;15-推杆;16-后缸密封圈;17-后活塞皮碗;18-后缸弹簧;19-前缸密封圈;20-前活塞皮碗;21-前缸弹簧;22-回油阀

主缸不工作时,前、后两工作腔内的活塞头部与皮碗正好位于前、后腔内各自的旁通孔 10 和补偿孔 11 之间。

当踩下制动踏板时，踏板传动机构通过推杆 15 推动后缸（第一）活塞前移，到皮碗掩盖住旁通孔后，此腔液压升高。在后腔液压和后缸弹簧力的作用下，推动前缸活塞 7 向前移动，前腔压力也随之升高。当继续下踩制动踏板时，前、后腔的液压继续升高，使前、后轮制动器制动。

制动主缸的工作原理

抬起制动踏板后，制动踏板机构、主缸前后腔活塞和轮缸活塞，在各自的复位弹簧作用下复位，管路中的制动液借其压力推开回油阀门 22 流回主缸，于是解除制动。

当迅速放开制动踏板时，由于油液的黏性和管路阻力的影响，油液不能及时流回主缸并填充因活塞右移而让出的空间，因而在旁通孔 10 开启之前，压油腔中产生一定的真空度。此时进油腔液压高于压油腔，因而进油腔的油液便从前、后缸活塞的前密封皮碗 17 和 20 的边缘与缸壁间的间隙流入各自的压油腔以填补真空。与此同时，储液室中的油液经补偿孔 11 流入各自的进油腔。活塞完全复位后，旁通孔 10 已开放，由制动管路继续流回主缸而显多余的油液便可经前、后缸的旁通孔流回储液室。液压系统中因密封不良而产生的制动液漏泄和因温度变化而引起的制动液膨胀或收缩，都可以通过补偿孔和旁通孔得到补偿。

若与前腔连接的制动管路损坏漏油时，则在踩下制动踏板时只后腔中能建立液压，前腔中无压力。此时在液压差作用下，前缸（第二）活塞 7 迅速前移到前缸活塞前端顶到主缸缸体上。此后，后缸工作腔中液压方能升高到制动所需的值。

若与后腔连接的制动管路损坏漏油时，则在踩下制动踏板时，起先只是后缸（第一）活塞 12 前移，而不能推动前缸（第二）活塞 7，因后缸工作腔中不能建立液压。但在后缸活塞直接顶触前缸活塞时，前缸活塞前移，使前缸工作腔建立必要的液压而制动。

由上述可见，双回路液压制动系统中任意回路失效时，主缸仍能工作，只是所需踏板行程加大，将导致汽车的制动距离增长，制动效能降低。

现代的双回路汽车制动系统中，均采用串列双腔制动主缸，有补偿孔式主缸、中心阀式主缸和柱塞式主缸三种。

图 24-36 所示的补偿式主缸是早期制动主缸的典型结构，其体积和轴向尺寸大，且每次增减压过程中皮碗都要经过缸壁上的补偿孔及旁通孔，容易出现过度磨损或切削现象，降低皮碗使用寿命，尤其在与 ABS 配合使用时这一问题更加严重，目前只有部分没有装备 ABS 系统的小型汽车还在使用。

后来又出现了中心阀式主缸和柱塞式主缸。中心阀式制动主缸将阀口由缸壁上的旁通孔改为活塞中心孔，流量比补偿孔式主缸大且减轻了皮碗所受的磨损和切削，提高皮碗的使用寿命，更适合与 ABS 系统相匹配。但中心阀式主缸结构复杂，加工难度大，且其轴向尺寸与补偿孔式主缸相比并没有明显缩短。

目前汽车上普遍使用的是柱塞式制动主缸，它流量大、行程短、轴向尺寸小，皮碗和主缸缸体之间基本没有相对运动，使皮碗的磨损和切削程度大大减小，大幅提高了皮碗的使用寿命，并且可以适应 ABS 和 ESP 系统对主缸的要求。

柱塞式制动主缸的典型结构如图 24-37 所示。两个活塞 2 和 5 将主缸分成两个独立的腔室，主缸不工作时，前、后两活塞上周布的柱塞孔 b 分别位于与两个腔室中缸体内壁上加工出的环槽 a 相通的位置，储液罐（图中未示出）中的油液可以经每一腔的连接套 4、缸壁上的环槽 a 和活塞上的柱塞孔 b 流入主缸前、后工作腔。

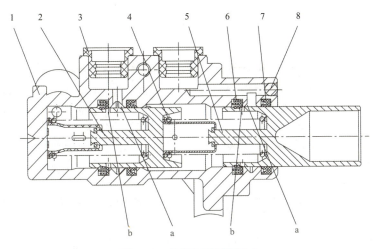

图 24-37 柱塞式双腔制动主缸

1-主缸体;2-第二活塞;3-主皮碗;4-连接套;5-活塞弹簧;6-第一活塞;7-副皮碗;8-工艺孔堵塞钢球;a-环槽;b-柱塞孔

当踩下制动踏板时,踏板传动机构通过推杆推动后缸(第一)活塞5前移,到主皮碗6掩盖住柱塞孔b后,此腔液压升高。与此同时,在后腔液压和活塞弹簧4的作用下,推动前缸活塞2向前移动,前腔压力也随之升高。当继续踩下制动踏板时,前、后腔的液压继续升高,在主缸前、后工作腔内产生的液压分别经各自的出油孔(位于缸体侧壁,图中未示出)和各自的管路传到前、后轮制动器的轮缸,使前、后轮制动器制动。

抬起制动踏板后,制动踏板机构、真空助力器、主缸前、后腔活塞和轮缸活塞在各自的复位弹簧作用下回位,管路中的制动液借其压力经柱塞孔流回主缸,于是解除制动。

4. 制动轮缸

制动轮缸有双活塞式和单活塞式两类。图 24-38 所示为双活塞式制动轮缸。缸体1用螺栓固定在制动底板上,缸内有两个活塞2,两者之间的间隙形成轮缸内腔。每个活塞上装有一个皮圈3,以使内腔密封。制动时,制动液自油管接头和进油孔10进入内腔,活塞在液压作用下外移,通过顶块5和支撑盖7推动制动蹄,使车轮制动。防护罩6除防尘外,还可防止水分进入,以免活塞和轮缸生锈而卡住。

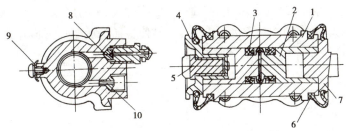

图 24-38 双活塞制动轮缸

1-缸体;2-活塞;3-皮圈;4-调整轮;5-调整螺钉(顶块);6-防护罩;7-支撑盖;8-放气螺钉;9-调整轮锁片;10-进油孔

图 24-39 所示为单活塞式制动轮缸,它是为双领蹄制动器配用的制动轮缸。借活塞端面凸台保持的进油间隙形成轮缸内腔。

放气阀1的中部有螺纹,尾部有密封锥面,平时应旋紧压靠在阀座上。与密封锥面相连的圆柱面两侧有径向孔,与阀中心的轴向孔道相通。需要放气时,先取下橡胶护罩2,再连踩几下制动踏板,对缸内空气加压,然后踩住踏板不放,将放气阀旋出少许,空气即行排出。空气排尽后再将放气阀旋闭。

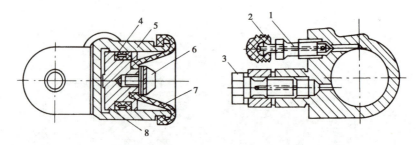

图24-39 单活塞制动轮缸

1-放气阀；2-橡胶护罩；3-进油管接头；4-皮圈；5-缸体；6-调整螺钉(顶块)；7-防护罩；8-活塞

5. 制动液

制动液也是液压制动系统的重要组成部分，其质量的好坏对制动系统的工作可靠性有很大影响。为此，汽车制动液需要满足如下要求：

(1) 高温下不易汽化，否则将在管路中产生气阻现象，使制动系统失效。

(2) 低温下有良好的流动性。

(3) 不会使与之经常接触的金属(铸铁、钢、铝或铜)件腐蚀，也不会使橡胶件发生膨胀、变硬和损坏。

(4) 能对液压系统的运动件起良好的润滑作用。

(5) 吸水性差而溶水性良好，即能使渗入其中的水汽形成微粒而与之均匀混合，否则将在制动液中形成水泡而大大降低汽化温度。

国内过去普遍使用的制动液是植物制动液，用50%左右的蓖麻油和50%左右的溶剂(丁醇、酒精或甘油等)配成。用酒精做溶剂的制动液黏度小，汽化温度只有70℃左右，用丁醇做溶剂时汽化温度可达100℃。但植物制动液的汽化温度都不高，且在70℃的低温下都易凝结，蓖麻油又是贵重的化工原料，因此，近年来国内外研制的合成制动液和矿物制动液取代了植物制动液。我国生产的合成制动液的汽化温度已超过190℃，在-35℃的低温下流动性良好，适用于高速汽车制动器，特别是盘式制动器。此外，合成制动液对金属件(铝件除外)和橡胶件都无害，溶水性也很好，但目前成本还较高。矿物制动液在高温和低温下性能都很好，对金属也无腐蚀作用，但溶水性较差，且易使普通橡胶膨胀。故用矿物制动液时，活塞皮碗及制动软管等都必须用耐油橡胶制成。

第五节 气压动力制动系统

动力制动系统中，用以进行制动的能源是由空气压缩机产生的气压能，或是由油泵产生的液压能，而空气压缩机或油泵则由汽车发动机驱动。所以，动力制动系统是以汽车发动机为唯一的制动初始能源的。但就制动系统范围而言，可认为制动能源是空气压缩机或油泵。在动力制动系统中，驾驶人的肌体仅作为控制能源，而不是制动能源。

动力制动系统有气压制动系统、气顶液制动系统和全液压动力制动系统三种。气压制动系统是发展最早的一种动力制动系统，其供能装置和传动装置全部是气压式的，控制装置大多数是由制动踏板机构和制动阀等气压控制元件组成，也有的在踏板机构和制动阀之间还串联有液压式操纵传动装置。气顶液制动系统的供能装置、控制装置与气压制动系统的相同,但其传动装置则包括气压式和液压式两部分。全液压动力制动系统中除制动踏板机构以外,其供能、控制和传动装置全是液压式。

中型以上货车或客车一般都采用气压制动系统。

一、气压制动回路

气压制动回路和液压制动系统一样采用双回路或多回路制动系统。

图 24-40 为某型汽车的双回路气压制动系统示意图。由发动机驱动的双缸活塞式空气压缩机(简称空压机)1 将压缩空气经止回阀 9 首先输入湿储气筒 4(湿储气筒上装有安全阀 5 和供外界使用压缩空气的放气阀 3)。压缩空气在湿储气筒内冷却并进行油水分离之后,再分别经两个止回阀 9 进入储气筒 8 的前、后腔。储气筒前腔与串列双腔活塞式的制动阀 14 上腔相连,可以向后制动气室充气。储气筒后腔与制动阀 14 下腔相连,可以向前制动气室充气。此外,储气筒两腔的气压都经三通管分别通向双指针空气压力表中的两个传感器腔,使两个指针分别指示储气筒两腔的气压。而且储气筒后腔还通过气管与气压调节器 16 相连,当该腔气压增大到规定值时,调压阀便使空压机空转而停止向储气筒供气。储气筒最高气压为 0.8MPa。

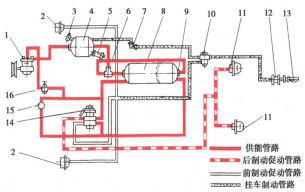

图 24-40 汽车双回路气压制动系统示意图(一)

1-空气压缩机;2-前制动气室;3-放气阀;4-湿储气筒;5-安全阀;6-三通管;7-管接头;8-储气筒;9-止回阀;10-挂车制动阀;11-后制动气室;12-分离开关;13-连接头;14-串列双腔活塞式制动阀;15-气压表;16-气压调节器

当踩下制动踏板时,通过拉杆机构操纵制动阀,使制动阀上、下两腔的进气口分别与本腔的出气口相通,使储气筒 8 前、后腔的压缩空气得以分别通过制动阀的上、下腔进入后制动气室和前制动气室,从而促动制动器进入工作。当放松制动踏板时,制动阀使制动气室通大气以解除制动。制动气室内建立的气压越高,则制动器所产生的制动力矩越大。故为了保证行车制动的渐进性,制动阀应具有随动作用,即保证制动气室压力与踏板行程呈一定的递增函数关系。

在采用动力制动系统的情况下,驾驶人所施加的踏板力只用来操纵控制装置,而不能像采用人力制动系统时那样直接产生制动器促动装置的工作压力。故制动阀还应当能使制动气室压力与踏板力也呈一定的递增函数关系,以保证驾驶人有足够强的踏板感。

气压系统各元件之间的连接管路(由钢管、橡胶软管和各种管接头组成)有三种。

(1)供能装置各组合件(空压机、储气筒)之间和供能装置与控制装置(如制动阀)之间的连接管路,即供能管路 A。

(2)控制装置与制动器促动装置(如制动气室)之间的连接管路,即促动管路 B。

(3) 一个控制装置与另一个控制装置之间的连接管路,称为操纵管路C。图24-40所示的汽车制动系统中只有一个气压控制装置——制动阀,故无操纵管路。

图24-41为另外某型汽车气压双回路制动系统示意图。其中备有两个主储气筒14和17。单缸空气压缩机1产生的压缩空气首先通过储气筒止回阀4输入湿储气筒6进行油水分离,之后分成两个回路:一个回路经过储气筒14、并列双腔制动阀3的后腔而通向前制动气室2;另一个回路是经过储气筒17、双腔制动阀3的前腔和快放阀13而通向后制动气室10。

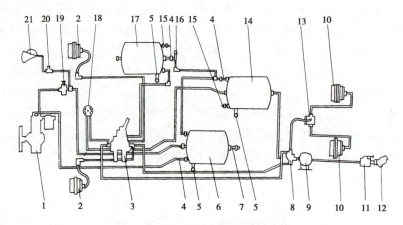

图24-41　汽车双回路气压制动系统示意图(二)

1-空气压缩机;2-前制动气室;3-并列双腔式制动阀;4-储气筒单向阀;5-放水阀;6-湿储气筒;7-安全阀;8-梭阀;9-挂车制动阀;10-后制动气室;11-挂车分离开关;12-连接头;13-快放阀;14-主储气筒(供前制动器);15-低压报警器;16-取气阀;17-主储气筒(供后制动器);18-双针气压表;19-气压调节阀;20-气喇叭开关;21-气喇叭

当其中一个回路发生故障失效时,另一回路仍能继续工作,以维持汽车具有一定的制动能力,从而提高了汽车行驶的安全性。但是,切不可这样仅利用一个制动回路长时间行车,以防止发生意外。

装在制动阀3至后制动气室10之间的快放阀13的作用是:当松开制动踏板时,使后轮制动气室放气路线和时间缩短,保证后轮制动器迅速解除制动。

前、后制动回路的储气筒上都装有低压报警器15。当储气筒中的气压低于0.35MPa时,便接通装在驾驶室内转向柱支架内侧的蜂鸣器的电路,使之发出断续鸣叫声,以警告驾驶人,注意储气筒内气压过低。

在不制动情况下,前制动储气筒14还通过挂车制动阀9、挂车分离开关11、连接头12向挂车储气筒充气。制动时,双腔制动阀的前、后腔输出气压可能不一致,但都通入梭阀8。梭阀则只让压力较高一腔的压缩空气输入挂车制动阀9,后者输出的气压又控制装在挂车上的继动阀,使挂车产生制动。

二、供能装置

气压制动系统的供能装置包括:
(1)产生气压能的空压机和积储气压能的储气筒。
(2)将气压限制在安全范围内的调压阀及安全阀。
(3)改善传能介质(空气)状态的进气滤清器、排气滤清器、管道滤清器、油水分离器、空气干燥器、防冻器等。

（4）在一个回路失效时用以保护其余回路,使其中气压能不受损失的多回路压力保护阀等部件。

风冷双缸空压机的构造如图24-42所示。它固定在发动机汽缸盖的一侧,由发动机通过风扇带轮和三角带驱动。

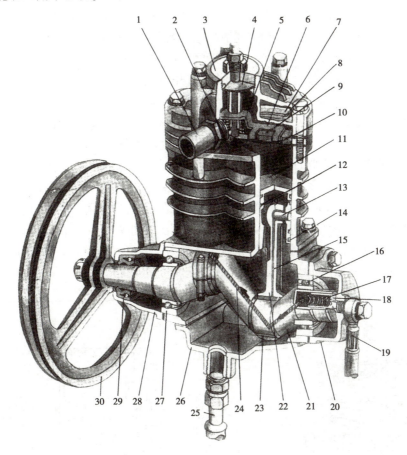

图24-42　气压制动系统风冷双缸空压机

1-进气管接头;2-汽缸体;3-卸荷杆;4-卸荷膜片;5-复位弹簧;6-卸荷压板;7-排气阀门导向座;8-排气阀门;9-汽缸垫板;10-进气阀门;11-活塞;12-活塞环;13-活塞销;14-油环;15-活塞销润滑油道;16-曲轴后轴承;17-油堵弹簧;18-油堵;19-进油管;20-曲轴箱后盖;21-曲轴;22-连杆;23-连杆衬套;24-曲轴油道;25-回油管;26-底盖;27-曲轴前轴承;28-曲轴箱前盖;29-油封;30-带轮

空压机具有与发动机类似的曲柄连杆机构。汽缸体2是铸铁材料的,带有散热肋片。每个汽缸都有由弹簧压闭的进气阀片10和排气阀片8。进气室经进气管接头1由钢质气管通向进气滤清器;出气室经气管通向湿储气筒。

发动机运转时,空压机即随之运转。当活塞下行时,外界空气经空气滤清器自进气管接头1和进气阀门10被吸入汽缸。活塞上行时,缸内空气即被压缩,压力升高,克服排气阀门8弹簧的预紧力而使排气阀门开启。压缩空气便经出气室、气管充入湿储气筒。

当储气筒中的气压升高到0.78～0.81MPa时,来自储气筒的压缩空气便能经调压阀而进入空压机的卸荷装置的卸荷气室中,使卸荷膜片4与卸荷杆3下移而顶开进气阀门,使两个汽缸均与大气相通。此时,空压机的活塞虽然还在上下运动,但不产生压缩空气,只是通过进气门将空气吸入而后又排出,故空压机停止向储气筒供气;当储气筒内气压下降到0.64~0.67MPa时,调压阀便使卸荷气室通大气卸荷膜片4和杆3在弹簧力作用下升起,进气门复位,空压机继续产生压缩空气。

某型汽车的调压阀如图24-43所示。管接头10接空压机卸荷装置,管接头1接储气罐。阀体3与阀盖4之间夹装有膜片组件9。膜片组件中心借螺纹连接着与阀体中央孔作动配合的芯管8,其上部有径向孔,与其轴向孔道相通。其预紧力由调整螺钉5调定的调压弹簧7将膜片连同芯管压推到下极限位置。芯管下端面(出气阀座)紧密压住阀门12,并使之离开阀体上的排气阀座,也就是说,调压阀的排气阀开启,出气阀关闭。此时空压机卸荷气室与储气筒隔绝,而经调压阀的排气口A与大气相通。

在空压机向储气筒充气的过程中,若储气筒气压尚低,则调压阀不起作用。当储气筒气压升高到0.7~0.74MPa时,膜片下方气压作用力即足以克服调压弹簧预紧力而推动膜片向上拱曲,使芯管和阀随之上移到排气阀关闭而出气阀开启的位置(图24-44)。于是储气筒中的压缩空气便沿图中箭头所标明的路线充入空压机的卸荷气室,迫使卸荷柱塞下移,将空压机进气阀门压下,使之保持在开启位置不动。这样,空压机虽然在运转,但并不产生压缩空气,即空压机卸荷空转。当储气罐气压下降到0.56~0.6MPa时,调压阀的膜片、芯管、阀门重又上移到的出气阀关闭而排气阀开启的位置。空压机卸荷气室中的压缩空气乃经调压阀排气口A排入大气,卸荷柱塞在弹簧作用下向上复位,于是空压机恢复向储气筒充气。

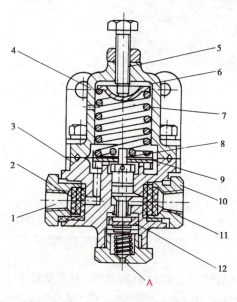

图24-43 气压制动系统调压阀

1-通储气罐管接头;2-滤芯;3-阀体;4-阀盖;5-调整螺钉;6-弹簧座;7-调压弹簧;8-芯管;9-膜片组件;10-接空压机卸荷装置管接头;11-密封圈;12-阀门;A-排气口

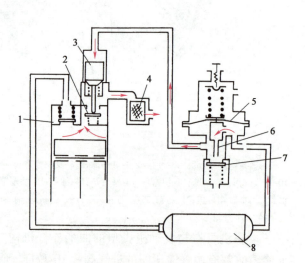

图24-44 空压机卸荷装置与调压阀工作原理示意图

1-空气压缩机;2-进气阀;3-卸荷柱塞;4-进气滤清器;5-膜片组件;6-芯管;7-阀门;8-储气筒

由上述可见,调压阀和空压机的卸荷装置都是供能装置内的控制装置。因此,两者之间的连接管路是供能装置回路内的操纵管路。

三、控制装置

1. 制动阀

制动阀是气压行车制动系统中的主要控制装置,用以起随动作用并保证有足够强的踏板感,即在输入压力一定的情况下,使其输出压力与输入的控制信号(踏板行程和踏板力)呈一定的递增函数关系。其输出压力的变化在一定范围内应该是渐进的。制动阀输出压力可以作为促动管路压力直接输入到作为传动装置的制动气室,但必要时也可作为控制信号输入另一控制装置(如继动阀)。

某型汽车的气压制动系统所用的串列双腔活塞式制动阀的构造如图 24-45 所示。整个制动阀以其上盖借螺栓固定于车架上。操纵摇臂 17 的中部借销轴支于上盖的两片肋板上,其下端通过拉杆等与制动踏板机构相连。下阀体 13 上有通储气筒的进气口 A_1、A_2 和分别通向前、后轮制动气室的出气口 B_1、B_2。

驾驶人将制动踏板踩下一定距离,使摇臂 17 绕销轴转动,其上端通过滚轮 3、推杆 4 使平衡弹簧 5 及上腔活塞 8 向下移动,消除排气间隙而推开上腔阀门 11,此时来自储气筒前腔的压缩空气经阀门 11 与中阀体 10 上的进气阀座间的进气间隙进入 G 腔,并经出气口 B_1 进入后制动气室,使后轮制动。与此同时,进入 G 腔的压缩空气通过通气孔 F 进入大活塞 2 及下腔小活塞 12 的上方,使其下移推开下腔阀门 14,此时从储气筒后腔来的压缩空气经下腔阀门 14 与下阀体 13 的阀座之间形成的进气间隙进入 H 腔,并经出气口 B_2 充入前制动气室,使前轮制动(图 24-45c)。

当驾驶人踩下制动踏板保持在某一位置时,压缩空气在进入 G 腔的同时由通气孔 E 进入上腔活塞 8 的下方,并推动上腔活塞上移,使 G 腔中的气压作用力与复位弹簧 9 的力之和与平衡弹簧 5 的压紧力相平衡。与此同时,H 腔中的气压作用力与复位弹簧 1 的力之和与大活塞上方的气压作用力相平衡,此时上腔阀门 11 和下腔阀门 14 均关闭,G、H 腔中的气压保持稳定状态,即为制动阀的平衡位置(图 24-45d)。

若驾驶人感到制动强度不足,可以将制动踏板再踩下一些,上述的上腔阀门 11 和下腔阀门 14 又重新开启,使中阀体 10 的 G 腔和下阀体 13 的 H 腔以及制动气室进一步充气,直到 G 腔中气压又一次达到与平衡弹簧的压力平衡,而 H 腔中的压缩空气对大活塞向上的压力又重新与大活塞上方的压缩空气对大活塞向下作用的压力相平衡时为止。在此新的平衡状态下,制动气室所保持的稳定压力比以前更高,同时,平衡弹簧的压缩量和踏板力也比以前更大。

当放开制动踏板时,操纵摇臂 17 复位,平衡弹簧恢复到原来装配长度,上腔活塞 8 上移到使下端与上腔阀门 11 之间形成排气间隙。后制动气室的压缩空气经 G 腔和所形成的排气间隙以及通过下腔小活塞 12 上的排气孔 D 和下面的排气口 C 排入大气;与此同时,下腔大活塞 2 及下腔小活塞 12 受复位弹簧 1 伸张力的作用而上升,使下腔阀门 14 与下阀体 13 的阀座接触,从而关闭储气筒与前制动气室的通路;另一方面,由于下腔大活塞 2 及下腔小活塞 12 的上移,使小活塞的下端与下腔阀门 14 之间也形成排气间隙,前制动气室的压缩空气经 H 腔及所形成的排气间隙以及下腔阀门 14 和排气口 C 排入大气中(图 24-45e)。

当前制动管路断裂时,制动阀上腔仍能按上述方式工作,因此后制动器仍能起作用。当后制动管路断裂时,上腔平衡弹簧及上腔活塞 8 将直接推动下腔小活塞 12,使前制动器起作用。

调整螺钉 16 是用来调整排气间隙的,出厂时已调整好,使用中不能任意拧动。

综上所述,制动阀之所以能起到随动作用,保证制动的渐进性,主要是因为推杆与活塞之间是依靠平衡弹簧来传力的,而平衡弹簧的工作长度和作用力则随自制动阀到制动气室的促动管路压力而变化。故只要自踏板传到推杆的力大于平衡弹簧预紧力,不论踏板停留在哪一个工作位置,制动阀都能自动达到并保持以进气阀和排气阀二者都关闭为特征的平衡状态。这也是现有的各种动力制动系统和伺服制动系统中的控制阀等随动装置的基本工作原理。

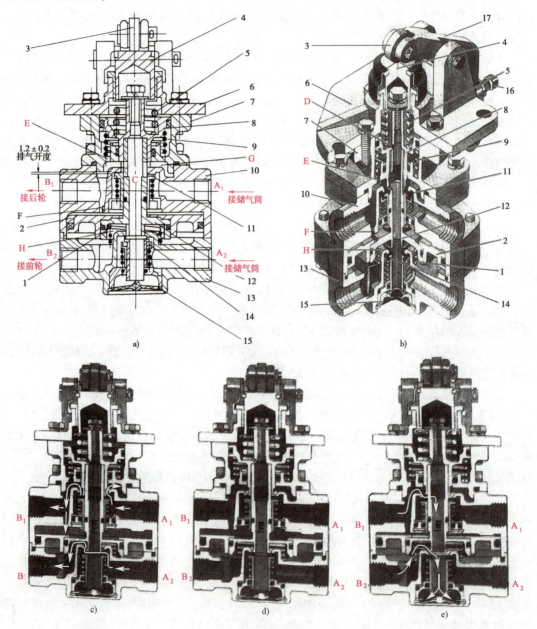

图 24-45 串联双腔活塞式制动阀

1-下腔小活塞复位弹簧;2-下腔大活塞;3-滚轮;4-推杆;5-平衡弹簧;6-上盖;7-上阀体;8-上腔活塞;9-上腔活塞复位弹簧;10-中阀体;11-上腔阀门;12-下腔小活塞;13-下阀体;14-下腔阀门;15-防尘片;16-调整螺钉;17-操纵摇臂;A_1、A_2-进气口;B_1、B_2-出气口;C-排气口;D-上腔排气孔;E、F-通气孔;G、H-工作腔

2. 手控制动阀

手控制动阀可用以控制汽车的驻车制动和第二制动（或应急制动），以及挂车的驻车制动。因为对驻车制动没有渐进控制的要求（过去对应急制动也没有这个要求），所以对于仅仅用以控制驻车制动的手控制动阀来说，其实际上只是一个空气开关。

在图24-46中，进气口A通驻车制动储气筒，两出气口B之一通向继动阀，另一个出气口不用，可以封堵。芯管5的位置由操纵杆4下端的凸轮控制。当操纵杆处于图中实线所示位置Ⅰ时，芯管在弹簧7作用下紧靠操纵杆凸轮。此时进气阀关闭，排气阀开启。出气口经芯管和排气口C通大气，同时复合制动气室中的储能弹簧制动气室也经继动阀通大气，于是汽车处于驻车制动状态。

欲解除驻车制动，必须将操纵杆扳至假想线（虚线）所示的位置Ⅱ，使排气阀关闭，进气阀开启。由出口B输出的气压（总是等于进气口A的输入气压）便作为控制压力信号输入继动阀。后者便开放一条由驻车制动储气筒不经手控制动阀直接向储能弹簧制动气室充气的捷径。

这种开关式手控制动阀没有平衡弹簧和由膜片或活塞所形成的平衡气室，因而不可能保持一个进、排气阀都关闭的平衡状态，即不可能实现渐进制动。在采用这种手控制动阀的情况下，储能弹簧制动气室也能用于临时的应急制动，但不能用于第二制动系统，因为第二制动系统同行车制动系统一样，必须具有渐进制动的特点。

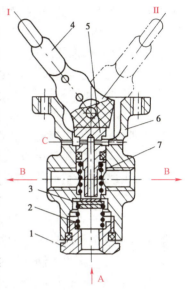

图 24-46 手控制动阀

1-螺塞；2-阀门弹簧；3-阀门；4-操纵杆；5-芯管；6-阀体；7-芯管弹簧；A-进气口；B-出气口；C-排气口

3. 快放阀与继动阀（加速阀）

储气筒和制动气室一般是只通过制动阀（含手控制动阀，下同）用管路连接的。这样，储气筒向制动气室充气以及制动气室内压缩空气排入大气，都必须迂回流经制动阀。在储气筒、制动气室都与制动阀相距较远的情况下，这种迂回充气和排气将导致制动和解除制动的滞后时间过长，不利于汽车的及时制动和制动过后的及时加速。

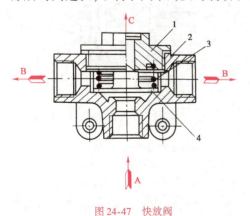

图 24-47 快放阀

1-阀盖；2-阀体；3-弹簧；4-阀门
A-进气口；B-出气口；C-排气口

在制动阀到制动气室的管路上靠近制动气室处，设置如图24-47所示的快放阀，可以保证解除制动时制动气室迅速排气。快放阀的进口A通制动阀，两出气口B可分别通向左右两侧制动气室。制动时，由制动阀输送过来的压缩空气自进气口A流入，将阀门4推离进气阀座，进而使之压靠阀盖内端的排气阀座，然后自出气口B流向制动气室。此时，快放阀如同一个三通管接头。解除制动时，进气口A经制动阀通大气，阀门在弹簧3作用下复位（即关闭进气阀），制动气室内的压缩空气即就近经孔口C排入大气，而无须迂回流经制动阀。

继动阀的作用也是使压缩空气不流经制动阀而直接充入制动气室,以缩短供气路线,减少制动滞后时间。如图24-48所示为一般形式的膜片式继动阀。在一般情况下,进气口A直接通储气筒,出气口B通向制动气室,输入口C则与制动阀的出气口相通。当输入口C处于大气压力下时,芯管5在自身重力作用下压靠阀门3,同时阀门也在弹簧4作用下压靠阀体1上的阀座。这意味着继动阀的进气阀和排气阀都关闭。踩下制动踏板时,制动阀的输出气压作为继动阀的控制压力自输入口C输入。膜片2在此控制压力作用下连同芯管向下移动,将进气阀推开。于是压缩空气便由储气筒直接通过进气口A和出气口B充入制动气室,而无须流经制动阀。这就大大缩短了制动气室的充气管路,加速了气室充气过程。因此,过去多将用在这种场合的继动阀称为加速阀。

输入口C处的控制压力撤除后,膜片在下方气压作用下向上拱曲,使排气阀开启。于是制动气室中的压缩空气便经芯管5和输入口C流向制动阀,并经制动阀排气口排入大气。

继动阀具有平衡膜片和平衡气室,所以只要输入的控制压力是渐进变化的,则继动阀对本身输出压力的控制也是渐进的。

4.梭阀

一些汽车的双回路气压制动系统中设置了梭阀(也称为双向阀),双腔制动阀3的两腔都有可能通过梭阀向挂车制动阀9输入控制气压,保证在汽车两制动回路之一损坏时,挂车制动阀仍然可以接收到制动控制信号。

如图24-49所示为某型汽车的梭阀。它有分别通向两个气源的两个进气口A_1、A_2和一个出气口B。片式阀门3可在阀腔内自由轴向移动。当进气口A_1处气压高于进气口A_2处气压时,片式阀门3在气压差作用下处于图示的下方位置,将低压进气口A_2封闭。此时仅由进气口A_1所接气源单独经出气口B向用气管路供气。封闭进气口A_2是为了防止高压气源向低压气源充气。

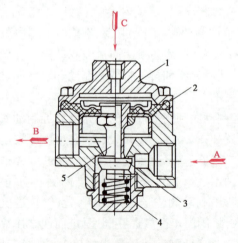

图24-48 继动阀(加速阀)

1-阀体;2-膜片;3-阀门;4-弹簧;5-芯管;
A-进气口;B-出气口;C-控制气压输入口

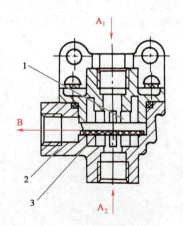

图24-49 某型汽车的梭阀

1-上体;2-下体;3-片式阀门;A_1、A_2-制动气源进气口;B-出气口(至挂车制动阀)

一旦进气口A_2气压变得高于进气口A_1气压时,则片式阀门将上移而封堵进气口A_1,改由进气口A_2所接气源单独供气。若两进气口压力相等,则由两气源共同供气,不过这种现象很少出现。

四、制动气室

单就气压系统而言,制动气室是执行装置,其作用是将输入的气压能转换成机械能而输出。但从整个制动系统来看,制动气室还是属于传动装置,其输出的机械能还要传到制动凸轮之类的促动装置,使制动器产生制动力矩。

制动气室按结构可分为膜片式、活塞式与复合式。膜片式制动气室如图 24-50 所示。夹布层橡胶膜片 1 的周缘用卡箍 7 夹紧在壳体 3 和盖 2 的凸缘之间。盖与膜片之间为工作腔,借橡胶软管与由制动阀接出的钢管连通,膜片右方则通大气。弹簧 4 通过焊接在推杆 5 上的支撑盘 10 将膜片推到图示的左极限位置。推杆的外端借连接叉 6 与制动器的制动调整臂相连。

制动气室的结构

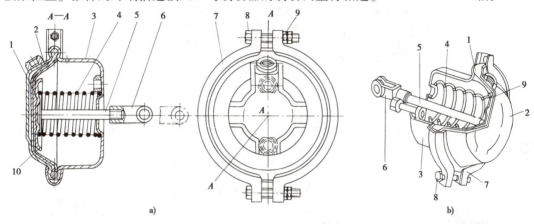

图 24-50 膜片式制动气室

a)结构图;b)轴侧图

1-橡胶膜片;2-盖;3-壳体;4-弹簧;5-推杆;6-连接叉;7-卡箍;8-螺栓;9-螺母;10-支撑盘

踩下制动踏板时,压缩空气自制动阀充入制动气室工作腔,使膜片向右拱,将推杆推出,使制动调整臂和制动凸轮转动而实现制动。放开制动踏板,工作腔则经由制动阀的排气口通大气。膜片与推杆都在弹簧 4 作用下复位而解除制动。

如图 24-51 所示为活塞式制动气室。活塞组件由活塞体 3、密封皮碗 2、密封圈 4、弹簧座 5 和导向套筒 13 等组成。推杆 11 在轴向移动的同时还有摆动,因此其接触活塞体的一端做成球头。

活塞式制动气室的推杆行程可以取得较膜片式的大,其活塞工作寿命也比膜片长,但整个气室结构较复杂,成本较高。

图 24-52 所示为国产某重型汽车后轮所用复合制动气室。行车制动气室 I 的通气口 A 接头焊接在驻车制动气室壳体 14 上,其孔道与驻车制动气室 II 的通气口 B 接头的孔道平行,即垂直于图面(为解释方便,图中已将此进气接头旋转 90°,以假想线画在图平面内),并以平行于气室轴线的孔道与行车制动气室相通。行车制动气室活塞组件包括活塞体 4、密封皮圈 3 和导向套筒 1。承推活塞 17 与导向套筒内圆面动配合。驻车制动气室推杆 5 一端与衬套 16 和密封圈座 15 动配合,另一端切有螺纹,并装有螺母 11。单施行驻车制动时,推杆 5 只推动承推活塞 17 和推杆 20,而行车制动活塞可以保持不动。

在汽车起步之前,应将手控制动阀的操纵杆扳回解除制动位置,使压缩空气自驻车制动储气罐充入驻车制动气室Ⅱ,压缩储能弹簧9,使驻车制动活塞回到不制动位置,同时行车制动活塞也在复位弹簧作用下复位。此时驻车制动解除,汽车方能起步。但如果储气罐气压未达到最小安全值,则不可能压缩储能弹簧,因而汽车也不可能起步,这是利用储能弹簧施行驻车制动的主要优点。

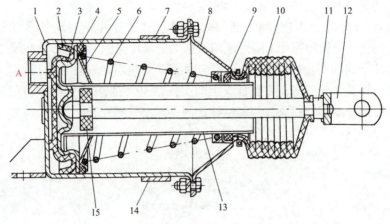

图 24-51　活塞式制动气室

1-壳体;2-橡胶皮碗;3-活塞体;4-密封圈;5-弹簧座;6-弹簧;7-气室固定卡箍;8-盖;9-毡垫;10-防护套;11-推杆;12-连接叉;13-导向套筒;14-气室固定板;15-密封垫;A-通气口

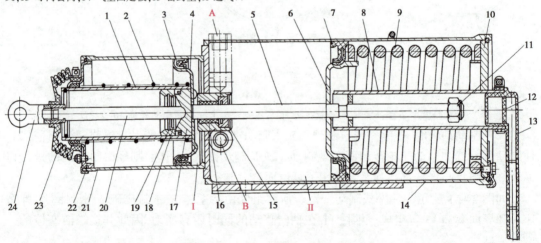

图 24-52　复合制动气室

1-导向套筒;2-行车制动活塞复位弹簧;3-行车制动活塞皮圈;4-行车制动活塞体;5-驻车制动气室推杆;6-驻车制动活塞体;7-驻车制动活塞皮圈;8-套筒;9-储能弹簧;10-驻车制动气室盖板;11-螺母;12-毛毡滤气片;13-防尘管;14-驻车制动气室壳体;15-密封圈座;16-尼龙活塞皮圈;17-承推活塞;18-尼龙导向环;19-尼龙挡圈;20-行车制动气室推杆;21-行车制动气室壳体;22-行车制动气室盖;23-防护套;24-连接叉;A-行车制动气室通气口;B-驻车制动气室通气口;Ⅰ-行车制动气室;Ⅱ-驻车制动气室

单施行行车制动时,踩下制动踏板,即有压缩空气自制动阀经通气口 A 充入行车制动气室Ⅰ,将行车制动活塞推到制动位置,而驻车制动活塞仍保持在不制动位置。

在行车制动系统失效情况下,如果行车遇险需要紧急制动,可紧急扳动手控制动阀操纵杆,使驻车制动气室放气,储能弹簧便立即伸张而将两个活塞都推到制动位置,可见储能弹簧制动气室也可用于应急制动。

若气压制动系统的供能装置失效而又无车外气源可以借用，因而不能对驻车制动气室充气以解除驻车制动，但又需开动或拉动汽车的情况下，可拆下防尘管，旋动在储能弹簧作用下紧靠在套筒 8 内挡环上的螺母 11，使推杆 5 连同活塞 6 压缩储能弹簧而退回不制动位置。于是承推活塞 17 和推杆 20 便得以在制动器调整臂复位弹簧作用下复位。但是，一旦供能装置恢复供气后，应立即将螺母 11 旋回到使推杆 5 连同活塞 6 处于工作位置，否则驻车制动气室将不起作用。在压缩状态下的储能弹簧作用力很大，故拆卸时应特别注意安全。

驻车制动气室推杆最大行程比行车制动气室推杆最大行程一般要大 10% 左右。因此，当行车制动气室推杆已移动最大行程，但却由于制动器间隙过大而未能实现完全制动时，可以使驻车制动气室放气，利用储能弹簧助力，进一步推出行车制动气室推杆，以实现完全制动。

第六节　制动力调节装置

一、概述

1. 前后轮同步滑移的条件

制动器对车轮施加制动力矩 M_μ（图 24-1）时，通过车轮与路面间的附着作用，车轮即对路面施加一个向前的周缘力 F_μ，同时路面也对车轮作用一个向后的切向反力，即制动力 F_B。同汽车在正常行驶中路面作用于车轮的驱动力一样，制动力 F_B 也不可能超过车轮与路面间的附着力 F_φ，即：

$$F_B \leqslant F_\varphi = G \cdot \varphi$$

式中：G——车轮对路面的垂直载荷；

φ——轮胎与路面间的附着系数。

车轮上的制动力 F_B 一旦达到了附着力 F_φ 的数值，车轮即完全停止旋转（车轮"抱死"），只是沿路面作纯滑移。这时即使进一步加大制动系统促动管路压力，以进一步加大制动器的制动力矩（此时表现为静摩擦力矩），地面制动力 F_B 也不会再随之增大。

在附着条件许可的情况下，希望地面制动力尽可能大，以期获得尽可能大的汽车减速度。但当地面制动力大到等于附着力，车轮抱死滑移，也不一定能得到预期的最佳效果。

试验证明，当车轮抱死滑移时，车轮与路面间的侧向（垂直于车轮平面方向上的）附着几乎完全消失，这意味着路面对车轮的侧向反力接近于零。这样，如果制动时只是前轮（轮向轮）抱死滑移而后轮（制动时为从动轮）还在滚动，由于汽车是靠路面对偏转了一定角度的转向轮的侧向反力来实现转向的，而此时转向轮因抱死滑移而丧失了侧向附着，所以汽车无法转向。如果制动时只是后轮抱死滑移，而前轮还在滚动，则汽车在制动过程中，即使受到不大的侧向干扰（例如侧向风力、路面凸起对车轮侧面的冲击力等），也会绕其垂直轴线旋转（甩尾），严重时甚至会转过 180° 左右（掉头）。无论是前轮还是后轮单独滑移，都极易造成车祸，尤其是因后轮单独滑移而发生甩尾现象所造成的交通安全事故更多，其后果也更为严重。所以应当尽量避免制动时后轮先抱死滑移。

要使汽车能得到尽可能大的总制动力，又能保持制动时的行驶方向稳定性（既不丧失转向操纵性，又不甩尾），就必须将制动系统设计得能够将前、后车轮制动到同步抱死滑移。前后轮同步抱死滑移的条件是，前后轮制动力之比等于前后轮对路面的垂直载荷之

比,如图 24-53 所示,即:

$$\frac{F_{B1}}{F_{B2}} = \frac{G_1\varphi}{G_2\varphi} = \frac{G_1}{G_2}$$

式中:F_{B1}——前轮制动力;
F_{B2}——后轮制动力;
G_1——前轮对路面的垂直载荷;
G_2——后轮对路面的垂直载荷。

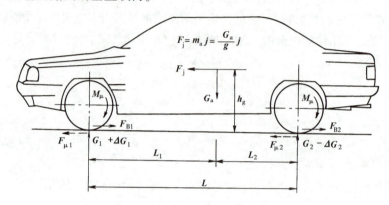

图 24-53 制动时作用在汽车上的力

G_a-汽车总重力;F_{B1}-前轮制动力;F_{B2}-后轮制动力;m_a-汽车总质量;F_j-作用在汽车质心上的惯性力($F_j = m_a j$);j-制动减速度;g-重力加速度;L_1-质心至前轮中心线距离;L_2-质心至后轮中心线距离;h_g-汽车质心高度

汽车静止时,前后轮垂直载荷之比仅仅取决于汽车质心的纵向位置(L_1 和 L_2)。但在制动过程中,作用于汽车质心上的向前的惯性力 F_j 对车轮与路面接触点的力矩力图使汽车俯倾,因而使前轮垂直载荷增大 ΔG_1 而后轮垂直载荷减小 ΔG_2,即前后轮垂直载荷之比变大。制动力越大,则汽车的减速度和惯性力越大,从而前后轮垂直载荷之比(也即前后轮附着力之比)也越大。如果前后轮制动力矩(或制动力)的比值可以随时调节到等于变化着的前后轮附着力之比,则在任何附着条件下,汽车都可能制动到前后轮同步濒临滑移。

2. 理想的前后轮促动管路压力分配特性

在结构形式、几何尺寸和摩擦副的摩擦因数确定的情况下,制动器的制动力矩取决于促动管路压力(制动轮缸液压或制动气室气压)。任何一种车型都各有其理想的前后轮制动力(制动力矩)分配特性曲线,并可以换算成理想的前后轮促动管路压力分配特性曲线。理想的前后轮促动管路压力分配特性曲线的一般形状如图 24-54 中的实线所示。由于汽车在满载与空载时的总质量及载荷分配不同,质心位置也不同,故相应的理想前后促动管路压力分配特性曲线也不同。

20 世纪 60 年代以前,大多数汽车的前后促动管路压力总是设计成相等的,因而其前后轮制动力矩(或制动力)之比为定值,但这种设计远远不能满足理想的制动力分配要求。出于提高汽车制动安全性的考虑,各国

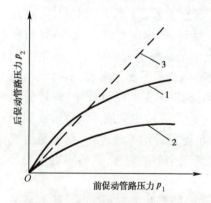

图 24-54 前后促动管路压力分配特性
1-满载时的理想特性;2-空载时的理想特性;
3-无制动力调节装置时的实际特性

汽车制动法规都对汽车制动效能和制动时的方向稳定性提出了越来越严格的要求。对于在一般道路上行驶的汽车，应尽量避免在制动时后轮先抱死滑移，并在此前提下，尽可能充分地利用附着条件，产生尽可能大的制动力。这就促使现代汽车越来越多地采用各种制动力调节装置，使前后促动管路压力的实际分配特性曲线在不同程度上接近于相应的理想分配特性曲线。

制动力调节装置有限压阀、比例阀、感载阀和惯性阀等，它们一般都是串联在后促动管路中，但也有的车辆在前促动管路中串联有滞后阀等制动力调节装置。这些装置曾经广泛应用于各种轻型车辆，但随着电子制动力分配（Electronic Brake-force Distribution，简称 EBD）系统的普及，这些装置已经逐渐被淘汰，只有一些不装备 EBD 系统的微型客车、轻型货车和农用车中仍有采用。

二、比例阀

质心高度与轴距的比值较小的中型以上汽车在制动时的前后轮间载荷转移较少，其理想促动管路压力分配特性曲线中段斜率较大，可以采用比例阀。

比例阀（也称 P 阀）也是串联于液压或气压制动回路的后促动管路中的。其作用是当前后促动管路压力 p_1 与 p_2 同步增长到一定值 p_s 后，即自动对 p_2 的增长加以节制，使 p_2 的增量小于 p_1 的增量。

比例阀一般采用两端承压面积不等的差径活塞结构，图 24-55a）为其示意图。不工作时，差径活塞 2 在弹簧 3 的作用下处于上极限位置。此时阀门 1 保持开启，因而在输入控制压力 p_1 与输出压力 p_2 从零同步增长的初始阶段，总是 $p_1=p_2$。但是压力 p_1 的作用面积为：

$$A_1 = \frac{\pi}{4}(D^2 - d^2)$$

而压力 p_2 的作用面积为：

$$A_2 = \frac{\pi}{4}D^2$$

因而 $A_2 > A_1$，故活塞上方液压作用力大于活塞下方液压作用力。在 p_1、p_2 同步增长过程中，活塞上、下两端液压作用之差超过弹簧 3 的预紧力时，活塞便开始下移。当 p_1 和 p_2 增长到一定值 p_s 时，活塞内腔中的阀座与阀门接触，进油腔与出油腔即被隔绝，此时为比例阀的平衡状态。

若进一步提高 p_1，则活塞将回升，阀门再度开启。油液继续流入出油腔，使 p_2 也升高。但由于 $A_2 > A_1$，p_2 尚未及增长到新的 p_1 值，活塞又下降到平衡位置。在任一平衡状态下，差径活塞的力的平衡方程为：

$$p_2 A_2 = p_1 A_1 + F$$

即：

$$p_2 = p_1 \frac{A_1}{A_2} + \frac{F}{A_2}$$

式中：F——平衡状态下的弹簧力。

上列方程所描述的曲线即是图 24-55b）所示的比例阀静特性曲线 AB 段（图中所示的比例阀特性 A 点位于满载理想特性线的下方）。装用比例阀以后的实际促动管路压力分配特性线即为折线 OAB。AB 的斜率（A_1/A_2）小于 1 时，说明 p_2 的增量小于 p_1 的增量。

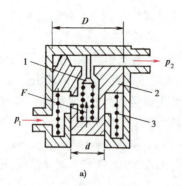 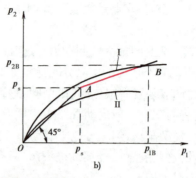

图 24-55 比例阀的结构原理及静特性

a)结构；b)特性曲线

1-阀门；2-活塞；3-弹簧；I-满载理想特性；II-空载理想特性

由于汽车的满载与空载下的理想促动管路压力分配特性曲线的不一致，使得比例阀的特性不可能设计得同时符合满载和空载时的要求。在汽车经常满载行驶的情况下，可使比例阀的静特性线上的调节作用起始点 A 位于满载理想特性曲线上或附近。若汽车实际装载质量变化较大，则可将点 A 设计得位于满载和空载理想特性曲线之间。但这种折中兼顾的办法，在满载和空载两个理想特性曲线相去较远的情况下，难以收到良好效果。

三、感载阀

有的汽车在实际装载质量不同时，其总重力和质心位置变化较大，因而满载和空载下的理想促动管路压力分配特性曲线差距也较大。在此情况下，采用一般的特性线不变的制动力调节装置已不能保证汽车制动性能符合法规要求，故有必要采用其特性能随汽车实际装载质量而改变的感载阀。

液压系统用的感载阀有感载限压阀和感载比例阀两类，其静特性如图 24-56 所示。设汽车满载时，感载阀特性线为 A_1B_1，而在空载时，感载阀的调节作用起始点自动改变为 A_2，使特性线变成 A_2B_2。但两个特性线的斜率还是相等的。这种变化应当是渐进的，即在实际装载量为任何值时，都有一根与之相应的特性线。在限压阀或比例阀的结构及其他参数一定的情况下，调节作用起始点的控制压力 p_s 值取决于限压阀或比例阀的活塞弹簧的预紧力。因此，只要使弹簧预紧力随汽车实际装载量而变化，便能实现感载调节。

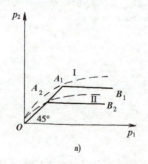 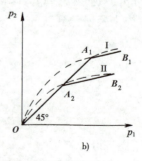

图 24-56 液压感载阀静特性

a)感载限压阀；b)感载比例阀

I-满载理想特性；II-空载理想特性

图 24-57 所示为一种轿车的液压感载比例阀及其感载控制机构。阀本身的结构与上述的比例阀大同小异。阀体 3 安装在车身上,在活塞 4 右部的空腔内装有阀门 2。不制动时,活塞在感载拉力弹簧 6 通过杠杆 5 施加的推力 F 的作用下处于右极限位置。阀门 2 因其杆部顶触螺塞 1 而开启。

制动时,来自主缸压力为 p_1 的制动液由进油口 A 进入,并通过阀门从出油口 B 输出至后促动管路。此时输出压力 $p_2=p_1$。因活塞右端承压面积大于左端承压面积,故 p_1 和 p_2 对活塞的作用力不等。于是活塞不断左移,最后使其上的阀座与阀门接触而达到平衡状态,此后,p_2 的增量将小于 p_1 的增量。

因此,感载比例阀作用在柱塞上的轴向力是可变的。因感载弹簧的一端与阀体上的杠杆相连,另一端钩在后轴上。当汽车装载量增加时,后悬架载荷也增加,因而车身向后轴移近,使感载弹簧拉力减小,则杠杆作用在柱塞上的推力也减小。柱塞在碟形弹簧伸张力和油压作用下左移,使阀门开度减小或保持关闭状态。反之,汽车载荷减小,感载弹簧拉力增加,使柱塞右移,阀门开启。这样,调节作用起始点控制压力值 p_s 就随汽车实际载荷而变化。

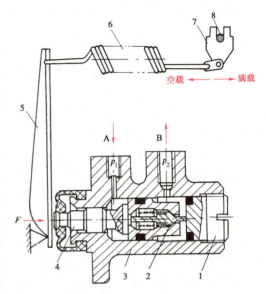

图 24-57 液压感载比例 9 阀及其感载控制机构

1-螺塞;2-阀门;3-阀体;4-活塞;5-杠杆;6-感载拉力弹簧;7-摇臂;8-后悬架横向稳定杆

四、惯性阀

惯性阀(也称为 G 阀)是一种用于液压系统的制动力自动调节装置。其特性曲线形状与感载阀的相似,但其调节作用起始点的控制压力值 p_s 取决于汽车制动时作用在汽车质心上的惯性力,即 p_s 不仅与汽车总质量(或实际装载质量)有关,并且与汽车制动减速度有关。

惯性比例阀的结构实例如图 24-58 所示。阀座 8 位于惯性球 7 的前方,惯性球即兼充阀门。阀体上部有两个同心但直径不等的油腔 E 和 G。与出油口 B 连通而具有较大直径 D 的 E 腔中的第一活塞 2,同通过油道 H 与进油口 A 连通且具有较小直径 D 的 G 腔中的第二活塞 4 组成差径活塞组。在输入压力 p_1 和输出压力 p_2 同步增长的初始阶段,惯性球保持在后极限位置不动,进油口 A 与出油道 C、D 相通,因而 $p_2=p_1$。此时差径活塞组两端的液压作用力不等,其差值由弹簧 3 承受。当该力超过弹簧预

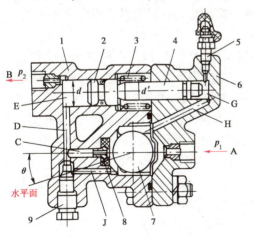

图 24-58 惯性比例阀

1-前阀体;2-第一活塞;3-弹簧;4-第二活塞;5-放气阀;6-阀体;7-惯性球;8-阀座;9-旁通锥阀;A-进油口;B-出油口;C、D、H、J-油道;E、G-油腔

紧力时,差径活塞组便进一步压缩弹簧 3 而右移。到 p_1、p_2 同步增长到同一定值 p_s 时,惯性球沿倾斜角为 θ 的支撑面向上滚到压靠阀座 8 时,油腔 E 和 G 便互相隔绝,差径活塞组停止右移。此后,继续增长的输入压力 p_1 对第二活塞 4 的作用力 $\frac{\pi}{4}d'^2 p_1$ 与弹簧力 F 之和作用于第一活塞 2 上,使 E 腔压力 p_2 也随之增长。此时 p_1 与 p_2 的变化关系为：

$$p_2 = \left(\frac{d'}{d}\right)^2 p_1 + \frac{AF}{\pi d^2}$$

由上式可知,在惯性比例阀起作用之后,输出压力 p_2 的增量与输入压力 p_1 的增量之比值等于 $(d'/d)^2$,且 < 1。

汽车实际装载量不同,其总质量也不同。在总制动力相同的情况下,满载汽车的减速度比空车的小。而同一惯性阀的倾角 θ 是一定的,则开始起作用的减速度值也一定(指水平位置)。因此,汽车满载时,相应于调节作用起始点的控制压力值 p_s 比空载时的高。也就是说调节作用起始点的控制压力随载荷而变化,载荷越大,调节作用起始点的控制压力越高。即调节作用起始点的控制压力与汽车总重成正比。因而惯性阀实质上也是一种感载式的液压调节阀。其特点在于惯性阀是通过汽车减速度而不是通过后悬架挠度来感载的,故其结构简单。

在某些情况下不需要惯性比例阀起作用时,可将旁通锥阀 9 旋出,使旁通油道 H 与出油道 D 连通。于是阀门被短路,差径活塞组也失效。

第七节　汽车电控制动系统

一、概述

汽车行驶性能归根到底是由轮胎与路面间的附着情况决定的,轮胎纵向附着力决定了车辆的驱动与制动性能,而侧向附着则决定了车辆的操纵稳定性以及抵抗侧向干扰的能力。轮胎附着情况不但与路面附着条件有关,还受到轮胎运动状态的影响,汽车电控系统即是通过调节轮胎运动状态实现对车辆动力学性能的控制。数十年来,汽车电控制动系统得到了日益广泛的应用,它们可以在车辆制动时调节轮缸内的压力等级,甚至独立于驾驶人向车轮施加主动横摆力矩,从而调节轮胎附着力,提高车辆的综合行驶性能。

最广为人知的汽车电子控制系统是制动防抱死系统(Anti-lock Braking System, ABS)。早在 20 世纪 20 年代就有人提出了 ABS 的理论。20 世纪 80 年代中期,博世公司对 BOSCH ABS 2S 型进行了结构简化和系统优化,推出了经济型的 BOSCH ABS 2E 型系统,1990 年,德尔科(Delco)公司推出了更经济的 Delco ABS Ⅵ 型,为 ABS 技术在轿车上的迅速普及打下了良好的基础。在 21 世纪,ABS 已经在世界范围内成为车辆的标准装备。

ABS 系统虽然可以防止车轮的抱死,但不能实现各轮制动力的最佳分配。因此在 ABS 的基础上又出现了电子制动力分配功能。ABS + EBD 系统在汽车上的广泛使用使得汽车制动性能得到了进一步的提高。

与制动工况类似,驱动工况下,驱动轮打滑使路面提供给汽车的牵引力大大降低,导致汽车起步、加速、爬坡时牵引力不足,甚至使汽车丧失通过能力。为此,汽车工程师们开发了驱动防滑系统(Acceleration Slip Regulation,简称 ASR),也被称作牵引力控制系统(Traction Control System,简称 TCS)。20 世纪八九十年代,ASR 系统开始得到应用,如奔驰与 WABCO 联合开发的应用于货车的 TCS 系统、宝马(BMW)公司的 ABS/ASC + T 系统和丰田的 TRAC 系统等。性能测试表明,这些系统使得车辆在直线行驶和转弯时均可保持操纵能力;在起步以及加速时具有较高的牵引性能;起到自动差速锁止的作用,在分离路面上效果尤其明显。

汽车稳定性控制系统(Electronic Stability Program,简称 ESP)是在 ABS 和 ASR 系统的基础上发展起来的一种汽车主动安全技术,它通过抑制汽车过多转向和过度不足转向趋势,提高汽车的操纵稳定性,减少交通事故。1992 年,BMW 公司与 BOSCH 公司和 Continental-Teves 公司共同合作,在 ABS/ASR 的基础上开发出第一代车辆动力学稳定控制系统(Dynamic System Control,简称 DSC),该系统安装在 BMW850Ci 轿车上。1992 年,BOSCH 公司和梅赛德斯—奔驰公司开始联合开发 ESP 系统,于 1994 年进行了实车对比试验,于 1995 年批量装车。1996 年,BMW 公司在 DSC Ⅰ 和 DSC Ⅱ 的基础上开发出了第三代系统——DSC Ⅲ。1997 年,梅赛德斯—奔驰将 ESP 系统装备在 A-CLASS 轿车上,这也是 ESP 被第一次应用于经济型汽车。ESP 系统自从诞生之日起,经过短短 20 年的迅猛发展,市场普及率越来越高。在一些发达国家,装备 ESP 已经成为轻型汽车的强制标准要求。

与 ABS 系统不同,各汽车公司生产的底盘稳定性控制系统名称各不相同,例如 TOYOTA 与 AISIN 和 DENSO 合作设计研制的 VSC(Vehicle Stability Control)系统,Continental-Teves 的 ESC(Electric Stability Control)系统,Delphi 的汽车稳定性控制系统(StabiliTrak),还有前文所述的 DSC 系统等,但它们所应用的动力学原理是一样的。ESP 这一名称目前被大众广泛接受,因此,本书中也采用这一名称。

二、制动防抱死系统(ABS)

1. 滑动率对附着系数的影响

汽车在行驶过程中,车轮在地面上的纵向运动有两种形式——滚动和滑动。汽车制动过程中,轮胎胎面留在地面上的印痕显示车轮从滚动到抱死拖滑是一个渐变的过程。汽车在驱动过程中车轮也存在类似现象,当驱动车轮上作用的驱动力矩超过路面(如光滑的冰面或泥泞的路面)所能提供的附着力时,车轮也会发生打滑,甚至出现车轮原地打滑的状态。

一般用滑动率 S 来表征滑动成分在车轮纵向运动中所占的比例,即:

$$S = \frac{r\omega - v}{\max(v, r\omega)} \times 100\%$$

式中:v——车轮中心的纵向速度;

ω——车轮的角速度;

r——车轮的自由滚动半径。

汽车在驱动过程中,驱动轮滑转成分在车轮纵向运动中所占的比例可以用正滑动率(也称滑转率)来表征,即:

$$S = \frac{r\omega - v}{r\omega} \times 100\%$$

当车轮在路面上完全滑转时,车轮中心的纵向速度 $v = 0$,此时滑动率为 $S = 100\%$,车轮在原地打滑而车辆无法前进。

制动时,车轮滑转成分在车轮纵向动力中所占的比例可以用负滑动率来表征,即:

$$S = \frac{r\omega - v}{v} \times 100\%$$

制动时,也可以用滑移率来表征车轮滑转成分在车轮纵向动力中所占的比例:

$$s = -S = \frac{v - r\omega}{v} \times 100\%$$

当车轮在路面上完全滑移时,$\omega = 0$,因此,此时滑动率为 $S = -100\%$(也可以说滑移率为 100%),车轮完全抱死拖滑。

这种车轮运动状态的变化对轮胎与路面间的附着状态有非常明显的影响。若令地面制动力与垂直载荷之比为附着系数(也称制动力系数)φ_z,则在不同滑动率 S 时,有不同的 φ_z 值。

因此,为了便于分析制动和驱动过程中的滑动率 S 与附着系数 φ_z 的关系,可将它们的 φ-S 曲线绘在同一图中,如图 24-59 所示。由图可见,无论驱动还是制动工况,车轮的纵向附着系数都随滑动率的变化有一个最佳值。图中还给出了一条在某一侧偏角下的侧向附着系数(也称侧向力系数)φ_c 与滑动率 S 的关系曲线:当滑动率 $S = 0$ 时,驱动和制动时的侧向附着系数 φ_c 都有最大值 φ_p;当滑动率 $S = 100\%$ 时,侧向附着系数 $\varphi_c = 0$。

图 24-59 中的阴影部分显示了制动和驱动时滑动率 S 的最佳范围,也就是说,ABS 和 ASR 将滑动率 S 控制在此范围内,可使纵向和侧向附着系数都有较大值。ABS 系统在制动过程通过调节制动轮缸(或制动气室)中的压力来控制作用在车轮上的制动力矩,从而使车轮上的滑动率控制在较理想的范围之内(S 在 8% ~ 35%),从而提高汽车制动性能。

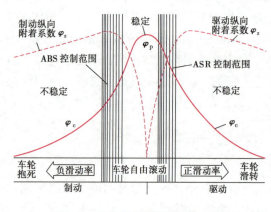

图 24-59　汽车驱动和制动时的 φ-S 曲线

2. 制动防抱死系统(ABS)的组成

制动防抱死系统主要由轮速传感器、电子控制单元 ECU 和液压控制单元(Hydraulic Control Unit,简称 HCU)三部分组成。其组成和布置如图 24-60 所示。

1)轮速传感器

轮速传感器的组成和工作原理如图 24-61 所示。它是由永久磁铁 2、磁极 3、线圈 1 和齿圈 4 组成。齿圈 4 与车轮一起旋转,而传感器固定不动。当齿圈在传感器的磁场中旋转时,齿圈齿顶和电极之间的间隙就以一定的速度变化,使磁路中的磁阻发生变化,使磁通量周期地增减,在线圈 1 的两端产生正比于磁通量增减速度的感应电压,并将该电压信号输送给电子控制单元 ECU。

2)电子控制单元

电子控制单元 ECU 具有运算功能。它接收轮速传感器的交流电压信号后,计算出车轮速度,并与参考车速进行比较,得出滑移率 s 及加、减速度,然后对这些信号加以分析,向液压控制单元 HCU 发出控制指令。此外,电子控制器对其他部件还具有监控功能,当这些部件发生异常时,由指示灯或蜂鸣器发出警报信号。

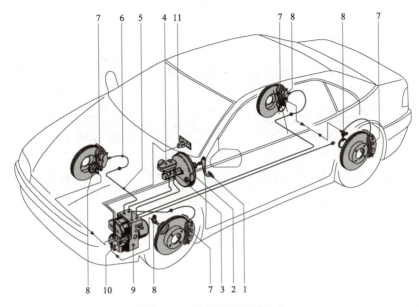

图 24-60 制动防抱死系统组成

1-制动踏板;2-真空助力器;3-制动主缸;4-储油杯;5-制动硬管;6-制动软管;7-制动器;8-轮速传感器;9-制动液压控制单元;10-电子控制单元;11-ABS警示灯

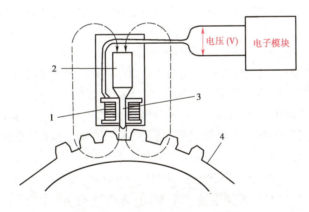

图 24-61 轮速传感器的组成及工作原理

1-线圈;2-永久磁铁;3-磁极;4-齿圈

3) 液压控制单元

液压控制单元 HCU 安装在制动主缸和制动轮缸之间,由电磁阀和液压泵组成,并与电子控制单元 ECU 合为一体。ECU 和 HCU 安装于发动机舱中,靠近制动主缸。

液压控制单元接收电子控制单元的指令,由电磁阀、液压泵和驱动电动机控制制动轮缸油压的增减。HCU 管路布置如图 24-62 所示,与独立双回路的液压制动系统相匹配,ABS 的液压控制单元内部也包括两个独立的回路,每个回路包括一个进油口和两个出油口,进油口连接制动主缸,而每个出油口连接一个制动轮缸。与 H 型液压管路布置配合使用的 HCU 一个回路连接两个前轮,另一个回路连接两个后轮;与 X 型液压管路布置配合使用的 HCU 一个回路连接左前轮与右后轮,另一个回路连接右前轮与左后轮。

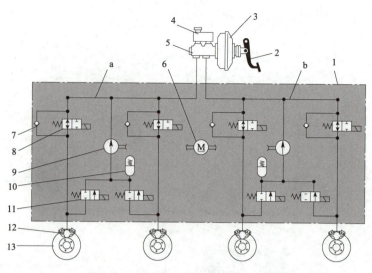

图 24-62 ABS 液压控制单元管路布置图

1—HCU；2—制动踏板；3—真空助力器；4—储油杯；5—制动主缸；6—驱动电动机；7—止回阀；8—进液阀；9—柱塞泵；10—低压蓄能器；11—出液阀；12—制动轮缸；13—制动器；a—回路1；b—回路2

每一个回路包括：

（1）两个通道。每个通道连接一个制动轮缸，通道中包括两个二位二通电磁阀，分别为一个进液阀（常开阀）和一个出液阀（常闭阀），用于控制制动液流向。

（2）一个柱塞泵。两个柱塞泵由同一个电动机驱动，用于实现制动液回流。

（3）一个低压蓄能器，用于在减压时容纳少量制动液，使制动压力迅速下降。

3. 制动防抱死系统(ABS)的工作原理

汽车制动时，四个轮速传感器分别将各车轮的信号传给电子控制器，经电子控制器运算得出各车轮的滑移率，并根据滑移率控制各轮缸的油压。当滑移率在 8%～35% 时，车辆的纵向附着力和侧向附着力都较高（图 24-59）。将这一附着区域内汽车制动的有关参数预先输入到 ABS 的控制系统中，控制器可根据实际制动工况进行判断，给执行机构发出动作指令，使车轮的滑移率控制在最佳工作范围内，使各车轮处于不抱死的最佳工作状态，保证汽车制动时既不"跑偏"，又不"甩尾"。

制动防抱死系统的基本原理

常规制动过程中，ABS 不干预系统正常制动；防抱死控制起作用后，轮缸液压控制分为**增压、减压、保压**三个工作过程。

1）常规制动过程

如图 24-63a）所示，ABS 未进入工作状态，进液阀 8 和出液阀 11 均不通电，进液阀 8 打开，出液阀 11 关闭，主缸 5 与轮缸 12 的油路相通，轮缸制动压力与主缸压力保持一致，驾驶人可通过踏板控制制动系统压力的增减。

2）轮缸减压过程

当轮速传感器检测到车轮有抱死趋势（车轮滑移率 s 超出某一范围或车轮减速度过大）的信号时，进液阀 8 通电关闭，主缸与轮缸的通路被截断；出液阀 11 通电开启，轮缸和低压蓄能器接通，轮缸压力下降，车轮抱死趋势得到抑制。电磁阀状态及制动液流动示意如图 24-63b）所示。与此同时，驱动电动机启动，带动液压泵工作，把流回低压蓄能器的制动液加压后送入主缸，为下一次的制动过程做好准备。

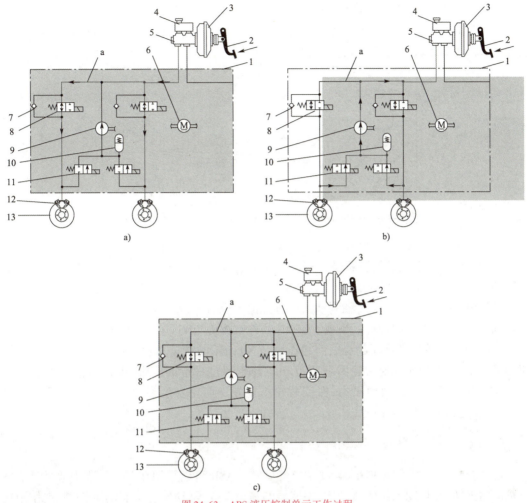

图 24-63　ABS 液压控制单元工作过程
（图注同图 24-62）

3）轮缸保压过程

轮缸减压过程中，车轮的滑移率 s 下降至最佳范围，进液阀 8 通电关闭，出液阀 11 断电关闭，如图 24-63c)所示，所有油路都被截断，保持轮缸压力不变，使车轮滑移率尽量长时间保持在最佳范围。

4）轮缸增压过程

当车轮滑移率 s 过低，说明制动压力不足，进液阀 8 断电开启，出液阀 11 断电关闭，恢复如图 24-63a)所示状态。主缸的高压制动液重新进入轮缸，使轮缸油压回升，车轮又趋于接近抱死的工作状态。

这样增压、减压、保压阶段循环出现，防止车轮发生抱死，并尽量使车轮滑移率保持在最佳值。在这一过程中，压力调节呈现脉冲式的变化，其频率约为 4～10Hz。

三、电子制动力分配系统（EBD）

ABS 系统虽然可以防止车轮不发生抱死，但并不能保证车轮制动力矩的分配实现最佳，因此，早期汽车制动系统布置中，ABS 系统有时与感载比例阀等制动压力调节装置一同使用。各种制动压力调节阀只能使车辆的实际制动力分配在不同程度上接近理想制动力分配线，而电子制动力分配装置EBD则可以实现各种工况下车辆前后制动力分配都达到最优，从而最大限度地利用路面附着条件，如图24-64所示。

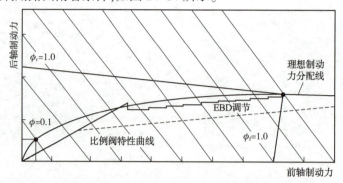

图24-64　EBD控制的前后轴制动力分配特性

车辆后轮相对前轮的滑移程度可以反映车辆前后轴的动态载荷分配以及路面条件对前后制动力分配的需求，EBD系统即是在ABS功能模块上增设控制逻辑，通过控制后轮相对于前轮的滑移程序来实现前后轴制动力的分配的。也就是说，EBD功能可以由ABS系统来实现，而不需要增加任何硬件。事实上，EBD往往被视为ABS功能的升级与扩展。

EBD只在车轮出现抱死趋势之前起作用，它以前轮的转速和滑移率为基准校正后轮转速与滑移率。当EBD发现后轮滑移程度相对前轮超过一定的门限，即通过液压控制单元HCU限制输入后轮缸的制动压力，保证后轮不至先于前轮发生抱死。一旦ABS功能被触发，电子制动力分配即停止工作。

四、驱动防滑转系统（ASR）

ASR控制的基本原理在图24-59中已经阐述。ASR可以采用在驱动过程中通过调节发动机的输出转矩、传动系统的传动比、差速器的锁止系数、驱动轮主动制动等，来控制作用在驱动车轮上的驱动力矩，目前多采用发动机输出转矩调节与驱动轮主动制动控制相结合的方式，以对作用在驱动车轮上的驱动力矩进行调节。从而将驱动车轮的滑动率控制在较为理想的范围内，一般$s=5\%\sim15\%$为佳。

驱动防滑转系统（ASR）和ABS一样，主要也是由电子控制器、传感器、制动压力调节器三大部分组成。当驱动轮发生滑转时，轮速传感器将车轮转速转变为电信号传输给ASR电子控制器（ECU），ECU则根据车轮转速计算驱动车轮的滑转率，如果滑转率超出了目标范围，ECU再综合参考节气门开度信号、发动机转速信号以及转向信号（有的车没有）等确定其控制方式，并向相应执行机构发出指令使其动作，将驱动车轮的滑转率控制在目标范围之内。

驱动轮打滑是由于驱动力矩过大，超过路面所能提供的最大附着力引起的，因此从理论上说，对发动机到车轮的动力传动系统中的各环节施加控制都可能实现驱动防滑的功能，目前通常通过发动机力矩与驱动轮主动制动的联合控制方式来实现。在ASR控制中，主要是将发动机力矩控制在与路面附着条件相匹配的水平，而驱动轮的主动制动控制可以有效弥补发动机力矩控制的不足，主要体现在以下两个方面：

(1) 在防滑控制初期，通过驱动轮主动制动的快速响应弥补发动机力矩控制响应速度的不足。

(2) 如图 24-65 所示,根据驱动桥一章中介绍的开放式锥齿轮差速器原理,当汽车在附着系数分离路面上(如一侧沥青、一侧光滑冰路面)行驶时,低附着侧驱动轮发生打滑时,最大可以获得 F_1 的驱动力,这样,即使高附着侧车轮没有打滑,车辆最大也只能获得约 2 倍 F_1 大小的驱动力,此时 ASR 系统可以通过向低附着侧车轮施加制动力 F_{Br}(相当于增大差速器内阻),使得高附着侧驱动车轮获得大小为 $F_1 + F_{Br}$ 的驱动力,从而提高车辆对路面附着的利用率。这一功能也被称为电子防滑差速(Electronic Limited-slip Differential,简称 ELSD)的功能。

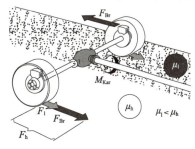

图 24-65　ASR 系统的电子防滑差速功能示意图

图 24-66 为驱动防滑控制系统的工作原理框图。当驱动车轮在附着系数很低的路面上开始打滑(滑转)时,ASR 电子控制装置根据节气门位置传感器、发动机速度传感器、换挡传感器和轮速传感器等输入的信号,向制动压力调节器发送指令,使其增压、保压和减压等,对打滑车轮施加制动压力使其减速。与此同时,ASR 电子控制装置还向动力系统控制模块(PCM)发送发动机力矩控制信号,通过发动机与驱动轮主动制动的协同工作实现驱动防滑控制。

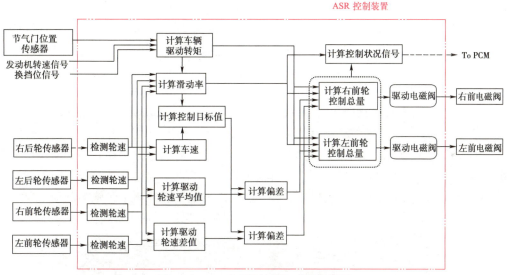

图 24-66　ASR 电子控制系统工作原理框图

五、汽车稳定性控制系统(ESP)

随着道路交通条件的改善以及汽车技术的进步,现代汽车的行驶车速得到极大提高。据统计,车速以 80~100km/h 行驶的汽车发生的交通事故中,大约 40% 是与汽车侧向失稳有关。车速越高,由于汽车失稳引发的交通事故的比例越大,当车速超过 160km/h 时,几乎每一起事故都是由于侧向失稳而造成的。如何提高汽车行驶安全性是现代汽车技术研究的重要课题之一。ABS 和 ASR 系统都是直接控制纵向附着力,从而间接保证车辆侧向性能,对高速极限转向工况下的汽车失稳无能为力。ESP 系统可以抑制汽车在极限转向工况下过度的过多转向和不足转向,提高汽车的操纵稳定性,大大降低严重交通事故的发生率。

戴姆勒·克莱斯勒公司通过对 150 万辆汽车所进行的研究得出,自从 1999 年将 ESP 作为所有梅赛德斯汽车标配使用以来,发生驾驶事故的梅赛德斯汽车的比例已经实际下降了30%。丰田公司对100万例驾驶事故进行了分析研究表明,由于使用了ESP,驾驶事故减少了35%,严重人身伤害的数量甚至已经降低了50%。大众股份公司于2004年开展的一项研究——经过对382例实际发生的车祸进行评估后表明,使用ESP之后,因打滑而发生的事故数量减少了85%。大众公司根据2002年车祸的受害者人数计算,将ESP作为标配安装在汽车上之后,车祸死亡人数可以降低35%,严重伤害人数降低约25%。

1. ESP的工作原理

图24-67所示为汽车前轮和后轮的轮胎侧偏力特性。由图可见,当轮胎侧偏角在0°~5°变化时,轮胎的侧向力基本是呈线性变化的,而轮胎侧偏角增大到一定程度时,轮胎侧向力将达到极限。而当车辆在较湿滑的路面上高速行驶,遇到躲避障碍物或连续急转弯的工况时,轮胎很容易进入非稳定区而发生失稳。这意味着通过转动转向盘改变轮胎侧偏角已不能进一步增加车辆的侧向力,驾驶人的转向对汽车横摆力矩和汽车侧向力总和的影响即变得非常有限。此时,普通的驾驶人将由于无法通过转向有效控制车辆而变得非常惊慌,并导致进一步的错误操作。

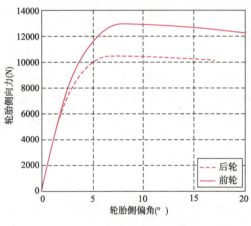

图24-67 轮胎侧偏特性

通过向独立车轮施加主动制动的方式来进行底盘稳定性控制的基本原理如图24-68所示。图24-68a)所示为汽车在转向时出现不足转向趋势,此时通过前轮提供给车辆的侧向力不足,汽车将沿切线方向冲出车道,无法顺利实现转向。ESP系统通过在车辆内侧车轮施加制动,产生与汽车方向相同的主动横摆力矩,保证车辆实现转向。图24-68b)所示为汽车在转向时出现过多转向趋势,此时通过后轮提供给车辆的侧向力不足,汽车将发生甩尾。ESP系统通过在车辆外侧车轮施加制动,产生与汽车转向方向相反的主动横摆力矩,纠正车辆的甩尾趋势,保证车辆实现转向。

a)

b)

图24-68 ESP控制效果
a)不足转向;b)过多转向

通过向四个车轮施加制动所产生的制动力矩效果如图24-69所示。由图可知,对两个内侧车轮施加制动可以产生正的补充横摆力矩,减小汽车的不足转向趋势;对两个外侧车轮施加制动可以使汽车得到负的补充横摆力矩,减小汽车的过多转向的趋势。但对前外轮和后内轮进行制动时产生附加横摆力矩较大,因此一般选择这两个车轮作为主控车轮,而后外轮和前内轮则作为辅助控制车轮。

2. ESP 的组成结构

ESP 系统由转向盘转角传感器、侧向加速度传感器、横摆角速度传感器、轮速传感器、制动主缸压力传感器、监视器/警示灯、ESP 开关、含 ECU(电子控制单元)的液压泵模块、驻车制动开关、制动液位开关及用于故障诊断和 CAN 连接的串口组成。ESP 能够不间断地监控车辆及驾驶人的动

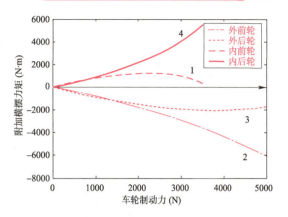

图 24-69 不同车轮制动对汽车横摆力矩的影响

作。ECU 对收集的各种信息进行分析,并且立即采取所需的行动。归纳起来,稳定性控制系统硬件包括传感器、执行器和电子控制单元等部分。图 24-70 所示为 Teves 公司的 ESC 系统组成。

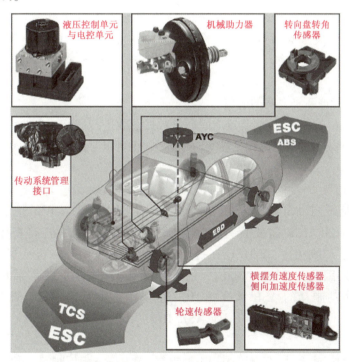

图 24-70 Teves ESC 系统组成

ESC(Electric Stability Control)-电子稳定性控制;AYC(Active Yaw Control)-主动横摆控制

1)传感器

(1)轮速传感器:用于检测轮速信号。

(2)转向盘转角传感器:用以测量转向盘的转角。转向盘转角可以用于确定对应于驾驶人意图的理想车辆状态。

(3)横摆角速度及侧向加速度传感器:横摆角速度传感器主要测量车辆绕质心垂直轴的角速度。

加速度传感器则用以测量汽车纵向和侧向加速度。早期的 ESP 系统中一般只装备侧向加速度传感器,而现在的系统中则普遍同时装备有纵向和侧向加速度传感器。

(4)主缸压力传感器:用于测量主缸出口处的制动压力。

2)液压调节器

液压控制单元 HCU 是汽车稳定性控制系统的主要执行机构,其基本结构与 ASR 液压调节器相似,图 24-71 所示为 BOSCH 公司的 ESP 液压控制单元。它将 ECU 的指令付诸实施,并且通过电磁阀调节各个车轮制动轮缸的压力。HCU 安装在发动机舱之内,处于制动主缸和轮缸之间,以便缩短制动主缸与轮缸之间液压线路距离。

3)电子控制单元

电子控制单元(ECU)是汽车稳定性控制系统的核心,用于处理来自各传感器的信息,驱动各执行器,同时它还是控制逻辑的载体,是整个系统的大脑。

图 24-71　BOSCH 液压控制单元

电子控制单元一般包括两个微处理器,一个与液压控制单元连接,另一个与液压控制单元分离。两个处理器通过内部总线相互交换信息。除了微处理器外,ECU 包括电源管理模块、传感器信号输入模块、液压调节器驱动模块、各指示灯接口以及 CAN 总线通信接口。

4)与发动机管理系统之间的通信

ESP 控制装置与发动机控制装置之间通过数据总线进行通信。由此可在驾驶人加速过猛的情况下,能够减小发动机的输出转矩。同样,它还可以对发动机拖动转矩所引发的驱动轮打滑提供补偿。

3. ESP 系统的液压调节原理

与 ABS 系统不同,ESP 系统需要在驾驶人并未踩下制动踏板的情况下向特定车轮施加制动力,因此其 HCU 需要具有主动制动功能。ESP HCU 管路布置如图 24-72 所示,可以看到,与 ABS 相比,该 HCU 在每个回路中增加了两个二位二通阀,分别是隔离阀 8 和补油阀 9,因此共有 12 个二位二通电磁阀、1 个电动机、2 个泵及 2 个低压蓄能器。同样需要主动制动的 ASR 系统的 HCU 也采用这种管路布置。此外,ESP 的 HCU 在主缸处设有一个压力传感器 6,而 ASR HCU 则不需要此传感器。其工作过程如图 24-73 所示。

(1)常规制动模式下,所有电磁阀均不通电,驾驶人踩下踏板时,制动液经隔离阀 8 和各车轮进油阀 11 流入制动轮缸 16,实现正常制动功能,如图 24-73a)所示。

(2)驾驶人没有踩下踏板而需要向某个车轮施加主动制动时,隔离阀 8 通电关闭,补油阀 9 通电开启,电动机 7 驱动柱塞泵 10 工作,制动液由主缸经补油阀 9 被柱塞泵 10 泵入制动管路,即可实现主动制动,再配合各车轮进液阀 11 和出液阀 15,即可实现特定轮缸压力的调节,如图 24-73b)所示。

(3)单个车轮的压力调节由轮缸处的进出液电磁阀 11 和 15 来实现,调节方式参见 ABS 工作原理。

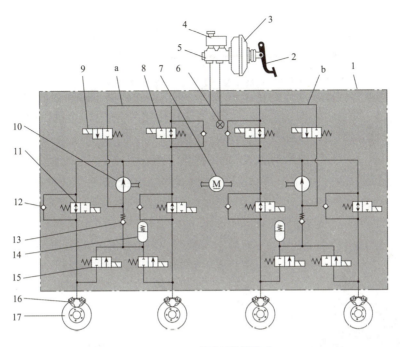

图 24-72 ESP 的液压控制单元

1-HCU；2-制动踏板；3-真空助力器；4-储油杯；5-制动主缸；6-压力传感器；7-驱动电机；8-隔离阀；9-补液阀；10-柱塞泵；11-进液阀；12、13-止回阀；14-低压蓄能器；15-出液阀；16-制动轮缸；17-制动器；a-第一回路；b-第二回路

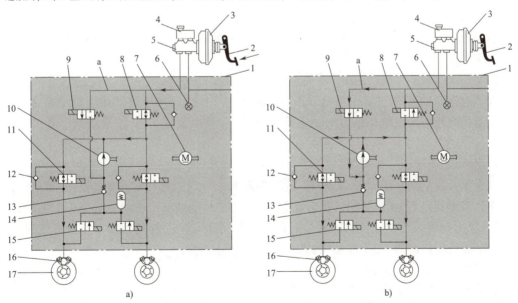

图 24-73 ESP 液压控制单元工作过程

(图注同图 24-72)

六、线控制动系统(Brake by Wire System)

智能电动汽车的发展对制动系统提出了新的需要，主要包括如下方面：

(1) 动力电动机通过再生制动(Regenerative Brake)可以将一定程度的机械能转换成电

能,在制动过程中为电池充电,是电动汽车实现节能的重要手段。但是传统汽车踏板与车轮制动器耦合,即踩下踏板时车轮制动器一定产生相应的制动力矩,此时再叠加再生制动力矩,将导致汽车制动特性发生变化,因此需要将踏板与车轮制动器"解耦",即切断制动踏板输入与轮缸制动压力输出的直接联系。

(2)各种辅助驾驶及自动驾驶功能要求制动系统能够提供足够强劲的主动制动能力,即在驾驶人没有踩下制动踏板时,制动系统能够自主地快速产生足够大的制动力,并能实现制动力的精确调节。为适应智能电动汽车的需要,汽车制动系统必然向线控化方向发展。线控制动系统(Brake-by-wire,简称BBW)以电子元件替代了部分机械元件,以电能为能量来源,由传感器感知驾驶人的操作行为,由控制器识别驾驶人意图,由电控执行器完成制动操作。

1. 电子机械助力器

电子机械助力器是一种新型的电动式制动助力装置,它安装于踏板和主缸之间,在驾驶人踩下踏板时,将电动机力矩经传动机构传递到制动主缸上,与驾驶人体力共同实现制动;驾驶人不踩下踏板时,它可独立推动主缸实现制动,从而提供强劲的主动制动能力。电子机械助力器有多种类型的产品:有一些是非解耦的,如Bosch的ibooster(图24-74),它需与Bosch的ESP hev系统协同工作,实现0.3g以下制动强度时的踏板解耦;还有一些是部分解耦的,如日立公司的eACT等,自身即可实现一定程度的踏板解耦。电子机械助力器从狭义上说并不是完全的线控制动系统,但它与ESP配合工作,可以满足智能电动汽车对制动系统的基本要求。

图24-74 ibooster 电子机械助力器
1-踏板接口;2-前围板接口;3-电控单元(电动机与ECU);4-主缸和储液罐;5-踏板行程传感器;6-壳体

2. 电子液压制动系统(EHB)

电子液压制动系统(Electro-hydraulic Brake,简称EHB)是解耦式的线控制动系统,EHB是将电子系统与液压系统相结合的制动系统,主要由电子踏板、电子控制单元(ECU)、液压执行元件(阀类元件)及传感器等组成。

1)踏板单元

踏板单元包括踏板感觉模拟器、踏板力传感器或(和)踏板行程传感器以及制动踏板。踏板感觉模拟器是EHB系统的重要组成部分,为驾驶人提供与传统制动系统相似的踏板感觉(踏板反力和踏板行程),使其能够按照自己的习惯和经验进行制动操作。踏板传感器一般采用踏板行程传感器,用于监测驾驶人的操纵意图。

2)液压控制单元(HCU)

制动压力调节装置用于实现车轮增减压操作,原理与ESP HCU类似,但其供能系统由电动机、泵和高压蓄能器组成,可以提供更强大的主动增压能力;此外,其液压管路更为复杂,电磁阀数量也更多,用于实现踏板解耦;该系统还需实现备份制动功能,即当伺服系统出现严重故障时,制动液可以由人力驱动进入制动轮缸,保证最基本的制动力使车辆减速停车。

3)传感器

传感器包括轮速传感器、压力传感器和温度传感器,用于监测车轮运动状态、轮缸压力的反馈控制以及不同温度范围的修正控制等。

3. 集成式液压制动系统

集成式液压制动系统将踏板单元、供能装置和压力调节装置集成在一个总成内,被称为"一个盒子"(One Box)的系统。

1)踏板单元

与 EHB 的踏板单元类似,也包括踏板、主缸、踏板感觉模拟器、踏板行程传感器,用于为驾驶人提供良好的踏板感觉,并采集驾驶人的操纵意图。

2)供能装置

与电子机械助力器类似,由电动机、传动机构和活塞缸组成,由电动机通过传动机构通过推动活塞缸内的活塞实现增压。

3)压力调节装置

主要由电磁阀组成,用于调节每个车轮的制动压力,此外,也有用于实现备份制动功能的电磁阀。

在电控系统发生损坏时,驾驶人也可以通过主缸促使制动液进入制动轮缸,由人力实现制动,即该系统也具备备份制动功能。

集成式液压制动系统被认为会在未来成为制动系统的主流,目前的产品有博世公司的 IPB、大陆集团公司的 MK C1 以及天河公司的 IBC 等,芜湖伯特利公司也已推出了自己的集成式液压制动系统。图 24-75 为大陆集团公司的 MK C1。

图 24-75 MK C1 集成式液压制动系统
1-踏板感觉模拟器;2-电动机;3-踏板接口;4-储液罐;5-电控电元(含传感器);6-液压控制单元(含阀及动力缸)

4. 电子机械制动系统(EMB)

电子机械制动系统(Electro-mechanical Brake,简称 EMB)系统完全取消了液压或气压管路等部件,以纯电方式实现制动。

典型的 EMB 的制动系统包括:安装在 4 个车轮的独立的 EMB 车轮制动器模块,制动踏板模拟器以及中央控制单元组成。其中,EMB 车轮制动器模块主要由 EMB 控制器和 EMB 执行器组成,EMB 控制器根据中心控制单元发来的目标制动力,计算并输出电动机控制信号给 EMB 执行器。EMB 执行器安装于车轮制动器上,一般由电动机、传动装置和制动钳三个部分组成,EMB 控制器向电动机发出控制信号,电动机的输出经减速装置减速增扭,再由运动转换装置将旋转运动转换为直线运动,驱动制动钳对制动盘进行夹紧、放松,实施对车轮的制动。

EMB 系统无需制动液,有利于生态环境并减少所需的维护;体积小,布置简单灵活,可增大驾驶室空间;拖带挂车时,挂车的制动响应同样迅速;载荷传递平稳,制动衬片磨损更小。但 EMB 系统需要解决的问题也更多,如电动机技术的不成熟、对车载电源的大功率需求、对系统诊断及冗余设计的高要求等。因此,EMB 虽然已有大量研究,但没有实现批量装车。

第五篇

CHAPTER 5

汽车车身与电子、电气系统

第二十五章 汽车车身

汽车车身是驾驶人的工作场所,也是装载乘客和货物的场所。

车身应为驾驶人提供良好的操作条件,为乘员提供舒适的乘坐条件(减轻汽车行驶时的振动、噪声、废气以及恶劣气候的影响),并保证完好无损地运载货物且装卸方便。车身结构和设备还应保证行车安全和减轻事故后果。

车身应具有合理的外部形状,以便汽车行驶时能有效地引导周围的气流,提高汽车的动力性、燃料经济性和行驶稳定性,并改善发动机的冷却条件和室内通风。

车身又是一件精致的艺术品,以其优雅的雕塑形体、装饰件和内部覆饰以及悦目的色彩使人获得美感享受,反映时代的风貌、民族的传统和独特的企业形象。

对于轿车而言,汽车车身一般由车身本体、内外装饰件、车身附件以及车身电器和电子设备组成。对于货车和专用汽车,还包括货厢和其他专用设备。

车身本体(白车身)既是汽车承载的主体,也是一切车身部件的安装基础,通常由纵梁、横梁、立柱、加强板等车身结构件和车身覆盖件组合而成,还包括发动机舱盖、翼子板、车门和行李舱盖等。

车身内、外装饰件是车身内部和外部起装饰和保护作用的零部件的总称。外饰件主要包括前后保险杠、外部装饰条、玻璃、密封条、商标标志、散热器面罩和车外后视镜等;内饰件主要包括仪表板、车门内护板以及顶篷、地板和侧壁的内饰等。

车身附件是车身中具有某些独立功能的机构和装置,包括门锁、门铰链、玻璃升降器、遮阳板、后视镜、拉手、点烟器、烟灰盒,以及座椅、安全带、安全气囊、风窗玻璃刮水器和洗涤器、车用空调等附属装置。

车身电器和电子设备是指除用于发动机和底盘以外的所有电器和电子设备,如电子仪表和综合信息显示系统、照明和信号装置、电控舒适与娱乐系统、防盗报警系统、倒车和自动泊车辅助系统、通信与智能化控制系统等。

第一节 车身本体

一、车身壳体

车身壳体是一切车身部件的安装基础,通常指纵、横梁和立柱等主要承力元件以及与它们相连接的板件共同组成的空间结构,还包括在其上敷设的用于隔音、隔热、防振、防腐、密封等的材料及涂层。

1. 车身壳体按受力分类

1)非承载式车身

这种车身的结构特点是车身通过橡胶软垫或弹簧与车架作柔性连接。在这种情况下,车架是支撑全车的基础,承受着在其上所安装的各个总成各种载

车身类型——按承载形式分类

荷。这种车身并不是不承载,起码它要承受所装载的人员和货物的质量及惯性力,只不过在车架设计时不考虑车身对车架承载所起的辅助作用而已。

2) 半承载式车身

这种车身的结构特点是车身通过焊接、铆接或螺钉与车架刚性连接。在这种情况下,车架仍然是承受各个总成载荷的主要构件,但车身还在一定程度上有助于加固车架,分担车架所承受的一部分载荷。

3) 承载式车身(或称全承载式车身)

这种车身的结构特点是汽车没有车架,车身就作为发动机和底盘各总成的安装基体。在这种情况下,车身兼有车架的作用并承受全部载荷。

2. 轿车车身本体结构

1) 典型的轿车车身壳体结构

为了省去笨重的车架而使汽车轻量化,绝大多数轿车车身都采用承载式结构。

图 25-1 所示为轿车的承载式车身壳体。该车身如其他轿车车身一样,均没有明显的骨架,是由外部覆盖件和内部板件焊合而成的空间结构。其车身壳体的纵向承力构件有:前纵梁 24、门槛 17、地板通道 20、后纵梁 13、上边梁 7 和前挡泥板加强撑 22;横向承力构件有前座椅横梁 21、地板后横梁 14、前风窗框上横梁 4、前风窗框下横梁 3、后风窗框上横梁 6、后窗台板 8 和后围板 9;垂直承力构件有前立柱(A柱)18、中立柱(B柱)16、后立柱(C柱)10 等。车身主要板件有:前挡泥板 23、前地板 19、后地板 15、前围板 2、顶盖 5、后轮罩 12 和后翼板 11 等。上述构件和板件利用搭接、翻边等连接方式按先后顺序点焊组装成后地板总成、左右侧围总成、前地板与前围总成、顶盖等,最后拼装焊合成整个车身壳体。

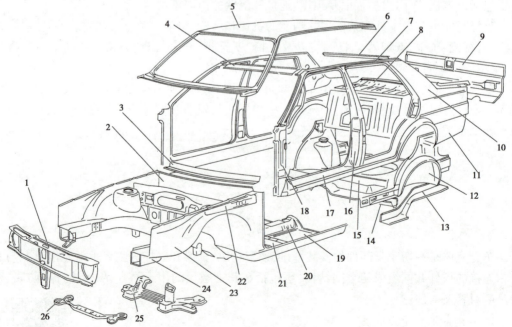

图 25-1 轿车的车身壳体

1-散热器框架;2-前围板;3-前风窗框下横梁;4-前风窗框上横梁;5-顶盖;6-后风窗框上横梁;7-上边梁;8-后窗台板;9-后围板;10-后立柱(C柱);11-后翼板;12-后轮罩;13-后纵梁;14-地板后横梁;15-后地板;16-中立柱(B柱);17-门槛;18-前立柱(A柱);19-前地板;20-地板通道;21-前座椅横梁;22-前挡泥板加强撑;23-前挡泥板;24-前纵梁;25-副车架;26-前横梁

现代轿车的承载式车身壳体前部都有副车架 25。在副车架上安装发动机、传动系统、前悬架和前轮,组合成便于装配和维修的整体。副车架与承载式车身前部的下面用弹簧橡胶垫连接,以隔离振动和冲击,提高车身的舒适性。

2) 车身下部结构

承载式车身地板总成是主要的承载构件,除了要承受行驶中的各种静、动载荷外,还要作为其他总成、零部件的定位基础。

图 25-2 和图 25-3 分别所示为轿车地板总成由前地板总成和后地板总成。前地板由单件钢板冲压成型,中间设有通道,以便布置排气管,在地板和通道上焊接左/右纵梁、通道加强件和左/右座椅横梁连接加强件,以提高地板的刚度和强度,提高乘客舱抵御碰撞的能力;后地板由单块钢板冲压成型,形状比较复杂,设有容纳备胎的空间。地板的结构充分考虑了碰撞安全性的要求,前地板以及后地板的前部做了充分的加强,以保证乘客舱具有良好的刚性,后地板的后部则具有适当的柔性,车身后部在受到较大撞击时可以变形,以吸收大部分冲击能量,保护乘客。

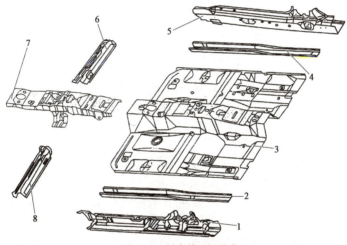

图 25-2 轿车前地板总成

1-左门槛;2-前地板左纵梁;3-前地板;4-前地板右纵梁;5-右门槛;6-右座椅下横梁;7-前地板通道加强件总成;8-左座椅下横梁

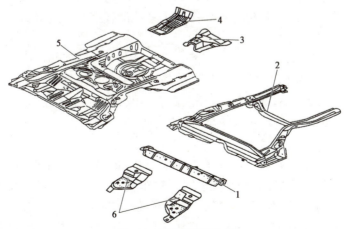

图 25-3 轿车后地板总成

1-后座椅下横梁;2-后地板骨架分总成;3-备胎加强件;4-千斤顶举升加强件;5-后地板;-6 安全带加强件

3）左右侧围

侧围指车体侧面由前支撑板、前支柱、中支柱、后支柱、后风窗支柱、顶盖侧梁、门槛外板以及后翼子板等组合而成的焊接框架，装配时作为独立的大总成与地板、前后围等焊接成一个整体。侧围总成下部与地板焊接，上部与车顶总成焊接，前部与前端骨架焊接，后部与后围板焊接，同时也是后悬架弹簧和减振器的安装点，以及车门和车门限位器的固定点。

图 25-4 所示为轿车侧围焊接总成，外侧围 1 采用 0.75mm 厚的整块钢板冲压成型，尺寸精度高，便于控制车门与周边零件的间隙，减少车门装配时的调整。为了满足造型、装配和强度的要求，外侧围形状复杂，设有不少翻边和加强筋，具有较好的刚度和强度。

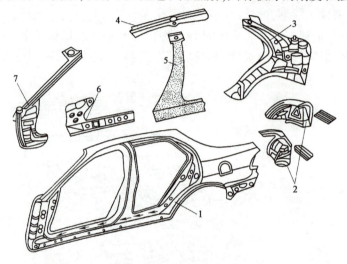

图 25-4　轿车侧围焊接总成

1-外侧围；2-后灯座；3-后侧围衬里总成；4-门楣分总成；5-中门柱衬里分总成；6-前门柱衬里/纵梁腹板；7-前门柱加强件

4）前围

如图 25-5 所示，前围前部两侧通过翼形连接板与前轮罩焊接固定，两侧的下边缘与前地板焊接，与倾斜的前地板（或中间隔板）一起形成发动机舱，并使发动机舱与驾驶室隔开，防止气味进入驾驶室，起隔音、隔热、隔振动的作用。水槽为凹槽形结构，供安装暖风机、蓄电池，也是为铺设发动机、底盘、电气设备等各个系统的线束。转向器支架起固定转向装置的作用。

5）后围

后围焊接总成包括后围上连接板、后围下连接板、后围加强板、锁销加强板和后围托架等零件。后围板为尾灯及后保险杠提供安装配合面及相应的安装孔，是车身骨架中承受横向载荷的主要部件。图 25-6 所示为轿车后围焊接总成。

6）顶盖

顶盖是车厢顶部的盖板，其作用除了避雨以外，还能够在汽车翻转时保护乘员安全，为此一般在顶盖下增加一定数量的加强梁。对于轿车车身的总体刚度而言，顶盖不是很重要的零件，这也是允许在车顶盖上开天窗的原因。顶盖还应能够和前、后窗框与支柱交接点平顺过渡，以求最好的视觉感和最小的空气阻力。顶盖内层敷设绝热衬垫材料，以阻止外界温度的传导及减少振动时噪声的传递。

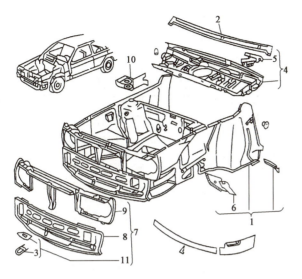

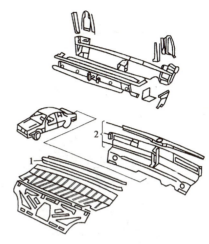

图25-5 车身前围零件

1-前围总成；2-前风窗下板；3-牵引钩；4-雨水收集器；5-转向器轴承支架；6-前围下板；7、8、9-前裙总成、下部、上部；10-蓄电池支架；11-垫圈

图25-6 轿车后围焊接总成

1-封闭板；2-后围板总成

3. 货车驾驶室和客车车身壳体结构

1）典型的驾驶室壳体结构

绝大多数货车驾驶室都是非承载式的结构，因为驾驶室只占汽车长度的一小部分，不可能采用承载式结构。驾驶室没有明显的骨架，由外部覆盖件和内部板件焊合成壳体，通过三点或四点弹性悬置与车架连接。图25-7所示为长头式货车驾驶室。平头式货车驾驶室与长头式货车驾驶室相比，除轮罩部结构差别较大外，其余基本相似。该驾驶室壳体的纵向承力构件有左门槛13和上边梁7；横向承力构件有前风窗框上横梁5、前风窗框下横梁4、后围上横梁8和地板后横梁10；垂直承力构件有左前立柱14和左后立柱11。驾驶室壳体主要板件有地板12、前围板2、前围上盖板3、前围侧盖板1、顶盖6和后围板9等。驾驶室壳体各个零件按预定的顺序点焊连接，最后由地板总成、后围总成、前围总成、顶盖等拼装焊合而成。

2）客车车身的壳体结构

客车车身具有规则的厢式形状，故多数有完整的骨架。在客车发展初期，其车

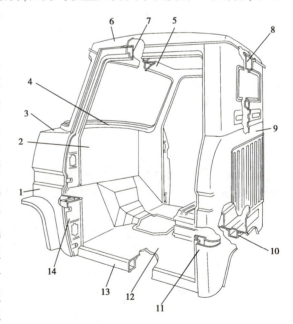

图25-7 货车驾驶室壳体

1-前围左侧盖板；2-前围板；3-前围上盖板；4-前风窗框下横梁；5-前风窗框上横梁；6-顶盖；7-上边梁；8-后围上横梁；9-后围板；10-地板后横梁；11-左后立柱；12-地板；13-左门槛；14-左前立柱

身通常由专业化车身厂生产,然后安装在现成的货车底盘车架上,故一般采用非承载式结构。这种结构的特点是便于在同一底盘上安装不同的车身。由于未能充分利用车身构架的承载作用,汽车质量过大就成为这种结构的显著缺点。

图25-8所示为半承载式客车车身结构,通常在客车专用底盘(其车架由两根前后直通的纵梁27与若干横梁10、23等组成)上将车架用若干悬臂梁25加宽并与车身侧壁刚性连接,使车身骨架也分担车架的一部分载荷。许多国产大、中型客车车身均采用这种结构形式。

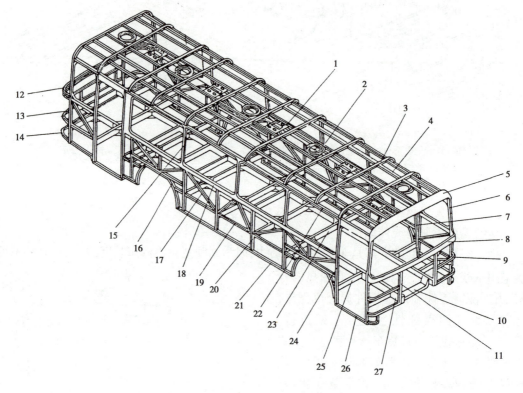

图25-8 典型的半承载式客车车身

1-顶灯底板;2-换气扇框;3-顶盖横梁;4-顶盖纵梁;5-前风窗框上横梁;6-前风窗立柱;7-前风窗中立柱;8-前风窗框下横梁;9-前围搁梁;10-车架前横梁;11-前围立柱;12-前风窗框下横梁;13-后围搁梁;14-后围裙边梁;15-侧围窗立柱;16-车轮拱;17-斜撑;18-腰梁;19-侧围搁梁;20-侧围立柱;21-侧围裙边梁;22-上边梁;23-车架横梁;24-门立柱;25-车架悬臂梁;26-门槛;27-车架纵梁

图25-9所示为承载式客车车身结构,其底架是薄钢板冲压或用型钢焊制的纵、横格栅,以取代笨重的车架。格栅是高度较大(约500mm)的桁架结构,因而车身两侧地板上只能布置座椅。而座椅下方高大的空间可做行李舱,故适用于大型长途客车。整体承载式车身结构的特点是所有的车身壳体构件(包括蒙皮)都参与承载,互相牵连和协调,充分发挥材料的潜力,使车身质量最小而强度和刚度最大。

二、车身板制零件

车身板制零件主要有散热器面罩、发动机舱盖、前翼子板、后翼子板、行李舱盖或后舱背门(两厢式汽车)等。

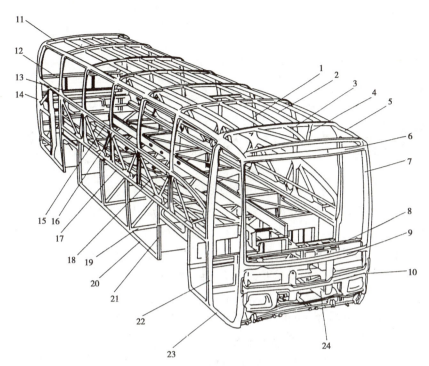

图 25-9 大型客车的承载式车身骨架

1-侧围立柱;2-顶盖纵梁;3-顶盖横梁;4-顶盖斜撑;5-上边梁;6-前风窗框上横梁;7-前风窗立柱;8-仪表板横梁;9-前风窗框下横梁;10-前围掬梁;11-后风窗框上横梁;12-后风窗框下横梁;13-后围加强横梁;14-后围立柱;15-腰梁;16-角板;17-侧围掬梁;18-斜撑;19-底架横格栅;20-侧围裙边梁;21-裙立柱;22-门立柱;23-门槛;24-底架纵格栅

1. 散热器面罩

散热器面罩是装在散热器外部的防护零件。其功用是保护散热器不受冲击,并为散热器和空调冷凝器提供足够的通风冷却面积。同时,散热器面罩应与整车造型协调一致,起重要的装饰作用。其结构外形及断面如图 25-10 所示。

从材料上看,散热器面罩主要有钢板冲压件、铝合金压铸件、塑料树脂件等几种。钢板冲压件工艺要求低、成本低,被载货汽车广泛采用,但其难以满足复杂的成型要求,所以很少使用在轿车上。铝合金压铸件曾在过去轿车散热器中广泛使用,能满足造型要求,加工装配精度也较高,但质量大、成本高,目前已逐渐被塑料件所取代。采用 ABS 树脂、PP 及聚酯树脂注射成型的散热器面罩在现代轿车中已广泛采用。

2. 发动机舱盖

发动机舱盖是最醒目的车身构件。对发动机舱盖的主要性能要求有隔热、隔音、质量轻、刚性强。发动机舱盖由内、外板组合而成,如图 25-11 所示。外板为空间曲面板,其外表形状与整车造型协调一致。内板为薄钢板,为增加发动机舱盖的整体刚度,内板经整体拉延后成型,筋条呈网络状布置。发动机舱盖可通过暗铰链与车身连接,它可绕铰链轴线转动,然后打开,并用支撑杆支撑。

发动机舱盖的功用

3. 前翼子板

前翼子板是车身上的大型覆盖件之一,一般由 0.6~0.8mm 高强度钢板拉延成型,表面形状由车身造型确定。在绝大多数轿车上,前翼子板是用螺钉与车身本体连接的,其后端通过中间板和前围支柱连接,侧面与发动机舱盖缝线处和挡泥板相连,前部和散热器框延长部分相连,左右前翼子板间也有连接板,如图 25-12 所示。

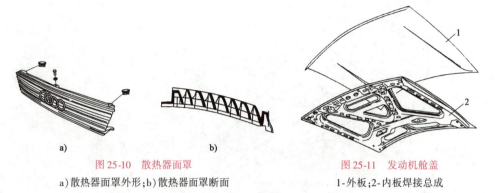

图 25-10 散热器面罩
a)散热器面罩外形;b)散热器面罩断面

图 25-11 发动机舱盖
1-外板;2-内板焊接总成

4. 行李舱盖

如图 25-13 所示,行李舱盖由内板、上外板、下内板三块钣金件构成,为减轻整车的质量,应尽可能选择拉延性能好的薄钢板。从结构上看,行李舱盖内板的形状较复杂,既有纵向肋,又有横向肋,同时还有斜向肋和环状肋。这是因为汽车的行驶工况是非常复杂的,单一方向的肋不能保证汽车在各种路面行驶时行李舱盖不发生变形。此外,整个行李舱盖的刚度必须接近车身后部的刚度,否则汽车在不平路面行驶时,某一部分变形大,而另一部分变形小,就会影响锁的正常使用及盖的密封性,并且也会产生噪声。

行李舱盖的结构

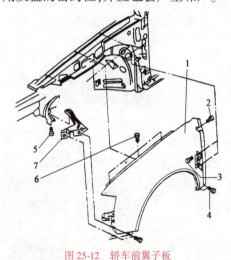

图 25-12 轿车前翼子板
1-翼子板;2、3-组合螺栓;4、5、6-螺栓;7-连接板

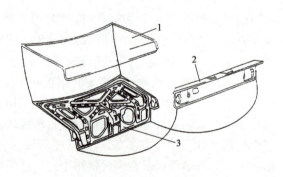

图 25-13 行李舱盖构成
1-行李舱盖上外板;2-行李舱盖下外板;3-行李舱盖内板

第二节 车门和车窗

一、车门

1. 车门结构

车门是车身上的一个独立总成,一般用铰链安装在车身上,通常由车门本体、附件和内

外装饰件组成。车门具备保证乘员上下车的方便性、行车中的安全性、良好的侧面视野、密封性及低噪声等方面的性能。

车门按其开启方法可分为：顺开式、逆开式、水平滑移式、上掀式、折叠式和外摆式等，如图 25-14 所示。

车门的结构

图 25-14　车门的形式

1-逆开式；2-顺开式；3-上掀式；4-水平滑移式；5-折叠式；6-外摆式

顺开式车门即使在汽车行驶时仍可借气流的压力关上，比较安全，故被广泛采用。逆开式车门在汽车行驶时若关闭不严就可能被迎面气流冲开，因而很少采用。水平滑移式车门的优点是车身侧壁与障碍物距离很小时仍能全部开启。上掀式车门广泛用于轿车及轻型客车的背门，有时也用于低矮的汽车。折叠式和外摆式车门广泛应用于大、中型客车。在有些大型客车上，还备有加速乘客撤离事故现场以及便于救援人员进入的安全门。

车门本体的骨架部分包括内板、外板、窗框和加强板等，如图 25-15 和图 25-16 所示。

车门外板一般用 0.6~0.8mm 厚的薄钢板冲压而成，其形状取决于车身侧围的造型和门框的尺寸，一般为空间曲面。通常在外板上冲制一些孔，用以安装外手柄、锁机构、装饰条等。车门内板是车门主要受力部件，大多数车门附件装在车门内板上，所以内板的形状复杂，厚度较外板厚，刚度、强度都较高，并且在一些重要位置还需焊上加强板。内板有整体冲压的，也有分块冲压后焊接成形的。内板和外板一般采用焊接并通过四周的咬合，形成封闭的区域，内装门锁和玻璃升降装置等。

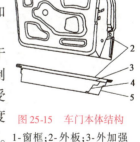

图 25-15　车门本体结构

1-窗框；2-外板；3-外加强板；4-加强板；5-车门内板

2. 玻璃升降器

玻璃升降器是车门主要附件之一，是调节门窗玻璃开度大小的部件，其功能是保证车窗玻璃平衡升降，门窗玻璃能随时并顺利开启和关闭，还应能使玻璃锁止在任意位置上。

玻璃升降器的组成

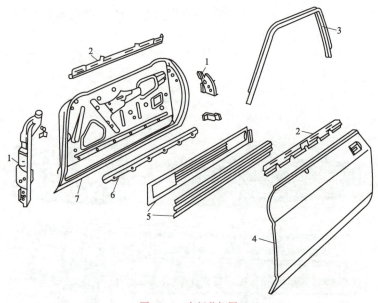

图 25-16 车门分解图

1-安装铰链和门锁的加强板;2-车门玻璃夹持板;3-窗框;4-门外板;5-加强板;6-玻璃升降导板;7-门内板

现代轿车广泛采用圆柱面的升降玻璃,通常采用齿轮齿扇交叉臂式和钢丝绳式两种玻璃升降器。图 25-17 所示为齿轮齿扇交叉臂式玻璃升降器。手柄 13 的转轴与齿轮相连接(连接方法如图 25-18 所示),带动相啮合的齿扇旋转。铆接在齿扇上的主动臂随齿扇一起转动,使玻璃升降。从动臂与主动臂成交叉状,起支撑作用。在齿扇轴上装有钟表发条状弹簧(又称平衡弹簧),用来平衡玻璃的重力。制动弹簧是玻璃升降器最重要的零件,可使玻璃停在任何位置而不会因玻璃的重力而下滑。平衡弹簧可抵消玻璃作用在齿扇轴上的大部分力矩,其余小部分由制动弹簧承受。

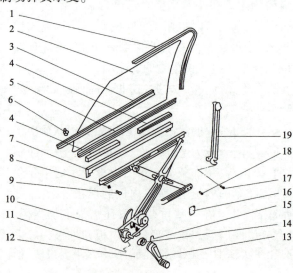

图 25-17 齿轮齿扇交叉臂式玻璃升降器

1-玻璃周边密封条;2-车门玻璃;3-窗台外密封条;4-托板橡胶条;5-窗台内密封条;6-卡片;7-玻璃托板;8-弹簧垫圈;9-螺钉(连接托板与玻璃升降器);10-玻璃升降器;11-弹簧垫圈;12-螺钉(固定玻璃升降器);13-手柄;14-座盖;15-卡簧;16-垫;17-螺钉(固定从动臂导板);18-螺钉(固定玻璃导轨);19-玻璃导轨

玻璃升降器的制动机构的结构和原理如图25-18所示。手柄转轴4支撑在外壳(制动鼓)1上。外壳1的内部安装有制动弹簧2。制动弹簧2的外径略大于外壳1的内径(事实上是撑在外壳1内,与外壳摩擦而形成制动力矩)。制动弹簧2的两头有钩状末端与转轴4的扇形缺口相对应。联动盘与齿轮铆接在一起并与手柄转轴同心。联动盘的凸销3位于制动弹簧的两个钩状末端之间。当乘员转动手柄时,手柄转轴4的扇形缺口抵住制动弹簧的钩状末端,使弹簧卷紧(直径缩小),此时制动弹簧与外壳的摩擦力大大减小,钩状末端又推动联动盘凸销3从而使齿轮转动。应特别指出,上述传动过程是不可逆的:当玻璃重力通过齿扇推动齿轮时,联动盘凸销3抵住制动弹簧2的钩状末端,有使弹簧直径增大的趋势,此时弹簧在外壳上撑得更紧,不能转动。

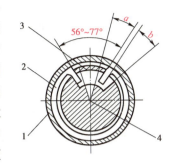

图25-18　玻璃升降器的制动机构
1-外壳(制动鼓);2-制动弹簧;3-联动盘凸销;4-手柄转轴

钢丝绳式玻璃升降器构造如图25-19所示,它是通过摇转手柄时驱动牵拉钢索,进而驱动玻璃托架移动。其动力传递路线为:摇手柄→小齿轮6→扇形齿轮7→钢绳卷筒4→钢丝绳2→运动托架3→玻璃升降。

钢丝绳式结构的优点有:手柄位置可以自由布置;钢丝绳的松紧度可利用张紧轮进行调节;结构简单、加工容易、体积小、质量小;由于玻璃装配在运动托架上,所以玻璃的质量重力线始终能与钢丝绳平行,玻璃升降过程均十分顺利。但由于这种升降器对自身倾斜没有保持能力,有必要设置玻璃导轨,如图25-20所示。

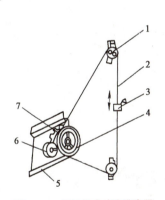

图25-19　钢丝绳式玻璃升降器
1-滑轮;2-钢丝绳;3-运动托架;4-钢丝绳卷筒;5-座板;6-小齿轮;7-扇形齿轮

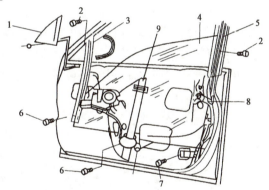

图25-20　有前、后导轨的钢丝绳式玻璃升降器
1-前门拐角保护;2-螺钉;3-前导轨;4-门窗玻璃;5-后导轨;6-螺栓;7-螺母;8-后下窗框;9-玻璃升降器总成

二、车窗

1. 风窗

汽车的前、后风窗通常采用有利于视野而又美观的曲面玻璃。多数现代轿车采用专门的黏合剂将前后窗粘贴,使之与车身壳体表面形成光顺连续的曲面以减小空气阻力。

图25-21所示的前风窗结构中,装饰条和密封条先组装在一起,然后在装到玻璃4的四周。由于密封条和装饰条是开口的,必须把它们接上,用橡胶圆条2插入密封条中。装饰条用接头3连接,然后装到玻璃4上。以上装好后,在玻璃的内表面沿周边12mm处涂以粘胶

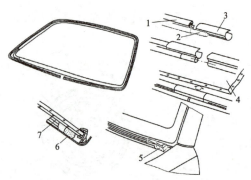

图 25-21 前风窗的组成

1-装饰条和密封条总成；2-橡胶圆条；3-接头；4-玻璃；
5-楔形胶块；6-粘胶；7-垫块

6，胶厚度为12mm。在风窗口的下边粘上四个垫块7，然后将玻璃4装到窗口上，施加一定的压力，下部正好压在垫块7上。为了防止玻璃下移，在玻璃的下边左右加上两个楔形胶块5。玻璃经过4~5h后便粘牢，楔形胶块5即可以卸掉。

2. 客车的侧窗

客车的侧窗可设计成上下开启式或水平移动式。侧窗玻璃采用茶色或带有隔热层可使室内保温并有安闲宁静的舒适感。具有完善的冷气、暖气、通风及空调设备的高级客车常常将侧窗设计成不可开启式，以提高车身的密封性。

3. 轿车的天窗

在现代轿车上，天窗越来越被广泛采用。天窗及其他车窗开启时可使汽车室内与外界连通，可接近敞篷车的性能，以便乘员在风和日丽的季节里充分享受明媚的阳光和新鲜的空气。天窗不但可以增加车内的光照度，而且也是一种较有效的自然通风装置。根据不同的需要，可把天窗部分或全部关闭，这样就形成了功能优异的全天候式车身结构。

天窗的结构如图25-22所示。带有隔热金属镀膜的玻璃2镶上钢制的边框，边框周边上装有密封条。整套装置由驱动电动机1通过驱动钢索4驱动，可使玻璃2翻开或者向后滑入汽车顶盖之内。如图25-22a)所示，当左右两侧的驱动钢索4将撑杆5的下端拉向前时，撑杆上端逐渐把玻璃2后部顶起从而使玻璃翻开；如图25-22c)所示，当驱动钢索拉动撑杆向后时，撑杆上端的销子下降并沿玻璃支架的槽向后拖动玻璃后部下沉，从而使之滑入顶盖之内。遮阳板3位于玻璃2的下面，可用手拉着前后移动，以阻隔从玻璃射入的阳光，同时也对室内起密封作用。

汽车天窗的工作过程

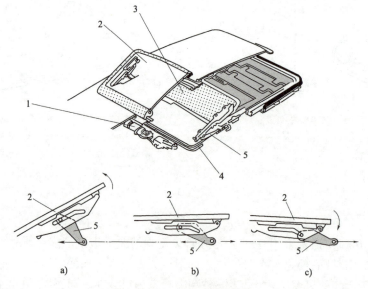

图 25-22 天窗的结构

a)玻璃翻开；b)正常关闭；c)玻璃向后滑动

1-驱动电动机；2-玻璃；3-遮阳板；4-驱动钢索；5-撑杆

第三节　车身附属装置及安全防护装置

一、空调系统

1. 通风装置

在汽车行驶时必须保证室内通风,所以通风装置可对汽车室内不断充入新鲜空气,排出混有尘埃、二氧化碳及其他来自发动机的有害气体。同时其还可将新鲜空气加热或降温,以保证车内温度适宜。此外,通风对于防止车窗玻璃起雾也很有益处。

1)动压通风方式

动压通风(自然通风)方式是利用汽车行驶时,车外空气对汽车产生的风压,通过进风口和排风口,实现通风换气。

进风口和排风口的位置(图 25-23)要根据汽车行驶时发生于车身表面上的风压分布状况和车身结构来确定。一般车身大部分是负压区,仅前风窗玻璃及前围上部等少部分正压区。在设置时要求进风口必须在正压区,排风口必须装在负压区,以便充分利用汽车行驶所产生的动压而引入大量的新鲜空气。动压通风方式不消耗动力,但空气在车内流过形成汽车行驶阻力。

图 25-23　进风口与排风口的位置

2)强制通风方式

采用动压通风方式进行换气时,汽车在静止和低速行驶时,通风量过小,故汽车也采用强制通风方式。强制通风是采用电动鼓风机强制车外新鲜空气进入车厢内的一种通风方式。

轿车均采用动压通风和强制通风相结合的方式,其通风装置与暖气装置、冷气装置等结合在一起而形成完整的空调系统。

2. 通风、暖风、冷气联合装置

现代汽车上都装有通风、暖气、冷气联合装置,或称为四季空调系统。如图 25-24 所示,在风机 10 的作用下,室外空气经由外部空气进口 1 进入系统,并经由空气过滤进口 8 而流经制冷装置的蒸发器 12 和暖气装置的散热器 17。系统的控制器可根据所需的温度指令控制分配箱 13 内部的各个阀门的开度,分别调节经由蒸发器 12 和散热器 17 的空气流量,然后将冷、热空气混合,以获得温度适宜的气流,再经由出风口 11、14、15 导入室内,在寒冷季节还可将热空气经由热空气出口 16 导向风窗除霜。

暖气装置的散热器 17 与发动机冷却系统的管道连接,可将流过的新鲜空气加热。

冷气装置制冷循环的工作原理为:在冷气压缩机 4 的作用下,制冷工质由储液罐 2 流出,经由高压管道 5 流经膨胀阀 7,在膨胀阀弹簧力的作用下,制冷工质的流动受阻滞(节流),压力下降,体积增大而变为气态,在蒸发器内蒸发;并同时吸收周围空气的热量,也即使流过的新鲜空气降温。流出蒸发器的气态制冷工质由管道 6 进入压缩机 4 而使其压力增加,体积缩小,再经由冷凝器 3 降温,被还原为液态,回到储液罐 2。

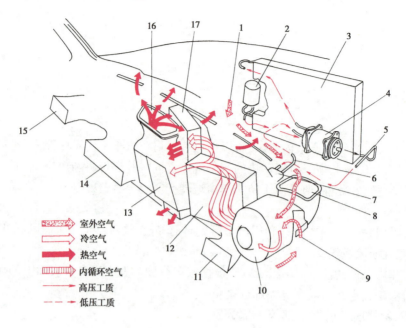

图 25-24 轿车的四季空调系统

1-外部空气进口;2-储液器;3-冷凝器;4-压缩机;5-高压管道;6-吸入管道;7-膨胀阀;8-空气过滤进口;9-内部循环空气进口;10-风机;11-右出风口;12-蒸发器;13-分配箱;14-中出风口;15-左出风口;16-除霜热空气出口;17-散热器

制冷工质应具有沸点低、制冷能力大、不可燃、无腐蚀作用、无毒等特点。传统的制冷工质常用二氟二氯甲烷(CCl_2F_2),又称氟利昂 12 或 R12。但是,该种制冷工质会破坏大气的臭氧层,危害人类的健康和生存环境,故近年来已经被无氟制冷工质 R134a(分子式为 CH_2F-CF_3)取代。

冷气装置的压缩机 4 的右侧装有带轮,由发动机曲轴通过传动带带动。当压缩机主轴与带轮之间的电磁离合器接合时,压缩机开始工作。

二、座椅

座椅的作用是支撑人体,使驾驶人操作方便和乘坐舒适。座椅由骨架、坐垫、靠背和调节机构等部分组成。

座椅骨架常由轧制型材(钢管、型钢)或冲压成型的钢板焊接而成。座椅和靠背的尺寸和形状应与人体相适应,以使人体与座椅接触的压力合理分布,保证乘坐舒适。为避免人体在汽车行驶时左右摇晃而引起疲劳,坐垫和靠背中部略为凹陷(有些座椅设计成簸箕形)并在其表面制成凹入的格线以提高人体的附着性能且改善透气性。

坐垫和靠背的覆饰材料应具有美观、强度高、耐磨、阻燃等性能。座椅面料采用富有弹性的针织布料能很好地适应座椅在人体重力作用下的反复变形。采用起毛织物可增加吸湿性和透气性,其原料以纯羊毛最好,但价格较高。真皮座椅价格虽高但耐用,适于高级轿车。普通座椅的面料通常采用人造革或连皮发泡塑料,以便于擦拭。

座椅和靠背的弹性元件应保证弹性特性适当。弹性元件分为金属和非金属两类。金属弹性元件由弹簧钢丝绕成螺旋状或 S 形,通常绷在座椅骨架上。非金属弹性元件广泛采用聚氨酯发泡塑料,在金属模子中发泡成坐垫或靠背芯子所需的形状,其密度、刚度、阻尼等都可按需要调配。

座椅调节机构的作用是改变座椅与驾驶操纵机构的相对位置以适应不同身材的驾驶人的需要。最基本的两种调节方式是座椅行程调节和靠背角度调节。行程调节装置可使座椅在左右两根滑轨6与4上前后移动(图25-25)。拉起手柄5可使移动的卡爪与固定的齿条脱开；手柄放松时，卡爪在复位弹簧作用下重新与齿条某个齿扣紧。靠背角度调节器9的内部有发条状弹簧、齿轮、卡爪等。发条状弹簧两端分别与坐垫和靠背相连，力图使靠背向前倾翻，装在靠背上的齿轮也随之翻转过相同的角度。扳动手柄8就可操纵装在坐垫上的卡爪扣住齿轮某个齿从而使靠背在所需的角度上定位。

最先进的座椅调节机构用微型电动机驱动，有十多种行程和角度调节方式(其中也包括调节转向盘倾角与后视镜倾角)。这种机构有调节按钮并有电子记忆装置，可记忆3个驾驶人所需的调节方式。驾驶人就座后，开动记忆装置就可操纵微型电动机按预先设定的位置迅速完成十多项调节。

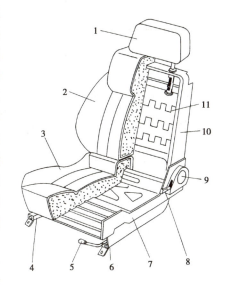

图25-25　驾驶人座椅

1-头枕；2-靠背芯子及蒙皮；3-坐垫芯子及蒙皮；4-右滑轨；5-行程调节手柄；6-左滑轨；7-坐垫骨架；8-调角手柄；9-靠背角度调节器；10-靠背骨架；11-S形弹簧

三、安全防护装置

安全防护装置是现代汽车结构的重要组成部分。在发生汽车碰撞事故时，安全防护装置能有效地减轻乘员的伤亡和汽车的损坏。

1. 车外防护装置

1) 车身壳体结构的防护措施

根据碰撞安全要求，车身壳体的正确结构应是：使乘客舱具有较大的刚度以便在碰撞时尽量减少变形，同时使车身的头部、尾部等其他离乘员较远的部位的刚度相对较小，在碰撞时产生较大的变形而吸收撞击能量。显然，若车身乘客舱按照汽车行驶时的载荷来设计，其刚度就显得不足，还需要进行局部加强。乘客舱较易加固的是前围板、地板等宽大的部件。门、窗孔洞的周边则是薄弱环节，但风窗立柱和中立柱的尺寸又不宜过大，只能在其内部贴上较厚的加强板。在汽车碰撞时，为避免整个乘客舱的构架产生剪切变形而塌陷，最重要的是加固门、窗框周边拐角部分，可在其上贴加强板或加大拐角的过渡圆角。

要使乘客舱获得必要的刚度，不能仅靠局部补强的方法，而应从整个车身结构来通盘考虑。众所周知，杆件或梁在弯曲时变形较大而在拉伸或压缩时变形较小。因此，车身客舱构件应合理布置，使之尽量不受弯曲载荷。在头部或尾部受碰撞时可通过倾斜构件将主要的碰撞力传向车身纵向构件，使之承受拉伸或压缩载荷。

为了使车身头部和尾部的刚度较小，可以在粗大的构件上开孔或开槽来削弱它，或者使构件在汽车碰撞时承受弯曲载荷——也即有意设计成折弯形或Z字形以便承受碰撞力时折叠并吸收冲击能量。

为使乘客舱侧面较强固以便承受较大的撞击力,车身门槛应较粗大,并用地板横梁将左右两根门槛连接起来共同受力。此外在车门内腔还设有防撞杆。

2) 保险杠及护条

汽车最前端和最后端都有保险杠,许多轿车左右两侧还有纵贯前后的护条。保险杠和护条的安装高度应符合规定,以便汽车相撞时两车的保险杠或护条能首先接触。

保险杠的防护结构应包括两部分,首先是减少行人受伤的保险杠软表层,由弹性较大的泡沫塑料制成;其次是可吸收一部分撞击能量的装置,有金属构架、全塑料装置、半硬质橡胶缓冲结构、液压或气压装置等。

车身侧面的护条以防止汽车相互刮擦为主,与行人接触的概率较小,一般由半硬质塑料或橡胶制成。

3) 汽车其他外部构件

根据事故统计资料,除了保险杠外,经常使行人受伤的构件主要有前翼板、前照灯、发动机舱盖、前轮、风窗玻璃等。这些构件不应尖锐和坚硬,最好是平滑又富有弹性。某些轿车的整个正面都用大块聚氨酯泡沫塑料制成,并将发动机舱盖顶面用软材料包垫,以提高安全性。

4) 行人保护系统

通过改变保险杠的材料、增加保险副杠、改变吸能块结构、改变保险杠的位置和形状、加大碰撞接触面积等措施,可以减轻碰撞时对行人下肢的伤害。通过增加碰撞深度、调整发动机舱盖的硬度和刚度、降低发动机舱盖前缘的刚度、调整翼子板支撑结构刚度等措施,可以减轻碰撞时对行人头部的伤害。近年来,在一些高级轿车上还采用了一些新型行人保护系统,包括采用前保险杠安全气囊、前风窗安全气囊以及在汽车发生碰撞时发动机舱盖能迅速弹起等措施。

2. 车内防护装置

汽车碰撞时,其速度迅速下降,而车内成员的身体由于惯性的作用仍以较大的速度向前冲,就有可能撞到前面的转向盘、仪表板、风窗玻璃上,引起伤亡。安全带和安全气囊是避免人体与前面的构件相撞的两种常用的防护装置。

1) 安全带

安全带是极有效的防护装置,可大幅度地降低碰撞事故时车内乘员的受伤率和死亡率,其效能已被国内外大量使用实践所证明。

图 25-26 所示为最常用的三点式安全带的各个组成部分。带子由结实的合成纤维织成,包括斜跨前胸的肩带 3、绕过人体胯部的腰带 5。在座椅外侧和内侧地板上各有 1 个固定点 7 和 8,第三个固定点 1 位于座椅外侧支柱上方。带子绕过上方固定点的环状导向板 2,伸入车身立柱内腔并卷在立柱下部的收卷器 6 内。乘员胯部内侧附近有一个插扣,由插板 10(松套在带子上)和锁扣(与内侧地板固定点相连)两部分组成。该两部分插合后即可将乘员约束在座椅上。按下插扣上的红色按钮就可解除约束。

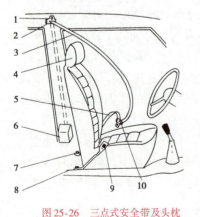

图 25-26 三点式安全带及头枕

1-外侧上方固定点;2- 导向板;3- 肩带;4- 头枕;5-腰带;6-收卷器;7-外侧地板固定点;8-内侧地板固定点;9-锁扣;10-插板

收卷器有好几种结构形式,功能较完备的是紧急锁止式收卷器(ELR)。该种结构在正常情况下,安全带对人体上部并不起约束作用。当乘员向前弯腰时,带子可从收卷器 6 经由上方固定点的导向板 2 被拉出;而当乘员恢复正常坐姿时,收卷器又会自动把多余的带子收起,使带子随时保持与人体贴合。但在紧急情况下(即汽车减速度超过 0.7g 或车身侧倾角超过 12°时),收卷器会将带子卡住从而对乘员产生有效的约束。

2)气囊系统

气囊系统通常称为辅助约束系统(SRS),可与安全带一起对前排乘员提供有效的保护。对于未佩戴安全带的乘员,气囊系统的防护作用是极为有效的;而对于佩戴安全带的乘员,气囊系统可以有效地减轻头部的受伤。近年来,有些汽车为了提高其安全性,还设置了侧面气囊系统。

汽车碰撞的过程极短(从开始接触到汽车变形终止,大约只有 0.1s),驾驶人撞到转向盘的时间比 0.1s 更短,因此要求气囊系统必须在更加短促的时间内(0.05s)从触发至完全充气展开,填补驾驶人至转向盘的空间,以对人体起到缓冲作用。

气囊系统如图 25-27 所示,包括传感器 1、2、3 组成的传感器判断系统、气体发生器 5 和气囊 6 等部件。气囊 6 平时折叠在转向盘毂内(副驾驶人的气囊折叠在右侧仪表板内),气体发生器 5 连接在气囊的根部。传感器判断系统可判定碰撞强烈程度(一般限值是:汽车的减速度超过 16g),以决定是否向气体发生器发出点火指令。

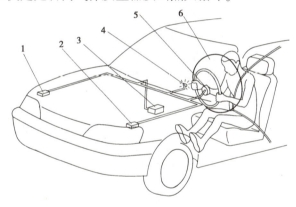

图 25-27 气囊系统

1-右前方传感器;2-左前方传感器;3-中央传感器总成;4-气囊指示灯;5-气体发生器;6-气囊

气囊采用氮气填充,由叠氮化钠等气体发生剂燃烧产生。叠氮化钠燃烧时与氧化铁(或氧化铜)产生化学反应,生成氧化钠和铁(或铜),析出氮气,化学反应的时间极短,可说是一个爆发过程。气体发生器 5 如圆盒状,其中心装有引燃器和点火剂,周围是填充气体发生剂的燃烧室,燃烧产生的大量氮气由冷却层降温,继而经由过滤层滤去残渣并控制流动,进入气囊。美式气囊的容积为 50~80L,副驾驶人气囊容积为 120~160L,欧式气囊的容积比美式气囊容积小些。气囊底部开有两个卸压孔,在人体向前冲并埋入气囊时,氮气开始通过卸压孔排出,以缓和对人体的冲击力,并避免剧烈反弹。

3)头枕

头枕 4(图 25-26)是在汽车后部受撞击时限制人的头部向后甩动的安全装置,这样可避免颈椎受伤。严重的颈椎挫伤可能使其内部神经(脊髓)受损,将导致颈部以下全身瘫痪(高位截瘫)。

4）安全玻璃

汽车正面或侧面受撞时，乘员头部往往撞击风窗玻璃或侧窗玻璃而受伤，并且玻璃碎片还会使脸部或眼睛受伤。

目前在汽车上广泛应用的安全玻璃有 钢化玻璃 和 夹层玻璃 两种。钢化玻璃是在炽热状态下使其表面骤冷收缩，从而产生预应力的强度较高的玻璃（其落球冲击强度是普通玻璃的 6～9 倍）。普通夹层玻璃有 3 层，总厚度约 4mm，其中间层厚度为 0.38mm。汽车用的夹层玻璃中间层则加厚一倍，达 0.76mm。具有较高的冲击强度，称为高抗穿透（HPR）夹层玻璃。国产的车用夹层玻璃中间层材料通常采用韧性较好的聚乙烯醇缩丁醛。

钢化玻璃受冲击损坏时，整块玻璃出现网状裂纹，脱落后分成许多无锐边的碎片。HPR 夹层玻璃受冲击损坏时，内、外层玻璃碎片仍黏附在中间层上。中间层韧性较好，在承受撞击时拱起从而吸收一部分冲击能量，起缓冲作用。大量事故调查表明，HPR 夹层玻璃的安全性优于钢化玻璃，故现代汽车的前风窗应尽量采用这种玻璃。

5）门锁与门铰链

现代汽车的门锁与门铰链应有足够的强度，能同时承受纵、横两个方向的冲击载荷而不致使车门开启，避免了乘员被甩出车外而受重伤或死亡的危险。此外，在事故后，门锁应不失效而使车门仍能被打开。旧式的舌簧式、钩簧式、齿轮转子式等门锁不能承受纵向载荷，已被淘汰，而能同时承受纵、横向载荷的转子卡板式门锁，则被广泛采用。

6）室内其他构件

车身内部一切可能受人体撞击的构件都不应有尖角、凸棱或小圆弧过渡的形状，而且车身室内广泛采用软材料包垫。室内软化不仅是为了满足舒适性的要求，更重要的还是为了满足安全性的要求。

第二十六章　汽车仪表、照明及附属装置

第一节　汽车仪表

为了使驾驶人能够掌握汽车及各系统的工作情况,在汽车驾驶室内的仪表板上装有各种指示仪表、指示灯及各种报警信号装置。

汽车上常用的仪表有车速/里程表、发动机转速表、燃油表、机油压力表、冷却液温度(水温)表等,它们通常与各种信号灯一起安装在仪表板上,称为组合仪表。图 26-1 为轿车组合仪表板组成示意图。

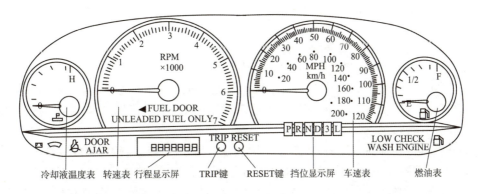

图 26-1　轿车组合仪表板组成示意图

一、车速/里程表及车速报警装置

车速/里程表是由用来指示汽车瞬时行驶速度的车速表和记录汽车行驶总里程和短程里程的里程表组成,有磁感应式和电子式两种。车速表和里程表通常安装在一个共同的壳体中,并由同一根轴驱动或使用同一个传感器。

1. 电子式车速/里程表

电子式车速里程表由车速/里程表传感器、信号处理电路、车速表和里程表组成,如图 26-2 所示。

(1)车速/里程表传感器。安装在组合仪表内,由变速器经软轴驱动,汽车行驶时它产生正比于汽车行驶速度的信号。它由具有一对或几对触点的舌簧开关和转子组成,如图 26-3 所示。转子的外缘具有由永久磁铁形成的四对磁极,汽车运行时转子旋转,磁极交替地在舌簧开关的触点旁边扫过,使舌簧开关的触点交替地开、闭,并输出与车速成比例的脉冲信号,输入电子电路,转换为汽车运行速度和行驶里程。

信号处理电路由单稳态触发电路、恒流电路、64 分频电路、功率放大电路以及电源稳压等电子电路组成。汽车运行时,它将车速传感器输入的脉冲信号,整形和处理转变为电流信

号,并加以放大,以驱动车速表指示车速;同时它还将脉冲信号经分频和功率放大,转变为一定频率的脉冲信号,以驱动里程表中步进电动机的轴转动,记录汽车的行驶里程。如图 26-2 所示的电路中,可调电阻 R_1、电容 C_1 用于调整仪表的精度,电阻 R_2 可以调节仪表的初始工作电流,电阻 R_3、电容 C_3 用于电源滤波。

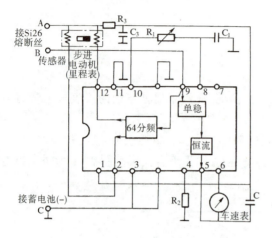

图 26-2 电子式车速/里程表电路示意图
A-接 12V 直流电源正极;B-接车速/里程表传感器;C-搭铁

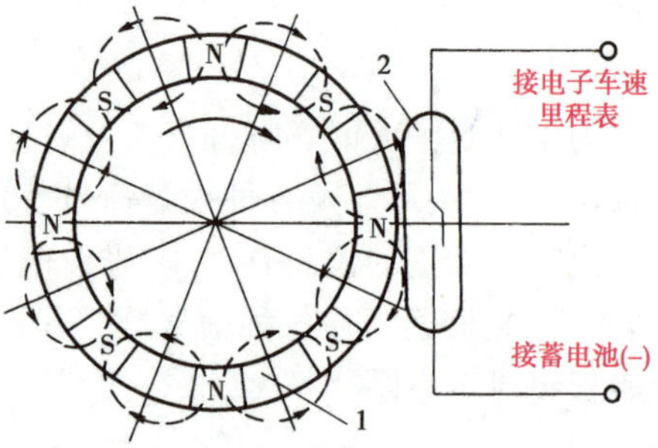

图 26-3 车速/里程表传感器
1-转子;2-舌簧开关

（2）车速表。以一个磁电式电流表作为指示表。汽车以不同的车速运行时,信号处理电路将车速传感器输入的脉冲信号,转变为与车速成比例的电流信号,使电流表的指针偏转,指示出相应的车速。

（3）里程表。由步进式电动机、六位十进制计数器及内传动齿轮等组成。汽车运行时车速传感器输出的脉冲信号,经信号处理电路分频和功率放大,转变为一定频率的脉冲信号,作用于步进电动机的电磁线圈。步进电动机将这一脉冲信号转变为角位移信号,使电动机轴转动,驱动里程表十进制计数器的六个计数轮依次转动,记录汽车行驶的总里程和单程行驶里程。当需要消除短程里程时,只需按一次复位杆,短里程表就会归零。

2. 车速报警装置

为了保证行车安全,一些车型的车速表电路中装有速度音响报警装置。当汽车行驶速度达到或超过某一限定车速(例如 100km/h)时,车速表内的速度开关接通蜂鸣器的电路,蜂鸣器发出声响提醒驾驶人车速已超过限定值。图 26-4 为车速报警装置电路原理示意图。

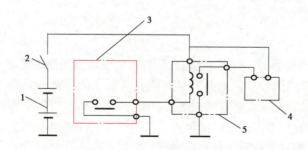

图 26-4 车速报警装置电路原理图
1-蓄电池;2-点火开关;3-车速表;4-蜂鸣器;5-继电器

二、发动机转速表

发动机转速表可以直观地显示发动机的转速,是发动机工况信息重要的指示装置,便于驾驶人选择发动机最佳的速度范围,把握好车速换挡时机,充分利用经济车速等。

发动机转速表的功用

电子式发动机转速表有汽油机用和柴油机用两种类型。前者的转速信号来自点火系统的脉冲电压,后者的转速信号来自曲轴传感器。电子式发动机转速表的电路形式也有多种,图 26-5 为一种典型的发动机转速表原理示意图。

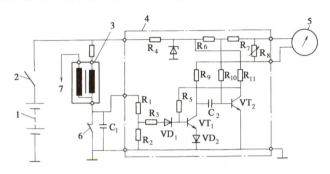

图 26-5 电子式发动机转速表原理示意图

1-蓄电池;2-点火开关;3-点火线圈;4-信号处理电路;5-转速指示表;6-继电器;7-至点火电路

发动机转速表实际上是一个毫安表。发动机工作时,点火系统的初级电路不断地接通和断开,当初级电路被断开时,初级电流迅速下降到零,由于自感的作用在初级绕组中产生一个正向的脉冲信号(自感电动势),作用于分压器 R_1、R_2 的两端,并经电阻 R_3 和二极管 VD_1 作用于三极管 VT_1 的基极,使 VT_1 饱和导

发动机转速表的工作原理

通,串联在 VT_1 集电极电路中的发动机转速表 5 中流过一定的电流。VT_1 导通时集电极电位的负跳变,通过电容 C_2 作用于三极管 VT_2 的基极,使 VT_2 截止。VT_2 截止时集电极电位跃升到接近电源电位,并经正反馈电阻 R_5 作用于三极管 VT_1 的基极,使 VT_1 更可靠地导通。VT_1 导通时,电源经电阻 R_4、R_6、R_{10} 向电容器 C_2 充电,当 C_2 充电到电压达到 VT_2 的门限电压时,VT_2 导通。VT_2 导通时集电极电位降低的信号,也经正反馈电阻 R_5 作用于三极管 VT_1 的基极,使 VT_1 截止,转速表中的电流中断,电路恢复到原始状态,当下一个点火脉冲到来时,转速表中又有一个脉冲电流通过,可见发动机工作时,在转速表中通过一系列的脉冲型方波电流,电流的平均值与发动机转速成正比。

目前,一些车型上使用的发动机转速表,采用专用集成电路芯片实现信号的采集和处理,芯片的体积很小可以安装在转速表内。

BCS215 芯片集成电路就是专用转速测量电路,其内设置有电源稳压及温度补偿环节,使之特别适用于电源波动大、温湿度变化大的恶劣环境。

图 26-6 所示为最高频率为 10kHz 的 BCS215 芯片集成发动机转速测量电路。转速信号由 BCS215 芯片 2 端接入;3 和 4 端外接电阻、电容定时网路;5 端接速度显示表(毫安表),毫安表并联电容为吸波电容,以减弱指针的抖动;6 端外接调整电阻,以改变驱动表头线圈电流;电源端对地接 47μF 去耦电容。

测量转速时,由分电器或测速传感器送出发动机转速信号,由信号输入电路送 BCS215

内施密特整形电路,信号波形经整形后送单稳电路处理一定脉宽的脉冲波,再经输出级驱动电路放大后,输出具有一定脉宽和幅值的矩形波电流。此矩形波电流的平均值与输入的转速信号的频率成正比,因此电流直接驱动毫安表头指针偏转,指示出发动机相应的转速。

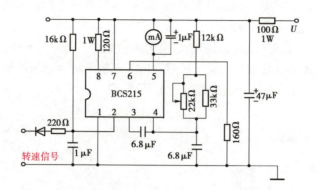

图26-6　BCS215集成电路转速表实用电路

一般发动机的转速表上都有红色警戒区,当转速表指针指到红色警戒区时,应放松加速踏板,以免损伤发动机机件;对于电喷发动机,其ECU则能自动切断喷油器供油而阻止发动机转速上升,直到恢复正常转速后便会继续供油。

三、燃油表及燃油过低油面报警装置

燃油表是用来指示汽车燃油箱内的存油量。它由燃油指示表、油面高度传感器以及电源稳压器等组成。常用的燃油指示表有<u>电热式、电磁式、电子集成式</u>等不同形式。图26-7为电热式燃油表示意图,其油面高度传感器为可变电阻式,由可变电阻器和与可变电阻器滑动臂相连的浮子组成,安装在燃油箱内。浮在油面上的浮子,在随油面高度的变化而改变自身位置的同时,带着可变电阻的滑动臂连同触点在电阻器上滑动,改变串联在燃油表电路中的电阻值。

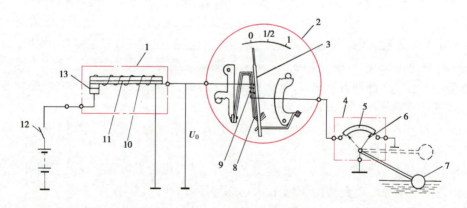

图26-7　电热式燃油表示意图

1-电源稳压器;2-燃油表;3-指针;4-油面高度传感器;5-可变电阻;6-滑动触点;7-油面高度传感器浮子;8、11-双金属片;9、10-加热线圈;12-点火开关;13-触点

接通点火开关,蓄电池的电流经电源稳压器1、燃油指示表的加热线圈9、油面高度传感器的可变电阻5、可变电阻器的滑动触点6和滑动臂搭铁,流回蓄电池负极。经过加热线圈

9 的电流使双金属片 8 受热变形,并带动燃油指示表的指针 3 偏转一定的角度。当燃油箱中充满油时,油面最高,浮子处于最高位置,滑动触点 6 位于可变电阻的左端,串入燃油表电路中的电阻最小,流过加热线圈 9 中的电流最大,双金属片 8 的变形量也最大,燃油指示表的指针向右偏转指在刻度"1"上。随着油箱中油面降低,浮子下移,可变电阻的滑动触点右移,燃油表电路中的电阻增大、电流减小,双金属片变形量小,指针指向油量较低的位置。油箱内无油时,燃油表电路中电阻最大,电流最小,指针指在"0"刻度上。

为了保证燃油表读数的精度,使指针指示位置只与燃油箱中的存油量有关,不受电源电压的影响,则在电路中接有双金属触点式电源稳压器 1,在电源电压波动时起稳压作用。

稳压作用的原理是:不工作时稳压器的双金属触点 13 闭合。接通点火开关,蓄电池的电流通过双金属触点后分成两条支路,一路经双金属片、燃油指示表、油面传感器搭铁流回蓄电池负极;另一路经加热线圈 10 直接搭铁,此时稳压器的输出电压为蓄电池的电压。流过加热线圈 10 的电流,使双金属片受热变形,左端逐渐向上翘曲,经过一定时间后触点 13 分开,稳压器输出的电压变为零,切断了燃油指示表和加热线圈 10 的电路。由于加热线圈的电流中断,温度降低,双金属片逐渐冷却复原,触点重新闭合,燃油表的电路又被接通,经过一定时间后触点再分开。如此反复,触点不断地开闭,稳压器输出脉冲的方波电压,使供给燃油表的电压维持为平均值 U_0。当电源电压升高时流过加热线圈的电流增大,双金属片的温度迅速升高,经过较短的时间触点即被分开,而触点分开后又需要较长的时间才能再次闭合。由于触点闭合时间缩短、分开时间延长,虽然电源电压升高,但稳压器输出电压的平均值并未改变,即仍维持为平均电压 U_0。反之,当电源电压降低时,虽然流过稳压器加热线圈的电流减小了,但由于触点闭合的时间延长,分开的时间缩短,稳压器输出的平均电压仍保持稳定。

图 26-8 为电磁式燃油表结构与工作示意图。燃油指示表内装有左、右两个线圈,转子 5 与指针相连,并位于两个线圈之间,油面传感器也采用可变电阻式传感器。

接通点火开关,电源的电流经左线圈后分为两条支路,一路经右线圈后搭铁,另一路经油面传感器的可变电阻搭铁。两个线圈中均有电流通过,并在两个线圈的周围产生磁场,转子 5 连同指针在两个线圈磁场的作用下偏转,处于合成磁场的方向,指针指向燃油表的某一刻度。油箱中油面高时,油面传感器的电阻大,流过左线圈的电流小,产生的磁场弱,在合成磁场的作用下指针指向油面高的刻度。反之,油面低时,流过左线圈中的电流大、磁场强,转子在合成磁场的作用下偏转,指针指向油面低的刻度。

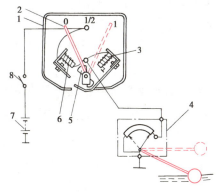

图 26-8 电磁式燃油表示意图

1-燃油指示表;2-指针;3-右线圈;4-油面传感器;5-转子;6-左线圈;7-蓄电池;8-点火开关

电子式燃油表可以用两块 LM324 及相应的测试、显示电路组成,如图 26-9 所示。油位测试仍采用浮筒式可变电阻传感器,在电路图中以 R_x 表示,显示器采用发光二极管色灯显示,如图 26-9 中的 $D_1 \sim D_7$。

在图 26-9 中,燃油液位传感器 R_x 输出端 A 点的电位经 R_{17}、$R_9 \sim R_{13}$ 接 LM324 各运放的

反相输入端;电阻 R_{15} 与稳压管 D_8 接成串联稳压电路,为各运放同相输入端提供基准电压;电容 C 与电阻 R_{16} 组成延时电路,使油位显示不受汽车行驶时油箱中燃油晃动的影响。

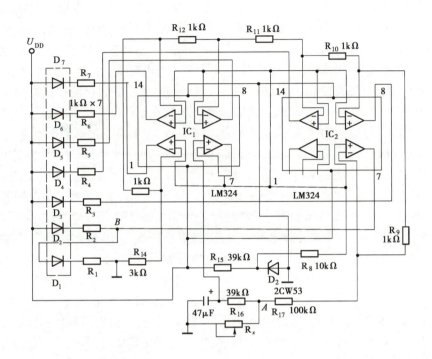

图 26-9 电子集成式燃油表

当油箱中为满箱油时,传感器 R_x 的电阻最大,其输出端 A 点的电位最高,各运放输出低电平,此时各绿色发光二极管 $D_2 \sim D_7$ 全亮。由于 B 点为低电平,因而发光二极管 D_1 灭,表示为满箱油。随着油箱中的燃油逐渐减少,发光二极管 D_7、D_6……依次熄灭,油位越低,绿色发光管点亮得越少。当油箱无油时,传感器 R_x 的电阻最小,其输出端 A 的电位最低,各运放输出端均为高电平,6 只绿色发光管 $D_2 \sim D_7$ 全熄灭。此时 B 点为高电平,因而红色发光二极管 D_1 点亮,表示油箱无油,并警示驾驶人。

燃油过低油面报警装置在燃油箱内的燃油量少于某一规定值时,发出报警信号,以引起驾驶人的注意。图 26-10 为由热敏电阻式传感器、报警灯、继电器等组成的燃油过低油面报警装置示意图。

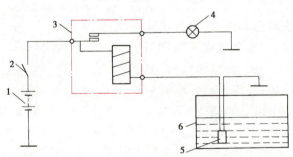

图 26-10 燃油过低油面报警装置
1-蓄电池;2-点火开关;3-继电器;4-报警灯;5-传感器(热敏电阻);6-燃油箱

接通点火开关,蓄电池的电流经继电器的线圈流过传感器5的热敏电阻,热敏电阻被加热,温度升高。当燃油箱的油面高于规定值时,由于热敏电阻全部浸泡在燃油中所产生的热量被燃油吸收,其温度低、电阻值大,流过继电器线圈的电流小,继电器触点保持断开状态,报警灯不亮。当油面下降到低于规定值时,传感器的热敏电阻露出油面,由于散热慢,其温度升高,电阻值减小,使流过继电器线圈的电流增大,继电器的触点闭合,报警灯点亮,以提醒驾驶人燃油储量不足。

四、机油压力表、机油压力报警装置和油压指示系统

1. 机油压力表

机油压力表是用来在发动机工作时,指示发动机润滑系统主油道中机油压力的大小,由油压指示表和油压传感器组成。机油压力指示表安装在仪表板上,机油压力传感器安装在发动机主油道或机油粗滤器上,两者通过导线相连。常用机油压力表有双金属式油压表和双金属式油压传感器、电磁式油压表和电阻式油压传感器等不同类型,其中以双金属式油压表应用较为广泛。图26-11为双金属式机油压力表和传感器示意图。

机油压力表的功用

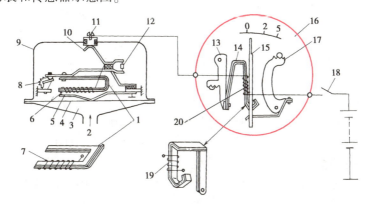

图26-11 双金属片式机油压力表

1-双金属片;2-接发动机主油道;3-油腔;4-膜片;5-弹簧片;6-触点;7、20-加热线圈;8、13、17-调整齿扇;9-油压传感器;10-接触片;11-接线柱;12-校正电阻;14-双金属片;15-指针;16-油压指示表;18-点火开关;19-弹簧片;20-加热线圈

双金属式油压传感器膜片4的下方与发动机主油道相连,弯曲的弹簧片5顶压在膜片的上方,弹簧片的一端与壳体相连并搭铁。弹簧片的另一端焊有触点6,并与双金属片1上的触点保持接触。双金属片1上绕有与其绝缘的加热线圈7,加热线圈由电阻丝绕成,在工作时可以使双金属片受热变形。其一端直接与双金属片相连,另一端经接触片10、接线柱11接机油压力指示表。油压指示表的双金属片14一端固定在调节齿扇13上,另一端与指针15相连,其上绕有加热线圈20。

接通点火开关,蓄电池的电流经油压指示表的加热线圈20、油压传感器的接线柱11、接触片10后分成两路,一路经校正电阻12、双金属片1、触点6和弹簧片5搭铁,另一路经加热线圈7、触点6、弹簧片5搭铁流回蓄电池负极。流过加热线圈20和7的电流将使双金属片受热变形。双金属片1受热将向上弯曲,使触点6有分开的趋势。

当油压比较低时,油压传感器膜片4下方的压力小,变形量也小,作用于触点6的压力很小,电路接通后经很短时间,触点6便分开使油压表的电路切断。电流中断后,双金属片6

逐渐冷却,经过一定时间后复原,触点重新闭合,电路又被接通。如此,触点以 5～10 次/min 的频率不断地开闭,使油压指示表 16 的加热线圈 20 中流过一定大小的脉冲电流。由于油压低,触点闭合的时间短,电流中断时间长,流过加热线圈 20 的平均电流小,双金属片 14 的变形量小,指针偏转的角度也小,指针指向油压低的位置。

当油压升高时,油压传感器的膜片受压向上拱曲,作用于触点 6 的压力增大,只有在双金属片温度更高、变形量更大时,触点才能分开。因此,触点闭合时间延长,流过加热线圈 20 的平均电流增大,双金属片 14 的变形量大,指示表的指针偏转较大的角度,指向油压高的位置。

2. 油压报警装置

在某些装有油压表的车辆上,还装有机油压力报警灯,当机油压力降低到低于正常值时,报警灯点亮,向驾驶人发出报警信号。它由安装在仪表板上的机油低压报警灯和安装在发动机主油道上的油压报警传感器组成。图 26-12 为膜片式机油压力报警传感器结构示意图。

当发动机润滑系统主油道中的机油压力低于正常值的下限时,橡胶膜片 4 下方的压力低,导电弹簧 10 的张力使橡胶膜片 4 向下拱曲,并使导电弹簧座 7 下移与限止圈 5 接触而搭铁,于是仪表盘上的机油低压报警灯的电路被接通而点亮,驾驶人应及时检查润滑系统的工作并排除故障。

当油压达到正常值时,橡胶膜片向上拱曲,通过绝缘顶杆向上压缩弹簧,使弹簧座与限止圈脱开,切断了报警灯的电路,机油低压报警灯熄灭,表明机油压力正常。

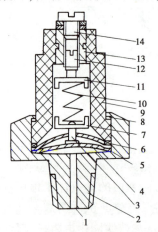

图 26-12 油压报警传感器

1-燃油入口;2-壳体;3-顶杆;4-橡胶膜片;5-限止圈;6-密封圈;7、11-导电弹簧座;8-垫圈;9-绝缘盖体;10-导电弹簧;12-调整螺钉;13-铜螺母;14-接线螺钉

目前,有些车辆采用油压与冷却液温度集成式电子指示报警系统,如图 26-13 所示,它由四运放 LM339 芯片与测试及显示电路组成。油压指示报警系统由安装在发动机主油道上的油压传感器 W_2,取样电阻 R_{18} 和 R_{21}、运放 1、基准电压分压电阻 R_{10} 和 R_{17},以及电喇叭、红色发光管显示器组成。油压测试时,油压传感器 W_2 输出脉冲信号经 R_{21} 给运放 1 的反向输入端,分压器 R_{10}、R_{17} 给运放 1 同相输入端提供基准电压。油压过低时,传感器接触电阻 W_2 大、输出电压高,运放 1 输出低电平,通过 R_{22} 和红色发光管和支路电流大。同时,晶体管 T 导通,电喇叭发出呼叫声,以示报警。当油压升高时,传感器接触电阻 W_2 减小,输出电平降低。当运放 1 输出端由低电平转为高电平时,晶体管 T 截止,电喇叭停止呼叫。此时流过 R_{22} 和发光管的支路电流截止,红色发光二极管也不点亮,表示油压正常。

电子冷却液温度指示报警系统则由装在发动机水套内的冷却液温度传感器 W_1,取样电阻 R_{11}、R_{12},运放 2、3、4,基准电压分压电阻 R_{12}～R_{15} 及黄、绿、红发光管冷却液温度显示器组成。冷却液温度测试时,冷却液温度传感器 W_1 经电阻 R_{22} 向运放 2、3、4 反相输入端提供待测电压,分压器 R_{12}～R_{15} 串联向运放 2、3、4 同相输入端提供基准电压。当运放的反相输入端电位高于同相输入端电位时,该运放输出低电平,接于其输出端的发光二极管点亮。

黄、绿、红三色二极管分别对应于40℃、85℃、90℃时的冷却液温度刻度值,黄灯亮表示发动机冷态安全起动温度,绿灯亮表示发动机工作温度正常,红灯亮表示发动机温度上升至过高,以示警告。

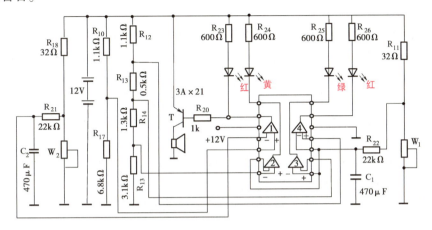

图 26-13　汽车油压、冷却液温度指示报警系统电路原理图

五、冷却液温度表及冷却液温度报警装置和冷却液不足报警器

1. 冷却液温度表

用来指示发动机冷却水套中冷却液的温度,由安装在仪表板上的冷却液温度指示表,安装在发动机汽缸盖上的冷却液温度传感器以及与燃油表共用的电源稳压器等组成。常用的冷却液温度表有电热式、电磁式和电子式三种类型,其中电热式冷却液温度表应用较多。电热式冷却液温度表由电热式冷却液温度指示表和热敏电阻式冷却液温度传感器组合而成(图 26-14)。

冷却液温度表的功用

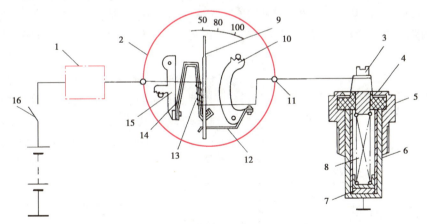

图 26-14　电热式冷却液温度表原理示意图

1-电源稳压器;2-冷却液温度指示表;3-接线螺钉;4-冷却液温度传感器;5-壳体;6-铜管;7-热敏电阻;8-导电弹簧;9-指针;10-调节齿扇;11-接线柱;12-弹簧片;13-加热线圈;14-双金属片;15-调节齿扇;16-点火开关

冷却液温度指示表与电热式燃油表的结构和原理相同,只是表面上的刻度不同。

热敏电阻式温度传感器内装有负电阻温度系数的热敏电阻7,其特性是温度升高时电阻值减小。因此,它可以将冷却液温度的变化,转变为电阻值的变化,从而改变流过冷却液温度指示表加热线圈中的电流,使指针偏转指示出冷却液温度的高低。当冷却液温度低时,热敏电阻的电阻值增大,使流过冷却液温度指示表的电流减小,指针指向低温;冷却液温度升高时热敏电阻的电阻值减小,使流过冷却液温度指示表的电流增大,指针偏转较大的角度,指向高温。

冷却液温度表工作时,也由电源稳压器稳定电源电压,以保证冷却液温度表的精度。为了便于监视发动机的工作,一些车辆上还装有冷却液温度报警灯和冷却液不足报警灯。

2. 冷却液温度报警灯

在冷却液温度超过一定值(例如 95～98℃)时点亮,发出报警信号,以引起驾驶人的注意。冷却液温度报警灯一般安装在冷却液温度表内,其工作可以由冷却液温度报警灯控制开关控制。冷却液温度报警灯控制开关安装在发动机汽缸盖的水套中,其结构如图 26-15 所示。当水套中冷却液的温度超过规定值时,双金属片 2 受热变形,向下弯曲,使双金属触点 5 闭合,接通报警灯的电路。冷却液温度报警灯的工作,也可以由冷却液温度报警灯控制电路,根据冷却液温度传感器的信号控制,而不需要冷却液温度报警灯控制开关。

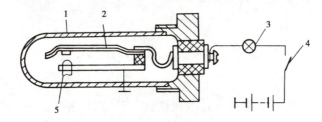

图 26-15　冷却液温度报警灯控制开关
1-外壳;2-双金属片;3-报警灯;4-点火开关;5-双金属触点

冷却液不足报警器由安装在仪表板上的**冷却液不足报警灯**、**报警灯控制电路**和插在密封冷却液箱中的**探针**构成。图 26-16 为其电路原理图,插入密封冷却液箱中的电极探针通过导电的冷却液及箱壁搭铁。当冷却液位较高、指针能接触冷却液时,晶体管 T_1 的基极经 R_1 及探针搭铁,T_1 导通。于是 T_2 也导通,其集电极电位下降,二极管 D_1、D_2 截止,报警灯 M 不亮。当冷却液位过低使探针不能接触到冷却液时,晶体管 T_1 基极悬空,T_1 截止,于是 T_2 也截止,其集电极电位升高,二极管 D_1、D_2 导通,报警灯 M 点亮。

目前,有些发动机采用多功能液位监视报警器,图 26-17 所示为一种多功能液位监视报警电路,其设置有冷却液位、制动液位及机油油位监视功能。电极 A 检测冷却液位,因水能导电,可直接将电极 A 置于水箱中;电极 B 检测制动液液位,制动液也是良导体,也可以直接置于制动液缸内;C 端用来检测机油油位,因机油是绝缘体,因而电极 C 应通过浮子放入曲轴箱内。

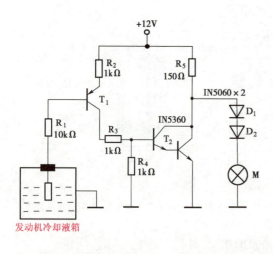

图 26-16　发动机冷却液面过低报警器电路原理图

当液位正常时,A、B、C 三个电极均能通过液体搭铁,使得 a、b、c 三点为低电平,经

C033 两级反相器。此时 P 点也为低电平,晶体管 T_1 和 T_3 均截止,可控硅 SCR 不触发,电笛不响。当液位不正常时,使 A、B、C 有一个电极不能接触到液体而悬空,则 a、b、c 有一端为高电平,经 C033 两级反相器后,P 点变为高电平。此时,T_3、T_4 管导通,R_5 上产生脉冲电压使 SCR 导通,电笛发出报警信号。与此同时,电容 C 充电,当电笛发出报警信号约 20s 驾驶人尚未采取措施时,电容 C 两端电压充至 1.4V,致使 T_1、T_2 导通,继电器 J_0 线圈通电,其常开触点 J_0 闭合,继电器 J_1 线圈通电,其常闭触点 J_1 断开,汽车电系断电,强迫汽车停车。当驾驶人补充供给使液位正常时,电笛停止报警,汽车电系自动接通电源,恢复正常工作。

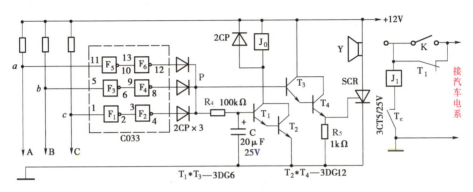

图 26-17　多功能液位监视报警电路

六、电流表及充电指示灯

电流表及充电指示灯均用来指示汽车充电系统的工作状况。

1. 电流表

串联在蓄电池的电路中,用来指示发电机向蓄电池充电时的充电电流,或蓄电池向主要用电设备供电时放电电流的大小,其工作原理如图 26-18 所示。

电流表内的黄铜片 4 固定在绝缘底板上,两端与接线柱 1 和 3 相连,其下端夹有永久磁铁 9,在轴 10 上装有带指针的软铁转子 5。不工作时,软铁转子 5 在永久磁铁磁场的作用下被磁化,其极性与永久磁铁的极性相反,而与永久磁铁互相吸引,使指针处于中间位置,指示的电流值为"0"。接通点火开关,蓄电池向用电设备供电时,蓄电池的放电电流经黄铜片流过电流表,并在黄铜片的周围产生磁场,其方向与永久磁铁的磁场相垂直。软铁转子在两个磁场的共同作用下偏转,处于合成磁场的方向,固定在转子上的指针 2 向电流表"-"刻度方向偏转,指示出蓄电池放电电流的大小。蓄电池输出的电流越大,转子偏转的角度越大,电流表指示的放电电流值也越大。发动机起动后,发电机开始发电并向蓄电池充电,电流反向经黄铜片流过电流表,指针 2 向电流表"+"刻度方向偏转,指示出充电电流的大小。

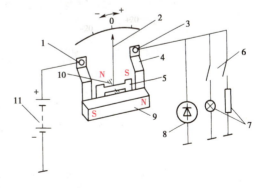

图 26-18　电流表工作原理示意图

1、3-接线柱;2-指针;4-黄铜片;5-转子;6-点火开关;7-用电设备;8-发电机;9-永久磁铁;10-转子轴;11-蓄电池

2. 充电指示灯

目前国内外大部分汽车的电流表已被充电指示灯所取代,充电指示灯虽不如电流表可直接显示充、放电电流的大小,但结构简单、成本低,而且可以通过充电指示灯的由亮到熄灭这种简单的信号变化,来表明发电机及调节器的工作是否正常。目前大多数汽车以充电指示灯亮为不充电信号,而以充电指示灯熄灭为充电信号。图26-19所示为某型轿车的典型充电电路。

接通点火开关,蓄电池经内装式调节器向发电机的励磁绕组供电,其路径为:蓄电池的正极、点火开关、充电指示灯、二极管、发电机的"D+"接线柱、发电机励磁绕组、内装式集成电路调节器、搭铁流回蓄电池负极,由于发电机尚未发电,"D+"端的电压几乎为零,充电指示灯点亮,表明发电机没向蓄电池充电。发动机起动后,发电机开始发电并向蓄电池充电,充电指示灯因两端电位相等而熄灭,表明充电系统工作正常。汽车正常运行时若充电指示灯点亮,表明充电系统出现故障,提醒驾驶人应及时检查并排除充电系统的故障。

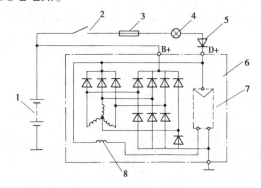

图26-19 具有充电指示灯的充电电路
1-蓄电池;2-点火开关;3-熔断丝;4-充电指示灯;5-二极管;6-整体式交流发电机;7-内装式集成电路调节器;8-发电机的励磁绕组

七、仪表板上的常用标志

汽车驾驶室的仪表板上装有指示汽车、发动机运行工况的各种仪表、报警灯、指示灯以及各种控制开关和按钮。为了便于驾驶人识别和控制,在各指示灯、开关的相应位置标有醒目的、形象的符号。常用的标志如图26-20所示。

图26-20 汽车仪表板上的常用标志

第二节 照明及信号装置

为了保证汽车行驶安全和工作可靠,在汽车上装有各种照明装置和信号装置,用以照明道路,表示车辆宽度和车辆所处的位置,照明车厢内部、指示仪表以及夜间车辆检修等。此外,在转弯、制动、会车、停车、倒车等工况下,还应发出光亮或音响信号,以警示行人和其他车辆。汽车照明及信号装置在车身的安装位置如图 26-21 所示。

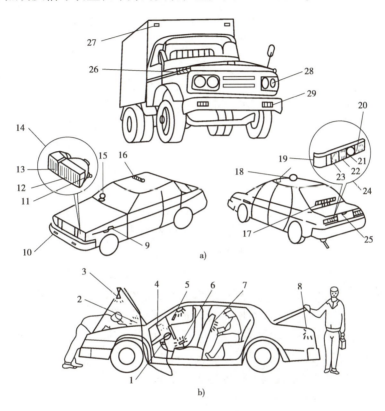

图 26-21　常见汽车灯具安装位置示意图

1-开关照明灯;2-发动机舱盖下灯;3-工作灯;4-仪表灯、指示灯、报警灯;5-顶灯;6-门灯;7-阅读灯;8-行李舱灯;9-侧转向灯;10、29-前雾灯;11-前转向灯;12、28-前照灯;13-前示位灯;14-组合前灯;15-出租车空车灯;16-出租车标志灯;17-高位制动灯;18-警示灯;19-后转向灯;20-倒车灯;21-后雾灯;22-后示位灯;23-制动灯;24-组合后灯;25-牌照灯;26-转向示位组合灯;27-示廓灯

一、汽车灯具

汽车灯具按功能可分为照明灯具和信号灯具;按安装位置可分为外部灯具和内部灯具。

1. 外部灯具

1)前照灯

前照灯也称大灯或头灯,安装在车辆前端的两侧,用来在夜间行驶时照亮前方的道路。为了防止会车时前照灯的强光束使迎面车辆的驾驶人眩目,前照灯一般选用双丝灯泡,即远光和近光两个灯丝,分别发出远光光束和近光光束。在汽车正常行驶时,使用远光灯,它将光束射向远方,使车前 100m 或更远的路面上有均匀而明亮的照明,以便提高车速,现代高速汽车的照明距离应达到200~250m；在市区明亮的道路上行驶时，特别是在会车时应使用近光灯，使光线向车前的路面和路缘倾斜照射，防止迎面车辆的驾驶人眩目，并使车前50m内的路面有清晰的照明。

前照灯在汽车上的安装数量有两灯制和四灯制。两灯制前照灯均为远、近光双光束灯，对称安装在前照灯两侧；四灯制前照灯，每侧两只，装在外侧的两只是远近光双光束灯，装在内侧的两只是远光单光束灯。远光灯功率一般为40~60W，近光灯功率一般为35~55W。

前照灯一般由灯泡、反射镜、配光镜等组成，如图26-22所示。

（1）灯泡。

灯泡一般采用双丝灯泡，即有远光和近光两个灯丝。远光灯丝的功率大，位于反射镜的焦点上；近光灯丝的功率小，位于反射镜焦点的上方。近光灯丝的下方有金属配光屏，遮挡灯丝下部的光线，以防止光线向上反射，引起迎面车辆的驾驶人眩目。

目前汽车前照灯广泛采用卤钨灯泡和氙气灯泡。近年来在一些高级轿车上，又出现了采用冷光源的LED前照灯。

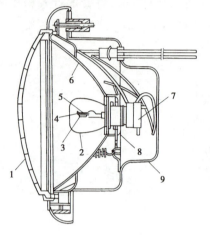

图26-22　前照灯组成示意图

1-配光镜；2-灯泡；3、4-配光屏；5-近光灯；6-反射镜；7-接线器；8-插座；9-灯外壳

卤钨灯泡在灯泡内充入惰性气体，再掺进卤族元素（简称卤素，即碘、溴、氯、氟等元素）。灯泡工作时，其内部可形成卤钨再生循环反应，即灯丝上蒸发出来的气体钨与卤素反应，生成挥发性较强的卤化钨，它扩散到灯丝附近的高温区又受热分解，使钨又重新回到灯丝上，被释放的卤素继续扩散参与下一轮循环反应，如此周而复始，防止了钨的蒸发和灯泡"黑化"现象。卤钨灯泡的尺寸小，光亮度高，使用寿命长。

氙气灯泡，又称高强度气体放电灯泡（High Intensity Discharge，简称 HID）。它没有传统灯泡的灯丝，取而代之的是装在石英管内的两个电极，管内充有氙气及微量金属（或金属卤化物），在电极上加上足够高的触发电压后，气体开始电离而导电发光。氙气灯泡发出的光色成分和日光灯非常相似，亮度是卤钨灯泡的2.5倍，寿命可达卤钨灯泡的5倍。这种灯泡以汽车12V蓄电池为电源，利用一个特制的镇流器，在极短的时间内产生约为23kV的触发电压点亮灯泡。

发光二极管（Light Emitting Diode，简称 LED）是将电能直接转化为光能的半导体器件，其结构如图26-23所示。晶片4的一端附在一个支架1上，一端是负极，另一端连接电源的正极，使整个晶片被环氧树脂5封装起来。半导体晶片由两部分组成，一部分是P型半导体，由空穴占主导地位；另一端是N型半导体，其中主要是电子。但这两种半导体连接起来的时候，它们之间就形成一个P-N结。当电流通过导线作用于这个晶片的时候，电子就会

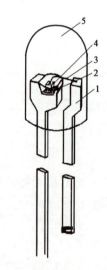

图26-23　LED结构示意图

1-支架；2-银胶；3-金线；4-晶片；5-环氧树脂

被推向P区,在P区里电子跟空穴复合,然后就会以光子的形式发出能量,这就是LED发光的原理。而光的波长也就是光的颜色,是由形成P-N结的材料决定的。

作为一种冷光源,LED具有很多传统车灯光源无法比拟的优点:能耗低,一辆普通轿车所有的外部灯具如果装用传统的卤钨灯泡,其总体功率约为600W,而如果全部选用LED光源,其总体功率仅为60~100W;寿命长,车辆使用期限内无需更换;亮灯响应时间快;结构简单;抗振动和耐冲击性能强;体积小,设计灵活性大,可适用各种造型的汽车。

虽然目前LED汽车灯具的制造成本相对较高,但是从累积的节能和产品品质方面考虑,使用LED是汽车灯具技术进步的必然结果,代表着未来的技术发展方向。

(2)反射镜。

反射镜是由薄钢板或热固性塑料制成的旋转抛物面形薄壳,其内表面镀银(或镀铝、镀铬)并抛光。它用来将灯泡射出的光线聚合、放大并射向远方。汽车正常运行接通远光灯时,位于反射镜焦点上的远光灯丝射向后方的绝大多数光线,射在反射镜包角的范围内,经反射镜反射后转变为平行的强光束射向远方,灯泡的光度被增强几百倍以至上千倍,可以使车前150m以至400m内的路面有明亮的照明。当两车相会切换到近光灯时,由于近光灯丝位于反射镜焦点的上方,照射在反射镜上的光线被反射镜折射使光束倾向路面,可以防止迎面车辆的驾驶人眩目,并使车前50m内的路面有十分清晰的照明。

(3)配光镜。

配光镜是多块特殊的棱镜和透镜的组合体,也称为散光玻璃。反射镜反射出的平行光束,经配光镜射出后,由于棱镜和透镜的折射作用,其中的一部分光线被折射,射向车前的路面,使汽车前方的路面和路缘有良好而均匀的照明。

近年来,一些中高级轿车上采用投射式前照灯,其结构如图26-24所示。投射式前照灯装用很厚的无刻纹凸形散光镜,由于反射镜是椭圆形的,所以外径很小。反射镜有两个焦点:第一焦点处放置灯泡,第二焦点在灯光中形成。凸形散光镜的焦点与第二焦点重合。来自灯泡的光利用反射镜聚成第二焦点,再通过散光镜将聚集的光投射到前方。在第二焦点附近设有遮光板,可遮挡上半部分光,形成明暗分明的配光。采用投射式前照灯,可使光束更加集中、照射距离远、亮度大,另外前照灯可以做成扁长形状,这样可以在一定程度上降低轿车前部高度,减小风阻系数。

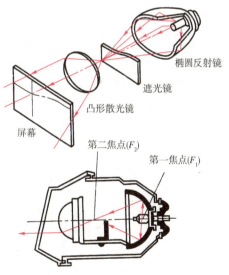

图26-24 投射式前照灯的结构

2)示位灯

示位灯也称示宽灯、位置灯,安装在汽车前部和后部两侧的边缘,用来表示车辆的存在和宽度。功率一般为5~20W。前示位灯俗称小灯,光色为白色或黄色,后示位灯俗称位灯,光色为红色。

3)雾灯

雾灯安装在汽车头部或尾部,用来在有雾、雨、雪或风尘弥漫的情况下,改善路面的照明。前雾灯功率为 45～55W,光色为黄色或橙色,其安装位置一般低于前照灯。后雾灯功率为 21W 或 6W,光色为红色,以警示尾随车辆保持安全距离。

4)牌照灯

牌照灯装于汽车尾部牌照上方或左右两侧,用来照明后牌照,功率一般为 5～10W,确保行人在车后 20m 处看清牌照上的文字及数字。

5)倒车灯

倒车灯安装在汽车尾部,当变速器挂倒挡时,自动发亮,照明车后侧,同时警示后方车辆及行人注意安全。功率一般为 20～25W,光色为白色。

6)转向灯

主转向灯一般安装在汽车头部和尾部的左右两侧,用来指示车辆行驶趋向。一般在汽车侧面中间还装有侧转向灯。近年来,在小型车上,把侧转向灯安装到外后视镜上渐成趋势。

主转向灯功率一般为 20～25W,侧转向灯为 5W,光色为琥珀色。转向时,灯光呈闪烁状,频率规定为 (1.5±0.5)Hz,起动时间不大于 1.5s。在紧急遇险状态需要其他车辆避让时,全部转向灯可通过危险报警灯开关接通而同时闪烁。

7)制动灯

制动灯俗称刹车灯,安装在汽车尾部。在踩下制动踏板时,发出较强的红光,以示制动。功率为 20～25W,光色为红色,灯罩显示面积较后示位灯大。为避免尾随大型车对轿车碰撞的危险,轿车后窗内可加装由发光二极管成排显示的高位制动灯。

8)示廓灯

空载车高 3.0m 以上的车辆均应该安装示廓灯,以表示车辆的轮廓,功率一般为 5W。

9)组合灯具

现代轿车常将前照灯、前转向灯和前示位灯组装在一起,称为组合前灯;将后转向灯、制动灯、后示位灯、后雾灯和倒车灯等组装在一起,称为组合后灯(图 26-25)。

组合灯具的结构

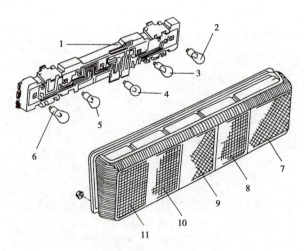

图 26-25　组合后灯

1-灯座架;2-倒车灯;3-后雾灯;4-后示位灯;5-制动灯;6-转向灯;7-倒车灯罩;8-后雾灯罩;9-尾灯灯罩;10-制动灯灯罩;11-转向灯灯罩

10）日间行车灯

日间行车灯是指使车辆在白天行驶时更容易被识别的灯具,装在车身前部。它的作用不是为了使驾驶人能看清路面,而是为了引起路上其他机动车、非机动车以及行人的注意,提供车辆的被辨识性,因此这种灯具不是照明灯,而是一种信号灯。据统计,行车时开启日间行车灯,能显著降低车辆意外和车祸死亡概率,从而提升交通安全。近年来很多国家都制定了有关白天行驶灯的相关标准以保证安装的日间行车灯能够真正起到保障安全的功效,其中最具代表性的当属欧洲经济委员会的 ECE 汽车技术法规中的 ECER79。我国也于 2020 年 1 月 1 日起开始实施 2019 年发布的《机动车昼间行驶灯配光性能》(GB 23255—2019)。日间行车灯通常采用 LED 光源(图 26-26),在越来越多的新型车辆中得到应用。

图 26-26　日间行车灯

2. 内部灯具

1）顶灯

轿车及载货车一般仅设一只顶灯,除用作车室内照明外,还可兼起监视车门是否可靠关牢的作用。在监视车门状态下,只要还有车门未可靠关紧,顶灯就发亮。功率一般为 5～15W。公共汽车顶灯有向荧光灯发展的趋势。

2）仪表灯

仪表灯用于照明仪表板。由灯光总开关控制,灯光总开关接通,仪表灯就亮。有些车还增加了仪表灯亮度调节装置,以便根据需要调节仪表灯亮度。

3）门灯

门灯装于轿车外张式车门内侧底部,开启车门时,门灯发亮,以警示后来行人、车辆注意避让。功率为 5W,光色为红色。

4）阅读灯

阅读灯装于乘员席前部或顶部,用于乘客阅读照明,聚光时乘员看书不会给驾驶人产生眩目现象,照明范围较小,有的阅读灯还有光轴方向调节机构。

5）行李舱灯

该灯装于轿车或客车行李舱内,当开启行李舱时灯自动发亮,照亮行李舱内空间,功率为 5W。

二、自适应前照灯系统

众所周知,作为传统前照灯的近光灯,只能工作在一种固定的模式下,但实际的天气条件(干燥、潮湿、下雨、下雪、雾天等)、道路条件(高速公路、弯曲的乡村道路、城镇道路等)、汽车周围的照明情况(白天、黎明、公共照明、夜晚等)、自身的状态(载荷引起的倾斜、加减速引起的俯仰、转向、车速、离地高度等)以及交通指示牌的识别等情况非常复杂,使得汽车在夜晚行车时仍然存在巨大的交通安全隐患,而且给驾驶人在夜晚行车时造成恐慌心理,舒适程度大打折扣。因此,改变传统汽车前照灯的固定模式,研究新型的自适应前照灯系统(Adaptive Frontlighting System,简称 AFS)已经成为世界各国提高汽车安全性和舒适性的主流趋势之一。

AFS 是指汽车的前照灯能够根据汽车所处的环境条件,包括天气条件、道路条件、周围照明情况以及自身的状态,自动产生一种符合该环境条件的光束,以达到最佳照明效果的一种汽车前照灯系统。其既能满足驾驶人对道路照明的要求,轻松看清道路状况,又能不对道路的其他使用者造成影响,是一种能适应不同环境条件的智能前照灯系统。

如图 26-27 所示,传统前照灯的照射方向与车辆行驶方向保持一致,所以当汽车在转弯行驶时,不可避免地会在弯道内侧形成照明的死区。如果在弯道上有障碍物存在,驾驶人就有可能因为来不及采取有效的避障措施而引发交通事故。而汽车 AFS 系统在车辆进入弯道时,使其照明方向向弯道内侧转动,以加强弯道内侧的照明。这种 AFS 随动转向灯光系统,其前照灯的灯光分布明显优于普通灯光系统。

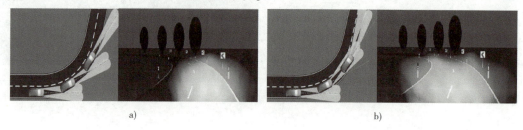

图 26-27　AFS 随动转向灯光系统与普通前照灯灯光系统的比较
a) 无 AFS; b) 有 AFS

1. 自适应前照灯系统(AFS)的组成

自适应前照灯系统是一个由传感器、电子控制器和执行机构组成的自动控制系统,其结构如图 26-28 所示。该系统能根据汽车的行驶方向、速度及俯仰角度的变化而对前照灯的照明方向或照明角度进行自动调整,以使驾驶人获得较好的视觉效果。因为 AFS 的控制系统需要对汽车复杂的行驶状态作出综合的判断,而且所控制的对象不唯一。所以,AFS 系统是一个多输入、多输出的比较复杂的控制系统。

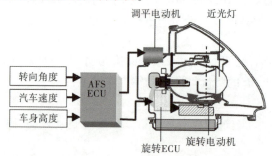

图 26-28　AFS 系统结构示意图

用于辨识汽车行驶状态的传感器在汽车的上安装位置如图 26-29 所示。在左前轮和右后轮上安装轮速传感器来估算汽车的纵向行驶速度,在前后轴的中央各安装一个车身高度传感器来检测汽车行驶过程中车身俯仰角度的变化,将转向盘转角传感器安装在转向盘的旋转轴上,检测汽车在转向行驶的过程中转向盘所转过的角度,汽车横摆角速度传感器安装在汽车纵向轴线的旋转中心,用于检测汽车的横摆角速度。

电子控制器采集传感器信号,将辨识汽车所处的状态及计算车灯所需要的转角,再根据前照灯总成的状态反馈信号,由控制算法计算出步进电动机运行频率和转动方向,以便快速而准确的实现车灯需要的转角。

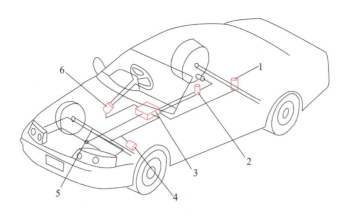

图 26-29　传感器安装位置示意图

1-车身高度传感器；2-横摆角速度传感器；3-AFS-ECU；4-轮速传感器；5-车身高度传感器；6-转向盘转角传感器

执行机构由电动机和减速机构组成，旋转电动机通过齿轮减速机构与近光灯连接，带动其左右转动，调平电动机通过螺纹螺杆机构将旋转运动转化为直线运动后带动近光灯上下转动。

2. 自适应前照灯系统（AFS）的基本控制原理

汽车 AFS 系统根据采集的信号，判别出汽车和其自身所处的状态，从而判断近光灯是否转动，转动角度的大小以转动速度的快慢。其基本的控制原理如图 26-30 所示，其具体的控制过程可以分为转弯模式的左右转角调节和车灯俯仰角的调节。

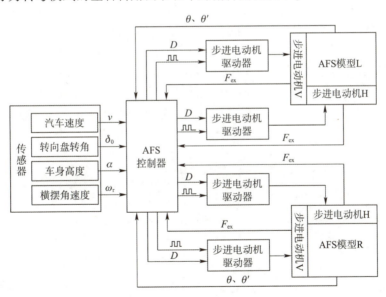

图 26-30　AFS 系统基本控制原理图

1）左右调节原理

汽车在夜晚行车转弯时，控制单元根据采集到的转向盘转角 δ_0、汽车行驶速度 v 和汽车横摆角速度 ω_r 计算出此时车灯所需要的转角 θ_q，根据步进电动机当前的运行频率 F_{ex}，通过控制算法计算步进电动机的运行频率 f 和方向 D，在将 f 转换为相应频率的脉冲信号后，输出到步进电动机的驱动器，驱动步进电动机 H 转动，通过减速机构减速增矩后带动近光灯转动,近光灯转过的角度 θ 实时地反馈给步进电动机,以便进行下一时刻的控制,直到近光灯的转角 θ 与所期望的转角 θ_q 相等时,步进电动机停止转动,以此来加强弯道内侧的照明,增加夜晚汽车照明的有效照明距离。

2)俯仰调节原理

汽车在行驶过程中,道路的倾斜或汽车的加速或减速都能造成汽车车身俯仰角 α 的变化,汽车 AFS 系统的控制器通过采集车身高度传感器的信号计算出车身俯仰角 α,再由此计算出车灯所需要的俯仰角 θ'_q,根据步进电动机当前的运行频率 F_{ex},通过调平控制算法计算出调平电动机的运行频率 f 和方向 D,在将 f 转换为相应频率的脉冲信号后,输出到调平步进电动机的驱动器,驱动步进电动机 V 转动,通过螺纹螺杆机构将旋转运动转化为直线运动后,带动近光灯向上或向下转动,近光灯转过的角度 θ' 实时地反馈给步进电动机,以便进行下一时刻的控制,直到近光灯的转角 θ' 与所期望的转角 θ'_q 相等时,步进电动机停止转动。以此来防止车身因前倾时造成的前照灯的照明距离缩短和车身后仰时因照射高度的增加而对来车驾驶人造成眩目。

三、信号装置

汽车信号装置的作用是通过声、光信号向其他车辆的驾驶人和行人发出有关车辆运行状况或状态的信息,以引起有关人员注意,确保车辆行驶的安全性。

1. 转向信号装置

汽车转向信号装置是由转向信号灯、转向信号闪光器和转向信号灯开关等组成。

转向信号灯简称转向灯,它分装在车身前端和后端的左右两侧。由驾驶人在转向之前,根据将向左转弯或向右转弯,相应地开亮左侧或右侧的转向信号灯,以通知交通警察、行人和其他汽车上的驾驶人。为了在白天能引人注目,转向信号灯的亮度很强。此外为引起对方注意,在转向信号灯电路中装有转向信号闪光器,借以使转向信号灯光发生闪烁。闪烁式转向信号灯可以单独设置,也可以与前小灯合成一体,在后一种情况下,一般用双丝灯泡。也有的后转向信号灯和后灯合成一体。转向信号闪光器常用的有电热式、电容式和电子式等多种形式。

电热式闪光器及转向信号灯电路如图 26-31 所示。在胶木底版上固定着工字形铁芯 1,线圈 2 绕在铁芯上,其一端与固定触点 3 相连,另一端接接线柱 15。镍铬丝 6 具有较大的热膨胀系数,其一端接活动触点 4,另一端固定在调节片 7 的玻璃球上,并与附加电阻丝 8 并联,附加电阻丝也由镍铬丝制成。

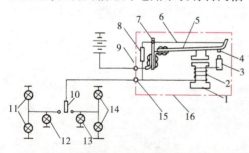

图 26-31 电热式闪光器

1-铁芯;2-线圈;3-固定触点;4-活动触点;5-活动触点臂;6-镍铬丝;7-调节片;8-附加电阻丝;9、15-接线柱;10-转向信号灯开关;11-左前、左后转向信号灯;12-左转向指示灯;13-右转向指示灯;14-右前、右后转向信号灯;16-闪光器

汽车正常行驶时转向信号灯开关处于中间位置,转向信号灯及仪表板上的转向指示灯的电路均被切断。汽车转向时,转向信号灯开关向左或向右接通了转向信号灯的电路,蓄电池的电流经闪光器的接线柱 9、活动触点臂 5、镍铬丝 6、附加电阻丝 8、接线柱 15、转向信号灯开关 10、左前、左后或右前、右后

转向灯控制
电路原理

转向信号灯和转向指示灯搭铁,流回蓄电池负极,左或右转向信号灯和转向指示灯点亮。由于附加电阻丝 8 串联在转向灯的电路中,电路中的电阻大、电流小,灯光暗淡。镍铬丝 6 中因有电流通过而受热伸长,活动触点臂逐渐向下弯曲,经短暂的时间后触点 3、4 闭合。触点闭合后,蓄电池的电流经活动触点臂、触点、线圈 2、接线柱 15、转向信号灯开关 10 流过转向信号灯和转向指示灯。触点 3、4 闭合后,线圈 2 中有电流通过,在铁芯中产生磁力,吸引活动触点臂使触点 3、4 紧密接触。由于镍铬丝和附加电阻丝被短路,电流中断,温度降低而收缩,经一定时间后触点 3、4 分开,镍铬丝和附加电阻再串入电路中,转向信号灯和转向指示灯又变暗。如此反复,在转向信号灯开关接通后,由于闪光器的作用使转向信号灯和转向指示灯时亮时暗发出闪光。

电容式闪光器主要由具有双线圈的灵敏继电器和一个大容量的电容器组成。图 26-32 为电容式闪光器和转向信号灯电路示意图。

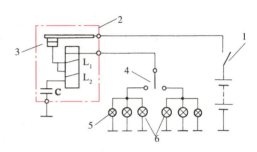

图 26-32　电容式闪光器

1-点火开关;2-闪光器;3-闪光器触点;4-转向信号灯开关;5-转向指示灯;6-转向信号灯

汽车不转向时,转向信号灯开关 4 处于中间位置,转向信号灯及转向指示灯的电路均被切断。当点火开关接通时,电源的电流经闪光器的触点 3、线圈 L_2 向电容器 C 充电。汽车转向时,转向信号灯开关向左(右)接通左(右)转向信号灯和转向指示灯的电路,电流经触点、串联线圈 L_1 流过转向信号灯电路,左(右)侧转向信号灯和转向指示灯点亮。由于线圈 L_1 中有电流通过,在铁芯中产生磁场,克服弹簧张力的作用使触点 3 分开,转向信号灯和转向指示灯熄灭。触点分开后电容器 C 经线圈 L_2、L_1、转向信号灯开关、转向信号灯放电,线圈 L_2、L_1 在铁芯中的磁场方向一致,铁芯中的磁力增强,使触点 3 保持断开状态。电容器 C 放电接近终了时,铁芯中电磁场减弱,克服不了弹簧张力的作用,触点重新闭合。触点闭合后,电流经线圈 L_1、转向信号灯开关流过转向信号灯,左(右)转向信号灯和转向指示灯重新点亮。电源还经过线圈 L_2 向电容器 C 充电,由于此时流过 L_1、L_2 两线圈中的电流,在铁芯中产生的磁场方向相反,磁力减弱,克服不了弹簧张力的作用,触点保持闭合状态,转向灯仍点亮。当电容器 C 充电接近终了时,在线圈 L_1 磁场的作用下触点分开,切断转向灯的电路,转向信号灯和转向指示灯熄灭,经短暂的时间后,触点再接通,转向信号灯和转向指示灯又点亮。如此反复,闪光器的触点不断地开闭,使转向信号灯时亮时灭发出闪光。

电子式闪光器分为有触点、无触点、集成电路等多种形式,但其原理大同小异,图 26-33 为集成电路闪光器原理示意图。

接通点火开关,蓄电池的电压作用于闪光器及内部的集成电路芯片。当汽车向左(向右)转向时,转向信号灯开关接通左(右)转向信号灯和转向指示灯的电路,蓄电池的电流经集成电路 7、电阻 R_1、转向信号灯开关,流过左(右)转向信号灯和转向指示灯,转向信号灯点亮。由于电路中串联了电阻 R_1,电路中电阻大、电流小、灯光暗淡。经短暂时间后,集成电路 7 使三极管 VT 的基极电位升高,三极管 VT 导通,继电器线圈通电,触点 5 吸合,蓄电池经触点 5 直接向转向信号灯供电,由于电路中的电阻小,电流增大,转向信号灯变亮。在一定时间后集成电路 7 又使三极管截止,转向信号灯变暗。如此反复,由于三极管交替地导通、截止,使转向信号灯时亮时暗发出闪光。

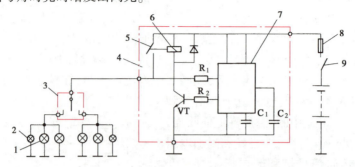

图 26-33 集成电路闪光器及转向信号灯电路示意图

1-转向信号灯;2-转向指示灯;3-转向信号灯开关;4-闪光器;5-继电器触点;6-继电器线圈;7-集成电路芯片;8-熔断器;9-点火开关

2. 制动信号装置

制动信号装置主要由制动信号灯和制动信号灯开关组成。

制动信号灯安装在汽车的尾部,在驾驶人踩下制动踏板时立即点亮,发出强烈的红色光亮,即使在白天也十分明显,以提醒后车驾驶人注意。制动信号灯可以有一个或两个,有些车辆将制动信号灯装在组合后灯内。

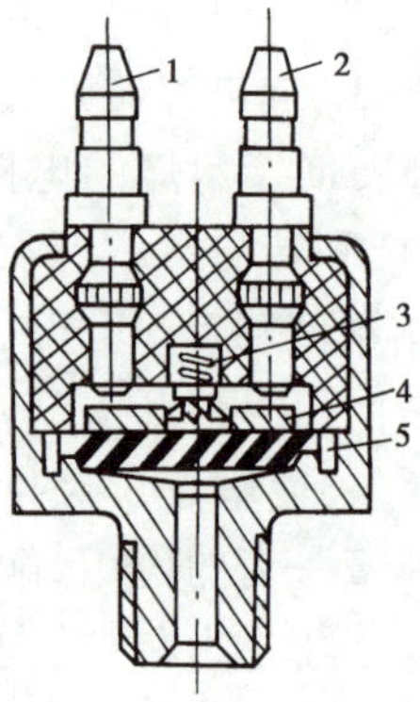

制动信号灯开关安装在汽车制动回路中,随制动系统结构形式的不同,有液压式和气压式两种。图 26-34 为液压式制动信号灯开关的结构示意图。

制动信号灯开关的触点串联在制动信号灯的电路中,当驾驶人踩下制动踏板时,液压管路中的油压升高,膜片 5 向上拱曲,触点接通,制动信号灯点亮。气压式制动信号灯开关的工作原理与上述开关相类似。

有些采用气压制动系的车辆,在驾驶室内的仪表板上还装有气压表和过低气压报警灯,以监视制动系统的工作。

图 26-34 液压式制动信号灯开关

1、2-接线柱;3-复位弹簧;4-触点;5-膜片

3. 倒车信号装置

倒车信号装置由倒车信号灯、倒车信号灯开关以及倒车报警器等组成,如图 26-35 所示。倒车信号灯和倒车报警器由倒车灯开关控制。倒车时倒车信号灯点亮的同时,倒车报警器的电喇叭也发出断续的声响或语言报警,以警告后车的驾驶人和行人。

倒车灯开关安装在变速器盖上,其结构如图 26-36 所示。变速器处于空挡或前进挡时,钢球 1 被倒挡换挡叉轴压到假想线所示位置,固定在推杆 10 上的金属盘 9 上移,与固定触点分开,倒车信号灯和倒车报警器的电路均被切断。倒车时变速杆拨到倒挡位置,倒挡换挡叉轴上的凹槽对准钢球 1,两个并联弹簧 5 将推杆连同钢球 1,向下推至极限位置,使触点 4 闭合,于是倒车信号灯点亮,倒车报警器也发出声响。

4. 故障停车信号装置

故障停车信号灯在汽车运行中,因出现故障而停驻在路上时点亮,以引起其他车辆和行人的注意。故障停车信号灯常与转向信号灯共用一组灯泡,分别由转向信号灯开关、故障停车灯开关控制。图 26-37 为某型轿车的转向信号灯和故障停车信号灯电路示意图。

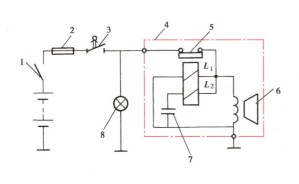

图 26-35 倒车信号装置

1-点火开关；2-熔断丝；3-倒车信号灯开关；4-倒车报警器；5-触点；6-喇叭；7-电容器；8-倒车信号灯

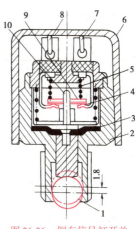

图 26-36 倒车信号灯开关

1-钢球；2-壳体；3-膜片；4-固定触点；5-弹簧；6-保护罩；7、8-引出线；9-金属盘；10-推杆

汽车正常运行时，故障停车信号灯开关 3 置于空挡（0 位）。当前照灯开关置于Ⅰ挡或Ⅱ挡时（图中未示出），故障报警指示灯 4 的电路被接通，故障报警指示灯亮。汽车转向时，转向信号灯开关向左或向右接通转向信号灯，电流经点火开关、熔断器 S_{19}、故障停车信号灯开关 3 的常闭触点、转向信号灯闪光器 11、转向信号灯开关 10，流过左或右转向信号灯，转向信号灯的电路被接通，转向灯不断地闪亮。当故障停车信号灯开关 3 接通（1 位）时，故障停车信号灯开关的常闭触点分开、常开触点闭合，蓄电池的电流直接经熔断器 S_4、故障停车信号灯开关的端子 30、常开触点、端子 49、闪光器 11、端子 49a、触点，再经端子 L 和 R 同时流过左前、左后、右前、右后转向信号灯，4 个转向信号灯的电路同时接通发出闪光，以示故障停车。故障停车信号灯开关接通时，转向指示灯 6、9 和故障报警指示灯 4 也闪亮。

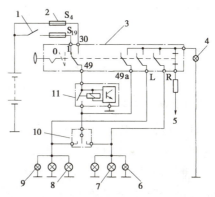

图 26-37 转向与故障停车信号灯电路示意图

1-点火开关；2-熔断器；3-故障停车信号灯开关；4-故障报警指示灯；5-接车开关；6、9-转向指示灯；7、8-转向信号灯；10-转向信号灯开关；11-闪光器

5. 汽车喇叭

汽车喇叭是用来在汽车运行中警示行人和其他车辆注意交通安全的声响信号装置。按使用能源的不同，汽车喇叭分为电喇叭和气喇叭两种。

1）电喇叭

电喇叭以蓄电池为电源通过电磁线圈或电子电路，激励喇叭膜片振动而发出声音，按其外部形状的不同分为螺旋形、盆形和长筒形三种。

（1）螺旋形电喇叭。螺旋形电喇叭声音和谐清脆，比较悦耳，广泛应用于各种车辆上，其结构如图 26-38 所示。

电喇叭的分类

按下喇叭按钮时，蓄电池的电流经线圈 11、活动触点臂 17、触点 16、喇叭按钮 21 搭铁，流回蓄电池负极。电流流过线圈 11 并在铁芯中产生磁场，吸引衔铁 10，与衔铁相连的中心杆下移，向下推动膜片，并通过调整螺母 13 压下活动触点臂 17，使触点分开而切断电路。由于线圈中电流中断,铁芯中磁场消失,衔铁复位,膜片也在自身弹力和弹簧片9的作用下复位,触点重新闭合,电路又被接通。如此反复,由于触点不断地开闭,使膜片不断地振动,发出一定音调的声波,经扬声筒加强后传出。共鸣板与膜片刚性连接,与膜片一起振动使声音更加悦耳。电容器18与触点并联,减小触点分开时的火花。

(2)盆形电喇叭。盆形电喇叭的声音指向性好,可以减小城市噪声污染,还具有耗电量小、结构简单、外形尺寸小、安装方便等许多特点,在中、小型客车和轿车上应用十分广泛。盆形电喇叭以共鸣板作为共鸣装置,不需要扬声筒,其结构如图26-39所示。

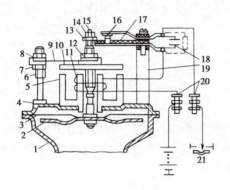
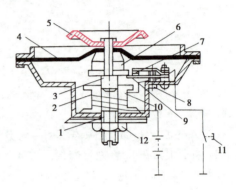

图26-38　螺旋形电喇叭

1-扬声器;2-共鸣板;3-膜片;4-底板;5-山字形铁芯;6-螺杆;7、13-调整螺母;8、12、14-锁紧螺母;9-弹簧片;10-衔铁;11-线圈;15-中心杆;16-触点;17-活动触点臂;18-电容器;19-支架;20-接线柱;21-喇叭按钮

图26-39　盆形电喇叭

1-下铁芯;2-线圈;3-上铁芯;4-膜片;5-共鸣板;6-衔铁;7-触点;8-调整螺钉;9-活动触点臂;10-铁芯;11-喇叭按钮;12-锁紧螺母

共鸣板5、膜片4以及衔铁6和上铁芯1固连成一体。按下喇叭按钮时,线圈通电并在铁芯中产生磁场,上铁芯3连同衔铁被吸下与下铁芯1碰撞,使膜片产生较低频率的振动,与膜片相连的共鸣板发生共振,发出远高于膜片振动频率的声音。衔铁下移时触点被分开,线圈断电,衔铁在膜片弹力的作用下复位,触点重新闭合,电路又被接通。如此,触点不断地开闭,使膜片和共鸣板连续振动发出悦耳的声音。

为了使喇叭的声音更加悦耳,汽车上一般装有高、低音两个甚至三个不同音调的喇叭。由于喇叭在工作时消耗的电流过大,如果直接用喇叭按钮控制,喇叭按钮很容易损坏。为此,采用多音喇叭时,为了减小流过喇叭按钮的电流,在喇叭电路中一般装有喇叭继电器,如图26-40所示。

按下喇叭按钮时继电器线圈7通电,触点4吸合,蓄电池经继电器触点向喇叭供电,流过按钮的电流是很小的线圈电流,松开按钮时喇叭自动断电。

2)气喇叭

按结构和外形的不同分为长筒形和螺旋形两种,按音调的不同又可分为单音和双音气喇叭等。

图26-41为长筒形气喇叭结构示意图。当接通气喇叭时,压缩空气经气阀3进入喇叭气室1,使膜片7和筒颈5组成的振动系统发生振动,并按其固有频率周期性地排出气体,经扬声器共鸣形成很强的声波。气喇叭的声响强度和声音指向性好,适于山区使用。为了减少城市噪声污染,各个国家的交通法规均规定禁止在市区使用气喇叭。

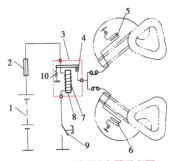 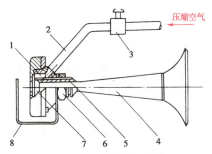

图 26-40　喇叭继电器示意图

1-蓄电池；2-熔断器；3-喇叭继电器；4-触点；5、6-喇叭；7-线圈；8-铁芯；9-喇叭按钮；10-弹簧

图 26-41　长筒形气喇叭

1-气室；2-耐压胶管；3-气阀；4-扬声器；5-筒颈；6-螺母；7-膜片；8-安装支架

第三节　汽车中央控制电动门锁和防盗装置

一、中央控制电动门锁

现代汽车越来越多地采用中央控制电动门锁系统，以提高汽车使用的便利性和行车的安全性。中央控制电动门锁通常具有如下几个功能：

(1) 中央控制：驾驶人可通过门锁开关同时打开各个车门，也可单独打开某个车门，当驾驶人锁住自己的车门时，其他三个车门也同时锁住。

(2) 速度控制：当行车速度达到一定时，各个车门能自行锁定，防止乘员误操作车内门把手而导致车门打开。

(3) 单独控制：在除驾驶人车门以外的三个门设置有单独的弹簧锁开关，可独立地控制一个车门的打开和锁住。

目前已装车使用的中央控制电动门锁的种类繁多，但其组成的主要部件是门锁开关、门锁控制电路和门锁执行机构。

1. 门锁开关

所谓门锁开关是指中央门锁开关，对中央控制电动门锁系统执行集中控制，开、关全部或单个车门。门锁开关种类很多，按照输入门锁指令方式来分，可分为机械式和电子式门锁开关。机械式通常采用键盘(或组合按钮)输入方式和拨盘输入方式，其操作方便、工作可靠，但因有机械触点，容易产生烧蚀，要注意经常维护。电子式又可分为触摸输入方式和遥控输入方式，遥控方式的联络信号可以是声、光、电和磁中任何一种，这种门锁开关实际由电子指令发射器和指令接收器组成。还有一种生物特征式门锁开关，是以车主的声、纹等人体生物特征作为指令输入，由计算机进行模式识别控制门锁。

2. 门锁执行机构

门锁执行机构是在门锁控制电路的控制及驱动下，执行门锁的锁定和开启的任务。门锁执行机构一般采用电磁驱动或电动机驱动，驱动门锁锁扣(锁头)作可逆移动，实现门锁的锁定及开启。

(1) 电磁式门锁执行机构。图 26-42 为电磁式门锁执行机构示意图，它有两个电磁线圈，一个是锁门线圈 L，另一个是开锁线圈 U。当锁门线圈 L 通电时，衔铁带动连杆左移，即锁门；当开锁线圈 U 通电时，衔铁带动连杆右移，即开门。

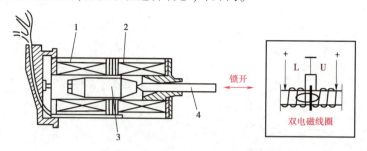

图 26-42　电磁式门锁执行机构

1-锁门线圈；2-开锁线圈；3-衔铁；4-锁扣连杆

电磁式门锁执行机构的优点是结构简单、内部摩擦力小、动作敏捷、操作方便；缺点是耗电量大、铁芯质量大且衔铁移动时有冲击声。

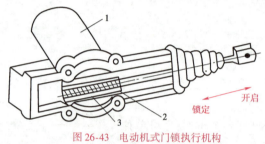

图 26-43　电动机式门锁执行机构

1-电动机；2-齿条；3-齿轮

(2)电动机式门锁执行机构。图 26-43 为电动机式门锁执行机构示意图，由微型可逆直流电动机、齿轮齿条传动机构等组成。当电动机通电正转时，带动齿条连杆左移锁门；当电动机通电反转时，带动齿条连杆右移开锁。

电动机式门锁执行机构的优点是体积小、耗电少、动作迅速；不足之处是当门锁已经锁定或开启时，应即时切断电源，避免电动机长时间带电而烧坏。

3. 门锁控制器

无论是电磁式门锁执行机构，还是电动机式门锁执行机构，都是通过改变执行机构通电电流方向来控制锁扣连杆左、右移动，实现门锁的锁定或开启，因而门锁控制器应具有控制执行机构通电电流方向的功能。同时，由于门锁执行机构长期带电要消耗较大的电能，为了缩短工作时间，门锁控制器应具有定时功能；即当锁扣连杆移到位、门锁已锁定或开启时，应控制执行机构的通电电流自动中断。

目前门锁控制器的种类也很多，但按其控制原理大致可分为下述三种：

(1)晶体管式门锁控制器。晶体管式门锁控制器电路如图 26-44 所示，由锁门控制电路 2、开门控制电路 3、锁门继电器 5 和开锁继电器 6 等组成。门控电路 2 和 3 均为晶体管开关电路，当门锁开关 1 置锁门端 L 时，门控电路 2 中晶体管导通，锁门继电器 5 通电，其常开触点闭合，锁门线圈 L 通电，驱动锁扣连杆

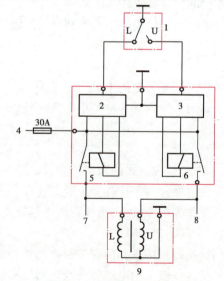

图 26-44　晶体管式门锁控制器

1-门锁开关；2-锁门控制电路；3-开门控制电路；4-接蓄电池"+"；5-锁门继电器；6-开锁继电器；7、8-连其他车门锁；9-门锁执行机构(电磁式)；L-锁门端；U-开锁端

锁门。当锁扣连杆移动到位完成锁门过程时，门控电路2中的定时电路使晶体管截止，锁门继电器断电，其常开触点打开，执行机构中的锁门线圈L断电，锁扣连杆保持在门锁锁定位置不变。同理，当门锁开关1置于开锁端U时，门控电路3中晶体管导通，开锁继电器6通电，其常开触点闭合，开锁线圈U通电，驱动锁扣连杆开锁。当锁扣连杆退回至开锁位置时，门控电路3中的定时电路使晶体管截止，开锁继电器断电，其常开触点打开，执行机构中的开锁线圈U断电，锁扣连杆保持在门锁开启位置不变。门锁的锁定和开启的时间很短，流过锁门线圈L和开锁线圈U的电流是脉冲电流。

(2) 电容式门锁控制器。电容式门锁控制器电路如图26-45所示，由电容器1和2、门锁开关3、锁门继电器5、开锁继电器6、门锁执行机构(电磁式)等组成。该电路利用充足电的电容器放电电流来控制门锁执行机构完成门锁的锁定和开启工作。如图中所示，锁门电容器1已充电完毕，开锁电容器2已放电完毕，车门处于打开状态。当需要关车门时，只要转动门锁钥匙，使得门锁开关3分别与端点11和21接通。于是锁门电容1经端点11向锁门继电器5放电，锁门继电器常开触点闭合，锁门线圈L通电，驱动锁扣连杆锁门。与此同时，开锁电容器2经端点21接通电源充电，为开锁时放电做准备。当需要开车门时，转动车门钥匙使得门锁开关3恢复图示状态。于是充足电的开锁电容器2经端点22向开锁继电器6放电，开锁继电器常开触点闭合，开锁线圈U通电，驱动锁扣连杆开锁。与此同时，锁门电容1经端点12接通电源充电，为下一次锁门时放电做准备。由上述分析可知，利用电容的瞬时放电电流，控制门锁执行机构完成门锁的锁定和开启工作，电容放电完毕，继电器触点打开，门锁执行机构电磁线圈断电，门锁锁扣连杆仍保持在门锁锁定或开启位置不变。这样既可避免门锁执行机构长期带电消耗大量电能，又能确保门锁执行机构顺利完成门锁的锁定和开启工作。电路中接入热敏断路器10，防止门锁执行机构长时间过电流而烧坏电磁线圈。

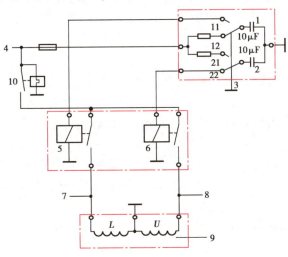

图26-45　电容式中央门锁控制机构

1-锁门电容器；2-开锁电容器；3-门锁开关；4-接蓄电池"＋"；5-锁门继电器；6-开锁继电器；7、8-接其他车门锁；9-门锁执行机构；10-热敏断路器

(3) 车速感应式门锁控制器。车速感应式门锁控制器电路如图26-46所示，通常设定敏感车速为10km/h，即当汽车行驶车速达10km/h以上时，各车门能自动地进入锁定状态，而无须人员干预。

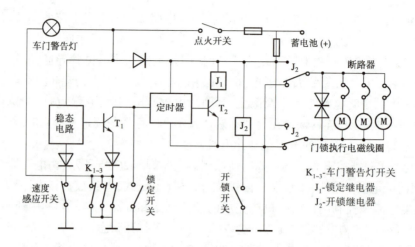

图 26-46　车速感应式门锁控制机构

当点火开关闭合时,若车门未全部关上,车门警告灯经闭合的(由门锁锁扣连杆控制的驾驶室以外的)车门警告灯开关搭铁,警告灯点亮。当按下锁定开关时,定时器电路接通,其输出定时脉冲使三极管 T_2 导通,锁定继电器 J_1 通电,J_1 的常开触点闭合,门锁执行电磁线圈通正向电流驱动锁扣连杆锁门。当车门全部关上时,开关 $K_1 \sim K_3$ 打开,车门警告灯灭。若因故锁定开关未按下时,汽车起动后,如果车速小于 10km/h,车速感应开关仍保持闭合状态,此时稳态电路输出低电平,三极管处于截止状态,车门不能自行关闭,开关 $K_1 \sim K_3$ 闭合,车门警告灯亮。如果车速大于 10km/h,车速感应开关自动打开,此时稳态电路输出高电平,三极管 T_1 导通,定时器触发输入端经导通的三极管 T_1 和闭合的开关 $K_1 \sim K_3$ 搭铁,如同按下锁定开关一样,使车门锁定。当需要打开车门时,可按下开锁开关,使开锁继电器 J_2 通电,J_2 的常开触点闭合,门锁执行电磁线圈通入反向电流,驱动锁扣连杆开锁,车门打开。

二、汽车防盗装置

为了防止汽车被盗,现代汽车上都装有安全防盗装置。目前汽车防盗装置类型繁多,常用的防盗装置有转向锁、燃油切断装置、蓄电池接线柱断路装置、点火系统关断装置、各种电子报警器、各种外用机械防盗锁以及电子控制防盗系统等。

1. 转向锁

转向锁安装在转向柱上,由点火开关控制。当驾驶人从点火开关上拔下钥匙时转向柱即被锁死,即使盗车者在不用钥匙打开点火开关的情况下将发动机起动,汽车也不能被驾驶。

转向锁与点火开关制成一体,主要由锁杆、锁止器挡块、凸轮轴、开锁杠杆和开锁按钮等组成,如图 26-47 所示。

具有转向锁的点火开关有 5 个挡位:ON(点火挡)、START(起动挡)、ACC(辅助电器挡)、LOCK(转向锁锁止挡)、OFF(空挡)。其工作过程如下:

(1) 当点火开关处于 ON、START、ACC 三个挡位时,锁杆 9 被凸轮轴 7 上的凸轮顶住,防止转向柱被意外地锁住。

(2) 当钥匙从 ON 挡转到 ACC 挡时,开锁杠杆 2(图 26-48a)碰到凸轮轴 3 上,使凸轮轴 3 不能转动,钥匙在点火开关中也不能从 ACC 挡位一步转入锁止挡 LOCK。

第二十六章 汽车仪表、照明及附属装置

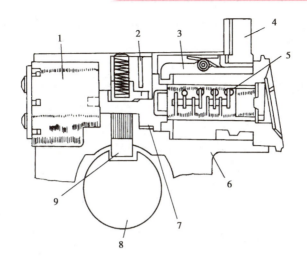

图 26-47 转向锁示意图

1-点火开关;2-锁止器挡块;3-开锁杠杆;4-开锁按钮;5-钥匙孔;6-转向柱上托架;7-凸轮轴;8-转向柱;9-锁杆

（3）如图 26-48b)所示，按下开锁按钮 1，锁杆 4 被凸轮放开，于是钥匙可以在钥匙筒中从 ACC 挡转到锁止挡 LOCK。

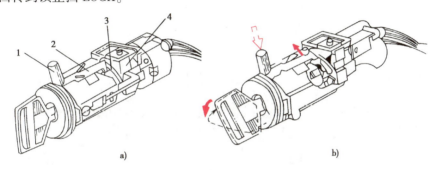

图 26-48 钥匙在 ACC 挡示意图

a)凸轮轴被锁止；b)开锁杠杆脱开

1-开锁按钮;2-开锁杠杆;3-凸轮轴;4-锁杆

（4）钥匙转到 LOCK 锁止挡时，锁杆 3 被锁杆分离杠杆 2 锁住，使锁杆 3 不会下落进入转向柱，转向器也不能锁死，如图 26-49a)所示。

（5）当钥匙从点火开关中拔出时，锁杆分离杠杆 2 与锁杆 3 分离，锁杆 3 在挡块弹簧 1 的作用下进入转向柱 4 的槽内，转向柱 4 被锁住，如图 26-49b)所示。

2. 电子报警器

电子报警器可以更有效地防止他人私自进入车内、拆卸零件、起动发动机甚至盗走车辆。现代汽车上使用的电子报警器有多种形式，图 26-50 为一种采用 555 集成电路的电子报警器电路原理图。

力敏应变电阻 $R_1 \sim R_4$ 组成电桥，作为报警器的传感器。报警器控制开关 S_2 安装在车主操作方便且比较隐蔽的地方，离开车辆时将 S_2 接通。当盗贼接通点火开关 S_1，起动发动机时，车身抖动，使应变电阻 $R_1 \sim R_4$ 的电阻值发生变化，电桥失去平衡，输出 100mV 以上的电压信号，经运算放大器 5G022 和 555 电路放大和处理后输出低电平，使继电器线圈的电路导通。线圈通电后，常闭触点 S_{1-1} 分开，切断点火线圈的初级电路，使发动机不能点火，同时

将电喇叭的电路接通，喇叭鸣叫报警。与此同时继电器的常开触点 S_{1-2} 闭合，使 555 电路保持低电平自锁输出，喇叭报警声长鸣不息，直至切断开关 S_1 或 S_2 为止。

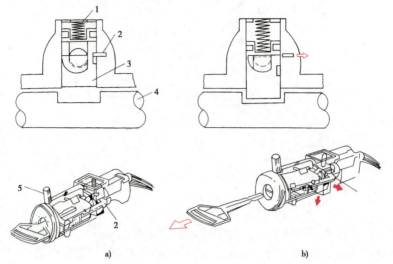

图 26-49 转向器锁止示意图

a) 钥匙处于 LOCK 挡位；b) 钥匙从点火开关中拔除
1-挡块弹簧；2-锁杆分离杠杆；3-连杆；4-转向柱；5-开锁按钮

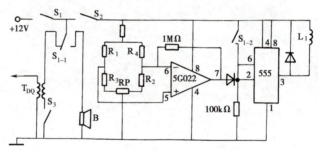

图 26-50 电子防盗装置电路原理图

S_1-点火开关；S_2-报警控制开关；S_3-断电器触点；$R_1 \sim R_4$-力敏传感器应变电阻；L_1-继电器线圈；S_{1-1}-继电器常闭触点；S_{1-2}-继电器常开触点；B-电喇叭；T_{DQ}-点火线圈

3. 电子控制防盗系统

目前，许多车辆都装有防盗器门锁控制的防盗系统，其结构和工作原理大同小异。如图 26-51 所示为某型轿车防盗器门锁控制系统。

1) 防盗控制系统的结构

该防盗系统与门锁采用一个微机控制单元（ECU），其传感器包括门控开关、门锁开关、行李舱门钥匙起动开关、钥匙未锁警告开关、钥匙操纵开关和门锁电动机位置开关等；其执行器包括防盗喇叭、汽车喇叭继电器、前灯控制继电器、起动电机继电器、尾灯控制继电器、门锁电机和防盗指示灯等，电路如图 26-51 所示。

门控开关包括所有车门门控开关和发动机舱盖控制开关。4 个车门门控开关和行李舱门控开关电路并联，共同接在 ECU 的 CTY 端子上。当其中的任意一个未关好时，其开关接通，CTY 端子为低电位 0V；所有门都关好后，门控开关都断开，CTY 端子为高电位 4~5V。发动机舱盖控制开关接在 ECU 的 HOOD 端子上，当发动机舱盖打开时，开关接通，HOOD 端子为低电位0V;当发动机舱盖关好后,开关断开,HOOD端子为高电位4~5V。

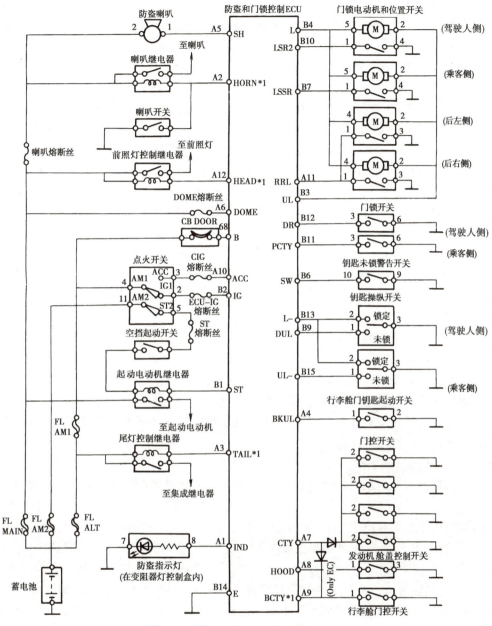

图26-51 某型轿车防盗系统电路图

门锁开关包括驾驶人侧门锁开关和前乘客侧门锁开关,分别接到ECU的DR端子和PCTY端子上。车门打开后,开关接通,端子为低电位0V;车门锁定后,开关断开,端子为高电位4~5V。

行李舱门钥匙起动开关接到ECU的BKUL端子上,它是受行李舱门锁控制的开关。当行李舱门锁打开时,开关接通,BKUL端子为低电位0V;行李舱门锁锁定后,开关断开,BKUL端子为高电位4~5V。

钥匙未锁警告开关接到ECU的SW端子上,由点火开关钥匙控制。车辆点火开关钥匙插入,开关接通,SW 端子为低电位 0V;钥匙拔出时,开关断开,SW 端子为高电平 4~5V。

钥匙操纵开关由驾驶人侧和前乘客侧两个钥匙操纵开关传感器组成。两开关的锁定接线柱共同接在 ECU 的 L−端子上,未锁接线柱分别接到 ECU 的 DUL 和 UL−端子上,ECU 根据它们的电位控制门锁的状态。当两个钥匙操纵开关中任一开关转到锁定位置时,L−端子变为低电位 0V,ECU 接到该信号后,使 L 端子输出高电位 12V,UL 端子输出低电位电压 0V,4 个门锁电动机转动,将门锁锁闩伸出。当各锁闩都伸到规定位置时,门锁电动机位置开关断开,LSR2、LSSR、RRL 端子均变为高电位,ECU 接此信号后,则使 L 和 UL 端子均为 12V,电动机停止转动,门锁锁定。之后,钥匙操纵开关回到中立位置,L−、DUL 和 UL−端子均变为高电位 4~5V。当将驾驶人(或前排乘客)侧钥匙转到未锁位置时,DUL(或 UL−)端子为低电位 0V,ECU 接到任一信号时,都使 UL 端子为 12V,L 端子为 0V,门锁电动机反方向转动打开门锁。锁闩缩到规定位置时,门锁电动机位置开关闭合,ECU 的 LSR2、LSSR、RRL 端子都变为低电位 0V,ECU 接此信号后,则使 UL 和 L 端子均为低电位 0V,电动机停止转动。

门锁电动机位置传感器有三个信号端子,驾驶人侧门锁电动机位置传感器接在 ECU 的 LSR2 端子上,前乘客侧门锁电动机位置传感器接在 LSSR 端子上,两后门门锁电动机位置传感器并联后接在 ECU 的 RRL 端子上。当门锁锁定后,三个信号端子为高电位;当门锁打开时,三个信号端子为低电位 0V。

2)防盗控制系统的工作原理

(1)设定防盗系统。

①将点火开关钥匙转到 LOCK 位置,拔出点火开关钥匙。

②关闭发动机舱盖、行李舱盖和所有车门。

③用钥匙锁住左侧或右侧前门(所有车门通过钥匙连锁动作已锁住)后拔出钥匙,看到防盗指示灯不停地闪烁,即防盗系统已设定。

(2)防盗系统的工作。

当防盗系统设定后,ECU 一方面使起动电动机继电器对应的 ST 端子为蓄电池电压 12V,保证发动机不能起动,并保持防盗喇叭、喇叭继电器、前灯控制继电器、尾灯控制继电器和起动电机继电器对应的 ECU 的 SH、HORN、HEAD、TAIL、ST 端子均为蓄电池电压 12V;另一方面,控制 IDL 端子,使其输出电压为 12~0V 交替变化,防盗指示灯控制电路频繁通断,防盗指示灯不断闪烁,同时不断检测各个门控开关、钥匙未锁警告开关等传感器信号。

当 ECU 检测到有人不用钥匙强行打开车门或行李舱门或发动机舱盖时,即控制 SH、HORN、HEAD、TAIL 端子,使四个端子均为搭铁电压 0V,防盗喇叭电路接通而鸣叫;汽车喇叭继电器线圈通电,其触点闭合,汽车喇叭电路接通也鸣叫;同时,前照灯、尾灯的继电器线圈均通电,其触点闭合,前照灯和尾灯控制电路接通而闪亮;同时控制 L 端子为高电位 12V,UL 端子为低电位 0V,门锁电动机转动,使所有的车门均锁上。若所有车门未锁住,防盗系统在报警时间内每隔 2s 重复锁门动作。

(3)清除防盗功能。

①用钥匙打开左侧或右侧前门,或用门锁无线控制系统打开所有车门,或用钥匙打开行李舱盖,解除车门防盗系统。

②将点火开关钥匙插入点火开关内,并将其转至 ACC 或 ON 位置,全部防盗功能解除。

第二十七章　车载网络

第一节　概　　述

一、车载网络技术的产生

汽车的传统控制布线方式通常为采用常规的点对点通信方式将电子控制单元(ECU)连接起来,如图27-1所示。随着汽车电子控制技术的发展,汽车上的 ECU 数量越来越多,普通汽车上的 ECU 有几十个,一些高档汽车上的 ECU 多达近百个,采用传统布线方式势必造成导线数量的不断增多,从而使得在有限的汽车空间内布线越来越困难。另外,据相关数据统计,车辆质量每增加 50kg,油耗便会相应提高 0.2L/100km。单从线束本身来说,它也是汽车电子系统中成本较高、连接较复杂的部件。

现今以车载网络技术为代表的新型网络技术多是采用串行总线,其布线方式如图27-2所示。这种布线方式不仅能够实现多路传输功能,还可以显著地减少电缆数量,节省电线和接插件的使用。在汽车内部采用基于总线的网络结构,可以达到信息共享、减少布线、降低成本以及提高总体可靠性的目的。汽车各个系统在经历了由机械式向电控式的转变后,再一次向网络化演进。

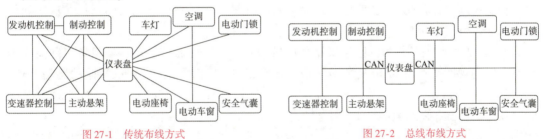

图 27-1　传统布线方式　　　　　　图 27-2　总线布线方式

随着汽车电子控制单元以及汽车电子装置数量的不断增多,采用串行总线实现多路传输组成汽车电子网络是一种既可靠又经济的做法。同时现代汽车基于安全性和可靠性要求,正越来越多地考虑使用电控系统代替原有的机械和液压系统,而这最终将使汽车上遍布网络。车载网络技术是通信技术及计算机技术与汽车控制理论结合的产物,是现代汽车电子控制技术重要的技术基础。

二、车载网络的构成

为满足信息交换的不同需求,将具有同类特点的 ECU 连接在一条总线上。不同总线通过网关(如同枢组站)连接所组成的电子控制系统则称为汽车车载网络系统,在这个网络系统中可以实现信息共享。图27-3所示为某型汽车车载网络系统构成,其主要由 3 条 CAN 总线、1 条 FlexRay 总线、1 条 MOST 总线、1 条 LIN 总线、1 条 Ethernet 总线、1 个网关和 ECU 组成。

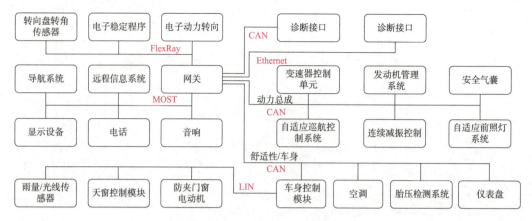

图 27-3 某型汽车车载网络系统

每个 ECU 除具有相应的数据采集控制功能外,还必须具有满足相应总线协议实现信息交换的功能。每条总线连接不同 ECU。以动力总成 CAN 总线为例,该总线将变速器控制单元、自适应巡航控制系统、发动机管理系统、连续减振控制系统、自适应前照灯系统和安全气囊的 ECU 连接在一起,既可以在总线内交换信息,也可通过网关和其他 ECU 交换信息。从图 27-3 可以看出,汽车车载网络系统主要由 ECU、总线和网关三部分组成,现将各部分功能说明如下:

(1) ECU。ECU 也称为节点。目前的多数汽车,在发动机系统、传动系统、悬架装置、转向系统和制动系统都实现了电控,所以都配置有各自的 ECU。

(2) 总线。总线是 ECU 之间传输信息的通道。图 27-3 中用一条线表示,实际使用时可能是一根、两根或多根导线。以双线制为例,采用双绞线可以提高信息传输过程的抗干扰能力。总线物理层比较简单,但是它的通信协议非常复杂,其关键在于如何保证 ECU 之间能够可靠地进行信息交换。

(3) 网关。网关又称为网间连接器、协议转换器,是一种通信协议转换设备。网关在传输层上以实现网络互连,是最复杂的网络互联设备,仅用于两个高层协议不同的网络互连。从图 27-3 可以看出,该网关至少有 3 个 CAN、1 个 Ethernet、1 个 FlexRay 和 1 个 MOST 总线转换接口,要完成多个协议之间的信息转换。

三、汽车总线的特点及分类

汽车总线随着汽车各系统的控制逐步向自动化和智能化转变。例如汽车电气系统已变得日益复杂,传统的电气系统大多采用点对点的单一通信方式,相互之间少有联系,这样必然会形成庞大的布线系统,传统布线方法已不能适应现代汽车的发展。为了满足各电子系统的实时性要求,须对汽车公共数据(如发动机转速、车轮转速、加速踏板位置等信息)实行共享,而每个控制单元对实时性的要求又各不相同。因此,传统的电气网络已无法适应现代汽车电子系统的发展,于是新型汽车总线技术便应运而生,其具有如下主要特点:

(1) 极大地简化了车辆布线工作,减少了线束数量,减轻了汽车总质量。

(2) 采用数字信号传输,提高了电子系统的可靠性和抗干扰能力。

(3) 插接件大幅度减少。

(4) 便于安装。汽车总线采用双绞线或一条电缆,上面可挂接多个 ECU。

（5）便于维修，节省维护开销。

（6）ECU 具有总线通信功能，其通信协议复杂，对学习和研发 ECU，提出了更高的技术要求。

在汽车的各种电子控制系统中，由于各个系统对通信的实时性要求不同，通常的车载网络结构采用多条不同速率的总线分别连接不同类型的节点，并使用网关服务器来实现整车的信息共享和网络管理。汽车车载网络系统的类型较多，应用较多的有 CAN、LIN、FlexRay、MOST 等。美国汽车工程师协会（Society of Automotive Engineers，简称 SAE）下属的汽车网络委员会按照协议特性将汽车总线分为 A、B、C、D 四类。具体分类见表 27-1。

表 27-1 SAE 汽车总线分类

类　别	位传输速率	应用场合
A 类	<10kbps	智能传感器和执行器的低速网络
B 类	10～125kbps	车身电子 ECU 和显示仪表等信息共享中速网络
C 类	125kbps～1Mbps	闭环实时控制的多路传输高速网络
D 类	>2Mbps	多媒体、高速数据流传输的高性能网络

四、OSI 参考模型

为了促进互联网络的研究和发展，国际标准化组织 ISO 制定了一个网络互连的七层框架的参考模型，称为开放系统互连参考模型（Open System Internetwork Reference Model，简称 OSI/RM）。OSI 参考模型是一个具有七层协议结构的开放系统互连模型，是由国际标准化组织在 20 世纪 80 年代早期制定的一套普遍适用的规范集合，使全球范围的计算机可进行开放式通信。

OSI 参考模型把开放系统的通信功能划分为七个层次，如图 27-4 所示。每一层都实现不同的功能，每一层的功能都以协议形式正规描述，协议定义了某层同远方一个对等层通信所使用的一套规则和约定。每一层向相邻上层提供一套确定的服务，并且使用与之相邻的下层所提供的服务。从概念上来讲，每一层都与一个远方对等层通信，但实际上该层所产生的协议信息单元是借助于相邻下层所提供的服务传送的。需要注意的是，实际的网络体系结构并不一定具有全部七层的定义。

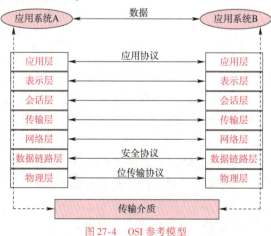

图 27-4　OSI 参考模型

1. 物理层

物理层的主要功能是利用传输介质为数据链路层提供物理连接,完成相邻节点之间原始比特流的传输工作。

2. 数据链路层

数据链路层的主要功能是在不可靠的物理线路上进行数据的可靠传输,完成网络中相邻节点之间可靠的数据通信。数据链路层由介质访问控制(Medium Access Control,简称MAC)子层和逻辑链路控制(Logical Link Control,简称LLC)子层组成。

3. 网络层

网络层的主要功能是完成网络中主机间的报文传送,其中一个关键问题是确定每个报文从源端到目的端时,选择路由的依据和方法。

4. 传输层

传输层的主要功能是为网络中不同主机上的用户进程之间提供可靠、有效的报文传送服务,它的任务是根据通信子网的特性,最佳地利用网络资源,为两个端系统的会话层之间提供建立、维护和取消传输连接的功能,负责端到端的可靠数据传输。

5. 会话层

会话层的主要功能是负责维护两个节点之间的传输连接,确保点到点传输不中断,以及管理数据交换。

6. 表示层

表示层的主要功能是处理在两个通信系统中交换信息的表示方式,主要包括数据格式变化、数据加密与解密、数据压缩与解压等,即表示层为应用过程间传送的信息提供表示方法的服务。

7. 应用层

应用层的主要功能是在实现多个系统应用进程相互通信的同时,完成一系列业务处理所需的服务。

第二节　CAN 总 线

一、现场总线

按照国际电子技术委员会的表述,现场总线被定义为"在制造或构成现场和安装在生产控制室先进自动装置中,所配置的主要自动化设备之间的一种串行数据通信链路"。

20世纪80年代,大规模甚至超大规模集成电路技术的突飞猛进催生了微控制器。这使得集中于控制中心的一部分信息处理任务现在可以由现场测控仪器来分担了,形成所谓分布式控制。集成电路芯片的应用则使控制系统各个部分之间的数字化通信成为可能。另外,现代控制方法对系统运作的实时性要求越来越高,现场设备相互之间以及与上级控制模块之间进行大量快速信息交换的需求也越来越迫切。在这种情况下,现场总线应运而生。CAN总线属于现场总线的范畴,是现场总线的衍生物之一。

二、CAN 总线协议

1991 年 9 月，BOSCH 公司在综合各种实际应用经验的基础上，发布了《CAN 技术规范》第 2 版。该规范针对 CAN 在不同工作场合下通信方式的标准化问题作出了比较全面的界定，可以算作是 ISO 11898 的先声。其作为 CAN 总线技术比较权威的指导性文献，一直沿用至今。

1. CAN 总线的网络层次

国际上比较通用的网络层次划分标准是 ISO 7498，该标准中提出的开放系统互联参考模型将数据从一个站点到达另一个站点的工作分割成 7 个不同的任务，从而定义了如图 27-4 所示的七层网络结构。

CAN 总线遵从该参考模型，不过其技术规范只对网络的物理层及数据链路层作出了规定，具体如图 27-5 所示。

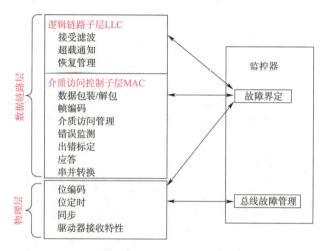

图 27-5　CAN 协议分层结构和功能

物理层定义信号是如何实际地传输的，因此涉及对位时间、位编码、同步的解释。技术规范没有定义物理层的驱动器/接收器特性，以便允许根据它们的应用，对发送媒体和信号电平进行优化。

CAN 总线在物理上是通过双绞线实现的，这两条信号线以相反的方向传递相同的信息，分别是 CANH 和 CANL，这样做主要是为了消除外部干扰。图 27-6 为 CAN 总线物理结构的示意图。在 CAN 总线的两端分别设置有 120Ω 的电阻，主要是为了防止数据在线端被反射，以回声的形式返回，影响数据的传输。

图 27-6　CAN 总线物理结构示意图

MAC 子层是 CAN 协议的核心。它把接收到的报文提供给 LLC 子层，并接收来自 LLC 子层的报文。MAC 子层负责报文分帧、仲裁、应答、错误检测和标定。MAC 子层也被称作故障界定的管理实体监管。此故障界定为自检机制,以便把永久故障和短时扰动区别开来。LLC 子层涉及报文滤波、过载通知以及恢复管理。

2. CAN 总线技术规范 2.0A 和 2.0B

在整体结构上,《CAN 技术规范》第 2 版包括 A 和 B 两部分。其中,第 2 版 A 部分(2.0A)同以前的 CAN 总线版本一样,给出的是标准的报文格式;第 2 版 B 部分(2.0B)则增补了一种扩展的报文格式。两部分规范的主要区别见表 27-2。

表 27-2 CAN 2.0A 和 CAN 2.0B 主要区别

规范部分	CAN 2.0A	CAN 2.0B
标识符位数	报文有 11 位标识符	报文有 29 位标识符
信息传输特点	更大的信息吞吐和较短的延迟时间	允许消息帧中包含更多有用信息,但对总线带宽的要求高
器件成本	相关器件成本低	相关器件成本高

3. 消息帧

消息帧是通过 CAN 总线进行数据通信时发送与接收消息的基本单元,也称作报文。它具有特定的格式,图 27-7 所示为 CAN 2.0A 的网络只能接收信息的格式。

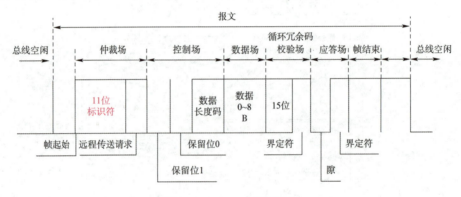

图 27-7 CAN 2.0A 报文格式

图 27-8 所示为 CAN 2.0B 的报文格式,又称为扩展格式。它具有 29 位标识符,前 11 位与 CAN 2.0A 报文的标识符完全一样,后 18 位专用于标记 CAN 2.0B 的报文,在图 27-8 中有明确的区分。基于 CAN 2.0B 的网络既能接收标准格式的报文,也能处理扩展格式的报文。

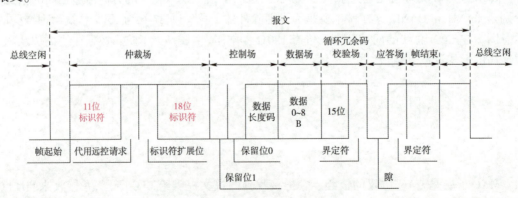

图 27-8 CAN 2.0B 报文格式

4. 标识符

标识符是指每个报文从帧起始往后的 11 位的标准格式(图 27-7)或 11 + 18 位的扩展格式(图 27-8)的数据所组成的一段信息,这段信息有三个作用。

(1)表征了该报文的类型,指出来帧内大致包含哪些内容。CAN 通信所用的报文可分为四类:①数据帧。数据帧用于封装从发送单元传给接收单元的可用数据,其标识符的特征是最前面的 7 位不全为 1。②远程帧。总线单元发送出远程帧,请求发送具有同一标识符的数据帧。③错误帧。任何单元检测到总线错误时便发送出错误帧。④过载帧。过载帧用于在先行和后续的数据帧(或远程帧)之间提供一种附加的延时。数据帧和远程帧可以使用标准帧及扩展帧两种格式。它们用一个帧间空间与前面的帧分隔。

(2)为有选择性地接收消息提供判据。CAN 的接收单元正是根据这些标识符来辨识信息,其也可以对某个接收单元所能处理的消息的标识符范围作出规定,该单元通过查询在线报文的标识符,与自身所匹配的标识符格式进行比较,就实现了对信息的选择性读取。

(3)标识符是 CAN 仲裁消息帧有限权的工具。

5. 仲裁

仲裁是总线应用中一个相当重要的概念。利用总线确实可以实现"海量数据"的通信,但在任意时刻,在线的信息数量是相当少的。以 CAN 为例,它仅有两根通信线,每次只允许在总线上传输一条报文。这样,当各个节点都在自主地建立通信的时候,难免会发生多个报文争夺总线使用权的情况,叫作总线访问冲突。仲裁就是解决这种冲突的方法及过程。凭借仲裁,总线首先判断出到底哪条消息此时能享有对自己的占用权;判定完毕后,总线要保证对失去占用权的消息具有排斥性,避免传输中的消息受到其他消息的干扰。CAN 总线进行仲裁时采用载波侦听多路访问/冲突检测(CSMA/CD)技术。这种技术是一种高效、基于位、非破坏性的总线冲突解决机制。

6. 错误对策

用 CAN 总线进行通信的一大优点就是能保证数据在高速传输的同时具有令人满意的可靠性,这主要应归功于它卓越的出错处理机制。

CAN 总线具有五种错误检测方法,其中三种针对消息帧本身,两种针对消息帧中的各个位,分别为:循环冗余码校验、帧形式校验、应答错误校验、位监测和位填充。

如果至少一个节点监测到错误,该节点将立即放弃当前的数据传输进程并发送一个错误帧。错误帧的标识符包含有 6 个连续的显性位,这显然违背位填充规则,结果所有的节点均监测到了位填充错误,相当于错误状态被通知到了 CAN 总线全局。

接下来进行错误界定。CAN 总线大体上将错误分为临时性错误和长期性错误两类。临时性错误主要由外部因素引起,如总线上驱动电压波形等;长期性错误则主要由网络组件的非正常状况引起,比如接触不良、线路故障等。持久的外部干扰也会导致长期性错误的产生。CAN 总线采用对错误计数的策略作为区分临时和长期这两种错误的依据。计数器按照一定规则增加或者减少计数,如果某个网络单元的错误计数在不断增长,就说明该单元的数据通信在频繁地发生故障。当计数器内容超过一定阈值时,可以认为该故障就是由于长期性错误引起的。表 27-3 所示为 CAN 总线在实际应用中根据错误计数器内容界定错误级别的情况,并给出了处理对应的节点状态响应。

CAN 总线对错误级别的判定表　　　　　表 27-3

计数器内容	错误级别	节点状态
1～127(不含96)	可容忍的临时性错误	错误—激活模式
96	临时性错误	报警
128～254	严重的临时性错误	错误—认可模式
≥255	长期性错误	总线脱离模式

三、CAN 总线的应用

CAN 总线源于欧洲,一开始是专为汽车电子系统设计的。随后,CAN 总线逐渐被应用到了火车、轮船、机器人等领域。Intel、Motorola 等公司为 CAN 总线的应用提供了丰富的软硬件资源,为 CAN 总线的普及奠定了基础。概括起来,这些与 CAN 总线有关的产品有硬件设备和开发流程及工具等。

1. 硬件设备

硬件设备主要指那些能参与构建基于 CAN 协议的控制系统,并能实现部分或全部 CAN 协议所规定的通信功能的电器产品,具体见表 27-4。

与 CAN 相关的产品　　　　　表 27-4

种类	CAN 通信线缆	CAN 驱动/接收器	CAN 控制器	CAN 微控制器
简介	实现节点的互连,是传输数据的通道	将信息封装为帧后发送、接收到帧后将其还原为信息、标定并报告节点状态	专按协议要求设计制造,经简单总线连接即可实现 CAN 的全部功能	嵌有部分或全部 CAN 控制模块及相关结构的通用型微控制器
实物或实物型号	普通双绞线、同轴电缆、光纤	MC33388(Motorola)、82C(Philips)	SJA1000(Philips)、82527(Intel)	P8XC 592(Philips)、68CH08AZ(Motorola)

2. 开发流程及工具

开发环境是指那些专门针对 CAN 设计的开发环境和编程语言。德国 Vector 公司推出来针对 CAN 产品应用的开发工具 CANoe、CANalyzer。在工程实践中,通常使用 DBC(Database CAN)文件对 CAN 网络的结构和属性进行定义。下面,基于 CANdb + + Editor 软件简要对 DBC 文件开发流程进行介绍。

1)通信矩阵设计

(1)信号列表。信号列表中包含了 CAN 网络中的各个信号。以 ECU 为参考进行划分,信号总体上分为两类:一种是从网络接收的信号;另一种是发送的信号。其主要包括信号名称、信号长度、精度、偏移量、物理值范围、默认值、无效值、单位、希望周期等。

(2)通信矩阵设计。通信矩阵设计主要包括三个方面:标识符、信号映射和报文发送方式。

①标识符的描述与前文一致。8～10 位消息组描述了不同报文类型:应用、发送类型、网络管理、诊断和开发。0～7 位消息组对于不同类型的报文具有不同功能。例如,对于网络管理或诊断类型,该消息组用于 ECU 地址标识。

②信号影射。信号在报文中的位置取决于位顺序和字节顺序。位顺序:在一个字节中,位

可以升序或者降序排列。字节顺序：对于长度超过一个字节的信号，需要考虑在报文中的顺序。报文封装需要满足多个原则，例如，信号从每个字节的起始位开始排列，信号排列紧凑等。

③报文发送方式。周期型是报文以一定的时间间隔发送；事件型是报文中所规定的信号值发生改变的事件触发方式；使能型是指报文在只要有一个触发信号的信号约束条件满足，须以快速周期事件发送；另外，还包括周期事件型和周期使能型。

(3)信号的可靠性。确保可靠性的机制包括：checksum 校验和算法可以防止信号改变；heartbeat 信号可以防止报文丢失，避免应用程序误操作。

(4)优化准则。优化准则分为首要准则和次要准则。首要准则包括延时、负载率、CPU 负载率。次要准则包括灵活性和复用性、鲁棒性、网关路由。灵活性和复用性可以保证重用 ECU 标识符的稳定性，将含义类似的信号组合。鲁棒性保障重要的信息周期发送（周期事件型）。网关路由将网关路由的信号进行组合。

2）基于 CANdb++Editor 的 DBC 文件开发

根据前文定义出的通信矩阵，利用开发软件进行如下操作：创建一个 CAN 数据库文件；创建信号要用到的数值表；创建信号，关联信号的数值表；创建报文；创建网络节点；将信号、报文及网络节点进行关联链接；创建或导入自定义属性，并进行修改；一致性检查。至此完成了 DBC 文件开发。

四、SAE J1939 协议

CAN 协议中对物理层和数据链路层作出了定义，而后面对多种场景的需求，又提出了基于 CAN 的扩展应用协议，包括了 SAE J1939。1994 年以前，在美国的商用车中，动力系统与电子控制单元之间的通信采用了 SAE J1708/J1587，由于这两种协议使用的是微处理器的串行通信，因而数据传输效率较低，所以于 1994 年诞生了 SAE J1939 标准。这是一类专门用于货车、大型客车、建筑机械、农业机械的 CAN 通信协议。

SAE J1939 和它的前身相比，主要区别在于：SAE J1708/J1587 是一种广泛应用于 B 类网络的协议，它主要提供简单的信息交换，其中包含电子控制装置的诊断数据。而 SAE J1939 是基于 CAN 总线的协议，波特率可达 250kb/s，是一种传输速率较高的 C 类通信协议。SAE J1939 网络不仅能够实现 SAE J1708/J1587 网络的功能，还可支持分布在整个车辆中的电子控制系统间的实时闭环控制及其通信。

SAE J1939 的物理层和数据链路层是以 CAN 2.0B 协议为基础的，因此它和 CAN 网络一样，任何节点在总线空闲时可向总线上传输报文，每个报文都含有标识符，采用 CSMA/CD 非破坏性仲裁机制解决冲突。CAN 协议在 OSI 模型中只定义了物理层和数据链路层的 MAC 层，而 SAE J1939 以 CAN 2.0B 为基础，还定义了网络层和应用层的协议。但是，SAE J1939 为传输层、会话层和表示层预留了位置，以便未来进行扩展。

第三节　其他车载网络

一、LIN 总线

本地互联网络（Local Interconnect Network，简称 LIN）总线标准是于 1998 年作为多家生产厂家和系统开发公司合作开发的结果而公布的,当前2.2版本的标准是于2010年公布的。LIN总线是针对汽车分布式电子系统而定义的一种低成本的串行通信网络,是对控制器区域网络(CAN)等其他汽车多路网络的一种补充,适用于对网络的带宽、性能或容错功能没有过高要求的应用。其目标定位于车身网络模块节点间的低端通信,主要用于智能传感器和执行器的串行通信,而这正是CAN总线的带宽和功能所不要求的部分。

  LIN总线包含一个主机节点及多个从机节点的结构,属于单主系统。图27-9所示的通信的运行是以"任务"展开的,这些任务形成了消息的一部分,这些消息将在主机节点和从机节点间交换。因为主机节点也会处于接收消息的状态,所以主机节点也会被要求完成从机节点的任务。这种结构的通信关系可能发生在从机节点之间,也可能发生在主从机节点之间。LIN总线不用节点地址,而是应用消息中的消息ID。LIN协议作为面向消息的协议,能够实现广播通信及组播通信。

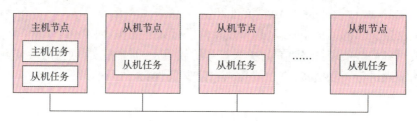

图27-9 LIN系统拓扑结构图

二、MOST总线

  1996年,以Mercedes的D2B系统为基础,BMW、Harman/Becker以及Oasis Silicon Systems共同合作,开始对MOST(Media Oriented System Transport)总线进行讨论,并决定和其他汽车生产商共同进行开发。MOST标准的目标定位是创建一种合适的总线系统能在汽车里传输多媒体数据。当前的MOST标准包含了ISO/OSI模型的全部七层内容。

  MOST网络的基本结构是逻辑环,从一个设备到另一个设备进行传输。逻辑环通常被实现为一个物理环,如图27-10所示,但不是强制的。比如,其可以利用一个路由器来实现组合环和星形结构。在星形的拓扑结构中,可以在不影响其他节点的情况下方便地添加或者移除某个节点,这样可以增加系统的可靠性。无论是在星形结构或者任意的环状和星状的组合结构中,一个节点向下一个节点发送数据流的准则是不变的。

  与传统汽车总线相比,MOST总线有以下特点:

  (1)高速网络。MOST总线最高能够传输高达25Mb/s的同步/非同步信号。

  (2)抗干扰。MOST总线采用光纤作为物理介质,大大提高了信号的信噪比。

  (3)更轻的质量。MOST总线的物理结构决定了挂在MOST总线上的设备间的通信不需要再增加其他连接方式,所有的设备都通过光纤连接。

  (4)更大的灵活性。MOST总线的逻辑特性决定了总线上只有一个主节点,其他节点可根据情况挂接或去除,所有的从节点在享用总线的地位上是平等的。

  (5)能够适应多种数据。在MOST总线上,可以传输诸如音/视频流的同步数据,也可以传输基于其他数据传输协议的非同步数据。

  (6)丰富的外部设备供应。

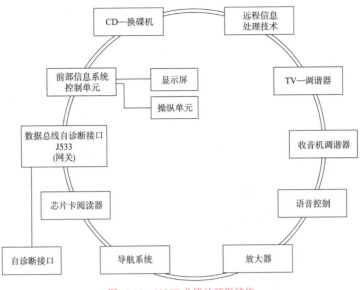

图 27-10 MOST 总线的环形结构

三、车载以太网

以太网是一种常用的通信总线,由于其成本低、速度快和灵活性强,而成为许多互联网的首选通信技术。它能提供的更大的带宽是将以太网应用于车辆上的主要原因。诸如 CAN 总线和 MOST 总线之类的传统技术是专门为汽车应用而开发的,因此其优势在于可以根据车载通信进行定制。在提出之初,它们所提供的带宽水平足以满足他们所支持的应用程序(即现代标准,低带宽控制应用程序)的要求。但随着高级驾驶辅助系统 ADAS 及 L3 级及以上自动驾驶技术的发展,亟需一种高带宽、可开放、可扩展、兼容性强及网络聚合便捷的车载网络,同时满足车载严格法规要求、车载电气环境要求、高可靠性要求。因此,一种新型车载网络,即车载以太网应运而生。

1. 以太网 OSI 模型

车载以太网协议是一组多个不同层次上的协议簇,通常被认为是一个四层协议系统,即应用层、传输层、网络层、数据链路层。每一层具有不同的功能。四层结构对应于 OSI 参考模型,并且提供了各种协议框架下形成的协议簇及高层应用程序,车载以太网及其支持的上层协议的技术架构如图 27-11 所示。

2. 物理层

目前,参照 OSI 模型,车载以太网在物理层,即第 1、2 层采用了博通公司的 BroadR-Reach 技术,该技术是由 OPEN(One-pair Ethernet Alliance)联盟推动的一种百兆以太网技术,现在已经由 IEEE 标准化,并命名为 100BASE-T1。100BASE-T1 只采用一对双绞线实现全双工的信息传输。BroadR-Reach 能实现一条链路上的两个节点同时在该链路中发送和接收数据。BroadR-Reach 提供标准以太网的 MAC 层接口,因而能够使用与其他以太网类型相同的数据链路层逻辑功能及帧格式,能够以与其他以太网类型相同的方式运行高层协议和软件。BroadR-Reach 将 MAC 层 100Mb/s 的数据流转换成 66Mb/s 的三元信号,能够在较低的频率范围内实现 100Mb/s 的数据速率。较低的信号带宽可以改善回波损耗,减少串扰。BroadR-Reach 在单对非屏蔽双绞线上传输差分信号,能够为网络提供电流隔离,其接地偏移额定值高达 2500V。随着 IEEE-RTPGE 的成立及发展，未来千兆级的通信将通过使用少于三组双绞屏蔽铜线的物理接口实现。

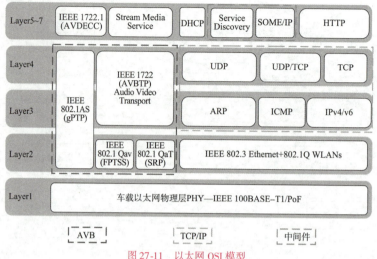

图 27-11　以太网 OSI 模型

3. 链路层协议

以太网具有低廉成本和灵活性等优势，可使用 802.1Q 的优先级标记和流量整形来提高性能。但是现有车载网络如 FlexRay 中的确定性 TDMA 的行为，对于关键安全应用的优势远远高于使用 CDMA 模式的以太网。目前技术最为成熟的两项技术是以太网音/视频桥接（Ethernet Audio/Video Bridging，简称 AVB）和时间触发以太网（Time Triggered Ethernet，简称 TTEthernet）。

1）IEEE 时间敏感网络

AVB 技术是在传统以太网络的基础上，使用精准时钟同步，通过保障带宽来限制传输延迟，提供高级别服务质量以支持各种基于音/视频的媒体应用。IEEE 音/视频桥接工作组正式更名为"时间敏感网络工作小组"（Time Sensitive Networking，简称 TSN）。时间敏感网络由一个系列标准组成，并且在 TSN 的 PAR 信息中提出了第二代 AVB 的概念。

2）TTEthernet

TTEthernet 是一种基于 802.3 以太网之上的汽车或工业领域的实时通信候选网络，它允许实时的时间触发通信与低优先级的事件触发通信共存。TTEthernet 已经通过 SAE 的标准化（SAE AS6802）。TTEthernet 协议控制框架如图 27-12 所示。

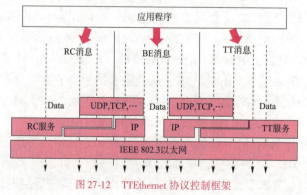

图 27-12　TTEthernet 协议控制框架

4. 拓扑结构

传统的车载网络是异构型网络,系统之间难以通信。目前车载网络框架正在向着由上至下的树型结构发展,而以太网将作为通信架构的骨干网。图 27-13 为未来车载网络的拓扑图。在网络中,骨干网和域控制器是核心部分。当一个域需要与其他域交换信息时则经由网关、以太网路由实现。

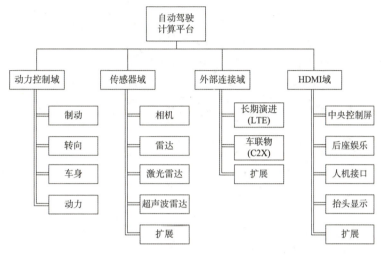

图 27-13　未来汽车网络架构图

第六篇
CHAPTER 6

新能源汽车与智能网联汽车

第二十八章　新能源汽车

第一节　概　述

新能源汽车是指采用新型动力系统,完全或者主要依靠新型能源驱动的汽车,包括纯电动汽车、插电式混合动力(含增程式)电动汽车、燃料电池电动汽车等。

从1834年第一辆电动汽车诞生,到2011年新能源汽车在国际各大车展中唱主角,新能源汽车已经走过了近180年的历程。经过近两个世纪的曲折发展,新能源汽车无论在种类、技术、市场占有率上都得到空前的突破。作为电动汽车的细分,纯电动汽车、混合动力电动汽车和燃料电池电动汽车主导着新能源汽车的发展进程,受到了比其他类型汽车更多的重视。新能源汽车百年历程可以大体分为电动汽车诞生、电动汽车重获重视、混合动力等其他车型的发展、纯电动汽车市场化发展四个阶段。

纯电动汽车的发展

1. 第一阶段:电动汽车诞生

1834年英国人Thomas Davenport发明的第一辆蓄电池汽车是世界上最早的电动汽车。到了20世纪初,美国汽车市场上电动汽车、内燃机汽车和蒸汽机汽车各占市场份额的三分之一。1910年,随着内燃机汽车大规模生产流水线的采用,内燃机汽车的生产成本大幅降低,而电动汽车由于续航里程短、充电站等基础设施不完善,曾一度退出市场。

2. 第二阶段:电动汽车重获重视

进入20世纪60年代,由于数千万辆汽车对城市空气造成的严重污染,美国政府重新对电动汽车予以了重视。20世纪70年代初,欧佩克石油禁运危机之后,汽油价格一路飙升,西方国家对电动汽车的兴趣也越加浓厚。政府增加电动汽车研发拨款,各地纷纷建立研发基地,使电动汽车研发的第二次高潮加速到来。

3. 第三阶段:混合动力等其他车型的发展

随着人们对可持续发展认识的提高,越来越多的知名公司投入到纯电动汽车和混合动力电动汽车的研发上面,使得混合动力电动汽车车型不断增多,产销规模逐渐增大。许多车型表现出了良好的节能与环保性能,这标志着混合动力电动汽车市场已经成熟。

4. 第四阶段:纯电动汽车市场化发展

从20世纪90年代开始,纯电动汽车已经成为汽车企业的重点发展方向。1996年美国已经开始制造并销售纯电动汽车。2008年11月,纯电动汽车迎来新的春天,包括欧美和我国在内的主要汽车市场国家纷纷将纯电动汽车列为未来发展的主导方向。2020年以纯电动汽车为主要产品的特斯拉公司成为全球市值第一的车企。

我国新能源汽车产业始于21世纪初。2001年,新能源汽车研究项目被列入国家"十五"期间的"863"重大科技课题,并规划了以汽油车为起点,向氢动力车目标挺进的战略。

自2012年国务院发布《节能与新能源汽车产业发展规划(2012—2020年)》以来,我国坚持纯电驱动战略取向,新能源汽车产业发展取得了巨大成就,成为世界汽车产业发展转型的重要力量之一。2020年11月,国务院办公厅印发了《新能源汽车产业发展规划(2021—2035年)》,该规划提出的发展愿景是:到2025年,我国新能源汽车市场竞争力明显增强,动力电池、驱动电机、车用操作系统等关键技术取得重大突破,安全水平全面提升;纯电动乘用车新车平均电耗降至12.0kW·h/100km,新能源汽车新车销售量达到汽车新车销售总量的20%左右。

第二节 纯电动汽车

纯电动汽车(Battery Electric Vehicle,简称BEV)是指驱动能量完全由电能提供的、由电动驱动的汽车。纯电动汽车是新能源汽车的一种,是涉及机械、动力学、电化学、电机学、微电子和计算机控制等多种学科的高科技产品。纯电动汽车较内燃机汽车来说具有结构简单、部件少且在使用过程中不产生污染废气的特点,对节能环保有突出贡献。纯电动汽车有多种分类方法,可按用途或所选用的蓄能装置的不同来分类,其中又可有许多不同组合。按用途不同,纯电动汽车可以分为纯电动轿车、纯电动货车和纯电动客车三种。

一、纯电动汽车系统组成及工作原理

与传统燃油汽车不同,纯电动汽车取消了发动机,主要由电力驱动系统、车载电源系统、辅助系统和通信系统组成,其基本结构组成如图28-1所示。纯电动汽车为实现上层控制器对部件执行机构的控制,需要建立起整车控制器和部件控制单元之间的通信系统。目前,汽车内总线系统主要包括CAN、LIN和MOST、以太网等。

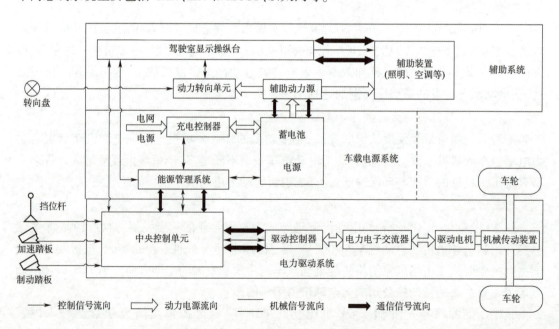

图28-1 纯电动汽车基本结构组成

1. 电力驱动系统

电力驱动系统是纯电动汽车的心脏,负责将电池的电能按照驱动电机的需求输送到驱动电机,产生驱动转矩并驱动车轮。该系统主要包括中央控制单元、驱动电机、电力电子变流器、机械传动装置和车轮等。其中,驱动电机和电力电子变流器是电力驱动系统的核心。研发全速段高效运行、自动调速以及具有高可靠性的驱动电机和高效率、高功率密度以及具有良好动态特性的电力电子变流器是电力驱动系统的未来发展方向。

1)驱动电机

驱动电机是为车辆行驶提供驱动力的电动机。驱动电机主要由定子与转子组成,其工作原理为利用通电线圈(即定子绕组)产生旋转磁场并作用于转子形成磁电动力旋转转矩。在早期开发的电动汽车上多采用直流电机,但由于采用电刷和机械换向器的结构而限制了驱动电机过载能力和转速进一步提高,新研制的电动汽车上已基本不采用直流电机。永磁无刷直流电机以永磁体提供励磁,无需励磁电流,没有励磁损耗,不再采用容易出问题的集电环和电刷,是一种高性能的电机,因其运行效率高、无励磁损耗、运行成本低和调速性能好,在电动汽车上广泛应用。永磁同步电机的转子转速与电磁场转速相同,所以称作同步;其结构与永磁无刷直流电机相似,不同之处在于它采用正弦波驱动,所以在具备永磁无刷直流电机优点的同时,还具有噪声低、体积小、功率密度大、控制精度高等特点。永磁同步电机是我国新能源汽车的主要应用类型,例如比亚迪秦、北汽 EV 系列电动汽车等都是使用该型号电机。开关磁阻电机是一种新型调速电机,是继无刷直流电机调速系统后的新一代无级调速系统,其结构简单、性能优越、可靠性高。

驱动电机的动力性能指标和效率特性指标是电动汽车构型设计和参数匹配的重要参数,主要包括:额定电压、额定电流、额定功率、额定转速、额定转矩、峰值功率、峰值转速、峰值转矩、工作特性等。

(1)额定电压:指驱动电机长时间连续工作时所适用的最佳电压,单位为 V。

(2)额定电流:指驱动电机在长期连续工作下所允许的最大电流,单位为 A。

(3)额定功率:指驱动电机在长期稳定工作下所能输出的最大功率,单位为 W 或 kW。

(4)额定转速:指驱动电机在额定功率下的转速,也即基本转速,单位为 r/min。

(5)额定转矩:指驱动电机在长时间高效运行状态下所能输出的最大转矩,单位为 N·m。

(6)峰值功率:指驱动电机可以达到的、并可以在短时工作而不故障的最大功率值,单位为 W 或 kW。

(7)峰值转速:指驱动电机在不发生故障时,可以实现的最高输出转速,单位为 r/min。

(8)峰值转矩:指驱动电机可以达到的、并可以在短时工作而不故障的最大转矩值,单位为 N·m。

(9)工作特性:指驱动电机的转速特性、转矩特性和效率特性,即驱动电机在保持额定电压、额定电流的情况下,驱动电机的转速、转矩和效率随电枢电流变化的特性。

在纯电动汽车应用中,具有良好转速调节控制的驱动电机通常有很逼近理想运行特性的转速—转矩特性,即在某一转速(基速)下为恒转矩,而在超过基速的范围内为恒功率。图 28-2 为典型的驱动电机动力特性曲线图。

由图 28-2 可知,横坐标为驱动电机的转速,纵坐标为驱动电机的输出转矩与输出功率。

为使驱动电机由零转速起动后逐渐提速,电枢电压增加,当电枢电压增至其额定值时,转速增加到其基本转速。在零转速至基速的转速范围内,电枢电流和励磁电流被设定为其额定值,磁通保持为常值,产生额定转矩,在这一范围驱动电机工作电流和输出转矩与转速无关,输出功率的变化是靠电枢电压的变化来实现的;当转速超过基速时,电枢电压保持为常值,电枢电流保持不变,为进一步提高转速,磁场须随转速增加而变弱,输出转矩随转速增加呈双曲线形下降,且驱动电机输出功率恒定。

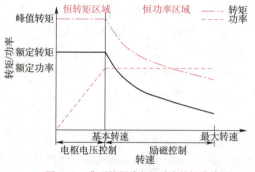

图28-2 典型的驱动电机动力特性曲线图

图28-3所示为纯电动汽车用某驱动电机的效率特性曲线,其转矩和转速特性和图28-2所描述的典型驱动电机动力特性曲线相同,即在0~2000r/min转速范围内,该驱动电机处于恒转矩区域,在2000~10000r/min转速范围内,该驱动电机处于恒功率区域。从图28-3可以看出,该驱动电机的效率特性曲线由系列的等效率曲线组成,因驱动电机的正、反转使得等效率曲线组以转速为对称轴对称分布。

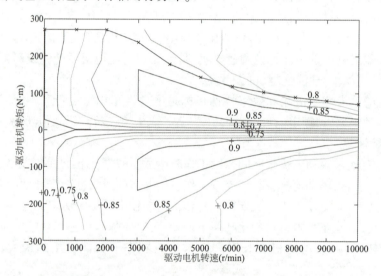

图28-3 某驱动电机效率特性曲线

2)电力电子变流器

电力电子变流器主要实现四类电能变换:AC(交流)到DC(直流)的整流变换、DC到DC的直流变换、AC到AC的交流变换以及DC到AC的逆变变换。根据电力电子应用场合的不同,可以选择不同变换类型的变流器以及各种变换组合。由于在纯电动汽车中,交流异步电机通常由一个端电压近似为恒定值的直流电源供电,因此需要为异步电机配置一个可变频率和电压的DC-AC逆变器。通用的DC-AC逆变器由电力电子开关和功率二极管构成,DC-AC逆变器常用的拓扑结构如图28-4a)所示。其中有三条支路(S_1和S_4、S_3和S_6与S_5和S_2)分别给异步电机的a相、b相和c相供电。当开关S_1、S_3和S_5闭合,而S_4、S_6和S_2断开时,则a相、b相和c相被外施加一个正电压($V_d/2$)。同理,当开关S_1、S_3和S_5断开,而S_4、S_6和S_2闭合时,a相、b相和c相被外施一负电压。所有的二极管为每项的反向电流提供相应的通路。

异步电机使用正弦波脉宽调制（PWM）技术进行恒压频比控制。三相基准电压 V_a、V_b 和 V_c 的可调幅值为 A_a、A_b 和 A_c，并与幅值固定为 A_m 的通常三角形载波 V_{tr} 相比较，如图28-4c)所示，又经比较器1、2和3的输出而形成逆变器三条支路的控制信号。当时刻 t 的正弦波基准电压 V_a、V_b 和 V_c 高于三角波电压时，导通信号被发送给开关 S_1、S_3 和 S_5，而断开信号则被发送给开关 S_4、S_6 和 S_2，此时异步电机的外施三相电压为正。反之，当正弦波基准电压 V_a、V_b 和 V_c 低于三角波电压时，导通信号被发送给开关 S_4、S_6 和 S_2，而断开信号则被发送给开关 S_1、S_3 和 S_5，此时异步电机的外施三相电压为负。三相电压如图28-4d)~f)所示。

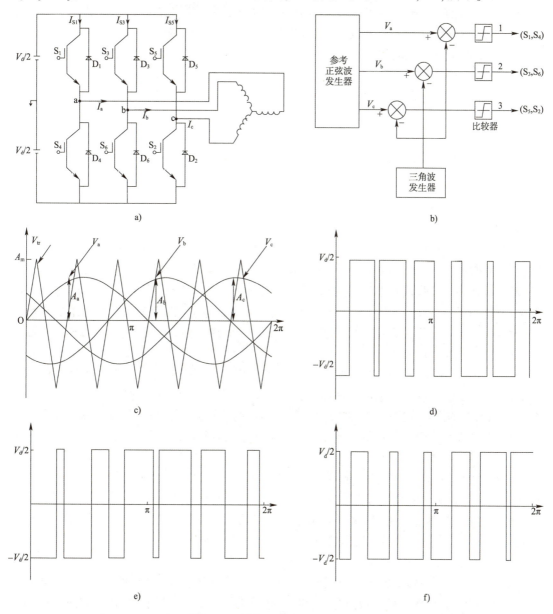

图28-4 正弦波PWM的DC-AC逆变器

a)逆变器拓扑结构;b)控制信号;c)三项基准电压和三角形载波波形;d)a相电压;e)b相电压;f)c相电压

DC-AC 逆变器在电动汽车上应用广泛，比如将电池的高压直流电逆变成交流电来驱动电机工作，又或者把电池内的直流高压转变成交流高压供给空调压缩机使用等。除 DC-AC 逆变器外，DC-DC 变换器也是电动汽车中的一项重要技术，它可以实现电动汽车中的高低压转换，一方面为汽车低电压电器供电，另一方面向低压蓄电池提供充电电流。

通过 PWM 技术控制功率半导体器件的导通和关断时间，连续调节 DC-DC 变换器输出的直流电压，可实现输入/输出电压之间的下降或上升。因此，DC-DC 变换器可分为升压变换器、降压变换器、升降压变换器三种。电动汽车需要 DC-DC 降压变换器将动力电池组的高电压转换为 12V 或 24V 的低电压，持续向低压电气系统供电，也需要 DC-DC 升压变换器将动力电池的电压升高，以匹配更高等级的电机驱动系统。此处仅对 DC-DC 降压变换器和 DC-DC 升压变换器加以介绍，图 28-5 和图 28-6 分别为 DC-DC 降压变换器和升压变换器的结构和原理电路图。该电路的基本元件为：输入电源 U_1（直流电源）、执行元件 S（功率半导体开关器件）、储能元件 L（电感）、续流元件 VD（功率二极管）、滤波元件 C（储能电容）、控制元件 PWM 电路、负载（直流电动机、蓄电池和电阻）等。

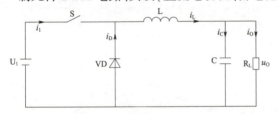 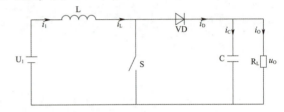

图 28-5　DC-DC 降压变换器结构与原理电路图　　**图 28-6　DC-DC 升压变换器结构与原理电路图**

图 28-5 所示的降压变换器中，当功率半导体开关 S 闭合时，功率二极管 VD 截止，电感充电，磁通增加；当功率半导体开关 S 断开时，功率二极管 VD 导通，电感削磁，电流逐渐下降，通过负载和二极管回到电感另一端，短暂供电从而实现降压。图 28-6 所示的升压变换器中，当功率半导体开关 S 闭合时，直流电压通过电感，功率二极管 VD 防止电容 C 对地放电；而当功率半导体开关 S 断开时，流经电感 L 的电流会缓慢下降，同时给电容充电，电容两端电压升高，从而实现升压。

在 DC-DC 变换器中，IGBT 模块发挥着重要的作用。IGBT 模块是由 IGBT（绝缘栅双极型晶体管）和 FWD（续流二极管芯片）通过特定的电路桥接封装而成的模块化半导体产品，兼有 MOSFET 的高输入阻抗和 GTR 的低导通压降两方面的优点，是一种较为理想的开关器件，它根据栅极和基极上的正电压或负电压的不同，以实现 IGBT 的导通和关断。

2. 车载电源系统

车载电源是电动汽车的能量源和动力源，是电动汽车的重要组成部分。纯电动汽车运行的能量全部来源于车载动力电池，电动汽车使用的车载动力电池类型非常多，常用的主要有铅酸蓄电池、镍-氢蓄电池、锂离子蓄电池等。动力电池的性能参数是评价其实际效能的重要指标，电池的性能参数主要有电压、内阻、容量、充放电倍率、荷电状态、能量、功率、自放电率、寿命、电池组不一致性等。

（1）电压。常用的描述电池电压的物理量有端电压、开路电压、额定电压、放电电压和充电电压等。端电压指电池正极与负极之间的电位差，单位为 V，是表征电池性能与状态的重要参数之一；电池在没负载情况下的端电压，称作开路电压；电池在标准规定条件下工作时应达到的电压，称作额定电压；电池接通负载后的电压，称作放电电压，也叫工作电压、负载电压。

(2) 内阻。电池内部阻碍电流通过的作用称为电池的内阻,由于电池内阻的作用,电流通过时电池的端电压下降。电池内阻的单位为 Ω。根据电池内阻产生机理的不同,电池的内阻可分为欧姆内阻、浓差内阻以及极化内阻。电池内阻越大,电池自身消耗掉的能量越多,电池的使用效率越低。

(3) 容量。电池在充足电以后,在一定的放电条件下所能放出的最大电量称为电池的容量,它等于放电电流与放电时间的乘积,常用单位为 A·h 或 mA·h。容量用来表示电池的放电能力,可以分为理论容量、实际容量、标称容量和额定容量等。额定容量是指制造厂标明的电池容量,作为动力电池性能的重要技术指标。在我国的国家标准中,用三小时(3h)放电率容量 C_3 来定义电动汽车用电池的额定容量。

(4) 充放电倍率。充放电倍率指电池在规定的时间内充进/放出其额定容量时所需要的电流值,在数值上等于电池额定容量的倍数,通常以字母 C 表示。一般电池充放电电流的大小常用充放电倍率来表示,即:充放电倍率 = 充放电电流(A)/额定容量(A·h)。

(5) 荷电状态。荷电状态(State of Charge,简称 SOC)指电池放电后剩余容量与其完全充电状态容量的比值,也叫剩余电量,其取值范围为 0~1,也可以用百分数的形式表示。当 $SOC=0$ 时表示电池放电完全,当 $SOC=1$ 时表示电池完全充满。

(6) 能量。能量指在一定放电条件下,电池所能输出的电能,单位为 W·h 或 kW·h。电池的能量表征其供电能力。通常用比能量或能量密度来表征电池储存电能的能力。比能量指电池单位质量所能输出的电能,也称质量比能量,单位为 W·h/kg。电池的比能量越高,电动汽车充足电后得行驶里程越长。能量密度指电池单位体积所能输出的电能,也称体积比能量,单位为 W·h/L。电池的能量密度越高,电动汽车的载质量和车内空间就越大。

(7) 功率。功率指电池在规定的放电条件下,单位时间内所输出能量的大小,单位为 W 或 kW。电池的功率决定了电动车能够具有的最大功率输出能力,通常用比功率和功率密度来表征电池的能量输出能力。比功率指单位质量电池所能输出的功率,也称质量比功率,单位为 W/kg。电池的比功率越大,电动汽车的加速性能和爬坡能力就越好,最高车速也越高。功率密度指单位体积电池所能输出的功率,也称体积比功率,单位为 W/L。电池的功率密度越高,电动汽车的载质量和车内空间就越大。

(8) 自放电率。自放电率指电池在存放期间容量的下降率,即电池无负荷时自身放电使容量损失的速度。自放电率用单位时间容量降低的百分数表示,其表达式为:

$$自放电率 = [(C_a - C_b)/C_a T] \times 100\%$$

式中:C_a、C_b——电池存储前、后的容量;

T——电池的储存时间,常用日、月计算。

(9) 寿命。电池的寿命通常用使用时间或循环寿命来表示。电池经历一次充电和放电过程称为一个循环或一个周期。在一定的放电条件下,电池的容量下降到某规定限值时,电池所能承受的充放电循环次数称为电池的循环寿命。

(10) 电池组不一致性。单体电池在制造出来后,由于工艺的问题,导致内部结构和材质不完全一致,本身存在一定性能差异。因此,即使是同一规格型号的电池单体,在成组后,电池组的电压、容量、内阻、寿命等性能具有很大的差别,称为电池组不一致性。在电动汽车上使用时,性能指标往往达不到单体电池的原有水平。初始的不一致随着电池在使用过程中持续的充放电循环而累计,再加上电池组内的使用环境与各单体电池也不尽相同,导致各单体电池状态出现更大的差异,并在使用过程中逐步放大,从而在某些情况下使某些单体电池性能加速衰减,并最终引发电池组过早失效。

1) 铅酸蓄电池

以酸性水溶液为电解质的蓄电池称为酸蓄电池,由于酸蓄电池电极是以铅及其氧化物为材料的,又称为铅酸蓄电池。铅酸蓄电池由正极板、负极板、隔离板、电池盖、电解液、液口栓和电池外壳组成,如图 28-7 所示。极板是铅酸蓄电池的核心部件。隔离板主要作用是隔离正、负极板,防止短路,同时其还是正极板产生的氧气到达负极板的"通道",以顺利建立氧循环,减少水的损失。液口栓位于电池顶部,起到安全、密封、防爆的作用。

铅酸蓄电池放电和充电的反应过程,是铅酸蓄电池活性物质可逆进行的化学变化过程。铅酸蓄电池将化学能转化为电能而向外供电的过程,称为放电过程;相反,铅酸蓄电池将电能转化为化学能而储存起来的过程,称为充电过程。铅酸蓄电池正极板上的活性物质是二氧化铅(PbO_2),负极板上是海绵状的纯铅(Pb),电解液是硫酸水溶液(H_2SO_4)。在充电过程中,硫酸铅被离解为二价铅离子(pb^{2+})和硫酸根离子(SO_4^{2-}),正极板附近游离的二价铅离子(pb^{2+})失去两个电子变成四价铅离子(pb^{4+}),最终在正极极板上生成二氧化铅(pbO_2);负极板附近游离的二价铅离子(pb^{2+})得到两个电子被中和为铅(pb),并以绒状铅附着在负极极板上。在放电过程中,正极板的铅离子(pb^{4+})得到两个电子后,变成二价铅离子(pb^{2+}),与电解液中的硫酸根离子(SO_4^{2-})反应,在极板上生成难溶的硫酸铅($pbSO_4$);负极板上每个铅原子失去两个电子后,生成的铅离子(pb^{2+})与电解液中的硫酸根离子(SO_4^{2-})反应,在极板上生成难溶的硫酸铅($pbSO_4$)。

铅酸蓄电池的工作原理

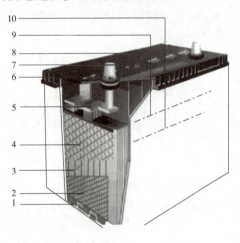

图 28-7 铅酸蓄电池的结构示意图

1-鞍;2-正极板;3-隔离板;4-负极板;5-汇流排;6-端子;7-液口栓;8-上盖;9-最高液面线;10-最低液面线

铅酸蓄电池电压稳定,价格低廉,充电站易于规划和设立,并且铅酸蓄电池生产中的污染是可治理的,目前主要应用于速度不高、线路固定的电动车辆上。但由于其能量密度低、循环寿命短、质量大、过充过放性能差等,不符合环保与高效的要求,今后将逐渐被淘汰。

2) 镍-氢蓄电池

早期电动车辆的动力电池多用镍-氢蓄电池,镍-氢蓄电池是将物质化学反应产生的能量直接转化成电能的一种装置。镍-氢蓄电池主要由正极、负极、极板、隔板、电解液等组成,如图 28-8 所示。镍-氢蓄电池正极是活性物质氢氧化镍,负极是储氢合金,用氢氧化钾作为电解质,在正负极之间有隔膜,共同组成镍氢单体蓄电池。在金属铅的催化作用下,完成充电和放电的可逆反应。

镍-氢蓄电池的性能特点主要取决于本身体系的电极反应,镍-氢蓄电池在碱性电解液中进行反应的模型如图 28-9 所示。

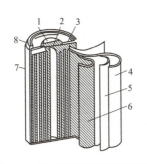

图 28-8 镍-氢蓄电池的结构示意图

1-幅盖(+);2-正极;3-密封板;4-负极片;5-隔板;6-正极片;7-外壳(-);8-绝缘环

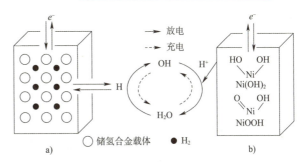

图 28-9 镍-氢蓄电池在碱性电解液中进行反应的模型

a)储氢合金载体负极 b)镍正电极

如图 28-9 所示,在充电过程中,镍正电极的 $Ni(OH)_2$ 和 OH^- 反应生成 $NiOOH$ 和 H_2O,同时释放出 e^-,并在负极析出氢气,储存在储氢合金载体中;在放电过程中,储氢合金载体释放 H^+,H^+ 和 OH^- 结合生成 H_2O,$NiOOH$、H_2O 和 e^- 重新结合为 $Ni(OH)_2$。

镍-氢蓄电池具有如下特点:比功率高,目前商业化的镍-氢功率型蓄电池的比功率能达到 1350W/kg;循环次数多,目前应用在新能源汽车上的镍-氢蓄电池,80% 放电深度循环可以达 1000 次以上,100% 放电深度循环寿命也在 500 次以上;无污染,镍-氢蓄电池不含铅、镉等对人体有害的金属。

3) 锂离子蓄电池

锂离子蓄电池由正极、负极、隔膜板、电解液等组成,锂离子蓄电池的结构如图 28-10 所示。目前,市场上的锂离子蓄电池负极材料是石墨,正极材料主要是氧化钴锂($LiCoO_2$)、氧化锰锂($LiMn_2O_4$)、磷酸铁锂($LiFePO_4$)和三元锂($LiNiCO_2$)等,电解质通常是有机碳酸盐的混合物。

如图 28-10 所示,电池在充电时,锂离子从正极材料的晶格中脱出,通过电解质溶液和隔膜嵌入到负极中;放电时,锂离子从负极材料中脱出,通过电解质溶液和隔膜嵌入到正极材料晶格中。在整个充、放电过程中,锂离子往返于正、负极之间。

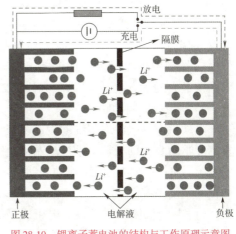

图 28-10 锂离子蓄电池的结构与工作原理示意图

锂离子蓄电池具有如下特点:工作电压高,单体电池的工作电压为 3.6V,是镍-氢蓄电池和镍-镉蓄电池工作电压的 3 倍;质量轻、比能量大,可达 150W·h/kg,是镍-镉蓄电池的 2 倍,铅酸蓄电池的 4 倍;循环寿命长,循环次数可达 1000 次,电池组 100% 充放电循环次数可以达到 600 次以上,使用寿命为铅酸蓄电池的 2~3 倍;自放电率低,仅为 6% 左右,远低于镍-氢蓄电池(25%~30%)和镍-镉蓄电池(15%~20%);允许工作温度范围宽,低温性能好,锂离子蓄电池可在 -20~55℃ 范围内工作;无记忆效应,可以根据要求随时充电,而不会降低电池性能;电池充放电深度对电池的寿命影响不大,可以全充全放。

锂离子蓄电池的工作原理

由于纯电动汽车用车载电源存在能量密度低、行驶里程短、充电时间长、使用寿命短等不足,致使纯电动汽车在使用性能和成本上与燃油车有一定差距。纯电动汽车发展的关键在于开发出比能量高、比功率大、使用寿命长、成本低的动力电池。提高动力电池的功率密度、能量密度、使用寿命以及降低成本一直是新能源汽车用电池技术研发的核心。

3. 辅助系统

电动汽车辅助系统主要包括辅助动力源、电动辅助转向系统、电动辅助制动系统、驾驶室显示操纵台和各种辅助装置等。辅助动力源主要由辅助电源和 DC/DC 功率转换器组成，主要给电动汽车的动力转向、制动力调节控制、照明、空调、电动窗门等各种辅助装置提供所需的能源。电动辅助转向系统是由电动机对转向系统进行辅助助力。以下将对电动空调系统和电动辅助制动系统进行重点介绍。

1) 电动空调系统

纯电动汽车无法由传统燃油车的内燃机驱动空调压缩机，也没有内燃机余热可以利用以达到取暖、除霜的效果。对于纯电动汽车而言，车上拥有高压电源，因此采用电动空调系统，压缩机采用电动机直接驱动制冷，成为纯电动汽车最佳的解决方案。电动空调的制热常采用以下三种方法：

(1) 采用热敏电阻（PTC）加热器加热。PTC 是一种典型的具有温度敏感性的半导体电阻，超过一定的温度时，它的电阻值随着温度的升高呈阶跃性的增高。该加热方式成本低，安装方便，但是能耗高，安全系数低。

(2) 采用电动机冷却液余热、PTC 辅助加热。该方式以电动机的冷却液为主要的热量来源，不足部分由 PTC 加热器来提供，因此能耗要比纯 PTC 加热要低。

(3) 热泵型空调系统加热。热泵是一种驱动热量由低温度介质朝向高温度介质传递的装置，纯电动汽车的热泵型空调系统便是利用了热泵的工作原理，主要包括空调压缩机、车外换热器、车内换热器和一些关键阀门等组成，其空调压缩机是由电动机直接驱动。热泵空调系统最大的优点就是制冷、制热效率高。

2) 电动辅助制动系统

电动汽车一般没有传统的发动机或者发动机并不长时间工作，无法依靠发动机产生的真空度驱动真空助力器辅助推动制动主缸产生制动压力。因此电动汽车必须有新的制动辅助系统，目前一般以电力来辅助制动，常见的系统有电子机械制动系统和电助力制动系统两种辅助制动系统。

(1) 电子机械制动系统。电子机械制动（Electromechanical Braking，简称 EMB）系统以电能驱动，由中央控制器控制信号传递至轮边电动机，再由电动机经过传动装置产生促动力驱动制动钳，实现制动功能。EMB 系统以电控线路取代了传统液压回路或气路，可以缩短制动响应时间，增大制动减速度，减少制动距离，优化控制车轮滑动。EMB 系统中各种指令都是电信号，易与制动防抱死系统（ABS）、高级驾驶辅助系统（ADAS）等电控功能兼容集成。

EMB 系统常用的结构有两种。一种为电动机驱动滚珠丝杠（图 28-11a）：电动机通过减速器驱动丝杠，丝杠将转动转化为移动，将螺母推进并作用于制动摩擦片，制动摩擦片通过对制动盘的挤压产生夹紧力，从而达到车辆制动的目的。另一种为电动机的输出经过减速齿轮后（图 28-11b）加在制动盘上：电动机通过驱动减速齿轮，减速齿轮带动同轴的螺杆将转动转化为移动，将螺母推动并作用于制动摩擦片，制动摩擦片通过对制动盘的挤压产生夹紧力，从而达到车辆制动的目的。

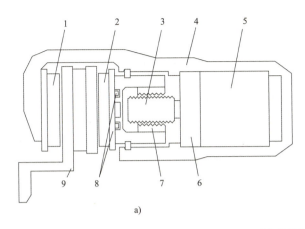
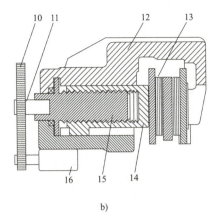

图 28-11　EMB 系统常用的结构形式

1、2、13-制动摩擦片；3-丝杠；4、12-钳体；5、16-电动机；6-减速器；7、14-螺母；8-限位器；9-制动盘；10-减速齿轮；11-输出轴；15-螺杆

（2）电助力制动系统。电助力制动系统与传动制动系统结构相近，不同之处是由电动机进行助力辅助推动制动主缸活塞，进而产生制动液压力，然后通过集成的各种传感器、控制器，实现主动制动。传感器会将制动踏板的行程信号传递给电助力制动系统的控制单元，控制单元可根据信号计算出电动机的输出转矩，电动机转矩通过一套传动机构将转矩转化为推动制动主缸活塞的推力，制动主缸产生制动液压力驱动制动轮缸产生制动力，该系统完全依靠电力进行助力实现辅助制动。图 28-12 所示为 BOSCH 研发的智能辅助制动系统，该辅助系统的电动机通过齿轮和齿条与制动主缸的活塞推杆连接，根据驾驶人踩下的制动踏板行程计算助力转矩，实现了电力辅助制动。该系统反应快，可在预防碰撞等紧急制动状态下发挥更好的作用；制动力度也能得到更为精准的控制；在智能辅助驾驶技术（例如 ACC 自适应巡航、AEB 自动紧急制动等功能）中也可以实现制动力自动控制和精准制动的效果。

图 28-12　BOSCH 研发的智能辅助制动系统的结构图
1-直流无刷电机；2-电子控制单元；3-二级齿轮传动装置；4-助力器阀体；5-输入推杆；6-制动踏板行程传感器；7-复位弹簧；8-制动主缸

二、纯电动汽车驱动系统布置形式

由于纯电动汽车电驱动和能源的多样性，纯电动汽车的驱动系统存在多种的布置结构形式，根据驱动电机安装位置和动力传动结构的不同可以分为以下几大类，如图 28-13 所示。

（1）图 28-13a）所示的布置形式与传统汽车驱动系统的布置方式一致，带有变速器和离合器。只是将发动机换成驱动电机，属于改造型电动汽车。这种布置可以提高电动汽车的起动转矩，增加低速时电动汽车的后备功率。

电动汽车的驱动布置形式

（2）图 28-13b）、c）所示的布置形式取消了离合器和变速器，但具有减速差速机构。优点是可以继续沿用当前发动机汽车中的动力传动装置，只需要一组驱动电机和逆变器。图 28-13c）这种方式对驱动电机的要求较高，不仅要求驱动电机具有较高的起动转矩,而且要求具有较大的后备功率,以保证电动汽车的起动、爬坡、加速超车等动力性。

(3)图28-13d)所示的布置形式将驱动电机装到驱动轴上,直接由驱动电机实现变速和差速转换。这种传动方式同样对驱动电机有较高的要求:大的起动转矩和后备功率,不仅要求控制系统有较高的控制精度,而且要具备良好的可靠性,从而保证电动汽车行驶的安全、平稳。

(4)图28-13e)、f)与图28-13d)所示的布置形式比较类似,其均将驱动电机直接装到了驱动轮上,由驱动电机直接驱动车轮行驶。这种动力驱动系统简化了传统的机械传动系统,缩小了驱动部分占用的布设空间,为减轻整车质量、实现复杂的动力控制提供了设计研究空间。

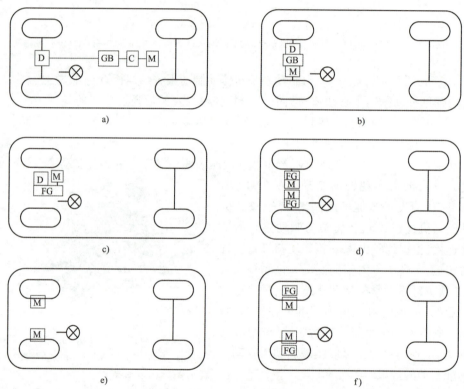

图28-13 常见纯电动汽车驱动形式

a)驱动电机轴与驱动桥垂直布置形式;b)整体驱动桥式;c)驱动电机轴与驱动桥平行布置形式;d)双驱动电机整体驱动桥式;e)轮毂驱动电机驱动布置形式;f)带轮边减速的轮毂驱动电机驱动布置形式

C-离合器;D-差速器;FG-固定速比变速器;GB-变速器;M-驱动电机

三、纯电动汽车典型车型

1. 比亚迪汉

比亚迪汉是一款自主研发的纯电动汽车,于2020年7月正式上市,是基于比亚迪高集成化、高标准化的e平台进行开发的,如图28-14所示。该平台由驱动集成(驱动电机、电机控制器、减速器)、高压集成(DC-DC转换器、充电器、配电箱)、集成度高的低压车身控制器、便于人机交互的智能屏、高性能"刀片电池"等组成。

图 28-14 比亚迪 e 平台技术示意图

1-驱动集成；2-高压集成；3-集成控制器；4-智能屏；5-动力电池

在经过一系列的结构和工艺创新后，比亚迪公司研发出高集成效率、高安全防护的磷酸铁锂"刀片电池"。该动力电池所含容量为 76.9kW·h、NEDC 循环工况下续驶里程为 605km，所含容量、续驶能力与同等大小三元锂电池相接近。"刀片电池"的紧密组排设计、多功能集成包络设计和系统三明治式结构设计可以从多层级、多维度保障动力电池系统安全，使其可稳定输出 570V 电压、800A 电流。比亚迪汉搭载两台永磁同步电机实现四轮驱动，前驱动电机最大功率为 163kW，峰值转矩为 330N·m，后驱动电机最大功率为 200kW、峰值转矩为 350N·m，动力强劲，百公里加速时间为 3.9s。其搭载的高性能、高集成碳化硅 MOSFET 电机控制模块，将电控系统过流能力提升了 58%，充分发挥了两台驱动电机的综合性能。

2. 特斯拉 Model 3

特斯拉 Model 3 是由美国特斯拉公司研发生产的纯电动汽车，是继 Model S 后推出的新一代纯电动汽车，如图 28-15 所示。

图 28-15 特斯拉 Model 3 纯电动汽车驱动系统布置图

1、4-驱动电机；2-电机控制器；3-动力电池

特斯拉 Model 3 采用能量密度大，稳定性、一致性高的 18650 型三元锂离子蓄电池，在超级充电站充电 15min，即可补充约 279km 行驶里程的续航电量。该车搭载独立双驱动电机进行全轮驱动，并可实现对牵引力和转矩的精准控制。碳纤维扰流板可提升高速行驶时的稳定性，百公里加速时间为 3.4s，最高时速为 261km/h。该车的车身和底盘主要采用钢铝合金，在保证各部位的支撑强度的同时，也使整车的轻量化水平以及吸收冲击能力得到提高。特斯拉 Model 3 还配置前方、侧方、车尾摄像头，前置雷达、超声波传感器，探测附近车辆，降低碰撞风险，实现了辅助泊车、自动巡航控制、防撞辅助、倒车辅助增强等自动驾驶辅助功能，是一款智能化水平很高的量产车型。

第三节　插电式混合动力电动汽车

插电式混合动力电动汽车(Plug-in Hybrid Electric Vehicle,简称PHEV)是指可以使用电网对动力电池进行充电的混合动力电动汽车,是在传统混合动力电动汽车基础上开发出来的一种新型新能源汽车。由于可外接充电,插电式混合动力电动汽车可以更多地依赖动力电池驱动汽车,相比于传动的内燃机汽车和常规混合动力电动汽车,插电式混合动力电动汽车的燃油经济性得到了进一步提高,二氧化碳和氮氧化物排放也更少,在动力电池电量低时可以使用发动机继续行驶,这样就解决了纯电动汽车续航里程不足的难题。插电式混合动力电动汽车有噪声低、排放低、成本低、对石油燃料依赖低的特点。

一、插电式混合动力电动汽车的结构原理及工作模式

插电式混合动力电动汽车的动力系统结构和传统混合动力电动汽车相似,包括发动机、驱动电机、发电机和动力电池等。插电式混合动力电动汽车的电池容量一般都比较大,可以从外部电网对动力电池进行充电。插电式混合动力电动汽车的纯电动续驶里程较长,当动力电池荷电状态 SOC 下降到一定程度或驱动电机功率不能满足需求功率时,可以起动发动机驱动整车。插电式混合动力电动汽车的典型结构如图28-16所示。

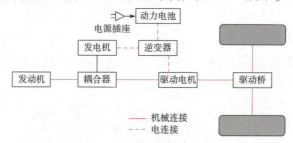

图28-16　插电式混合动力电动汽车的典型结构

根据主要动力源功率分流与合成方式不同,插电式混合动力电动汽车动力传动系统可分为串联式、并联式和混联式三种基本类型。

低速行驶时或当动力电池中的电量消耗到一定程度,驱动动力由发动机带动发电机发电,电能直接由发电机输送给驱动电机,发动机不直接驱动汽车,而由驱动电机产生的动力驱动,称为串联式(这种形式与下文的增程式混合动力电动汽车工作原理类似),在这种驱动形式下发动机与车轮之间没有直接机械连接,实现了转速解耦,可以稳定地工作在高效工作区间,发动机燃油转化效率高,但是所有驱动车辆的能量均经过了机械能—电能—机械能的转换,能量传递效率偏低。

另一种传动形式称为并联式,由发动机和驱动电机单独驱动或者两者联合驱动汽车,即驱动电机提供的动力和发动机动力均能以机械的形式传递到驱动桥,发动机和驱动电机是相互独立的,这种形式下实现了发动机驱动整车的功率可以直接以机械传动的方式传递到驱动桥而且可以实现纯电动驱动、发动机单独驱动、发动机驱动并充电、两者并行驱动等多种工作模式的灵活切换,目前这种驱动形式被广泛采用。

如果发动机发出功率的一部分通过机械方式传递到驱动桥,而另一部分驱动发电机发

电,发电机发出的电能输送给驱动电机产生的驱动力矩并通过动力耦合装置传送给驱动桥,这种复杂的动力传递方式称为混联式,通常以行星排作为动力耦合机构。行星排上的太阳轮、行星架、齿圈分别与发电机、发动机、驱动电机连接,利用行星排多自由度的特点,通过发电机转速调节发动机工作转速,实现了发动机转速与驱动轮转速的解耦,保证发动机可以工作在高效区间,进而取得比较理想的车辆燃油经济性。

从动力电池电量的角度看,插电式混合动力电动汽车的运行模式可以分为电量消耗模式(Charge-depleting Mode,简称 CD 模式)和电量维持模式(Charge-sustaining Mode,简称 CS 模式)。在 CD 模式下,车载电源能量充足,整车以电能为主要驱动能源;相反,在 CS 模式下,车载电源能量处于较低水平,整车以燃油为主要驱动能源,同时考虑纯电动或电助力工况的电能需要,可以为车载电源少量充电。

从驱动功率源的角度看,插电式混合动力电动汽车可以分为工作在纯电动驱动模式、驱动电机为主的驱动模式和发动机为主的驱动模式三种。

二、插电式混合动力电动汽车典型车型

1. 荣威 e550 插电式混合动力电动汽车

荣威 e550 的动力驱动系统主要包括<u>一台发动机、两台电机</u>[一台为驱动电机(TM),另一台为发电机(ISG)],以及一个双离合机构。在汽车工作时,动力系统可以协调各动力源,使发动机处于最佳工作区域,从而降低车辆的油耗和废气排放。荣威 e550 的动力控制单元及电机都放置在发动机舱内。其中 TM 最大功率为 50kW,最大转矩为 317N·m;ISG 最大功率为 25kW,最大转矩为 147N·m。汽车电池为磷酸铁锂电池,该电池的最大充电循环次数为 3000 次,电池容量为 11.8kW·h,该车纯电里程数为 58km。发动机单独驱动的百公里油耗为 7.6L,综合百公里油耗为 2.3L。

荣威 e550 的混合动力系统核心是电驱动变速器(EDU)。EDU 主要包括与发动机直连的 ISG 和 TM,在两者之间有两个离合器(C1 为常开离合器,C2 为常闭离合器),C1 和 C2 之间有一个差速器,从差速器连接到变速器,通过与两对变速齿轮的其中一对齿轮啮合,对外输出动力。EDU 结构原理如图 28-17 所示。

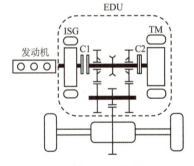

图 28-17　EDU 结构原理图

该车通过离合器 C1、C2 及换挡协调控制,可以在发动机和双驱动电机三个动力源之间进行选择、控制和输出,实现纯电驱动、串联、并联、制动回馈等不同工作模式,同时系统会自动根据行驶状态判断,选择相应的动力源输出,提高汽车的经济性和动力性。三种驱动模式如图 28-18 所示。

(1)纯电动驱动模式。在纯电动驱动模式下,动力系统能量传递方向如图 28-18a)箭头所示。在这种模式下,动力系统控制离合器 C1 断开,C2 闭合,动力电池给 TM 供电,TM 驱动车轮,发动机和 ISG 均不工作,车辆的驱动来源仅为 TM,经传动机构输出到驱动车轮。

(2)串联驱动模式。在串联驱动模式下,动力系统能量传递方向如图 28-18b)箭头所示。在这种模式下,动力系统控制离合器 C1 断开,C2 闭合,动力电池给 TM 供电,TM 驱动车轮,发动机实现对动力电池充电,可根据 TM 功率消耗和平衡 SOC 需求功率确定 ISG 功

率,在发动机、ISG运行范围内选择发电效率较高的工作区域。

(3)并联驱动模式。在并联驱动模式下,动力系统能量传递方向如图28-18c)箭头所示。在这种模式下,动力系统控制C1闭合,C2闭合,发动机一方面对动力电池充电,一方面和TM分别输出转矩驱动车轮。TM提供主要动力,不足部分由发动机补充,发动机和动力电池的能量共同驱动车轮,使整车有更大的转矩输出,表现出更好的加速性能。

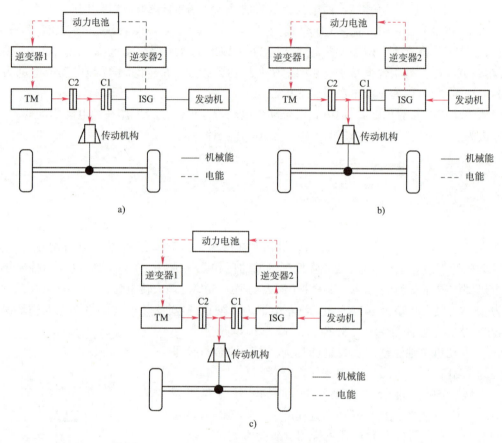

图28-18 动力系统能量传递图

a)纯电动驱动模式;b)串联驱动模式;c)并联驱动模式

2. 比亚迪秦插电式混合动力电动汽车

比亚迪秦插电式混合动力电动汽车搭载一个涡轮增压发动机和双离合变速器,在变速器的输出端安装一台永磁同步电机,动力电池组位于车辆尾箱,容量可达13kW·h,电压为506V,在纯电动模式下的续航里程可以达到70km。发动机单独驱动的百公里油耗为6.08L,综合百公里油耗为1.6L。比亚迪秦插电式混合动力系统如图28-19所示。

比亚迪秦插电式混合动力系统的工作模式有五种:纯电动工作模式、发动机驱动模式、混合驱动模式、发动机驱动并发电模式、再生制动模式。各工作模式及其能量与动力传递路径(箭头所示)见表28-1。

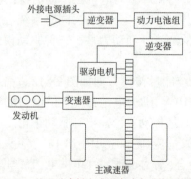

图28-19 比亚迪秦插电式混合动力系统示意图

比亚迪秦插电式混合动力系统的工作模式　　　　表 28-1

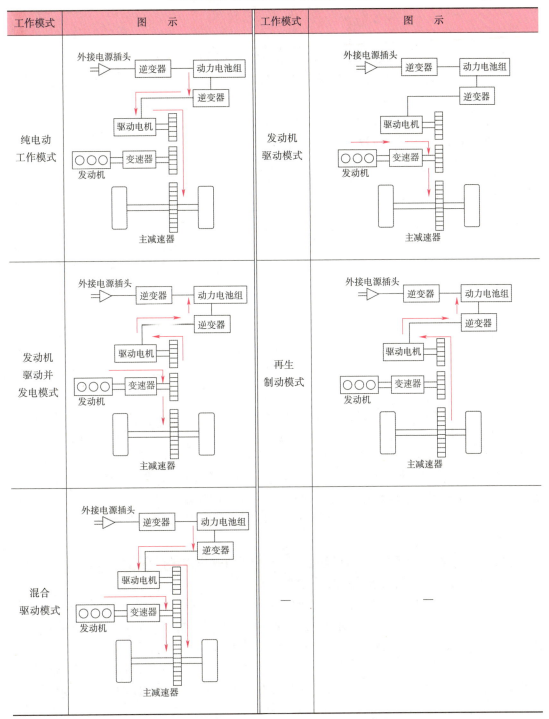

比亚迪秦插电式混合动力电动汽车应用六速变速器，对发动机工作区域调节能力更强；采用高转速驱动电机、高电压方案，电系统效率较高；该车在高压电系统出现故障后，车辆仍能正常行驶，对电力系统的依赖性较低。总体来说，该车是一款典型的从传统内燃机汽车向混合动力电动汽车过渡的转型产品。

第四节　增程式混合动力电动汽车

增程式混合动力电动汽车是在纯电动汽车的基础上开发的电动汽车,即在原有车辆动力系统基础上追加了一个增程器,来进一步提高纯电动汽车的续驶里程。增程式混合动力电动汽车通常都搭载一个动力电池组和一个由"发动机+发电机"组成的辅助动力系统(即车载发电机组,又称增程器,简称APU)。增程器只用来提供电能驱动电机或者为动力电池充电,增加电动汽车的行驶里程。

一、增程式混合动力电动汽车结构原理及工作模式

增程式混合动力电动汽车与纯电动汽车和串联式插电混合动力电动汽车一样采用纯电驱动的方式工作,增程式混合动力电动汽车典型结构如图28-20所示。

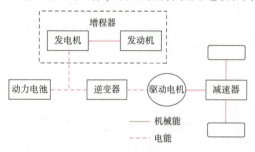

图28-20　增程式混合动力电动汽车典型结构示意图

通常情况下,当动力电池组有足够的能量时,增程式混合动力电动汽车驱动电机的动力全部来源于车载动力电池组。在一定的行驶距离内与纯电动汽车相同,为"零排放、零油耗、低噪声"。在动力电池荷电状态达到较低水平时,发动机起动作为主要动力源,补充车辆行驶所需的电能。增程式混合动力电动汽车可以通过系统的设定使其按照以下四种不同模式进行工作:

(1)纯电动工作模式。在动力电池组的电量充足的条件下,增程式混合动力电动汽车处于纯电动工作模式,在这种模式下相当于一辆纯电动汽车,驱动电机的动力全部来源于车载电池组。

(2)增程模式。当动力电池组电量达到预设的SOC最低值时,发动机起动,带动发电机发电,一部分用于驱动车辆行驶,多余的电量为动力电池充电。

(3)制动模式。在车辆制动过程中,驱动电机以发电状态工作,回收的制动能量储存在动力电池组中,用于提高整车能量的利用率。

(4)停车充电模式:停车时,可以通过车载充电器外接电网进行充电。

增程式混合动力电动汽车具有如下优势:

(1)增程式混合动力电动汽车能够有效地降低燃油消耗率,在增程模式下,发动机被设定在最佳的运行区间工作,输出恒定的功率和转矩,实现油—电能量转化过程,此时发动机工作效率、排放、可靠性等均处在最佳工作状态,系统具有较高的节油率。

(2)增程式混合动力电动汽车与纯电动汽车相比,行驶里程更长,而且相同行驶里程下增程式混合动力电动汽车无需配备大容量的动力电池,一般动力电池只需配置同级别纯电动车电池用量的30%~40%,制造成本大幅降低。

二、增程式混合动力电动汽车典型车型

增程式混合动力电动汽车典型车型代表是雪佛兰Volt。雪佛兰Volt搭载了一款小型发动机,但其设计理念是以纯电动为主。在电量充足的情况下,驱动车辆的能量全部由动力电

池提供,只有在动力电池电量不足时,才会起动发动机给动力电池充电。

图28-21为雪佛兰Volt的动力系统结构图,雪佛兰Volt采用了一套独特的电力驱动装置来提高车辆的行驶效率,其电力驱动系统包括两个电机[一个为主驱动电机(MG1),另一个为发电机/电动机(MG2)]、三个离合器以及一个行星齿轮组,可以实现不同的工作模式,以适应不同行驶工况的需求。

雪佛兰Volt驱动采用的是驱动电机和齿轮组与发动机同轴安装的方式,如图28-22所示。其中的两个离合器C1、C2用于锁住行星齿轮组上的内齿圈或者使其行星齿轮与发电机/电动机相连。第三个离合器C3用于使发动机和发电机/电动机相连,使车辆具备行驶能力。

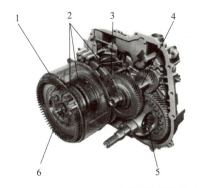

图28-21 雪佛兰Volt动力系统结构图

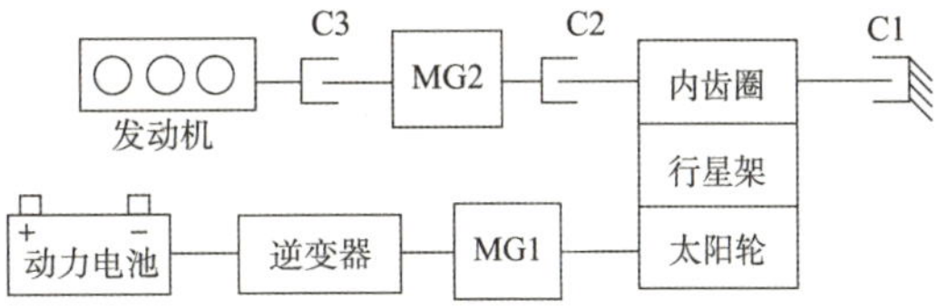

图28-22 雪佛兰Volt驱动系统图

1-MG1;2-离合器;3-MG2;4-车桥变速齿轮;5-差速器;
6-行星齿轮机构

这种驱动系统主要有以下四种主要操作模式:

(1)低速单一驱动电机纯电动模式。在这一模式下,MG1在较低车速和急加速的情况下,凭借动力电池中储存的能量提供所有的推动力。这时,内齿圈C1被锁住,而离合器C2和C3均处于分离状态,MG2和发动机与行星齿轮组相分离,都不工作。MG1通过行星齿轮减速后将动力传至驱动车轮。该模式下,车辆仅由MG1驱动,在低速时能平顺提供高达368N·m的最大转矩,为车辆提供稳定且强劲的加速性能。低速单一驱动电机纯电动模式如图28-23所示。

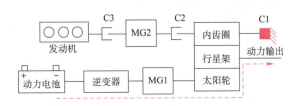

图28-23 低速单一驱动电机纯电动模式

(2)高速双驱动电机纯电动模式。当车速增加时,离合器C1和C3分离,离合器C2接合,行星齿圈与MG2相耦合,这时MG2在系统中作为一个小型电动机运转,与MG1同时工作并以较高的效率提供动力输出。雪佛兰Volt通过将MG2作为小型电动机使用,与MG1一起协同工作,从而降低了高速状态下MG1的转速,从而可以增加纯电动模式下的续驶里程。高速双驱动电机纯电动模式如图28-24所示。

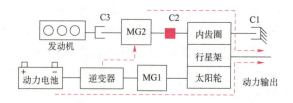

图 28-24　高速双驱动电机纯电动模式

（3）低速单一驱动电机增程模式。低速单一驱动电机增程模式如图 28-25 模式。当动力电池能量快耗尽时，离合器 C1 和 C3 接合，雪佛兰 Volt 的 1.4L 发动机与 MG2 相连（此时 MG2 作为发电机使用）。在车速较低和急加速的情况下，车辆完全由 MG1 驱动。此时，行星齿圈与 MG2 的连接被切断。由发动机驱动的 MG2 和动力电池一起为 MG1 提供电能。通常情况下，发动机驱动的 MG2 会使动力电池保持在最小荷电状态，以进行增程行驶。

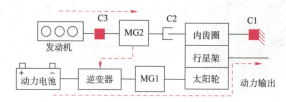

图 28-25　低速单一驱动电机增程模式

因为最有效的为车辆充电的方式是将其连接到电源插座上为动力电池充电，MG2 只用于使动力电池保持在最小荷电状态。如果在车辆加速状态下动力电池的电量降到最低电量状态时或车辆处于山地运行状态而动力电池电量低于总电量的 45% 时，MG2 就会为动力电池充电，使其达到最小电池荷电状态并维持这一状态。

（4）高速双驱动电机增程模式。当车速较高且动力电池能量快耗尽时，车辆将利用高速双驱动电机驱动方式实现增程行驶。该模式下，离合器 C2、C3 接合，离合器 C1 分离。MG2 和发动机以及行星齿圈相连，发动机和 MG1、MG2 共同运作，发动机动力一部分通过行星齿轮组驱动汽车，另一部分驱动 MG2 发电为 MG1 供电。所有的驱动能量都通过行星齿轮聚集在一起，传送到最终的驱动系统。高速双驱动电机增程模式如图 28-26 所示。

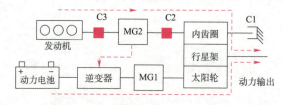

图 28-26　高速双驱动电机增程模式

由上述主要工作模式可以看出：无论使用哪种驱动模式，MG1 都必须参与驱动。这是因为，雪佛兰 Volt 的行星齿轮结构为内齿圈与离合器 C1 和 C2 机械连接，行星架与输出轴机械连接，太阳轮与 MG1 机械连接；太阳轮没有离合器可以锁住，由发动机输出的动力便会经行星齿轮结构传递至 MG1 处，而不能由输出轴输出转矩。因此，为了使输出轴顺利输出转矩，MG1 需要提供驱动车辆所需的反作用转矩作用在太阳轮上，以使得能量正常传递。这一独特的驱动装置使雪佛兰 Volt 在高速公路行驶的状态下的动力电池效率相比仅使用单一牵引驱动电机的情况提高了 10%~15%。

第五节 燃料电池电动汽车

燃料电池电动汽车（Full Cell Electric Vehicle，简称 FCEV）是指以燃料电池系统作为单一动力源或者是以燃料电池与可充电储能系统作为混合动力源的电动汽车。燃料电池种类繁多，目前具有广泛应用前景的燃料电池包括质子交换膜燃料电池（PEMFC）、固体氧化物燃料电池（SOFC）、熔融碳酸盐燃料电池（MCFC）、碱性膜燃料电池（AEMFC）等。其中质子交换膜燃料电池不仅具备燃料电池的一般优势，同时还具有工作温度低、动态响应快等特点。因此，在汽车应用方面，质子交换膜燃料电池被视为替代汽车发动机的理想动力源，目前市场上有多款量产化的燃料电池电动汽车产品，如丰田的 Mirai、本田的 Clarity 等。下面主要以质子交换膜燃料电池为例，介绍本节内容。

一、燃料电池电动汽车动力系统组成

目前，燃料电池电动汽车的动力系统结构主要是以燃料电池发动机系统作为主要动力源，同时配备一个辅助动力源，如蓄电池组、飞轮储能器或超大容量电容器。如果燃料电池电动汽车只有燃料电池一个动力源，车辆在起动、急加速和爬陡坡时对燃料电池性能要求较高，同时无法进行制动能量回收，因此通常配备一个辅助动力源。

燃料电池电动汽车的动力系统主要由燃料电池发动机系统、辅助动力源、DC/DC 转换器、DC/AC 逆变器、驱动电机、储氢罐、整车控制器组成。燃料电池电动汽车的基本结构如图 28-27 所示。

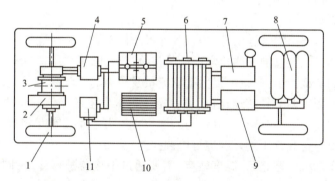

图 28-27　燃料电池电动汽车的基本结构

1-驱动轮；2-传动装置；3-驱动电机；4-电机控制器或 DC/AC 逆变器；5-辅助电源装置；6-燃料电池电堆；7-空气供应系统；8-氢气储存罐；9-氢气供应系统；10-整车控制器；11-DC/DC 转换器

1. 质子交换膜燃料电池发动机

燃料电池发动机系统主要由燃料电池电堆、氢气供应系统、空气供应系统、冷却系统和电能转换系统构成。图 28-28 为某种质子交换膜燃料电池发动机系统原理图。

1) 氢气供应系统

氢气供应系统主要由高压储氢罐、一级减压阀、喷氢阀、氢气循环泵、冷凝器、尾排阀等组成。储氢罐是气态氢的储存装置，为保证燃料电池电动汽车一次加氢之后有足够的行驶里程，通常需要多个高压储气罐来储存气态氢，一般轿车需要 2~4 个，大型客车需要 5~10 个。

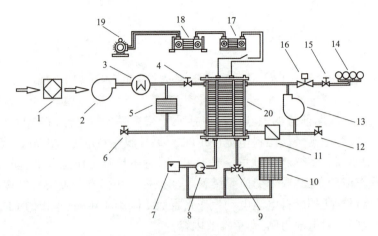

图 28-28 燃料电池发动机系统

1-空气滤清器；2-空气压缩机；3-中冷器；4-进气截止阀；5-膜加湿器；6-空气背压阀；7-膨胀水箱；8-水泵；9-节温器；10-散热器；11-冷凝器；12-尾排阀；13-氢气循环泵；14-储氢罐；15-减压阀；16-喷氢阀；17-DC/DC 转换器；18-DC/AC 逆变器；19-驱动电机；20-燃料电池电堆

高压氢气从高压储氢罐中出来需要经一级减压阀减压，进而通过控制喷氢阀开度，来调节氢气进入电堆的压力。氢气进入燃料电池电堆发生反应之后，出口气体中水蒸气含量较高，通过冷凝器实现水汽分离。此外，为了提高氢气利用率，采用氢气循环泵将部分出口气体重新送回电堆氢气入口进行循环利用。随着燃料电池反应的进行，电堆氢气出口附近氮气的浓度越来越高，这时需要根据制定的排气策略，控制尾排阀开度来对氮气浓度进行调节，否则氮气浓度过高会影响燃料电池电堆的性能及寿命。

2）空气供应系统

空气供应系统主要由空气滤清器、空气压缩机、中冷器、膜加湿器、背压阀、进气截止阀等组成。为保证燃料电池电堆中的化学反应的持续进行，除了供给氢气外，还需要根据燃料电池发动机系统的负载大小，向电堆提供适宜流量及压力的空气参与反应，可以通过改变空气压缩机的供电电压来调节其转速，进而改变空气进入电堆的空气流量以及进入电堆的空气压力大小。通常情况下，入堆空气流量与入堆空气压力之间具有互相耦合的关系，需要对空气压缩机的转速与空气背压阀开度进行协调控制，从而达到良好的控制效果。

空气经空气压缩机压缩之后，温度较高，需要通过中冷器进行冷却，同时空气压缩机的高流速干空气容易使得空气入口出现"膜干"现象，即质子交换膜含水量过低，造成膜的电导率过小、电池内阻增加、燃料电池性能下降。因此为了避免出现膜干现象，膜加湿器利用空气出口的反应生成的水给电堆入口空气增湿，保证入口空气在一定湿度范围内。

3）冷却系统

冷却系统主要由水泵、膨胀水箱、节温器、散热器等部件组成。燃料电池电堆运行温度对燃料电池系统性能至关重要，温度既不能过高，也不能过低。在冷却系统中，水泵驱动冷却液在电堆内部循环流动，带走燃料电池电堆反应产生的大部分热量，并通过散热器将热量带到外界环境中，从而保证燃料电池电堆的工作温度始终维持在一个最佳的温度，其中通过控制节温器的开度可以实现大小循环冷却液流量的分配。当燃料电池温度高于最佳运行温度时，控制节温器开度，使得冷却液大部分流量流经散热器散热，然后流回电堆。当燃料电池电堆温度低于最佳运行温度时，通过控制节温器开度，使得冷却液大部分流量不流经散热器,而是直接流回电堆,实现电堆的快速升温。另外,冷却液因为吸收热量而产生大量气泡可以通过膨胀水箱排出,同时膨胀水箱也起到向冷却回路中补充冷却液的作用。

4)电能转换系统

燃料电池所产生的直流电,需要经过DC/DC转换器进行调压,才能与动力电池和驱动电机相匹配。如果燃料电池发动机系统中采用的是交流电动机,那么还需要DC/AC逆变器将直流电转换为三相交流电。

2. 辅助动力源

目前燃料电池电动汽车上,燃料电池发动机是主要能源,另外还配备有辅助动力源。辅助动力源在不同的驱动模式下具有不同的作用:

(1)在起动燃料电池电动汽车的时候,辅助动力源提供电能带动燃料电池发动机起动,或带动车辆起步。

(2)车辆行驶时,由燃料电池发动机提供驱动所需的全部电能,剩余的电能储存到辅助动力源装置中。

(3)在加速和爬坡时,若燃料电池发动机提供的电能不足以满足燃料电池电动汽车驱动功率要求,则由辅助动力源提供额外的电能,从而使驱动电机的功率或转矩达到最大。

(4)在车辆制动或减速的时候,辅助动力源用来储存制动时回收的电能。

(5)辅助动力源向汽车上的各种电子、电气设备提供所需要的电能。

目前辅助动力源主要有蓄电池组、超级电容器、超高速飞轮电池三种。

1)蓄电池组

蓄电池主要有铅酸蓄电池、镍-氢蓄电池、锂离子蓄电池等,详细介绍见本章第二节。

2)超级电容器

超级电容器简称超级电容,是一种介于蓄电池和普通电容器之间的新型蓄能装置,具有超强的储存电荷的能力。超级电容的主要组成部件是集电极、电容板、电解质和绝缘层,如图28-29所示。

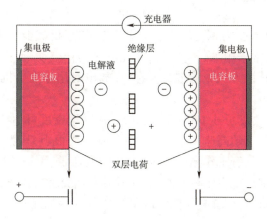

图28-29 超级电容器的结构及原理示意图

如图28-29所示,电解质和绝缘层装在两个活性炭多孔化集电极之间,电荷沿集电极和电解液成对排列,形成双层电容器。充电时,电子通过外加电源从正极流向负极,同时,正负离子从溶液体相中分离并分别移动到电极表面,形成双电层;充电结束后,电极上的正负电荷与溶液中的相反电荷离子相吸引而使双电层稳定,在正负极之间产生相对稳定的电位差。

在放电时,电子通过负载,由负极流向正极,在外电路产生电流,正负离子从电极表面被释放进入溶液体相呈电中性。

与蓄电池相比,超级电容器的充放电循环寿命很长、工作温度范围很宽、可以提供很大的放电电流,并且在高的放电电流下,其使用寿命也不会明显缩短;同时,超级电容器可以实现快速充电。虽然超级电容的能量密度不能与蓄电池相比,但是其大电流、充放电效率高、低温性能优异的特性使超级电容特别适合用作新能源汽车的辅助电源。在车辆起步、加速、爬坡等行驶工况时,由超级电容提供大电流,可在确保新能源汽车动力性的同时,又能有效地保护蓄电池,延长蓄电池的使用寿命;在车辆制动时,超级电容可很好地回收制动能量。

3) 超高速飞轮电池

超高速飞轮电池主要由飞轮、轴、轴承、电机、真空容器和电力电子转换器等组成,超高速飞轮如图28-30所示。飞轮是整个蓄能装置的核心部件,当飞轮以一定的角速度旋转时,可以储存一定的动能,它直接决定了整个装置的蓄能量。为提高超高速飞轮电池的储能效率,超高速飞轮电池通常采用非接触式的磁悬浮轴承,并将电机和飞轮密封在一个真空容器内以降低风阻。其中电机既能作为电动机运行,也可以作为发电机运行,通过轴承直接和飞轮连接在一起。

对超高速飞轮电池充电时,通过电力电子转换器从外部输入电能而使电机旋转,电机(此时作为电动机)驱动飞轮加速旋转,飞轮储存的动能(机械能)就增大。飞轮电池向外放电时,高速旋转的飞轮带动电机(此时作为发电机)旋转,将动能转化为电能,再通过电力电子转换器将电能转换为负载所需的频率和电压。

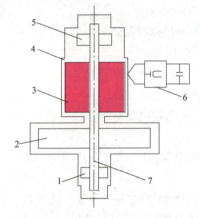

图28-30 超高速飞轮的结构及原理示意图
1、5-轴承;2-飞轮;3-电机;4-真空容器;6-电力电子转换器;7-轴

电机用于电能与机械能的相互转换,实现充电(储存机械能)和放电(释放机械能)过程。超高速飞轮电池通常采用永磁式电机,在充电时用作电动机,在外电源的驱动下,带动飞轮高速旋转,将电能转换为机械能进行储存;在放电时用作发电机,在飞轮的带动下发电而向外输出电能。

超高速飞轮的能量密度可达 $100\sim200\text{W}\cdot\text{h/kg}$,功率密度可达 $5000\sim10000\text{W/kg}$,同时能量转换效率高、充电快。超高速飞轮工作时的能量损失很小,其能量转换效率高达90%以上。此外,超高速飞轮还具有工作温度范围宽、使用寿命长、维护周期长等特点。与超级电容一样,超高速飞轮特别适合用作新能源汽车的辅助蓄能装置,在车辆起步、加速、爬坡等行驶工况时,协助蓄电池供电,可提高新能源汽车的动力性,并能延长蓄电池的使用寿命;在车辆制动时,超高速飞轮可很好地回收制动能量。

3. 驱动电机

燃料电池电动汽车采用的驱动电机与纯电动汽车类似,主要有直流电机、交流电机、永磁电机和开关磁阻电机等,燃料电池电动汽车的驱动电机的选型必须结合整车目标,综合考虑驱动电机的特点。

二、燃料电池电动汽车动力系统结构原理及工作模式

目前,燃料电池电动汽车除以质子交换膜燃料电池作为主要车载能量源,通常配备有辅助动力源(如蓄电池组、飞轮储能器或超大容量电容器)。燃料电池混合动力系统主要有燃料电池+蓄电池混合驱动、燃料电池+超级电容混合驱动、燃料电池+超级电容+蓄电池混合驱动、燃料电池+蓄电池+超高速飞轮联合驱动四种。

1. 燃料电池+蓄电池形式

燃料电池+蓄电池形式动力系统结构如图28-31所示。

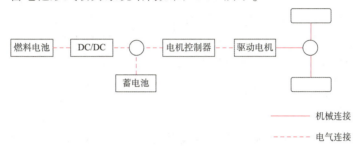

图28-31　燃料电池+蓄电池动力系统结构图

全功率型燃料电池混合动力电动汽车中,燃料电池系统提供驱动车辆行驶所需的均值功率,蓄电池提供峰值功率与均值功率的差值。能量补偿型燃料电池混合动力电动汽车中,蓄电池提供驱动车辆行驶所需均值的功率,由燃料电池提供峰值功率与均值功率的差值;功率混合型燃料电池电动汽车中,蓄电池和燃料电池都能够满足整车行驶过程中所需功率的要求;燃料电池+蓄电池动力系统中的蓄电池能够吸收再生制动回馈的能量,并且能够在燃料电池工作时为空压机供电、为电堆加热等。另外,在燃料电池出现故障时,蓄电池可以单独驱动车辆行驶。

2. 燃料电池+超级电容形式

燃料电池+超级电容形式的动力系统的基本结构与燃料电池+蓄电池的动力系统结构基本相同,不同之处是用超级电容取代蓄电池。超级电容器更能满足行驶过程中的瞬时大功率需求,同时还具有使用寿命长、再生能量回收效率高以及功率密度大等优点,但是超级电容的比能量低,能量的存储有限。

3. 燃料电池+蓄电池+超级电容形式

燃料电池+蓄电池+超级电容动力系统主要由燃料电池、蓄电池和超级电容组成,动力系统结构如图28-32所示。其工作模式具有以下几种情况。

(1)在燃料电池电动汽车起动时,由超级电容和蓄电池联合驱动。

(2)当辅助能量源 SOC 值低于控制策略设定的期望值时,且系统所需功率小于燃料电池输出的额定功率时,燃料电池单独驱动车辆行驶。

(3)当辅助能量源 SOC 值高于控制策略设定的期望值时,燃料电池和蓄电池联合驱动车辆行驶。

(4)当驱动车辆行驶所需功率高于燃料电池额定输出功率时,燃料电池、蓄电池和超级电容联合驱动车辆行驶;

(5)当汽车制动或者减速时,车辆回收再生制动能量,向超级电容与蓄电池充电。

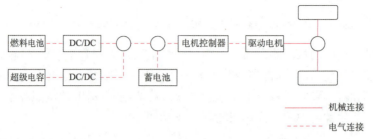

图 28-32　燃料电池 + 蓄电池 + 超级电容动力系统结构图

4. 燃料电池 + 蓄电池 + 超高速飞轮形式

燃料电池 + 蓄电池 + 超高速飞轮联合驱动的燃料电池电动汽车的动力系统结构是在燃料电池 + 蓄电池的基础上加一个超高速飞轮。其工作原理与燃料电池 + 蓄电池 + 超级电容的混合动力系统的工作原理类似,这里不再赘述。

三、燃料电池电动汽车典型车型

1. 丰田 Mirai

2014 年 12 月,丰田发布了 Mirai 燃料电池电动汽车,该车配备了新型燃料电池电堆,其成本优势、性能在当时占据绝对优势,百公里加速时间可以达到 9.6s,可以在 3~5min 内完成氢气的加注,在日本的 JC08 工况下,续航里程可达 650km。丰田 Mirai 搭载的小型燃料电池发动机放置在前排座椅下方,可在 -22℃ 以上的环境中正常使用,最大输出功率可达 114kW。动力控制单元和驱动电机放置在车头前舱,驱动电机最大输出功率可达 113kW,峰值转矩可达 335N·m。动力电池放置在后排座椅与行李舱之间,用以回收制动能量,并在加速工况下,辅助燃料电池供电。丰田 Mirai 的两个高压储氢罐,一个放置在后排座椅底部,另一个放置在后排座椅与行李舱之间的动力电池下方,容积分别为 60L 和 62.4L,罐体采用碳纤维加凯夫拉复合材质,储气压力可达 70MPa。

丰田 Mirai 氢燃料电池电动汽车的动力系统结构图如图 28-33 所示。该动力系统主要由质子交换膜燃料电池发动机系统、动力电池、驱动电机、传动系统、DC/DC 转换器、各部件控制器等组成。

如图 28-34 所示,当汽车工作时,储氢罐中的氢气进入燃料电池中的反应装置,与车头吸入的空气反应产生电能。然后,整车控制器基于驾驶人的需求信息(如踩踏或松抬加速踏板和制动踏板等)以及汽车的实际工况(如车速、驱动电机转速等),进行能量管理与分配。当燃料电池系统的额定功率高于驱动汽车行驶所需功率时,燃料电池提供驱动的全部电能,同时燃料电池将剩余的电能储存到蓄电池之中;在车辆急加速模式下(峰值功率指令),需要燃料电池和动力蓄电池两者同时向驱动电机

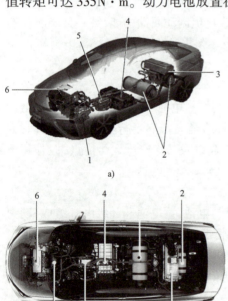

图 28-33　丰田 Mirai 整车结构
1-驱动电机; 2-高压储氢罐; 3-动力电池; 4-燃料电池发动机系统; 5-DC/DC 转换器; 6-动力控制单元

供给驱动功率以此来驱动车辆行驶;在车辆制动模式下,驱动电机将制动能量再生转化为电能并将其储存于动力电池中。

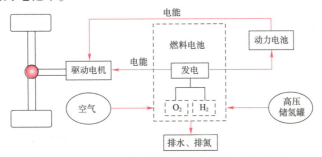

图28-34　丰田Mirai氢燃料电池电动汽车的工作原理图

2. 本田Clarity

2016年,本田正式销售首款Clarity燃料电池电动汽车,其整车结构如图28-35所示。该车将整套高度集成化的燃料电池发动机系统置于发动机前舱,燃料电池发动机系统主要包括燃料电池电堆、两级增压空压机、加湿器和驱动电机、动力控制单元、DC/DC转换器等,其中燃料电池电堆最大功率可达103kW,电堆体积功率密度约为3.1kW/L左右,燃料电池发动机系统如图28-36所示。丰田Clarity燃料电池电动汽车锂离子蓄电池组布置在前排座椅下方,两个储氢罐分别布置在后座座椅下方以及后方,储氢罐在70MPa下可以存储141L约5kg的氢气,加氢时间3min左右。据美国环境保护署官方数据,丰田Clarity在FTP-75工况下,最大续驶里程可达589km左右;在日本JC08工况下,该车续航里程可达750km。

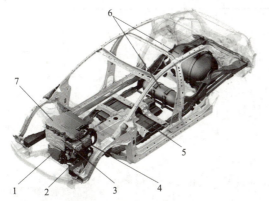

图28-35　本田Clarity燃料电池电动汽车整车结构
1-驱动电机;2-空气系统;3-燃料电池电堆;4-供氢系统;
5-锂离子蓄电池;6-储氢罐;7-DC/DC转换器

图28-36　燃料电池发动机
1-DC/DC转换器;2-燃料电池电堆;3-驱动电机;4-空气供应系统(空压机);5-氢气供应系统

第二十九章　智能网联汽车

第一节　概　　述

智能网联汽车(Intelligent Connected Vehicle,简称 ICV)是指搭载先进的车载传感器、控制器、执行器等装置,并融合人工智能等新技术,具备复杂环境感知、智能决策、协同控制等功能,可实现安全、舒适、节能、高效行驶的新一代汽车。

一、智能网联汽车智能化分级

智能网联汽车的智能化发展历程可分为六个阶段：L0 级别的人工驾驶、L1 级别的驾驶辅助(Driver Assistance,简称 DA)、L2 级别的部分自动驾驶(Partial Automation,简称 PA)、L3 级别的有条件自动驾驶(Conditional Automation,简称 CA)、L4 级别的高度自动驾驶(High Automation,简称 HA)以及 L5 级别的完全自动驾驶(Full Automation,简称 FA),见表 29-1。

智能网联汽车智能化等级　　　　表 29-1

智能化等级	等级名称	等级定义	控制	监视	失效应对	典型工况
人监控驾驶环境	L0	人工驾驶	完全由人类驾驶员完成操作	人	人	人	所有行驶工况
	L1	驾驶辅助(DA)	系统根据道路环境信息决策执行转向和加速、减速中的一项操作,其他驾驶操作由人完成	人与系统	人	人	车道内正常行驶,高速公路无车道干涉路段,停车工况
	L2	部分自动驾驶(PA)	系统根据道路环境信息决策转向和加减速操作,其他驾驶操作都由人完成	系统	人	人	高速公路及市区无车道干涉路段,换道、环岛绕行、拥堵跟车等工况
自动驾驶系统监控驾驶环境	L3	有条件自动驾驶(CA)	系统完成所有驾驶操作,根据系统请求,驾驶人需要进行适当的驾驶操作	系统	系统	人	高速公路正常行驶工况,市区无车道干涉路段
	L4	高度自动驾驶(HA)	系统完成所有驾驶操作,特定环境下系统会向驾驶人提出响应请求,驾驶人可以对系统请求不进行响应	系统	系统	系统	高速公路全部工况及市区有车道干涉路段
	L5	完全自动驾驶(FA)	系统可以完成人类驾驶员能够完成的所有道路环境下的操作,不需要驾驶人介入	系统	系统	系统	所有行驶工况

二、智能网联汽车的组成

智能网联汽车是一个高度智能化的复杂系统,它通过智能环境传感设备实现环境感知,进而进行智能决策与智能集成控制,同时,智能网联汽车还涉及本车与他车或道路之间的信息通信与共享、车辆与驾驶人之间的交互与协作等。智能网联汽车主要由环境感知模块、智能决策规划模块、智能集成控制模块、互联通信模块和人机交互模块组成,其系统组成架构如图29-1所示。

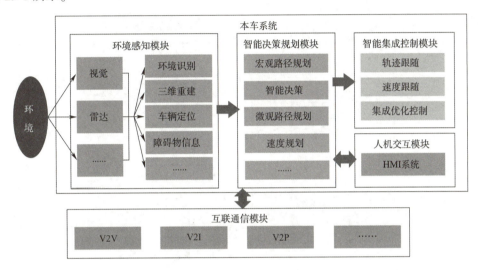

图29-1　智能网联汽车系统组成架构

1. 环境感知模块

智能网联汽车环境感知模块主要是利用各种传感器对周围环境进行数据采集与信息处理,以获取当前行驶环境的有关信息。环境感知模块可以为智能网联汽车提供道路交通环境、本车定位、障碍物位置与运动状态、交通信号标志等一系列重要信息,是其他功能模块的基础,是实现辅助驾驶与自动驾驶的前提条件。

2. 智能决策规划模块

智能网联汽车智能决策规划模块的主要任务是依据环境感知模块处理后的信息以及先验地图信息,在满足交通法规、动力学特性等汽车行驶诸多约束前提下,计算出最优的车辆运动轨迹。

智能决策规划模块可以分为宏观路径规划、行驶行为智能决策和微观轨迹规划三个部分,如图29-2所示。宏观路径规划在已知电子地图、周围路网以及宏观交通信息等先验信息的条件下,得到满足起始点与目的地之间距离最短、时间最短或其他优化目标得到的最优路径;行驶行为智能决策的作用是产生一系列的行驶行为来完成宏观规划路径,一般根据主车周围道路、交通以及环境信息等动态地规划车辆行驶行为,例如起步、停车、跟驰、换道等,行驶行为智能决策的规划周期长度为几十秒到几分钟;微观轨迹规划的作用是根据智能决策结果,综合考虑影响车辆的各种性能指标(如安全性、舒适性和操控稳定

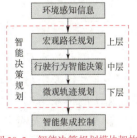

图29-2　智能决策规划模块架构

性等)在秒级周期内决策出一条最优轨迹,包括微观路径规划和速度规划两个部分。

3. 智能集成控制模块

智能网联汽车智能集成控制模块主要是通过控制车辆的驱动、制动、转向等执行机构对智能决策规划模块规划出的路径和速度进行跟随控制,从而使得车辆沿着期望的路径和速度行驶,其架构如图29-3所示。智能集成控制模块是整个智能网联汽车系统的最底层,其本质是控制车辆的运动来减少车辆实际轨迹与期望轨迹之间的空间误差和时间误差,主要包括纵向和横向控制。

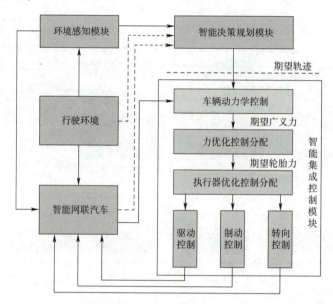

图29-3 集成控制模块架构

4. 互联通信模块

智能网联汽车互联通信模块以移动通信网络和宽带无线城域网络为基础,按照规定的通信协议和数据交互标准,将车辆内部信息通过车用无线通信技术与他车或外部节点相互交互,进行信息共享和行为协作,即实现车联万物(Vehicle to Everything,简称V2X)。

5. 人机交互模块

智能网联汽车人机交互模块是智能机器控制系统与人类驾乘人员的信息交互接口,通过人机交互模块,机器可以更好地理解人、辅助人,甚至取代人,而驾乘人员也可以更好地了解车、掌控车和享受车。人机交互界面(Human Machine Interface,简称HMI)包括按键选择、全息影像、语音对话、手势控制等。随着智能驾驶座舱技术的发展,人机交互界面的模式也越来越丰富。

三、智能网联汽车体系结构

智能网联汽车是一个高智能、多系统的复杂控制体,具有信息密集、信息多层次性、环境交互多样性以及信息与知识存储分布广等特点。要想实现良好的控制效果,需要设计适合使用需求的体系结构。体系结构是智能网联汽车的基本骨架,它描述了系统各个组成部分的分解、组织和输入输出关系,确定了系统的信息流和控制流,同时定义了系统软硬件的组织原则、协调机制、集成方法和支持程序。一个合理的体系结构能够实现系统各模块之间的恰当协调,具有开放性和可扩展性。

典型的智能网联汽车体系结构分为分层递阶式、反应式、混合式三类。

1. 分层递阶式体系结构

分层递阶式体系结构是一种串联系统结构,其结构原理如图29-4所示。在这种体系结构中,各个模块之间功能上的次序分明,上层模块的输出为下层模块的输入。分层递阶式体系结构因其在处理问题时采用了逐层分解的求解方法,具备了良好的规划推理能力,容易实现高层次的智能控制。

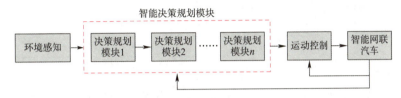

图29-4　分层递阶式体系结构

分层递阶式体系结构的缺点也很明显:一方面,它对全局环境模型的要求比较理想化,对传感器性能和系统的计算能力要求都较高,在控制的过程中具有一定的时延,实时性和灵活性表现较差;另一方面,这种体系结构的可靠性不高,一旦其中某个模块出现软件或者硬件故障,信息流和控制流的传递通道就会受到影响,整个系统很有可能崩溃,这也是次序分明结构的通病所在。

2. 反应式体系结构

反应式体系结构是一种并联系统结构,如图29-5所示。反应式体系结构的决策规划模块由多个控制回路组成,每个回路均可以独立地接收感知信息,并根据感知信息独立做出相应的控制。

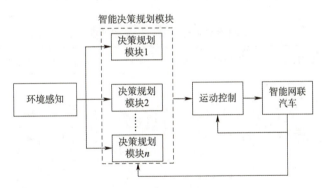

图29-5　反应式体系结构

反应式体系结构强调模块间的独立、平行工作,但会存在各个控制回路对同一执行机构争夺控制的冲突,因此需要建立一个完善的协调机制来解决冲突。同时,随着任务复杂程度以及各种行为之间交互作用的增加,预测一个体系整体行为的难度将会增大,难以实现较高等级的智能。

3. 混合式体系架构

上述两种体系结构都存在各自的优点和不足,因此,兼具两者优点的混合式体系结构越来越得到关注。混合式体系结构如图29-6所示。

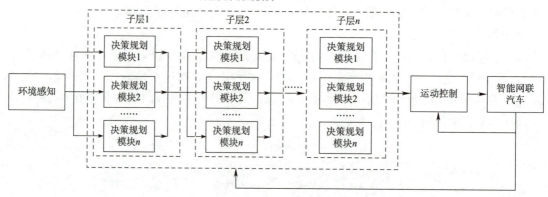

图 29-6　混合式体系结构

混合式体系结构在整体设计上，为了确保体系架构能够达到较高的智能水平，依然以分层递阶式体系结构逐步分解问题，而在每个层次上，时间与空间的处理范围小、分辨率高，为了保障该层次的鲁棒性、灵活性，采用高精度、快速响应的反应式体系结构对该层次进行分解。

第二节　智能网联汽车环境感知系统

环境感知系统是智能网联汽车区别于传统汽车最主要的部分，也是智能网联汽车成本增量的主体。智能网联汽车常用的环境感知传感器主要有视觉传感器、毫米波雷达、激光雷达、超声波雷达以及定位系统等。不同的传感器性能各异，主要性能对比情况见表 29-2。可见，现有的单一传感器难以满足智能网联汽车的所有功能要求，因此，多传感器融合是技术发展的必然趋势。

智能网联汽车环境感知传感器性能比较　　　　表 29-2

传感器	视觉传感器	毫米波雷达	激光雷达	超声波雷达	定位系统
最大探测距离	一般	大	大	小	大
分辨率	一般	好	好	差	好
响应时间	较慢	快	快	较慢	快
数据处理	复杂	一般	复杂	简单	一般
环境适应性	差	好	差	一般	好
价格	一般	一般	高	低	一般

一、视觉传感器

视觉传感器是智能网联汽车最为重要的感知传感器之一，其工作模式和人类感知环境的方式最为接近，这也是视觉传感器最大的优势之一，可以提供更多的语义信息。

视觉传感器视野范围广、尺寸小、质量轻、功耗低、技术较为成熟、成本较低，具有广阔的应用前景，是智能网联汽车技术产业化的主要方向。但是，视觉传感器也存在一定的局限性：天气状况、光线条件、车辆速度、车辆运动轨迹和摄像头安装位置等因素都会对视觉传感器的使用效果产生影响;基于深度学习的视觉算法,需要大量人工标注的训练数据和 GPU 等运算设备进行训练,同时运行时对硬件要求比较高,无法在单片机等嵌入式设备上实时运行。

1. 视觉传感器的组成

视觉传感器主要由纯物理元件和电子元件组成,其中纯物理元件包括光源和镜头,电子元件主要包括图像传感器、模数转换器、信号压缩器和存储器等,如图 29-7 所示。

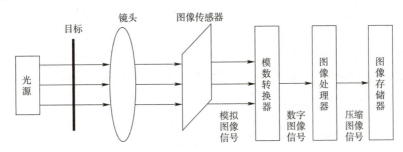

图 29-7　视觉传感器组成

其中,图像传感器是视觉传感器的核心部件,主要有电荷耦合元件(Charge Coupled Device,简称 CCD)图像传感器和互补金属氧化物半导体(Complementary Metal Oxide Semiconductor,简称 CMOS)图像传感器。

2. 视觉传感器工作原理

视觉传感器通过车载摄像头按一定的分辨率采集环境图像,环境中物体反射的光线通过镜头透射到图像传感器上,图像传感器的光电二极管受到光线的激发释放出电荷,感光元件的电信号便由此产生。控制芯片对电荷进行控制,经过放大和滤波后的电信号被送到模数转换器,将模拟信号转换为二维数字图像信号。这些图像数据被输到图像处理器中进行色彩校正、白平衡调节等后期处理,并被编码压缩,形成可供使用的图像文件进行存储。对这些图像文件进行处理和运算,使用模式识别算法可获取车道线、交通标志、交通信号灯以及车辆、行人等周围障碍物信息。最后,依据目标物体的运动模式还可以估算目标物体与本车之间的相对距离和相对速度。

3. 视觉传感器分类

视觉传感器按照构成形式可分为单目摄像头、双目摄像头和全景摄像头;按照安装位置可以分为前视摄像头、后视摄像头、侧视摄像头、环视摄像头和车内监控摄像头。实现高级别自动驾驶功能至少需要安装 6 个摄像头。

二、毫米波雷达

毫米波雷达是指工作在波长为 1～10mm、对应的频段为 30～300GHz 的雷达。毫米波雷达的穿透能力极强,在雾霾、烟尘等恶劣环境下仍能工作,除了像大雨天等极端恶劣环境外,毫米波雷达可以全天候、全天时地工作。此外,毫米波雷达还具有探测距离远、探测精度高等优点,能够识别很小的目标且能同时识别多个目标,被广泛应用于自适应巡航(Adaptive Cruise Control,简称 ACC)、碰撞预警(Forward Collision Warning,简称 FCW)、盲区检测(Blind Spot Detection,简称 BSD)等系统的测距模块中。毫米波雷达的缺点是在雨、雾等潮湿环境下毫米波信号的衰减较大,并且会因为大功率器件的影响降低探测距离。此外,相比微波雷

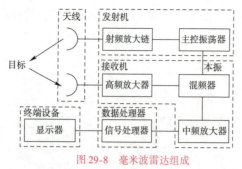

图29-8 毫米波雷达组成

达,毫米波雷达对密树丛穿透力低;相比激光雷达,毫米波雷达的可视范围角度偏小。

1. 毫米波雷达的组成

毫米波雷达一般由发射机、天线、接收机以及数据处理器等组成,如图29-8所示。

2. 毫米波雷达的工作原理

毫米波雷达可以测量目标的相对距离、相对速度以及相对方位。常用的三角波调制的线性调频连续波(LFMCW)毫米波雷达工作原理如图29-9所示,B为雷达信号的带宽,T为信号的调频周期,τ为目标相对距离引起的回波信号延时,f_d为目标运动引起的多普勒频移,f_b为静止目标的差频,f_{b+}为运动目标上扫频段的差频,f_{b-}为运动目标下扫频段的差频。

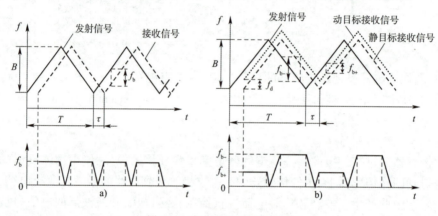

图29-9 毫米波雷达工作原理图
a)静止目标;b)运动目标

1)相对距离、径向速度测量

基于飞行时间(Time of Flight,简称TOF)原理,从发射毫米波开始计时,到接收到回波为止,得到毫米波在空气中的传播时间,又因为毫米波在空气中的传播速度已知,由式(29-1)可以求得目标到雷达的距离:

$$R = \frac{\tau \cdot c}{2} \quad (29\text{-}1)$$

式中:R——目标与雷达的相对距离;
c——电磁波的传播速度。

如图29-9a)所示,根据相似原理,可以得到:

$$f_b = 2B\frac{\tau}{T} \quad (29\text{-}2)$$

将式(29-2)代入式(29-1),能够得到目标与雷达的相对距离:

$$R = \frac{cT}{4B}f_b \quad (29\text{-}3)$$

对于运动目标,需要考虑目标距离引起的回波信号延时和运动目标的多普勒频移:

$$f_d = \frac{2f_0 v}{c} \quad (29\text{-}4)$$

式中：v——目标相对于雷达的径向运动速度，以接近雷达的方向为正方向。

根据图29-9b)所示，可以得到：

$$f_{b+} = f_b - f_d \tag{29-5}$$

$$f_{b-} = f_b + f_d \tag{29-6}$$

将式(29-5)、式(29-6)代入式(29-3)、式(29-4)可以求出目标与雷达的相对距离和径向相对速度：

$$R = \frac{cT}{8B}(f_{b-} + f_{b+}) \tag{29-7}$$

$$v = \frac{f_d c}{2 f_0} = \frac{c}{4 f_0}(f_{b-} - f_{b+}) \tag{29-8}$$

2）方位角测量

毫米波雷达一般含有多个接收天线。以两个接收天线为例，设其远处存在一个目标，方位角为 θ，目标反射回雷达天线的电磁波近似为平面波，因为目标的方位角 $\theta \neq 0$，目标点到两个接收天线的相对距离不相等，即目标的回波到不同的接收点存在波程差，进而产生相位差。通过相位计对两个天线接收的回波信号进行比相，就能测得相位差，从而确定目标的方位角。

3. 毫米波雷达的分类

毫米波雷达根据不同的分类准则可以有不同的分类方法。根据带宽可以分为窄带雷达和宽带雷达；根据工作频段可以分为24GHz雷达和77GHz雷达；根据雷达探测范围的远近，可以分为短距离雷达、中距离雷达和长距离雷达；根据雷达的测距原理也能分为脉冲雷达和连续波雷达，其中连续波雷达又具有不同的调制方式，包括调频、调相、调幅等。

三、激光雷达

激光雷达是以激光作为载波、光电探测器作为接收器核心、由光学透镜作为天线的雷达。车载应用的激光雷达通常发射的是近红外光谱范围内的不可见光（波长为900～150nm），其可满足保障人眼安全的低功率要求。

激光雷达具有较高的距离和角位置测量精度，并且具有全天时的工作特性。因此激光雷达被广泛应用于物体的检测与测量，并在高精度数字地图的构建领域有着不可替代的应用价值。但是激光雷达的波长和波束大小决定了其易受天气影响。在大雾、大雨、大雪和重度的霾等恶劣天气下，激光雷达的探测范围会受到明显的影响，而且空气中的雾滴、雨滴和雪花等会被检测为激光雷达的目标，影响数据的质量。

1. 激光雷达的组成

激光雷达与一般的雷达有着类似的结构，包括光信号发射机、天线、光信号接收机以及数据处理器等部分。其中，发射机主要由激光发射器组成，接收机部分主要是基于光电二极管的光电探测器，天线则主要由光学透镜组成。以美国Velodyne64线旋转式激光雷达为例，该激光雷达由底座和头部组成，如图29-10所示。

2. 激光雷达的工作原理

激光雷达主要对物体相对于激光雷达的距离和角位置进行测量。距离测量原理与毫米波雷达类似，同样通过测量激光束往返于激光雷达和物体间的飞行时间得到。以美国Velodyne 品牌激光雷达为例，飞行时间在激光雷达中的获取过程如图 29-11 所示。

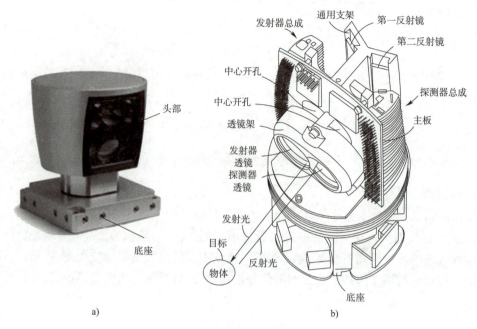

图 29-10　美国 Velodyne64 线旋转式激光雷达结构
a)实物图；b)结构图

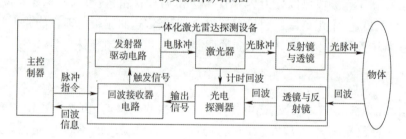

图 29-11　美国 Velodyne 品牌回波信息获取过程

　　首先，激光雷达主控制器产生脉冲指令信号，该指令根据探测需求传给相应的回波接收器电路，以触发回波的探测功能；紧接着，回波接收器电路将相应的触发信号传给脉冲指令所要求的发射器驱动电路，使得发射器驱动电路产生对应的电脉冲，驱使激光器由此产生光脉冲；激光器在驱动信号下后一方面产生光脉冲，这部分光脉冲通过反射镜与透镜后在激光雷达与物体间传播，最终照亮物体并形成回波（光波）；另一方面产生计时回波供光电探测器测量得到飞行时间测量的测量起点；物体的回波经过透镜与反射镜后，被光电探测器探测到并传给回波接收器电路进行放大、分析与数字化转换。最后，包含波形、强度和飞行时间的回波信息被传回给主控制器，并传输给激光雷达使用者。

　　相应地，飞行时间计算原理如图 29-12 所示。触发信号触发激光的发射过程并引起相对应的计时回波。激光雷达光束按距离由近及远地照射到环境中的物体，并在纳秒级的测量时域内依次产生回波。回波信号的强度和形状随着激光雷达所处环境的天气状况和被照射的物体表面的光学性质而变化。强度低于阈值的回波信号无法产生有效果的探测结果。飞行时间可认为是计时回波与有效回波之间的时间差。

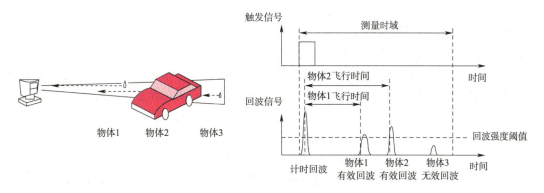

图 29-12　飞行时间计算原理示意图

对于机械旋转式三维激光雷达来说,角位置的测量主要是通过分析激光雷达探测时激光器的水平朝向状态和激光器垂直朝向配置信息得到。

3. 激光雷达的分类

按照激光雷达能扫描到的空间维度来划分,激光雷达可分为二维激光雷达和三维激光雷达;从工作原理考虑,又分别可以称作单线激光雷达和多线激光雷达;按照实现水平视野扫描的原理分为机械旋转式激光雷达和固态激光雷达。

四、超声波雷达

超声波雷达是指利用超声波进行测距的雷达。超声波是频率高于 20000Hz 的声波,其频率高于人体听觉上限,是机械波的一种,其波长短、绕射现象小、方向性好,能量耗散慢,因此可以作为射线实现定向传播,此外超声波不受外界其他光线与磁场的影响,可应用在黑暗、雾霾等恶劣环境,具有较强的环境适应性。超声波雷达的成本低、结构简单而紧凑,对数据的处理简单快速可靠;但超声波雷达的测量距离较短,只能用于近距离障碍物的检测,通常用于倒车辅助或自动泊车辅助。

1. 超声波雷达的组成

超声波雷达主要由发射与接收探头、发射与接收驱动电路、电控单元、报警电路等组成,如图 29-13 所示。

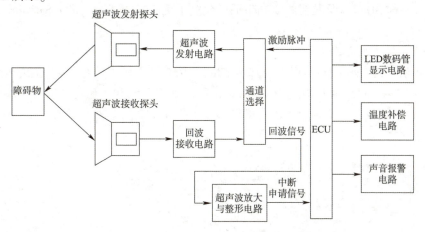

图 29-13　超声波雷达组成

2. 超声波雷达的工作原理

超声波雷达的测距原理可以简化为如图29-14所示。超声波以空气为介质时的传播速度 c 一般为340m/s，从超声波由发射探头出发开始，直到发出的超声波触及目标表面后反射回来，最后被接收探头接收为止，设经过的时间为 t。由于超声波的发射与接收探头的实际距离很近，即 θ 角很小，因此超声波雷达与障碍物的距离 L 可近似用式 $L=ct/2$ 来计算，即只需测得超声波由发射到接收的时间即可求得雷达与障碍物的距离。

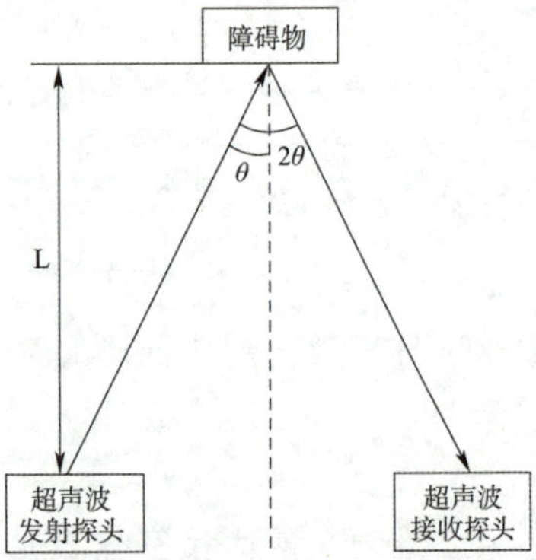

3. 超声波雷达的分类

超声波雷达按工艺水平可分为较传统的等方性雷达和异方性雷达。按安装位置和用途不同可分为两种：一种是安装在汽车前后保险杠上用于测量汽车前后障碍物的倒车雷达，称为超声波驻车辅助传感器（Ultrasonic Parking Assistant，简称UPA）；另一种是安装在汽车侧面的用于测量侧方障碍物距离的超声波雷达，称为自动泊车辅助传感器（Automatic Parking Assistant，简称APA）。

图29-14 超声波雷达测距原理图

五、定位系统

智能网联汽车定位系统是以确定自身空间位置为目标而构成的相互关联的一个集合体或装置。智能网联汽车运行的可靠性与其定位系统的精度息息相关。智能网联汽车定位技术多样，主要包括全球导航卫星系统（Global Navigation Satellite System，简称GNSS）定位、惯性导航系统（Inertial Navigation System，简称INS）和多传感器融合定位等。

1. 全球导航卫星系统定位

全球卫星导航系统定位是一种基于卫星的无线电导航系统，该系统使用人造地球卫星作为导航站，以为各种军事或民用载体提供全天候的高精度位置、速度、时间等信息。因此，它也被称为基于空间的定位、导航、授时系统。现有主要的卫星定位系统有美国的全球定位系统（Global Positioning System，简称GPS）、俄罗斯的全球导航卫星系统（Global Orbiting Navigation Satellite System，简称GLONASS）、中国的北斗卫星导航系统（BeiDou Navigation Satellite System，简称BDS）以及欧盟的伽利略卫星导航系统（Galileo Navigation Satellite System，简称Galileo）。

2. 惯性导航系统定位

惯性导航系统INS能够实现完全自主定位，不依靠外部输入信号工作，主要由惯性测量单元（Inertial Measurement Unit，简称IMU）、信号预处理单元和机械力学编排模块组成。其中，IMU包括3个相互正交的单轴加速度计和3个相互正交的单轴陀螺仪，如图29-15所示。

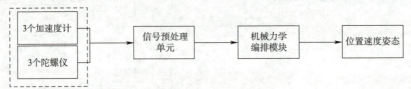

图29-15 惯性导航系统组成

惯性导航系统通过内部惯性测量单元的加速度计测量出载体加速度，通过陀螺仪测量出载体角速度,载体的移动距离和航向角可以通过分别对加速度和角速度进行二次积分与一次积分获得。在起始点位姿已知的情况下,当前时刻载体的位置和姿态就可以通过对测量结果运算得到。

INS 采用的惯性器件的精度决定了系统的定位精度,高精度的加速度计及陀螺仪价格昂贵,这也决定了高精度惯性导航设备无法用于消费级产品。此外,由于积分算法的存在,INS 的误差会随着时间而不断累积,因此 INS 只能用于短时间的精确定位,无法用于长时间定位。INS 通常会配合 GNSS 或者差分 GNSS 一起使用,以减小定位误差从而达到智能网联汽车需要的厘米级定位精度。

3. 多传感器融合定位

尽管现有定位方法有很多,但任何一种独立定位方法都有其各自的缺点,例如 GNSS 在高楼林立区、立交桥下、隧道内及茂密林荫道等地方常常会发生信号漂移,定位精度会显著降低;INS 系统存在误差累积。因此,多传感器融合定位已成为智能网联汽车定位的主要手段。多传感器融合定位是将不同传感器对某一目标或环境特征描述的信息进行综合处理以实现高精度定位。一个基于 GNSS、惯性导航系统、特征匹配自定位系统和基站定位的多传感器融合定位系统如图 29-16 所示。

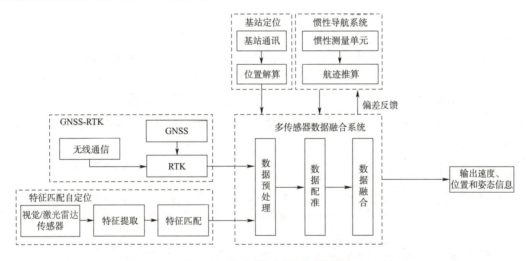

图 29-16　典型多传感器融合定位系统

第三节　典型智能网联汽车系统

一、驾驶辅助系统

1. 典型纵向驾驶辅助系统

1)汽车自适应巡航控制

汽车自适应巡航控制(Adaptive Cruise Control,简称 ACC)系统是从传统定速巡航系统的基础上发展而来的先进纵向驾驶辅助系统,如图 29-17 所示。ACC 系统既能够实现车辆定速巡航功能,还可以根据车辆传感器信息判断前车状态,调整主车行驶速度以保持与前车的安全距离,并自适应跟随前车加减速行驶。

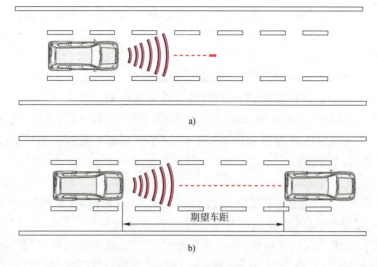

图 29-17 ACC 基本功能

a)前方无车,按照驾驶人设定的期望车速行驶;b)前车速度比主车期望车速低,按期望距离行驶

(1)组成。ACC 系统主要包括车载传感器、决策控制器、运动控制器、执行机构以及人机交互界面五部分。

(2)原理。如图 29-18 所示,阴影框内为 ACC 系统决策控制器,从结构上看控制器共有四种输入信号和一种输出信号。输入信号为实时轮速信号、驾驶人通过人机交互界面设定的巡航车速信号和跟车时距信号、车载雷达输出的主车与前车之间的相对速度和相对距离、前车方位角等信息;输出信号为汽车期望加速度。纵向控制单元根据期望加速度输出节气门开度、主缸压力信号并发送给执行器,执行器做出对应响应,最终实现车辆以期望速度跟随前车。

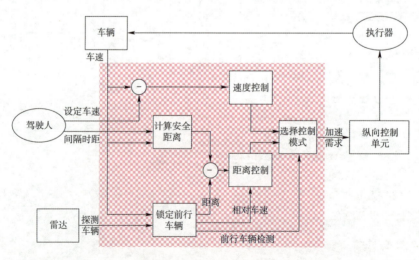

图 29-18 ACC 原理方框图

2)自动紧急辅助制动系统

自动紧急辅助制动(Autonomous Emergency Braking,简称 AEB)系统是一种先进的纵向驾驶辅助系统。AEB 系统的主要功用是在车辆遇到突发危险情况或与前车及行人距离小于预定安全距离时,提前进行预警并辅助驾驶人施加部分制动力。如果此时驾驶人没有采取

任何制动措施，AEB 系统自动进入紧急制动阶段，快速刹停车辆从而提高车辆安全性，避免造成不可挽回的严重交通事故。

（1）组成。如图 29-19、图 29-20 所示，从电控系统的角度，将 AEB 分为传感器、控制器、执行器三个部分：传感器包括能实时观测车辆前方路况信息环境的摄像头、雷达等传感器以及能监测自车运动状态信息的状态监测传感器；控制器主要用于对安全状态进行判断、确定控制功能、计算控制量和产生控制命令；执行器包括制动执行器、节气门执行器（根据控制器的判断对制动压力和节气门的开度进行控制）。

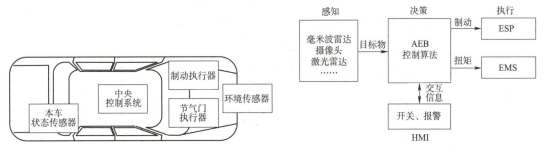

图 29-19　AEB 系统主要组成　　　　图 29-20　AEB 系统架构

（2）原理。AEB 系统使用环境传感器对环境进行感知，时刻检测前方是否存在潜在的碰撞对象，如图 29-21 所示。如果系统认为车辆前方存在潜在碰撞可能，在距离碰撞对象较远时，AEB 系统通常会首先进行制动液预填充，消除制动间隙，以提高制动响应。随着不断接近碰撞对象，AEB 系统会通过蜂鸣器、语音提示或制动顿挫感等方式来提醒驾驶人前方存在碰撞危险，如果未采取任何措施且碰撞仍可能发生，系统将进行第二层的干预，对车辆施加一定量但不足以完全避免碰撞的制动力，并继续提醒驾驶人主动施加制动力。当情况进一步发展发生紧急碰撞危险时，系统将完全制动直至停车。

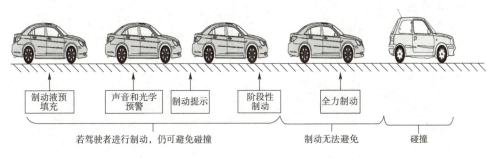

图 29-21　AEB 系统的工作过程示意图

2. 典型侧向驾驶辅助系统

1）车道偏离预警

车道偏离预警（Lane Departure Warning，简称 LDW）系统是基于基本交通规则的侧向安全辅助系统。LDW 系统能够在车辆偏离当前车道时，对驾驶人的不当操作或注意力不集中状态进行有效的预警。

（1）组成。LDW 系统由传感感知系统、图像处理系统、预警系统三个部分组成，如图 29-22 所示。

主流 LDW 所使用的传感器感知系统主要为单目视觉传感器，也有极少一部分使用激光雷达作为传感器。通常布置朝向车辆前方,并且有一定的向下的俯仰角度,以使其可以尽可能多地获取前方的车道信息。

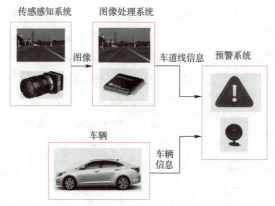

图 29-22　LDW 系统组成

LDW 系统中的关键部分是图像处理系统,LDW 系统的可靠性直接受其处理结果的影响。通常来说,图像处理算法会有较高的计算量,因此这个模块的硬件系统通常是专用的图像处理芯片。LDW 系统的输出是车道线的参数,这些参数会送到预警系统当中。预警系统包括预警算法和执行器两个部分。对于执行器来说,主要有视觉、听觉和触觉三种感知的执行器。

(2)原理。基本工作流程如图 29-23 所示,LDW 系统通过车辆前部传感器或其他图像识别模块,得出车辆前方的道路原始信息;通过汽车中的相关传感器采集车速、转向情况、制动情况等车辆状态信息,并将这些数据发送给数据处理 ECU 得到道路信息、车辆信息以及驾驶人意图等;根据这些信息,以人机交互界面获取的参数设置信息为标准,系统进行决策算法分析并判断汽车是否已经偏离原行驶车道。如果车辆偏离原行驶车道,系统则会通过预警装置告知驾驶人。

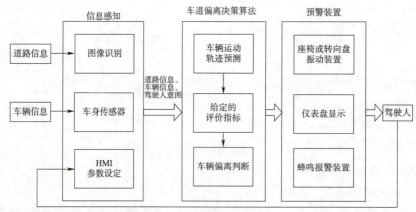

图 29-23　车道偏离预警系统工作流程

2)车道保持系统

车道保持辅助(Lane Keeping Assist,简称 LKA)系统是在车道偏离预警系统的基础上增加了对车辆的控制功能。当系统发现车辆已经超出车道线偏离阈值时,会通过主动转向系统进行转向干预的方式使车辆一直保持在某个规定的车道上行驶。

(1)组成。LKA 的组成如图 29-24 所示,LKA 的前两个部分与 LDW 基本相同,不同之处在于第三部分的控制系统,LDW 只起预警作用,LKA 会在预警的基础上进行主动控制。

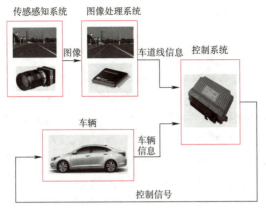

图 29-24　LKA 系统组成

（2）原理:LKA 的原理如图 29-25 所示,当车道保持辅助系统开启时,车上的摄像头传感器开始采集图像信息,通过处理获得车道线位置信息,并结合对驾驶人的操纵数据、汽车的横摆角速度信息、转向灯等行车状态信息的采集和分析,判断出车辆下一时刻的行驶方向以及车辆和车道线之间的位置关系,再决定是否进行转向干预。

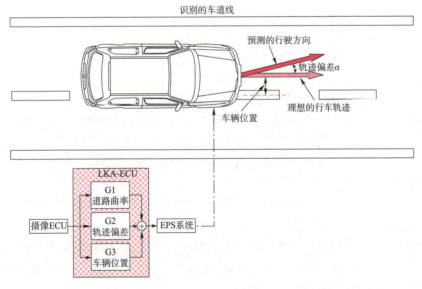

图 29-25　车道保持系统下汽车的行驶状态示意图

上述 ACC 自适应巡航系统、LKA 车道保持辅助系统等均属于 L1 级别的自动驾驶汽车典型驾驶辅助系统,驾驶人需要时刻关注驾驶过程。

二、部分自动驾驶系统

L2 级别的部分自动驾驶阶段是将上一级中的单方向控制系统综合起来实现联合控制,但是驾驶人的注意力要始终处于驾驶状态。

Tesla 公司的 Autopilot 系统为 L2 级别自动驾驶系统的代表之一,其主要包括自动辅助导航驾驶子系统和自动辅助转向子系统。自动辅助导航驾驶会结合驾驶人设定的目的地、摄像头探测到的周围环境以及地图信息建议变更车道并做出调整以优化行驶路线。自动辅助转向子系统采用 Tesla Vision 摄像头、传感器和计算功能,能实现车辆更为准确的导航与转向控制,以适应更加复杂的路况。

三、有条件自动驾驶系统

L3 级别的有条件自动驾驶系统是指驾驶人和智能驾驶系统同时在线,共享汽车的驾驶权,人机协同地完成驾驶任务。由于人机同为控制实体,驾驶人与系统均具有对汽车决策与控制的权力,驾驶状态转移相互制约,因此有条件自动驾驶系统具有对驾驶人驾驶状态的监测能力,驾驶人实现驾驶权的切换或分配。当系统无法处理当前的动态驾驶任务时,系统具有提高驾驶人的驾驶权重或提示驾驶人接管驾驶权的能力,以确保驾驶安全。

Audi AI 自动驾驶系统为 L3 级别自动驾驶系统的代表之一,其将在某些特定情况下接管车辆的驾驶操作,而驾驶人则无需持续监控车辆的运行。只有当车载系统发布提示后,驾驶人才需要按照要求重新接管车辆的操控。

四、高度自动驾驶系统

L4 级别的高度自动驾驶系统已经能够在某些限定区域内实现完全的无人驾驶,车辆状态与环境监控均由系统本身完成,即使出现意外状况,也无需驾驶人接管,系统本身会对其进行自动处理并将风险降到最小。

1. Waymo 自动驾驶系统

Waymo 自动驾驶软件是车辆的"大脑",它可以感知来自传感器的信息,并使用该信息针对每种情况做出最佳驾驶决策。该软件主要包括感知系统、行为预测系统和规划系统三个部分。

感知系统是 Waymo 自动驾驶软件的一部分,其从传感器中提取了信息,并将其转变为实时世界视图,可以检测并分类道路上的物体,例如区分行人、骑自行车的人、摩托车手、车辆等,还可以区分静态对象(例如交通信号灯)的颜色。感知系统使车辆能够从语义上理解车辆周围的情况。

行为预测系统对道路上每个对象的意图进行建模、预测,根据不同道路使用者的行为方式,估计车速、前进方向和加速度随时间的变化。

规划系统考虑从感知和行为预测中收集到的所有信息,以保守型熟练驾驶人的驾驶风格为基础,为车辆规划出一条道路。规划系统可改善车辆的驾驶方式,使车内乘客感到车辆既平稳又舒适,对其他道路使用者而言自然且可预测。

2. 百度自动驾驶系统

阿波罗(Apollo)是百度发布自动驾驶软件平台。整个 Apollo 系统是基于 Linux 操作系统的 ROS 系统。ROS 提供类似操作系统所提供的功能,包含硬件抽象描述、底层驱动程序管理、共用功能的执行、程序间的消息传递、程序发行包管理等;同时也提供一些工具和程序库用于获取、建立、编写和运行多机整合的应用。在一个 ROS 系统中,包含了一系列的独立节点(Node)。这些节点之间,通过发布/订阅的消息模型进行通信。ROS 系统中包含了一个主节点(Master),主节点使得其他节点可以查询彼此以进行通信。所有节点都需要在主节点上进行注册,然后与其他节点通信。

Apollo 采用激光雷达、相机、毫米波雷达来感知周围环境,并对检测到的目标进行识别、分类与追踪;采用 GPS、IMU、激光雷达与高精地图来进行高精度定位;采用 OTA、V2X 等与周围环境进行信息交互;采用 X86 结构的服务器或工控机作为计算单元;采用黑匣子来记录自动驾驶过程中所有的信息和状态。

百度 Apollo 平台核心模块的交互结构图如图 29-26 所示,感知模块通过激光雷达、毫米波雷达、相机等来感知车辆自身的运动状态及车辆周围的环境或者通过通信模块进行 V2X 通信来进行信息交互,通过对周围环境的识别来进行障碍物的检测、车辆定位等,将检测数据传至预测模块来预测障碍物的运动轨迹,之后根据定位数据和预测数据来进行本车的路径规划和轨迹规划,最后根据规划的轨迹和车辆运动状态采取相应的控制策略。

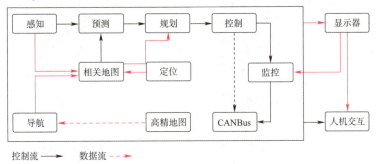

图 29-26　Apollo 核心模块的交互结构图

其中运行的核心软件模块包括:

(1)感知模块。自动驾驶车辆通过激光雷达、毫米波雷达、相机识别自身周围的世界,识别静、动态障碍物检测和交通灯。模块的输入包括雷达数据、图像数据、雷达传感器校准的外部参数、相机校准的外部参数和内部参数等。模块的输出包括 3D 障碍物跟踪航向、速度和分类信,带有拟合曲线参数的车道标记信息,空间信息以及语义信息等。

(2)预测模块。用于预测所感知障碍物的未来运动轨迹。该模块需要的信息包括来自感知模块的目标航向、速度、加速度信息以及来自定位模块的位置信息进而产生具有障碍物的预测轨迹。

(3)地图模块。用于提供有关道路特定结构化的信息。

(4)定位模块。该模块利用各种信息来源,例如 GPS、激光雷达和 IMU 来估计自身车辆所在的位置。

(5)路径规划模块。通过接收地图模块的数据以及定位模块的本车位置信息并结合车载人员设定的目标点,自动规划出通过一系列车道或道路到达目的地的全局路径。

(6)轨迹规划模块。根据感知信息、预测信息、地图信息、定位信息、路径规划信息、车辆状态(位置、速度、加速度)等,计算出安全性和舒适性最优的局部轨迹并传至控制器执行。

(7)控制模块:根据规划的轨迹和当前的车辆状态,使用不同的控制算法来生成舒适的驾驶体验,控制模块也可以在非自动驾驶模式下辅助驾驶人工作。

(8)通信模块:用于将控制命令传递给车辆硬件的接口。

附件　数字资源列表

二维码	名称	页码	二维码	名称	页码	二维码	名称	页码
	传动系统的功用	3		自锁装置的原理	52		万向传动装置的功用	105
	传动系统的布置形式	5		互锁装置的功用	52		万向节的功用	107
	摩擦离合器的基本原理	13		倒挡锁装置的功用	52		万向节类型——按是否有明显弹性分类	107
	液压式操纵机构的工作过程	31		自动变速器的类型	62		万向节类型——按速度特性分类	107
	变速器的功用	36		液力变矩器的认知	63		传动轴的功用	118
	手动齿轮变速器的类型	37		液力变矩器的工作原理	64		驱动桥的功用	122
	锁环式惯性同步器的工作原理	47		单排行星齿轮的变速原理	71		主减速器的功用	125
	锁销式惯性同步器的工作原理	50		复合式行星齿轮机构的类型	72		主减速器的类型	125
	变速器操纵机构的功用	51		主油路主调压阀的工作原理	82		差速器的功用	137

续上表

二维码	名称	页码	二维码	名称	页码	二维码	名称	页码
	半轴的功用	153		主销内倾的基本原理	176		减振器的功用	209
	驱动桥壳的功用	158		前轮外倾的基本原理	177		双向作用筒式减振器的工作过程	209
	驱动桥壳的类型	158		前轮前束的基本原理	177		麦弗逊式独立悬架的结构	232
	汽车行驶系统的基本类型	163		后轮外倾的基本原理	177		机械转向系统的组成	249
	车架的功用	167		后轮前束的基本原理	177		液压助力转向系统的组成	251
	承载式车身3D结构	171		车轮和轮胎的功用	181		转向操纵机构的组成	254
	车桥的功用	174		充气轮胎类型——按胎面花纹不同分类	188		转向器的类型	256
	车桥的类型	174		悬架的功用	201		齿轮齿条式转向器的结构	257
	四轮定位参数	175		悬架的类型	203		循环球式转向器的结构	259
	主销后倾的基本原理	175		独立悬架的特点	203		转向传动机构的功用	260

续上表

二维码	名称	页码	二维码	名称	页码	二维码	名称	页码
	动力转向系统的类型	263		制动防抱死系统的基本原理	336		冷却液温度表的功用	375
	转向油罐的作用	266		车身——类型按承载形式分类	349		前照灯的组成	380
	电动助力转向系统的原理	271		发动机舱盖的功用	355		组合灯具的结构	382
	制动系统的组成	282		行李舱盖的结构	356		转向灯控制电路原理	386
	制动系统的分类	283		车门的结构	357		电喇叭的分类	389
	鼓式制动器的基本结构	284		玻璃升降器的组成	357		纯电动汽车的发展	415
	盘式制动器的基本结构	284		汽车天窗的工作过程	360		铅酸蓄电池的工作原理	422
	制动主缸的结构	313		发动机转速表的功用	369		锂离子蓄电池的工作原理	423
	制动主缸的工作原理	314		发动机转速表的工作原理	369		电动汽车的驱动布置形式	425
	制动气室的结构	325		燃油表的功用	370			
	制动防抱死系统的组成	334		机油压力表的功用	373			

参 考 文 献

[1] 史文库,姚为民.汽车构造[M].6版.北京:人民交通出版社,2013.
[2] 余贵珍,周彬,王阳,等.自动驾驶系统设计及应用[M].北京:清华大学出版社,2019.
[3] 甄先通.自动驾驶汽车环境感知[M].北京:清华大学出版社,2020.
[4] 王庞伟.智能网联汽车协同控制技术[M].北京:机械工业出版社,2019.
[5] 余伶俐.智能驾驶技术:路径规划与导航控制[M].北京:机械工业出版社,2020.
[6] 李晓欢.自动驾驶汽车定位技术[M].北京:清华大学出版社,2019.
[7] 柯敏.基于多传感信息的智能汽车组合定位策略研究[D].吉林大学,2019.
[8] 朱冰,蒋渊德,赵健,等.基于深度强化学习的车辆跟驰控制[J].中国公路学报,2019,6(32),53-60.
[9] 朱冰,李伟男,赵健,等.考虑驾驶人驾驶习性的自适应车道偏离预警策略[J].同济大学学报(自然科学版),2019,47(S1):173-179.
[10] 节能与新能源汽车技术路线图战略咨询委员会,中国汽车工程学会.节能与新能源汽车技术路线图[M].北京:机械工业出版社,2016.
[11] 史文库.汽车新技术[M].2版.北京:人民交通出版社股份有限公司,2017.
[12]《中国公路学报》编辑部.中国汽车工程学术研究综述[J].中国公路学报,2017,30(06):1-197.
[13] 呼布钦,秦贵和,刘颖,等.下一代汽车网络:车载以太网技术现状与发展[J].计算机工程与应用,2016,52(24):29-36.
[14] 李克强,戴一凡,李升波,等.智能网联汽车(ICV)技术的发展现状及趋势[J].汽车安全与节能学报,2017,8(01):1-14.
[15] 王平,王超,刘富强,等.车联网权威指南标准、技术及应用[M].北京:机械工业出版社,2018.
[16] 申福林,胡选儒.客车新技术与新结构[M].北京:人民交通出版社股份有限公司,2016.
[17] 马文胜,贾丽娜,郝金魁.新能源汽车技术[M].北京:北京理工大学出版社,2018.
[18] 姜久春.电动汽车电机及驱动系统[M].北京:北京交通大学出版社,2018.
[19] 王晶,李波.新能源汽车技术[M].上海:上海交通大学出版社,2017.
[20] 崔胜民.新能源汽车技术[M].北京:北京大学出版社,2014.
[21] 刘鸿健.汽车单片机与车载网络技术[M].2版.北京:化学工业出版社,2016.
[22] 陈杨,刘曙生,龙志强.基于CAN总线的数据通信系统研究[J].测控技术,2000,(10):53-55.
[23] 李建秋,赵六奇,韩晓东.汽车电子学教程[M].2版.北京:清华大学出版社,2011.
[24] 罗峰,孙泽昌.汽车CAN总线系统原理、设计与应用[M].北京:电子工业出版社,2010.
[25] 薛雷.CAN总线的动态优先权分配机制与非实时数据的传输[J].计算机工程与应用,1999,(12):33-35.

[26] HUANG P. Study and Design of CAN/LIN Hybrid Network of Automotive Body[J]. Advanced Materials Research,2014,940:469-474.

[27] LEEN G,HEFFERNAN D,DUNNE A. Digital networks in the automotive vehicle[J]. Computing & Control Engineering Journal,1999,10(6):257-266.

[28] TUOHY S,GLAVIN M,HUGHES C, et al. Intra-Vehicle Networks:A Review[J]. IEEE Transactions on Intelligent Transportation Systems,2015,16(2):534-545.

[29] WANG J,LIU J,KATO N. Networking and Communications in Autonomous Driving:A Survey[J]. IEEE Communications Surveys & Tutorials,2019,21(2):1243-1274.

[30] Zhu Bing, Jiang Yuande, Zhao Jian, et al. Typical Driving Styles Oriented Personalized Adaptive Cruise Control Design Based on Human Driving Data[J]. Transportation Research Part C-Emerging technologies, 2019, 100(3): 274-288.

[31] Zhu Bing, Yan Shude,et al. Personalized Lane-Change Assistance System with Driver Behavior Identification[J]. IEEE Transactions on Vehicular Technology, 2018, 67(11): 10293-10306.

[32] Zhu Bing, Tao Xiaowen,et al. An Integrated GNSS/UWB/DR/VMM Positioning Strategy for Intelligent Vehicles[J]. IEEE Transactions on Vehicular Technology, 2020, 69(10): 10842-10853.